Silke Helfrich, David Bollier und Heinrich-Böll-Stiftung (Hg.)
Die Welt der Commons

Silke Helfrich, David Bollier und Heinrich-Böll-Stiftung (Hg.)

Die Welt der Commons

Muster gemeinsamen Handelns

[transcript]

Informationen über die Heinrich-Böll-Stiftung erhalten sie unter: www.boell.de

Bibliografische Information der Deutschen Nationalbibliothek
Die Deutsche Nationalbibliothek verzeichnet diese Publikation in der Deutschen Nationalbibliografie; detaillierte bibliografische Daten sind im Internet über http://dnb.d-nb.de abrufbar.

1. Auflage: transcript Verlag, Bielefeld 2015

transcript Verlag | Hermannstraße 26 | D-33602 Bielefeld | live@transcript-verlag.de

Weitere Informationen und Download des Bandes:
http://www.transcript-verlag.de/978-3-8376-3245-3/die-welt-der-commons

Umschlaggestaltung: Kordula Röckenhaus, Bielefeld
Übersetzungen: Sandra Lustig, Brigitte Kratzwald, Jacques Paysan, Ina Goertz
Satz: Justine Haida, Bielefeld
Printed in Germany
Print-ISBN 978-3-8376-3245-3
PDF-ISBN 978-3-8394-3245-7

Gedruckt auf alterungsbeständigem Papier mit chlorfrei gebleichtem Zellstoff.
Besuchen Sie uns im Internet: *http://www.transcript-verlag.de*
Bitte fordern Sie unser Gesamtverzeichnis und andere Broschüren an unter:
info@transcript-verlag.de

Inhalt

KAPITEL II – GESTALTEN

Langlebige Commons

Commons der Nachbarschaftlichkeit

Commons der Lebenskultur

Commons in Kunst und Kultur

Tech-Commons

Commons für Wissen und Code

Tausch- und Kredit-Commons

Instrumente und Infrastrukturen für Commons

Lernen als Commons

Omni-Commons

KAPITEL III – VERINNERLICHEN

Vorwort

Mit den theoretischen Grundlagen und der Praxis der Commons beschäftigen wir uns in der Heinrich-Böll-Stiftung seit Langem. Als wir vor acht Jahren die ersten neugierigen Blicke auf die Commons geworfen haben, ahnten wir noch nicht, auf welch lange Reise wir uns begeben würden. Auf diesem Weg ist neben der politik- und wirtschaftswissenschaftlichen Auseinandersetzung um die Commons vor allem eine vertiefte Beschäftigung mit Kulturanthropologie nötig geworden. Wir haben entdeckt, dass die Commons und das Commoning überall in der Welt eine eigene Geschichte und spezifische Ausprägungen haben. Darin liegt auch ihr völkerverbindendes Potential, das auf neokoloniale Gedankenwelten und Politik genauso verzichten kann wie auf den Export von Demokratiemodellen, Institutionsformen und Patentrezepten für Entwicklung. Wenn sich Commons und Commoners Entfaltungsraum erkämpfen können, dann ist das ein großer Schritt für eine demokratische Entwicklung.

Unsere Commons-Arbeit ist Teil eines Erkenntnisprozesses und einer Suche. Wir wollen unter anderem wissen: Wie könnte eine gerechte Wirtschaft und Gesellschaft aussehen, die eine sozialökologische Transformation in den planetarischen Grenzen ermöglicht? Wer treibt mit uns gemeinsam die Überlegungen voran, wie wir künftig miteinander leben wollen? Wer denkt nicht nur über Zukunftsfragen nach, sondern probiert hier und heute bereits Neues aus?

Commons und Commoning sind Theorie und Praxis zugleich. Deshalb widmen wir beiden besondere Aufmerksamkeit als eine von mehreren möglichen Antworten auf die oben gestellten Fragen. Zu ihrer theoretischen Fundierung tragen wir seit Jahren bei und haben eine Trilogie geplant, deren erster Band im Frühjahr 2012 erschienen ist: *Commons. Für eine neue Politik jenseits von Markt und Staat*. Er wurde breit rezipiert. In vielen Diskussionen und Netzwerktreffen der letzten beiden Jahre entstanden Ideen für diesen vorliegenden zweiten Band: *Die Welt der Commons – Muster gemeinsamen Handelns*.

Uns ist es wichtig, mit anderen an einer Vision zu arbeiten, die nicht nur Altbekanntes reformieren will, sondern einen wirklich transformativen Charakter hat. Wir unterstützen diesen Prozess, weil wir überzeugt sind, dass daraus Räume für eine andere Logik, eine neue Sprache und neue Denkkategorien entstehen. Solche Räume können sich nur losgelöst vom politischen Alltagsgeschäft und dessen Pragmatismus entfalten.

Einen wichtigen Anstoß, in Commons-Theorie und alternative Formen der Wirtschafts- und Gesellschaftsgestaltung in unserem eigenen gesellschaftlichen

Umfeld in Deutschland und Europa zu investieren, sehen wir in der Agenda der Vereinten Nationen. Im Herbst 2015 werden in der Generalversammlung erstmals für alle Länder gleichermaßen gültige Nachhaltigkeitsziele verabschiedet. Zu ihrer Umsetzung verpflichten sich alle Länder entsprechend ihrer Leistungskraft. In den Industrieländern tragen wir jedoch eine besondere historische Verantwortung dafür, aus den Bahnen der eigenen Wirtschaftskultur der letzten 500 Jahre auszubrechen. Diese wurde vielerorts – wenngleich nicht immer freiwillig – nachgeahmt und besitzt nach wie vor eine hohe Anziehungskraft. Gleichzeitig wurde erkannt, dass dieses Modell nicht zukunftstauglich ist. Den Diskurs um die Alternativen wollen wir deshalb vor allem bei uns stärken und gleichzeitig Wege aufzeigen, die notwendige Transformation eines linearen und wachstumsorientierten Entwicklungsdenkens mit Modellen, Praktiken, Vorbildfunktion und Ausstrahlungskraft auch für die südliche Hemisphäre und für Osteuropa glaubwürdig zu machen, wo viele Menschen bislang auf ihr Recht auf eine nachholende Entwicklung bestehen.

Dieser zweite Band bietet Dutzende von Beispielen aus konkreten, erprobten Praktiken weltweit. Sie zeigen, wie Commoning gelingen kann. Sie zeigen Lern- und Emanzipationsprozesse, die Menschen aus der Markt- und Konsumlogik befreien – aus einer Logik, die entfremdet und vereinzelt. Es entstehen neue Räume, in denen sie ihre persönliche Initiative und Verantwortung für die eigene Lebens- und Mitwelt entwickeln können. Für Berufspolitiker und Experten, die sich stark mit politischen Reformprozessen und Regulierungen auf der Makroebene und in Institutionen befassen, mögen diese Initiativen nicht bedeutend genug erscheinen, als dass sie effektiv zu Veränderungen beitragen könnten. Ich bin aber überzeugt, dass, neben Regulierungen, selbstorganisierte Veränderungen, die von Bürgerinnen und Bürgern getragen und miteinander vernetzt werden, entscheidend sind für die Transformation des Wirtschaftssystems. Gleichzeitig könnten sie dazu beitragen – das Buch nennt viele gelingende Beispiele, die zur Nachahmung einladen –, unsere demokratische Kultur zeitgemäß zu erneuern. Sinkende Wahlbeteiligung auf der einen Seite und Machtgewinn von Bürgerdemokratie auf der anderen stehen für zwei Seiten ein und desselben Trends.

Silke Helfrich und David Bollier sind Hirn und Herz unserer mehrjährigen Commons-Arbeit. Ohne sie wäre die große Reise nie möglich gewesen. Dafür meine ganz besondere Wertschätzung. Sie sind über die Jahre zu Commons-Fachleuten geworden, die weltweit große Achtung genießen. In einem verzahnten Arbeitsprozess entstand mit *Patterns of Commoning* die englische Fassung dieses zweiten Bandes.

Weiterhin möchte ich dem transcript Verlag danken, vor allem der Verlegerin Karin Werner. Sie ist eine großartige Unterstützerin des Projekts. Sie hat uns Mut gemacht, längerfristig am Thema zu arbeiten, die konzeptionellen Ideen reifen zu lassen und die Ergebnisse in einer Trilogie zu präsentieren. Es ist auch Karin Werner, die dafür gesorgt hat, dass dieser Band erneut im Rahmen der »Open Access Policy« des Verlages offen zugänglich sein wird. Ich bin ihr unendlich dankbar, dass es auf diese Weise für die Verbreitung des Buches – vor allem auch unter jüngeren Menschen – keinerlei Hürden geben wird.

Berlin, im Juni 2015
Barbara Unmüßig, Vorstand der Heinrich-Böll-Stiftung

OUVERTÜRE

Im Wallis, in den Schweizer Alpen, existiert seit einem halben Jahrtausend ein ausgefeiltes System von Bewässerungsanlagen als Commons. Im hochgelegenen Heiligen Tal der Inkas in Peru, haben die Quechua seit Menschengedenken die weltweit größte Vielfalt an Kartoffeln gezüchtet. Und seit der Zeit Stefans des Großen im späten 15. Jahrhundert bewirtschaften die Menschen der Ostkarpaten ihre Wälder gemeinsam. Die dazugehörigen Institutionen sind dort als *obștile* bekannt und haben selbst 50 Jahre Diktatur im 20. Jahrhundert überlebt. Solche Beispiele zeigen, dass Commons vor allem eines sein können: dauerhaft. Doch zugleich sind sie hochgradig gefährdet, etwa weil die von den Nationalstaaten beanspruchte absolute territoriale Souveränität mit sinnvollen Commons-Strukturen, die nicht an staatlichen Grenzen enden, in Konflikt geraten kann. Oder weil global agierende Konzerne über immense finanzielle Mittel und rechtliche Privilegien verfügen, mit denen sie Commons verdrängen. Nichtsdestotrotz lassen sich viele Menschen nicht davon abhalten zusammenzuarbeiten, um Beziehungsnetze und Dinge zu schaffen, zu bewahren und zu schützen, die ihnen viel bedeuten. Dahinter verbirgt sich eine Mischung von Bedürfnis und Erfüllung, von Überlebenswillen und Stolz. Gemeinschaftliches Wirken, »Commoning« oder »Gemeinschaffen«, gibt es überall – in Wolkenkratzern aus Stahlbeton wie in den von Erdbeben zerstörten Häusern entlegener Dörfer in Nepal, in Künstlergemeinschaften, Bildungs- und Forschungseinrichtungen genauso wie in den Gemeinschaftswäldern Indiens oder im Cyberspace.

Wie widerstandsfähig diese sozialen Phänomene auch sein mögen, in den modernen Industriegesellschaften genießen sie wenig Beachtung und Anerkennung. Noch scheinen wir Macht- oder Geldwohlstandsbesitzende mehr zu verehren und zu fürchten – zumindest aber zu kennen –, als Menschen, die erfolgreich teilen, kooperieren und Anderes ausprobieren. Letztere bleiben weithin unbekannt oder werden gar als weltentrückte Spinner belächelt, weil sie Dinge tun, »die sich nicht rechnen«. »In der realen Welt funktioniert das nicht«, wird oft gesagt und dabei übersehen, dass die Vielfalt der Commons genauso wie die (meist weiblichen) Für-, Um- und Vorsorgetätigkeiten Grundlagen »der realen Welt« sind. Die Marginalisierung sozialer Praktiken, die sozial innovativer sind als das »Geld-gegen-Ware«-Prinzip, liegt auch darin begründet, dass Räume des Gemeinsamen durch moderne Zeiten, die Rundumkommerzialisierung des Lebens und abhängigkeitserzeugende Technologien[1] zerrüttet wurden. Die dominierende Kultur des Marktes zementiert zudem den Individualismus als ultimative Erfüllung und verunglimpft gemeinschaftlich getragene Lösungen oder solche, die in P2P-Netzwerken erprobt werden, als wahlweise »unpraktisch« oder »utopisch«, so als würden sich individuelles und kollektives Interesse, Individualität und Gemeinschaftlichkeit gegenseitig ausschließen. Das Gegenteil ist der Fall. Individualität ist nicht nur unabdingbar für erfolgreiches Commoning, wie viele der Beiträge dieses Buches zeigen, sondern Bedingung dafür, »gemeinschaftsfähig« zu sein. Umgekehrt trägt Commoning zur Stabilisierung des Selbst bei. Ein jeweils starkes Selbst und starke Commons sind also nicht nur miteinander vereinbar, sondern bedingen einander und bringen sich gegenseitig hervor. Die Frage lautet daher nicht, ob, sondern wie das zu bewerkstelligen ist. Deshalb beschreibt *Die Welt der Commons. Muster gemeinsamen Handelns* bemerkenswerte Formen von Commoning an den verschiedensten Orten der Welt.

In vielen sozialwissenschaftlichen Publikationen – insbesondere den wirtschaftswissenschaftlichen – ist es gang und gäbe, Commons mit gemeinsam zu bewirtschaftenden Gütern gleichzusetzen. Doch Commons sind keine Dinge, Ressourcen oder Güter, sie sind vielmehr ein Gefüge von Sozialstrukturen und -prozessen. Dabei mag der Umgang mit bestimmten Ressourcen – zum Beispiel mit Land, Wasser oder Meeresfrüchten, mit Informationen oder Werkzeugen – durchaus im Mittelpunkt stehen, die konkreten Strukturen prägen und auch wirtschaftlich von Belang sein. Aber die Aufmerksamkeit übermäßig auf die physische Substanz oder das Wissen zu richten, das in einem Commons sowohl verwaltet als auch gebraucht wird, lenkt von dessen wirklichem Kern ab: dem möglichst bewussten Denken, Lernen und Handeln *als Commoner*, also dem, was wir »Commoning« nennen. Letzteres begreifen wir als Teil des Menschseins, als unaufhörlichen, niemals gleich verlaufenden Prozess.

Commoning als lebendiger Prozess

Sich auf dieses lebendige Tun zu konzentrieren, statt »Commons« als Objekt zu betrachten, gehört zu den außergewöhnlichen Stärken der Commons, lässt aber auch die Vorstellung ins Leere laufen, man könne sie mit naturwissenschaftlich anmutenden Definitionen erfassen. Schließlich geht es in diesen Prozessen um Kreativität, Eigenwilligkeit, Improvisation und ständige Wandlung, kurz: um Lebendigkeit, weshalb sich jede theoretische Annäherung zum Verständnis der Commons auf eine tiefgehende Auseinandersetzung mit der gelebten Praxis und den konkreten Erfahrungen in Commoning-Prozessen einlassen muss. Theorie und Praxis müssen sich gegenseitig stärken, so wie sich Partitur und Orchesterspiel erst in Bezug aufeinander zu einer Sinfonie ergänzen. So wenig, wie sich allein aus Notenblättern das Geigenspiel lernen lässt, lassen sich Commons nur theoretisch verstehen.[2] Wenn also nicht Ressourcen, Güter und Dinge im Mittelpunkt stehen,

1 | Gemeint ist die Abhängigkeit von der jeweiligen Technologie beziehungsweise vom Hersteller derselben.

2 | Das gilt selbstredend für das Verständnis aller sozialen Phänomene.

sondern zwischenmenschliche sowie Mensch-Natur-Beziehungen, dann müssen Institutionen jeder Art – in Wirtschaft, Politik und Bildung – verlässlich drei Dinge fördern: ökologische Nachhaltigkeit, Gemeinschaftlichkeit und freie Kooperation. Viele Ökonomen, die Commons als spezifische Güterklasse auffassen, mühen sich jedoch, Regel- oder Gesetzmäßigkeiten in Bezug auf physische Bestände aufzuspüren, ihnen einen Geldwert zuzuschreiben und auf dieser Grundlage geeignet erscheinende Institutionen oder politische Maßnahmen zu empfehlen. Behavioristisch geprägte Denkschulen anderer Disziplinen halten ihnen die Steigbügel, indem sie soziale Prozesse einfühlungslos und beziehungsbefreit mit naturwissenschaftlichen Methoden zu greifen suchen. Doch dieses Vorgehen ist ungeeignet, um soziale Phänomene zu begreifen. Wenn wir Commons als »beziehungsgetragenes Sozialgefüge« betrachten, bekommen wir Anderes in den Blick. Statt die Umwelt als eine vom Sozialen getrennte Sphäre zu betrachten, helfen uns Commons zu verstehen, dass wir Teil der Natur sind und uns daher selbst zugrunde richten, wenn wir die Natur zerstören. Statt uns auf Vermögens*bestände* zu konzentrieren, die ein Preismechanismus hin- und her transferiert, können wir unser Augenmerk auf komplexe *Flüsse* von Ressourcen richten, die nach jeweils selbstbestimmten Regeln zugänglich gemacht und genutzt werden. Statt unpersönliche Markttransaktionen als Königsweg zur Befriedigung von Bedürfnissen zu sehen, erkennen wir Commoning als praktische Alternative, die es erlaubt, aus der Marktabhängigkeit herauszutreten. Es gibt keinen überzeugenden Grund anzunehmen, dass dies nur auf Ebene der unmittelbar-interaktiven Beziehungen überschaubarer Netzwerke oder Gemeinschaften gilt. Auch in die »gesellschaftliche Handlungsmatrix« (Stefan Meretz) können Commons-Prinzipien eingeschrieben werden.

Doch in diesem Buch geht es zunächst um einen anderen wichtigen Strang der Commons-Erzählung: die persönliche und soziale Dynamik in den konkreten Praktiken und Werten, den Ritualen und Traditionen sowie sinnstiftenden Erfahrungen, die aus Commons entstehen und die in den Kontext des kulturellen Paradigmenwechsels gestellt werden, in dem wir uns befinden. Erst diese tiefere Ebene hält die Commons zusammen, macht sie dauerhaft, flexibel und widerstandsfähig. Das ist einer der Gründe, warum sich Commons nicht mit Patentrezepten institutionalisieren, geschweige denn in einer Art Reiz-Reaktions-Muster erzeugen lassen. Traditionelle Commons, wie die eingangs zitierten, in denen es stark um grundlegende materielle Lebensbedingungen geht, sind eng mit der Geschichte der jeweiligen Gemeinschaft verknüpft. Viele zeitgenössische Commons hingegen sind eher kurzlebig und entstehen aus spontan gebildeten Gruppen – im Fall internetbasierter Commons in der Regel aus Netzwerken von Menschen, die einander fremd sind. Selbstredend konstituieren Letztere eine andere Art von »community«[3] als Gemeinschaften in realer Begegnung, doch lassen sich auch hier alle Beteiligten auf die Zusammenarbeit an einem Projekt oder für ein Anliegen ein, indem

---

3 | In P2P-Netzwerken, die sich als Commons verstehen und commons-basierte Infrastrukturen aufbauen, ist die englische Bezeichnung »community« ebenso üblich wie in den sogenannten »sozialen Netzwerken«, in denen nur der jeweilige kommerzielle Betreiber das Sagen hat und nicht selten das Soziale hemmungslos zu Markte trägt. Letztere haben mit Commons sehr wenig gemein.

sie die Kooperationsmöglichkeiten nutzen, die offene Commons-Strukturen bieten. Welche Bedeutung den so verschiedenen Subjekten erfolgreicher Commons, von intentionalen Gemeinschaften bis zu P2P-Netzwerken, tatsächlich zukommt, werden wir im vorliegenden Buch nicht theoretisch klären. Stattdessen stellen wir höchst unterschiedliche gemeinsam verantwortete Prozesse und Projekte vor, bei denen Zielsetzung, ideelle und persönliche Verbundenheit, geografische Nähe, sich überschneidende Talente und Interessen oder einfach nur Notwendigkeit die Grundlage für starke, dauerhafte Commons sind. Und indem wir dies vorstellen, stellen wir fest, dass es keinen Lebens- oder Produktionsbereich gibt, der nicht als Commons gestaltbar ist.

In dem 2012 veröffentlichten Band *Commons. Für eine neue Politik jenseits von Markt und Staat*, eröffneten wir ein Panorama verschiedener internationaler Perspektiven auf das Thema, auf die Einhegungen der Commons und die produktive Kraft, die sie entfalten können. In diesem zweiten Band (dem ein dritter folgen wird), wollen wir das Panorama vervollständigen und im Gegensatz zur Standardökonomik besondere Aufmerksamkeit auf die innere Dynamik der Commons richten. Dabei bedienen wir uns nicht dem standardökonomischen Repertoire von analytischen Konstrukten und Kategorien, die auf eine idealisierte Fiktion des Homo oeconomicus aufbauen. Wir sind mehr als »rationale« Wirtschaftsmenschen und individuelle Nutzenmaximierer. Im archetypischen Homo oeconomicus, vorzugsweise als *Mann* verkörpert und als isoliertes Individuum verstanden, hat unsere gemeinschaftliche *und* gesellschaftliche Sozialität keinen echten Platz. Die Idee, dass wir erst »durch-ein-ander« (Ina Praetorius) sowie an-ein-ander *werden*, was wir sind, ist darin ausgelöscht. Doch eben dieser Gedanke liegt dem vorliegenden Band zu Grunde: Menschen wachsen und reifen nicht in Vereinzelung, sondern *in Beziehungen* zu anderen. »Ich bin, weil wir sind«, so beschreibt es der Nguni-Bantu-Ausdruck »Ubuntu«. Dabei liegt es uns fern, eine idealisiertes Gegenbild zum Homo oeconomicus zu konstruieren. Wir wollen vielmehr den Realitäten des Commoning als komplexe menschliche Erfahrung nachgehen, die von ganz normalen Menschen gelebt wird. Viele Beteiligte, denen Sie in diesem Buch begegnen, verbindet der Wunsch, die Freiheit (und die gesellschaftlichen Möglichkeiten) zu haben, ihre Bedürfnisse auf kreative, faire und selbstgestaltete Art und Weise befriedigen zu können, ohne in Abhängigkeit von Markt oder Staat zu stehen. In diesem Wunsch spiegelt sich ihr instinktives Verlangen, mit anderen zusammenzuarbeiten, denn es ist ein Irrglaube, dass Individuen in modernen, marktorientierten Kulturen nur für sich selbst sorgende Menschen werden. Er beruht unter anderem auf einem Autonomiebegriff, der die Geld- und damit Marktabhängigkeit des Einzelnen in dieser Gesellschaft ignoriert. Tatsächlich erlernen wir Autonomie, wenngleich das widersprüchlich klingt, in Beziehungen. Dort entsteht die spannungsreiche Erfahrung, aus der ich autonom hervorgehen *kann*. Kurz: Autonomie will in Beziehung gelernt und gelebt sein. Commons bilden dafür einen geeigneten Rahmen. Natürlich verschwinden individuelle Begabungen und Eigenschaften nicht in Beziehungsnetzen, doch haben auch sie ihren Ursprung in den sozialen Zusammenhängen, den kulturellen und physischen Räumen und Zeitkonzepten, die unser Dasein bedingen. Unsere Fähigkeiten entwickeln sich wie unsere Sprache und Identität nur durch das Miteinander in einem größeren Kollektiv. Die

Glücksforschung bestätigt, dass die meisten Menschen diese Einsicht gewissermaßen verinnerlicht haben: Wenn sie an ein gutes Leben denken, so stellen sie sich (noch immer) nicht das rechnende Subjekt vor, das permanent den eigenen Nutzen auf Kosten anderer maximiert.

Ähnliches gilt für unsere ethischen Vorstellungen, Normen und Grundsätze. Sie fallen nicht vom Himmel und können auch nicht einfach verkündet und durchgesetzt werden. Sie entstehen vielmehr *in* Interaktion. Wenn Kinder aus der egozentrischen Phase herauswachsen und die Sichtweisen anderer verstehen lernen, entwickeln sie allmählich eine Idee davon, was richtig und was falsch ist. Die Forschung belegt, dass Mitmenschlichkeit, wie das Teilen von Nahrungsmitteln oder nachbarschaftliche Hilfe, einen positiven Selektionsfaktor in der Evolution darstellt. Mitmenschlichkeit zu erfahren trägt letztlich zur Entwicklung von moralischen Grundsätzen bei, in denen gegenseitige Hilfsbereitschaft hoch angesehen ist. Es ist daher zu vermuten, dass Commons auch in Zukunft alltägliche Vehikel sein können, um eine kraftvolle soziale Ethik zu beleben, die sich weder aus staatlicher Koordination, noch aus der Marktkultur ergeben *kann*.

Die Welt der Commons. Muster gemeinsamen Handelns ist ein Versuch, die Gegenwärtigkeit dieses Ansatzes sichtbar zu machen. Dabei präsentieren wir nicht lediglich eine eklektische Sammlung interessanter Beispiele – die übrigens auch ganz für sich stehen und gern abschnittsweise gelesen und reflektiert werden können –, vielmehr versuchen wir, *Muster* des Commoning sichtbar zu machen. Dieser Ansatz ist zum Teil von der Arbeit des Architekten, Stadtplaners und Philosophen Christopher Alexander inspiriert, der in seinem 1977 erschienenen Buch *A Pattern Language* (dt. *Eine Mustersprache*) die Attribute von Gebäuden und architektonischen Räumen identifiziert, die als »lebendig«[4] wahrgenommen werden. Alexander war dieser schwer fassbaren und noch namenlosen Qualität auf der Spur, für die er Begriffe nutzte wie »Lebendigkeit«, »Ganzheit« und »Unvergänglichkeit«, um auf das Wesen dessen hinzudeuten, was er im Sinn hatte. Er entwickelte nicht nur die Muster als Mittel zum Verständnis und zur Lösung komplexer Probleme, sondern auch die Idee von Mustersprachen als einer heuristischen Methode, um gestalterische Grundsätze auszudrücken und jenen Beziehungen zwischen den einzelnen Elementen des Ganzen zum Ausdruck zu verhelfen, die ein Gefühl der Lebendigkeit erzeugen. Diese Beziehungsperspektive veranlasst uns, den Musteransatz zu nutzen, um uns den Commons zu nähern. Auch hier geht es um komplexe, lebendige Systeme, um deren Entstehen und Gedeihen. Genauso wie im Laufe der Zeit ein Trampelpfad entsteht, weil er Hunderten von Wanderern nützt, kann auch ein Commons entstehen und andauern, weil seine besondere »soziale Morphologie« den Beteiligten zusagt und/oder für sie Sinn ergibt. In einem Commons vermischen sich Ressourcen – ein Wald, ein Gewässer oder Energieträger, emotionale Energie, Arbeitskraft, Wissen – mit sozialer Praxis und vielfältigen Institutionalisierungsformen, woraus ein integriertes System entsteht, das als Ganzes zu betrachten ist. Muster helfen uns zu erkennen, was unzählige Commons gemeinsam haben, ohne diese zu homogenisieren oder übermäßig zu vereinfachen.

4 | Das Thema »Lebendigkeit« behandelte er eingehender in seinem 2005 erschienenen Werk *The Nature of Order.*

Daher scheinen sie uns besonders geeignet, die Fallstricke klassischer analytischer Modelle zu vermeiden, welche in der Regel zu starr sind, alles über einen Kamm scheren und die »unordentliche« Dynamik des Lebendigen nicht zu fassen vermögen. Selbstredend gehen wir in diesem Buch nur einen ersten Schritt auf der Suche nach den Mustern des Commoning, in der Hoffnung, dass dieser die Entwicklung einer Mustersprache der Commons initiieren wird.

Die Partitur für dieses Buch

Wir haben versucht, dieses Buch ähnlich wie eine Musikkomposition zu strukturieren. Den Auftakt macht die Ouvertüre, nach der wir mit Teil I in das Hauptthema, das »Commoning«, einführen und dieses mit dem von Ivan Illich geprägten Begriff der Konvivialität verbinden. Der Ouvertüre folgen drei Themensätze, die jeweils durch ein »Intermezzo« miteinander verbunden sind, bevor sie mit einem Finale schließen. Wir hoffen dadurch, wie bei jeder guten Komposition, die Kraft und Eloquenz der in verschiedenen Variationen und Kontexten wiederkehrenden Motive vermitteln zu können.

Teil I soll zur Orientierung dienen. Zu den Leitmotiven der Idee der Commoning-Muster gehören das Ringen der jeweils Beteiligten um Regeln und Institutionen, die die sozialen Prozesse stabilisieren, die sinnvoll und funktional sind, die die Spannung zwischen individuellen und kollektiven Interessen aushalten und in denen Fairness und Transparenz einen hohen Stellenwert besitzen. Commoning ist im Grunde ein Prozess, durch den wir eine Kultur des Miteinanders generieren. Mit ihr können wir eine Idee davon entwerfen, wie wir als Gesellschaft zusammenleben wollen. In vielen Beiträgen wird uns immer wieder vor Augen geführt, welch zentrale Rollen gemeinsames emotionales Engagement und Identitätsgefühl im Commoning spielen, wie Commons im Laufe der Zeit die Beteiligten prägen und beinahe unmerklich ihr Verhalten verändern. In Commons sind Dinge selbstverständlich, die in der Marktwirtschaftskultur als bemerkenswert und preisverdächtig gelten.

Ein unvermeidliches Thema für alle Projekte ist die gewaltige Herausforderung, Commons vor Einhegung und destruktiven Einflüssen zu schützen, ganz gleich, ob diese von Seiten der Märkte, des Staates oder von Trittbrettfahrern ausgehen.[5] Wir haben uns bewusst dafür entschieden, die Einhegungen in diesem Band nicht in den Mittelpunkt zu stellen, auch weil wir uns damit in unserer vorhergehenden Anthologie auseinandergesetzt haben. Auf den Seiten, die Sie gerade in den Händen halten, liegt das Augenmerk eher auf dem konstruktiven Andersmachen, als beste zur Verfügung stehende Strategie, um sich gegen Einhegungen zur Wehr zu setzen, gefährdete Gemeingüter zurückzuerobern und neue zu schaffen.

In Teil II stellen wir knappe Profile von über 50 verschiedenen Commons vor. Damit wollen wir deren überwältigende Bandbreite aufzeigen: in verschiedensten

5 | Bei Commons, in denen vorwiegend Wissensbestände produziert und gepflegt werden, gibt es im Grunde kein »Trittbrettfahrerproblem«, wohl aber Vandalismus oder intendierte Störungen. Sie erschweren, dass die jeweiligen Gruppen und Netzwerke ihren Code, ihre Texte, Fotos oder Daten gut verwalten.

Kulturen, quer durch die Zeit und über den gesamten Erdball verteilt sowie rund um unterschiedliche Ressourcenbereiche. Die konkreten Aktivitäten unterscheiden sich stark voneinander, doch sind in ihnen Cluster erkennbar, die wir wie folgt eingeteilt haben: »Langlebige Commons«, »Commons der Nachbarschaftlichkeit«, »Commons der Lebenskultur«, »Commons in Kunst und Kultur«, »Tech-Commons«, »Commons für Wissen und Code«, »Tausch- und Kredit-Commons«, »Instrumente und Infrastrukturen für Commons«, »Lernen als Commons« sowie »Omni-Commons«. Wenn in diesem Teil des Buches zahlreiche Open-Source-Projekte und digitale Plattformen beschrieben werden, so ist das darauf zurückzuführen, dass dieser Bereich sicherlich eine der aktuell robustesten Strukturen bietet, die Commoning ermöglicht. Das Open-Source-Paradigma ist enorm produktiv und populär, nicht nur im Internet. Auch Offline-Einrichtungen und Plattformen orientieren sich daran. Von solchen Räumen fühlen sich häufig innovative Köpfe angezogen, die sich für positive gesellschaftliche Veränderungen einsetzen. Auch offene Plattformen und Infrastrukturen laufen allerdings Gefahr, für politische oder kommerzielle Zwecke missbraucht und umfunktioniert zu werden – eine Gefahr die täglich wächst, wie aus den Debatten über kommerzgetriebene Sharing-Ökonomie, Netzneutralität und Datensammlungen von Regierungen und Konzernen deutlich wird.

Von den üblichen Commons-Klassifizierungen, etwa in natürliche und Wissens-Commons, in materielle und immaterielle, städtische und ländliche Commons sind wir bewusst abgerückt. Das hat mehrere Gründe. Der wichtigste ist schlicht, dass *jedes* Commons sowohl materielle als auch immaterielle Grundlagen hat und – ganz gleich, welche Sache konkret im Mittelpunkt steht – immer auch auf Wissensproduktion und -austausch beruht. Materielle Ressourcen *und* Wissen sind die Fundamente für *alle* Commons, weshalb es uns widersinnig erscheint, dies durch die Klassifizierung zu ignorieren.[6] Wir haben stattdessen die Projektprofile aus Teil II in losen Gruppierungen sich ähnelnder Erfahrungen miteinander verbunden. Das ist nicht als Vorschlag für eine neue Systematik im Commons-Diskurs zu verstehen, sondern zunächst unser Versuch, verwandte Commons zusammenzudenken. Commoning, so wird in diesem Teil sichtbar, überwindet auch praktisch die irreführenden mentalen Entweder-oder-Schemata, die das moderne Denken hervorgebracht hat. Dadurch wird wieder aufeinander beziehbar, was in »öffentlich« und »privat«, »objektiv« und »subjektiv« oder »materiell« und »immateriell« gespalten erschien. All dies sind Dualismen, Schwarz-Weiß-Malereien, die nicht nur trennen, sondern zugleich unsichtbar machen, was dazwischen oder darüber hinaus existiert. Dies hat enorme Konsequenzen: Wer nur »öffentlich« und »privat« denkt, sieht auch nur öffentliche (staatliche) oder private Akteure am Wirken, erdenkt in Zeiten leerer Staatskassen sogenannte »Public Private Partnerships« (PPP) und entfaltet keinerlei Kreativität für »Public Commons Partnerships«, um nur ein Beispiel zu nennen.

In Teil III fragen wir schließlich, wie tief sich Commoning eigentlich in unserer Welt verwurzeln und in welche Ebenen es vordringen kann. Diesen Fragen gehen sieben renommierte Wissenschaftlerinnen und Wissenschaftler auf den

6 | Was wir in der Vergangenheit durchaus getan haben.

Grund, indem sie die innere Dynamik des Commoning erforschen. Die Essays schildern die Fundamente des Commoning in verschiedenen Kulturen und historischen Zusammenhängen, etwa in der schottischen Binnenfischerei, in den aktuellen Kämpfen in Barackensiedlungen Südafrikas, bei den mit dem Meer innig verbundenen Maori oder im Kontext von Landnutzungsfragen in Westafrika und Frankreich. Aus den Analysen wird deutlich, wie Commoning im Kern auf die Schaffung einer Weltsicht hinausläuft. Eine Weltsicht, die Weltgestaltungskraft besitzt, die unser Sein mit unserem Tun verschmilzt. Die Essays dieses dritten Teils ähneln Taschenlampen, die eine erst kürzlich entdeckte Höhle vorsichtig ausleuchten: Sie werfen ein Licht auf durchaus erstaunliche Commons-Erfahrungen. Dabei sind wir längst nicht in die wahren Tiefen vorgedrungen. Noch wissen wir nicht wirklich, wozu wir gemeinsam in der Lage sind. Das mag an anderen Orten der Welt anders sein, doch in unseren digitalisierten und durchmonetarisierten Lebenswelten erleben wir das Nachsinnen über die Tragfähigkeit der vielfältigen Formen des Gemeinschaffens in den Kinderschuhen; ebenso deren Bedeutung für die Umgestaltung von Regierungs-, Rechts- und Wirtschaftsformen, also die Neukonzeption gesellschaftlicher Vermittlung, die quasi noch in Strampelhosen steckt. Zunächst dies: Commons gesellschaftlich zu denken ist möglich. Mehr noch: Indem die Essays in Teil III auf die ontologische, also die Seins-Ebene gehen, verweisen sie auf die »pluriversalen« Formen des Wissens, Handelns und Seins, die das Wesen des Commons-Paradigmas ausmachen und letztlich zu Kategorien der Weltbeschreibung führen werden, die den Bedeutungsrahmen über das in einer »marktfähigen Demokratie« Denkbare hinaus verschiebt. In diese Richtung wird noch viel (Forschungs-)Arbeit zu leisten sein.

Die Rolle von Subjektivität und Intersubjektivität

Wer sich wissenschaftlich mit Commons beschäftigt, wird schnell feststellen, dass sich unser Denkansatz für Commons von dem Forschungsrahmen unterscheidet, der als Institutional Analysis and Development (IAD) bekannt geworden ist. Dieser wurde gemeinsam mit anderen von der Nobelpreisträgerin Elinor Ostrom entwickelt und zur interdisziplinären Analyse zahlreicher Variablen in weit über eintausend gemeinschaftsgetragenen Institutionen eingesetzt. Auf Grund des Forschungsdesigns wird dabei oft nicht deutlich, welche interne Dynamik tatsächlich für gelingende Sozialprozesse entscheidend und welche zufällig oder kontextabhängig ist. Mit unserem Blick auf Commons wollen wir den IAD-Ansatz nicht übergehen; doch wir wollen das, was mit seiner Hilfe erkennbar wird, erweitern und bereichern und dabei außer Acht lassen, was uns weniger konsistent erscheint (etwa die in ihn eingeschriebene Modellierung des sozialen Wandels). Es geht uns dabei vor allem um die Rolle von Subjektivität und Intersubjektivität. Commons müssen auch »von innen heraus« betrachtet werden, durch die Vermittlung von Erfahrung, Gefühl, Geschichte und Kultur jedes Beteiligten. Deswegen können sie nicht durch ein wie auch immer geartetes Sortiment von »besten Verfahrensweisen« oder importierten »goldenen Regeln« gesteuert werden. Commons entstehen durch persönliches Engagement. Sie sind das Produkt der Kombination von Persönlichkeit, Ort, Kultur, Zeit, politischen Gegebenheiten und so weiter.

Commoners beschreiben dies in der Regel mit ganz eigenen Begriffen, doch eine *gemeinsame* Sprachfähigkeit – eine Sprache der Commons – zu finden kann helfen, die je eigenen keimhaften Bemühungen zu denen Anderer sowie zur gesellschaftlichen Transformation in Beziehung zu setzen.

Natürlich gibt es viele rechtliche, finanzielle und organisatorische Formen, die Commons-Prinzipien in größerem Maßstab voranzutreiben vermögen. Wobei Rechts- und Organisationsformen nicht zwingend eine Praxis des Commoning hervorbringen. Immer wieder werden Gesetze und Institutionen »umgenutzt«, um dann ganz anderen Zwecken zu dienen. So sind viele Genossenschaften inzwischen mehr von Managementideen, Wettbewerbsfähigkeit und Gewinnorientierung getrieben als von ihren kooperativen Grundsätzen. Mikrofinanzprojekte sind derart von der Kapitallogik durchdrungen, dass die Souveränität, die Tausch- und Kredit-Commons mit sich bringen können, völlig ins Hintertreffen geraten. Auch Gemeinschaftsräte und gemeinnützige Organisationen – ganz zu schweigen von staatlichen Einrichtungen, die dem öffentlichen Interesse dienen –, können von der Koordinationsfunktion in die Kontrollfunktion kippen. Nicht überall wo Commons draufsteht, sind Commons drin.

Recht und Politik kommt aus unserer Sicht derzeit die Rolle zu, innovative und vertrauenswürdige Commons-Institutionen mit auf den Weg zu bringen, die eigenen Instrumente einer kritischen Revision zu unterziehen und für mehr Rechenschaft gegenüber jenen Anliegen zu sorgen, die in diesem Buch umrissen werden. Der Staat kann Commons fördern, indem er günstige Bedingungen schafft, damit Commoners ihre Ziele verfolgen können. Selbst wer in eher traditionellen Einrichtungen und Verwaltungsorganen agiert, kann Verantwortung für Commons übernehmen, insbesondere wenn der Versuch gelingt, »wie ein Commoner zu denken« – weswegen es sich auch lohnt, dieses Buch zu lesen. Letzlich kann der Staat nur durch einen solchen Perspektivwechsel tatsächlich commons-freundlicher werden, doch dafür muss er sich von der Marktlogik befreien. Ein Thema für unsere nächste Anthologie! Ganz gleich jedoch, wie gut Politik und Recht konzipiert sind: Sie können eine Kultur des Commoning nicht ersetzen.

Eine neue Weltsicht

Commoning ist ein radikales Konzept, weil es auf der aktiven, wissenden Teilnahme und Teilgabe von Menschen beharrt, die ihr Leben selbst gestalten wollen. Dabei geht es nicht einfach nur darum, gemeinsame Ressourcen zu teilen (das wäre auch per Algorithmus zu organisieren), sondern es geht um aktive Zusammenarbeit mit anderen. Es geht darum, gemeinsame Ziele zu verfolgen und Probleme zu lösen. Genauso wie die Marktkultur spezifische Seinsweisen hervorbringt, geschieht das auch durch Commoning. In Commons-Kategorien zu denken und aus diesem Denken heraus zu handeln (und umgekehrt) fördert persönliche Fähigkeiten und Kompetenzen, die für ein sinnstiftendes und kreatives Leben notwendig sind. Die Absicht zählt sowie der Zweck, der in Commons gelegt wird und die damit verbundene *emotionale Arbeit*. All dies kann nicht einfach per Satzung und Geschäftsordnung in eine Organisation oder einen Ablauf hineingeschrieben werden. Es ist ein Prozess, *der durch uns hindurchgeht* ähnlich wie das »rechnende

Denken« (K.H. Brodbeck). Durch die unzähligen Einzelaktivitäten, die einen solchen Prozess tragen, vervielfältigen sich die notwendigen Fähigkeiten und Kompetenzen nicht nur im Einzelnen, sondern auch allgemein. Commoning kann durch wiederholte gemeinsame Reflexion, wie auch immer sie organisiert sein mag, erheblich unterstützt werden. Auch hier kann die Sprache der Commons ein Schlüssel sein, um andere Arten des Seins, Wissens und Handelns zu entdecken. Sie wird helfen, uns Commoning als erlernbare und gewissermaßen »zeitlose« Praxis bewusst zu machen.

Das Commons zeitlos, also zugleich so alt und modern wie das Musizieren sind, verweist auf eine Schlussfolgerung, die vermutlich viel Gegenwind ernten wird: Commons stellen zahlreiche Prämissen unserer modernen Zivilisation grundlegend in Frage. Hier sei Étienne Le Roy zitiert, der in seinem Beitrag: »Wie ich dreißig Jahre zu Commons forsche, ohne es zu wissen« folgende These wagt: Sobald man anfängt, Commons ernst zu nehmen, »gerät das Ideenfundament, auf dem die moderne westliche Zivilisation ruht, außer Balance, und das fundiert Geglaubte stürzt in sich zusammen: Staat, Recht, Markt, Nation, Arbeit, Verträge, Schulden, Schenken, juristische Person, Privateigentum und Institutionen wie Verwandtschaft, Ehe- und Erbrecht werden plötzlich hinterfragt«.

Zudem bricht die Perspektive der Commons mit der Idee, dass einzelne Individuen und Dinge die bevorzugten analytischen Referenzpunkte sein müssen. Wir brauchen ein Vorgehen, das »mehr als Eins« systematisch berücksichtigt. Der methodische Individualismus trägt so wenig wie das bereits kritisierte Denken in Entweder-oder-Schemen oder die im ökonomischen Mainstream-Denken noch immer verankerte Newtonsche Weltsicht, die mit Vorliebe lineare Kausalitätsbeziehungen herstellt, um daraus Gesetzmäßigkeiten zu behaupten. Am Ende erscheint uns »die Wirtschaft« wie ein vor sich hin tickender Mechanismus, der uns auf mysteriöse Weise entzogen bleibt. Als kämen Menschen darin nicht vor.

Commons fordern uns auf, die Welt aus einer anderen Perspektive zu betrachten und grundsätzlich anzuerkennen, dass ein *Ich* aus Beziehungen hervorgeht und nur in ihnen und aus ihnen heraus existieren kann. Wer die vielfältigen *Wirs* und deren komplexe Dynamiken und Eigenlogiken ausblendet, läuft Gefahr, auch eine Erde ohne Atmosphäre für selbstverständlich zu halten. Diese *Wirs* sind mehr als die Summe von Individuen. Sie entstehen in realer wie virtueller Begegnung und im gemeinsamen Tun. Nur eine Perspektive, der es gelingt, nicht nur von dem auszugehen, was wir angeblich *sind*, sondern auch im Blick behält, wie wir *geworden sind*, was wir sind, wird unseren jeweils unverwechselbaren Identitäten, Kulturen und Wurzeln gerecht. Nur eine solche Perspektive kann erfassen, dass wir nicht nur Welt und Wirklichkeit schaffen, sondern dass gleiches auch umgekehrt mit uns geschieht. Nicht nur der Klimawandel zwingt uns zu der Erkenntnis, dass wir unentrinnbar in ein größeres Lebensnetz verstrickt sind, von dem unser Leben und unsere Zivilisation abhängen.

Angesichts der gegenwärtigen Übermacht von den abstrakt gedachten Entitäten Markt und Staat (die längst nicht so alt und dauerhaft sind, wie gemeinhin vermutet), könnte man versucht sein, jedes einzelne Commons als unbedeutendes Staubkorn abzutun. Doch indem das Handeln in Commons, das Commoning, uns mit dem tieferen Kreislauf lebender Systeme verbindet und mit Anderen vernetzt, entfalten sie jene unaufhaltsame Kraft, die systemische Veränderung hervorzubringen vermag.

Wir hoffen, mit diesem Buch zu dieser Vernetzung beizutragen, die Wiederentdeckung der Commons zu beschleunigen und deren Verständnis zu vertiefen – weil sie dem Stillstand und der Verzweiflung unserer Zeit die Stirn bieten.

Silke Helfrich und David Bollier

Literatur

Praetorius, I. (2015): *Wirtschaft ist Care*, hg. von der Heinrich-Böll-Stiftung, Berlin.

What is the most powerful force in the world?
A big pattern-change idea.
Bill Drayton, Gründer von Ashoka

Kapitel I – Begründen

Mit Mustern arbeiten

Eine Einführung

Helmut Leitner

Am 6. August 2000 stolperte ich im Internet über eine schmucklose Website mit wertvollem Wissen und interessanten Diskussionen. Dazu gab es auf jeder Seite eine Edit-Schaltfläche, die mir den gleichberechtigten Zugang als Mitwirkender und Mitautor ermöglichte. Das war neu und beglückend, wie ein unerwartetes Geschenk. Ich wusste nicht, dass es sich um den ersten Wiki-Prototyp handelte, der einige Jahre später ausgereift in der Wikipedia zu Weltgeltung gelangen würde. Ebenso wenig ahnte ich, dass ich mich 2001 als einer der ersten Deutschsprachigen dafür registrieren und daran mitarbeiten würde. Ich erfuhr, dass dieser Prototyp »Wiki Wiki Web« zum gemeinsamen Sammeln und Ausarbeiten von Mustern der Software erfunden worden war, und als »Portland Pattern Repository« dazu beitrug, das Denken über Software-Entwicklung zu revolutionieren. Ich konnte damals auch nicht ahnen, dass ich den ersten Wiki-Kongress »WIKISYM« mit organisieren, später ein Buch über Mustertheorie schreiben und dass das und vieles andere mein Berufsleben und mein Denken – vor allem über Gemeinschaft und Gesellschaft – verändern und dauerhaft bestimmen würde ...

Der vorliegende Beitrag kann diese Geschichte nicht erzählen, sondern arbeitet wesentliche Gesichtspunkte heraus, um all denen, die sich für Commons interessieren, zu helfen, sich mit dem Konzept der *Muster* vertraut zu machen. Die Verwendung von Mustern ermöglicht die leichtere Kommunikation gemeinsamer Ideen in komplexen Zusammenhängen sowie die nahtlose Verbindung von theoretischer Forschungsarbeit und praktischer Anwendung.

Der Architekt und Querdenker Christopher Alexander veröffentlichte 1977 das Buch *A Pattern Language* (dt. *Eine Mustersprache*), das im angloamerikanischen Raum zu einem Sachbuch-Bestseller wurde (Alexander et al. 1977). Es beschreibt wichtige Strukturen der Architektur. Der integrale zweite Band *The Timeless Way of Building* bildet zwar mit seinem Vorgänger eine Einheit, wurde aber viel weniger wahrgenommen (Alexander 1979). Es beschreibt universelle gestalterische Prozesse. Zusammen geht es in diesen beiden Büchern um ein Gestalten mit höchster Qualität, im Großen wie im Kleinen, mit dem Ziel lebendiger Regionen und Städte beziehungsweise einer lebensförderlichen Architektur. Alle Menschen sollten sich lebendig fühlen und in Freiheit gut leben können. Dies erfordere eine Architektur, die sie mitbestimmen und mitgestalten. Alexander untersuchte für seine Theorie die gesamte Baugeschichte, und er demonstrierte die Möglichkeit einer solchen Praxis durch eigene Projekte. Seine Arbeit steht dem Architektur-Mainstream, der gewöhnlich nach den Regeln der kapitalistischen Bauindustrie arbeitet, entgegen, und sie liefert, Schritt für Schritt, die Bausteine und Bindeglieder eines Gegen-Programms.

Für viele Leserinnen und Leser war es naheliegend, diese Gedanken von den architektonischen Strukturen und Prozessen auf andere Strukturen und Prozesse des eigenen kulturellen und gesellschaftlichen Umfelds zu übertragen. Daraus ergaben sich Reformansätze für Mitbestimmung und Mitgestaltung in allen möglichen Bereichen: in der Demokratie, im Bildungssystem, in Organisationsgestaltung, im Gesundheitssystem oder in der Persönlichkeitsentwicklung. Wo immer gestaltet wird, scheint es plausibel, Alexander'sche Denkweisen anzuwenden. In fast jedem gesellschaftlichen Bereich haben die Menschen das Gefühl, dass es einer Veränderung hin zu mehr gemeinschaftlicher Vernunft und Mitbestimmung bedarf. Die internationale Konferenz »PURsuit of Pattern Languages for SOcieteal Change« versammelt – etwa zeitgleich mit dem Entstehen dieses Buches – unter dem Acronym »PURPLSOC« im Sommer 2015 erstmals Wissenschaftlerinnen und Wissenschaftler aller Disziplinen zum Nachdenken über Muster für den gesellschaftlichen Wandel (PURPLSOC 2014).

Alexander forschte jahrzehntelang als Professor an der berühmten Berkeley University, war als Architekt tätig und schrieb zudem mehr als ein Dutzend Bücher. Vor allem sein abschließendes *The Nature of Order* (Alexander 2002) ist hervorzuheben, in dem er biologische Systeme in seine Überlegungen einbezieht, wobei sich weitreichende Parallelen von natürlichen und kulturellen Strukturen und Prozessen ergeben.[1]

Aber zurück zum Anfang: Alexander beschreibt in *A Pattern Language* (dt. *Eine Mustersprache*) grundlegende Wissensbausteine und Weisheiten der Architektur. Es sind 1171 Seiten, prall gefüllt mit 253 problemlösenden, wiederverwendbaren Konzepten, die er »Pattern« (dt. »Muster«) nennt. Jedes Einzelne füllt etwa 3-6 Seiten. Diese »Patterns« werden im Deutschen auch als »Gestaltungsmuster«, »Entwurfsmuster« (engl. »Design Patterns«) oder als »Grundmuster« bezeichnet. Sie beschreiben Fachwissen in einer für Laien oder Studierende verständlichen Form. Der inhaltliche Aufbau jeder Musterbeschreibung ist identisch. Jede ist für sich alleine lesbar und nachvollziehbar und kann bausteinartig für das Lernen und Gestalten sehr unterschiedlicher Prozesse verwendet werden. Wir können uns diejenigen Muster herausgreifen, die für uns gerade wichtig sind, so wie wir einzelne Werkzeuge aus einem Werkzeugkasten nehmen. Alexander ermöglicht uns, den je eigenen Lernweg durch dieses Wissen zu wählen, ähnlich wie in der Nutzung eines Kochbuchs oder eines Lexikons. So wie die im Lexikon verzeichneten Worte erst im Gefüge ihrer »regelhaften« Beziehungen ihre Ausdruckkraft gewinnen und zur Sprache werden, so werden einzelne Muster erst im Gefüge der anderen Muster und ihrer funktionellen Beziehungen zu einem ausdrucksfähigen Mittel der Gestaltung, zu einer Mustersprache (siehe Abbildung 1).

---

1 | Einen schnell zu lesenden Einstieg in das Werk Alexanders bietet der kleine Band des Autors: H. Leitner: *Mustertheorie: Einführung und Perspektiven auf den Spuren von Christopher Alexander*, Graz 2007 (Anm. der Hg.).

Abbildung 1: Eine Mustersprache als Netzwerk

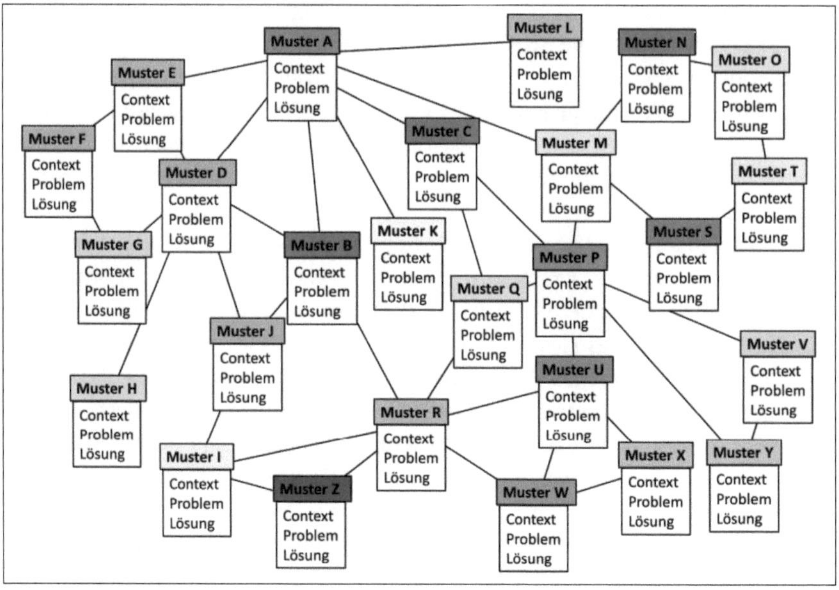

In der Praxis sind die meisten Projekte unvermeidlich »Work in Progress«, und so ist es am einfachsten von »Mustern des ... (z.B. Commoning)« zu sprechen, um eine Mustersammlung variabler Qualität zu bezeichnen. Mit der Zeit wird die Vollständigkeit der Muster und die Qualität ihrer Beschreibungen zunehmen, bis eine Mustersammlung auch wirklich den Qualitätsbegriff »Mustersprache« verdient. Dann entspricht sie einem mit allem Notwendigen bestückten Werkzeugkasten. Oft werden die Worte »Mustersammlung« und »Mustersprache« jedoch auch unkritisch und weitgehend synonym verwendet.

Abbildung 2: Beispiele für Gliederungen von Musterbeschreibungen

Christopher Alexander (Architektur)	Rob Hopkins (Transition)	Peter Baumgartner (Pädagogik)
Mustername	Mustername	Mustername
Bewertung	Bild	Bild
Bild	Herausforderung	Context
Context	Lösung	Problem
Problem		Kräfte
Kräfte		Lösung
Lösung		Stolpersteine
Ergebnis		Pro & Kontra
		Beispiele
		Benutzerrollen
		Werkzeuge
		Verbundene Muster
		Referenzen

Von der Musterbeschreibung zur Mustersprache

Die Beschreibung der einzelnen Muster folgt einer gemeinsamen Gliederung, die sich aber von Anwendung zu Anwendung, von Forschergruppe zu Forschergruppe unterscheidet. Alexander hat für die Architektur ein Schema ausgewählt, Kent Beck für Softwareprogrammierung ein anderes, Rob Hopkins für Transitionsprozesse ein drittes und so fort (siehe Abbildung 2). Man wählt für die Beschreibung bestimmte Aspekte aus und bleibt dann bei dem gewählten Schema. Erweiterungen und Veränderungen sind immer möglich. Wesentlich ist, dass jede Information ihren genauen Platz hat, und dass in den Aussagen die verschiedenen Aspekte nicht vermischt werden. Das erleichtert Personen und Gruppen sowohl die Zusammenarbeit in einem Anwendungsfeld als auch die interdisziplinäre und themenübergreifende Zusammenarbeit.

Unsere Welt lässt sich verstehen, als wäre sie von bewussten und unbewussten Mustern durchwoben. Jedes Muster ist dabei mit anderen Mustern verknüpft. Veränderungen unserer Welt erscheinen als das Entstehen neuer Muster oder als die Veränderung der Vorhandenen. Alle Gestaltungsmuster zusammen bilden in ihrer Einheit das kulturelle Erbe der Menschheit, das uns nur allen gemeinsam gehören kann. Musterbeschreibungen sind eine Form, dieses Erbe miteinander zu teilen und sie für alle Menschen in ihrem jeweiligen Leben und Lebensumfeld verfügbar zu machen. Musterbeschreibungen sind Werkzeuge für Mitbestimmung und Mitwirkung an der laufenden Weltgestaltung in einem gemeinsamen, kreativen, kooperativen und konsensualen Prozess. Wir stehen jedoch noch in den Startlöchern, das in größerem Maßstab bewusst und reflektiert zu tun.

Christopher Alexander ist in Insiderkreisen sehr bekannt geworden. Er hat theoretisch wie praktisch gezeigt, wie man Teile der Welt, unter Abkehr vom Profit als Optimierungsziel, gemeinsam lebensförderlich gestalten kann und gilt so als moralische Autorität der Architekturszene. Doch nur einzelne Architekten konnten sich bisher von den kapitalistischen Regeln der Bauwirtschaft freispielen. Die Bauwirtschaft als Ganzes verharrt im Korsett kapitalistischer Wirtschaftslogik und bleibt damit auf Kollisionskurs mit der Realität einer nicht unbegrenzt auszubeutenden Welt. Sie verstärkt die Probleme unserer Zeit, die Umweltzerstörung, den Raubbau an Ressourcen und die Klimaveränderung, um nur einige zu nennen. Die angestrebte Architekturevolution hat also noch nicht stattgefunden, aber der Denkansatz, mittels partizipativen Gestaltens zu lebensförderlichen Strukturen zu kommen, hat sich in der Zwischenzeit in vielen anderen Bereichen jenseits der Architektur als fruchtbar erwiesen.

Von den Mustern zur Gestaltung

In verschiedenen Disziplinen wurden hunderte Bücher über Muster publiziert (siehe Abbildung 3). Es erscheinen zunehmend Diplomarbeiten, Dissertationen und fachwissenschaftliche Artikel. Innerhalb der Software-Entwicklung wird das Arbeiten mit Mustern an den Universitäten gelehrt und ist zum Mainstream geworden. Ein Zeichen für die Bedeutung des Musterdenkens ist auch die Wikipedia, die es ohne Christopher Alexander und seine Theorie der Muster, wie einleitend skizziert, vermutlich nicht gäbe.

Abbildung 3: Die Publikationsvielfalt in Folge des einflussreichen Buches A Pattern Language

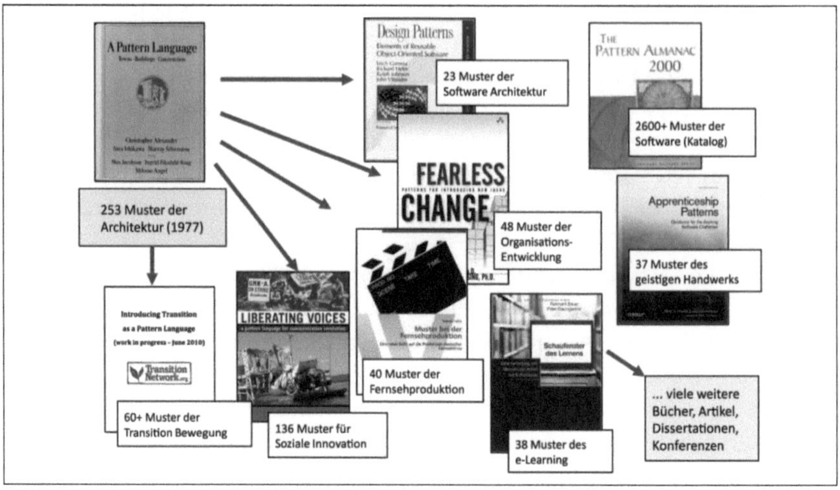

Der Weg hin zu Mustern besteht darin, aus der Praxis gemeinsam nützliches Erfahrungswissen zu erarbeiten, dieses theoretisch zu reflektieren, zu verfeinern und zu vertiefen. Existieren Muster erst einmal als Text- und Datensammlung – man spricht auch von einem »Repository« oder einer (Arbeits-)Bibliothek – so können sie auf verschiedenen Wegen für praktische Gestaltungs- oder Problemlösungsprozesse aufbereitet werden (siehe Abbildung 4).

Abbildung 4: U-Schema für Erarbeitung, Publikation und Nutzung von Mustersammlungen

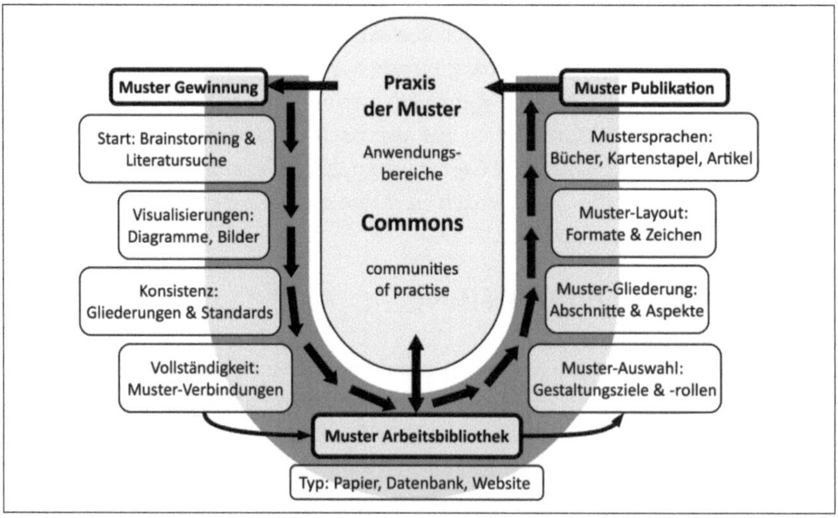

Dabei müssen die Endprodukte nicht ausschließlich Buchpublikationen sein. Es gibt auch leichtgewichtige Formen, um Muster-Wissen in Umlauf zu bringen und wirksam werden zu lassen: Broschüren, Websites, oder Seminarkarten-Stapel. Letztere werden besonders gern in Workshops eingesetzt, weil sie sich flexibel verwenden lassen, um miteinander über die Erfahrungen und Konzeptideen ins Gespräch zu kommen, sie bewusster zu machen und in die Praxis zu bringen.

Abbildung 5: Gruppe Studierender an der Keio Universität in Tokyo im Rahmen einer Lehrveranstaltung beim Erarbeiten von »Mustern der Präsentation« (Iba 2012)

Muster sind aber nur *eine* Seite des Alexander'schen Denkansatzes, wenn auch jene, die am intensivsten wahrgenommen und besprochen wird. Alexander liefert darüber hinaus (Alexander 1979) ein Kreismodell eines idealtypischen kreativen Prozesses, der aus seiner Sicht jedem Gestaltungsprozess zugrunde liegt (Abbildung 6).

Abbildung 6: Kreis-Schema für den kreativen Prozess

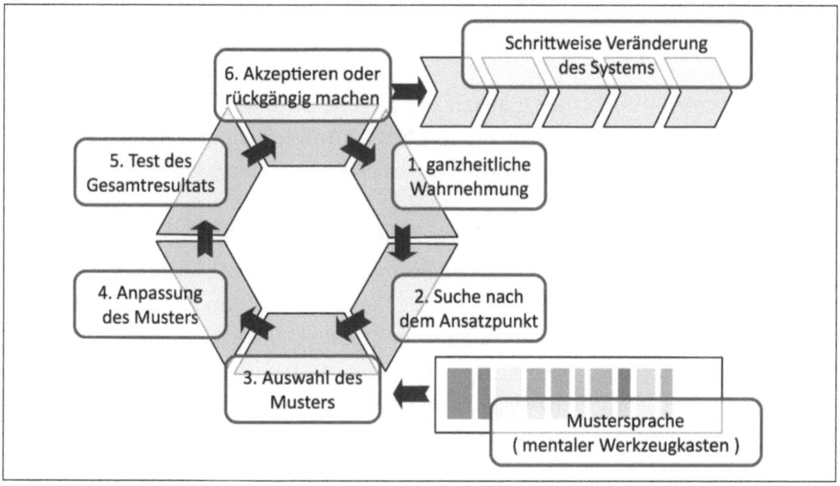

Es enthält sechs Schritte (Sektoren): Im 1. Schritt wird das System ganzheitlich wahrgenommen; im 2. Schritt wird ein Ansatzpunkt für den nächsten Entwicklungsschritt gesucht; im 3. Schritt wird ein Muster aus der betreffenden Mustersprache ausgewählt, das im 4. Schritt an die konkrete zu lösende Problemsituation angepasst wird; im 5. Schritt wird die neu entstandene Systemsituation auf Erfolg oder Misserfolg getestet, um dann im 6. Schritt die Transformation, das Ergebnis, entweder zu akzeptieren oder rückgängig zu machen. Dann beginnt der kreative Zyklus wieder von vorn.

Alexander'sche Ethik – eine Ethik der Gestaltung

Dieser kreative Zyklus muss – als idealtypisches Modell – von ethischen Prinzipien begleitet sein, um fruchtbar zu werden (Abbildung 7). Andernfalls würde es sich nur um einen wertfreien und wertlosen Mechanismus handeln, der wie jedes andere Werkzeug auch missbraucht werden kann.

Abbildung 7: Elemente Alexander'scher Ethik

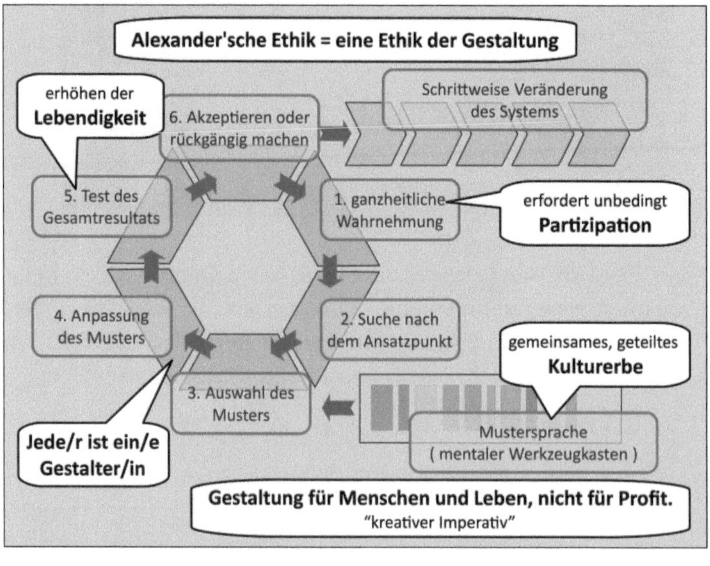

Erstens: Erfolgreiche Gestaltung bedarf der ganzheitlichen Wahrnehmung des jeweiligen Systems und seiner Potentiale. Dies kann nur gelingen, wenn man sich auf das Spezifische der Situation vor Ort einlässt sowie die Betroffenen und ihre Bedürfnisse einbezieht. Und mehr noch: Die Betroffenen sollen am besten selbst zu Mitgestaltern werden.[2] Damit ist Alexander ein früher Vertreter des partizipativen Bauens und Gestaltens. Er propagiert das jedoch nicht als Moralist, sondern begründet es als empirische Erkenntnis der Gestaltenden: Nur mittels Partizipation sei optimale Gestaltung möglich. Unsere Staaten, Demokratien, Gemeinwesen,

2 | Das entspricht dem dritten Design-Prinzip für gelingende Commons-Institutionen von Elinor Ostrom et al. (siehe S. 55).

Schulen, Universitäten, Organisationen usw. sind nur in dem Maß zukunftsfähig, indem sie diesen Gedanken verwirklichen und sich öffnen für die Menschen, ihr Engagement und ihre Kreativität. Diese theoretisch begründete Offenheit steht hinter dem Erfolg von Open Source, Open Knowledge und Open Everything. Das offene Projekt Wikipedia ist gelungen, weil es u.a. die Alexander'schen Prinzipien der schrittweisen Verbesserung und der Offenheit für Partizipation bewusst angewandt wurden. Das geschlossene Vorgänger-Projekt Nupedia, das auf von Experten geschriebene Artikel setzte, war zuvor hoffnungslos gescheitert.

Zweitens: Muster sind, wie schon erwähnt, unser gemeinsames kulturelles Erbe. Jeder Mensch schöpft aus dieser jahrtausendealten Quelle, bewusst oder unbewusst. Dabei ist unerheblich, ob der Einsatz der Muster explizit oder implizit erfolgt. Die expliziten Beschreibungen von *Mustern* und *Mustersprachen* ermöglichen lediglich eine Steigerung der Selbstorganisation und Kreativität, indem sie Kompetenzen in der Nutzung von Mustern vermitteln.

Drittens: Die in Schritt 5 vorgenommene Bewertung einer systemverändernden Transformation orientiert sich an der Lebendigkeit des Systems.[3] Die Lebendigkeit ist jener Wert, der der Suche nach Systemverbesserungen, der Auswahl und Adaptierung von Mustern und der Letztentscheidung über alle Transformationen zugrunde liegt. Dieser Lebendigkeitsbegriff beinhaltet in einem wohlverstandenen Sinn Begriffe wie »Nachhaltigkeit«, »Lebensunterstützung« und »Resilienz« und rundet sie ab.

Viertens: Aus dieser Gestaltungstheorie ergibt sich ein Vorrang des Menschen und des Lebens insgesamt vor den Überlegungen von Effizienz- und Profit-Maximierung. So lässt sich ein »kreativer Imperativ« formulieren: »Gestalte und handle immer so, dass die Menschen und das Leben den Vorrang haben vor Einzelinteressen und Profit.« In Kurzform: »Gestaltung für Menschen, nicht für Profit«.

Alexander öffnet systematisch den kreativen Bereich für alle Menschen, er fordert die Information und Emanzipation aller Betroffenen, damit alle am Gestalten der Welt teilhaben können. Die Botschaft lautet: »Jeder ist ein Gestalter – Jede ist eine Gestalterin.«

Zusammenschau der Paradigmen

Musterforschung, soviel wird deutlich geworden sein, ist viel mehr als das Formulieren von Problem-Lösungs-Mustern im Zusammenhang von Mustersprachen. Das Pyramiden-Schema von Abbildung 8 illustriert die Themenfelder.

Jede Ebene baut auf die darunterliegende Ebene auf, erfordert aber nicht unbedingt das Fortschreiten auf die nächst höhere. So gibt man sich in der Software-Entwicklung derzeit mit Ebene 2 zufrieden, während etwa in der Pädagogik gerade die ethischen Themen der Ebene 4 besonderes Interesse finden. Jedes Anwendungsfeld hat, neben den Gemeinsamkeiten, auch seine eigenen spezifischen Charakteristika. Für die Commons-Diskussion scheinen alle vier Ebenen gleichermaßen von Bedeutung.

---

3 | Siehe zum Thema Lebendigkeit auch den Beitrag von Andreas Weber am Ende dieses Bandes auf den Seiten 354 ff. (Anm. der Hg.).

Abbildung 8: Schema einer 4-Stufen-Pyramide mustertheoretischer Forschungsarbeit

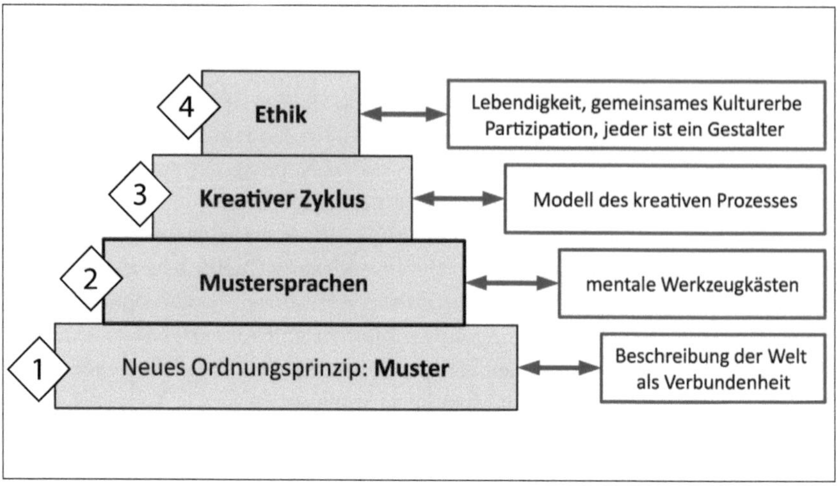

Muster der Commons und des Commoning

Vor der Commons-Bewegung liegt eine Entwicklung, die mit einer weiteren Mobilisierung und Verbreitung des Wissens, das in der Bewegung beziehungsweise in ihren Akteurinnen und Akteuren lebt, verbunden sein muss. Die Situation erscheint komplex, vor allem durch die Vielfalt von historischen und aktuellen Erscheinungsformen von Commons in allen Kulturen. Es ist eine Herausforderung, aus dieser Vielfalt einen Grundstock von Begriffen als Modelle für alle Commons-Projekte ausfindig zu machen. Als wäre das nicht Anspruch genug, stellt sich zusätzlich die Aufgabe, wichtige Problemstellungen der Gegenwart, z.B. den Klimaschutz, als Gemeingut-Projekte zu verstehen und zu Lösungen zu finden.

Die Situation ist nicht einfach und doch lässt sich sagen: Die notwendigen Konzepte und Methoden existieren bereits, und es wird intensiv daran gearbeitet, die Theorie der Muster mit der Praxis der Commons zu verbinden.

Literatur

Alexander, C., S. Ishikawa und M. Silverstein (1977): *A Pattern Language: Towns, Buildings, Construction*, New York, Oxford University Press.

Alexander, C. (1979): *The Timeless Way of Building*, New York, Oxford University Press.

— (2002): *The Nature of Order: An Essay on the Art of Building and the Nature of the Universe*, 4 Bände, Berkeley, Kalifornien, The Center for Environmental Structure.

Iba, T. (2012): Pattern Language 3.0: Writing Pattern Languages for Human Actions, http://de.slideshare.net/takashiiba/plop2012 (Zugriff am 15. Juli 2014).

Leitner, H. (2007): *Mustertheorie – Einführung und Perspektiven auf den Spuren von Christopher Alexander*, Graz, Nausner & Nausner Verlag.

PURPLSOC (2014): conference PURPLSOC, 3.-5. Juli 2015, Krems, http://purplsoc.org (Zugriff am 15. Juli 2014).

Schuler, D. (2008): *Liberating Voices: a pattern language for communication revolution*, London, The MIT Press.

Helmut Leitner hat Chemie studiert und im Bereich von Computersimulationen molekularer Systeme gearbeitet. Als IT-Berater und Software-Entwickler hat er sich selbständig gemacht. Leitner ist Wiki- und Online-Community-Pionier der ersten Stunde und engagiert sich in Wissenschaft und Gesellschaft zum Thema Mustertheorie und Mustersprachen.

Muster gemeinsamen Handelns

Wie wir zu einer Sprache des Commoning kommen

Silke Helfrich[1]

Ein Auftakt

Noch immer schläft und arbeitet mein Stadtviertel im Rhythmus von Unternehmen, die im vorvergangenen Jahrhundert zu Ansehen gelangten. Es ist sehr spät. Da kündigt mein Rechner einen Chat an. Auch Helmut Leitner ist noch wach. Drei Monate lang hatte er unseren Band Commons. Für eine neue Politik jenseits von Markt und Staat (2012) durchgearbeitet, um »80 Commons-Artikel wie Puzzle-Steine anzuordnen und zusammenzusetzen«, so das Chat-Protokoll. Monate später, im Januar 2014, treffe ich Helmut Leitner erstmals auf einer Tagung in Wien. Seine Vortragsankündigung zu »Muster der Lebendigkeit« ließ mich aufhorchen: Man könne, so hieß es darin, »durch Mustersprachen und ein bisschen Theorie zu einem ganzheitlichen Denken im Dienste von Lebendigkeit, Transparenz, Partizipation und Nachhaltigkeit kommen«. Schon das machte neugierig, doch Leitner verspricht weiter: Aus unserem Commons-Band und anderen Quellen sei eine »Gebrauchsanleitung für den Umgang mit kooperativen Wirtschafts- und Lebensformen« erstellbar. Gebrauchsanleitungen für das Sozialleben begegne ich mit Skepsis. Auch die Beschreibung von Mustersprachen als »Gebrauchsanleitung« vermag mich nicht zu überzeugen, da der Denkansatz Christopher Alexanders aus meiner Sicht weit mehr bietet, als Handlungsanweisung für die Zusammenarbeit in überschaubaren sozialen Sphären zu sein. Alexander fordert Lebendigkeit: die lebendige Stadt, die lebendige Gemeinschaft oder die lebendige Demokratie; und letztlich auch eine Wissenschaft der Lebendigkeit, die Natur- und so manche Sozialwissenschaft vom Denkhorizont der Maschinenmetapher löst. Er arbeitet für einen Paradigmenwechsel: vom Denken in Einzelbestandteilen, die klar voneinander zu scheiden sind, hin zum Denken in verbindungsreichen Mustern. Nicht, was trennt, wird sichtbar gemacht, sondern was verbindet.

---

1 | Ich bin Franz Nahrada für seinen Anstoß, seine Weitsichtigkeit und Tiefe sehr dankbar und bin Jacques Paysan, Florian Rommel und vor allem Helmut Leitner für die solidarische Unterstützung und ihre zahlreichen, überaus hilfreichen Vorschläge während der Redaktionsphase sehr verbunden.

Muster prägen Commoners

Mustern werden in Prozessen freigelegt, die sich wohltuend von reduktionistischen Vorgehensweisen abheben, in denen viel zu oft Sinn und Genese, Subjektivität und Bedeutung verschwinden. So wie Wasser mehr ist als die Kombination von zwei Wasserstoff- mit einem Sauerstoffatom, so sind Commons mehr als die Kombination von Ressourcen, Gemeinschaften und Regeln. Die diesem Buch zu Grunde liegende Erkenntnis, dass Commons nicht sind, sondern gemacht werden – »There is no commons without commoning«, wie Peter Linebaugh sagt –, erhellt, warum zum tieferen Verständnis von Commons ein Vorgehen gebraucht wird, das auch Sinn, Genese, Subjektivität und Bedeutung in den Blick zu nehmen vermag. Mehr noch: Indem wir einem solchen Vorgehen folgen und über Muster des Commoning nachdenken, verändern wir uns selbst. Das heißt, Linebaugh paraphrasierend: There is no commoner without commoning. Sich der Muster des Commoning gewahr zu werden, befähigt uns, Commons klarer zu denken und zu leben. Es trägt bei, ein spezifisches Verständnis unserer selbst zu prägen.

All das erklärt, warum der im vorherigen Beitrag von Helmut Leitner skizzierte Musteransatz geeignet ist, der Idee der Commons auf den Grund zu gehen und zugleich besser zu vermitteln, wie Commons gelingen können.

Der Ansatz ...
- → ist kontextbezogen (kultureller, politisch-ökonomischer, sozialer und ökologischer Kontext);
- → gründet in konkreten Lebenswelten;
- → unterstützt Selbstreflexion;
- → erzeugt Resonanzerlebnisse;
- → erkennt eigenes Erfahren und Erleben als Erkenntniszugang;
- → ist ergebnisoffen.

Allgemeine und spezifische Muster

Das Verhältnis »allgemein/übergeordneter« und »spezifisch/untergeordneter« Muster kann mindestens zwei Formen annehmen:

(1) räumlich/enthaltend: So enthält ein »Commons-Projekt« »selbstbestimmte Regeln« als unabdingbaren Bestandteil »Commons-Projekt« wäre das allgemeine/übergeordnete Muster. »Selbstbestimmte Regeln eines Commons-Projektes« wäre das spezifische/untergeordnete Muster.
(2) abstrahierend/allgemein: So findet sich das *Vieraugenprinzip* zum Beispiel in verschiedenen spezifischen Handlungssituationen – ob in der Buchhaltung, beim Fliegen (Pilot/Kopilot) oder in der Politik (Präsident/Vizepräsident), und es ist seinerseits weniger allgemein als ein *Backup-Prinzip*, das auch in der Natur (bei unseren doppelten Organen wie Augen, Ohren, Nieren) oder in der Technik (Sicherungskopie von Daten) zu finden ist.

Er erlaubt Orientierung in komplexen und dynamischen Systemen und lässt sich auf gemeinschaftliche Prozesse genauso beziehen wie auf gesellschaftliche. Die Muster des einen sind spezifischer, die des anderen allgemeiner Art.

Ein halbes Jahr nach meiner Wiener Begegnung mit Helmut Leitner, im Juni 2014, mache ich es mir neben einer Himbeerhecke bequem. Bereits zum dritten Mal hatte sich der liebevoll gepflegte Garten des KulturNaturHofs im thüringischen Bechstedt für die Commons-Sommerschule geöffnet. Sie beginnt mit einem Workshop zu »Mustern des Commoning«. Der Begriff des Commoning war bereits ins Zentrum unseres Nachdenkens gerückt. Dass Commons *gemacht werden*, ist den Teilnehmerinnen und Teilnehmern klar. Die Frage ist: Wie? Schließlich scheint es mitunter schwerer, »Commons zu tun« als »Commons zu denken«. Je mehr wir jedoch über dieses »Wie« und damit über Commoning nachdenken, umso öfter verlassen wir konventionelle Denkschulen, zu der letztlich auch die Institutionenökonomie gehört.

Commons-Theorie auf vielschichtigem Fundament

Seit die Politikwissenschaftlerin Elinor Ostrom im Jahr 2009 mit dem Nobelpreis für Wirtschaftswissenschaften geehrt wurde, sind ihre Design-Prinzipien für Commons-Institutionen (siehe folgenden Beitrag) weithin bekannt geworden. Ostrom geht es im Wesentlichen um »*institutionelle* Arrangements zum Management von Gemeinressourcen und öffentlichen Gütern auf unterschiedlichen Maßstabsebenen« (Ostrom 2010: 641, Hervorhebung S.H.). Bis zum Schluss arbeitet sie methodisch mit den in der Institutionenökonomie üblichen Denkmodellen und Begrifflichkeiten, rückt jedoch – und das ist ihr besonderes Verdienst – die Tatsache in den Mittelpunkt, dass sich die gesuchten Arrangements nicht nur im Staat oder auf dem Markt finden lassen. Hinter diese gut belegte Erkenntnis gibt es politisch wie wissenschaftlich kein Zurück. Die empathische Vollblutwissenschaftlerin wollte die »breiteren institutionellen Regelmäßigkeiten von Systemen verstehen, die über einen langen Zeitraum präsent oder abwesend waren« (ebd.: 652). Analytisch nutzt sie dafür – so wie der von ihr geprägte Zweig der Commons-Forschung – die sogenannte IAD-Modellierung[2] (Abbildung 1).

Abbildung 1: Grundelemente der IAD-Modellierung nach Ostrom

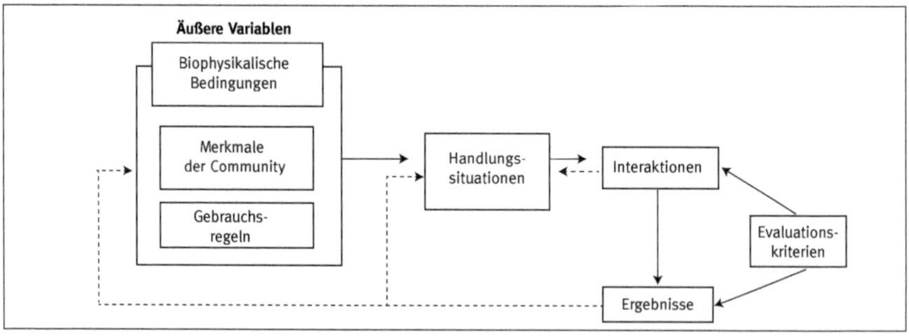

2 | Institutional Analysis and Development Framework (Modellierung zur Analyse von Institutionen und Entwicklungsprozessen).

Sie dient dazu, Situationen zu analysieren, in denen Menschen mit mehreren, teils widersprüchlichen Anforderungen, Normen und Regeln konfrontiert sind (Conway 2012). Solche wiedersprüchlichen Anforderungen gehören zum Alltag. Jede und jeder kennt sie, etwa wenn das Kriterium, »für den Arbeitsmarkt« individuell »mobil und flexibel« zu sein, auf das eigene Nutzungsverhalten öffentlicher Verkehrsmittel zurückschlägt oder gar auf deren Bereitstellung. Denn wo viele Privat-PKWs zum jeweiligen Arbeitsplatz fahren, »lohnt« der Einsatz des Öffentlichen Nahverkehrs nicht.

Auf einer abstrakteren Ebene wird die IAD-Modellierung vom sogenannten »Social-Ecological Systems Framework« (SES, Analyserahmen für sozio-ökologische Systeme) ergänzt. Dieser bildet zahlreiche Variablen[3] ab, die ein sozio-ökologisches System ausmachen und daher in dessen Analyse einbezogen werden sollten. IAD und SES ergeben zusammengenommen eine Art doppeltes Analyseraster, bestehend aus Bausteingruppen – wie den biophysikalischen Bedingungen oder Nutzungsregeln –, die die konkreten Handlungssituationen beeinflussen. Das ist zwar sehr ausdifferenziert, bleibt aber letztlich dem Gedanken verhaftet, dass die Veränderung der Zahl und Qualität dieser Bausteine das gewünschte Ergebnis mehr oder weniger direkt beeinflussen, so als würde das Eine aus dem Anderen ursächlich hervorgehen.

Natürlich wirken Dinge auch ursächlich. Daher ist für ein zu erwartendes Ergebnis auch entscheidend, womit ein System ausgestattet wird. So wie sich ein hervorragendes Essen unmöglich aus minderwertigen Zutaten herstellen lässt oder aus einem Bildungsmarkt, der sich am Bedarf »der Wirtschaft« orientiert und sich in Noten oder ECTS-Punkten berechnet, kein im Humboldt'schen Sinne gebildeter Mensch hervorgehen kann, so werden auch Commons kaum aus commons-feindlichen Regeln oder aus der Vernetzung von Hard-core-Eigenbrötlern entstehen. Doch zugleich gilt, dass einerseits die Summe der Bausteine noch nicht das Ganze ergibt und andererseits die konzeptionelle Grundlegung – also die Frage: Wie denke ich Commons? – bestimmt, was überhaupt in das System hineingegeben und darin wahrgenommen werden kann. Um im Bilde zu bleiben: Wer Bildung als Ware und hauptsächlich arbeitsmarktbezogen konzipiert, wird, um mit Humboldt zu sprechen, kaum »so viel Welt als möglich in die eigene Person verwandeln« wollen. Wer Essen nur als Kalorienzufuhr denkt, wird sich nicht auf die Suche nach frischen Lebensmitteln machen.

Wie wir ein System denken (und im Falle der Wissenschaft modellieren), schlägt unmittelbar auf das (Forschungs-)Ergebnis durch.

Commoning gelingt also nicht einfach dann, wenn alle Faktoren und Bedingungen optimiert und alle Institutionen an den Ostrom'schen Design-Prinzipien ausgerichtet sind. Es gibt, das betont auch Ostrom, keine verlässliche Ursache-Wirkungs-Kette. Doch es gibt die Möglichkeit, das »Ostrom Law« durch einen holistischen Ansatz zu ergänzen, der die Eigensinnigkeit sozialer Prozesse aufzunehmen ver-

3 | Im klassischen SES-Modell sind es über vierzig, aber sie sind im Prinzip beliebig erweiterbar.

mag. In diese Richtung bewegt sich meine Suche. Hier verorte ich das Potential der Mustertheorie für Commons-Theorie. Während geeignete Institutionen kooperativem Handeln einen Rahmen bieten, tragen Muster des Commoning bei, konkrete Fähigkeiten in diesem Rahmen zu entfalten und damit diesen bislang untertheoretisierten Begriff näher zu bestimmen. Das ist für Commons-Theorie wichtig, denn bislang scheint das vielgesichtige soziale Phänomen unkommunizierbar, sobald es abstrakt und losgelöst von der konkreten Praxis erklärt werden soll. Diesem Problem kann mit Mustern des Commoning begegnet werden. Mit Mustern lassen sich die Prinzipien und Dynamiken von Selbstorganisation fassen und für eine tiefgreifendere sozial-ökologische Transformation reproduzierbar machen. Muster sind dabei so etwas wie Kristallisationsorte, damit Commoning sich in möglichst vielen Sphären und auf vielen Ebenen entfaltet.

Der Ostrom'sche Ansatz, so die hier verfolgte Grundidee, sollte mittelfristig durch zwei Ergänzungen bereichert werden: einer Mustersprache des Commoning, die in diesem Artikel begonnen wird, und einer Mustersprache einer »commonsbasierten Gesellschaft«, die der Entwicklung harrt.

Muster machen Commoning wirkmächtiger

Deswegen lohnt es, Beschreibungen von Commons-Projekten »wie Puzzle-Steine anzuordnen und zusammenzusetzen« und sie nach Mustern zu durchforsten. Deswegen sitzen wir im Bechstedter Garten und entwickeln gemeinsam Muster zu Grenzziehung bzw. Ausschluss in Commons: Wer ist drin? Wer ist draußen? Und warum? Deswegen lade ich Monate später im kanadischen Montreal zu einem weiteren Workshop. Drei Dutzend Menschen aus Projekten und Netzwerken, Universitäten oder Verwaltung diskutieren dort über die Kunst des Commoning[4] im Allgemeinen und entwickeln Muster zur Konfliktlösung im Besonderen. Deswegen reflektiere ich ein klassisches Problem kollektiver Prozesse – Kosten gemeinsam zu tragen – aus Musterperspektive. Sie erhellt die Verbindungen zwischen Prozessen, die sich überall in der Welt in spezifischer Form zeigen, abhängig von Zeit, Ort, Umwelt- und Sozialbedingungen sowie den vielzitierten Befindlichkeiten. All diese Prozesse bergen Muster, so die These, die freizulegen Commoning nicht nur besser verstehen lässt, sondern auch einfacher in den Alltag und in Institutionen integrierbar macht. Nicht im Sinne einer Gebrauchsanleitung, wohl aber in katalytischer Funktion. Muster helfen, Commoning selbstverständlicher zu machen. Und je selbstverständlicher Commoning ist, umso besser lassen sich die verschiedenen »Halbinseln gegen den Strom« (Friederike Habermann) miteinander vernetzen und umso intensiver unterstützen sie gesellschaftliche Transformationen.

Wie also können solche Muster entwickelt werden?

---

4 | Konferenz »The Art of Commoning« vom 6. bis 8. November 2014, Montreal, http://www.aohmontreal.org/en/l%E2%80%99art-de-l%E2%80%99en-commun/ (Zugriff am 10. Juni 2015).

Muster ohne Wert

Der kreative Zyklus der Mustergenerierung, wie im Beitrag von Leitner durch die Abbildung 6 skizziert, kommt einer reflexiven Praxis für Problemlösungsprozesse gleich. Dabei ist Mustergenerierung zunächst wertunabhängig. Sie wird erst in dem Maße mit Wert(en) ausgestattet[5], wie selbige in alltäglichen Verständigungsprozessen erzeugt, ausgetauscht, überprüft und verändert werden.[6] Tatsächlich kann nur dieses performative Hervorbringen von Bedeutungen, von etwas Bedeutungsvollem, zu Werten gerinnen. Man kann dieses Hervorbringen als Essenz des Commoning bezeichnen. Das heißt: Wir handeln und bringen darin die Kriterien und Maßstäbe erst hervor, durch die wir Wert und Werte zuschreiben. Beides wird hier als Ausdruck für kreative Energie und schöpferisches Handlungspotential verstanden.[7]

Werte sind demnach nicht dem Commoning vorausgesetzt, denn kein Gott, kein Staat und kein vermeintlich verobjektivierender Prozess kann sie setzen. Und doch sind sie Bestandteil gelingender Lösungen. Darauf müssen sich auch Muster des Commoning beziehen. So ist in realen Commons aber auch im Musterentwicklungsprozess immer wieder zu fragen, ob so zentrale Werte wie »Freiheit in Bezogenheit«[8] gestärkt statt gefährdet werden. Und welche Muster helfen, unser Zusammenleben als im Grundsatz frei(willig) und sachzwangfrei zu gestalten? Denn letztlich kann sich Kooperation als gesamtgesellschaftlich denkbares Grundprinzip nur erhalten, wenn sie prinzipiell auch kündbar ist. Schlichter formuliert: Mensch muss auch gehen können. Einen Sachzwang zur Kooperation kann es nicht geben.

Eine solche Perspektive weitet den Blick für das Potential der Commons, für das, was wir tun könnten, sofern die Bedingungen dafür existierten und die sozialen Prozesse durchgetragen werden. Es geht hier weniger um Vermögen, als vielmehr um das, was wir vermögen. Da wie bei allen sozialen Prozessen auch für das Commoning anderswo gelingende Lösungen nur begrenzt imitiert werden können und Patentrezepte nicht existieren, bleiben Muster als Möglichkeit, Commoning so abzubilden, dass das Stetige sichtbar wird, ohne dass das je Spezifische »herausdefiniert« oder die Handlung ihres Kontextes beraubt werden muss, nur um sie besser modellierbar zu machen. Dabei sind (Muster-)Sprachen nichts grundlegend Neues; »sie sind so natürlich in unserem Leben implementiert, dass wir wahrscheinlich gar nicht herausgefunden hätten, worin das Essentielle besteht,

5 | Die letztlich dafür sorgen, dass etwas auch im intendierten Sinne gelingt.

6 | Wert hier verstanden als das, »wodurch Handlungen für den Handelnden Bedeutung gewinnen« (Graeber 2012: 13). Die Idee beruht auf der Annahme, »dass nicht Dinge, sondern Handlungen bewertet werden« (ebd.: 94).

7 | Auch Wert (im ökonomischen Sinne) ist weder objektiv noch eindeutig durch irgendetwas (zum Beispiel Arbeitszeit) bestimmt, sondern bildet sich immer wieder neu heraus.

8 | Bezogen auf die Notwendigkeiten, die Freiheit der Anderen und das Grundverständnis des Individuums als soziales – mit den Anderen verbundenes – Wesen. Dies unterscheidet sich von einem Freiheitsverständnis, das selbst Grenzüberschreitung noch mit der eigenen Freiheit begründet.

wenn es nicht durch eine Fülle von negativen gesellschaftlichen Entwicklungen so stark bedroht ist, dass wir in einer besonderen Bewusstheit zur Restituierung dieser ›natürlichen‹ Verhaltensweisen agieren müssen«, schreibt Franz Nahrada. Diese Restituierung verbindet sich produktiv mit der Art, wie Elinor Ostrom ihre Arbeit verstand. Ihre Frage war nicht, ob Menschen kooperieren wollen, sondern wie man ihnen helfen kann, es zu tun.

Muster des Commoning gewinnen

»Helfen zu kooperieren.« »Helfen, Commons zu tun«: Eben das können Muster leisten. Kombiniert zu einer Mustersprache, geben uns viele Muster zusammengenommen Orientierung bei der Auswahl der für einen jeweiligen Kontext relevanten Lösungs- und Strukturelemente für die Aktivierung von Commons. Sie generieren dabei kein abstraktes Wissen, sondern beinhalten sehr konkrete Fragen, die gemeinschaftliche, vernetzte und P2P-Praxis der Reflexion zugänglich machen. Das dabei entstehende Wissen fließt durch die Beteiligten direkt wieder in ihr Handeln und gestaltet so ihre Kontexte. Muster des Commoning können die prinzipielle Offenheit eines Prozesses fördern, mit sicherstellen, dass alle Betroffenen tatsächlich mitreden und mitentscheiden und immer wieder die Frage aufwerfen, ob und inwiefern ein Prozess lebensförderlich ist. Eine Mustersprache wird notwendig unvollständiges Wissen sein, aber das beste Wissen, das wir haben und das wir gemeinsam weiterentwickeln können. Folgerichtig ist eines der wichtigsten Muster jeder Mustersprache, eine solche nicht als Modell, sondern als Plattform zu verstehen, die es uns ermöglicht »loszugehen«. Nicht mehr, aber auch nicht weniger. Wer bereits Einblick in die Mustergewinnung hat, weiß, dass sie erhellt, formuliert und für Außenstehende verstehbar macht, was wir tief innen bereits wissen. Das soll bestenfalls in einer Sprache geschehen, die dem Gegenstand angemessen ist. Für eine Mustersprache des Commoning, wäre das eine Sprache, die selbst offen und lebendig bleibt. Die Möglichkeit, durch die Entwicklung von Mustern eine gemeinsame Sprache des Commoning zu schaffen, ist zentral. Sie kann intern verbindend wirken, aber auch nach außen auf den Punkt bringen, was Saatgutbanken und Freie Software gemeinsam haben. Noch einmal: Muster sind vor allem Mustersprache. Das Mittel von Vergemeinschaftung und Vergesellschaftung schlechthin.

Bei jeder Muster(sprach)entwicklung stellt sich zunächst die Frage, wie das System »betreten« werden kann. Einige Zugänge sind hier zusammengefasst:

Allgemeine und spezifische Muster

- Brainstorming
- Annäherung über Textanalyse
- Annäherung über Kategorien und Schlüsselbegriffe des Untersuchungsfeldes (Fachliteratur)
- Annäherung über die innere Methode der Mustertheorie1[9]
- Annäherung über Metamuster
- Annäherung über Muster aus anderen Mustersprachen als Inspiration[10]
- Annäherung über bereits existierende Muster zur Überprüfung von Alternativen
- Annäherung über den wissenschaftlichen Diskurs zu Mustern
- ...

Quellen: eigene Überlegungen, Austausch mit Takashi Iba am 15. November 2014, Reflexionen zur Mustergewinnung der Universität Tirol

Es führen also viele Wege zu Mustern: Durch die vertiefte Befassung mit Projekten können wir aus bewährter Praxis und dem Wissen um commons-spezifische Probleme schöpfen; Kommunikations-, Kooperations-, Vermittlungs- oder Konfliktlösungsprozesse aus anderen Gesellschaftsbereichen können Stoff liefern, und das Methodenrepertoire vieler sozialen Innovatoren und Bewegungen (Permakultur, Transition, Gewaltfreie Kommunikation, Systemisches Konsensieren, agiles Projektmanagement – Scrum[10] und andere mehr) steht zur Inspiration genauso offen, wie Muster, die dort bereits entwickelt wurden (siehe Kasten Iteration/Iterator).

Muster aus anderen Mustersprachen, zum Beispiel: Iteration und Iterator

Iteration

- **Beschreibung:** Wenn etwas nicht auf Anhieb gelingt, versuche es ein zweites, sogar ein drittes Mal. Das Ergebnis der ersten Runde einer Aktivität oder Konversation teilt sich der nächsten Runde mit und vertieft, erweitert und generiert neues Verständnis und neue Möglichkeiten. Um einen stärkeren Effekt zu erzielen, wiederhole einen Prozess mehrmals oder komme zu einem späteren Zeitpunkt noch einmal darauf zurück.
- **Beispiel:** Zu Beginn eines mehrtägigen Gruppentreffens wirst Du dich vermutlich allein unter Fremden fühlen. Nach der Halbzeit kennst Du einige Gesichter und hast schon einige Beziehungen geknüpft. Aber am Ende wirst Du Dich vermutlich in die Gruppe integriert fühlen. Jeder Tag ist eine Wiederholung, wobei Du immer wieder von vorn beginnst, aber jedes Mal auf einem höheren Niveau.

Quelle: Groupworks Deck, http://groupworksdeck.org/patterns/Iteration, Zugriff am 14. Juni 2015.

9 | Persönliche Korrespondenz, April 2014.

10 | Siehe: https://de.wikipedia.org/wiki/Scrum (Zugriff am 16. Juni 2015).

Iterator
(aus der Software-Programmierung)

- **Beschreibung:** Ein Iterator ist ein Zeiger, der innerhalb eines Programms vom Software-Entwickler dazu verwendet werden kann, um auf Elemente einer Menge, vereinfacht eine Liste, zuzugreifen. Iteratoren arbeiten nach dem Grundprinzip »Wenn es ein weiteres Element in der Liste gibt, dann stelle es zur Verfügung«. Iteratoren werden üblicherweise durch eine Funktion namens iterator() erzeugt.
- **Beispiel:** Iterator der Programmiersprache Java: Jeder Iterator stellt Funktionen namens next(), hasNext() sowie eine optionale Funktion namens remove() zur Verfügung. Ein Iterator gibt zur Initialisierung einen speziellen Wert aus, der den jeweiligen Anfang markiert. Deswegen muss nach der Initialisierung zunächst die Funktion next() ausgeführt werden, womit das erste Element der zu durchsuchenden Liste markiert wird. Die Funktion hasNext() wird benutzt, um herauszufinden, wann das letzte Element erreicht wurde. Das folgende Beispiel zeigt eine simple Verwendung von Iteratoren in Java:

```
Iterator iter = list.iterator();
//Iterator<MyType> iter = list.iterator(); in J2SE 5.0
while (iter.hasNext()){
System.out.println(iter.next());
}
```

Zur Veranschaulichung: Es ist, als würde man einen Text nach folgender Anweisung lesen: »Wenn es ein nächstes Wort gibt, dann lies es und gib es am Bildschirm aus. Wenn kein weiteres Wort mehr folgt, ist das Ende des Textes erreicht und die Aufgabe beendet.« In jedem als Iteration bezeichneten Zugriffsschritt steht somit exakt ein Wort des Textes zur Bearbeitung zur Verfügung. Der gesamte Text kann in vielen Iterationen bearbeitet werden. Ein derartig beschriebener Algorithmus ist so abstrakt, dass er in vielen Situationen verwendet werden kann. So könnten die Kanalanschlüsse der Häuser einer Straße oder Prüfungsfragen iterativ abgearbeitet werden.

Quelle: Iterator, https://de.wikipedia.org/wiki/Iterator, Zugriff am 24. Juni 2015, eigene Bearbeitung.

Die ersten Commoning-Muster, die ich hier vorstellen möchte, wurden entlang typischer Problemfelder entwickelt. Das hat sich als zweckmäßig erwiesen, um im Meer der Möglichkeiten des Commoning zu navigieren.

Zur Inspiration genügt es in der Regel (wie in o.g. Workshops erprobt), konsequent von den Selbstbeschreibungen, den Praxiserfahrungen und dem Wissen auszugehen, das gemeinsam zusammengetragen werden kann. Der Kontext einer konkreten Handlungssituation und eines spezifischen Problems wird zu Beginn möglichst präzise erfasst. Danach wird das Augenmerk gezielt und gemeinsam auf das Problem oder einen Aspekt desselben gerichtet. Das Problem wird gewissermaßen im gemeinsamen Gespräch umkreist. Es geht zunächst darum, die Schleusen zu öffnen und alle Lösungen darzulegen, die die Beteiligten aus ihrer Erfahrung und ihrem Vorstellungsvermögen beitragen können. Das bereitet den Boden dafür, dass auftauchen kann, was vorher nicht erahnbar war.

Dieses Vorgehen bringt mit sich, dass am Anfang nicht eine Lösungsidee zielstrebig verfolgt, sondern immer wieder gefragt wird: »Was gibt es noch?« »Und was noch?« »Welche anderen Lösungen sind noch denkbar?« Die Erarbeitung von Mustern erfolgt also einerseits Schritt für Schritt und andererseits iterativ (siehe Kasten) in allen Stufen. Auf diese Weise wird die Fülle unserer Gestaltungsmöglichkeiten sichtbar, und auch die Grenzen zeichnen sich ab. Wenn beides Raum greift, kann das Muster zu Tage treten.

Muster des Commoning

> Celebrate and celebrate often. Celebrate the small things and celebrate the large things. Celebrate Failure (and success!)
> *Aus der Mustersammlung des Transition Network, 2010*

Als »kollektive Magie« würde vermutlich der Ko-Kreativitäts-Forscher Tom Atlee jenen Moment beschreiben, indem in der Verbindung verschiedener Perspektiven eine Gewissheit auftaucht, die eine gemeinsame Wirklichkeit sichtbar macht. Eine Workshop-Teilnehmerin formulierte es so: »Bei jedem Beitrag hatte ich einen neuen Gedanken.[11] Jetzt dominiert das Gefühl, hier nicht nur über Regeln und Strukturen, sondern über die Menschen nachzudenken. Menschen können schon auch einmal eingeschnappt sein. Eine Struktur nicht.« In der Tat: und das verdient Beachtung. Menschen haben Emotionen und jedes Commons hat einen emotionalen Speicher. Diese Einsicht liegt auch dem mustertheoretischen Verständnis zu Grunde: Muster erlauben, nicht nur die rationalen Zugänge zu einem Thema, sondern auch die gefühlsmäßigen zu erschließen und aktivieren so ein Resonanzerleben.

Während die Ostrom'schen Design-Prinzipien den normativen Horizont für institutionelles Design abstecken, können Muster erfassbar machen, was in diesen »Institutionen« beziehungsweise an deren Grenzen geschieht. Wer ist ihnen zugehörig? Wie wird sichergestellt, dass sich niemand übervorteilt fühlt? Wie wird mit Macht und Herrschaft innerhalb eines Commons umgegangen? Wie kann Diskriminierungen nach Geschlecht, Ethnie, Fähigkeit, Herkunft usw. begegnet werden? Wie gelingt es, dass alle beitragen, was ihnen möglich ist? Und wie werden Commons vor Einhegung oder Reprivatisierung geschützt – inmitten des Kapitalismus?

Beginnend mit einer Antwort auf die letzte Frage, stelle ich im Folgenden vier Musterbeispiele vor. Dabei nutze ich eine ähnliche Beschreibungsstruktur wie

11 | Sie reflektiert in diesem Satz ein Workshopgespräch zu Commons-Praktiken in der Landwirtschaft.

jene, die Helmut Leitner in seinem Beitrag darstellte,[12] indem ich → Den Kontext Siehe Abb. 2 im vorangehenden Beitrag von Helmut Leitner. → Das Problem → Die Lösung → Die Ergebnissituation, das daraus gewonnene spezifische → Muster [M], gegebenenfalls ein → Beispiel sowie → Die Wechselwirkungen (mit anderen Mustern) beschreibe.

Fall 1: Commonslogik versus Marktlogik

Der Kontext

Auf einem Immobilienmarkt, der darunter leidet, dass Boden und Immobilien als Waren wie jede andere behandelt werden und damit der Spekulation verfügbar sind, was Bodenpreise und Mieten in Ballungszentren stetig in die Höhe treibt, beharrt ein dezentral organisierter Verbund von Wohnprojekten in ganz Deutschland, das Mietshäuser Syndikat, »eigensinnig auf der Idee ..., ihr Mietshaus als Gemeingut zu reklamieren« (Rost 2012: 285).

Das Problem

Gesellschaftliche Verhältnisse ändern sich, genauso wie individuelle Lebenslagen von Menschen in Hausprojekten. Projekte können scheitern, der Generationenwechsel bringt unplanbare Veränderungen mit sich, oder das vor Jahrzehnten gemeinsam erworbene Objekt hat schlicht inzwischen einen Marktwert erreicht, der einen Verkauf für alle Beteiligten attraktiv erscheinen lässt. Das aber würde die dem Markt bereits entzogene Immobilie an diesen zurückfallen lassen. Um dem entgegenzuwirken, könnte eine Haus-Genossenschaft oder ein Hausverein in der eigenen Satzung festlegen, dass Wohnraum dem Kapitalmarkt entzogen werden soll. Doch die Beteiligten könnten die Satzung mit einer qualifizierten Mehrheit ändern. Das schien als Schutz für das Gemeingut auf lange Sicht zu unsicher.

Die Lösung

Die im Mietshäuser Syndikat zusammengeschlossenen Hausprojekte sind organisiert wie die meisten Hausgenossenschaften: Die Versammlung aller Mietparteien (»Hausverein«) entscheidet demokratisch im Rahmen der jeweiligen Satzung über Vermietung, Hausverwaltung, Bauvorhaben, Finanzierung und Miethöhe. Der Hausverein regelt also alle Fragen, die mit dem unmittelbaren Besitz und mit der konkreten Nutzung des Objekts zu tun haben. Er entscheidet jedoch nicht allein über eigentumsrelevante Fragen: z.B. den Verkauf. Das wurde eigentumsrechlich geregelt: Der Eigentumstitel für eine Immobilie liegt nicht bei dem entsprechenden Hausverein, sondern bei einer klassischen Kapitalgesellschaft, einer GmbH. Diese hat nur zwei Gesellschafter, die sich so gegenseitig kontrollieren: den Hausverein und das Mietshäuser-Syndikat. Es gibt also im Entscheidungsfall nur zwei Stimmen. Nur wenn beide Körperschaften zustimmen, kann ein Objekt verkauft werden. Damit setzt das Konzept auf klassische Gewaltenteilung und Konsensprinzip zugleich.

12 | Siehe Abb. 2 im vorangehenden Beitrag von Helmut Leitner.

Die Ergebnissituation

Die institutionellen Hürden dafür, dass Wohnraum, der als Gemeingut gedacht, geschaffen und finanziert wurde, zurück an den Markt fällt, wurden erhöht. Zugleich ist auch bei dieser Lösung ein Verkauf nicht vollkommen ausgeschlossen, was sich in Einzelfällen als sinnvoll erweisen kann.

Der jeweilige Hausverein muss satzungsrelevante Probleme nicht allein lösen, sondern erfährt Unterstützung vom Mietshäuser Syndikat.

Die Muster

[M] Commons vor Marktlogik schützen
[M] Mitentscheidungsinstanz des Vertrauens finden

Fall 2: Das Verhältnis von Geben und Nehmen

Der Kontext

In einer deutschen Stadt existiert ein engagierter Verein für Solidarische Landwirtschaft (SoLawi), in dem weitgehend Konsens ist, dass Geben und Nehmen für strukturelle Veränderungen zu entkoppeln sind.[13] Die Region ist EU-Modellregion, auch zur Förderung von Experimenten alternativer Ökonomie. Die Bedingungen für Neues sind gut.

In der Region gibt es Demeter-Höfe, die seit Jahrzehnten ökologische Landwirtschaft betreiben, jedoch immer wieder an ihre Grenzen stoßen. Regionale Nahversorgung ist das Thema, das die beiden Protagonisten des hier dargestellten Problems (die SoLawi sowie ein Demeter-Hof), die sich sehr schätzen, miteinander verbindet. Beiderseits ist geplant, dass der Demeter-Hof künftig Anbaupartner der SoLawi wird. Momentan hat die SoLawi einen Vertrag mit einem anderen Betrieb.

Das Problem

Zum System einer Solidarischen Landwirtschaft gehört, mit dem auszukommen, was produziert wird, und zugleich nur so viel Geld zu verbrauchen, wie in der Bieterrunde aller SoLawi-Mitglieder zusammenkommt. Das setzt der »Rundumversorgung mit allem zu jeder Jahreszeit« Grenzen, was von den Mitgliedern gene-

13 | »Entkopplung von Geben und Nehmen« und damit Abschied vom Prinzip des Äquivalententauschs ist ein allgemeines Muster gesellschaftlicher Transformation. Die sogenannte »Bieterrunde«, so wie sie in dieser Solidarischen Landwirtschaft praktiziert wird, ist eine ihrer Spezifikationen. Sie wird genutzt, um diese Entkopplung in die Praxis zu bringen, so dass einerseits jede/r bekommt was er oder sie braucht, und andererseits jede/r gibt, was er oder sie kann. In einer Bieterrunde wird der Gesamtfinanzierungsbedarf der jeweiligen Gemeinschaft für das kommende Jahr vorgestellt, also alle Kosten, die im Zusammenhang mit der Produktion des Sortiments entstehen (z.B. Saatgut, Löhne, Maschineneinsatz). Anschließend schreibt jedes Mitglied auf einen Zettel, mit welcher Summe er oder sie sich am Budget beteiligen kann und möchte. Die Gebote werden eingesammelt und zusammengezählt. Wird das Budget erreicht, ist die Bieterrunde beendet. Ist das nicht der Fall, beginnt eine zweite Runde.

rell auch akzeptiert wird. Die SoLawi dieses Falls wird im Wesentlichen von einer Gärtnerei versorgt und nicht von der anderen Konfliktpartie (dem Demeter-Hof). Konkret fehlen der SoLawi in der laufenden Saison Kartoffeln. Ein Vertreter wendet sich daher an die Bäuerin des Demeter-Hofes mit der Bitte, der SoLawi die Kartoffeln, die sie nicht verkaufen konnte, zu schenken.

Die Bäuerin, selbst vielfach gemeinnützig engagiert, lehnt ab und formuliert pointiert: »Das ist eine Grundsatzfrage. Da füttere ich sie lieber den Tieren oder gebe sie auf den Kompost. ... Wenn die Kartoffel auf dem Markt nichts kostet, heißt das etwa, dass auch eine SoLawi-Gemeinschaft sie für nichts nehmen kann?«

Der SoLawi-Vertreter: »Für mich ist selbstverständlich, dass man herschenkt, wenn man etwas hat und es nicht braucht.« Und: »Im Prinzip heißt ein ›Nein‹, dass es besser ist, etwas verrotten zu lassen als es zu verschenken.«

Die Lösung

Im Moment des Konflikts wird keine Lösung gefunden. In der nachträglichen Reflexion wird klar: Es geht gar nicht um die Kartoffeln, um Schenken versus Verkaufen. Es geht auch nicht um persönliche Konflikte, sondern, in den Worten der Demeter-Bäuerin: »... um Empfindsamkeiten, Anerkennung und darum, dass ich selber entscheide. Sonst stimmt etwas nicht.«

Die Ergebnissituation

Die SoLawi muss Kartoffeln zukaufen oder den Bedarf anderweitig decken. Die Bäuerin versteht das als notwendigen Lernprozess. Im gemeinsamen Gespräch wird zudem klar, dass die sehr unterschiedlichen Grundannahmen der Beteiligten (z.B. »Für mich ist selbstverständlich, dass man herschenkt, wenn man etwas hat und es nicht braucht.«) der jeweiligen Gegenseite nicht zugänglich waren. Beide Seiten sind künftig an optimalen Problemlösungen interessiert. Der Schlüssel dafür liegt u.a. in folgenden Mustern. .

Die Muster

[M] Freiwilligkeit ist Trumpf
→ »Es geht darum, dass ich selber entscheide. Sonst stimmt etwas nicht.«

[M] explizite Anerkennung schenken

Die Wechselwirkungen

[M] Grundannahmen offenlegen
[M] Geben und Nehmen entkoppeln
[M] Wertschätzungskette statt Wertschöpfungskette
[M] Fairnessempfinden im Blick behalten

Fall 3: Gemeinsam Entscheidungen treffen

Der Kontext

Wir befinden uns in einer Lebens- und Arbeitsgemeinschaft mit etwa 30 Erwachsenen und 30 Kindern in einer ländlichen Region. Es gibt fast nur Forstflächen, wenig Weide- und Ackerland. In der Regel wird nach dem Konsensprinzip entschieden, d.h. es müssen nicht immer alle mit »Ja« stimmen, und eine Entscheidung kann auch passiv mitgetragen werden, doch im Prinzip gibt es eine Vetomöglichkeit. Die Sympathie füreinander ist groß, auch in diesem Konfliktfall. Insgesamt gibt es ein hohes Interesse an Inklusion und viel Gemeinschaftserfahrung.

Das Problem

Die Gruppe hatte sich beim Tierhaltung für einen strikten Konsens entschieden. Tierhaltung war damit auf dem Gelände nur möglich, wenn tatsächlich alle einverstanden waren. Eine Frau, die gut zur Gruppe passte, bewarb sich um Aufnahme, doch zu Erwerbszwecken wollte sie einige Milchkühe halten. Einige Mitglieder konnten diese Entscheidung nicht mittragen, obwohl sie sich menschlich gern für das neue Mitglied entschieden hätten. Ihnen war das »Nein zur Tierhaltung« ein überaus wichtiges Anliegen. Damit waren Menschen, die Tierhaltung zum Lebensunterhalt betreiben, de facto ausgeschlossen.

Die Lösung

Eine gute Voraussetzung für eine erfolgreiche Lösung war die mehrjährige Erfahrung eines erfolgreichen Konsensprinzips. Im Rahmen dessen gab es vier Entscheidungsoptionen

→ Ja
→ Enthaltung
→ Zustimmung mit Bedenken
→ Nein

Die Gruppe beschloss, eine weitere Variante einzuführen.

→ Zustimmung mit schweren Bedenken

Die Ergebnissituation

Dank der neuen Entscheidungsoption fühlten sich drei Personen, die in diesem Fall drei Jahre lang ihr Veto aufrecht erhalten hatten, schließlich hinreichend berücksichtigt. Sie sahen sich so in der Lage, der Aufnahme eines weiteren Mitglieds zuzustimmen.

Das Muster
[M] Entscheidungsoptionen erweitern

Die Wechselwirkungen
[M] explizite Anerkennung schenken
[M] Wertekonflikte offenlegen

Fall 4: Konfliktlösung in einem Commons-Projekt

Der Kontext
Eine Mietzahlung für eine größere Immobilie soll über mehrere Jahre durch circa 30 Personen (potentiell werden es mehr) auf freiwilliger Basis abgesichert werden, wobei das Nutzungsverhalten der beteiligten Personen sehr unterschiedlich ist und nicht alle miteinander vertraut sind. Die Miete ist im Vergleich zu marktüblichen Preisen sehr gering, die finanzielle Situation der meisten Beteiligten allerdings prekär. Die Entwicklung ist schlecht zu planen. Alle scheinen davon auszugehen, dass »irgendwie genug Geld da ist« und »eigentlich genug zusammenkommen müsste«.

Das Problem
Es wird zur Sicherung der rechtzeitigen, monatlichen Mietzahlung gemeinsam ein Richtwert pro Monat und Person vereinbart und anschließend per Mailing-Liste mehrfach kommuniziert. Doch im Grunde bleibt die Höhe des Beitrages offen und der Selbsteinschätzung überlassen. Nach wenigen Monaten ergibt sich das berühmte Loch. Die Alarmierung per E-mail sowie die anonymisierte Offenlegung der Zahlen vermag es nicht zu stopfen. Die spezifischen Gründe für das Loch bleiben im Dunkeln.

Die Lösung
In einer Gesprächsrunde mit der Redestab-Methode nutzen alle Beteiligten die Möglichkeit, ihren persönlichen Umgang mit dem Thema »gemeinsame Miete« zu beschreiben. Dies macht individuelle Beweggründe sichtbar. Zudem werden bislang unausgesprochen gebliebene Grundannahmen formuliert (»Das ist doch eigentlich nur ein kleiner Betrag pro Person«).

Die Ergebnissituation
Auf verpflichtende Festbeträge wurde weiterhin verzichtet. Das Haushaltsloch verschwand dennoch. Die Thematisierung des je individuellen Fairnessempfindens und der Frage, ab wann »ich nicht mehr gerne gebe« (Zitat aus der Reflexion), hat die Beteiligten noch einmal für die gemeinsame Aufgabe sensibilisiert.
Die Plausibilität der individuellen Umgangsweisen, aber auch das Eingeständnis von Versäumnissen hat zudem zu einer Entschuldigung geführt.
Ein vielzitierter Grund für die Nicht-Erhöhung einzelner Beiträge war individuelles Fairnessempfinden: → »Es wäre nicht mehr das, was ich gern geben möchte.«

Das Muster
[M] Unsichtbares sichtbar machen

Die Wechselwirkungen
[M] transparente Kassen
[M] Grundannahmen offenlegen
[M] Fairnessempfinden im Blick behalten
[M] Redestab

Diese Beispielreihe lässt sich endlos fortsetzen und an der Praxis überprüfen. So entstehen Muster für Muster, wie Worte können sie sich aufeinander beziehen, Felder abstecken,[14] miteinander verbunden werden, schließlich zu einer Mustersprache wachsen, die stets offen und an neue Bedingungen anpassbar ist, so wie die Sprache, derer wir uns bedienen. In der Reflexion über diese Muster, im gemeinsamen Gewinnen derselben werden auch unterschiedliche Abstraktionsebenen sichtbar. Es gibt Muster, die in überschaubaren kollektiven Prozessen zur Anwendung kommen können, und solche, die eine andere gesellschaftlich Logik beschreiben, etwa »Commonslogik statt Marktlogik« oder: »Entkopplung von Geben und Nehmen«. Selbstredend genügt es nicht, solche Muster zu entwickeln, um die Existenz, Langlebigkeit und Vervielfältigung von Commons zu fördern. Dafür sind auch commons-freundliche strukturelle Bedingungen wichtig. Sie können politisch explizit gefördert werden. Jedoch geschieht – teils unversehens, teils bewusst, immer aber wirkungsmächtig – oft das Gegenteil.

Anti-Muster des Commoning

Dies lässt sich mit dem Begriff Anti-Muster beschreiben. Er steht für »Muster«, die nicht an die vielfältigen individuellen Bedürfnisse in lebendigen Systemen angepasst sind und die daher als Anti-Muster erscheinen. Niemand würde annehmen, dass ein Schuhmodell für alle Menschen passt oder ein Hausmodell millionenfach vervielfältigt alle Wohnträume erfüllte. Auch ist klar, dass nicht alle Schüler zur selben Stunde dieselbe Lektion aufnehmen können, und doch wird Wissensvermittlung oft so organisiert. Der folgende Exkurs zeigt, wie allgegenwärtig Anti-Muster sind:

14 | Die »Wechselwirkungen« unter den Beispielen deuten das an.

Mindestlohn versus Commoning – Ein Exkurs[15]

Seit dem 1. Januar 2015 gilt in Deutschland das Gesetz zur Regelung eines allgemeinen Mindestlohns – kurz MiLoG: 8,50 Euro brutto je Arbeitsstunde. »Es ist die Wette der Politik auf die Möglichkeit ihrer Einflussnahme [auf die Wirtschaft]«, so der Soziologe Dirk Baecker.[16] Das hier bediente Muster lautet: Staat versus Markt.

Die Intervention des Gesetzgebers erscheint plausibel für Situationen, in denen die Rollen klar verteilt sind: Unternehmer und Eigentümer auf der einen, Lohnabhängige auf der anderen Seite. Allzu oft bleibt für Letztere am Ende des Geldes noch eine Menge Monat übrig. Allzu oft werden Bedingungen einseitig diktiert. Ein ewig schwelender Interessenkonflikt, in dem sozialstaatliche Intervention als probates Mittel erscheint, um Widersprüche zu glätten, die aus systematischen Trennungen rühren und letztlich das tätige Leben spalten: in »Arbeit« einerseits und »Leben« andererseits. Zu oft verdrängt »Arbeit für Geld« nicht nur jede andere Motivation, sondern auch die Idee von »Arbeit für Leben«. Der Mindestlohn soll ein Mindestniveau formaler Gleichheit herstellen, wird aber Gerechtigkeitsempfinden nicht herstellen können, denn er kann die vielfachen Trennungen nicht aufheben. Entscheidungsgewalt hier versus Entscheidungsempfang dort. Produzent hier versus Produzent dort. Alles ist allem Konkurrenz. Tätigsein und dabei »auch einmal in Ruhe schwatzen« ist unter solchen Bedingungen höchstens unter dem Vorwand der Suchtbefriedigung in Zigaretten- und Kaffeepausen vorgesehen.

Das Mindestlohngesetz trifft alle gleichermaßen, wenngleich seine Auswirkung sehr verschieden ist. Für beziehungslose Zeitarbeitsfirmen aus der Baubranche und Reinigungsfirmen gilt er genauso wie für die Deutsche Bahn, Spargel- und Erdbeerplantagen sowie kleine landwirtschaftliche Höfe und Handwerksbetriebe, in denen man sich auf Augenhöhe begegnet. Vor einiger Zeit, bei einer Diskussion mit Landwirten und Beschäftigten von Biohöfen, erfahre ich, dass die im Prinzip sinnvolle Bestimmung zum Mindestlohn betriebswirtschaftlich nicht durchzuhalten sei. Es

---

15 | Das Thema verweist auf das 7. Design-Prinzip von Ostrom et al. »Mindestmaß an staatlicher Anerkennung.« Flächendeckende Maßnahmen konfligieren häufig mit selbstbestimmten, kooperativen Lösungen. Jüngstes Beispiel aus Deutschland ist das sogenannte Kleinanlegerschutzgesetz. Danach soll die Annahme von Darlehen bzw. Direktkrediten flächendeckend der Finanzmarktprospektpflicht unterworfen werden. Das Gesetz wurde am 23.04.2015 verabschiedet, um Fällen wie der Insolvenz des Windparkinvestors Prokon vorzubeugen, der Tausende Kleinanleger um ihre Investitionen bangen lässt. Um weiter Kredite einsammeln zu dürfen, müssten auch Projekte wie das Mietshäusersyndikat, nachbarschaftlich finanzierte Dorfläden, Bürgersolar GmbHs oder Projekte der Solidarischen Landwirtschaft (SoLaWi) jährlich bis zu 50.000 Euro für einen Kapitalanlageprospekt ausgeben, der von professionellen Beratern erstellt und von der Bafin geprüft wird. Werbung von Kreditgebenden soll weitgehend untersagt werden, Anzeigen sollen nur noch in »finanzmarktbezogenen Medien« wie etwa dem Handelsblatt zulässig sein. Für viele Projekte wäre dies das Aus. Der Bayrische Rundfunk fürchtet, dass mit solchen Gesetzen bürgerschaftliches Engagement sprichwörtlich im Keime erstickt werde. Der Konflikt ist noch nicht beendet. Weitere Informationen: http://www.syndikat.org/de/wirsindnichtprokon/ (Zugriff am 15. Juni 2015).

16 | Anne Kunze et al.: Die Lohnlüge, *Die Zeit* vom 20. März 2015, http://www.zeit.de/2015/10/mindestlohn-ausbeutung-luege (Zugriff am 13. Juni 2015).

gäbe daher »Kreativität auf dem Papier«, mit der sich jedoch alle unwohl fühlten. Ein »Tagesmindestlohn für die Landwirtschaft« flackert als Idee auf, in dessen Rahmen man so viel arbeiten könne wie erforderlich. Hier scheint die Landwirtschaft als Lebensform durch, in der nicht ständig nachgerechnet wird und wo es dazugehört, auch mal »in Ruhe zu schwatzen«. Doch ein Tagesmindestlohn als Muster? Bei nach oben offener Zahl der Arbeitsstunden? Ab wann würden die Stunden zum Tag? Und wer legte das fest? »Und was wäre eigentlich, wenn die Landwirte streiken würden, aber nicht für Mindestlöhne, sondern für Meisterlöhne?«

So unterschiedlich die konkreten Lebens- und Arbeitssituationen der Beteiligten sind, so unterschiedlich ist auch in dieser Diskussion die Sicht auf das MiLoG. Nur in einem Punkt sind sich alle einig: Der schlichte Gedanke, dass Tätigsein etwas Schönes ist, findet darin keinen Platz mehr. Selbst wer Jahrzehnte für ein anderes Arbeiten und Leben stritt, so reflektiert ein Mittfünfziger die eigene Situation, fange nun an zu rechnen und beginne darüber nachzusinnen, ob der Mitarbeiter »auch genug leistet für seinen Stundenlohn«. Der Schwatz auf dem Hof verliert seine Unschuld. Das Ganze verändert sich, nicht nur der Lohn. Dabei passe »Stundenzählen eigentlich nicht zur Landwirtschaft«. Ähnliches gilt anderswo – bei Wissenschaftlerinnen und Künstlern, bei Handwerkern und Bergführerinnen, bei Altenpflegerinnen und Ärzten. Die Liste ist endlos. Zählen passt nicht zu Zuwendung.

Die Betriebe erleben zudem, wie formale Gleichheit neue Ungerechtigkeiten erzeugt. So arbeitet ein Vorruheständler mit wenigen Wochenstunden auf 450-Euro-Basis am Hof und erhält seit der Einführung des Mindestlohnes – die Kontrollen sind streng – 8,50 Euro brutto pro Stunde. Ausgebildete Landwirte oder Gärtner tragen auf demselben Hof 50 Stunden und mehr pro Woche bei, bis alle notwendigen Arbeiten erledigt sind: »So viele Stunden kann man in der Lohnbuchhaltung nicht ›anpassen‹.«

»Kann es auch Kreativität in der realen Entlohnung geben?«, fragt schließlich jemand in die Runde. Die erste Antwort kommt von einer Hofgemeinschaft im Südschwarzwald, die ein lohnfreies Konzept verfolgt, in dem trotzdem »alle ihren Möglichkeiten entsprechend leben können«. Die Grundidee des Hofes beiße sich mit dem Mindestlohnansatz. Stattdessen würde am Hof diese Haltung kultiviert: »Jeder strengt sich an, so gut er kann, dann haben wir alle alles, was wir zum Leben brauchen.« Auch formale Gleichheit tauge nicht. Gäbe es beispielsweise zwei Lehrlinge, der eine ohne finanzielle Unterstützung durch die Eltern, der andere gut ausgestattet, dann »entscheiden wir miteinander, wie damit umzugehen ist«. Im Ergebnis sei es »möglich, dass jeder etwas Unterschiedliches kriegt und alle damit einverstanden sind«. Wenn zwei Unterschiedliches brauchen und das Gleiche bekommen, dann hat der Eine was er braucht, der Andere nicht. Das ist nicht gerecht. Der Gruppe gelingt ein anderer Lösungsweg. Dahinter verbergen sich Muster des Commoning, die freizulegen sich lohnt.

Resümee und Ausblick

Weil Muster(sprachen) in der Lage sind, die Schätze unseres impliziten Wissens zu heben; weil spezifische Muster des Commoning uns helfen, den allgegenwärtigen Glauben an die Zählbarkeit lebendiger Zusammenhänge zu verstören und stattdessen Beziehungen zu vertiefen; weil Muster als Werkzeug sichtbar machen, was sich anderswo bewährt hat, ohne dieses zu verordnen, und dabei zudem unsere Entscheidungs- und Gestaltungsfreiheit aufrecht erhalten, brauchen wir eine Mustersprache des Commoning, die zu formulieren ich hier begonnen habe. Sie kann die kulturelle Transformation von den Keimformen des Neuen zu einer commons-basierten Gesellschaft erheblich beschleunigen, ganz so wie Muster die Softwareprogrammierung beschleunigt und damit sehr viel verändert haben.

Muster des Commoning erlauben uns, spielerisch zu forschen, ein gemeinsames Vokabular zu entwickeln und es uns anzueignen, während wir – wie nebenbei – ein Mem verbreiten: Commons.

Literatur

Conway, R. T. (2012): Ideen für den Wandel: der Institutionenvielfalt Sinn geben, in: S. Helfrich und Heinrich-Böll-Stiftung, *Commons – Für eine neue Politik jenseits von Markt und Staat,* Bielefeld, transcript, S. 434-442.

Graeber, D. (2012): *Die falsche Münze unserer Träume. Wert, Tausch und menschliches Handeln,* Zürich, Diaphanes.

Group Works: A Pattern Language for Bringing Life to Meetings and Other Gatherings, http://groupworksdeck.org/patterns/Iteration (Zugriff am 14. Juni 2015).

Nahrada, F. (2014): Diskussion zu Open-Source-Biologie auf keimform.de, http://keimform.de/2014/open-source-biologie/ (Zugriff am 15. Juni 2014).

Ostrom, E. (2010): Beyond Markets and States: Polycentric Governance of Complex Economic Systems, in: *The American Economic Review,* vol. 100, No. 3 (June 2010), S. 641-672.

Rost, St. (2012): Mietshäuser Syndikat, in: S. Helfrich und Heinrich-Böll-Stiftung: *Commons – Für eine neue Politik jenseits von Markt und Staat,* Bielefeld, transcript, S. 285-287.

Transition Network (2010): Introducing Transition as a Pattern Language (work in progress), http://transitionculture.org/wp-content/uploads/Seeing-Transition-as-a-Pattern-Language-conference-booklet-latest-version-1.1.pdf (Zugriff am 14. Juni 2015).

Silke Helfrich, Autorin und Commons-Aktivistin, Bloggerin und vielgebuchte Rednerin, lebt und arbeitet in Jena. Sie ist Mitbegründerin des Commons-Institut e.V. und – gemeinsam mit David Bollier und Michel Bauwens – der Commons Strategies Group. Sie betreibt das deutschsprachige CommonsBlog.

»Elinor's Law« – Design-Prinzipien für Commons-Institutionen

nach Elinor Ostrom

Diese Prinzipien hat Elinor Ostrom bereits 1990 in ihrem Hauptwerk, *Governing the Commons* (*Die Verfassung der Allmende*), veröffentlicht. In ihrer Nobelpreisrede 2009 stellte sie eine gemeinsam mit Michael Cox, Gwen Arnold und Sergio Villamayor-Tomás präzisierte Fassung vor, die hier stichpunktartig wiedergegeben wird:

1. Grenzen
Es existieren klare und lokal akzeptierte Grenzen zwischen legitimen Nutzern und Nicht-Nutzungsberechtigten. Es existieren klare Grenzen zwischen einem spezifischen Gemeinressourcensystem und einem größeren sozio-ökologischen System.

2. Kongruenz
Die Regeln für die Aneignung und Reproduktion einer Ressource entsprechen den örtlichen und den kulturellen Bedingungen. Aneignungs- und Bereitstellungsregeln sind aufeinander abgestimmt; die Verteilung der Kosten unter den Nutzern ist proportional zur Verteilung des Nutzens.

3. Gemeinschaftliche Entscheidungen
Die meisten Personen, die von einem Ressourcensystem betroffen sind, können an Entscheidungen zur Bestimmung und Änderung der Nutzungsregeln teilnehmen (auch wenn viele diese Möglichkeit nicht wahrnehmen).

4. Monitoring der Nutzer und der Ressource
Es muss ausreichend Kontrolle über Ressourcen geben, um Regelverstößen vorbeugen zu können. Personen, die mit der Überwachung der Ressource und deren Aneignung betraut sind, müssen selbst Nutzer oder den Nutzern rechenschaftspflichtig sein.

5. Abgestufte Sanktionen
Verhängte Sanktionen sollen in einem vernünftigen Verhältnis zum verursachten Problem stehen. Die Bestrafung von Regelverletzungen beginnt auf niedrigem Niveau und verschärft sich, wenn Nutzer eine Regel mehrfach verletzen.

6. Konfliktlösungsmechanismen

Konfliktlösungsmechanismen müssen schnell, günstig und direkt sein. Es gibt lokale Räume für die Lösung von Konflikten zwischen Nutzern sowie zwischen Nutzern und Behörden [z.B. Mediation].

7. Anerkennung

Es ist ein Mindestmaß staatlicher Anerkennung des Rechtes der Nutzer erforderlich, ihre eigenen Regeln zu bestimmen.

8. Eingebettete Institutionen (für große Ressourcensysteme)

Wenn eine Gemeinressource eng mit einem großen Ressourcensystem verbunden ist, sind Governance-Strukturen auf mehreren Ebenen miteinander »verschachtelt« (Polyzentrische Governance).

Literatur

Ostrom, E. (2009): Beyond Markets and States: Polycentric Governance of Complex Economic Systems, Nobelpreisrede vom 8. Dezember 2009, online verfügbar unter: www.nobelprize.org/nobel_prizes/economics/laureates/2009/ostrom-lecture.html (Zugriff am 23. Februar 2015).

Acht Orientierungspunkte für das Commoning

Die folgende Übertragung der Ostrom'schen Design-Prinzipien für erfolgreiches Commons-Management ist Ergebnis intensiver Diskussionen auf der 1. Commons-Sommerschule, die im Juni 2012 im thüringischen Bechstedt stattfand. Sie soll die Grundgedanken, die in den Prinzipien gefasst sind, für alle leichter nachvollziehbar machen. Dabei gehen die Autorinnen und Autoren davon aus, dass sich Commons überall entfalten können.

Elinor Ostrom und andere haben Design-Prinzipien für die gemeinschaftliche Nutzung von Ressourcen formuliert. Sie sind die Essenz unzähliger Feldstudien. Sie wurden aus einer wissenschaftlichen Perspektive verfasst und bleiben für die Commons-Bewegung von großer Bedeutung.

Unsere Perspektive ist die der aktiven Commoners, der Menschen, die Commons machen. Uns geht es weniger um Institutionen, sondern um Räume der Gemeinschaftlichkeit und Kooperation, die wir uns schaffen. An den Ressourcen interessiert uns weniger ihre Beschaffenheit, sondern wie wir sie erhalten und nutzen können. Wir beziehen uns folglich sowohl auf materielle wie nicht-materielle Ressourcen, auf traditionelle wie neue Commons.

Ostroms Design-Prinzipien sind für uns ein Muster für die Entwicklung der folgenden Orientierungspunkte. Wir hoffen, dass sie Anregungen für Commoners sind, die eigene Praxis zu reflektieren.

Commons existieren nicht in einer heilen Welt, sondern in einer commons-unfreundlichen Umgebung. Es ist daher wichtig, dass Commoners sich bewusst sind, welchen Schatz sie in den Händen halten, um ihn bewahren und entfalten zu können.

1. Als Commoner ist mir klar, um welche Ressourcen ich mich kümmere, und mit wem ich das tue. Commons-Ressourcen sind das, was wir gemeinsam herstellen, was der Allgemeinheit zur Verfügung gestellt wurde oder was wir als Gaben der Natur erhalten.
2. Wir nutzen die Commons-Ressourcen, die wir schöpfen, pflegen und erhalten. Wir verwenden die Mittel (Zeit, Raum, Technik und Menge der Ressource), die jeweils verfügbar sind. Als Commoner habe ich das Gefühl, dass mein Beitrag und mein Nutzen in einem fairen Verhältnis stehen.

3. Wir treffen und verändern unsere eigenen Vereinbarungen. Jeder Commoner kann sich daran beteiligen. Unsere Vereinbarungen dienen dazu, jene Commons-Ressourcen zu schöpfen, zu pflegen und zu erhalten, die wir brauchen, um unsere Bedürfnisse zu befriedigen.
4. Wir achten selbst darauf oder beauftragen jemanden, dem wir vertrauen, dass die Vereinbarungen eingehalten werden. Wir überprüfen, ob die Vereinbarungen ihren Zweck erfüllen.
5. Wir verabreden, wie wir mit Missachtung von Vereinbarungen umgehen. Wir entscheiden, ob und welche Sanktionen erforderlich sind, je nach dem, in welchem Kontext und Ausmaß die Vereinbarung missachtet wurde.
6. Jeder Commoner kann einen leicht zugänglichen Raum für die Lösung von Konflikten in Anspruch nehmen. Wir wollen Konflikte unter uns möglichst auf direkte Art schlichten.
7. Wir regeln unsere eigenen Angelegenheiten selbst, und externe Autoritäten respektieren das.
8. Wir wissen, dass jedes Commons Teil eines größeren Ganzen ist. Deswegen sind verschiedene Institutionen auf unterschiedlichen Ebenen nötig, die ihre Verantwortung und ihre Aktivitäten für die Pflege und Erhaltung koordinieren und gut miteinander kooperieren.

Online verfügbar unter: https://commonsblog.wordpress.com/2012/08/21/wie-sich-commons-entfalten-konnen/ (Zugriff am 23. Februar 2015).

Konvivialität

Marianne Gronemeyer

> Ich erwarte mir nichts von Technologie, aber ich glaube an die Schönheit, die schöpferische Kraft und die überraschende Erfindungsgabe der Menschen, und darauf hoffe ich.
> *Ivan Illich*

Diese schöpferische Kraft und Erfindungsgabe sind nicht, wie wir oft glauben, Hervorbringungen außergewöhnlicher Einzelhirne. Sie entspringen vielmehr einem kulturell geformten Miteinander, in dessen Dienst sie stehen. Und dieses Miteinander könnten wir zutreffend »Konvivialität« nennen.

»Konvivialität« ist, ähnlich wie »commoning«, noch ein Fremdwort, eines, das die Frage »Was heißt das denn?« auslöst. Zugleich steht es in der Gefahr, zum Allerweltswort zu werden, das sich umstandslos in das globalisierte »Uniquak« (Illich) einfügen lässt, welches die »Technokraten« zur Rechtfertigung ihrer Untaten erfunden haben und die »Alternativen« zur Verlautbarung ihres Widerstandes fleißig imitieren – und welches die Einen wie die Anderen mit Sprache verwechseln. Fast möchte man dieses schöne Wort unter Schutz durch Nicht-Gebrauch stellen, wüsste man nicht, dass das vergebliche Liebesmüh ist.

»Con-vivial« ist ein zweigliedriges Wort. Er besteht aus der Vorsilbe »con«, die dem lateinischen »cum« entspringt und »zusammen mit« heißt, sowie »vivial«, das seine Verwandtschaft mit dem lateinischen Verb »vivere« = »leben« leicht zu erkennen gibt.

»Conviva« ist der Tischgenosse; »Convivium« ist eine Gesellschaft geladener Gäste, ein Gastmahl, eine Tischgesellschaft; »convivere« bedeutet »zusammenleben«, »miteinander speisen«, und das englische Adjektiv »convivial« heißt »gastlich«, »fröhlich« durchaus auch im Sinne von »ein wenig beschwipst«. Für die Art des Miteinanderseins, die als »Konvivialität« bezeichnet wird, sind offenbar ein Tisch, um den man sich versammeln kann, ein Krug Wein, den man gemeinsam leeren kann, und ein Brot, das man miteinander teilt, ziemlich unabdingbare Utensilien, um ein gutes Gespräch zu führen. Der Tisch kann natürlich auch ein leeres Rund sein, um das die Versammelten sich auf den Boden hocken. Ivan Illich nennt noch ein weiteres Utensil: eine brennende Kerze. Denn: »Unser Gespräch sollte immer in der Gewissheit geführt werden, dass da noch jemand anderer ist, der an die Tür klopfen wird, und die Kerze steht für ihn oder sie. Das ist eine beständige Mahnung, dass die Gemeinschaft nie geschlossen ist« (Illich 2005: 177). Aber ist »Konvivialität« in diesem Sinne einladend? Oder wirkt sie eher wie eine Schwelle, über die man ins Stolpern kommt?

Vom Recht auf Gemeinheit[1]

Ivan Illich analysierte im Jahr 1981 die Schwierigkeit, die dieses Wort, »Gemeinheit«, nebst seinem Sinn bereitet, wie folgt: »So wie andere von Minne sprechen, um etwas zu sagen, wofür es kein Wort mehr gibt, so verwende ich hier das Wort Gemeinheit. Gemein entspricht dem lateinischen comunis und stammt aus der indogermanischen Wurzel *mei, »tauschen, wechseln«. Ursprünglich bedeutete *mei »was mehreren abwechselnd zukommt«, so wie heute noch die Alm, die All-me(i)nde. Es bedeutet den Anspruch einer Gemeinde oder Gemeinschaft auf die ihr eigene Art der Umweltnutzung. Daraus hat sich dann die Bedeutung »gemeinsam, gemeinschaftlich, allgemein« entwickelt. Bis ins frühe 17. Jahrhundert meint das Wort Gemeinheit ausschließlich diese Nutzungsrechte und ihre Subjekte; erst am Ende des Jahrhunderts erhält es eine abwertende Nebenbedeutung: »unheilig, gewöhnlich, alltäglich, roh, niederträchtig«. Was es ursprünglich meinte, ist vergessen. Nur in dieser letzteren Bedeutung hat das Wort bis in unsere Tage überlebt. In der Bedeutungsveränderung [...] spiegelt sich die Umwertung des Daseins. Ich kann kein geläufiges deutsches Wort finden, mit dem ich die umweltbezogene Grundlage der Unterhaltswirtschaft so bezeichnen könnte, daß der Gegensatz zur Umweltnutzung im Dienst der Produktivität deutlich wird. [...] Im Englischen kann ich bei solchen Überlegungen the commons den public utilities gegenüberstellen [...]. Das deutsche Wort Allmende will ich dazu nicht in meinen Dienst zwingen. Es bedeutet zwar eine Art von Gemeinheit, bezieht sich aber zu sehr auf die ländliche Form der Nutzung, auf Wald und Wiese. Vom Recht auf die Allmende zu sprechen, wenn es mir eigentlich um die Wiedergewinnung von Nutzungsrechten an verschmutzten, zersiedelten, zerwalteten Relikten von Gemeinheiten geht, wäre zu eng.«[2]

Die Schwierigkeit, die dieses Wort nebst seinem Sinn bereitet, besteht weniger darin, dass es nicht einmal denjenigen geläufig ist, die im Fremdwörtergebrauch nicht ganz ungeübt sind. Sie liegt vielmehr darin, dass wir durch unsere Sprech- und Hörgewohnheiten vollkommen taub geworden sind für den guten Klang des Wörtchens »cum«, so wie wir durch unsere Lebensumstände und unsere Lebenspraxis unempfänglich geworden sind für dessen Bedeutung. »Com/Cum« ist eine sehr verbreitete Vorsilbe, die im Deutschen als »kom« oder »kon« erscheint. Doch die meisten Komposita, die damit gebildet werden, haben den alten Sinn in sein krasses Gegenteil verkehrt. Die Präposition »cum« die einmal ein ebenbürtiges Miteinander im gemeinsamen Tun bezeichnen konnte – als wolle sie die Bedeutung von »commoning« in drei Buchstaben fassen –, dient zunehmend dazu, ein scharfes, unerbittliches Gegeneinander im Kampf um Vorteile, Macht oder Einfluss zu beschreiben. Kon-kurrenten laufen nicht mehr zusammen, sie liegen im Krieg um

1 | Kasten von den Herausgebern eingefügt.

2 | Illich, I. (1981): Recht auf Gemeinheit, rororo aktuell, Reinbek bei Hamburg, S. 7.

knappe Ressourcen, das entsprechende englische »competition« bezeichnet nicht mehr ein gemeinsames Streben, sondern die Anstrengung, einander auszustechen. Kon-sens ist nicht mehr ein gemeinsam gestifteter Sinn, sondern eine verordnete Gleichheit. Kon-sum bedeutet nicht mehr, etwas gemeinsam und gründlich zu verbrauchen, sondern durch das, was man konsumiert, beneidenswert für andere zu werden. Kon-formität heißt nicht, sich in gemeinsamer Anstrengung eine Form zu geben, also sich miteinander und aneinander zu bilden, sondern zu beliebiger Verwertbarkeit in Form gebracht zu werden. Ich habe diese vier Beispiele für sinnentstellenden Wortgebrauch mit Bedacht gewählt. Sie repräsentieren die Zerstörungskraft der großen Monopole, die im Bund miteinander die Weltherrschaft angetreten haben: Die Ökonomie hält das Weltverteilungsmonopol und schürt die Konkurrenz um knappe Ressourcen; die Naturwissenschaft hat sich das Weltdeutungsmonopol unter den Nagel gerissen und fordert Konsens zu dieser Deutungshoheit; die Technik behauptet das Weltgestaltungsmonopol und richtet die Welt auf Konsumierbarkeit zu; und die Bürokratie erhebt Anspruch auf das Weltregelungsmonopol und rastet nicht, ehe nicht alles in verfahrensförmiger Konformität gleichgeschaltet ist. »Du sollst mit mir eines Sinnes sein und meiner Evidenz trauen«, sagt die Naturwissenschaft. »Du sollst Deinen Nächsten besiegen wollen«, sagt die Ökonomie. »Du sollst die Maschinen statt deiner arbeiten lassen, lass dich bedienen und versorgen«, sagt die Technik. »Vor allem sollst du nicht stören«, sagt die Bürokratie.

Aber: »Es gibt immer Orte zu finden, die leer von Macht sind. Die institutionelle Umklammerung des Lebens ist zu Anteilen Schein«, schrieb Peter Brückner über die Möglichkeit, ins Abseits zu gelangen, sogar unter der Bedingung des Nationalsozialismus (Brückner 1982: 16). Man müsste die Stirn haben, die Allmacht des Systems zu ignorieren. Es käme darauf an, seine enorme Macht zu erkennen, ohne sie anzuerkennen. Aber wo wären solche »Abseitse« zu finden?

Womöglich sind sie heute nicht mehr zu finden, sondern erst zu gründen. Das Abseits ist ein Ort für Deserteure. Der Deserteur ist der »Nicht-mehr-Mitmacher« par excellence; er ist Befehlsverweigerer, er entzieht dem Machthaber seine Mittäterschaft, indem er sich heimlich still und leise, vor allem aber unerlaubt von der Truppe entfernt. »Orte, leer von Macht«, entstehen dadurch, dass da Menschen sind, die sie mit ihrer Anwesenheit füllen, die sich in Konvivialität üben.

Noch widersetzt sich das Wort »convivial« seiner konsumistischen Verunstaltung und seiner Einverleibung in den Jargon. Noch ist »convivial« – so wie »commoning« – ein Stolperstein, der uns im Wege liegt, damit wir wachsam bleiben für die Vernebelung der Sinne und des Sinns durch die Verwüstung des kostbarsten Gutes, aus dem ein gedeihliches Miteinander erwachsen kann: unserer Sprache. Und Stolpersteine kann es in einer zunehmend eingeebneten Welt gar nicht genug geben, einer Welt, in der alle Schwellen, Grenzen und Hindernisse zum Verschwinden gebracht sind, damit alles wie am Schnürchen läuft, während gleichzeitig Mauern, Zäune und unüberwindliche Barrikaden aufgerichtet werden, um uns das Fremde und die Fremden vom Halse zu halten.

Konvivialität braucht eine anstößige Sprache, ohne die es keine Verständigung, sondern nur herbeimanipulierten »Konsens« gibt; eine Forschung, die eine persönliche und erfahrungsgesättigte Sprache spricht; eine Praxis, die nicht konkurriert, sondern kooperiert und teilt; eine Technik, die hilft, das Beste zu machen aus der Kraft und der Phantasie, die jeder besitzt.

Konvivialität ist gewaltlos, aber nicht zahm; sinnenfroh, aber nicht denkfeindlich; ohnmächtig, aber nicht kraftlos; geregelt, aber nicht bürokratisch; genügsam, aber nicht anspruchslos; gegenwärtig, aber nicht up to date; selbstbestimmt, aber nicht selbstgewiss; fremdbestimmt, aber nicht am Gängelband[3]; einfach, aber nicht simpel; ins Gelingen, aber nicht ins Siegen verliebt; auf Komplementarität von Verschiedenem, nicht auf Ausgrenzung des Anderen aus.

Commons sind entweder convivial – oder sie werden auch zu einer Spielart des globalisierten (und institutionalisierten) Gleichen.

Literatur

Brückner, P. (1982): Das Abseits als sicherer Ort, Berlin.
Cayley, D. (Hg.) (1992): Ivan Illich in Conversation, Ontario.
Illich, I. (2005): In den Flüssen nördlich der Zukunft, München.

Marianne Gronemeyer ist Erziehungs- und Sozialwissenschaftlerin; sie betrieb viele Jahre Friedensforschung und habilitierte zur »Die Macht der Bedürfnisse«. Sie ist Gesellschafts- und Kulturkritikerin in der Tradition von Ivan Illich.

3 | Wenn ich fremder Bestimmung folge, dann kommt durch das Fremde meine Stimme zum Sprechen. Ein Akt der Gegenseitigkeit.

INTERMEZZO I

Andere Selbstverständlichkeiten in die Welt bringen

> Schlussendlich sind wir, was wir tun, um zu verändern, wer wir sind.
> *Eduardo Galeano*

Commons liegen nicht in den Dingen, sondern sie entstehen in unserem Tun. Das hat Teil I dieses Bandes deutlich gemacht. Im Sinne der Commons zu handeln ist voraussetzungsvoll und verlangt den Beteiligten mindestens dreierlei ab:

Zunächst den einfachen Gedanken, dass die Elemente, Dinge und Ideen, aus denen Commons entstehen, nicht einer Person allein gehören.

Zudem ein Verständnis davon, dass die Verhältnisse zwischen allen an einem Commons Beteiligten nicht linear-hierarchisch zu denken sind. Es gibt Beziehungen in Verschiedenheit, was das Bestehen auf formale Gleichheit oft erübrigt. Ein solches Grundverständnis hat für Gehalt und Form von Institutionen, Abläufen und Gesetzen erhebliche Konsequenzen; denn es geht immer und immer wieder um die jeweils konkrete Situation samt ihres Eingebettetseins in Raum und Zeit und samt ihrer Verstrickungen in Geschichten, Gewohnheiten und Verfügbarkeiten von Wissen und Ressourcen.

Schlussendlich ist zu erkennen, dass prinzipiell offen ist, ob der soziale Prozess des Commoning gelingt. Das wiederum verbindet sich mit der Zumutung, das eigene Tun immer wieder neu zu reflektieren und zu »justieren«. Über immer gleiche Routinen werden Sie auf den folgenden Seiten also praktisch nichts erfahren. Kollektive Selbstverständigung nebst individueller Selbstvergewisserung sind an der Tagesordnung.

So weit, so lebensnah. Aus einer Praxis, die auf solchen Grundlegungen fußt, können andere Selbstverständlichkeiten hervorgehen. Sie in die Welt zu bringen ist nicht nur eine Denkaufgabe, sondern konkretes, alltägliches Tun: Commoning! Dabei wird vielfach Nützliches hergestellt – zum Essen, Kleiden, Fortbewegen, Heilen, Helfen, Maschinen bauen und zur Selbstbefähigung. Das beschreiben die Beiträge des folgenden Kapitels. Zugleich aber – und das scheint uns entscheidend – erfahren sich die Menschen in diesem Tun selbst als Commoner. Als das, was sie werden, wenn sie Commons pflegen, verteidigen oder in die Welt bringen. Und indem sie dies tun, geben sie nicht nur einleuchtende, sondern auch nachahmenswerte Antworten auf die Frage des »Occupy Wall Street«-Mitinitiators David Graeber: »Wir stehen jeden Morgen auf und machen Kapitalismus. Warum machen wir nicht mal was anderes?«

In diesem unentwirrbar miteinander verknüpften Handeln und Erfahren, das wir Commoning nennen, werden Bedeutungen entworfen, die über das bislang Selbst-Verständliche hinaus weisen. Sie prägen, wer sie sind, durch die unersetzliche Erfahrung der Gestaltbarkeit von Gegenwart und Zukunft – jenseits von Markt und Staat. Denn in Commons geht es weder darum, sich gegen Andere durchsetzen zu müssen, noch darum, abstrakte Entwicklungs- und Wachstumsziele zu erfüllen. Das macht die rund 50 Projekte und Initiativen so bedeutsam, die wir im folgenden Kapitel vorstellen. Sie erweitern unsere Freiheit wie unsere Verantwortung, indem sie offene und für alle nutzbare Werkzeuge, Verfahren und Plattformen entwickeln, aus eingefahrenen Denk- und Handlungsmustern aussteigen und Problemlösungsoptionen anbieten, die für mehr Unabhängigkeit von Wohl und Wehe »des Marktes« sorgen.

All diese Praktiken und Experimente brauchen geeignete Orte, Freiräume und Schutz. In marktlogikdurchwirkten Umgebungen ist dies nicht immer leicht zu finden. Oft muss Freiraum zunächst erkämpft, erweitert oder schlicht »zurückgeholt«, mitunter auch erkauft werden. Hierfür stehen stellvertretend die Berichte über Terre de Liens (Frankreich), das Teatro Valle (Italien) oder die Wasserkomitees in Cochabamba (Bolivien).

Dass das prinzipiell in allen Lebensbereichen geschehen kann, weshalb wir die Bezeichnung »Omni-Commons« mögen, ergibt sich schon aus rascher Durchsicht der Beitragsvielfalt. Manche berichten von jahrhundertealten Erfahrungen (langlebige Commons); andere stecken noch in der Kompositionsphase oder wurden erst durch Kommunikationstechnologien ermöglicht, die selbst kaum zwei Jahrzehnte zählen, etwa Farm Hack, Open Spim oder die Kartierungsprojekte. Mit Cecosesola und der Cooperativa Integral Catalana werden schließlich zwei Entwürfe skizziert, sehr viele Lebensbereiche gemeinschaftlich zu verantworten, um darin selbst mehr Freiheit zu gewinnen.

Klar ist: Wir blicken im folgenden Kapitel nicht zwingend auf das, was »rein« als Commons gedacht, konzipiert und umgesetzt ist, was schon daraus folgt, dass alle Projekte in den gegebenen gesellschaftlichen Verhältnissen existieren. Wir blicken auf eine Welt von Widerständen, Experimenten und herausfordernden Kontexten, die mehr oder weniger commons-freundlich sind. Zusammengenommen vergegenwärtigen sie uns, was möglich wird, wenn wir die Welt als Commons denken: das Entstehen anderer Selbst-Verständlichkeiten, wenn und indem sie einübend immer wieder neu hervorgebracht werden. In den Beiträgen des Abschnitts »Lernen als Commons« wird dies veranschaulicht: Commoning heißt zu wissen (»knowing«) und zum Wissen (»knowledge«) kommen. Beides wird allmählich zu Gewissheiten gerinnen und ermöglichen, gewohnte Denkschemata und Bezugssysteme zu verlassen.

Davon ausgehend wird es künftig darum gehen, emanzipatorische Kategorien für das »Ganze des Lebens« (Brigitte Kratzwald) und das Ganze der Gesellschaft auf Grundlage von Commons herauszuschälen. Das ist die theoretische Herausforderung für eine Commons-Theorie, die sich anschickt, sich aus den trennenden Kategorien des Alten zu lösen, die unser Weltbild beherrschen. Denn eines fällt auf: Trotz der kulturellen und politischen Verschiedenheiten sowie des unterschiedlichen Reflexionsstandes innerhalb der Projekte bezüglich der Commons-Idee spielen so geläufige Kategorien wie Privateigentum, Kapital, Geld, Profit, Lohnarbeit nirgends die Hauptrolle; vielmehr mutieren sie zu Behelfskategorien, zu Marginalien oder gelten schlicht als das, was es zu vermeiden und zu untergraben gilt.

Auffallend war während der Arbeit an den folgenden Texten, dass viele Protagonistinnen und Protagonisten die uns interessierenden Dinge nicht für erwähnenswert hielten. Es war ihnen selbstverständlich, nicht aber den ersten Leserinnen und Lesern. Mehr als einmal (und bei weitem nicht ausreichend) erfuhren wir Interessantes aus der täglichen Praxis erst in der Diskussion der Textentwürfe: wie Entscheidungen gefällt werden, wie mit Konflikten umgegangen wird, wie das Verhältnis zum Staat aussieht oder was ein Projekt an seine Grenzen bringt. Nicht immer konnten wir diese Fragen ausdiskutieren, und noch weniger war es uns möglich, alle Einzelheiten in der gebotenen Kürze darzustellen. So präsentiert sich also den Lesenden nicht nur ein buntes, sondern auch ein unvollständiges Bild. Sie sind daher eingeladen, die hier präsentierten Experimentierfelder und sozialen Innovationen nicht nur vertieft kennenzulernen, sondern sie auch aktiv zu unterstützen oder es ihnen gleich zu tun.

Einige Projekte, die wir in diese Reihe bemerkenswerter Commons aufgenommen haben, betrachten sich selbst nicht einmal als solche. Das verführt, den Autoren des jüngsten Corner House Report zuzustimmen, die diagnostizieren, dass Commons tendenziell als Begriff der politischen Kunst und weniger zur Selbstbeschreibung genutzt wird (Lohmann/Hildyard 2014: 16)[1]. Insbesondere technologieaffine Projekte konzentrieren sich stärker auf die experimentell-technologischen Komponenten oder auf den aus unserer Sicht notwendigen aber nicht hinreichenden Aspekt der Offenheit – wie bei PLOS, Arduino oder OpenCourseWare – als auf Prozesse des Commoning. Was sie für das Ganze dennoch so wertvoll macht, liegt auf der Hand: Sie ermöglichen die Wissenspools und bauen die Plattformen auf, die Grundlage dafür sind, aus den Nischen herauszutreten, Commons miteinander zu vernetzen und die Infrastrukturen der Zukunft in die eigenen Hände zu nehmen. Wie entscheidend das ist, wird selbst von den Open Source Communities oft verkannt, was der Kooptation durch Marktteilnehmer einerseits und »Commons-Washing« andererseits Tür und Tor öffnen kann.

Dass wir in der Gruppierung der Beiträge mit gängigen Commons-Klassifizierungen brechen wollten, nicht um einen taxonomischen Neuentwurf zu versuchen, sondern um verschiedene Erfahrungen zueinander in Beziehung zu setzen, haben wir in der Ouvertüre bereits ausgeführt. Was wäre zu den einzelnen Projekten noch zu sagen? Der Titel der ersten Gruppe, »Langlebige Commons« spricht für sich. Kein Nationalstaat hat jemals länger existiert als einige Commons-Institutionen. Hätten wir die Waale aus der Alpenregion vorgestellt, die den Menschen dort 800 bis 900 Jahre als Bewässerungssystem dienten, so wäre dies als rekordverdächtig zu Buche geschlagen. Stattdessen haben wir Beispiele aufgenommen, die zwar etwas weniger Jahrhunderte, aber auch den ein oder anderen politischen

1 | »The term ›commons‹ tends to be a term of political art and not of self-description.«

Sturm überlebt haben wie das Guassa-Grasland in Äthiopien oder die Gemeinschaftswälder in Rumänien. Sie stehen für die Dauerhaftigkeit und Resilienz vieler Commons – trotz teils widrigster Umstände.

Die Commons der Nachbarschaftlichkeit befinden sich in städtischen und ländlichen Umgebungen, im Norden wie im Süden. Sie sind sehr unterschiedlicher Natur, aber sie verbindet alle, dass sie entweder Lebensräume verteidigen, in denen Commoning in unterschiedlichen Graden möglich ist, oder dass sie um neue Freiräume ringen, weil die Betroffenen von Markt und Staat verlassen sind. Hier wie an anderer Stelle finden sich zudem »Projekte im Schnelldurchlauf«, so der Beitrag zu Urban Commons. Sie vermitteln einen Eindruck von dem, was im Werden und Wachsen ist, statt Projekt für Projekt in die Tiefe zu gehen.

Warum Kunst, Kultur und Digitale Räume für moderne Commons so fruchtbar sind, wird im folgenden Abschnitt deutlich: »Commons in Kunst und Kultur«. Hier entstehen Innovationen, Brüche, Risse im System (Museums- und Theater-Commons, Digitale Kunst als Commons) und deren Dokumentationen (»Remix the Commons«).

Bleibt noch die Sache mit dem Geld. Augenfällig ist, dass es auch in gemeinschaftlichen oder netzwerkbasierten Prozessen Arbeitsteilung gibt. Sie wird allerdings anders ausgerichtet und ist anders organisiert. Die meisten Akteurinnen und Akteure gehen daher davon aus, dass Tauschmittel, auch Geld, nicht nur an der Schnittstelle zum Markt, sondern auch innerhalb von Commons eine wichtige Rolle spielen werden.[2] Das Thema ist umstritten, doch trotz aller Kontroversen bleibt klar, dass eine weitere vermeintliche Selbstverständlichkeit in Frage gestellt werden muss, wenn wir uns von der so gleichmachenden wie unbarmherzig spaltenden Macht des Geldes lösen wollen: der Idee, dass etwas immer etwas (Geld) kostet. Ihr ist mit der Gewissheit entgegen zu treten, dass wir gerade das Wertvollste im Leben geschenkt bekommen. Auf dieser Grundlage erst kann darüber nachgedacht werden, wie das systematisch ausschließende, zentral geschöpfte und kontrollierte Tauschmittel Geld neu zu denken ist. Kurz, wie wir Fragen zu Notwendigkeit, Zweck und Design von Tauschmitteln in den Bereich des Gestaltbaren zurückholen. Wir geben in diesem Buch einige Beispiele und werden in Zukunft weiter fragen müssen, ob auch auf gesellschaftlicher Ebene Alternativen denkbar sind, die sich nicht – wie das Geld – verselbständigen und letztlich gegen uns richten.

Die Vielfalt der hier vorgestellten Projekte macht Mut. Sie bezeugt, was angesichts der Struktur der Commons im Grunde selbstverständlich ist: dass Commons auch vor dem Hintergrund ganz unterschiedlicher Weltverständnisse und politischer Positionen gedeihen. Das macht sie stark. Sie mögen wie Inseln erscheinen, doch wer die Texte zueinander in Beziehung setzt, wird einer Einsicht von Norbert Rost zustimmen: »Aus Inseln wachsen neue Kontinente, wenn wir sie klug miteinander verbinden.«[3]

Silke Helfrich und David Bollier

---

2 | Dieses Thema werden wir im kommenden Band näher beleuchten.

3 | Siehe: www.spiekerooger-klimagespraeche.de/node/171 (Zugriff am 13. Mai 2015).

Literatur

Kratzwald, B. (2014): *Das Ganze des Lebens. Selbstorganisation zwischen Lust und Notwendigkeit,* Sulzbach, Ulrike Helmer Verlag. Lohmann, L., und N. Hildyard (2014): Energy, Work and Finance, Corner House Report, 31. März 2014, www.thecornerhouse.org.uk/resource/energy-work-and-finance.

Kapitel II – Gestalten

LANGLEBIGE COMMONS

Gerade den besten Gesetzen der Vorfahren geben wir leichten Herzens den Abschied.
Thomas Morus

Bisses de Savièse – Eine Zeitreise zu den Bewässerungskanälen des Wallis

Eric Nanchen und Muriel Borgeat

In den 1980er Jahren wurden sie wiederentdeckt: diese »künstlichen, in Bergflanken hineingebohrten und -gebauten Kanäle, die die zur Bodenbewirtschaftung so wichtige Bewässerung ermöglichten, indem sie über mehrere Kilometer Wasser transportierten«. So beschrieb Auguste Vautier (1942: 19) die Bewässerungskanäle, von denen hier die Rede ist. Über ihren ursprünglichen Zweck hinaus, sind sie heute auch für den Tourismus von Belang. Unter anderem haben sie zur Einrichtung beliebter Wanderwege beigetragen. Doch im Zusammenhang mit den Commons sind sie vor allem wegen ihrer Langlebigkeit und ihrer Bewirtschaftungsform von Interesse.

Im Schweizer Alpenkanton Wallis ist in Urkunden aus dem 13. Jahrhundert erstmals von den Bewässerungskanälen die Rede. Die Dokumente verweisen auf Bauwerke, die wahrscheinlich 200 Jahre zuvor errichtet wurden. Doch erst das 15. Jahrhundert wurde zum goldenen Zeitalter der sogenannten »bisses«. Historisch erklärt sich die Entwicklung des Kanalnetzwerks mit Ereignissen, die in ganz Europa fürchterliche Spuren hinterließen: die Pest von 1348 und die Seuchen, die ihr folgten. Diese Epidemien haben die Walliser Bevölkerung hart getroffen, sie wurde um mindestens 30 bis 50 Prozent dezimiert. Die Verringerung der Bevölkerungsdichte in den Alpen führte wiederum dazu, dass Land, welches zuvor für den Getreideanbau benötigt worden war, verfügbar wurde. Gleichzeitig stieg in den norditalienischen Städten die Nachfrage nach Rindfleisch stark an. Beides zusammen brachte die Walliser Bauern dazu, ihr Land in Heuwiesen umzuwandeln, weil sie ihre Viehherden vergrößern wollten. Um Wasser aus den Bergen zu ihren Grünlandflächen zu befördern, mussten sie die berühmten Kanäle bauen. Dafür taten sich die Eigentümer der Wiesen und Weideflächen zusammen und es begannen kollektive Arbeiten, an denen oft die gesamte Dorfgemeinschaft beteiligt war.

Im 19. Jahrhundert kam es unter dem Druck der Bevölkerungsentwicklung und der Ausweitung von Weinbauflächen zu einer erneuten Bauphase. 1924 gab es 300 Bewässerungskanäle mit einer Gesamtlänge von etwa 2.000 Kilometern (Schnyder 1924: 218). Die letzte unveröffentlichte Erhebung im Kanton Wallis fand 1992 statt. Sie zählt immerhin noch 190 Bewässerungskanäle mit einer Gesamtlänge von mindestens 731 Kilometern.

Einer dieser Kanäle gehört zum Bewässerungssystem von Savièse. Er wurde in mehreren Etappen gebaut. Über ein Jahrhundert nach seiner Inbetriebnahme im Jahre 1430 wird er durch eine beeindruckende Felswand hindurch erweitert, um das Fassungsvermögen zu erhöhen. Jahrhunderte später, im Jahr 1935, wird schließlich ein Tunnel durch den Berg Prabé fertiggestellt, was die Durchleitung des Wassers über das Hochplateau genauso erleichtert wie die Instandhaltungsarbeiten. Die in schwindelerregenden Höhen errichteten Abschnitte der »bisse« werden daraufhin aufgegeben. Erst im Jahr 2005 beschließen einige Enthusiasten des Verbandes für den Schutz von Torrent-Neuf[1], mit Unterstützung der Gemeinde Savièse, diesen beispielhaften Teil der »bisse« zu rekonstruieren. Er zeugt von den Hochseilakten, die frühere Generationen unternommen haben, um die Bewässerung sicherzustellen.

Die althergebrachte Form der gemeinschaftlichen Verwaltung der »bisse« hat überdauert. Seit dem Mittelalter räumen die Feudalherren den ländlichen Gemeinden Wassernutzungsrechte ein. Diese werden entweder der gesamten Gemeinschaft gewährt oder einer Gruppe von Menschen, die sich in einer Nutzungsgemeinschaft, einer sogenannten »consortage«, zusammenschließt. Eine solche »consortage« bediente und bedient sich einer besonderen Satzung. Diese bestimmt unter anderem die Nutzungsregeln, die Bauausführung, die Instandhaltung, die Finanzverwaltung sowie die Überwachung des Kanalsystems. Im Frühjahr, während der Fronarbeitszeit, mussten die Kanäle gereinigt und die im Winter beschädigten Abschnitte wieder nutzbar gemacht werden. Frauen kümmerten sich um die Abdichtung der hölzernen Wasserkanäle. Sie sammelten Gestrüpp und Äste und stopften die Löcher. Heute wird das von städtischen Angestellten erledigt, die gelegentlich von passionierten, ehrenamtlichen Helfern unterstützt werden.

Jeder Teilhaber bekam ein Wasserrecht zugesprochen, das proportional zur Fläche des von ihm bewirtschafteten Landes war, und zwar für einen genau festgelegten Zeitraum. Man schnitzte die Wappen jeder Familie in Holzstöcke und darunter die Wasserrechte, die ihnen übertragen worden waren. Die Verteilung der Rechte erfolgte turnusmäßig. »Ein Wasserdieb« – also jemand, der die Verteilungsregeln übertrat oder den Berechtigungszeitraum missachtete – wurde bestraft. »Der Diebstahl von Wasser galt als schlimmes Vergehen und der Dieb wurde von seiner Gemeinde verachtet« (Annales Valsannes 1995: 348).

Die Handhabung der Sperren, mit denen das Wasser umgeleitet wird, ist eine Frage der Macht, weil die Wasserversorgung für die Bauern so fundamental ist. Sie bleibt normalerweise den Kanalwächtern, den »garde des bisses«, vorbehalten, die für den ordnungsgemäßen Zustand der Anlage sorgen und den Durchfluss einer größtmöglichen Wassermenge sicherstellen.

Natürlich lässt diese Form der gemeinschaftlichen Organisation auch Werte wie Solidarität anklingen. Doch »sind es in erster Linie wirtschaftliche Gründe, die die Eigentümer dazu zwingen, sich zusammen zu tun. Es war ein Weg, die Sache am Laufen zu halten. Die Notwendigkeit war immer gegeben, zuerst durch die Viehzucht und im 19. Jahrhundert durch den Weinbau. Gemeinsame Verwaltung war eine gute Lösung«, antwortet uns der Historiker und Archivar Denis Reynard

1 | Die Bisse de Savièse wird auch Bisse du Torrent-Neuf genannt (Anm. der Hg.).

in einem Interview im Juli 2014. Auf die Frage, ob dieses Bewirtschaftungssystem auf Dauer Bestand haben wird, konkretisiert er: »Es funktioniert dann, wenn Menschen ein gemeinsames wirtschaftliches Interesse haben (etwa in der Viehzucht oder im Weinbau). Ist das nicht der Fall, dann hat es keine Zukunft.«

Für die Bewässerung der Reben ist bis heute die Consortage von Savièse zuständig. Da die gemeinsamen ökonomischen Interessen aber nicht mehr so stark verbinden wie früher, ist die Instandhaltung der Kanäle problematisch geworden. Ein Weg wäre, dass die Gemeinde die Verwaltung der Anlagen übernimmt. Mit dem Verband für den Schutz von Torrent-Neuf ist neues Interesse an der »bisse« als Kulturerbe erwacht.

Abbildung 1: Arbeiter auf dem bisse de Savièse, um 1910

Copyright: Jacques Lüscher, Médiathèque Valais - Martigny

»Das hat die Restaurierung ermöglicht, aber eine Consortage ist dies nicht«, erklärt Reynard.

Die Bisses de Savièse ist majestätisch. Sie ist instandgesetzt und liegt inmitten einer geschützten Alpenlandschaft. Dank des Verbandes funktioniert das Management bis heute nach einem Modus, der dem ursprünglichen ähnlich ist. Doch die Nutzung hat sich verändert. Als touristische Attraktion, kulturelles Erbe und Bewässerungsinfrastruktur gleichermaßen erzählt sie von der Entwicklung eines walliser Gemeinguts im Wandel der Zeiten.

Literatur

Akten der Internationalen Kolloquien zu den Bewässerungskanälen, Sion, 15. bis 18. September 1994 sowie 2. bis 5. September 2010, *Annales valaisannes*, 1995 und 2010-2011.

Reynard, E. (2008): »Les bisses du Valais, un exemple de gestion durable de l'eau?«, in: *Lémaniques*, 69, Genf, S. 1-6.

Schnyder, T. (1924): »Das Wallis und seine Bewässerungsanlagen«, in: *Schweizer Landwirtschaftliche Monatshefte*, S. 214-218.

Vautier, A. (1942): *Au pays des bisses*, 2. Auflage, Lausanne.

Eric Nanchen ist Geograf und Direktor der Stiftung für die Nachhaltige Entwicklung von Bergregionen (www.fddm.ch). Er beschäftigt sich mit entwicklungspolitischen Themen, insbesondere mit der Auswirkung globaler und klimatischer Veränderungen auf die Bergwelt.

Muriel Borgeat ist Historikerin und Projektleiterin der FDDM. Sie forscht zur Geschichte der Regionen Wallis und Rhône.

Die Anthropologie der Wälder

Über die Bedeutung von Erinnerung und Identität in rumänischen Gemeinschaftswäldern

Monica Vasile

In den Vrâncea-Bergen der rumänischen Ostkarpaten wurden seit dem 16. Jahrhundert in Dutzenden von Dörfern als »obştile« (sing.: »obştea«) bekannte gemeinschaftliche Institutionen gepflegt.[1] Ursprünglich bedeutet dieses aus dem Slawischen stammende Wort »Zusammengehörigkeit«. Es unterstreicht den partizipatorischen Kern der Tradition der »obştea«. Sie ist so tief in den Bewohnern der Ortschaften von Vrâncea verwurzelt, dass die Menschen den Wald nicht einfach als Ressource betrachten, sondern als machtvolle Quelle von kollektiver Identität, sozialer Praxis und Stolz (wobei fast mythologische Töne mitschwingen). Die Wirksamkeit der »obştea« als traditionelle Institution wurde jedoch durch die 50 Jahre währende sozialistische Herrschaft (1948-1989), das Aufkommen effizienterer Technologien für Holzeinschlag und Holzernte sowie den Druck moderner Märkte stark beeinträchtigt.

The Institution der »obştea« wurde weder zu einem bestimmten Zeitpunkt noch als Vertragswerk gegründet. Legenden besagen, Stefan der Große (Stefan III. cel Mare, 1433-1505) habe die Gründer von sieben Dörfern für ihre militärischen Verdienste mit dem Gemeinschaftseigentum in den Vrâncea-Bergen beschenkt.

---

1 | Wald-Commons finden sich in den gesamten Karpaten in verschiedensten Formen. Gegenwärtig besitzen 911 registrierte Forstgemeinschaften in Rumänien 14 Prozent der gesamten bewaldeten Fläche des Landes, alles andere ist Staats- oder Privateigentum. Einige Gemeinschaften besitzen große Flächen mit einem hochwertigen Baumbestand; andere besitzen eher kleine und junge Wälder. Auch die Verteilung der Nutzungsrechte unterscheidet sich von Ort zu Ort, wobei die meisten Commons auf einer ungleichen Ausgangsverteilung und familiärer Zugehörigkeit beruhen, während nur wenige (so wie jene, die in diesem Kapitel beschrieben werden) auf gleichem Recht und Wohnsitz basieren. Auch Einkommensanteile an der Holzernte können auf verschiedenste Arten verteilt werden. Einige Vereinigungen investieren sie in die kommunale Versorgung (etwa die Reparatur öffentlicher Gebäude), während andere Dividenden an die Mitglieder ausbezahlen. Für Einzelheiten siehe: Vasile 2006 und 2008, Vasile und Mãntescu 2009. Eine historische Perspektive bietet Stahl 1958 (in Rumänisch) und 1980 (in Englisch).

Einige Dörfer der Region besaßen diese Berge seitdem ununterbrochen über viele Generationen (mit Ausnahme der 50 Jahre Staatseigentum während des Kommunistischen Regimes). Das ist in Rumänien einmalig und auch in Europa selten. Ursprünglich besaß die gesamte Region das ganze Gebiet gemeinsam, als »devălmășie«[2] (Stahl 1958). Die erste Aufteilung unter den Dörfern erfolgte 1755, gefolgt von fünf weiteren Aufteilungen, deren letzte im Jahr 1840 stattfand. Repräsentanten jedes Dorfes (»mandatari«) einigten sich auf die Verteilung nach hitzigen Diskussionen über den Weidebedarf jeder Ortschaft und die jeweiligen finanziellen Beiträge zu den Angelegenheiten, die auf regionaler Ebene zu klären waren.[3] Ende des 19. Jahrhunderts wurde der Zugang der Dörfler zu ihrem Wald zunehmend eingeschränkt, da die Nutzungstechnologien sich immer weiter verbesserten und Holz mehr und mehr zu einer wertvollen Ware wurde, die mit Geld und sozialem Status verknüpft war. Einflussreiche ausländische Forstwirtschaftsunternehmen, insbesondere aus Italien und Österreich, trafen in dieser Zeit mit den lokalen Eliten Abkommen zur Pacht und Nutzung großer Waldflächen. In mehreren Dörfern nutzten die alten Eliten die Einkommen zum Besten ihrer Gemeinden. Sie ließen damit Schulen, Stadthallen und öffentliche Bäder bauen. In anderen Dörfern, so erinnern sich die Bewohner, waren die Menschen aber auch von den Eliten enttäuscht, da diese ihre Nutzungsrechte für einen Apfel und ein Ei verkauft hatten. Die ausländischen Unternehmen stellten ihre Aktivitäten in Vrâncea mit dem Beginn des Ersten Weltkriegs ein und hinterließen große entwaldete Gebiete.

Im Jahr 1910 verabschiedete der rumänische Staat sein erstes Forstwirtschaftgesetz und erkannte darin die »obștile« rechtlich an. Das Gesetz verlangte von den Dörflern, dass sie sich einen Zuteilungsschein für Nutzholz ausstellen lassen, über Transportgenehmigungen für das Holz zu verfügen und sich eine formale Verwaltungsstruktur zu geben. Diese Regeln wurde von den Betroffenen zumeist als unnötige Formalitäten angesehen und nicht streng befolgt. Stattdessen behielten die gewohnten Normen ihre Kraft und regulierten den Holzeinschlag.

Die »obștile« hätten sich allmählich von einer sozial gut eingebetteten Institution in eine moderne Organisationform wandeln können, wenn nicht 1948 die Kommunistische Partei an die Macht gelangt wäre und sich der Staat den gesamten gemeinschaftlichen Forstbesitz angeeignet hätte. In den 1950er Jahren gab es in Vrâncea zahlreiche ernsthafte Auseinandersetzungen zwischen Dörflern, die der Antikommunistischen Widerstandsbewegung angehörten und den kommunistischen Behörden. Mehrere Leute kamen um, andere wurden verhaftet. Diese Situation und die Abwanderung gebildeter Leute aus den ländlichen Gebieten

---

2 | Das Wort bezeichnet eine mittelalterliche Weise der gemeinsamen Landnutzung und bedeutet so viel wie Verstrickung (Anm. der Übers.).

3 | Der Historiker H.H. Stahl (1958) notiert, dass jedes Dorf neben Weideflächen auch Geld abgeben musste, da ein mächtiger Bojar das Territorium für sich reklamierte. Der Streit wurde mit dem »großen Prozess von Vrâncea« beigelegt. Darüber hinaus musste die gesamte Region einen Tribut an den Moldawischen Staat entrichten; hierzu hatten die Ortschaften unterschiedliche Beiträge zu leisten. Beide Zahlungen waren eine Grundlage zur Berechnung der schlussendlichen Waldzuteilungen.

führten schließlich zum Verschwinden der lokalen Eliten. Auch viele »obştea«-Traditionen gingen damit verloren oder traten in den Hintergrund.

Die Erfahrungen der Menschen während dieser Zeit waren von Dorf zu Dorf und selbst innerhalb einzelner Ortschaften sehr verschieden. Einige Leute arbeiteten als Lohnarbeiter in staatlichen Strukturen. Andere stahlen mit stillschweigender Billigung der lokalen Behörden Holz von ihrem früheren Gemeinschaftseigentum. Neben dem geregelten Holzhandel entwickelte sich ein Schwarzmarkt. Schmiergelder an Parteifunktionäre machten es möglich. Meine Studien zur Forstnutzung während dieser Zeit ergab, dass Begriffe wie »Haben« und »Besitzen« nicht mehr besonders wichtig waren. Viel wichtiger waren Zugang und Nutzung, die auf verschiedensten Wegen möglich wurden: legal oder illegal und normalerweise unter Einbeziehung von Funktionären und Korruption.

Sofort nach dem Zusammenbruch des Kommunismus eröffnete die Rückgabepolitik die Möglichkeit, die Eigentumsverhältnisse neu zu ordnen (Hann 1998). Doch die konkreten Regeln und die jeweilige Politik brachten eine Menge rechtlicher Unklarheiten mit sich (Verdery 1999). Gemeinschaftliche Eigentumsrechte traten erst im Jahr 2000 wieder in Kraft.

Bis dahin florierten lokale Geschäfte der Holzgewinnung und des Holzraubbaus, die aber nichts zur Entwicklung der lokalen Wirtschaft beitrugen. Sie wurden auf dem Schwarzmarkt abgewickelt und boten nicht mehr als Niedriglohnjobs. Dennoch spielten sie eine einflussreiche Rolle in der Entwicklung der obştea-Institutionen, da viele Geschäftsinhaber in einem flagrantem Interessenkonflikt auch als Entscheidungsträger fungierten. So hielt dieselbe Person ein öffentliches Amt inne (z.B. Förster, Bürgermeister, »obştea«-Vorsitzender) und besaß zugleich private Firmen zum Holzabbau. Das Gemeinwohl stand im Wettbewerb mit privaten Interessen, wobei letztere meistens obsiegten. Heute gibt es in Vrâncea neunundzwanzig »obştea«-Institutionen, die zusammen rund 65.000 Hektar Wald verwalten.[4] Jedes Dorf besitzt zwischen 1.500 und 14.000 Hektar für Dörfer mit 800 bis 5.000 Einwohnern. Der Rückgabeprozess sah vor, dass die Institutionen dem traditionellen Organisationsmodell folgen sollten und dass jede »obştea« das Recht hat, mit Zustimmung des Dorfrates ihre Statuten und Normen zu verändern, um sie den lokalen Bedingungen anzupassen.

Männer und Frauen haben die gleichen Eigentumsrechte, obwohl Männer öfter an den Versammlungen teilnehmen und mehr Forstarbeit leisten. Die grundlegenden Prinzipien der Forstverwaltung in den Vrâncea-Bergen waren (und sind bis heute) *Unteilbarkeit, Unveräußerlichkeit* und *Gleichteiligkeit.* Ein fundamentales Merkmal ist die gleichberechtigte Beteiligung aller, wobei die Rechte des Einzelnen nicht messbar sind, so wenig wie der oder dem Einzelnen eine präzise abgegrenzte Fläche gehört. Der einzige Anspruch besteht in dem »Recht, ein Mitglied zu sein«. Diese Mitgliedschaft beinhaltet das Recht, im Dorfrat abzustimmen und eine jährliche Zuteilung an Holz zu erhalten, die aufgrund der Entscheidungen des Dorfrats über die individuellen Anteile veränderlich ist. Ein Exekutivkomitee

4 | Die Autorin unternahm von 2004 bis 2006 umfassende Feldforschung in zehn Dörfern der Region und war in den Jahren 2007, 2008 und 2012 mehrfach zu Kurzbesuchen in den Dörfern unterwegs.

unter der Leitung eines Präsidenten verwaltet gemeinsam mit dem Dorfrat den jeweiligen Gemeinschaftswald. Die Dörfler wählen das Komitee sowie den Präsidenten in geheimer, demokratischer Wahl. Das Komitee übernimmt alle Verwaltungsaufgaben, einschließlich der Organisation der Sitzungen des Dorfrats, der Auktionen für den Verkauf des geschlagenen Holzes sowie der Verteilung der jährlichen Anteile an die Commoner. Die Rahmenbedingungen sind im Prinzip ausgezeichnet, aber in der Realität gibt es immer wieder Probleme mit der geringen Beteiligung an Sitzungen, Befürchtungen, ob Stimmen ehrlich ausgezählt werden, Interessenskonflikte verschiedener Art sowie eine begrenzte Auswahl an geeigneten Ratsmitgliedern. In einer Umfrage, die ich 2005 und 2006 durchgeführt habe, gingen 67,6 Prozent der Einwohnerinnen und Einwohner davon aus, dass das Exekutivkomitee der »obştea« korrupt sei. Diese Probleme resultierten häufig in scharfen Konflikten, Querelen, Petitionen, Denunziationen und langwierigen Gerichtsverfahren. Die meisten Commoner erwarten, dass gemeinsames Handeln vom Staat geregelt, koordiniert und durchgesetzt wird, was aber nicht geschieht. Durchschnittlich 20 Prozent des von den »obştile« verwalteten Holzes werden heute in den privaten Haushalten verbraucht. Der Rest, üblicherweise ein Verkaufserlös, fließt in die Verbesserung der lokalen Infrastruktur. Die Dorfbewohner erhalten als Anteil ein bis drei Kubikmeter Feuerholz pro Jahr und Familie und dieselbe Menge Bauholz mit dem Recht, es lokal, aber nicht außerhalb der Grenzen der »obştea«, zu verkaufen. Die geschätzten Anteile des Holzes für einen zweiköpfigen Haushalt lagen 2006 in den untersuchten Dörfern bei etwa 80 Euro pro Jahr bzw. bei 5 Prozent des durchschnittlichen Jahreseinkommens von 1.500 Euro.

Der Entstehungsmythos der »obştile« legitimiert dieses eigentumsrechtliche Arrangement bis heute. Diese »Es war einmal ... «-Geschichte ist in Erinnerung geblieben und wird häufig weitererzählt, wobei der Wald als »Erbe von Stefan dem Großen« gilt. Daraus geht eine Art emotionales Kapital hervor, auf das die Dörfler der Vrâncea-Berge zurückgreifen, um ihre kollektive Identität und Geschichte zu behaupten. Die symbolische und emotionale Dimension des Eigentums, so wie es in den »obştile« verwaltet wird, wird so gefestigt. Die meisten Anwohnerinnen und Anwohner können sich nicht vorstellen, ihren Wald aufzuteilen, da dies »die alten Gebräuche« verletzen würde. Einige sehen das Nutzungsrecht für die Berge als eine Kompensation für die »vrânceni«, wie die Leute dort genannt werden, die keinen Zugang zum fruchtbaren Ackerland der Ebenen haben. Gemeinsames Eigentum wird als ein einfaches historisches Faktum betrachtet – als eine Gegebenheit. Und obwohl Qualität und Größe der Wälder sich von einem Dorf zum anderen unterscheiden, scheint an ihrem Ursprung nichts zweifelhaft zu sein: »Es ist, wie Stefan es uns gegeben hat!«

Dies Ursprungsgeschichte der »obştile« gibt ihnen einen tieferen Sinn und erzeugt eine emotionale Verbundenheit, die in den überlieferten Geschichten lebhaft zum Ausdruck kommen. Gefühle, Wahrnehmung und Sinn spielen in der Beteiligung und in der Verwaltung der »obştile« eine große Rolle – und diese Gefühle verändern sich über die Zeit und in Abhängigkeit von den Umständen. Erinnerungen, die gelebt und weitererzählt werden, verstärken die emotionale Bindung der Menschen zu den Commons.

Die Beziehung der Dörfler zu ihrem Wald ist komplizierter als die uns geläufige Bindung der Bauern an den Boden, denn ihr Besitz ist im Wesentlichen eine nicht klar umrissene materielle Ressource sowie eine geteilte Erfahrung: das Nutzungsrecht in den Commons. Dennoch sagten 42,2 Prozent der Befragten, dass sie sich »sehr« als Besitzer des Commons fühlen. Weitere 32,2 Prozent betrachteten sich »in einem gewissen Grade« als Besitzer und nur 24,1 Prozent sahen sich »überhaupt nicht« als Besitzer. Ältere Dörfler scheinen eine innigere Beziehung zu ihren Gemeinschaftswäldern zu haben als die Jüngeren, jedenfalls unterstützen sie die derzeitige Organisation in größerem Maße.

Die Commoners äußerten sich widersprüchlich über den Wald als Eigentum und beschrieben die Bedeutung von Eigentum in zwei unterschiedlichen Dimensionen: Eigentum als ein emotionales Symbol für Erbe und Identität sowie Eigentum als materielle und nutzbare Ressource. Sie bedienen sich sowohl der Rede vom »gemeinsamen Stolz«, historischen Boden zu nutzen und zu verwalten und dabei auf überlieferte Praktiken und Traditionen zurückzugreifen, als auch der Rede von der »Entbehrung«, wenn sich etwa lokale oder nationale Eliten in illegitimer Weise aneignen, was die Wälder produzieren. Gefühle von Entbehrung und Ungerechtigkeit kommen auch auf, wenn es um die Führungsstruktur einer »obştea« geht und die jeweilige Gruppe als eine Gruppe »korrupter Opportunisten« wahrgenommen wird. Commoners finden, dass eine »obştea«, wenn sie nur als Organisationskomitee begriffen wird, nichts oder wenig für die Gemeinschaft bringt (89 Prozent der Befragten in meiner Umfrage).

In der postkommunistischen Ära gab es wieder mehr Stolz und Erinnerung an die »obştile« vor dieser Zeit. Doch auch heute gibt es Auseinandersetzungen über korrupte Praktiken, Konflikte um die gerechte Verteilung des Holzes und der Einnahmen oder um schlechtes Management. Eine Ursache liegt darin, dass der rechtliche Rahmen von Commons unklar oder in vielen Einzelfragen zu unbestimmt ist. Ein anderes Problem besteht darin, dass es vor Ort kaum Möglichkeiten gibt, Konflikte mit geringem Kostenaufwand zu lösen. Sowohl lokale Regelungen, als auch staatliche Gesetze scheinen nicht zu greifen, wenn die Korruption überhandnimmt oder Konflikte eskalieren. Unklare Verhältnisse führen schnell zu einer »Vorherrschaft kurzfristiger Entscheidungen« (»Adhocracy«), die es egozentrischen Opportunisten erlaubt, die Gemeingüter zu plündern.

Trotz all dieser Herausforderungen gibt es in den Dörfern der Vrâncrae bemerkenswert viel Unterstützung für die »obştile« als Institutionen, die kollektive Identität und Sinn stiften. Schließlich geht es in der Verwaltung des Waldes keineswegs nur um Berechnung, Leistung, materielle Werte und Gewinn. Es geht auch um emotionale Bindungen und symbolische Bedeutungen, wie sie sich in der kollektiven Erinnerung, in Tradition und Identität spiegeln. Diese emotionalen Dimensionen verbinden die Leute mit Prozessen rund um den gemeinsamen Wald – und das selbst dann, wenn externe Kräfte wie Staat, Markt und lokale Behörden in eine andere Richtung arbeiten.

Literatur

Hann, Ch. (1998): »Introduction: The Embeddedness of Property«, in: C.M. Hann, (Hg.): *Property Relations: Renewing the Anthropological Tradition,* Cambridge, Cambridge University Press.

Stahl, H. H. (1958): *Contribuţii la studiul satelor devălmaşe româneşti [Contributions in Studying Romanian Joint Property Villages],* Bukarest, Editura Academiei Române.

— (1980): *Traditional Romanian Village Communities,* Cambridge, Cambridge University Press.

Vasile, M. (2006): »Obştea today in the Vrâncea Mountains, Romania. Self Governing Institutions of Forest Commons«, in: *Sociologie Românească,* 4(3), S. 111-130.

— (2008): »Nature Conservation, Conflict and Discourses around Forest Management: Communities and Protected Areas from Meridional Carpathians«, in: *Sociologie Românească,* 6 (3-4), S. 87-100.

Vasile, M., und L. Măntescu (2009): »Property reforms in rural Romania and community-based forests«, in: *Sociologie Românească,* 7(2), S. 95-113.

Verdery, K. (1999): »Fuzzy property: rights, power, and identity in Transylvania's decollectivization«, in: M. Burawoy und K. Verdery. (Hg.): *Uncertain transitions: ethnographies of change in the postsocialist world,* Blue Ridge Summit, Rowman & Littlefield Publishers, S. 53-81.

Monika Vasile ist zur Zeit Gaststipendiatin am Integrativen Forschungsinstitut zu Transformationen von Mensch-Umwelt-Systemen (IRI THESys) an der Humboldt-Universität in Berlin, wo sie auf dem Gebiet der Umweltanthropologie und der Ökonomie forscht. Davor war sie wissenschaftliche Mitarbeiterin am Max-Planck-Institut für ethnologische Forschung in Halle (Saale).

Guassa – eine besondere Art des Ressourcenschutzes

Zelealem Tefera Ashenafi

In Äthiopien gibt es eines der ältesten und wirkungsvollsten Naturschutz- und Bewirtschaftungssysteme in Afrika südlich der Sahara: die Menz-Guassa Community Conservation Area, eine 11.100 Hektar große Region, mit einer Vielfalt an Grassavannen, Pflanzen und seltenen Tieren. Der Äthiopische Wolf, der Blutbrustpavian und der Abyssinische Hase sind dort beheimatet.

Die verschiedenen indigenen Bodenordnungen in Äthiopien sind in sehr komplexen Prozessen entstanden. Dabei verdient die Geschichte der Bodenordnung im Guassa-Gebiet, die sogenannte »Atsme Irist«,[1] besondere Beachtung. Sie gibt Aufschluss darüber, wie Menschen im Distrikt Menz seit mehr als 400 Jahren in der Lage waren und sind, wertvolle Weidegebiete und Ökosysteme regelmäßig gemeinsam zu nutzen, aber auch zu bewahren.

In Menz, wozu das Guassa-Gebiet gehört, gab Atsme Irist der dort ansässigen Bevölkerung über Jahrhunderte hinweg das Recht, einen Anteil des Landes gemeinsam mit anderen rechtmäßigen Grundbesitzern zu halten. Dieses Recht geht auf konkrete Vorfahren zurück. Gespräche mit Ortskundigen ergaben, dass die Gründerpioniere Asbo und Gera im 17. Jahrhundert dieses Managementsystem ins Leben gerufen hatten. Gera hatte zunächst ein Stück freies Land in Guassa, im östlichen Teil von Menz, als sein Weideland abgegrenzt. Später haben Asbo und Gera dieses Land – dem Ausgang eines Pferderennens entsprechend – in zwei Teile geteilt. Die Grenze wurde an der Stelle gezogen, an der das erste Pferd vor Erschöpfung nicht mehr weiterlaufen konnte.

Die beiden Pioniere bestimmten, dass das Guassa-Gebiet hauptsächlich als Weideland sowie für die Ernte von Guassa-Gras (*Festuca sp.*) genutzt werden sollte. Wer immer durch den einen oder anderen Elternteil die Verwandtschaft mit Asbo oder Gera nachweisen konnte, hatte Anspruch auf einen Teil des Landes, wobei jeweils die Ältesten die Zuteilung überwachten. Guassa teilt sich noch heute in

---

1 | Weitere Informationen zu Atsme Irist in Menz finden sich in der Dissertation des Autors: »Common Property Resource Management of an Afro-Alpine Habitat Supporting a Population of the Critically Endangered Ethiopian Wolf (Canis Simensis)«, University of Kent, Canterbury, Großbritannien.

zwei große Gebiete, die nach den Vätern benannt sind: Asbo im Norden und Gera im Süden.

Das indigene Bewirtschaftungssystem Qero

Um die vernünftige Nutzung ihres Gemeineigentums zu fördern, führte die Gruppe der Eigentümer das indigene Qero-System ein. Dafür bestimmten die Mitglieder der Gruppen aus beiden Gebieten je eine Führungsperson (»Abba Qera« oder »Afero«), die die Nutzung des jeweiligen Gebiets schützen und regulieren sollte. Diese Abba Qeras wurden meist einstimmig in Anwesenheit aller Nutzer gewählt. Je nach Leistung waren manche wenige Jahre, andere ihr Leben lang im Amt.

Die Nutzungsgemeinschaften in Guassa waren noch einmal in Gemeinden (»parishes«) unterteilt – sechs in Asbo und acht in Gera –, wobei es in jeder Gemeinde einen Vorsteher gab, der dem jeweiligen Abba Qera unterstand. Diese Aufteilung in Gemeinden verlieh dem Land geweihten Status, da die Gemeinden dem Protektorat der in Äthiopien seit Langem etablierten orthodoxen christlichen Kirche unterstanden.

Unter dem Qero-System konnte das Grasland von Guassa jeglicher Art von Nutzung entzogen werden, und zwar für drei bis fünf Jahre hintereinander. Die konkrete Dauer hing hauptsächlich vom Wachstum des Guassa-Grases sowie von den Bedürfnissen der Gemeinschaften ab. So konnte eine erfolgreiche Ernte zu einer längeren Sperrung des Landes führen, während eine Dürre den Abba Qera möglicherweise überzeugen konnte, die Dauer derselben zu verkürzen. Sobald die beiden Abba Qera sich einig waren, dass das Guassa-Gras erntereif war, gaben sie den rechtmäßigen Besitzerinnen und Besitzern der Nutzungsgemeinschaft das Datum der Öffnung bekannt. Üblicherweise geschah dies bei kirchlichen Feierlichkeiten, auf Märkten, bei Beerdigungen oder anderen öffentlichen Anlässsen, in der Regel mitten in der Trockenperiode des jeweiligen Jahres, meist im Februar. Nach der Ernte grasten die Nutztiere. Kurz vor der Regenzeit bereitete sich die Gemeinschaft dann darauf vor, das Land wieder zu verlassen. Das Datum der Sperrung wurde auf den 12. Juli (»Hamle Abo«) gelegt, den »Tag des Fastenbrechens des Apostels«, dem nach der Fastenzeit vor Ostern zweitwichtigsten Fasten in der äthiopischen koptisch-orthodoxen Kirche.

Im Qero-System gab es also Regeln und Verordnungen zum Schutz des Gebietes, die durch die Zusammenarbeit der gesamten Gemeinschaft unter der Leitung der beiden Abba Qeras umgesetzt wurden. Die Abba Qeras legten häufig Termine fest, an denen sie ihre jeweiligen Gebiete besuchen und kontrollieren konnten. Daran musste sich jeder Haushaltsvorstand beteiligen, der dazu in der Lage war. Die Nichtteilnahme konnte hart bestraft werden, in Extremfällen sogar durch Niederbrennen des Hauses.[2] Die Frauen mussten in dieser Zeit in der Nähe der bäuerlichen Siedlung arbeiten. Wenn sie versuchten, mit anderen Männern zum Guassa-Gebiet zu gehen, galt das als ungebührlich. Das damalige Qero-System gemeinsamer Ressourcenbewirtschaftung war eine Domäne der Männer.

---

2 | Es gibt keine belegten Angaben darüber, wie häufig dies tatsächlich geschehen ist (Anm. der Hg.).

Auch die Regeln zur Nutzung des Guassa-Gebiets während der Schonzeit waren mitunter drakonisch. Wenn jemand während dieser Zeit im Guassa-Gebiet Gras erntete oder sein Vieh zur Weide trieb, bestand die Strafe etwa in der Beibringung von 100 Säcken Kohlsamen, einem Sklaven mit nur einem Hoden, einem nassen Löwenfell oder einem anderen Gegenstand, den es in Menz oder anderswo schlicht und einfach nicht gibt! Man konnte sogar das Astme-Irst-Recht auf Landbesitz verlieren und gezwungen werden, Menz für immer zu verlassen. Die Ältesten erklärten das so: Die Tatsache, dass die zu begleichenden Strafen nicht erhältlich waren, hielt Menschen davon ab, die Regeln zu brechen. Zudem wollte niemand sein Geburtsrecht auf die Nutzung des Graslandes – die drakonischste aller Strafen – verwirken.[3]

Im Laufe der Zeit wurden die Strafen jedoch abgemildert, da das moderne Recht und die Rechte des Einzelnen während der Herrschaft des Königs Haile Selassie zu gesellschaftlichen Normen wurden. Wenn jemand beispielsweise im Guassa-Gebiet Gras erntete, war die übliche Strafe eine schwere Tracht Prügel. Wenn jemand sein Dach mit Festuca-Gras deckte, das während der Schonzeit geerntet wurde, wurde das Haus niedergebrannt. Wenn Nutztiere grasten, wurden sie geschlachtet und ihr Fell der Kirchengemeinde gegeben, um eine Trommel zu bauen. Die schweren Sanktionen im Qero-System verweisen auch darauf, wie wichtig die gemeinsame Ressource als Existenzgrundlage der Gemeinschaft und damit der Einzelnen war.

Das Qero-System im Wandel

Ein Jahr nach der sozialistischen Revolution von 1974 rief die damalige äthiopische Regierung die Agrarreform aus. Sämtliches Land in Privat- oder Gemeinschaftsbesitz wurde staatliches beziehungsweise öffentliches Grundeigentum. Damit war, formal gesehen, das Qero-System in Menz Geschichte. Diese Veränderung im Eigentumsregime – von gemeinschaftlichem in öffentliches Eigentum – setzte der Regelmäßigkeit des Qero-Systems ein Ende. Plötzlich funktionierte die Ressourcenbewirtschaftung, auf die sich alle rechtmäßigen Besitzerinnen und Besitzer gemeinsam verlassen hatten, weder zuverlässig noch vollumfänglich. Anders gesagt: Mit der staatlichen Eigentümerschaft waren nicht nur neue Eigentumsrechte für die Landnutzung eingeführt worden, sondern auch weniger nachhaltige und sozial ungerechtere Landnutzungspraktiken. Die unter dem Qero-System Verantwortlichen wurden durch neun Bauernverbände aus an Guassa angrenzenden Regionen ersetzt. Ein Interviewpartner eines dieser Verbände sagte mir: »Die Leute, die wir früher aus der Guassa-Bewirtschaftung ausgeschlossen haben, wurden über Nacht zu Eigentümern des Gebietes, und dann versuchten alle, sich ihren Teil der Ressource unter den Nagel zu reißen« (Tefera Ashenafi/Leader-Williams o.J.). Das staatliche System erwies sich als die bürokratischere, korruptere und weniger effektive Bewirtschaftungsform. De facto verwandelte sich Guassa in ein Open-Access-Regime.

3 | Diese Erklärung entspricht Ergebnissen der Commons-Forschung, die besagt, dass oft die schiere Existenz von Sanktionen, mit denen sich die Nutzergemeinschaft einverstanden erklärt hat, genügt, um Regelübertretungen zu verhindern.

Doch Commons-Systeme haben nicht selten ein beachtliches Vermögen, sich an plötzliche Veränderungen und Schocks anzupassen – es ist der Kern ihrer Resilienz. Das war auch beim Qero-System der Fall. Nachdem es vom Staat abgeschafft worden war, entschieden die Kleinbauernverbände in Menz, ein anderes indigenes Bewirtschaftungssystem, das Guassa Conservation Council Committee (Komitee des Guassa-Naturschutzrats), aufzubauen, mit einer neuen Grundordnung, die mit der soziopolitischen Ordnung des Landes im Einklang steht. Dieses neue System besteht aus neun Verbänden von Kleinbäuerinnen und Kleinbauern (»Kebeles«), die jeweils fünf Vertreterinnen und Vertreter wählen, allesamt Nachkommen von Gera und Asbo. Zu den fünf Mitgliedern des Komitees gehören der oder die Vorsitzende der Kebele, ein Ältester oder eine Älteste, eine religiöse Führungspersönlichkeit, eine Vertreterin der Frauen und ein Vertreter oder eine Vertreterin der Jugend. Unter dem neuen System sind Frauen zum ersten Mal an der Bewirtschaftung des Guassa-Gebiets beteiligt. Es regelt heute dessen Nutzung durch etwa 9.000 Haushalte. Dabei koordiniert das Komitee zwanzig sogenannte »community scouts«, und es kooperiert mit der örtlichen Polizei, um jene Personen zu belangen, die Guassa in unerlaubter Weise nutzen. Zugleich wird das »Idir«-System vom Komitee unterstützt. Das ist eine allgemein respektierte, indigene soziale Institution, die Mitgliedern in schwierigen Zeiten über die Runden hilft. Und die Strafen des alten Qero-System sind milder geworden. 100 Birr – etwa fünf US-Dollar – sind heute für unerlaubte Grasernte fällig. Schwere Vergehen, etwa das Pflügen von Grassavannen, werden jedoch vor das Bezirksgericht gebracht.

Dank einem politischen Kurswechsel der äthiopischen Regierung im Jahr 2012 wurde das Recht der Guassa-Gemeinschaften, ihre lebensnotwendigen Grassavannen und die Biodiversität zu schützen, gesetzlich gestärkt und anerkannt.[4] Das Entwicklungsprogramm der Vereinten Nationen (UNDP) hat die Guassa-Gemeinschaft 2004 mit dem angesehenen Äquatorpreis ausgezeichnet, und die Naturschutzpraktiken der Gemeinschaft präsentieren die Zoologische Gesellschaft Frankfurt und andere Naturschutzinitiativen in Äthiopien als Modell (UNDP 2012). Im Jahr 2013 erhielt die Guassa-Gemeinschaft den ersten Mountain Protection Award der International Mountain Protection Commission (UIAA).[5]

Anmerkung der Herausgeber: Nach Fertigstellung des Beitrages erfuhren wir, dass die Guassa Menz Community Conservation Area nationaler Preisträger des Energy Globe Award der UNESCO 2015 geworden ist.

---

4 | Vergleiche das siebte Design-Prinzip für langlebige Commons-Institutionen von Elinor Ostrom: »Es ist ein Mindestmaß staatlicher Anerkennung des Rechtes der Nutzer erforderlich, ihre eigenen Regeln zu bestimmen« (Anm. der Hg.).

5 | Siehe: http://mountainprotection.theuiaa.org/awards/2013#.UyxdZUudTOc (Zugriff am 15. Januar 2015).

Literatur

Tefera Ashenafi, Z. und N. Leader-Williams (o.J.): »The Resilient Nature of Common Property Resource Management Systems: A Case Study from the Guassa Area of Menz, Ethiopia«, http://dlc.dlib.indiana.edu/dlc/bitstream/handle/10535/1953/AshenafiZelealamCPR.pdf?sequence=1 (Zugriff am 31. März 2015).

United Nations Development Programme (UNDP) (2012): Guassa-Menz Community Conservation Area, Ethiopia, Equator Initiative Case Study Series, New York.

Zelealem T. Ashenafi promovierte am Durrell Institute of Conservation and Ecology (DICE) der Universität Kent, Großbritannien, und leitete das Programm zum Schutz des äthiopischen Wolfes der Universität Oxford. Heute ist er Landesverantwortlicher für Äthiopien der Zoologischen Gesellschaft Frankfurt. Er arbeitet zu den Themen Umweltmonitoring, gemeinschaftsbasierter Naturschutz, Tourismus und ländliche Entwicklung.

»Höchst merkwürdige Sitten«

Rosa Luxemburg

Der vorliegende Text ist ein Auszug aus dem Kapitel »III. Wirtschaftsgeschichtliches (I)« in Rosa Luxemburgs Einführung in die Nationalökonomie. *Das gesamte Werk liegt als unvollendetes Manuskript vor. Ursprünglich, sollte die* Einführung *in den Jahren 1909/1910 herausgegeben werden. Doch heftige Debatten innerhalb der Arbeiterbewegung hinderten Luxemburg an der Fertigstellung. Erst während des ersten Weltkrieges, 1916, nahm Rosa Luxemburg im Gefängnis die Arbeit daran wieder auf. Sie bemühte sich um Veröffentlichung durch sozialdemokratische Verleger, was jedoch fehlschlug, so dass das Fragment erstmals 1925 erschien. Ihr handschriftliches Manuskript war Dank der Umsicht von Professor Dr. Jürgen Kuczynski vor der Vernichtung durch die Nationalsozialisten bewahrt geblieben. Es war Grundlage der in der DDR herausgegebenen Gesamtausgabe (1995), die wiederum Grundlage der Online-Veröffentlichung war, die hier benutzt wurde.*

Die Kürzung folgte dem Grundgedanken, nachvollziehbar zu machen, wie sich Erkenntnisse der Wirtschaftsgeschichte Mitte bis Ende des 19. Jahrhunderts zu einem Befund verdichteten, der keiner spezifischen Kultur oder Tradition allein zugeschrieben werden konnte. Zudem wurden jene Passagen ausgewählt, die das Aufeinanderprallen unterschiedlicher Grundkonzeptionen von Recht, Besitz und Eigentum im Kontext des Kolonialismus in den Blick nehmen. Der vollständige Text ist auch im Internet zugänglich (siehe Literaturangabe).

In den Jahren 1851 bis 1853 erschien in Erlangen das erste der epochemachenden Werke Georg Ludwig von Maurers, die »Einleitung zur Geschichte der Mark, Hof, Dorf und Stadt-Verfassung und der öffentlichen Gewalt«, die ein neues Licht auf die germanische Vergangenheit und auf die soziale und ökonomische Struktur des Mittelalters warf. Schon seit einigen Jahrzehnten war man an einzelnen Orten, bald in Deutschland, bald in den nordischen Ländern, auf der Insel Island, auf merkwürdige Überbleibsel uralter ländlicher Einrichtungen gestoßen, die auf das ehemalige Bestehen eines Gemeineigentums an Grund [und] Boden an jenen Orten, eines Agrarkommunismus hinwiesen. Man wußte jedoch zunächst diese Überbleibsel nicht zu deuten. [...] Erst von Maurer faßte alle diese Einzelentdekkungen in einer kühnen, großangelegten Theorie zusammen und wies auf Grund enormen Tatsachenmaterials und gründlichster Forschungen in alten Archiven, Urkunden, Rechtsinstitutionen endgültig nach, daß das Gemeineigentum an

Grund und Boden nicht erst im späteren Mittelalter entstanden war, sondern überhaupt die typische und allgemeine uralte Form der germanischen Ansiedlungen in Europa von allem Anfang an war. Vor zweitausend Jahren also und noch früher, in jener grauen Vorzeit der germanischen Völker, von denen die geschriebene Geschichte noch nichts weiß, herrschten bei den Germanen Zustände, die von den heutigen grundverschieden waren. Kein Staat mit geschriebenen Zwangsgesetzen, keine Spaltung in Reiche und Arme, Herrschende und Arbeitende waren damals unter den Germanen bekannt. Sie bildeten freie *Stämme* und *Geschlechter*, die lange in Europa umherwanderten, bis sie sich erst zeitweise, schließlich dauernd ansiedelten. Die erste Kultivierung des Landes ist nämlich in Deutschland, wie von Maurer nachwies, nicht von einzelnen, sondern von ganzen Geschlechtern und Stämmen ausgegangen [...].

Dabei nahm je ein Stamm und in jedem Stamme je ein Geschlecht ein bestimmtes Gebiet ein, das dann allen Betreffenden insgemein gehörte. Mein und Dein kannten die alten Germanen in bezug auf den Grund und Boden nicht. Jedes Geschlecht bildete vielmehr bei der Ansiedlung eine sogenannte Markgenossenschaft, die gemeinsam das ganze ihr zugehörige Gebiet bewirtschaftete, einteilte und bearbeitete. Der einzelne bekam durch Auslosung einen Ackeranteil, der ihm nur für bestimmte Zeit zur Benutzung überlassen wurde, wobei strengste Gleichheit der Bodenanteile beobachtet war. Alle wirtschaftlichen, rechtlichen und allgemeinen Angelegenheiten einer solchen Markgenossenschaft, die zugleich meist eine Hundertschaft der waffenfähigen Männer bildete, wurden von der Versammlung der Markgenossen selbst geregelt, die auch den Markvorsteher und die anderen öffentlichen Beamten wählte.

Nur in Gebirgen, Wäldern oder Marschgegenden, wo Mangel an Raum oder kultivierbarem Land eine größere Ansiedlung unmöglich machte, wie zum Beispiel im Odenwald, in Westfalen, in den Alpen, siedelten sich die Germanen in Einzelhöfen an. Jedoch bildeten auch diese eine Genossenschaft unter sich, wobei zwar nicht das Feld, wohl aber Wiese, Wald und Weide Gemeineigentum des ganzen Dorfes, die sogenannte Allmende, bildete und alle öffentlichen Angelegenheiten durch die Markgenossenschaft erledigt wurden.

Der Stamm als Zusammenfassung vieler, meist hundert solcher Markgenossenschaften trat vorwiegend nur als oberste richterliche und militärische Einheit ins Werk. Diese markgenossenschaftliche Organisation bildete [...] die Grundlage, gleichsam die kleinste Zelle des ganzen sozialen Gewebes vom frühesten Mittelalter bis in die spätere Neuzeit hinein, so daß sich die feudalen Fronhöfe, Dörfer und Städte in verschiedenen Modifikationen aus jenen Markgenossenschaften herausgebildet haben, deren Trümmer wir bis auf den heutigen Tag in einzelnen Gegenden Mittel und Nordeuropas vorfinden.

Als die ersten Entdeckungen des uralten Gemeineigentums an Grund und Boden in Deutschland und in den nordischen Ländern bekannt wurden, da kam die Theorie auf, hier sei man einer besonderen, spezifisch germanischen Einrichtung auf die Spur gekommen [...]. Doch kamen fast zu gleicher Zeit mit dem ersten Maurerschen Werke [...] neue Entdeckungen auf einem ganz anderen Teil des europäischen Kontinents ans Licht. 1847 bis 1852 veröffentlichte in Berlin der westfälische Baron von Haxthausen, der anfangs der vierziger Jahre auf Wunsch des russischen Kaisers Nikolaus I. Rußland bereist hatte, seine »Studien über die inneren Zustände, das Volksleben und insbesondere die ländlichen Einrichtungen Rußlands«. Aus diesem Werke erfuhr die erstaunte Welt, daß im Osten Europas noch in der Gegenwart ganz analoge Einrichtungen bestanden. [...] In dem erwähnten wie in einem späteren, 1866 in Leipzig erschienenen Werke über »Die ländliche Verfassung Rußlands« wies von Haxthausen nach, daß die russischen Bauern in bezug auf die Äcker, Wiesen und Wälder kein Privateigentum kennen, daß das ganze Dorf als Eigentümer desselben gilt, die einzelnen Bauernfamilien aber nur zur zeitweisen Benutzung Ackerparzellen kriegen, die sie auch – ganz wie die alten Germanen – auslosen. In Rußland herrschte zur Zeit, als Haxthausen das Land bereiste und erforschte, die Leibeigenschaft in voller Kraft, um so frappanter war auf den ersten Blick die Tatsache, daß unter der eisernen Decke einer harten Leibeigenschaft und eines despotischen Staatsmechanismus das russische Dorf eine kleine abgeschlossene Welt für sich darbot mit Landkommunismus und genossenschaftlicher Erledigung aller öffentlichen Angelegenheiten durch die Dorfversammlung, den *Mir*[1]. Der deutsche Entdecker dieser Eigentümlichkeiten erklärte die russische Landgemeinde als ein Produkt der uralten slawischen Familiengenossenschaft, wie wir sie noch bei den Südslawen in den Balkanländern vorfinden und wie sie in den alten russischen Rechtsbüchern noch im 12. Jahrhundert und später in voller Kraft besteht. [...]

Inzwischen kam ein anderes Moment in der Geschichte der europäischen Nationen hinzu, daß sie mit neuen Weltteilen in Berührung [...] und [...] uralte Kulturformen sehr fühlbar zum Bewußtsein brachte bei Völkern, die weder zum germanischen noch zum slawischen Völkerkreis gehörten. Diesmal handelte es sich nicht um wissenschaftliche Forschungen und gelehrte Entdeckungen, sondern um faustdicke Interessen kapitalistischer Staaten Europas und ihre Erfahrungen in der praktischen *Kolonialpolitik*. Im 19. Jahrhundert, im Zeitalter des Kapitalismus, hatte die europäische Kolonialpolitik neue Bahnen eingeschlagen. Es handelte sich nicht mehr, wie im 16. Jahrhundert bei dem ersten Sturm auf die Neue Welt, um rascheste Ausplünderung der Schätze und Naturreichtümer der neuentdeckten tropischen Länder [...]. Auch nicht mehr bloß um mächtige Handelsgelegenheiten [...]. Jetzt handelte es sich neben jenen älteren Methoden der Kolonisation, die gelegentlich bis auf den heutigen Tag im Flor stehen und nie aus der Übung gekommen sind, auch noch um eine neue Methode mehr nachhaltiger und systematischer Ausbeutung der Bevölkerung der Kolonien zur Bereicherung des »Mutterlandes«. Hierzu sollte zweierlei dienen: einmal die tatsächliche Besitzergreifung des Grund und Bodens als der wichtigsten materiellen Quelle des Reichtums jedes Landes und ferner die ständige Besteuerung der breiten Masse der Bevölkerung. Bei diesem doppelten Bestreben nun mußten die europäischen Kolonialmächte in allen exotischen Ländern auf ein merkwürdiges felsenhartes Hindernis stoßen, und dies war die eigenartige Eigentumsverfassung der Eingeborenen, die der Ausplünderung durch die Europäer den hartnäckigsten Widerstand entgegensetzte. Um den Grund und Boden aus den Händen ihrer bisherigen Eigentümer zu reißen, mußte man vorerst feststellen, wer der Eigentümer des

1 | »Mir« bedeutet auch Frieden (Anm. der Hg.).

Grund und Bodens war. Um Steuern nicht bloß aufzuerlegen, sondern auch eintreiben zu können, mußte man die Haftbarkeit der Besteuerten feststellen. Hier stießen nun die Europäer in ihren Kolonien auf ihnen völlig fremde Verhältnisse, die alle ihre Begriffe von der Heiligkeit des Privateigentums direkt auf den Kopf stellten. Dies war gleichermaßen die Erfahrung der Engländer in Südasien wie der Franzosen in Nordafrika.

Gleich zu Anfang des 17. Jahrhunderts begonnen, endete die Eroberung Indiens durch die Engländer nach schrittweiser Einnahme der ganzen Küste und Bengalens erst im 19. Jahrhundert mit der Unterwerfung des wichtigsten Fünfstromlandes im Norden. Nach der politischen Unterwerfung begann aber erst das schwierige Werk der systematischen Ausbeutung Indiens. Die Engländer erlebten dabei auf Schritt und Tritt die größten Überraschungen: Sie fanden verschiedenartigste große und kleine Bauerngemeindenn, die seit Jahrtausenden auf dem Boden saßen, Reis bauten und in stillen, geordneten Verhältnissen lebten, aber – o Graus! – nirgends fand sich in diesen stillen Dörfern ein Privateigentümer des Grund und Bodens. Wen man auch packte, keiner durfte das Land oder die von ihm bearbeitete Landparzelle *sein* nennen, also auch nicht verkaufen, verpachten, verschulden, für rückständige Steuern verpfänden. [...] »Wir sehen«, hieß es im Bericht der englischen Steuerbehörde aus Indien vom Jahre 1845, »keine ständigen Anteile. Jeder besitzt den bebauten Anteil nur so lange, wie die Ackerbauarbeiten dauern. Wird ein Anteil unbebaut gelassen, so fällt er ins Gemeindeland zurück und kann von jedem anderen genommen werden unter der Bedingung, daß er bebaut wird.«[1] Um dieselbe Zeit meldet ein Regierungsbericht über die Verwaltung im Pandschab (Fünfstromland) für 1849 bis 1851: »Es ist höchst interessant zu beobachten, wie stark in diesem Gemeinwesen das Gefühl der Blutsverwandtschaft und das Bewußtsein der Abstammung vom gemeinsamen Ahnen ist. Die öffentliche Meinung beharrt so streng auf der Beibehaltung dieses Systems, daß wir nicht selten sehen, wie Personen, deren Vorfahren während einer oder selbst zweier Generationen gar keinen Anteil an dem Gemeinbesitz nahmen, zu demselben zugelassen werden.«[2]

»Bei dieser Form des Grundbesitzes«, schrieb der Bericht des englischen Staatsrats über die indische Geschlechtsgemeinde, »kann kein Mitglied des Clans (Geschlechts) ausweisen, daß ihm dieser oder jener Teil des Gemeindelandes nicht bloß zu eigen, sondern auch nur zu zeitweiliger Benutzung gehört. Die Produkte der gemeinsamen Wirtschaft werden in eine gemeinsame Kasse getan, und daraus werden alle Bedürfnisse bestritten.«[3] [...] In der nordwestlichen Ecke des Fünfstromlandes, hart an der Grenze Afghanistans, fanden sich andere höchst merkwürdige Sitten, die jedem Begriff von Privateigentum hohnsprachen. Hier wurden zwar die Äcker geteilt und auch periodisch umgetauscht, aber – o Wunder! – es tauschten nicht einzelne Bauernfamilien ihre Losanteile untereinander, sondern ganze Dörfer tauschten alle fünf Jahre ihre Ländereien um, wobei ganze Dorfschaften umwanderten. »Ich darf«, schrieb der englische Steuerkommissar James aus Indien im Jahre 1852 an seine vorgesetzte Regierungsbehörde, »eine höchst eigenartige Sitte nicht verschweigen, die sich bis jetzt in gewissen Gegenden erhalten hat: ich meine den periodischen Austausch der Ländereien zwischen den einzelnen Dörfern und ihren Unterabteilungen. In einigen Bezirken werden nur Äcker ausgetauscht, in anderen selbst die Wohnhäuser.«[4] [...]

Erst in einem jahrzehntelangen Kampf gelang es ihnen (den Engländern – Anm. der Hg.) unter allerlei Gewaltstreichen, Unredlichkeiten, skrupellosen Eingriffen in alte Rechte und herrschende Rechtsbegriffe des Volkes, eine heillose Verwirrung aller Eigentumsverhältnisse, allgemeine Unsicherheit und den Ruin der großen Bauernmasse herbeizuführen. Die alten Bande wurden gesprengt, die stille Weltabgeschiedenheit des Dorfkommunismus zerrissen und durch Hader, Zwietracht, Ungleichheit und Ausbeutung ersetzt. Enorme Latifundien einerseits, eine enorme Millionenmasse mittelloser bäuerlicher Pächter andererseits waren das Ergebnis. Das Privateigentum feierte den Einzug in Indien und mit ihm der Hungertyphus und der Skorbut als ständige Gäste in den Niederungen des Ganges. Bei den viehzüchtenden arabischen Nomaden war der Grund und Boden Eigentum der Geschlechter. Dieses Geschlechtseigentum, schrieb der französische Forscher Dareste im Jahre 1852, geht von Generation zu Generation, kein einzelner Araber kann auf ein Stück Land weisen und sagen: Dies ist mein.

Bei den Kabylen, die sich ganz arabisiert hatten, waren die Geschlechterverbände bereits stark in einzelne Zweige zerfallen, doch blieb noch die Macht der Geschlechter groß: Sie hafteten solidarisch für Steuern, sie kauften gemeinsam Vieh ein, das zur Verteilung unter die Familienzweige als Nahrung bestimmt war, in allen Streitfragen um Bodenbesitz war der Geschlechterrat oberster Schiedsrichter, zur Ansiedlung in der Mitte der Kabylen war für jeden die Einwilligung der Geschlechter erforderlich, auch über unbebaute Ländereien verfügte der Rat der Geschlechter. Als Regel gab er das ungeteilte Eigentum der Familie, die nicht im heutigen europäischen Sinne einen einzelnen Ehestand umfaßte, sondern eine typisch patriarchalische Familie war, wie sie uns von den alten Israeliten in der Bibel geschildert wird – ein großer Verwandtschaftskreis, der aus Vater, Mutter, Söhnen, deren Frauen, Kindern und Enkeln, Onkeln, Tanten, Neffen und Vettern bestand. In diesem Kreise, sagt ein anderer französischer Forscher, Letourneau, im Jahre 1873, verfügt gewöhnlich über das ungeteilte Eigentum das älteste Familienmitglied, das jedoch zu diesem Amt von der Familie *gewählt* wird und in allen wichtigeren Fällen, insbesondere über Verkauf und Ankauf des Grund und Bodens, den gesamten Familienrat befragen muß. [...]

Die in ganz Europa in der ersten Hälfte des 19. Jahrhunderts vorherrschende englische Schule (der Nationalökonomie – Anm. der Hg.) Smith-Ricardos stellte rundweg die Möglichkeit eines Gemeineigentums an Grund und Boden in Abrede. Genauso wie ehemals die rohe Ignoranz und Borniertheit der ersten spanischen, portugiesischen, französischen und holländischen Eroberer in dem neuentdeckten Amerika den Agrarverhältnissen der Eingeborenen völlig verständnislos gegenüberstand und bei der Abwesenheit der Privateigentümer das ganze Land einfach für »Eigentum des Kaisers«, für fiskalisches Land erklärte, so verfuhren auch im Zeitalter der bürgerlichen »Aufklärung« die größten Leuchten der nationalökonomischen Gelehrsamkeit. [...] Und ein Medizindoktor der Fakultät von Montpellier, Herr François Bernier, der die Länder des Großmoguls in Asien bereist und im Jahre 1699 in Amsterdam eine sehr bekannte Beschreibung dieser Länder veröffentlicht hat, ruft entrüstet: »Diese drei Staaten: Türkei, Persien und Vorderindien, haben den Begriff selbst von Mein und Dein in Anwendung auf den Grundbesitz vernichtet, einen Begriff, der die Grundlage alles Guten und Schönen in der Welt ist.«[6] Genau derselben groben Unwissenheit und Verständnislosigkeit für alles, was nicht nach kapitalistischer Kultur aussah, befleißigte sich im 19. Jahrhundert der Gelehrte James Mill, Vater des berühmten John Stuart Mill, als er in seiner Geschichte Britisch-Indiens schrieb: »Auf Grund aller von uns betrachteten Tatsachen können wir nur zu dem einen Schlusse gelangen, daß das Grundeigentum in Indien dem Herrscher zukam; denn wollten wir annehmen, daß nicht er der Grundeigentümer war, so wären wir nicht imstande zu sagen: Wer war denn Eigentümer?«[7] Daß das Eigentum an Grund und Boden einfach den ihn seit Jahrtausenden bearbeitenden indischen Bauerngemeinden gehörte, daß es ein Land, eine große Kulturgesellschaft geben konnte, in der der Grund und Boden kein Mittel der Ausbeutung fremder Arbeit, sondern bloß Existenzgrundlage der Arbeitenden selbst war, das wollte in das Hirn eines großen Gelehrten der englischen Bourgeoisie absolut nicht hinein. Diese fast rührende Beschränktheit des geistigen Horizonts auf die vier Pfähle der kapitalistischen Wirtschaft bewies nur, daß die offizielle Wissenschaft der bürgerlichen Aufklärung ein unendlich geringeres Augenmaß und kulturhistorisches Verständnis hat als fast zweitausend Jahre zuvor die Römer [...].

Redaktionelle Anmerkungen der Herausgeber der Erstausgabe

[1] Zit. nach: M. Kowalewski: Obstschinnoje semlewladenije, pritschiny, chod i podsledstwija jego rasloshenije, Teil 1, Moskau 1879, S. 81.
[2] Zit. nach: ebd., S. 78.
[3] Zit. nach: ebd., S. 78.
[4] Zit. nach: ebd., S. 81/82.
[6] Zit. nach: ebd., S. 158.
[7] Zit. nach: ebd., S. 159.

Literatur

Luxemburg, R. (1975[1909/1910]): *Gesammelte Werke*. Herausgegeben vom Institut für Marxismus-Leninismus beim ZK der SED, Band 5, Berlin/DDR, »Einführung in die Nationalökonomie«, S. 594ff., www.jpmarat.de/deutsch/rl/lu05_593.html (Zugriff am 30. März 2015).

Rosa Luxemburg, geb. 1871, ermordet 1919, promovierte Volkswirtin und Juristin, Ikone der deutschen und internationalen Arbeiterbewegung. Jüdin, Pazifistin, Internationalistin. Luxemburg schrieb an gegen den Reformismus in der SPD zu Beginn des vergangenen Jahrhunderts. Vielzitiert mit dem Satz: »Freiheit ist immer die Freiheit der Andersdenkenden«.

COMMONS DER NACHBARSCHAFTLICHKEIT

The word without action is empty, action without the word is blind, and action and the word outside the spirit of the community is death.
Indianisches Sprichwort aus Kanada

Terre de Liens – Wie Ackerland zum Commons wird

Véronique Rioufol und Sjoerd Wartena

Die zehn Menschen in Roberts Küche freuen sich, es geschafft zu haben. Nach drei Jahren der Vorbereitung sind sie heute zum Feiern zusammengekommen. Zwei von ihnen, Ingrid und Fabian, können sich bald niederlassen und ihre Landwirtschaft betreiben. Der Hof gehört ihnen!

Sich in einem kleinen Schäferdorf der französischen Voralpen als junge Landwirte zu etablieren – das muss man wollen. Überall werden Bergbauernhöfe stillgelegt. Die Arbeit ist hart, und der Betrieb gilt als nicht profitabel genug. Wenn Bauern aufhören, finden sie keine Nachfolger. Manchmal wird dann das beste Land an einen der wenigen verbleibenden, weitgehend industrialisierten Landwirtschaftsbetriebe verkauft. Dörfer werden entweder aufgegeben oder zu Rückzugsinseln für Zweitwohnungsbesitzer.

In Saint Dizier, einem kleinen Dorf mit 35 Einwohnern, haben sich die Menschen anders entschieden. Gemeindevertreter, Einwohnerinnen und Einwohner sowie Bäuerinnen und Bauern haben beschlossen, die Landwirtschaft als Wirtschaftsfaktor und Lebensweise zu erhalten. In ihren Augen sind die neuen Landwirte eben auch junge Menschen, die sich dauerhaft im Ort niederlassen. Also achten sie darauf, wo Land zum Verkauf angeboten wird, und sie kontaktieren die Bauern und Landbesitzer, um etwas über deren Zukunftspläne zu erfahren. Der Gemeinderat hat sogar versucht, öffentliche Förderung für den Kauf von Ackerland einzuwerben, um es an junge Bäuerinnen und Bauern zu verpachten, doch blieb dies erfolglos.

Im Jahr 2006 begannen die Menschen aus Saint Dizier mit Terre de Liens (siehe Kasten) zusammenzuarbeiten, einer zivilgesellschaftlichen Organisation, die Land für biologische Landwirtschaft zugänglich machen will. Für junge Landwirte waren überall in Frankreich sowohl die Grundstückspreise als auch der harte Konkurrenzkampf um Ackerland und Immobilien zu einer enormen Hürde geworden. Noch schwieriger war es, Biolandbau, Direktvermarktung und andere »alternative« Formen der Landwirtschaft zu betreiben, die normalerweise weder den Banken noch der Politik profitabel genug erscheinen, um als förderungsfähig zu gelten.

Als nun in Saint Dizier ein Bauernhof verkauft werden sollte, stand die kleine Gruppe bereit. Innerhalb weniger Monate nahm sie mit dem Eigentümer und allen für die Transaktion relevanten Institutionen Kontakt auf. Sie sammelte von den Bewohnern des Ortes, ihren Familien und Freunden Geld ein. Und es funktionierte! Durch Mund-zu-Mund-Propaganda, bei öffentlichen Veranstaltungen und Märkten kamen in kurzer Zeit 50.000 Euro zusammen. Terre de Liens steuerte durch sein landesweites Unterstützer-Netzwerk weitere 100.000 Euro bei.

Die Menschen investieren, weil sie die biologische Landwirtschaft stärken, Bergbauernhöfe erhalten, die Umwelt schützen und jungen Bäuerinnen und Bauern eine Chance geben wollen. Bald können Ingrid und Fabian eine Herde von 160 Schafen zur Weide treiben und Käse herstellen. Zudem bauen sie eine kleine Brauerei auf, arbeiten an einem »Urlaub auf dem Bauernhof«-Konzept und überlassen entgeltlich einen Teil des Landes an einen Obstbauern. Die Gruppe trifft sich weiterhin regelmäßig. Sie sprechen über die Bedingungen des Pachtvertrages und über Fragen des Umweltschutzes auf dem Hof, sie planen die Renovierungsarbeiten an den Gebäuden, unterstützen Ingrid und Fabian beim Aufbau einer Direktvermarktung und fördern den Austausch von Geräten und Dienstleistungen unter den ortsansässigen Bauern. Wird erneut ein Hof zum Verkauf angeboten, beginnt der Prozess von vorne, und wieder folgen viele Monate der Mobilisierung. Nach etwas mehr als fünf Jahren gibt es in dem 35-Einwohner-Dorf drei neue Landwirtschaftsbetriebe, und vier junge Familien mit Kindern haben sich dauerhaft angesiedelt.

In ganz Frankreich unterstützt Terre de Liens ähnliche Prozesse, um landwirtschaftlich genutzte Flächen zu erhalten und einer neuen Bauerngeneration unter die Arme zu greifen. Die Beteiligten sind überzeugt: Landwirtschaft geht alle an; und wenn die Qualität der lokalen Nahrungsmittelproduktion verbessert werden soll, dann ist es von zentraler Bedeutung, wie und von wem das Land genutzt wird. Das Gleiche gilt für die Unterstützung des ökologischen Landbaus und die Belebung ländlicher Regionen. Die Arbeit von Terre de Liens beruht auf der Grundannahme, dass der Wert des Ackerlandes darin liegt, dass es sowohl zur Lebensmittelproduktion, als auch zu stabilen Ökosystemen und zur allgemeinen Lebensqualität beiträgt. Wer immer also in den Landkauf einer solchen Gruppe investiert, hat für sich entschieden, dass es nicht um den eigenen Gewinn geht. Rein formal gesehen werden die Geldgebenden zwar Teilhabende eines privaten Unternehmens, doch alle wissen, dass das Land nicht wieder auf dem freien Markt verkauft werden wird, solange Terre de Liens existiert. Sie werden keine Dividenden bekommen, bestenfalls wird der Wert ihrer Anteile von Zeit zu Zeit der Inflation angepasst und zudem sind die Investitionen in begrenztem Maße von der Einkommensteuer absetzbar. Die Investoren versprechen sich eher Vorteile nichtmonetärer Art: die direkte Beziehung zu einem Bauernhof, gute, vor Ort erzeugte Lebensmittel, fruchtbare Erde, der Erhalt von Biodiversität und Lebensorten sowie ein Gefühl der Zugehörigkeit.

Terre de Liens ist eine noch junge Bewegung, die sich vielen Aufgaben gegenüber sieht: die Begleitung und Verwaltung der Höfe und Gebäude zu verbessern, über den Kreis der ersten Mitstreiterinnen und Mitstreiter hinaus bekannt zu werden, die finanzielle Lage zu stabilisieren und vieles mehr. Bis heute hat Terre de Liens 120 Bauernhöfe »freigekauft«, 12.000 Unterstützerinnen und Unterstützer gefunden und einige Dutzend Partnerschaften mit Lokalbehörden auf den Weg gebracht. Wem das im Verhältnis zur Gesamtzahl französischer Landwirtschaftsbetriebe bescheiden erscheint, der registriere es als starkes Zeichen dafür, dass sich viele Bürgerinnen und Bürger für eine intelligentere Raumordnung, ökologischen Landbau und starke ländliche Regionen einsetzen, sofern sie die Möglichkeit dazu bekommen.

Terre de Liens tut all dies, indem es Land aus dem Warensystem befreit. (Rioufol/Wartena 2011). Derzeit geschieht diese Art der Landbefreiung mit »kapitalistischen« Methoden, über Privateigentum und Geldanlagen, doch die Organisation sowie ihre Unterstützer sind überzeugt, dass die Idee, Ackerland als Commons zu behandeln und rechtlich zu schützen und zu fördern, auch durch solche Formen solidarischer Ökonomie vorangetrieben werden kann.

Inzwischen geht es für Terre de Liens auch darum, mit ähnlichen alternativen Bewegungen in Europa und der ganzen Welt zusammen zu arbeiten. Der Rückgang kleinbäuerlicher Landwirtschaft ist in vielen Ländern ebenso bekannt wie die desaströse Auswirkung konventioneller Landwirtschaft auf Umwelt und Gesundheit bei gleichzeitiger Verödung ländlicher Regionen. Dagegen regt sich an vielen Orten der Widerstand einer neuen Bauerngeneration. Sie ist angetreten, um die Landwirtschaft wieder in ihr soziales Umfeld zu integrieren und Nahrungsmittel für den lokalen und regionalen Markt zu erzeugen. So gesehen ist Terre de Liens Teil eines größeren Prozesses zur Wiederbelebung einer aktiven, gemeinschaftsbezogenen Form der Landwirtschaft und des Lebens auf dem Land.

Terre de Liens in Zahlen:

- 12.000 Personen sind beteiligt
- 120 Bauernhöfe wurden erworben und damit...
- 2.400 Hektar für biologische, kleinbäuerliche Landwirtschaft gewonnen
- 200 künftige Bäuerinnen und Bauern werden jährlich unterstützt
- 1 soziales Unternehmen, 1 Stiftung, 19 regionale Vereine und 1 nationaler Verein wurden gegründet
- 35 Millionen Euro wurden investitiert
- 5 Millionen Euro Spenden kamen zusammen
- 1 Anteil an Terre des Liens kostet im Jahr 2015 103 Euro

Literatur

Rioufol, V. und S. Wartena (2011): »Terre de Liens: removing land from the commodity market, and enabling organic and peasant farmers to settle in good conditions«, www.terredeLiens.org (Zugriff am 15. Mai 2015).

Sjoerd Wartena arbeitete in der Universitätsbibliothek von Amsterdam, zog 1973 nach Frankreich und wurde Ziegenbauer. Er betätigte sich in der Bio-Bewegung, war 2003 Mitbegründer von Terre de Liens und bis 2013 Vorsitzender der Organisation. Für ihn ist Terre de Liens logische Konsequenz seiner Hinwendung zu traditionellen Formen der Landwirtschaft, die er als gesunde und moderne Alternative zur destruktiven industriellen Landwirtschaft sieht.

Veronique Rioufol ist Europa-Koordinatorin von Terre de Liens. Sie studierte internationale Beziehungen und Politikwissenschaften und war für Menschenrechtsorganisationen tätig. Zu Terre de Liens kam sie 2010. Sie trug zum Aufbau des europäischen Netzwerkes »Zugang zu Land« bei, dessen Mitglied Terre de Liens ist.

Wasser in eigener Verantwortung

Marcela Olivera

Die Wasserkomitees im Süden von Cochabamba, der viertgrößten Stadt Boliviens, sind Inbegriff autonomer und sogenannter »horizontaler« Strukturen jenseits des Staates. Trotz vieler Widrigkeiten ist das Netzwerk dieser Wasserkomitees nach wie vor sehr aktiv, und nach dem sogenannten »Wasserkrieg« des Jahres 2000, als massive Demonstrationen die Versuche stoppten, die öffentliche Wasserversorgung Cochabambas zu privatisieren, ist es in der Öffentlichkeit auch sichtbarer geworden. Viele assoziieren diesen Wasserkrieg mit einer Vorstellung von echter Demokratie, wobei dieser Gedanke als Widerspruch in sich verstanden werden kann: Ein Krieg – jedweder Krieg – bedeutet Gewalt, Energie- und Ressourcenverschwendung, Tote und Zwietracht; während die Demokratie (wie wir sie im Westen kennen) all dies vermeiden soll. Doch dieser Wasserkonflikt war nicht nur eine Auseinandersetzung zur Verteidigung von Ressourcen. Einer der wichtigsten Gründe derartiger Konflikte findet sich in der Geschichte Boliviens, im steten Kampf der Bolivianerinnen und Bolivianer um ihr Recht auf Anerkennung der autonomen und horizontalen Entscheidungsprozesse über ihre eigenen Angelegenheiten. Und das ist ein Ausdruck des dringenden und immer wieder aufgeschobenen Bedürfnisses nach tatsächlicher Demokratie.

Im September 1999 wurde die Städtische Trink- und Abwasserversorgung Cochabambas (Servicio Municipal de Agua Potable y Alcantarillado de Cochabamba, SEMAPA) an den Konzern Aguas del Tunari verkauft, deren größter Anteilseigner das US-amerikanische Bau- und Anlagenunternehmen Bechtel war. Der Verkauf geschah im Zusammenhang der langfristigen Strukturanpassungsprogramme, die seit Mitte der 1980er Jahre in Lateinamerika – und auch in Bolivien – von der Weltbank und dem Internationalen Währungsfonds eingefordert, umgesetzt und kontrolliert wurden. Nach der Privatisierung erlebten die Bürgerinnen und Bürger des Tals von Cochabamba exzessive Preiserhöhungen, dabei waren es die Kooperativen und Wasserkomitees, die das Wasser verwalteten, allerdings ohne dafür eine Konzession des Staates zu haben. Das bedeutete, dass Aguas del Tunari sie wegen illegalem Wettbewerb verklagen und sich die Verwaltungsstrukturen der Komitees sogar aneignen konnte. Dieses düstere Panorama war Anlass zur Gründung der Coordinadora de Defensa del Agua y la Vida, der »Koordination zur Verteidigung des Wassers und des Lebens«. Sie ist gemeinhin einfach auch als »Wasserkoordination« (Coordinadora del Agua*)* bekannt. Nach mehrmonatigen Verhandlungen mit dem Staat und Konfrontationen mit der Armee, gelang es der Coordinadora del Agua, das Unternehmen Aguas del Tunari zu vertreiben.

Viele Dinge traten erst anlässlich dieses Wasserkrieges des Jahres 2000 klar zu Tage. Zum Beispiel die unzähligen Organisationsformen, die nicht mit den Strukturen der westlichen Demokratie vergleichbar sind und für die die Wasserkomitees von Cochabamba beispielhaft stehen. Sie spielten seit den Zusammenstößen zu Beginn des Jahrtausends eine sehr wichtige Rolle.

Die Wasserkomitees von Cochabamba sind zwar traditionell vor allem im Süden der Stadt verankert, aber es gibt sie in der gesamten Peripherie. Der südliche Teil der Stadt ist in sechs Stadtbezirke unterteilt und beherbergt die Hälfte der Stadtbevölkerung, also rund 200.000 Einwohnerinnen und Einwohner. Allein in diesem Gebiet gibt es zwischen 100 und 120 Wasserkomitees; dazu kommen nach Angaben von Stefano Archidiacono von der Nichtregierungsorganisation CeVI weitere 400 im gesamten Stadtgebiet. Wir sprechen also von einem bemerkenswerten Phänomen: Tausende von Menschen und mehr organisieren ihre Wasserversorgung selbst.

Auch wenn in Bolivien kaum zwei Strukturen in ihrem Operationsmodus gleich sind, so ist doch klar, dass Organisationen vom Schlage der Wasserkomitees eine gemeinsame Vorstellung pflegen und Wasser als lebendes Wesen wahrnehmen, als etwas Göttliches, als Grundlage für Gegenseitigkeit und Komplementarität. Wasser gilt als ein Wesen, das allen und niemandem gehört. Es ist Ausdruck größter Flexibilität und Anpassungsfähigkeit; es hilft der Natur, das Leben ständig zu erschaffen und zu wandeln, und ermöglicht die soziale Reproduktion. Entsprechend spiegeln sich dieses Verständnis sowie die Sitten und Bräuche der Gemeinschaften auch im Ablauf der Versammlungen der Wasserkomitees; diese selbst sind ein Vehikel, über das im städtischen Raum Gemeinschaften hervorgebracht werden, die jenen der ländlichen Räume ähneln.

In der Vergangenheit wurde das Wasser in Cochabamba auf unterschiedliche Weise verteilt. Obwohl in der Stadt selbst die städtische Wasserversorgung Hauptversorger war, nutzten fast zwei Drittel der Stadtviertel beziehungsweise Nachbarschaften Cochabambas die ihnen direkt zur Verfügung stehenden Möglichkeiten – etwa Flüsse, Brunnen oder Regenwasserauffanganlagen. In einigen Vierteln haben die Bewohner Geld zusammengelegt, um ein eigenes Wasserversorgungssystem auf die Beine zu stellen und dessen laufenden Betrieb und Unterhalt zu sichern. Andere Gemeinschaften greifen auf Zisternen oder gar private Liefersysteme in Großbehältern – eine Art Wassertanklastwagen – zurück. Das Entstehen und Gelingen von Commons beruht auch auf der Möglichkeit, die Entscheidung, wie das Wasser bezogen wird – ob und wo Zisternen gebaut, ein Brunnen gebohrt oder ein (Teil-)Anschluss an die städtische Wasserversorgung angestrebt wird – selbst zu treffen.

Die Ursprünge der autonomen Praktiken, die in den Wasserkomitees bis heute zum Tragen kommen, können bis ins Inkareich zurückverfolgt werden, und sie haben die Kolonialzeit überdauert. Die Komitees werden daher oft als eine Art modernisierte kommunitäre Praxis verstanden. In einem Artikel, der in *Bolpress* unter dem Titel »Staat und Autonomie in Bolivien, eine Anarchistische Interpretation« erschien, erklärt Carlos Crespo dieses Autonomieverständnis: »Es ist kein zu erreichendes Ideal, sondern eine tägliche Praxis der ethnischen Gruppen, Gemeinschaften oder Nutzergruppen« (Crespo 2001). Diese »horizontalen Prozesse« definierten seit jeher die soziale und politische Praxis gegenüber dem Staat und der jeweils herrschenden Macht, seit den Inkas, durch die Kolonialzeit hindurch, während der Republik und auch heute im plurinationalen Staat Bolivien. Das spricht auch aus einem Manifest, welches die Fabrikarbeiter während des Wasserkrieges in Cochabamba veröffentlichten: »Weder öffentlich noch privat. Selbstverwaltet!«

Die Wasserkomitees repräsentieren eine staatsferne Vision von Autonomie, was auch damit zu tun hat, dass sie in den Randgebieten der Stadt entstehen, den sogenannten »Armutsgürteln«. Dort kommen Bäuerinnen und Bauern, die sich hier niedergelassen haben und in ihre neuen städtischen Gemeinschaften die andine Tradition solidarischer und abwechselnder Arbeit – bekannt als »ayni« – mitbringen, mit hier ansässigen Bergarbeitern zusammen, die ihre Organisationserfahrung ebenfalls in das Gemeinwesen dieser vom Staat vergessenen Viertel einbringen. Die Wasserkomitees sind also ein Produkt der Selbstermächtigung und wirkungsvoller Autonomieprozesse. Sie beruhen auf Praktiken, die nicht anerkannt sind – und um zu existieren auch nicht anerkannt werden müssen –: weder vom Staat, noch von der internationalen Gemeinschaft. Die Mitglieder jeder Gemeinschaft verteilen die Rollen und Aufgaben, die verteilt werden müssen, um das jeweilige Viertel mit Wasser zu versorgen, unter sich. Die Komitees vernetzen sie miteinander und tauschen sich über ihre Handlungsstrategien aus, um voneinander zu lernen. Sie organisieren sich nicht *gegen* die öffentliche Wasserversorgung, sondern *für* ihre Kompetenz, selbst zu entscheiden, wie und wie weit sie an die öffentlichen Versorgungssysteme angeschlossen werden wollen. Sie sind genuiner Ausdruck der autonomen Gestaltung eines politischen Gemeinwesens.

Wie muss man sich das vorstellen? Während einer Versammlung 2008, haben zum Beispiel die Bewohnerinnen und Bewohner eines Viertels im Süden Cochabambas untersucht, auf welchem Weg das Wasser am besten in ihrem Viertel ankommt. Sie haben ihr Wissen und ihre Erkenntnisse zusammengetragen und dann diskutiert, ob es besser ist, das ortsansässige städtische Unternehmen zu drängen, Leitungen für ihr Viertel zu verlegen oder selbst eine riesige Zisterne zu bauen und einen Festpreisvertrag mit einem privaten Wassertank-Unternehmen auszuhandeln, damit die Zisterne immer gefüllt ist. In den Wasserkomitees werden die wichtigsten Fragen immer auf Ebene der »comunidad« gelöst, weshalb sie auch eine andere Wahrnehmung von sozialen Bewegungen haben als der Staat, der diese gerne als Bittsteller kritisiert, die immer nur Forderungen an den Staat stellen. Dabei ist es vielmehr so: In den Komitees organisieren sich die Menschen, um ihre eigenen Angelegenheiten in die Hand zu nehmen und nicht um die Regierung um Gefallen zu bitten. Das tun sie auch jenseits des Themas Wasser, denn auch wenn das fehlende oder verknappte Wasser beziehungsweise ein Zuviel desselben ein Gründungsimpuls der Wasserkomitees war, kümmern sie sich zudem um viele andere, auch soziale Angelegenheiten: das Wohlergehen einzelner Mitglieder, die Sicherheit, Feste, Fußball und mehr. Ein Mitglied eines Komitees erklärt es so: »Wenn zum Beispiel jemand stirbt, setzen wir uns hin und überlegen, wie wir der Familie etwas spenden können, oder wir übergeben am Ende des Jahres einen Korb mit Artikeln des täglichen Bedarfs für jedes Mitglied des Komitees. Wir diskutieren in unseren Versammlungen auch über private Angelegenheiten« (Zeballos 2013). Tatsächlich sind die Wasserkomitees in ihrem Handeln so unabhängig, dass ihre Wirkungsbereiche mancherorts auch »staatsbefreite Zonen« genannt werden.

Doch die aktuelle Situation in Bolivien ist kompliziert, und die zahlreichen Wasserkomitees geraten an Grenzen sowohl technischer als auch finanzieller Art. Auch die Verhandlungen mit dem Staat zu Fragen ihrer Autonomie sind oft schwierig. Die technischen Probleme betreffen alle in ihren Organisations- und Konsolidierungsprozessen, weshalb dieser Punkt auch sehr bewusst reflektiert wird, inklusive der eigenen Grenzen, wie die Teilnahme von Gastón Zeballos, einer Führungsperson des Komitees von San Miguel Km 4, am ersten Internationalen Treffen zum Erfahrungsaustausch zwischen Wasserbewirtschaftungsorganisationen aus Uruguay, Kolumbien und Bolivien (URCOLBOL) vom Oktober 2013 in Montevideo zeigt. Während dieses Treffens zeigten die bolivianischen Teilnehmenden mehr Interesse an technischen Fragen wie Chlorung, Trinkwasseraufbereitung oder Abwasserbehandlung als an irgend einem anderen Thema. Gaston Zeballos erklärt das so: »Uns interessieren die technischen Aspekte am meisten, weil wir die sozialen Aspekte im Griff haben. In unseren Komitees gibt es aktive und gleichberechtigte Beteiligung, soziale Kontrolle und Rotation. Uns fehlt das Andere.«

Damit meint Zeballos auch das Geld. Vor allem, wenn zwingend notwendige Projekte anstehen, für die die eigenen Mittel absolut nicht ausreichen, etwa die Investition in die Kanalisation der jeweiligen Gebiete, für die die einzelnen Komitees zuständig sind. Solche Projekte verlangen nach Unterstützung und Investitionen des Staates, eine Unterstützung die sich aber zugleich in dem Willen manifestieren muss, die Autonomie der Wasserkomitees und deren spezifische Sicht auf das, was in der jeweiligen Gemeinschaft gebraucht wird, zu respektieren. Das impliziert, die Investitionen in die Wasserversorgung und -bewirtschaftung tatsächlich für alle verfügbar und erschwinglich zu machen, statt in Wahlkampfzeiten insbesondere der jeweils eigenen Klientel von Nutzen zu sein.

Als Evo Morales 2006 Präsident wurde, gab es Hoffnung, dass seine Regierung die Autonomie und Selbstverwaltungsprozesse der sozialen Bewegungen stärken und erweitern würde. Stattdessen geschah das Gegenteil. Der Staat hat seinen Einflussbereich erweitert – auch in der Wasserbewirtschaftung. Er interveniert zunehmend in Angelegenheiten, die bislang außerhalb staatlicher Reichweite lagen – ein Vorgang, der inzwischen sehr zentralistische Züge trägt. Die jüngsten Gesetze zur Wasserbewirtschaftung geben dem Staat die Macht, in die kommunitären Systeme, die er bislang nicht anerkannt hat, einzugreifen und über sie zu entscheiden.

Durch die »Konvention zum Recht auf Wasser«[1], die von der Bolivianischen Regierung bei den Vereinten Nationen eingebracht wurde, sowie die »Deklaration zu den Rechten der Mutter Erde« hat die Regierung Morales auch die Natur zum Rechtsträger gemacht und damit zugleich einen Rechtsrahmen geschaffen, der die Verantwortung und Verwaltungsmacht über das Wasser von den betroffenen

1 | Am 28. Juli 2010 hat die Generalversammlung der Vereinten Nationen mit der Resolution 64/292 das Recht auf Wasser als Menschenrecht anerkannt (Anm. der Hg.).

Menschen auf den Staat überträgt. Während diese Anstrengungen international gefeiert wurden und Evo Morales in Sachen Umweltreformen als Vorreiter gilt, hat eben diese Strategie die Selbstverwaltungskräfte geschwächt. Die traditionellen Verwaltungsformen werden so null und nichtig, und wer Zugang zu Wasser braucht, kann sich nur noch an den Staat wenden oder an Gesetze und Gerichte appellieren.

Die Wasserkomitees haben also nicht nur technische und ökonomische Herausforderungen zu meistern, sie müssen auch mit den Vereinnahmungsversuchen des Staates umgehen. Doch ihr bisheriger Erfolg hat gezeigt, dass sich die Bolivianerinnen und Bolivianer, wenn sie sich auf Augenhöhe organisieren, immer ihre Fähigkeit gezeigt haben, die gemeinsamen Ressourcen autonom zu verwalten – auch gegen die etablierte Macht und ein strukturkonservatives Demokratieverständnis.

Literatur

Crespo, C. (2001): Estado y autonomía en Bolivia, una interpretación anarquista, bolpress.com, www.bolpress.com/art.php?Cod=2011041902.

Zeballos, G. (2013): Interview mit der Autorin, August 2013.

Marcela Olivera ist ein »water commons organizer«. Sie hat an der Katholischen Universität von Cochabamba, Bolivien, studiert und arbeitet seit 2010 als internationale Kontaktperson der »Coordinadora de Defensa del Agua y la Vida« (»Koordination zur Verteidigung des Wassers und des Lebens«). Seit 2004 ist sie am Aufbau und der Gestaltung eines interamerikanischen Bürgernetzwerks zum Thema Wassergerechtigkeit, Red VIDA, beteiligt.

Urban Commons

Ein Streifzug durch Projekte der Stadtverbesserung

Jannis Kühne

Die sogenannten Urban Commons sind im Kommen. Und zwar weltweit. Dieser Eindruck drängt sich angesichts der zahlreichen Beispiele auf, die derzeit unter diesem Stichwort diskutiert werden. Dabei lohnt es sich genauer hinzuschauen. So vielfältig die Versuche einer Definition von Urban Commons ausfallen, so unterschiedlich sind die realen Prozesse dahinter. Das gilt auch für die Auswahl von Beispielen, die hier vorgestellt werden. Bei manchen Projekten wird die Partizipation in Stadtentwicklungsprozessen gefördert, andere bieten neue Ideen für das gemeinschaftliche Wohnen und kreieren dabei innovative Konzepte für eine Stadt von morgen. Wiederum andere streiten grundsätzlich um Teilhabe am öffentlichen Geschehen und bei der Pflege und Erhaltung urbaner Gemeingüter. Oft erfahren Gruppen für ihre Ideen Unterstützung – auch vom Staat. Oft wird auch – bewusst – gegen die Pläne von Behörden gearbeitet. Die beschriebenen Projekte lassen sich beliebig ergänzen; alle zeigen sie die Vielfalt der Ansätze für eine Praxis urbaner Commons.

SSM Sozialistische Selbsthilfe Mühlheim (Deutschland)

Die Sozialistische Selbsthilfe Mühlheim (SSM) ist ein selbstbestimmtes Wohn- und Arbeitsprojekt mit Tradition und Weitblick. Der Verein gründete sich – infolge einer Hausbesetzung – in einer alten Schnapsbrennerei im Kölner Stadtteil Mühlheim. Nach vier Verhandlungsjahren wurde mit der Stadt Köln ein Mietvertrag für die Gebäude der Brennerei abgeschlossen. Die dort befindliche Halle wird heute für Feierlichkeiten vermietet oder als Möbellager genutzt, denn die SSM bietet Wohnungsauflösungen an. Auch ein Second-Hand-Laden wird von der Initiative geführt. Die Gruppe, die stets darauf bedacht ist, nicht in politische oder finanzielle Abhängigkeiten zu geraten, entstand ohne Fördergelder und trägt sich heute selbst. Durch ihre zahlreichen Initiativen etwa für den Erhalt abrissbedrohter Gebäude, machte sich die Initiative nicht nur bei der Stadtverwaltung einen Namen, sondern auch in der Bevölkerung.

Seit der Gründung leben durchgehend etwa 20 Menschen auf dem Gelände. Der gemeinsame Raum ermöglicht ihnen ein selbstbestimmtes Leben ohne soziale Isolation. Gemeinschaft ist hierbei der Schlüssel, um der durchkapitalisierten, umweltverbrauchsintensiven und unsozialen Umwelt ein Gegenentwurf zu bieten. Dabei geht es nicht nur darum, dass die unmittelbar Beteiligten ihr Leben in die eigenen Hände nehmen, sondern die Gruppe formuliert auch Vorschläge in aktuellen Auseinandersetzungen zur Kölner Stadtentwicklung, etwa in der Debatte um den Abriss des Barmer Viertels.

Das Kürzel SSM könnte also auch für »gelebte **S**elbsthilfe und **S**olidarität **M**ühlheim« stehen. Doch wer seit 1979 gemeinschaftlichen Wohnraum bereitstellt und gerade jenseits des Jobcenters Arbeitsmöglichkeiten für Menschen schafft, die im Verwertungsdruck auf dem freien Markt durch das Raster fallen, darf sich getrost nicht nur Sozialistische Selbsthilfe nennen, sondern bekommt auch noch Preise von eher unerwarteter Seite! Im Jahr 2013 wurde die SSM vom Bundesverband deutscher Wohnungs- und Immobilienunternehmen als »Soziale Stadt 2012« ausgezeichnet. Was SSM zum Commons macht? Die Unabhängigkeit und Beständigkeit des Projekts jenseits von – wenngleich nicht ohne – Markt und Staat.

Garden City Letchworth (Großbritannien)

Das gemeinschaftliche Modell der 1903 gegründeten Garden City Letchworth besticht noch immer. Ebenezer Howards Idee der Gartenstadt spielte mit der Spannung zwischen Land und Stadt und nutzte dabei die Vorteile von gemeinschaftlichem Eigentum an Grund und Boden. Der zentrale Gedanke: Grundeigentum in den Händen der Gemeinschaft zu belassen, während (Wohn-)Gebäude an Einzelpersonen verkauft oder verpachtet werden können. Es ging zu Beginn des vergangenen Jahrhunderts darum, Preissteigerungen in den Griff zu kriegen und der Landspekulation entgegen zu wirken. Howard beschrieb seine Ideen ausführlich in *Tomorrow: A Peaceful Path to Real Reform*, erschienen 1898. Die deutsche Fassung erschien 9 Jahre später unter dem Titel: *Gartenstädte in Sicht*.

Im Jahr 1903 erwarben die Gründer, Raymond Unwin und Barry Parker, in der Umgebung Londons 2.057 Hektar Land zu günstigen Konditionen und gaben es dann als Bauland an die Gemeinschaftsmitglieder frei. So kamen Menschen zu einem eigenen Dach über dem Kopf und zu Miteigentum an dem Grund, auf dem dieses Dach errichtet war. Durch die gemeinschaftsorientierte Eigentumsform konnten hohe Mieten bei gleichzeitig niedrigen Löhnen verhindert sowie Schulen oder Krankenhäuser finanziert werden.

Der Grundgedanke der Gartenstadt verlor in der weltweiten Nachahmung nach dem Zweiten Weltkrieg an Vollständigkeit und Kohärenz. Überall setzte sich ein Ideal vom »Wohnen im Grünen« durch – doch an die Stelle der gemeinschaftlichen Idee und des gemeinschaftlichen Grundbesitzes trat der Individualismus.

Aus der Garden City Corporation in Letchworth wurde 1995 die Garden City Letchworth Heritage Foundation, heute eine sich selbst tragende gemeinnützige Organisation. Die Grundstücke des zu Beginn geschaffenen Wohnraums sind noch immer in den Händen des Community Land Trusts (CLT). Heute leben mehr als 33.000 Menschen in Letchworth, auf dem Land, das dem CLT gehört.

Sowohl in Europa als auch in den USA sammeln derzeit zahlreiche Gruppen Erfahrung mit dieser gemeinschaftsbasierten, treuhänderischen Organisationsform. Sie berufen sich dabei häufig auf die Garden City Letchworth. »Es gibt tatsächlich einen Wind des Wandels und den Versuch, das Gartenstadtmodell neu zu denken und zu aktualisieren«, sagt der in Großbritannien lebende Land-Trust-Experte und Gemeinschaftsforscher Pat Conaty.

Bologna – Stadt der Commons (Italien)

In Italien wurde 2001 mit dem Artikel 118(4) das Prinzip der »horizontalen Subsidiarität« in der Verfassung verankert. Das Projekt »Città Bene Comune«, Stadt als Gemeingut, initiiert vom Labor für Subsidiarität (Labsus), dem Centro Antartide, der Stiftung Fondazione del Monte sowie der Stadtverwaltung von Bologna, versucht seit 2006 auf dieser gesetzlichen Grundlage die gemeinschaftliche Verwaltung städtischer Gemeingüter systematisch zu fördern. Zunächst experimentierte man mit drei verschiedenen Räumen: einem Platz, dem Internetportal der Stadt und einem öffentlichen Gebäude. Die Erkenntnisse flossen in ein Arbeitspapier für innovatives lokales Gemeingutmanagement ein. Dieses wurde nicht nur von prominenten italienischen Verwaltungswissenschaftlern, sondern auch von den Bürgerinnen und Bürgern Bolognas begutachtet. Zudem wird das, was Bologna derzeit ausprobiert, auch in andere Städte getragen, etwa nach Rom, Mantua oder auf die Insel Capri. Inzwischen erhielt das Projekt »Le Città dei Beni Comuni«[1], Städte der Gemeingüter, eine Ehren-Medaille des italienischen Präsidenten.

City Repair Project Portland (USA)

Gemeinschaftssinn, Kommunikation und Teilhabe – diese Stichworte charakterisieren das City Repair Project. Es wurde 1996 in Oregons Hauptstadt Portland von Bürgeraktivistinnen und -aktivisten gegründet, die erfahren wollten, wie man sich zugleich als Teil einer Gemeinschaft fühlen und dem eigenen kreativen Potential freien Lauf lassen kann. Menschen sollten an Entscheidungen, die ihre unmittelbare Umgebung betreffen, beteiligt sein und die Zukunft der Gemeinschaft aktiv mitgestalten. Aus der Graswurzel-Initiative wurde bereits im Zuge des ersten Projekts – die Verwandlung einer Wohnstraßenkreuzung in einen öffentlichen Platz – ein stadtweit bekannter Akteur. Die Initiative gründet sich auf Freiwilligenarbeit. Sie organisiert temporäre und langfristige Platzgestaltungen, Installationen, Nachbarschaftsfeste oder Bildungsveranstaltungen. Und manchmal geht es auch einfach »nur« darum, nach 20 Jahren vom Nachbarn gegenüber endlich den Namen zu erfahren.

Vila Autódromo (Brasilien)

Die Geschichte der Siedlung Vila Autódromo in Rio de Janeiro ist eine Geschichte des Widerstands gegen Pläne der Stadtverwaltung. Die Siedlung existiert seit über 30 Jahren. Damals waren es Fischer und Geringverdienende, die am Rande der

---

1 | Silvia Bignami: »Bologna Bene Comune«, in: *Repubblica*, 12. Februar 2014, http://bologna.repubblica.it/cronaca/2014/02/12/news/bologna_bene_comune_e_napolitano_benedice-78319370/ (Zugriff am 2. Juni 2015).

Lagune von Jacarepaguá ihre Hütten bauten. Obwohl ihnen die Nutzungsrechte in den 1990er Jahren formell übertragen wurden, konnte sich die Siedlung nie in Sicherheit wiegen. Zuletzt war sie massiv durch die Entwicklungen nach der Vergabe der Fußballweltmeisterschaft 2014 und der Olympischen Spiele 2016 bedroht. Immobilienprojektplanern fiel auf, dass sich die Vila Autódromo inmitten potentieller Luxusstadtteile befand, etwa der geplanten Erweiterung des Barra da Tijuca. Angesichts dieser Situation mussten die Anwohnerinnen und Anwohner ihre eigenen Kräfte mobilisieren. Mit Hilfe von Studierenden und Professoren staatlicher Universitäten erarbeitete der Anwohnerverein der Vila 2012 einen lokalen Entwicklungsplan, einen »Plano Popular«. Er enthielt Ideen »von unten« für eine bessere Infrastruktur, Renaturierungsmaßnahmen am Ufer der Lagune und eine bessere städtebauliche Qualität der Siedlung. Im Dezember 2013 gewann der Plan den Urban Age Award, der jährlich von der London School of Economics und der Deutschen Bank an kreative urbane Initiativen verliehen wird. Seit der Weltmeisterschaft und vor den Olympischen Spielen 2016 wurde die Siedlung immer häufiger Opfer einer aggressiven Stadtplanung und des repressiven Vorgehens des Staates. Im Juni 2015 hatten bereits 90 Prozent der Bewohner für eine finanzielle Kompensation auf ihre Häuser verzichtet oder sind in die von der Stadt errichteten Wohnungen gezogen. Auch wenn der Erhalt der Siedlung mit jedem Tag unwahrscheinlicher wird, haben die Bewohner bereits gezeigt: Die Gestaltung der Stadt sollte von ihnen und durch sie gedacht und geplant werden.

In Selbstverwaltung wohnen (Russland)[2]

Nach dem Zerfall der Sowjetunion wurde Anfang der 1990er Jahre in Russland fast der gesamte staatliche Wohnungsbestand privatisiert. Inzwischen sind circa 80 Prozent der Wohnungen in Privatbesitz, jedoch blieb die Verwaltung der gemeinschaftlich genutzten Substanz – vom Dach bis zu den Außenanlagen – meist entweder in staatlichen Händen, oder sie wurde an private Immobilienunternehmen übergeben. Diese kümmerten sich oft wenig um Instandhaltung und Sanierung. Heute benötigen Schätzungen zufolge etwa 40 Prozent der Wohnungen in Russland eine Generalsanierung. Im Jahr 2005 erließ die Regierung ein Gesetz, das es den Bewohnerinnen und Bewohnern ermöglicht, Mehrfamilienhäuser selbst oder über eine Wohnungsgenossenschaft zu verwalten.

Astrachan im Süden Russlands zählt 500.000 Einwohnerinnen und Einwohner. Die Bewohner der Elfte-Rote-Armee-Straße entschieden sich schon 2006 für die Selbstverwaltung ihrer Wohnungen. Die Institution dahinter nennt sich Sojus Schitelej[3]. In der Elfte-Rote-Armee-Straße wird ein Beitrag von 8,7 Rubel (circa 17 Eurocent) pro Quadratmeter und Monat für alle anfallenden Reparaturen und Instandhaltungsmaßnahmen eingesetzt. Ungefähr ein Fünftel der Wohnungen Astrachans werden selbstverwaltet, 1.900 Mietshäuser insgesamt. Ähnliche Initia-

2 | Siehe auch: https://www.freitag.de/autoren/der-freitag/heisse-sanierung-fruh-um-funf (Zugriff am 7. Oktober 2014).

3 | Sojus bedeutet »Rat«. In Astrachan gibt es unter dem Dach dieser russlandweiten Organisation 200 Hausgemeinschaften.

tiven existieren in Moskau, Sankt Petersburg, Sotschi und in vielen kleineren Provinzstädten. Selbstverwaltung ist einerseits eine gute Alternative zur oft korrupten privaten Immobilienverwaltung, andererseits hilft sie auch, der Enteignung von angrenzenden Grundstücken entgegenzuwirken – wie die Grünflächen zwischen den Plattenbauten, die oft als Baugrund für hochpreisige Hochhäuser gehandelt werden. Die Regierung Putin stellt sich gegen diese Form von Selbstverwaltung. Sie würde das Gesetz von 2005 gern kippen und nur noch Wohnungsgenossenschaften und private Verwalter zulassen. Dadurch ginge die in der Selbstverwaltung übliche Einzelhaftung der Bewohner verloren und die Gemeinschaften würden anfälliger für Betrug und Unterschlagung der Beiträge. Was diese Diskriminierung selbstverwalteter Ansätze konkret heißt, zeigt sich an den Zahlen. Im Jahr 2007 wurden von der Regierung 280 Milliarden Rubel für die Sanierung von Mehrfamilienhäusern versprochen. Diese Gelder gingen jedoch bislang nur an Häuser, die von privaten Immobilienunternehmen und Genossenschaften verwaltet werden. Selbstverwaltete Projekt erhielten keinen Rubel.

Jannis Kühne studiert Urbanistik an der Bauhaus Universität in Weimar und forscht zum Thema Urban Commons.

Unsere Art zu wissen: Frauen schützen Commons in Rajasthan

Soma KP und Richa Audichya[1]

Nichlagarh, ein Adivasi-Dorf in der bewaldeten Region Südrajasthans, ist gefangen zwischen der Bürokratie der indischen Forstbehörde und einer fortschrittlichen Gesetzgebung, die den Anspruch hat, die traditionellen Rechte der Commoners wieder herzustellen. Während der Staat seine eigenen Vorstellungen davon hat, wie die Dorfbewohner ihr Leben und die gemeinsame Bewirtschaftung ihrer Wälder organisieren sollten, haben sich die Frauen dieses Dorfes als Hüterinnen des Wissens und der Wälder sowie als Meisterinnen demokratischer Teilhabe und der Verteidigung ihrer Rechte auf Commons hervorgetan. Wie die meisten Dörfer in der Region Abu Road des indischen Bundesstaat Rajasthan wird Nichlagarh hauptsächlich von Adivasi bewohnt. Das Dorf mit seinen 650 Haushalten, die sich auf fünf Weiler verteilen, erstreckt sich über hügeliges Terrain, ist von Flüssen und Dämmen zur Wasserregulierung (sogenannten »nadis«), durchzogen und teilweise von Misch- und Laubwäldern bedeckt. Die meisten Frauen arbeiten auf ihren Feldern für die Eigenversorgung oder sie holen Futter aus dem Wald, während die Männer ein kleines Stück Ackerland bewirtschaften oder außerhalb des Dorfes beziehungsweise auf den Feldern Anderer Beschäftigung finden.

Die 45-jährige Sharmi Bai ist die agile Vorsitzende des »Panchayat«, des Dorfrates, von Nichlagarah. Für Sharmi Bai und die anderen Frauen sind die Wälder ihr Reich und ihre Kultur. Ihr Leben ist eng mit dem lebendigen Gewebe des Waldes verflochten, den sie als Commons sehen. Es waren die Adivasi-Frauen, die 2010 die Aufmerksamkeit auf diese Region lenkten, als sie einen gewaltlosen Massen-Sitzstreik organisierten, mit dem sie den Verkehr auf der Autobahn lahmlegten. Sie forderten die Anerkennung ihrer Rechte auf den Wald.

Vor den 1960er Jahren genossen die Dorfbewohner freien Zugang zum Wald und den darin befindlichen Weideflächen. Diese Flächen wurden jedoch mehr und

---

1 | Diese Fallstudie basiert auf einem Forschungsprojekt, das in Zusammenarbeit mit Jan Chetna Sansthan aus Abu Road, Rajasthan, durchgeführt wurde. Die Organisation setzt sich für die Rechte der Adivasi-Frauen ein. Unser Dank gilt Manju, Pushpa, Kailash, Laxman und Dinesh für die Unterstützung bei der Datenerhebung. Die Fallstudie ist Teil einer umfassenderen Untersuchung, die durch ein Stipendium von Action Aid ermöglicht wurde. Danke dafür.

mehr beschränkt, seit die Forstbehörde 1981 mit der Verabschiedung des Waldschutzgesetzes, dem Forest Conservation Act, die vollständige Kontrolle der Waldgebiete übernahm. Heute beklagen die Frauen nicht nur den Verlust ihrer Autonomie, sondern auch den schlechten Zustand der Wälder. »Wenn sie [die Forstverwaltung] uns [den Frauen und Adivasi] unsere Rechte früher gewährt hätten, wären die Wälder nicht verschwunden«, sagen die Frauen des Weilers, der dem Gemeinschaftswald am nächsten liegt. Sie haben die Zerstörungen täglich vor Augen.

Der Wald ist seit jeher zentral für das Leben der Adivasi. Er gibt ihnen, was sie brauchen: Brenn- und Bauholz, Nahrung, Seile, die so elementar für den Transport sind, Schutz und Kleidung. Die großen Blätter des Salbaums oder des Palasabaums dienen zur Herstellung von Schirmen oder sogar von Fußbekleidung. Der Wald versorgt sie zudem mit Harzen und Rinden, aus denen zum Beispiel Medikamente oder Gummi gemacht werden. Es scheint, dass alles entweder gesammelt werden kann oder dass einfach wächst, wenn man ein paar Samenkörner ausstreut. In den höheren Regionen wuchs einst neben verschiedenen essbaren Pflanzen auch ein »göttliches Kraut«, »musli« (Chlorophytum Borivilianum), eine traditionelle Heilpflanze, die durch unangepasste Nutzungen verschwunden ist. Die Menschen erinnern uns daran, dass sie nur wenig davon für den eigenen Verbrauch und manchmal noch etwas mehr zum Eintauschen geerntet haben. »Bäume, Sträucher, Gräser und Kräuter – sie haben uns ernährt«, sagt Sharmi Bai. »Wir sorgten für die Wälder und regelten miteinander ihre Nutzung, nicht nach Management-Prinzipien, sondern in einem Prozess des Teilens. Wir holten Holz für verschiedene Zwecke, aber wir taten das mit Bedacht, um sicher zu gehen, dass sich der Wald erholen und seinen Reichtum mehren konnte. Wie wussten, wie wir die Pflanzen ernten müssen, auch ›musli‹ und ›kaneri‹ [eine kleine, gehaltvolle Kürbispflanze], ohne die Triebe zu verletzen oder die Knoten zu zerstören, aus denen neue Triebe sprießen. Wir achteten darauf, die Pflanzen so zu beernten, dass wir sicher gehen konnten, dass für den nächsten Wachstumszyklus genug bleiben würde. Auf diese Weise haben wir gemeinsam den Wald genährt, nicht indem wir ihn unter uns aufteilten, sondern indem wir uns gemeinsam darum kümmerten. Wenn sich jemand zerstörerisch oder gierig verhielt, wurde diese Person gerügt, und wir haben einander geholfen, den Wald zu erhalten und zu sammeln, was wir brauchten.«

Trotz ihrer wichtigen Rolle in der Pflege der Gemeinschaftswälder war es den Frauen nicht erlaubt, sich an jenen Prozessen zu beteiligen, in denen die Gewohnheitsrechte traditionell festgelegt und diskutiert wurden. In der patriarchalen Sozialstruktur dieser Bevölkerungsgruppe wurden Frauen nicht als Inhaberinnen von Rechten gesehen. Inzwischen aber haben die Gemeinschaften die Rolle der Frauen erkannt, und sie beziehen sich auf sie, wenn es darum geht, die Stimme für ihre Gemeinschaftsrechte zu erheben. Die Anerkennung von Frauen als Schlüsselpersonen und legitime Akteurinnen einer demokratischen, dezentralisierten Verwaltung der Commons hat ihre Position in den traditionellen Foren gemeinschaftlicher Entscheidungen gestärkt. Und es hat dem Prozess des Commoning selbst mehr Gewicht gegeben.

Das Waldschutzgesetz von 2006 brachte zahlreiche Veränderungen mit sich, die die Gewohnheitsrechte der in und mit den Wäldern lebenden Dorfgemeinschaften rechtlich absichern sollten. Das Gesetz versuchte, die »historischen Ungerechtigkeiten« zu korrigieren, die den Waldbewohnern angetan worden waren. Doch in der Praxis betrachtete die Forstbehörde den Wald als ihren Einflussbereich; ähnlich einem Lehen, das sie nach modernen Prinzipien des Waldmanagements verwaltet sehen wollte. Das hatte unter anderem die Konzentration auf nur wenige (Baum-)Arten zur Folge. Traditionelle Methoden, Wälder zu erhalten und gleichzeitig daraus den Lebensunterhalt zu beziehen, fanden in dieser Vorstellung von Waldbewirtschaftung keinen Platz. Entsprechend ihrem kolonialen Erbe, betrachtete die Forstbehörde die Bewohner des Waldes oder vom Wald abhängige Dorfgemeinschaften wie unbefugte Eindringlinge. Sie versuchte, ihre Rechte zu beschneiden und sie mit verschiedenen gesetzlichen und polizeilichen Maßnahmen aus den Wäldern zu vertreiben, wobei für einige Menschen oft ernsthaft Gefahr für Leib und Leben bestand. In jüngster Zeit hat die Behörde die Bestrafung der Bewohnerinnen und Bewohner für »Missbrauch« und »illegalen Holzeinschlag« verschärft, während sie selbst Bäume fällte und dem Wald entnahm. Sie ließ auch zu, dass bewaldetes Land nach nur oberflächlichen Beratungen mit den Dorfgemeinschaften an Industrieunternehmen vergeben wurde, was die ansässigen Gemeinschaften in große Bedrängnis brachte und in einigen Regionen sogar zu deren Vertreibung führte.

Der Forest Rights Act war eindeutig eine Herausforderung für die Forstbehörde, indem er ausdrücklich – sei es über individuelle Ansprüche auf Land oder über Gemeinschaftsrechte – die traditionellen Rechte der Waldbewohner, ihre Wälder selbst zu bewirtschaften, wieder herstellte. Die Behörde jedoch setzte sich wissentlich über das explizite Anliegen des Gesetzes hinweg, den Gemeinschaften Autonomie in der Waldnutzung zuzugestehen, und sie widersetzt sich ihm weiterhin, indem sie nur einen kleinen Teil der anhängigen Ansprüche auf individuelle Nutzung anerkennt sowie Forderungen nach Anerkennung von Gemeinschaftswäldern entsprechend dem Forest Rights Act in Frage stellt.

Der Forest Right Act und ein weiteres Gesetz, mit dem die Selbstverwaltung durch lokale Dorfgemeinschaften auf Gebiete ausgedehnt wurde,[2] gibt diesen die Möglichkeit, ihre traditionellen Rechte geltend zu machen. Demnach können sie Art und Intensität der Nutzung ihrer gemeinsamen Güter selbst definieren. Die Gesetze kommen damit einer verbindlichen Anerkennung ihrer traditionellen Methoden und Praktiken gleich. Beide zielen darauf ab, die Autonomie der ethnischen Gemeinschaften hinsichtlich der Bewirtschaftung der Wälder wieder herzustellen; und sie beschränken die Macht der Forstbehörde, die sich weigert, diese Gesetze umzusetzen, weil dies ihr Vordringen in die traditionell bewirtschafteten Gebiete verhindern würde.

Dhani Bai aus Mataphalli kam vor vierzig Jahren ins Dorf, zu einer Zeit, wo jeder Mensch ein Recht auf seinen Anteil an den dazugehörenden natürlichen Ressourcen hatte. Wie jede junge Braut wurde sie mit den Regeln vertraut gemacht, und sie kannte die Grenzen des Dorfes. Aber unter der Verwaltung der Forstbehörde, sagt Dhani Bai, »ist der Wald für uns inzwischen außer Reichweite, und wir müssen schauen, wo wir uns Gräser, Kräuter und was wir sonst so brauchen,

2 | PESA Act (Panchayats Extension to Scheduled Areas).

besorgen können, weil nun von der Forstverwaltung Grenzen festgelegt wurden, die verhindern, dass wir Zugang zu unseren Ressourcen bekommen. Dabei sind wir diejenigen, die sich von Anfang an um das gekümmert haben, was der Wald braucht.«

Besonders zwischen 1980 und 2005 bemerkten die Dorfbewohner, dass regelmäßig große Mengen an Holz gestohlen wurden, selbst nachdem die Diebstähle gemeldet worden waren. »Die mächtigen Unternehmer-Lobbies versuchen, unsere jungen Männer dazu zu bewegen, Holz für ihren Profit zu stehlen«, sagt Dhani Bai, »aber wir kennen die Folgen solcher Aktionen. Durch sie wird das Land austrocknen und unser Wasser versiegen.«

Allmählich veränderten sich durch das Management der Forstbehörde sowohl der Umgang mit dem Wald als auch die Beziehungen innerhalb der Gemeinschaften sowie zu ihrer natürlichen Umgebung. Im Ortsteil Verafalli, wo 65 Familien wohnen, ist nur wenig Land für den Nahrungsmittelanbau verfügbar; der Zugang zu den angrenzenden Wälder wird den Menschen verwehrt. Die Wächter und Forstaufseher konfiszieren alle Werkzeuge und strafen jeden, der dabei erwischt wird, dass er sein Vieh im Wald weiden lässt.

Die Frauen erzählen, welch unterschiedliche Antworten sie auf diesen Griff nach ihren traditionellen Wäldern gefunden haben, um zumindest den Wald in unmittelbarer Umgebung ihrer Dörfer bewirtschaften zu können. In einem Ortsteil Verafallis ist es gelungen, diesen Wald weiterhin als Commons zu behandeln. Die Frauen haben hier dem Trend widerstanden, Parzellen für die einzelnen Haushalte einzuzäunen. Die bisherige Praxis passte man an die neuen rechtlichen Bedingungen an, neue Regeln wurden für die Nutzung und Bewirtschaftung von etwa 20 Hektar Wald miteinander ausgehandelt. Den Frauen ist es gelungen, die Versuche der Forstbehörde, das Gebiet zu kontrollieren, ebenso abzuwehren wie jene, diese Grundstücke anderen Nutzungszwecken zu widmen. Während die staatliche Anerkennung der Ansprüche auf Land von Verafalli unter dem Forest Rights Act[3] noch aussteht, hat es die Dorfgemeinschaft unter Leitung der Frauen geschafft, dass die etwa 70 Haushalte, die auch bislang den Wald als Commons genutzt hatten, wieder freien Zugang haben, um ihr Vieh weiden zu lassen und Waldprodukte zu sammeln.

»Je länger der Staat die Umsetzung des Forest Rights Act verzögert oder, vor allem mit Blick auf die Gemeinschaftsrechte, vernachlässigt«, klagt Sharmi Bai, »desto wahrscheinlicher wird es, dass die Dorfgemeinschaften beginnen, ihre Rechte an der Waldnutzung auf individuelle Haushalte aufzuteilen«. So teilte man in Matafalli, einem anderen Weiler der gleichen Dorfgemeinschaft, der näher am Fluss liegt, jeder der 65 Familien ein eigenes Waldstück zu. Das Ergebnis waren endloser Streit und Diebstähle. »Nicht einmal mein eigenes Land, auf dem ich Obst angebaut habe, blieb verschont«, meint Sharmi Bai und zeigte uns den Ort der Einzäunung.

3 | Nach dem PESA Act von 1996 haben die Dorfräte die Aufgabe, »für die Bräuche, religiösen Praktiken und die traditionelle Bewirtschaftung der gemeinsamen Ressourcen zu sorgen«, www.moef.nic.in/sites/default/files/jfm/jfm/html/strength.htm (Zugriff am 13. April 2015).

Natürlich haben diese neuen Strukturen die sozialen Beziehungen zwischen den Familien verändert, weil alle jetzt *ihr* Stück Land im Auge haben und den anderen mitunter nicht einmal den Zugang zu Wegen gewähren, die über dieses Land verlaufen. Das verheißt nichts Gutes für den Zusammenhalt im Dorf und für die Wahrung gemeinsamer Interessen. Es verheißt aber auch nichts Gutes für das Wohlergehen der Wälder, findet Sharmi Bai: »Wenn wir anfangen, die Wälder als unser Privateigentum zu betrachten statt als Commons, dann erodiert das, was den sozialen Zusammenhalt fördert. Wir werden dann in den Wäldern nur mehr Bäume und Holz sehen, genau wie die Unternehmen und die Forstbehörde, und bald wird alles zu Ackerland werden.« Aus ihrer Sicht würde das nicht geschehen, wenn der Forest Rights Act so umgesetzt würde, wie er gemeint war. »Früher gab es in dieser Gegend Wasser im Überfluss, nun wird es knapp. Es gibt zwar einige Handpumpen im Dorf, aber die Zerstörung der Wälder bringt andere Probleme mit sich. Wir müssen unsere Rechte wiedererlangen und unsere Wälder beschützen. Das ist unsere Lebensart.«

Dhani und die anderen Frauen erinnern sich noch an die schwere Hungersnot von 1960, als sie durch die Früchte, Kräuter und Pflanzen des Waldes überlebten, obwohl die Dorfgemeinschaft eigentlich keinen Zutritt dazu hatte. Mangels Alternativen zogen die meisten in eine nahegelegene Stadt, um Geld zu verdienen. Die Löhne sicherten zwar das Überleben, aber durch sie kamen auch Produkte vom Markt in das Dorf und mit ihnen Händler, die begierig danach waren, die lokalen Erzeugnisse aufzukaufen. Da die Familien wuchsen und die Wälder erschöpft waren, versuchte nun jede Familie mindestens ein Kind im Öffentlichen Dienst unterzubringen und auch für die anderen Jobs zu finden, um den Lebensunterhalt zu sichern.

Trotz der Hoffnungen, dass der Forest Rights Act effektiv umgesetzt würde, haben die veränderten Beziehungen zu den Wäldern den Anteil der Selbstversorgung bereits verringert und damit die Abhängigkeit von Lohnarbeit und Markt erhöht. Die traditionellen »melas«, Zusammenkünfte an der Stätte der Verehrung der Khetia Bapasi – einer lokalen Gottheit, die im Wald angebetet wird – zu denen die Männer zusammenkamen, um über die Angelegenheiten der Dorfgemeinschaft zu entscheiden, sind auf ein reines Ritual reduziert. Die Entscheidungsbefugnisse dieser Versammlungen beschränken sich nunmehr auf Themen, die das Dorf und das dazugehörige Land betreffen, denn für die Verwaltung und Nutzung der Wälder ist die Behörde zuständig.

Während die Gewährung grundlegender Rechte auf die Wälder und dessen Reichtümer trotz des Forest Rights Act unerfüllt bleibt, hat der Distriktsbeauftragte der Region Abu Road bereits neue Ideen, um die Lebenssituation in der Region zu verbessern und bestimmte Praktiken der Wasserernte[4] und der Bewirtschaftung der Wassereinzugsgebiete voranzubringen. Die Commoners sind verständlicherweise skeptisch. Sie haben erlebt, wie ineffektiv und politisch motiviert die Regie-

4 | Gemeint sind Methoden der Wassergewinnung wie das Sammeln und Speichern von Abflusswasser oder Regenwasser in Stauteichen, auf Dächern, in Zisternen u.v.m. (Anm. der Hg.).

renden handeln. Sie schätzen ihren eigenen, effektiven und nachhaltigen Commoning-Prozess und kämpfen darum, ihn beibehalten zu können.

Die Frauen haben durch ihr »Wald-Commons« erfahren, wie ihr eigenes Wissen, ihr sozialer Zusammenhalt, eine Ethik der Gemeinschaftlichkeit sowie die notwendige Führungsstärke auf lange Sicht ein besseres Mittel zum Schutz der Wälder sind als eine verengte wissenschaftliche Expertise und politisch motivierte Maßnahmen, die nur den Wohlhabenden nützen. Sie erkennen die Stärke eines Waldschutzgesetzes, das eine prozessorientierte, dezentralisierte Selbstverwaltung anerkennen und traditionelle Rechte respektieren will. Es würde ihnen helfen, die zerstörten Commons wiederherzustellen und jene zu erhalten, die dank ihrer traditionellen Praktiken noch bestehen.

Soma KP arbeitet als Wissenschaftlerin und politische Beobachterin. Sie unterstützt den Aufbau gemeinschaftsbasierter Institutionen und verfügt über mehr als drei Jahrzehnte Erfahrung zu den Themen Gender, Entwicklung und natürliche Ressourcen.

Richa Audichya ist Geschäftsführerin von Jan Chetna Sansthan, einer Nichtregierungsorganisation, die mit einem Ansatz, der Frauen besonders fördert, zu den Rechten der Adivasi arbeitet.

COMMONS DER LEBENSKULTUR

Erst in der jüngsten Geschichte ist die Täuschung entstanden, Menschen könnten gedeihen, ohne auf den Rest der Welt zu achten.
E.O. Wilson, Biologe und Evolutionstheoretiker

Erfolge auf dem Feld

Wenn Reisbauern sich zusammentun

Erika Styger

Im Jahr 1983 setzte die Regenzeit im Hochland von Madagaskar früher ein als sonst. Die Reissetzlinge in den Aufzuchtbeeten waren zum Auspflanzen noch zu klein. Der französische Jesuitenpriester Henri de Laulanié stand vor einer schweren Entscheidung: entweder noch zwei Wochen zu warten (was dann zu Ernteverlusten führen würde) oder die Pflanzen so umzusetzen, wie sie waren. Er entschied, die winzigen, fünfzehn Tage alten Setzlinge auszupflanzen. Das hatte bis dahin noch niemand versucht. Doch dann war der Ertrag weit besser als alle anderen Erträge der Gegend. Pater Laulanié und die jungen Bäuerinnen und Bauern, mit denen er arbeitete, waren vom Ergebnis überrascht und zugleich inspiriert, ihre Experimente und Feldbeobachtungen fortzusetzen.

Während der nächsten fünf Jahre experimentierten die Bauern mit Setzlingen, die sie nach zwölf, zehn, neun und acht Tagen auspflanzten. Sie setzten zudem nur eine Pflanze pro Pflanzhaufen, vergrößerten den Abstand zwischen denselben und ließen mitunter die Erde zwischendurch immer wieder austrocknen. Dieses Vorgehen unterschied sich erheblich von der üblichen Praxis, 30 bis 60 Tage alte Setzlinge zu dritt oder zu sechst eng aneinander auf einen Pflanzhaufen zu setzen und den Boden während der ganzen Saison überflutet zu halten. Die Ergebnisse waren ermutigend. Die Pflanzen wurden sichtlich gesünder und stärker. Die Anzahl der Schösslinge steigerte sich von 20 bis 25 pro Pflanze auf 60 bis 80; dementsprechend stieg die Ernte und zwar von einer Tonne pro Hektar auf zwei bis fünf, bei einigen Flächen sogar auf sechs bis sieben Tonnen. Trotz gleichbleibend guter Ergebnisse, weiß Laulanié, nahmen bis 1988 weder landwirtschaftliche Forschungsinstitute noch die Behörden die Versuche ernst. Sie zeigten nicht einmal Interesse, die Felder selbst in Augenschein zu nehmen.

Doch das hielt die Bäuerinnen und Bauern nicht davon ab, ihre Experimente, die sie »System for Rice Intensification« (SRI) nannten, fortzusetzen. Im Jahr 1990 gründeten Laulanié und einige seiner madagassischen Freunde eine lokale Nichtregierungsorganisation, die Association Tefy Saina. Sie wollten SRI bekannt machen und zur ländlichen Entwicklung in Madagaskar beitragen. Vier Jahre später begann das an der Cornell Universität in Ithaka/New York beheimatete Internationale Forschungsinstitut für Nahrungsmittel, Landwirtschaft und Entwicklung (Cornell International Institute for Food, Agriculture and Development, CIIFAD), an der Optimierung der Landwirtschaft in den Randzonen des Regenwaldes rund um den madagassischen Nationalpark Ranomafana zu arbeiten. Nachdem die Forschenden über Tefy Saina von SRI erfahren hatten und von den Ergebnissen beeindruckt waren, begannen sie mit eigenen Testreihen. Nach drei Jahren gleichbleibend hoher Ernten begannen sie, ihr Wissen über diese neue Methode mit Reisforschern außerhalb des Landes zu teilen. In den folgenden zwölf Jahren, bis 2010, war ein kleines Team der Cornell Universität damit befasst, Informationen über SRI an neue Anwender weiterzugeben sowie Feldforschungsdaten und Erfahrungsberichte jener, die SRI in ihren jeweiligen Ländern testeten, zusammenzutragen. Dieses Wissen war offen. Es wurde auf vielfältige Art und Weise weitergetragen: durch Vorträge, Seminare, persönliche Besuche, zufällige Reisebegegnungen, E-Mails, Publikationen und schließlich die kleine Webseite, die in der Cornell Universität aufgesetzt worden war und die bis heute zum weltgrößten SRI-Archiv angewachsen ist.[1]

Über die Betreuung dieser Plattform, die es ermöglichte, neue Ideen und Beobachtungsergebnisse aus der Praxis zu teilen, entdeckte das Team der Cornell Universität, dass ein globales, informelles Netzwerk entstanden war – eine neue Art von Commons. Das war weder beabsichtigt noch finanziert worden, sondern hatte sich aus einem kleinen, inoffiziellen Projektableger heraus entwickelt.

Auf ähnliche Weise entwickelten sich in einigen Ländern unabhängig voneinander eigene Initiativen und sogenannte »Communities of Practice«. Tausende Bäuerinnen und Bauern, die von SRI gehört hatten, waren neugierig geworden. Sie experimentierten mit dem System, oft in enger Zusammenarbeit mit Forschern und Technikerinnen. Sie erkannten den Nutzen und erzählten davon im eigenen Umfeld. Wer sich von den Vorteilen überzeug hatte, motivierte wieder Andere zum mitmachen; so entwickelten sich eigene nationale Netzwerke, die SRI-Methoden verbreiten und zu weiteren Innovationen beitragen. Jedes Netzwerk ist auf seine Weise einzigartig und hat eigene Organisationsstrukturen und Arbeitsweisen entwickelt.[2]

Da immer mehr Menschen etwas über SRI wissen wollten, trieb das Forschungsteam in Ithaka schließlich die Mittel auf, um 2010 das offizielle Internationale SRI-Netzwerk und -Ressourcenzentrum (SRI International Network and Resources Center, SRI-Rice) einzurichten. Dessen ursprüngliches Ziel war es, Informationen über SRI zugänglich zu machen und auszubauen sowie die internationale Vernetzung zu unterstützen. Doch bald erweiterte SRI-Rice sein Aufgabenspektrum um Projektplanung, technische Umsetzung, Richtlinienentwicklung, Erstellung von Weiterbildungsmaterialien sowie Datenerfassung und -auswertung.

Seit das Team der Universität Cornell 1998 begonnen hatte, über SRI zu informieren, haben viele Praktiker und Wissenschaftlerinnen in Asien, Afrika und Lateinamerika die Methode evaluiert. Diese große Fülle an Untersuchungen hat bestätigt, dass die SRI-Methode unter vielfältigen Bedingungen und bei unterschiedlichen ökologischen Gegebenheiten anwendbar ist. Von Feuchtgebieten bis

1 | Siehe: http://sririce.org (Zugriff am 28. Januar 2015).

2 | Eine Liste der verschiedenen Netzwerke findet sich unter http://sri.cals.cornell.edu/listservs/index.html (Zugriff am 28. Januar 2015).

Trockenzonen, von Tallagen bis in die Hochebenen: die Ertragsverbesserung durch Anwendung der SRI-Prinzipien wurde bislang in mehr als fünfzig Ländern bestätigt.[3]

Die Erfahrung zeigt, dass die erfolgreiche Einführung des Systems in einem Land hauptsächlich von drei Faktoren abhängt:

1. Engagierte Personen, die die SRI-Methode zu den Bauern bringen und deren Testergebnisse bekannt machen, sind wichtig.
2. Fundiertes technisches Wissen und die Anpassung der SRI-Praktiken an die jeweilige Umgebung sind notwendig.
3. Zugang zu Finanzierung, die meist mit lokal vorhandenen beziehungsweise landeseigenen Mitteln bestritten wurde, wird ebenso gebraucht.

Doch es gibt noch andere Gründe für den überraschenden Erfolg von SRI: Die Methode ist einfach zu verstehen und problemlos anwendbar, auch wenn die konkrete Umsetzung an die lokalen Bedingungen angepasst werden muss. Da SRI eine wissensbasierte Vorgehensweise ist, können Bäuerinnen und Bauern sie ohne Schwierigkeiten in ihrem jeweiligen Umfeld testen, sobald sie mit den SRI-Prinzipien und den wichtigsten Praktiken vertraut sind. Diese Praktiken werden nicht vorgeschrieben. SRI bietet also weder ein fest geschnürtes Maßnahmepaket noch Patentlösungen an. Wenn nun die Bauern ihre je eigene Praxis entwickeln, besteht die Herausforderung darin, festzuhalten, was gut funktioniert und was nicht, und dieses Wissen mit anderen zu teilen. Zu diesem Zweck hat SRI-Rice eine einfache und leicht zugängliche Online-Plattform für »BürgerInnen-Wissenschaft« aufgebaut, die Bauern und Technikerinnen nutzen können, um ihr Erfahrungswissen und ihre Ideen mit dem Rest der Welt zu teilen.

Die überraschende Wirksamkeit des Systems erregt Aufmerksamkeit. Tatsächlich sind die Wirkungen klar und deutlich. Die Anwendung der SRI-Methode erhöht die Ernten um 20 bis 50 Prozent, oft sogar mehr, bei weniger Saatgut-, Wasser und Chemikalieneinsatz. Bäuerinnen und Bauern spüren den unmittelbaren Nutzen bereits innerhalb einer Saison, und sie benötigen dafür nur die ihnen ohnehin verfügbaren Ressourcen sowie eine veränderte landwirtschaftliche Praxis. Die Pflanzen entwickeln sich schneller, sind kräftiger und werden produktiver. Bäuerinnen, Wissenschaftler und Techniker sind überrascht, wenn sie das erste Mal beobachten, wie sich ein SRI-Feld entwickelt. SRI weckt ihre Neugierde und bringt neue Fragen bezüglich der besten landwirtschaftlichen Praktiken auf. Böden, Wasser, Pflanzen, Bodenorganismen und Nährstoffe können produktiver eingesetzt werden. Bauern müssen nicht auf neues Saatgut, Düngemittel und anderen Chemikalien zurückgreifen, um ihre Erträge zu verbessern. Sie werden motiviert, die bislang wahrgenommenen Grenzen ihres Denkens und Handelns zu überschreiten.

So entstand zum Beispiel das »System der Ertragsintensivierung« (System of Crop Intensification, SCI) als SRI-Bäuerinnen und Landwirtschaftstechniker begannen, SRI-Prinzipien auf andere Kulturpflanzen anzuwenden, wie Weizen, Fin-

3 | Siehe: http://sri.cals.cornell.edu/countries/index.html (Zugriff am 28. Januar 2015).

gerhirse, Zuckerrohr, Senf, Hülsenfrüchte und Gemüse. Davon haben Hunderttausende Bauern, besonders in Indien, profitiert.[4]

SRI ist »open source«. Es gehört niemandem und wird als Commons gemeinsam genutzt. Niemand verfügt über die Theorie und Praxis von SRI. Das mag bei manchen, die gerne in wohldefinierten und festgelegten Theorien und Methoden denken, Irritationen auslösen. Aber bei SRI-Rice arbeiten wir daran, Wissen für die Öffentlichkeit frei zugänglich zu machen, schlicht weil es darum geht, so viele Bäuerinnen und Bauern wie möglich zu erreichen. Der Nachteil ist, dass der Wert dieses offenen Wissens oft nicht gewürdigt wird. Weil es frei verfügbar ist, wird es manchmal als wertlos wahrgenommen. Doch die freie Verfügbarkeit war in vielen Ländern, in denen SRI zur Anwendung kam, gerade die Voraussetzung für den Erfolg.

Es gab und gibt Zweifel und Skepsis. Als SRI zu Beginn der 2000er-Jahre erstmals in verschiedenen Ländern ausprobiert wurde, entfachte sich eine kurze aber hitzige Debatte. Einige auf Reis spezialisierte Wissenschaftlerinnen und Wissenschaftler zweifelten daran, dass derart substantielle Verbesserungen allein durch eine Veränderung der landwirtschaftlichen Praxis erreicht werden konnten. Wie sollte eine einfache, von einem unbekannten Jesuitenpfarrer erfundene und durch ein globales Netzwerk von gewöhnlichen Bauern und Bäuerinnen verfeinerte Methode den Empfehlungen etablierter globaler Forschungsverbünde den Rang ablaufen können?

SRI-Rice spielt zwar eine wichtige Rolle für seine Nutzerinnen und Nutzern, aber es ist schwer, etwas über den tatsächlichen Einfluss seiner Vernetzungs- und Beratungstätigkeit in den vergangenen sechzehn Jahren zu sagen. Wirkungen und Ergebnisse sind oft indirekt, und sie entwickeln sich nicht-linear. Nach aktuellen Schätzungen profitieren mehr als zehn Millionen Bäuerinnen und Bauern von der SRI-Methode. Doch das könnte noch zu niedrig geschätzt sein, denn es ist schwer nachvollziehbar, wie sich das Wissen über SRI tatsächlich verbreitet hat. Fest steht: Die internationale Community of Practice wächst, Sie bleibt aber informell. Wer immer interessiert ist, der kann mitmachen. Es gibt keine Mitgliedschaft und keine Auswahlkriterien, aber auch keine formelle Unterstützung. Das bedeutet zweierlei: Das Netzwerk einiger Hundert Einzelpersonen, die sich aus eigener Motivation engagieren, erhält sich selbst. Das ist ein Vorteil. Diese Menschen bleiben Teil der Community, trotz der geringen direkten Unterstützung. Von Nachteil ist, dass sich viele der Mitglieder nicht kennen. So kann ein großes Potenzial für Zusammenarbeit und Synergien zwischen Partnern nicht genutzt werden kann. Um diesen Nachteil auszugleichen, unterstützt SRI-Rice das Entstehen regionaler Netzwerke. So kann der Austausch in technischen Fragen sowie das Lernen untereinander über Landesgrenzen hinweg leichter gemacht werden, vor allem dort, wo die Umweltbedingungen vergleichbar sind. SRI-Rice wirkte an der Entwicklung eines weltbankfinanzierten Projekts zur Verbreitung von SRI in Westafrika mit,

4 | Die bisher umfassendste Sammlung von SCI-Daten findet sich auf: http://sri.cals.cornell.edu/aboutsri/othercrops/SCImonograph_SRIRice2014.pdf (Zugriff am 28. Januar 2015).

in dem Partner aus dreizehn Staaten eng zusammenarbeiten.[5] Dennoch könnte es an der Zeit sein, darüber nachzudenken, wie das internationale Netzwerk besser strukturiert und formalisiert werden kann, um mehr persönliche Begegnungen und Kooperationen zu ermöglichen, ohne das Herz des Projekts – den Geist der Commons – aufs Spiel zu setzen.

Das bisher Erreichte bietet noch viel Anknüpfungspotenzial. Der Wissensbedarf unter Kleinbäuerinnen und -bauern in Afrika, Asien und Lateinamerika ist groß, und die internationale Community of Practice steht zur Verfügung, um zusammenzuarbeiten. Wir wissen besser als je zuvor, wie die SRI-Methode an verschiedene Klimabedingungen und Anbaumethoden angepasst werden kann. Zudem erweist sich Innovation in der Landwirtschaft durch die dort Tätigen selbst für die Verbesserung der Erträge anderer Kulturpflanzen oder in gar in anderen Bereichen der kleinbäuerlichen Landwirtschaft als inspirierendes Modell.

Literatur

Laulanié, H. (1993): »Le Système de Riziculture Intensive Malgache«, in: Tropicultura, Bd. 11(3), S. 1-19.

Erika Styger ist seit 2010 Programmdirektorin (SRI-Rice) an der Cornell Universität in Ithaca, New York. Zuvor arbeitete sie über 20 Jahre in der landwirtschaftlichen Forschung und in Entwicklungsprogrammen für Afrika. Unter anderem hat sie gemeinsam mit Bäuerinnen und Bauern die Anwendung von SRI in Mali getestet und weiterentwickelt.

5 | Weitere Informationen unter www.sriwestafrica.org (Zugriff am 28. Dezember 2014).

Der Kartoffelpark in Peru

David Bollier

Nur eine Autostunde nordöstlich von Cusco in Peru trifft man auf idyllische Bergseen, die Ruinen der Inka sowie die weltweit größte Vielfalt an Kartoffeln. Hier werden etwa 2.300 der 4.000 uns bekannten Kartoffelsorten angebaut, was die Region zu einer der agridiversesten, also landwirtschaftlich vielfältigsten der Welt macht. Die circa 7.000 Quechua, die dieses hochgelegene heilige Tal der Inka bewohnen, kultivieren und veredeln ihre Kartoffeln, so wie es ihre Vorfahren bereits seit 7.000 Jahren getan haben. Es ist eine beeindruckende Leistung, die einer ganzheitlichen Lebensweise entspringt, in der sich eine tiefe spirituelle Tradition, kulturelle Werte, landwirtschaftliche Techniken, verschiedene Formen des sozialen Austausches sowie ökologische Verantwortung miteinander verbinden.

Kartoffeln sind ein zentrales Element der Quechua-Kultur. Als eine Reporterin der Zeitschrift *Gourmet* die Region besuchte, entdeckte sie mit Erstaunen, dass »offenbar jede Kartoffel für einen speziellen Zweck oder eine spezielle Zeremonie Verwendung fand: Es gab Kartoffeln, die bei Taufen gegessen wurden, eigene Kartoffeln für Hochzeiten, wie die ›Brautkartoffel‹, und solche für Begräbnisse. Kartoffeln wie die rote »Moro boli« sind reich an Antioxidantien, während andere, wie die bananenförmige »Ttalaco«, entweder eingeweicht oder gedämpft werden müssen oder zu Alkohol verarbeitet werden.« Einige Knollen wachsen nur an Steilhängen in über 4.000 Metern Höhe. Andere sind nahezu überall anbaubar. Es ist ganz normal, dass auf dem Feld eines einzigen Bauern hunderte verschiedene Sorten wachsen, darunter auch echte Raritäten.

Die sechs Dorfgemeinschaften sagen von sich selbst, dass sie in einer Beziehung der Gegenseitigkeit mit dem Land, untereinander und mit der spirituellen Welt leben. Diese Lebensweise wird »ayllu« genannt, ein politisches, ökonomisches und soziales System, in dem »Individuen mit gemeinsamen Interessen und Zielen Normen und Prinzipien in Bezug auf den Umgang mit Menschen, Tieren, Steinen, Geistern, Bergen, Seen, Flüssen, Weiden, Nahrungspflanzen, der umgebenden Natur usw. miteinander teilen«, schreiben Alejandro Argumedo und Bernard Yun Loong Wong (Argumedo/Loong Wong 2010, Argumedo 2008)[1]. Die Menschen versuchen, das »ayllu« der Runas (der Menschen, ihrer Haustiere sowie

1 | Ein großer Teil der zu diesem Beitrag herangezogenen Informationen und Zitate stammt aus diesen Beiträgen.

Nutzpflanzen), der Sallaka (der Wildpflanzen und Tiere) sowie der Auki Ayllu (der heiligen Wesen und der Schutzgeister der Berge) in ein Gleichgewicht zu bringen. In diesem Weltverständnis begreifen sie die Kartoffeln, Nahrungsmittel, Tiere und die ganze lebendige Natur als Geschenk der Erde. Es sind Gaben, für die sie etwas zurückgeben müssen, die sogenannten »pagos«. Das spirituelle Verhältnis zur »pachamama«, der Mutter Erde, ist ein Schlüsselfaktor des tiefen Respekts der Quechua angesichts der Großzügigkeit und Vielfalt der Erde, aber auch ihrer Begrenztheit. »Das wichtigste Ziel von ayllu«, erklären Argumedo und Loong Wong, »ist das Gute Leben, das bei den Quechua Sumak Kawsay heißt.« Es bedeutet kurzgefasst, in einer ausgeglichenen und gesunden Beziehung mit »pachamama« zu leben.

Die Quechua betreiben Landwirtschaft nicht, um ihre Erträge zu maximieren und sie auf dem Markt gewinnbringend zu verkaufen. Vielmehr geht es ihnen darum, gewissenhaft den Prinzipien des »ayllu« zu folgen, dem Herzstück ihrer stabilen, regenerativen agroökologischen Praxis, die sich in dieser andinen Landschaft entwickelt hat. In der Region mit ihren unterschiedlichen Höhenlagen herrschen auf kleinstem Raum viele verschiedene Mikroklimata. So wachsen, berichtet Argumedo, auf den Hochebenen Kartoffeln und Quinoa, in den tiefer liegenden Tälern Mais, und auf den höher gelegenen Weideflächen grasen Lamas.

In den vergangenen Jahrzehnten haben transnationale Biotech- und Agrarkonzerne immer wieder versucht, sich anzueignen und zu Waren zu machen, was derartig besondere Ökosysteme hervorbringen; sie melden etwa Patente auf Saatgut oder Gensequenzen an. Häufig zahlen sie den traditionellen Dorfgemeinschaften etwas Geld, oder sie vertreiben sie einfach und zerschlagen die traditionellen Formen der Landwirtschaft. Regionen mit hoher Biodiversität gehören zu den bevorzugten Revieren solch unternehmerischer Beutezüge, die durch Biopiraterie genetische und materielle Ressourcen, welche seit Generationen als Commons behandelt wurden, zu privatisieren suchen.

Um diese Einhegung ihrer gemeinsamen Ressourcen zu verhindern, hat sich die indigene Bevölkerung des Cusco-Tales in den 1990er Jahren mit der Nichtregierungsorganisation ANDES[2] zusammengetan und eine neue, von der indigenen Praxis ausgehende Rechtsform geschaffen: die Indigenous Biocultural Heritage Area (IBCHA).[3] Die Idee entstand im Jahr 2000; es sollte eine speziell auf die Situation der Quechua und des Kartoffelparks zugeschnittene rechtliche Handhabe geschaffen werden, die auf der Anerkennung der indigenen Praktiken zum Umgang mit dem Biokulturerbe, dem Erhalt der lokalen Kartoffelvielfalt und dem Schutz des sensiblen Ökosystems beruhte (Argumedo 2008: 49-57).

Die Dorfgemeinschaften richteten eine geschützte agro-ökologische Region ein, den Parque de la Papa, den »Kartoffelpark«, mehr als 12.000 Hektar Land, die sie für die Agrodiversität der Pisaq-Region sowie für den Erhalt ihrer traditionellen

2 | ANDES ist das spanische Kürzel für »Quechua-Aymara Verein für nachhaltige Gemeinden«. Diese gemeinnützige, peruanische Organisation setzt sich für die Verteidigung der Rechte der indigenen Bevölkerung auf Zugang zu genetischen Ressourcen, genetischem Wissen und zur Umwelt ein.

3 | Etwa: eine Region mit indigenem, biokulturellem Erbe.

Kultur, ihres Wissen und ihrer Lebensweise als wesentlich erachteten. Der Kartoffelpark ist ein Modell für einen gemeinschaftsbasierten und rechtlich verankerten Umweltschutz, das sich von einem anderen »Entwicklungs-«Verständnis leiten lässt als konventionelle, marktorientierte Modelle.[4] Der Kartoffelpark wird von allen beteiligten Dörfern gemeinsam verwaltet, jedes Dorf wählt eine Vertreterin oder einen Vertreter zur Mitarbeit im Verein. Besonderes Augenmerk wird darauf gelegt, traditionelle spirituelle Werte und Praktiken in die alltäglichen Tätigkeiten und Entscheidungen im Kartoffelpark zu integrieren.

Im Rahmen der IBCHA-Vereinbarung haben die zum Kartoffelpark gehörenden Dörfer zugestimmt, einen Teil der »lebenden Bibliothek« ihres Wissens über die genetische Vielfalt der Kartoffeln mit Wissenschaftlerinnen und Wissenschaftlern zu teilen. Durch ein spezielles Abkommen mit dem internationalen Kartoffelzentrum (CIP) – einer Non-Profit-Organisation für Ernährungssicherheit, die mit der Beratungsgruppe für Internationale Agrarforschung (CGIAR) zusammenarbeitet – hat der Kartoffelpark mehr als 200 seiner 900 lokalen Sorten an die Forschung weitergegeben. Er unterstützt zudem Versuche, neue Sorten zu entwickeln, etwa solche, die widerstandsfähig gegen klimatische Veränderungen sind. Die Mitglieder des Kartoffelparks haben darüber hinaus Interesse, die Kartoffelsorten wieder anzusiedeln, die durch die modernen Methoden der Landwirtschaft verloren gegangen sind. Jegliche Patentierung genetischer Informationen lehnen sie ab, weil sie glauben, dass Kartoffeln heilig sind und allen gehören und die Patentierung mit privaten Eigentumsrechten nicht vereinbar ist. Das IBCHA-Abkommen wird von vielen als Modell für eine andere agrarökologische Kultur angesehen. Einerseits erkennt es den genuinen Rechtsanspruch der Bevölkerung an, über die Nutzung der Kartoffeln selbst zu bestimmen, und andererseits ermöglicht es sowohl moderne Forschung als auch die lokale wirtschaftliche Nutzung der Artenvielfalt.

Der Kartoffelpark erfüllt damit nicht nur die Funktion, die Kultur der Quechua zu erhalten und die wissenschaftliche Forschung zu unterstützen, sondern er bietet auch Raum für sozial und ökologisch verträgliche Formen wirtschaftlicher Entwicklung, wie etwa durch Ökotourismus, die Herstellung von Nahrungsergänzungsmitteln oder pharmazeutischen Produkten. Im Kartoffelpark gibt es einen Verarbeitungsbetrieb für Naturheilmittel und Seifen, ein Netzwerk lokaler Arzneimittelhändler und ein Zentrum für Videokommunikation. Es gibt ein offizielles Register der Biodiversität des Parks sowie eine eigene Handelsmarke mit rechtlich geschützter geographischer Herkunftsbezeichnung, was der indigenen Bevölkerung die Autorität über die wirtschaftliche Nutzung der lokalen genetischen Vielfalt sichern sollen (Argumedo/Pimbert 2005: 11). Frauen spielen eine Schlüsselrolle in den zahlreichen ökonomischen Aktivitäten des Verbandes der Dorfgemeinschaften im Kartoffelpark. Da gibt es etwa das »Sipaswarmi Frauenkollektiv für Medizinalpflanzen«, das Naturheilmittel und Seifen verkauft, oder die Frauenkooperative für Audio-Visuelle Medien »Tijillay T'ika«, die Videos über lokale Ressourcen in indigenen Sprachen produziert.

---

4 | Siehe auch den Beitrag von Arturo Escobar in diesem Buch (Anm. der Hg.).

Auch wenn der Kartoffelpark weder durch die peruanische Gesetzgebung noch durch seine Mitgliedschaft in der Internationalen Union zur Bewahrung der Natur und natürlicher Ressourcen (IUCN) staatliche Anerkennung genießt, bedeutet das nicht, dass der Verein nicht rechtlich abgesichert wäre. Die IBCHA-Vereinbarung ist mit bestehendem nationalem und internationalem Recht kompatibel; sie soll ähnlichen Projekten entlang der »Route des Kondors«, einem dem Andenverlauf von Venezuela bis Argentinien folgendem Landstrich mit großer Sortenvielfalt,[5] als Vorbild dienen. Einige Instrumente und Aktivitäten des Kartoffelparks haben schon rechtliche Bedeutung erlangt, etwa das Forschungsabkommen mit dem CIP oder die Datenbank des Kartoffelparks, die genutzt werden kann, um die Anmeldung von Patenten für Heilpflanzen oder indigenes Wissen zu verhindern.

Einige der wichtigsten Gesetze sind nicht formal oder vom Staat erlassen, sondern sie basieren auf dem Gewohnheitsrecht und der Tradition, in dessen Rahmen die agroökologischen und biokulturellen Praktiken lokal organisiert und umgesetzt werden und zwar so, wie das eine staatliche Gesetzgebung niemals vorgeben könnte. Das IBCHA-Abkommen ist ein Versuch, beide Rechtssysteme miteinander zu verbinden. Die nationale Gesetzgebung dient hierbei dazu, das kontextbezogene Gewohnheitsrecht anzuerkennen, so dass generationenübergreifendes Wissen und die dazu gehörenden Praktiken als rechtsgültig und praxiswirksam anerkannt werden können.

Schließlich ist die Kultur des Commoning der Quechua der zentrale stabilisierende Faktor. In der Ortschaft Chawaytire gibt es das Biorestaurant Papamanke, das von einer Frauenorganisation betrieben wird, die sich als die Hüterinnen indigener Traditionen und Rezepte verstehen. Sie sind auf dieses Erbe stolz und geben über das Restaurant das indigene Brauchtum weiter, ohne sich dem Tourismus anzubiedern. Als die Reporterin des *Gourmet* eine Kellnerin bat, eine der Kartoffeln aufzuschneiden, damit sie die Farbe sehen könne, lehnte diese mit der Begründung ab, eine Kartoffel anzuschneiden, ohne sie zu essen, sei eine Beleidigung für »pachamama«.

Diese Ehrerbietung, die dem modernen Denken irrational erscheinen mag, ist einer der Hauptgründe, warum die Quechua in der Lage waren, ihre biokulturelle Tradition sowie das verletzliche Ökosystem zu erhalten. Der Erfolg des Kartoffelparks wirft die Frage auf, ob nicht eher jene »Rationalität« auf den Prüfstand gehört, die meint, ein System biokultureller Vielfalt könnte in Gewinnerwartung geplündert werden.

Literatur

Argumedo, A. (2008): »The Potato Park, Peru: Conserving agrobiodiversity in an Andean Indigenous Biocultural Heritage Area«, in: Amend, T., et al. (Hg.): *Protected Landscapes and Agrobiodiversity Values*. Band I der Reihe, Protected Landscapes and Seascapes, IUCN & GTZ, Heidelberg, Kaspareg Verlag.

Argumedo, A., und B. Y. Loong Wong (2010): »The Ayllu System of the Potato Park, Cusco, Peru«, Satoyama Initiative, United Nations University Institute of Advan-

5 | Siehe: http://cipotato.org/genebank-2/ruta-condor/ (Zugriff am 16. März 2015).

ced Studies, 5. März 2010, http://satoyama-initiative.org/en/the-ayllu-system-of-the-potato-park.
Argumedo, A., und M. Pimbert (2005): Protecting Indigenous Knowledge Against Biopiracy in the Andes, London, IIED.

David Bollier ist ein amerikanischer Commons-Experte und -Aktivist, Blogger und Berater; Autor zahlreicher Beiträge und Bücher zum Thema »Commons als neuem Paradigma für Wirtschaft, Politik und Kultur«; Mitbegründer der Commons Strategies Group.

Zwölf Design-Prinzipien für Permakultur

David Holmgren

Permakultur ist mehr als eine Form nachhaltiger Landwirtschaft. Sie ist eine grundsätzliche Herangehensweise, die die Dynamiken natürlicher Prozesse vom Design bis zur technischen Umsetzung konstruktiv zu nutzen versucht. Permakultur ist zugleich eine Philosophie wie eine Reihe sozialer Praktiken, Techniken und ethischer Normen. Sie möchte sicherstellen, dass alle lebenden Systeme gesund bleiben und gedeihen können. Das gelingt nur, wenn wir Menschen die Natur als ganzheitliches System erkennen. Das gilt auch für die menschliche Gesellschaft selbst, die ihre Produktionsüberschüsse und deren Abfallprodukte wieder in die Ökosysteme integrieren muss.

Man kann die Gestaltungsweisen, Praktiken und Werthaltungen, die den Prinzipien der Permakultur folgen, durchaus als commons-basierte Landwirtschaft, Technologie und Produktion verstehen. David Holmgren hat in seinem Buch Permakultur. Gestaltungsprinzipien für zukunftsfähige Lebensweisen *(Drachen Verlag, 2014) die wesentlichen Aspekte der Permakultur in zwölf Prinzipien zusammengefasst. Das Folgende ist eine Kurzfassung dieser Prinzipien:*

1. Beobachte und handle. Wenn wir uns Zeit nehmen, uns mit der Natur auseinanderzusetzen, können wir zu Lösungen finden, die auf die jeweilige Situation zugeschnitten sind.
2. Sammle und speichere Energie. Wenn wir Systeme entwickeln, die Energie dann speichern, wenn sie im Überfluss vorhanden ist, haben wir sie zur Verfügung, wenn wir sie brauchen.
3. Erwirtschafte einen Ertrag. Stelle sicher, dass das, was Du tust, auch tatsächlich Dir selbst ein Stück zu Gute kommt.
4. Setze auf Selbstregulierung und nimm Rückmeldungen an. Erschwere unangemessenes Handeln, damit Systeme auf Dauer gut funktionieren können.
5. Schätze erneuerbare Ressourcen und Leistungen. Nutze den Überfluss der Natur so gut wie möglich, um unseren verschwenderischen Verbrauch und unsere Abhängigkeit von nichterneuerbaren Ressourcen zu reduzieren.
6. Produziere keinen Abfall. Wenn wir alle Ressourcen, über die wir verfügen, schätzen und nutzen, dann gibt es keinen Abfall.
7. Gestalte erst Muster, dann Details. Wenn wir einen Schritt zurücktreten, nehmen wir in Natur und Gesellschaft übergeordnete Muster wahr. Diese können

zum Rückgrat unserer Entwürfe werden, die wir anschließend Stück für Stück mit Details ausgestalten.

8. Integriere statt abzugrenzen. Wenn die richtigen Dinge am richtigen Ort platziert werden, können Beziehungen zwischen diesen Dingen entstehen, so dass sie sich gegenseitig tragen.
9. Setze auf kleine und langsame Lösungsstrategien. Überschaubare und langsame Systeme sind leichter zu pflegen als große; sie können lokale Ressourcen besser nutzen und nachhaltigere Erträge produzieren.
10. Nutze und schätze Vielfalt. Vielfalt von Elementen in Systemen macht diese widerstandsfähiger. Sie macht sich zudem die Einzigartigkeit der jeweiligen Umweltsituation zu Nutze.
11. Schätze das Marginale und nutze Randzonen. Das Interessanteste geschieht an den Grenzen und Schnittstellen. Häufig sind dort die wertvollsten, vielfältigsten und produktivsten Elemente eines Systems.
12. Reagiere kreativ auf Veränderung. Wir können unvermeidliche Veränderungen positiv beeinflussen, wenn wir sie sorgfältig beobachten und zum richtigen Zeitpunkt eingreifen.

David Holmgren: Der Australier, geb. 1955, ist neben Bill Mollison Mitbegründer des 1978 erstmals veröffentlichten Permakulturkonzepts und widmet sich der Lehre und Verbreitung der Idee. 1981 erhielt er den Right Livelihood Award (»Alternativer Nobelpreis«).

COMMONS IN KUNST UND KULTUR

Revolutionäre Momente verbreiten sich nicht durch Ansteckung, sondern durch Resonanz ... sie wirken wie Musik, deren Themen, obwohl in Raum und Zeit verstreut, uns in ihre eigenen Schwingungen versetzen.
Comité invisible (Unsichtbares Komitee)

Feuer und Frost

Museen, Büchereien, Archive und ihre Zukunft als Commons

Michael Edson

Meistens war es eine kleine Meldung in der Zeitung, allerdings nicht auf der ersten Seite. Oder, wenn der Brand groß genug war und ein Kamerateam schnell genug vor Ort war, eine Story in den Abendnachrichten. Es scheint, dass Wohnhausbrände in meiner Jugend häufiger vorkamen, und die Geschichte war oft dieselbe: »Als sie sich aus ihrem brennenden Haus retteten«, sagte der Nachrichtensprecher, »hielten sie inne, um ein einziges geliebtes Stück in Sicherheit zu bringen ...« Und es handelte sich immer um etwas Sentimentales – nicht Schmuck oder Bargeld, sondern ein Familienfoto, eine Kinderzeichnung, ein Brief, eine Haarlocke. In jedem Fall Nebensächliches – und dennoch so lieb und teuer wie das Leben selbst.

Museen sind einfache Orte. Das gilt auch für Bibliotheken und Archive. Sammeln, bewahren, beleuchten. Ewig wiederholen. Wir denken nicht über sie nach, bis der Rauch aufsteigt, aber dann ist es meistens zu spät.

Als Hitler 1944 die Zerstörung Warschaus anordnete, versuchte die Armee, die Nationalbibliothek, die Biblioteka Narodawa, in Brand zu stecken, aber das Feuer schwelte bloß.[1] Tatsächlich ist das gesammelte Gedächtnis einer Zivilisation überraschend dicht und schwierig zu verbrennen. Deswegen wurde ein spezielles Team von Ingenieuren herangezogen, um Löcher in das Dach und die Wände zu schneiden, sodass das Feuer mehr Luft und Zug kriegen würde. Problem gelöst. Museen, Bibliotheken und Archive sind einfache Orte, aber wenn sie erst einmal Feuer gefangen haben, dann brennen sie wie die Hölle.

Manchmal erstarren sie jedoch, denn die eisige Kälte der Ignoranz und der Vernachlässigung kann so tödlich sein wie die Flammen einer Fackel. Auf dem Regal eines Museums, in einem Glas konserviert, stand das letzte und einzige Exemplar des Kleinen Samoa-Flughundes, Pteropus allenorum, 153 Jahre lang, bis es endlich untersucht und als neue Art identifiziert wurde – die jedoch bis dahin ausgestorben war.[2] Der Gelbstirn-Waldsänger, »wegen seines ungewöhnlich lebhaften Gesanges berühmt«, wurde 1939 ausgerottet, als Vogelliebhaber die letzten beiden

---

1 | Informationen des Bibliotheksdirektors vom Oktober 2011.

2 | »›New‹ species gather dust on museum shelves for 21 years before being described«, in: *Discover Magazine*, 19. November 2012. Vielen Dank an Dr. Elycia Wallis des Museum Victoria für diese Geschichte.

Exemplare fanden und voller Stolz erschossen (Bryson, 2004: 600). Ein Viertel der Amerikaner glaubt nicht an den Klimawandel,[3] fast die Hälfte glaubt nicht an die Evolution,[4] ein Drittel kennt die eigenen unmittelbaren Nachbarn nicht[5] und während der Rest der Welt nach größerem Zugang zu Wissen und Bildung schreit, hat Großbritannien Hunderte städtischer Büchereien geschlossen. »Bibliotheken, die während des Blitzkrieges offen geblieben sind, werden aufgrund von Budgetkürzungen geschlossen«, schrieb Caitlin Moran, »eine Billion kleiner Türen geht zu.«[6] Entgangene Chancen töten, genau wie Rauch und Flammen, aber schwieriger zu erkennen.

Feuer und Frost – Unkenntnis der Wissenschaft, Vernachlässigung unserer physischen Umwelt und Versäumnisse in der Ausbildung des Potenzials der Menschen – können wir uns nicht mehr leisten – es steht zu viel auf dem Spiel. Es handelt sich um einen gefährlichen Großbrand und wir brauchen alle Mann an den Pumpen.

Hunderte, wenn nicht Tausende Jahre lang haben wir Museen, Bibliotheken und Archive in unseren Städten und Gemeinden gebaut und unterhalten, um dieses Ziel um unseres eigenen Überlebens willen zu befördern: die Schaffung von Wissen und Kreativität anzukurbeln, Lernen und unabhängiges Denken zu fördern, bürgerschaftliches Engagement und Dialog zu unterstützen, emotionale Intelligenz und Wohlbefinden zu begünstigen und unser Wissen über die Vergangenheit zu vertiefen und unsere Pläne für die Zukunft zu klären. Wir brauchen Museen, Bibliotheken und Archive, um diese Aufgaben in enormem Maßstab zu leisten – wir könnten dabei gar nicht von »zu viel Erfolg« sprechen; aber insgesamt betrachtet sind unsere Institutionen in ihrer überkommenen Arbeitsweise ein bemerkenswert stumpfes Instrument, um Aufklärung zu verbreiten. Jedem Menschen, der die Türen eines Museums passiert, stehen Milliarden gegenüber, die das nicht tun können oder wollen; jedem Gegenstand, der katalogisiert wird und den Besuchern von Bibliotheken und Archiven zur Verfügung steht, stehen Millionen gegenüber, die fehlen oder vorenthalten werden; Sammlungen, die seit Jahrhunderten öffentlich zugänglich waren, werden durch Paywalls und unnötige Einschränkungen eingehegt;[7] und das Expertenwissen und die Leidenschaft der Öffentlichkeit bleibt schlummernd versteckt und unsichtbar. Warum?

---

3 | Americans' Global Warming Beliefs and Attitudes in April 2013, http://environment.yale.edu/climate-communication/article/Climate-Beliefs-April-2013#sthash.SfADnW8K.dpuf (Zugriff am 1. November 2014).

4 | Gallup: »In U.S., 46 Prozent Hold Creationist View of Human Origins«, 1. Juni 2012, www.gallup.com/poll/155003/Hold-Creationist-View-Human-Origins.aspx (Zugriff am 1. November 2014).

5 | PewResearch Internet Project, in: *Neighbors Online*, 9. Juni 2010, www.pewinternet.org/2010/06/09/neighbors-online/(Zugriff am 1. November 2014).

6 | Moran, C.: »Libraries, Cathedrals of our Souls«, in: *Huffingtonpost*, 11. November 2012.

7 | Sanderhoff, M.: »Common Challenges, Common Solutions«, in: *Folie 26*, 20. September 2012, www.slideshare.net/MereteSanderhoff/common-challenges-common-solutions-okfest-20092012 (Zugriff am 1. November 2014).

Das Problem, so stellt es sich heraus, ist kein Konflikt zwischen unterschiedlichen Werten, sondern zwischen Gewohnheiten: Alte Vorstellungen von Umfang und Maßstab des Wirkungsbereichs – wer hat eine Stimme, wer macht die Arbeit, und wer profitiert davon – lassen sich nur schwer überwinden. Wie die meisten Organisationen haben Museen, Bibliotheken und Archive ihre Träume während des 20. Jahrhunderts geschmiedet, als Erfolg bedeutete, beeindruckende Gebäude voller Experten, große Sammlungen und hohe Besucherzahlen vorzuweisen. Das war die Realität, es gab noch kein Internet, und irgendein anderes Maß für herausragende Arbeit war kaum vorstellbar. Und in diesem Kontext erscheint das Konzept eines Commons pervers und merkwürdig: Welches Museum in der real gebauten Welt, das auf sich hält, würde seine Privilegien und seine Autorität mit der Masse teilen, und wer außer Barbaren würde sie überhaupt annehmen? Welche verantwortungsbewusste Institution würde auf die Kontrolle über ihre Daten verzichten und Milliarden Menschen zur Mitarbeit einladen oder Sammlungen vom Urheberrecht befreien und die Hoffnung begraben, aus Lizenzen und Gebühren Profit zu schlagen?

Aber sogar bereits 1853 haben Menschen wie Joseph Henry, der erste Direktor der Smithsonian Institution (heute der größte Museums- und Forschungskomplex der Welt, mit Sitz in Washington, DC),[8] erkannt, dass Museen, Bibliotheken und Archive große Taten für die Gesellschaft vollbringen könnten – und zwar nicht, indem sie nur nach innen auf ihre eigenen Experten und Sammlungen blickten, sondern auch nach außen, zur Vorstellungskraft und Energie von Bürgerinnen und Bürgern. »Der Wert und die Bedeutung der [Smithsonian] Institution ist nicht, daran gemessen zu werden, was sie innerhalb der Wände des Gebäudes ansammelt«, schrieb Henry im ersten Jahresbericht des Smithsonian, »sondern daran, was es in die Welt hinausschickt«.[9]

Das ist eine großartige Geisteshaltung – es hat uns bis heute nur an den Möglichkeiten gemangelt, sie in vollem Umfang Wirklichkeit werden zu lassen. Der Schlüssel ist freier, uneingeschränkter digitaler Zugang, und die Kreativität und das Handeln von Bürgerinnen und Bürgern – *Commoning*, wie es in diesem Buch genannt wird – sind die Kraft, die ihn im Schloss herumdreht.

Die New York Public Library hat kürzlich 20.000 lizenzfreie Landkarten in hoher Auflösung online gestellt. Was das heißt, erklärt Matt Knutzen von der Landkartenabteilung der Bibliothek: »Es bedeutet, dass du die Landkarten – wenn du willst, alle – kostenlos haben kannst, in hoher Auflösung. Wir haben sie gescannt, sodass so viele Menschen wie möglich sie benutzen können, und zwar so umfassend wie möglich.[10]

Das Rijksmuseum in Amsterdam besitzt einige der wertvollsten Meisterwerke der westlichen Kunst, aber anstatt sie zu horten, schenkt das Museum sie der

---

8 | Siehe: www.si.edu (Zugriff am 28. Juli 2014).

9 | *Annual Report of the Board of Regents of the Smithsonian Institution for the Year 1852*, Washington, DC: US Government Printing Office, 1853, via http://siarchives.si.edu/history/exhibits/henry/joseph-henrys-life#c1 (Zugriff am 1. November 2014).

10 | Knutzen, M.: »Open access maps at NYPL«, 28. März 2014, www.nypl.org/blog/2014/03/28/open-access-maps (Zugriff am 21. November 2014).

Welt. Das Rijksmuseum hat auf seiner Webseite mehr als 150.000 lizenzfreie Reproduktionen von Kunstwerken in hoher Auflösung; und durch sein innovatives Rijksstudio-Projekt[11] und der entsprechenden Programmierschnittstelle fördert das Museum die Wiedernutzung dieser Ressourcen und unterstreicht den Wert dieser Nutzung. »Wir sind eine öffentliche Institution«, sagt Taco Dibbits, Direktor der Sammlungen des Rijksmuseums, »und deshalb sind die Kunstwerke und Objekte, die wir haben, in gewisser Weise das Eigentum von allen.«[12]

88 Institutionen aus 16 Ländern haben 1,3 Millionen Bilder zu The Flickr Commons beigesteuert, einem fortlaufenden Projekt, das den Zugang zu und die Interaktion mit öffentlichen Fotografiesammlungen in der ganzen Welt fördern soll. Alle Bilder in The Flickr Commons werden mit »keine[n] bekannten Urheberrechtsbeschränkungen« angeboten und können von jedermann für jegliche Zwecke verwendet werden.[13]

Europeana, eine Initiative der Europäischen Kommission zur Förderung des Zugangs zu kulturellen Ressourcen, bietet einen einzigen Zugangspunkt zu mehr als 3,9 Millionen lizenzfreien Büchern, Kunstwerken und anderen Gegenständen in Museen, Bibliotheken und Archiven aus fast 400 Speicherorganisationen. »Da sie mit der Erhaltung unseres gemeinsamen Wissensbestands und unserer Kultur betraut sind, sollten gemeinnützige Speicherorganisationen eine besondere Rolle bei der effizienten Kennzeichnung und der Erhaltung von Werken des Gemeinguts übernehmen.« So steht es in der »Europeana Charta zum Gemeingut«. »In dieser Rolle sollten sie dafür sorgen, dass Werke des Gemeinguts der gesamten Gesellschaft zugänglich sind, indem sie diese Werke für eine möglichst breite Öffentlichkeit bereitstellen.«[14]

Und die Wikimedia Commons,[15] eine Datenbank mit weit über 25 Millionen frei verwendbaren Mediendateien, »zu denen jedermann beitragen kann«, ist womöglich die beste, am häufigsten gebrauchte und produktivste kulturelle Commons der Welt, trotz der Tatsache – *oder vielleicht wegen der Tatsache* –, dass sie nicht von an Traditionen gebundene Institutionen betrieben wird, sondern von Freiwilligen, die dazu inspiriert und befähigt sind, durch ihre eigenen Anstrengungen zu handeln und Werte zu schaffen. Die Wikimedia Commons stellt Bilder und andere Medienressourcen für die über 32 Millionen Wikipedia-Artikel bereit, und obwohl eine steigende Zahl davon von Museen, Bibliotheken und Archiven

11 | Siehe: https://www.rijksmuseum.nl/en und www.rijksmuseum.nl/en/rijksstudio (Zugriff am 21. Juli 2014).

12 | Dibbits, T.: »Masterworks for one and all«, *New York Times*, 29. Mai 2014, www.nytimes.com/2013/05/29/arts/design/museums-mull-public-use-of-online-art-images.html (Zugriff am 21. Juli 2014).

13 | Vgl. https://www.flickr.com/commons (Zugriff am 21. Juli 2014). Vielen Dank an James Morley für sein Flickr-Commons-Statistik-Tool zur Zählung der Bilder.

14 | Siehe: http://europeana.eu. Vielen Dank an James Morley und Christoph Braun für ihre Unterstützung bei der Zählung. Europeana Public Domain Charter, 2010, http://pro.europeana.eu/c/document_library/get_file?uuid=d542819d-d169-4240-9247-f96749113eaa&groupId=10602, (für beide: Zugriff am 21. Juli 2014).

15 | Siehe: http://commons.wikimedia.org/wiki/Main_Page (Zugriff am 21. Juli 2014).

beigesteuert werden, werden viel mehr von einzelnen Bürgerinnen und Bürgern eingestellt – Commoner und Aktivisten –, die das Internet nach relevanten Bildern und Quellen durchsuchen, Seiten aus Büchern scannen, gemeinsame Projekte organisieren und durchführen und sogar Fotografien von ihren eigenen Besuchen in Museen und Kulturstätten hochladen, um die Qualität und Bandbreite von Wikipedia-Artikeln zu verbessern.

Wegen seiner Basis aus freien und offenen Ressourcen und seines Freiwilligennetzwerks arbeitet Wikimedia Commons eindrucksvoll weltumspannend und überwindet dabei professionelle, institutionelle und nationale Grenzen, um mehr als 500 Millionen Wikipedia-Lesern pro Monat in 280 Sprachen zur Verfügung zu stehen.[16] Sogar die größten Museen, Bibliotheken und Archive können nicht auf einen solchen Wirkungsbereich hoffen – vor allem nicht, wenn sie an überkommenen Methoden und Maßnahmen festhalten.

Die Arbeit der Kulturinstitutionen dieser Welt ist von großer Tragweite, denn aufgeklärte und engagierte Bürgerinnen und Bürger sind unsere größte Chance, die Flammen der Angst und des Hasses zu löschen und die bittere Kälte von Ignoranz und Gleichgültigkeit zu vertreiben. Es gibt Feuer und Frost, und beides zwingt uns umgehend zu handeln: Was sollen die Aufgaben unserer Museen, Bibliotheken und Archive sein? Was können sie tun, um stärker und umfassender in die Gesellschaft zu wirken?

Commons weisen den Weg.

Literatur

Bryson, B. (2004): *Eine kurze Geschichte von fast allem,* München, Wilhelm Goldmann Verlag.

Michael Peter Edson, USA, arbeitet zum Thema digitale Transformation in der Kultur. Seit 20 Jahren ist er in leitender Funktion im Bereich Technologie und Neue Medien im Smithsonian Institut tätig. Er berät die Open Knowledge Foundation und ist derzeit Presidential Distinguished Fellow des Rates für Bibliotheken und Informationelle Ressourcen.

16 | Die Zahl 32 Millionen Artikel bezieht sich auf Juni 2014, http://stats.wikimedia.org/EN/TablesWikipediaZZ.htm. Die Nutzungsstatistiken stammen aus dem Jahresbericht der Wikimedia Foundation 2013-2014, http://wikimediafoundation.org/wiki/Annual_Report (Zugriff am 05. Juni 2015).

Ein Theater-Commons kommt zur Welt

Die Stiftung Teatro Valle Bene Comune

Dario Gentili und Andrea Mura

Das 1727 gegründete Teatro Valle in Rom bot bereits Mozart, Rossini und Pirandello eine Bühne. Derzeit aber wird das älteste Theater der italienischen Hauptstadt als Symbol einer richtungsweisenden Auseinandersetzung um die Commons wahrgenommen. Sie begann mit dem landesweiten Referendum vom 12. und 13. Juni 2011, das die umfassende Privatisierung der öffentlichen Wasserversorgung vorsah. Mit der Ablehnung dieser Pläne durch mehr als 90 Prozent der Wählerschaft rückte das sogenannte »Wasser-Referendum« die Commons ins Zentrum öffentlicher Diskussionen; und problematisierte den Rechtsbegriff der »öffentlichen Güter« durch den Slogan: »Ja für Wasser als Gemeingut«.[1]

Einen Tag nach der Abstimmung besetzten Kunstschaffende sowie Bürgerinnen und Bürger das ehrwürdige Gebäude des Teatro Valle, um es vor der drohenden Privatisierung zu bewahren. Die Besetzung lenkte die Aufmerksamkeit unverzüglich auf die mangelhafte Finanzierung und Instandhaltung durch die Theaterbehörde (ETI), eine öffentliche Institution, die 2010 geschlossen worden war. Weil ein Theater laut Gesetz »öffentliches Gut« ist, hatte die Stadtregierung das Recht, private Investoren zu einem Bieterverfahren einzuladen und ein reguläres Verfahren für den Verkauf einzuleiten. Die Privatisierung war also nicht nur durch das Gesetz gedeckt, sie war wegen der Haushaltslage für die Stadt auch enorm attraktiv.

Die Besetzer erkannten, dass es angesichts der Gesetzeslage und der Rechtslogik sowie weiterer Privatisierungsdrohungen am sinnvollsten wäre, das Theater zu einem Commons zu machen. Aus der vorübergehenden Besetzung wurde rasch die Protestbewegung »Teatro Valle Occupato«[2], die drei Jahre andauerte. Ihr langfristiges Ziel war nicht nur der Schutz des Theaters, sondern auch die Stärkung eines neuen Rechts auf Stadt – und auf Commons. Frauen und Männer aus Kunst, Wissenschaft und Roms Bürgerschaft brachten neuen Schwung in das politisch wie kulturell ambitionierte Projekt, die Idee des Gemeinguts auch auf immaterielle Güter zu beziehen.

---

1 | Siehe: www.acquabenecomune.org/raccoltafirme/ (Zugriff am 25. November 2014).

2 | Auf Deutsch: Teatro Valle besetzt.

Die Besetzerinnen und Besetzer opponierten gegen die neoliberale Politik, alles zur Ware zu machen und entwickelten experimentell einen neuen Weg, um die entsprechende Gesetzgebung selbst neu zu denken. Sie kämpften also nicht länger *gegen* das Gesetz, sondern *durch* das Gesetz und starteten eine Kampagne für die rechtliche Anerkennung des Teatro Valle als Commons. Dafür gab es Unterstützung von landesweit bekannten Juristinnen und Juristen sowie einer »Verfassungsgebenden Versammlung der Commons«. Diese trat mehrmals zusammen und sollte die Zugangs- und Nutzungsregeln erarbeiten.[3] Den Beteiligten war es wichtig, ihren Ansatz von »normalen« Hausbesetzungen unterscheidbar zu machen. Ging es doch vorrangig um die Anerkennung eines Gemeinguts als Gegenstand des Rechts sowie darum, die bestehenden Rechtsmittel aus ihrem üblichen, konservativen Gebrauch herauslösen und emanzipieren zu können.

Die wichtigste Innovation war die Gründung einer formalen, privatrechtlichen Institution, die als treuhänderische Einrichtung gedacht ist: die Fondazione Teatro Valle Bene Comune (Stiftung für das Gemeingut Teatro Valle). Die präzisere Benennung der Rechtsform hat das Spannungsverhältnis zwischen Legitimität und Legalität im realen Theaterbetrieb deutlicher werden lassen. Die Stiftung sollte den Besetzerinnen und Besetzern eine rechtliche Handhabe für die Inbesitznahme, Nutzung und Bespielung des Theaters gegenüber eventuellen gegenteiligen privaten Ansprüchen geben. Daraus entstand auch die Möglichkeit, rechtliche Fragen rund um die Verwaltung öffentlicher und gemeinschaftlicher Güter in der Zukunft ganz neu anzugehen und zugleich einer Commons-Gesetzgebung den Weg zu ebnen oder dafür zu streiten, dass das Thema Aufnahme in die Verfassung findet. Die Idee war, die Aufmerksamkeit auf die Defizite zu lenken, die mit der traditionellen Unterscheidung von privaten und öffentlichen Gütern verbunden sind und zugleich dem Phänomen entgegenzuwirken, Privateigentum als eine Art Naturgegebenheit zu betrachten.

Das Teatro Valle Occupato versuchte sehr bewusst, alle Anforderungen für die Schaffung seiner neuen Rechtsform zu erfüllen, die, obwohl noch nicht formal anerkannt, de facto schon bald wie eine Institution wirkte. Dazu gehörte auch der Entwurf einer Satzung, um die Reichweite der Regelungen, die Handlungsprinzipien und Organisationsstrukturen festzulegen. Nach diesem Entwurf besteht die »Kommune« bzw. die »Versammlung der Kommunarden« aus allen, die sich aktiv am Theater beteiligen. Sie fungiert nach Artikel 12 als oberstes Entscheidungsorgan der Stiftung, trifft sich zweimal im Monat und ist ein offenes, sich stets veränderndes Gremium, dem die Kommunarden angehören, die gerade am jeweiligen Treffen teilnehmen. Die »Kommune« trifft alle wichtigen Entscheidungen. Sie ist verantwortlich für die Erhaltung und Weiterentwicklung der Stiftung, Ergänzungen der Satzung, die Organisation verschiedener Arbeitsgruppen und – am allerwichtigsten – die Gestaltung der kulturellen und politischen Aktivitäten. Für Entscheidungen bedarf es eines Konsenses. Dafür nutzen wir einen nichtautoritären, konkurrenzfreien, gemeinsamen Entscheidungsfindungsprozess. Die Meinungsbildung kann zwar langwierig sein, bis eine endgültige Entscheidung

3 | Siehe: www.opendemocracy.net/can-europe-make-it/maria-rosaria-marella/constituent-assembly-of-commons-cac (Zugriff am 15. Mai 2015).

getroffen ist, doch der Prozess stellt sicher, dass alle Meinungen eingebracht werden können. Alle, gleich ob ursprünglich in einer Mehrheits- oder Minderheitsposition, müssen dann die Entscheidung mittragen. Aus pragmatischen Gründen gibt es jedoch eine Klausel, die es ermöglicht, zur Abstimmung nach dem Mehrheitsprinzip zurückzukehren, sofern bei zwei aufeinander folgenden Treffen keine konsensuale Lösung gefunden wird.

Die Kommunardinnen und Kommunarden sowie alle, die uns unterstützen, den jährlichen Mitgliedsbeitrag bezahlt oder gelegentlich mitgearbeitet haben, gehören als Stiftungsmitglieder dem zweitwichtigsten Gremium an: der Vollversammlung. Diese trifft sich einmal im Jahr und beschließt den Haushalt. Darüber hinaus gibt es einen Vorstand, der federführend die von der »Kommune« beschlossenen Aktivitäten koordiniert. Aus dessen Kreis wird ein Vorsitzender oder eine Vorsitzende gewählt, die die Stiftung vorübergehend auch rechtlich vertreten kann. Die Kriterien für die Zusammensetzung des Vorstandes und die Wahl des Vorsitzes, zu der auch solche Personen der Generalversammlung zugelassen sind, die nicht Kommunarden sind, unterstreichen den inklusiven Charakter der Stiftung.

Per Satzung ist die Stiftung zur »vollen Entfaltung von Kultur als Gemeingut« verpflichtet (Art. 5) und dabei bestrebt, die Tradition des Teatro Valle mit den grundlegenden Prinzipien von »Co-working«, Inklusion, direkter und partizipativer Demokratie, gemeinschaftlicher und Gemeinschaft generierender Aktion und kreativem Schaffen zu verbinden. Mit dieser neuen Governance-Form wurde »das Valle« zwischen 2011 und 2014 zum Schauplatz vieler großartiger Veranstaltungen mit internationalen Künstlerinnen, Aktivisten und Intellektuellen. Das hat die European Cultural Foundation bewogen, dem Theater 2014 den angesehenen Princess Margriet Preis zu verleihen.

Doch trotz der internationalen Unterstützung schlug dem Theater, wie so oft in Italien, massiver Widerstand im eigenen Land entgegen. Medien und wichtige Personen forderten, die Besetzerinnen und Besetzer zu vertreiben und repressive Maßnahmen gegen sie einzuleiten. Sie beschuldigten sie des »unfairen Wettbewerbs« gegenüber anderen Kultureinrichtungen der Stadt sowie des »Missbrauchs« eines öffentlichen Gutes, das sie »den Bürgern« (gemeint waren private Investoren) weggenommen hätten.

Die politische Stimmung schlug im Februar 2014 um, als der Präfekt von Rom (der Generalvertreter des Staates auf lokaler Ebene) den Antrag des Teatro Valle auf Anerkennung als Stiftung ablehnte. Er begründete dies damit, dass die Stiftung nicht Eigentümer des Ortes (des realen Theaters) sei, eines vor dem Gesetz (rein rechtlich) immer noch von der Stadt verwalteten öffentlichen Gutes. Kurz, für den Präfekten war der Besitz des Theaters keine ausreichende Grundlage – genau dieses Prinzip aber, dass Besitz und Nutzung entscheidend sind, wollte die Versammlung der Besetzerinnen und Besetzer stark machen.

Als die Stadtverwaltung im Juli 2014 ein Ultimatum aussprach, bis zu dem das Theater geräumt werden musste, wurde eine permanente Generalversammlung eingerichtet, die für alle Bürgerinnen und Bürger offen war, um über die aktuellen und künftigen Strategien der Stiftung zu beraten. Mit dieser Aktion konnte die Zustimmung zu einer öffentlichen Verhandlung erwirkt werden – zwischen dem

Teatro Valle, der Stadtregierung und Teatro di Roma, jener Verwaltungsabteilung, der die Theater der Hauptstadt untergeordnet sind und die vom Bürgermeister mit der Leitung des Teatro Valle nach dessen Räumung beauftragt werden würde. Nach zweiwöchigen Verhandlungen gaben die Besetzerinnen und Besetzer der formalen Forderung des Bürgermeisters nach, dass die Renovierungs- und Sanierungsarbeiten sofort beginnen müssten. Sie beschlossen, das Valle am 10. August 2014 freiwillig zu verlassen. Dieser Schritt – von der Besetzung zur Renovierung – war an die Bedingung geknüpft, dass das Theater für die nächsten 100 Jahre öffentlich bleibt sowie Stadtregierung und Stiftung gemeinsam eine Übereinkunft für seine Zukunft entwerfen würden.

Auch wenn das eine dramatische Entscheidung war, so betonte die Stiftung doch, dass sie ihre ursprünglichen Ziele, die Privatisierung des Theaters zu verhindern und mit neuen Formen demokratischer Governance zu experimentieren, erreicht hatte.

Zudem begann mit dieser Vereinbarung eine »neue Phase«, in der die Stiftung überhaupt erst als Raum für Commoning erkennbar werden würde und nicht als Ort, an dem eine öffentliche Einrichtung verwaltet wird. Das könne auch der Erfahrung aus der Besetzungszeit Kontinuität verleihen und die physischen Grenzen des Theatergebäudes überwinden. Im Rahmen einer Vereinbarung mit der Stadt stünden die Chancen gut, dass es zu einer formalen Anerkennung der Stiftung kommt, zu einer öffentlichen Wertschätzung ihrer kulturellen und politischen Leistungen der letzten drei Jahre und zu einer formellen Verpflichtung, diese Erfahrung wertzuschätzen und das Valle gemeinsam mit Teatro di Roma zu verwalten. Solch ein Ergebnis würde alle zukünftigen Versuche, das Valle zu privatisieren, von vorn herein torpedieren.

In Zukunft werden öffentliche Einrichtungen andere und vielfältige, hybride Formen der Governance brauchen, während die Stiftung für das Gemeingut Teatro Valle wird beweisen müssen, dass sie die Führung des Hauses offener, transparenter und inklusiver gestalten kann, als das in klassischen öffentlich-privaten Managementstrukturen normalerweise geschieht. Es wird darum gehen zu zeigen, dass eine Regierungsführung, die auf den Prinzipien der Commons beruht, mehr ist als eine simple Zurückweisung von privatem oder öffentlichem Eigentum. Sie ist eine echte, zukunftsweisende und sozial tragfähige Alternative.

Andrea Mura ist promovierter Philosoph. Er hat an der Universität von Aberdeen sowie in Exeter Politische Philosophie studiert. Heute gehört er zum Projektteam der Open University und forscht im Schnittfeld zwischen Psychoanalyse und Philosophie. Seine nächste Monographie widmet sich dem Politischen Denken im Islam (*The Symbolic Scenarios of Islamism: A Study in Islamic Political Thought*, Farnham: Ashgate, 2015).

Dario Gentili ist ebenfalls promovierter Philosoph. Er forscht zu Rechtsethik und Rechtsphilosophie an der Universtät III in Rom, wo er am Lehrstuhl für Moralphilosophie arbeitet.

Digitale Kunst als Commons

Salvatore Iaconesi

Digitale Kunst war von Anfang an stark mit Commons verbunden, was teilweise auf ihrem frechen Widerstand gegen die Gedankenwelt des Copyright und des Geistigen Eigentums gründete. Kunst kritisiert die Codes von Politik und Kultur – sei es durch Surrealismus, Ironie oder auf andere Art. Sie schafft damit neue, imaginäre Ordnungen. Einerseits spürt sie konsensfähigen Realitäten nach, die gerade im Entstehen begriffen sind und die sie auf ganz spezifische Art und Weise kommuniziert. Andererseits tendiert sie dazu, durch Nachahmungen oder das Aufgreifen bestimmter Erzählstränge die Grenzen dessen, was gerade noch als möglich oder real empfunden wird, stets ein Stück zu verschieben. Diese beiden Aspekte der digitalen Kunst sind sprachlicher Natur. Sie fordern die Sprache heraus und generieren neue Sprachen – Wörter, Sätze, Redewendungen, Bedeutungen – und zwar so, dass sie der Interpretation und Umsetzung offen stehen.

Es ist also nicht völlig falsch zu behaupten, dass die Haupttätigkeit von Künstlerinnen und Künstlern darin bestünde, Plattformen zu schaffen, die den Menschen neue Ausdrucksmöglichkeiten eröffnen, sowie darin, ihnen Gelegenheiten zu bieten, die Bausteine ihrer Welt durch künstlerische Interpretation neu zu erschaffen (gleichsam als symbolische Repräsentation der Essenz ihrer jeweiligen Zeit). Kunst regt einen gemeinsamen, performativen Dialog darüber an, wie wir unsere gemeinsame Wirklichkeit wahrnehmen sollten.

In diesem Sinn sind Künstler unersetzliche Wegbereiter unserer politischen und kulturellen Commons. Unabhängig davon, ob sie ihre Kunstwerke frei zur Verfügung stellen (wie das viele Künstler der digitalen Welt tun) oder nicht, tragen sie beständig Fragmente zu unserer kollektiven Vorstellungswelt bei, die schlussendlich unsere kognitiven und psychischen Commons konstituieren.

In der digitalen Kunst geschieht das auf zwei wesentliche Arten und Weisen, die gleichzeitig und nebeneinander existieren: durch die Schaffung neuer Rahmenbedingungen und Plattformen für den künstlerischen Ausdruck sowie durch die Wiederaneignung und Umwandlung der existierenden Kultur. Die allgegenwärtige Verfügbarkeit digitaler Medien ermöglicht es den Kunstschaffenden, mit relativ geringem Aufwand radikale Kommunikationsangebote zu schaffen und so mit den teuren und aufwändigen Produktionen der Kulturindustrie und des Staates zu konkurrieren. Diese einfache Tatsache erklärt, warum die digitale Kunst so viele neue, widerständige Freiräume schaffen kann, die wir uns aneignen und die als Commons betreten, geteilt und genutzt werden können. Einige davon wollen wir uns näher ansehen:

Das Human-Ecosystem-Projekt setzt einen partizipatorischen und inkludierenden Prozess zum Umgang mit öffentlichen Daten und Informationen ins Werk.[1] Daten zum Verhalten von Leuten in bestimmten Stadtvierteln oder Nachbarschaften – Nutzungsmuster von Verkehrswegen, Hotspots von Kreativität, Kommerz, Kriminalität und anderes mehr – werden von verschiedenen sozialen Netzwerken zusammengetragen. Diese Daten machen verborgene Beziehungsstrukturen erkennbar. Die Idee dahinter ist, digitale Datenströme in Echtzeit in Quellmaterial zu verwandeln, aus dem Muster zwischenmenschlicher Interaktionen sichtbar gemacht werden können. Stadtbehörden können dieses Material nutzen, um Gemeinden an Entscheidungsprozessen und der Entwicklung von Regeln oder Maßnahmen zu beteiligen. In Wissenschaft und Stadtplanung werden solche datenbasierten »sozialen Ökosysteme« genutzt, um neue Einblicke in die Prinzipien der Stadtgestaltung und der kulturellen Anthropologie zu gewinnen. Künstler entwickeln neue Formen künstlerischer Interpretationen und öffentlicher Repräsentationen städtischen Lebens. Bürgerinnen und Bürger, Frauen und Männer aus den Bereichen Design, Forschung, Wirtschaft und der Öffentlichen Verwaltung nehmen an Workshops zu »Sozialen Ökosystemen« teil, in denen sie lernen, diese Daten für viele verschiedene Ziele zu nutzen, etwa zur Entwicklung innovativer städtischer Dienstleistungen oder für Peer-to-Peer-Geschäftsmodelle.

Ein Nebenprodukt von Human-Ecosystems ist das Konzept der »Allgegenwärtigen Commons« (**Ubiquitous Commons**). Millionen von Menschen produzieren täglich ungeheure Mengen digitaler Informationen. Sie tun das mit ihren Mobiltelefonen, durch Webseiten, öffentliche Datenbanken und anderes. Dies eröffnet unzählige Möglichkeiten, neue Formen öffentlicher Räume zu schaffen, die als Commons fungieren könnten. Human-Ecosystems will dafür sorgen, dass dies auch tatsächlich geschieht, was allerdings erfordert, dass die Datensätze auf freien Plattformen zugänglich gemacht werden, damit sie als Daten-Commons genutzt werden können.

Unter geeigneten Zugangsbedingungen können Künstlerinnen und Künstler diese Daten nutzen, um zu visualisieren wie spezifische Themen und Ausdrucksformen durch Zeit und Raum fließen, oder sie können Geräusche erzeugen, die den Gefühlszustand einer Stadt ausdrücken. Forscher können die Daten verwenden, um neue ethnografische oder soziologische Erkenntnisse zu gewinnen. Bürgerinnen und Bürger sowie die öffentliche Verwaltung können mit Hilfe der Daten verstehen, wie sich Gemeinden und verschiedene Kulturen an der Stadtgestaltung und dem städtischen Leben beteiligen können. Designern dienen die Daten, um alles Mögliche zu erfinden – vom Spielzeug[2] bis hin zu innovativen Dienstleistungen.

Viele Commoning-Prozesse haben ihren Ursprung im politischen Aktivismus. Im Zeitalter des Digitalen haben sich unsere Kommunikationsgewohnheiten radikal

1 | Siehe: http://human-ecosystems.com/home (Zugriff am 14. Mai 2015).

2 | Ein Beispiel ist der Emotionale Kompass: http://human-ecosystems.com/home/an-emotional-compass-new-ideas-for-wayfinding-in-cities/ (Zugriff am 3. Januar 2015).

verändert, ebenso die Definition dessen, was eine »Bewegung« ist (und sein könnte). Der Arabische Frühling, die 99 Prozent, Occupy und Anonymous verursachen – oft in Verbindung mit digitaler Kunst – eine Metamorphose unserer Art, über persönliche Identität, öffentliche Räume, Autorenschaft und Ästhetik nachzudenken.

Ad-hoc-Bewegungen, die auf digitaler Zusammenarbeit beruhen, werden zunehmend zu eigenständigen kreativen Kräften. Sie haben einen formenden Einfluss darauf, wie Menschen sich zueinander in Beziehung setzen, wie sie sich gegenüber der Gesellschaft äußern und wie sie sich selbst organisieren, um beispielsweise den Staat zu hinterfragen. In Italien gibt es bereits eine reiche Kooperationsgeschichte zwischen Kunstszene und politischen Bewegungen im Zeitalter des Digitalen. Aus einigen der bemerkenswertesten Prozesse sind fiktive, gemeinsame Identitäten hervorgegangen, gewissermaßen commons-basierte Vehikel für künstlerische und politische Gestaltungskraft. Ein frühes Beispiel war **Luther Blissett** (später in wu-Ming umbenannt), eine kollektive Identität, die ab 1994 von Hunderten Kulturaktivisten für partizipative Schreibprozesse und post-dadaistische, politische Aktionen genutzt wurde.[3] »Blissett« war »der Autor« zahlloser Situationsstreiche und Aufführungen. Sogar eine historische Erzählung hat »er« verfasst, von der Hunderttausende Exemplare in über 10 Sprachen verkauft wurden.

Jünger ist die **RomaEuropa FakeFactory (REFF)**, eine Kulturinstitution, die sich der Fälschung widmet und die 2008 in Antwort auf die fade, traditionalistische Kulturpolitik der Stadtverwaltung Roms gegründet wurde. REFF argumentiert so: »Zu definieren was echt ist, heißt Macht auszuüben. Imstande zu sein, die Wirklichkeit neu zu erfinden, heißt Freiheit auszuüben.« Ihr Bekenntnis zu gefälschten, neu zusammengemixten, rekontextualisierten oder abgekupferten Kunstprojekten hat sie zu einer internationalen Bewegung gemacht, die schließlich offiziell von Regierungen und Organisationen anerkannt wurde.[4]

Serpica Naro[5] und **San Precario**[6] sind zwei Bewegungen, die gegen die offizielle Sparpolitik und deren Beitrag zur Vernichtung von Arbeitsplätzen sowie gegen die Erzeugung eines öffentlichen Klimas der Unsicherheit protestieren. Serpica Naro ist eine fiktive Modedesign-Aktivistin, die vom »Kollektiv des Heiligen Prekarius und der Kettenarbeiter‹« ins Leben gerufen wurde. Sie will die proprietären Marken und Vermarktungen der Modeindustrie unterwandern und stattdessen »offene Marken« aufbauen, die im großen Stil zum Mitmachen und Kreativsein auffordern. Der Fake-Heilige Prekarius unterstützt und repräsentiert alle Prekarisierten. Er wurde 2004 erfunden, um dem Protest gegen die zunehmende Verbreitung »flexibler«, sozialversicherungsfreier Arbeitsverträge Ausdruck zu verleihen. Es gibt sogar ein spezielles Gebet, in dem der Heilige Prekarius gebeten wird, für be-

---

3 | Das frei verwendbare kollektive Pseudonym zielte darauf ab, mit der Freigabe des Namens die Trennung von Individuum und Kollektiv in Frage zu stellen. Das Sammelpseudonym wurde von einer Gruppe subkultureller Aktivisten aus Bologna lanciert: http://de.wikipedia.org/wiki/Luther_Blissett_%28Sammelpseudonym%29 (Zugriff am 3. Dezember 2014) (Anm. der Hg.).

4 | Vgl. http://romaeuropa.org (Zugriff am 14. Mai 2015).

5 | Siehe: www.serpicanaro.org (Zugriff am 14. Mai 2015).

6 | Siehe: www.precaria.org (Zugriff am 14. Mai 2015).

zahlte Elternzeit, den Schutz der Kettensägenarbeiter oder den Urlaubsanspruch für Call-Center-Mitarbeiterinnen zu sorgen.

Ein weiteres Kunstprojekt, das es verstand, die Zweifel an der Sparpolitik, besonders im öffentlichen Bildungssystem, zu wecken, ist **Anna Adamolo**,[7] ein Fake-Bildungsministerium samt Ministerin. Ministerin Anna Adamolo hat es der italienischen Bevölkerung ermöglicht, ihrer Kritik an der Regierungspolitik kollektiven Ausdruck zu verleihen. In einer von Anna Adamolo verfassen E-mail heißt es: »Heute errichten wir symbolisch im Netz ein neues Ministerium und zwar jenes Ministerium, das wir alle in Italien haben wollen. Ein Ministerium, das endlich die Stimmen der Zeitarbeitenden, der Studierenden, der Lehrenden und aller Bürger hört.«

Alle drei Projekte konzentrieren sich auf die Nutzung einer fiktiven öffentlichen Identität, um Räume gemeinsamer Verantwortung und Sinnstiftung zu erzeugen. Der Grundgedanke ist, eine mythologische Figur zu schaffen, die eingesetzt werden kann, ein gemeinsames Vehikel zu organisieren, mit dessen Hilfe Protest, Alternativen und Lösungsvorschläge kommuniziert werden können. Dabei entstanden mit den Charakteren eine Reihe von »Meta-Marken« – sorgfältig konstruierte kulturelle Meme, die für jeden zugänglich sind und von allen genutzt werden können.

Die Muster der Erzeugung von Digital-Arts-Commons sind einfach und klar: Etablierung einer Plattform, über die dem jeweiligen Anliegen Ausdruck verliehen werden kann (Meta-Marken, kollektive Identitäten, gefälschte Kulturinstitutionen, die allesamt nach Open-Source-Prinzipien funktionieren) und ein partizipatorisch-performatives Element (eine Bewegung, ihre Mythopoesis, Praktiken, Treffen, Veranstaltungen). Die Serpica-Naro-Bewegung hat sich beispielsweise in einen Werkzeugkasten für Open-Source-Mode im digitalen Zeitalter verwandelt und eine umfassende Schnittmustersammlung entwickelt. San Precario hat eine Fundgrube für gemeinsam zusammengetragene Anleitungen geschaffen, Praxistipps, Tutorien oder surreale Protestformen gegen das Klima der Unsicherheit und die Sparpolitik. Anna Adamolo beherbergt inzwischen eine Sammlung künstlerischer Darbietungen und offener Kursinhalte zu mehreren Themen als Form künstlerischer Praxis. Sie hat sogar neue Modelle formeller und informeller Bildungssysteme vorgeschlagen.

Digitale Kunst manifestiert sich oft in verblüffender Weise im realen, physischen Raum. In Sizilien hat etwa das **Museo dell' Informatica Funzionante** in Palazzolo Acreide eine umfangreiche Sammlung alter Computer zusammengetragen, die von jedermann sowohl real als auch per Fernsteuerung über das Internet genutzt werden kann. Sie können also Ihren Spaß daran haben, die amüsanten, veralteten Computer zu nutzen, lernen dabei die Grundlagen der Elektronik und Computertechnologie und teilen ein Stück unserer Geschichte.[8] Im Museum kann unser Erbe in digitalen Formaten und als Hardware konserviert, repariert und be-

7 | Siehe: http://annaadamolo.noblogs.org (Zugriff am 14. Mai 2015).

8 | Siehe: http://museo.freaknet.org/en (Zugriff am 14. Mai 2015).

wahrt[9], zugleich können die verschiedensten Dokumentation, die Software, elektrische Schaltpläne, Bücher, Bedienungsanleitungen und Medien genutzt werden. Das Museo dell‹ Informatica Funzionante ist tatsächlich der einzige Ort, an dem alte Softwareprodukte in ihrer ursprünglichen Umgebung laufen können und es so jeder und jedem erlauben, die Wandlung von Schnittstellen, Funktionalitäten und visuellen Kulturen nachzuvollziehen.

Im Kern geht es bei vielen Kunstprojekten darum, neue Commons entstehen zu lassen: durch die Schaffung von Archiven, durch andere Kommunikationsmuster und geteiltes Wissen. In **Sauti ya wakulima** (Die Stimme der Farmer)[10] nutzt der Künstler Eugenio Tisselli einige Smartphones, alte, billige Mobiltelefone und andere Lowtech-Geräte, um Bauern aus der Chambezi-Region in Tansania einzuladen, ihre landwirtschaftlichen Praktiken zu dokumentieren. Die mit dem Künstler arbeitende Community nutzte daraufhin Smartphone und Apps, um Bilder und Sprachaufzeichnungen im Internet zu publizieren. Sie erzeugten so einen geteilten digitalen Raum, der einen einfachen und moderierten Zugang zum Wissen und den Erinnerungen dieser Gemeinschaft ermöglicht. Das Projekt hat Bauern in abgelegenen Regionen in die Lage versetzt, mit Projektmanagern und Wissenschaftlern zu kommunizieren, mit ihnen landwirtschaftliche Methoden im kleinen Stil weiterzuentwickeln und an ihre harschen Umweltbedingungen anzupassen. Und während all dies geschieht, erschaffen sie durch ein Kunstprojekt einen kraftvollen Ort der Kommunikation und Aufmerksamkeit für ihre Themen.

Wie die hier beschriebenen Beispiele zeigen, bestehen viele der erfolgreichsten Muster zur Schaffung von Commons durch Digitale Kunst im Erstellen von Archiven, offenen Sammlungen von Kunstwerken, Wissen, Daten, Inhalten und anderem mehr. Dieser Zugang ist im Wortsinne grundlegend für die digitalen Kulturen. Sie kümmern sich darum, Vergangenes zu erhalten und ein *dunkles Zeitalter* der digitalen Welt zu vermeiden – »eine mögliche Zukunft also, in der es schwierig oder unmöglich ist, Zugang zu den Inhalten historischer, elektronisch gespeicherter Dokumente und Medien zu bekommen, weil diese in einem veralteten oder nicht mehr entschlüsselbaren Format vorliegen«.[11] Durch die Archivierung in offenen, gut dokumentierten und von allen nutzbaren Formaten tragen sie erheblich dazu bei, die Gesellschaft zum Erhalt ihrer Kultur- und Wissensproduktion zu befähigen.

Das vielleicht zukunftsorientierteste Beispiel ist das **Internet Archive**, ein nicht gewinnorientiertes Projekt des Technologieunternehmers Brewster Kahle, das der Öffentlichkeit freien Zugang zu einer umfangreichen digitalisierten Sammlung bietet. Internet Archive beinhaltet Webseiten, Text, Ton, Film, Software und nahezu drei Millionen gemeinfreie Bücher.[12] Der Standort in San Francisco wird durch Spenden finanziert und in Zusammenarbeit mit der Library of Congress und dem Smithonian Institute betrieben. Das Archiv bietet zudem spezielle Dienstleistungen für adaptives Lesen und Informationszugang für Blinde und andere Menschen mit Behinderungen.

---

9 | Siehe dazu auch den Beitrag von Michael Edson in diesem Band (Anm. der Hg.).

10 | Vgl.: http://sautiyawakulima.net/ (Zugriff am 14. Mai 2015).

11 | Siehe: http://en.wikipedia.org/wiki/Digital_dark_age (Zugriff am 14. Mai 2015).

12 | Siehe: https://archive.org (Zugriff am 14. Mai 2015).

Nun stellt sich die Frage, ob ein digitales Archiv wirklich ein Commons oder nur eine offene Plattform ist? Ein Commons erfordert immerhin aktives soziales Engagement sowie einen »Raum« für Zusammenarbeit und Gegenseitigkeit im Kontext gemeinsamer Werte und Visionen. Mindestens aber ist ein solches Archiv als offene Plattform ein wichtiges Werkzeug zum Sammeln und Teilen wertgeschätzter Elemente einer Kultur.

Ein weiteres digitales Projekt, dem es gelungen ist, einen neuen Raum zum Mitmachen rund um geteilte Werte zu schaffen, ist **HowlRound**.[13] HowlRound ist ein selbstgestaltetes Theater, das von der Prämisse ausgeht, Theater sei eines jeden Angelegenheit. Anstatt im formalen, hierarchischen und marktgetriebenen Universum um Krumen zu betteln – und dabei die eigene künstlerische Vision zu gefährden –, wollte HowlRound das Nonprofit-Theater als Commons wiedererfinden. Gedanklicher Ausgangspunkt war, dass »Künstlerinnen und Künstler in stärkerem Maße mitreden sollten, wie das us-amerikanische Theater gestaltet wird« – in den Augen der HowlRound Commoners wäre dies ein authentisches, innovatives, mit seiner Community verbundenes und für alle zugängliches Theater. Webseite, Videostream, Online-Journal, Konferenzen und Webarchive von HowlRound sind inzwischen ein Anlaufstelle für alle möglichen us-amerikanischen Gemeinschaften und für viele Menschen aus der Nonprofit-Theaterszene.

Schlussendlich könnte dies der beste Weg sein zu beschreiben, wie digitale Kunst Muster des Commoning hervorbringt: durch künstlerische Empfindsamkeiten, die transgressive Handlungen ins Werk setzt, dadurch befreite kulturelle Räume schafft – und dabei zumeist unverhohlen eine Ökonomie herausfordert, die auf geistigem Eigentum basiert; um alle mitzunehmen, Partizipation zu ermöglichen und sowohl freien Zugang als auch die freie Nutzung von Kunstwerken, Wissen, Informationen und Daten zu gewähren. Die Commons, die in der Digitalen Kunst ins Leben kommen, sind sehr verschieden – vom subversiven Situationstheater bis zu institutionellen Kooperationsprojekten –, aber jede dieser Formen spiegelt aktiv geteilte Werte und ethische Ansätze, die durch eine Verschiebung dessen entstanden sind, was wir für »möglich« halten. Sie helfen uns, die Möglichkeit eines neuen »Feldes der Normalität« wahrzunehmen. Und das gehört zu den wichtigsten Dingen, die Kunst überhaupt hervorbringen kann: die permanente Neudefinition dessen, was die Welt ist, und was es bedeutet, in einer Gesellschaft zu leben.

Salvatore Iaconesi ist Ingenieur für Robotik, Philosoph, Künstler und Hacker. Er lehrt Digitales Design und Zukunftsdesign an der »La Sapienza«-Universität in Rom und an der ISIA Designschule in Florenz. Er ist Gründer von »Art is Open Source«, einem internationalen und interdisziplinären Netzwerk, das sich um ein besseres Verständnis ubiquitärer Technologien bemüht. Iaconesi ist Mitglied der TED, Eisenhower und Yale Akademien sowie unabhängiger Berater der Europäischen Kommission für Informations- und Kommunikationstechnologie [ICT], Design, Open Data und P2P-Modelle für Bildung und Produktion.

13 | Siehe: http://howlround.com/about (Zugriff am 22. Januar 2015).

Die zehn Burning-Man-Prinzipien

Burning Man ist ein selbstorganisiertes, einwöchiges Treffen, bei dem mehr als 60.000 kreative Menschen (u.a. aus dem Umfeld der Kunst und der Stadtplanung) seit 1995 an einem trostlosen Wüstenort in Nevada zusammenkommen. Es ist berühmt für seine so gewaltigen wie kühnen Kunstwerke, seine großartigen Aufführungen und die Radikalität der Ausdrucksformen, die sich dort entfalten können. Zudem wirkt es – auch jenseits der Festivalzeit – durch die Organisation »Burners without Borders« auf viele Ereignisse im »echten Leben«, etwa in der Stadtplanung oder in der humanitären Hilfe.

Die Teilnehmenden von Burning Man mussten eine ganz eigene Kultur entwickeln, um diese riesige Instant-Stadt, die hier jedes Jahr aus dem Boden gestampft wird, zu organisieren. Die folgenden zehn Prinzipien sind der Schlüssel für die Organisation des Festivals, das heißt: für die erfolgreiche Selbstorganisation einer Gemeinschaft radikaler Individualisten.

1. **Radikale Offenheit.** Jede und jeder kann Teil von Burning Man sein. Fremde sind uns willkommen und werden respektiert. Niemand muss irgendwelche Bedingungen erfüllen, um Teil unserer Gemeinschaft zu werden.
2. **Schenken.** Burning Man pflegt eine Praxis des Schenkens. Die Bedingungslosigkeit macht Schenken so wertvoll. Wer schenkt, denkt nicht darüber nach, ob er etwas zurückbekommt oder Gleichwertiges dagegen eintauschen kann.
3. **Dekommodifizierung.** Um den Geist des Schenkens zu bewahren, versucht unsere Gemeinschaft einen sozialen Raum zu schaffen, die frei ist von Sponsoren, kommerziellen Transaktionen oder Werbung. Wir achten darauf, unsere Kultur vor derartiger Ausbeutung zu schützen. Wir weigern uns, teilhabende Erfahrung durch Konsum zu ersetzen.
4. **Radikaler Selbstbezug.** Burning Man ermutigt jede Einzelne und jeden Einzelnen, die eigenen inneren Ressourcen zu entdecken und auf sie zu vertrauen.
5. **Radikaler Selbstausdruck.** Die Möglichkeit, sich radikal selbst auszudrücken, nährt sich aus den einzigartigen Gaben des jeweiligen Individuums. Niemand außer diesem selbst oder einer Gruppe, die miteinander arbeitet, kann bestimmen, was ausgedrückt wird. Und dies wird den Anderen zum Geschenk gemacht. Somit sollten die Gebenden auch die Rechte und Freiheiten der Zuschauenden respektieren.

6. **Gemeinschaftliche Anstrengungen.** Unsere Gemeinschaft schätzt kreative Zusammenarbeit und gegenseitige Unterstützung. Wir bemühen uns, solche sozialen Netzwerke, öffentlichen Räume, Kunstwerke und Kommunikationsmethoden zu entwickeln, zu stärken und zu schützen, die beides unterstützen.
7. **Verantwortungsbewusstsein.** Wir schätzen die Zivilgesellschaft. Mitglieder, die Veranstaltungen organisieren, sollten Verantwortung für das Wohlergehen aller wahrnehmen und bemüht sein, den Teilnehmenden ihre Verantwortung als Bürgerinnen und Bürger zu vermitteln. Sie müssen auch dafür Sorge tragen, dass die lokale, bundesstaatliche und föderale Gesetzgebung respektiert wird.
8. **Keine Spuren hinterlassen.** Unsere Gemeinschaft nimmt Rücksicht auf die Umwelt. Wir verpflichten uns, bei unseren Aktivitäten keine sichtbaren Spuren zu hinterlassen, wo auch immer wir uns versammeln. Wir räumen auf, bevor wir gehen und bemühen uns nach Möglichkeit, diese Plätze in besserem Zustand zurückzulassen, als wir sie vorgefunden haben.
9. **Partizipation.** Unsere Gemeinschaft fühlt sich einer radikal partizipatorischen Ethik verpflichtet. Wir sind überzeugt, dass Veränderung – ob individuell oder gesellschaftlich – nur durch die Beteiligung aller möglich ist. Wir erfahren Sein durch das, was wir tun. Alle sind eingeladen mitzuarbeiten. Alle sind eingeladen mitzuspielen. Wir erschaffen unsere Welt durch Aktivitäten die das Herz öffnen.
10. **Unmittelbarkeit.** Unmittelbare Erfahrung ist, in vielerlei Hinsicht, unser eigentlicher Prüfstein. Wir versuchen Barrieren zu überwinden: zwischen uns und der Anerkennung unseres inneren Selbst, der Realität um uns herum sowie der Teilhabe in der Gesellschaft. Wir versuchen, in einer Art Kontakt mit der natürlichen Umwelt zu sein, die die menschlichen Kräfte übersteigt. Keine Idee kann diese Erfahrung ersetzen.

Weitere Informationen über Burning Man unter:
www.burningman.com/whatisburningman/

TECH-COMMONS

Der Hauptunterschied zwischen etwas, was möglicherweise kaputtgehen könnte, und etwas, was unmöglich kaputtgehen kann, besteht darin, dass sich bei allem, was unmöglich kaputtgehen kann, falls es doch kaputtgeht, normalerweise herausstellt, dass es unmöglich zerlegt oder repariert werden kann.
Douglas Adams, Per Anhalter durch die Galaxis

Farm Hack

Ideen für eine commons-basierte Landwirtschaft

Dorn Cox

In Boston, im US-Bundesstaat Massachusetts, trafen sich im Jahr 2011 Expertinnen und Experten aus den Bereichen Landwirtschaft, Design, Software-Entwicklung, Maschinenbau, Architektur, Robotik und Open Source, um über so einfache wie radikale Idee nachzudenken, ob ein stark vereinfachter Wissensaustausch nicht zu enormen Verbesserungen für die Landwirtschaft führen könnte. Wäre Agrartechnologie als Commons organisiert, so die Überzeugung, dann wäre es leichter, die Nahrungsmittelproduktion an lokale Bedingungen anzupassen, Produktionsprozesse nachzuahmen und sie besser auf externe Belastungen vorzubereiten. Solch ein System hätte nicht nur die Werte der Produzenten, sondern auch die einer größeren Community im Blick. Die in Boston versammelte Gruppe befand schließlich, dass die gemeinsame Entwicklung neuer Prototypen sowie der offene Zugang zu einem Wissensspeicher für die besten Ideen und Praktiken den Weg zu einer dezentralisierten und gerechteren Landwirtschaft und Wirtschaft weist.

Das war der Beginn von Farm Hack, einem ambitionierten Freiwilligen-Projekt, das die scheinbar so unterschiedlichen Kulturen von Technikern und Landwirten zusammen brachte. Den Auftakt ermöglichte ein Angebot des Massachusetts Institute of Technology (MIT), im Rahmen eines Seminars die Bedürfnisse der Bauern mit jenen der Techniker abzugleichen. Die National Young Farmers Coalition[1] hatte bereits ein Blog namens »Farm Hack« gestartet. Bald folgten weitere Veranstaltungen, die gemeinsam mit GreenStart und dem Netzwerk Greenhorns[2] organisiert wurden.

Durch persönliche Kontakte und die Vernetzung im Internet hat sich die Farm Hack Community rasch entlang der Ost- und Westküste der USA verbreitet. In nur drei Jahren entwickelte sie sich zu einer kollaborativen Plattform, an der Tausende aktiv beteiligt waren. Besucherinnen und Besucher von allen Kontinenten

---

1 | Die Organisation setzt sich dafür ein, dass junge Menschen, die ökologische, kleinbäuerliche Landwirtschaft betreiben wollen, auch Bedingung vorfinden, die ihnen erlauben, davon zu leben.

2 | Das Netzwerk verfolgt ähnliche Ziele wie die National Young Farmers Coalition, erstellt Informationsmaterialien (on- und offline) und führt eigene Veranstaltungen durch: www.thegreenhorns.net/ (Zugriff am 14. Mai 2015).

leisteten zehntausende Arbeitsstunden für den Aufbau und die Gestaltung dieser Plattform. So wurde Farm Hack zu einem schnell wachsenden Wissensarchiv für landwirtschaftlich relevante Ideen, Werkzeuge, Technologien und Praktiken samt zahlreichen offenen Bauplänen und Beschreibungen. Inzwischen steht Farm Hack für eine emergente, vernetzte Kultur gemeinschaftlicher Problemlösung.

»Hacken« ist die Kunst, pfiffige Lösungen für knifflige Probleme zu finden, indem Dinge auf ungewöhnlich-kreative Weise verändert und dadurch vielseitiger nutzbar werden. Hacken bedeutet auch, die Normen der Konsumkultur zurückzuweisen und eigene Wege zu gehen, um durch Modifikation und Improvisation zu neuen, leicht zugänglichen sowie anwenderorientierten Lösungen für spezifische Probleme zu finden.

Es überrascht nicht, dass die »Do it yourself«-Kulturen der Hacker- und »Maker« gut zur Bewegung für nachhaltige Landwirtschaft passen. Beide Bewegungen entstanden als Antwort auf die wiederholten hegemonialen Versuche, den Zugang der Nutzerinnen und Nutzer zu Technologien und anderen Ressourcen zu kontrollieren. Beide hatten verstanden, dass der freie Zugang zu Wissen die beste Strategie ist, um den Interessen der Industrie etwas entgegenzusetzen. Freier Wissensaustausch war immer schon Bestandteil nachhaltiger, bäuerlicher Kultur und ist besonders im ökologischen Landbau unabdingbar. Auf den meisten Höfen ist es gang und gäbe, ein Problem zu erkennen, sich eine Lösung zu überlegen, diese auszuprobieren, um zu prüfen, wie sie funktioniert, und anschließend über weitere Verbesserungen nachzudenken.

Innerhalb eines Jahres konnte man auf der Farm-Hack-Webseite die Beschreibung von mehr als einhundert neu entwickelten bzw. selbst gebauten Landwirtschaftsgeräten finden wie einem Knoblauchpflanzer oder die Rekonstruktion einer »ausgestorbenen« Hafer-Schälmaschine in einer für die kleinbäuerliche Landwirtschaft passenden Dimension. Entwürfe für den automatisierten Betrieb von Gewächshäusern durch ein Sensoren-Netz wurden ebenso dargestellt wie Modellvorhaben zur Produktion von Eiern nach ökologischen Kriterien. Die Stärke dieses Wissensaustausches zeigt sich an der Geschwindigkeit und dem Einfallsreichtum, mit dem die Geräte auf Farm Hack permanent verändert und verbessert werden. Eines der ersten Projekte für die Kontrolle von Gewächshäusern wandelte sich zunächst in eine Alarmanlage für elektrische Zäune, die sich gleich darauf zu einem automatisierten Datenerfassungssystem weiter entwickelte. Eine vom Rodale Institut in Pennsylvania zur Verfügung gestellte Open Source Ackerwalze für pfluglosen Ökolandbau wurde umgehend in New Hampshire eingesetzt, dann in Quebec und schließlich in Frankreich und Deutschland nachgebaut und weiterentwickelt. Die jüngsten Versionen, im Bundesstaat New York entstanden, basieren auf den deutschen und französischen Verbesserungen. Bei diesem Verfahren können Erfinder immer weniger vorhersagen, wofür ihr Werkzeug letztlich verwendet werden wird, weil sich die endgültige Verwendung erst aus dem gemeinsamen Prozess ergibt.

Die Organisation Farm Hack arbeitet zwar nur mit Freiwilligen und verfügte bis 2014 nicht über ein Budget, aber es gab Dutzende Partnerschaften mit Organisationen, Universitäten sowie Open-Source- und Maker-Communities in den USA und in Europa. Zusätzlich zum Online-Forum, der Wissenssammlung und den Werkzeuginnovationen der Community organisiert Farm Hack Online-Veranstaltungen und persönliche Begegnungen, um die Dokumentation voranzubringen und die Werkzeuge zu verbessern sowie den Informationsaustausch und das gemeinsame Lernen zu fördern. Diese Zusammenkünfte folgen ganz der bäuerlichen Tradition, in der sich partizipatives Lernen mit gutem Essen und Trinken sowie der Pflege sozialer Beziehungen verbindet.

Mit der Community wuchsen auch die Kosten für Organisation, Koordination, Kommunikation und Ideenaustausch. Zudem waren nun auch Prozesse zu moderieren und zu leiten oder neue Mitglieder zu betreuen. Das Startkapital kam auf indirektem Weg aus den institutionellen Budgets der Gründungspartner, ergänzt durch die Beiträge der Freiwilligen. Doch es dauerte drei Jahre bis die erste Basisfinanzierung eingeworben werden konnte.

Im dritten Jahr führte Farm Hack zehn Prinzipien ein, um den Herausforderungen zu begegnen, die mit dem ständigen Wachstum verbunden waren. Die Mitglieder wollten die typisch landwirtschaftliche Kultur der Offenheit trotz zunehmender Interaktion mit etablierten Institutionen der Macht erhalten. Eine flexible Struktur, die die Zusammenarbeit erleichtert und sich rasch entwickelnde Instrumente, die diese Zusammenarbeit auch über große Entfernungen hinweg unterstützen, waren für die weitere Organisationentwicklung besonders wichtig, wobei flache Hierarchien und Spontaneität nicht verloren gingen. Eines dieser Instrumente, das gerade von und für die Community entwickelt wird, ist eine Vorlage mit »best practices« für die Vertragsgestaltung in Open-Source-Projekten. Sie soll helfen, mit den Spannungen umzugehen, die entstehen, wenn bezahlte und unbezahlte Menschen zusammenarbeiten. Dabei geht es um den Umgang mit Spenden oder anderen Zuwendungen, um die Anerkennung von freiwilligen Leistungen, das Zusammenlegen von Honoraren oder das zeitweilige Zurückhalten derselben in Projekten.

Open Source trifft bäuerliche Kultur

Bei Farm Hack mischen sich alte und neue Denktraditionen: die Ideale der Aufklärung des 18. Jahrhunderts mit denen der Open-Source-Bewegung. Beide gehen davon aus, dass es in der Natur des Wissens liegt, frei zu sein. Farm Hack bezieht sich zudem auf die physiokratische Sicht des Umgangs mit der Natur wie sie Quesnay, Jefferson, Locke und Franklin formuliert haben. Für sie waren die Produktivität des Bodens und eine gebildete Bevölkerung, die für ihren eigenen Lebensunterhalt sorgen kann, Voraussetzungen für Freiheit und kulturellen Reichtum. Aus dieser Perspektive ist die landwirtschaftliche Produktion nicht nur eine Beschäftigung, sondern Grundlage einer nachhaltigen zivilisatorischen Kultur. Sie ist konstitutiv für die gemeinsamen kulturellen Werte einer Gesellschaft.

Lange vor dem Internetzeitalter haben die Denker der Aufklärung auch die Idee des Crowdsourcing bereits vorweggenommen. Die zuerst 1751 auf Französisch erschienene *Enzyklopädie oder Ein durchdachtes Wörterbuch der Wissenschaften, Künste und Handwerke*[3], war das Werk einer Wissenschaftsgemeinde von mehr

3 | Auf französisch: *Encyclopédie ou Dictionnaire raisonné des sciences, des arts et des métiers*, herausgegeben von Denis Diderot und Jean Baptiste le Rond d'Alembert.

als 2250 Autoren. Mehr als 250 Jahre später treibt die Open-Source-Community die Entwicklung von digitalen Hilfsmitteln voran, die Zusammenarbeit und Vertrauen gleichermaßen fördern: Wikis, Internet-Foren oder Online-Dokumente, an denen mehrere Menschen gleichzeitig arbeiten können. Dass sich Farm Hack an Modellen orientiert, die auf freiwilliger Reziprozität beruhen, fordert implizit die Normen konventioneller Agrarwirtschaft und -forschung heraus. Sowohl die Themenstellungen konventioneller Forschung und Entwicklung werden hinterfragt als auch jene, die die Fragen stellen, sowohl die Art der produzierten Werkzeuge und Instrumente als auch deren Finanzierung.

Abbildung 1: Ein alternatives Landwirtschaftsmodell

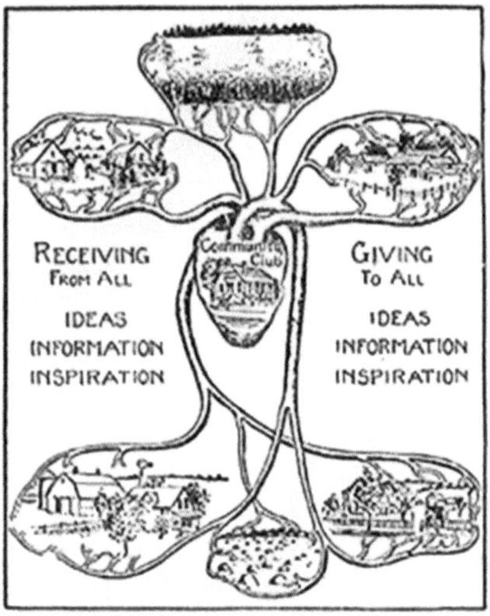

FIG. 281. The community club, rightly organized and conducted, can serve as the heart of the community through and by which a stream of inspiration and encouragement is sent to every member.

Quelle: Gemeinfreie Enzyklopädie des praktischen landwirtschaftlichen Wissens, herausgegeben von Sears und Roebuck, 1918, https://archive.org.

Die Farm-Hack-Community ist überzeugt, dass Werkzeuge, Saatgut und Landwirtschaftstechnik so produziert werden sollten, dass die Bedürfnisse der Nutzerinnen und Nutzer im Mittelpunkt stehen und nicht nur derjenigen, die sie verkaufen wollen. Durch gemeinsame Suchprozesse ist es Farm Hack gelungen, vorindustrielle Ideale mit der modernen Hacker/Maker-Kultur zusammenzuführen und die Kultur in dieser Verbindung zu erweitern. Diese offene Kooperation birgt das Potenzial, dass jeder Bauernhof zu einem Forschungslabor werden kann und jeder Nachbar ein Gerätebauer, weil er sich aus einem globalen Fundus von Fähigkeiten und Bauplänen bedienen kann.

Durch die umfassende Dokumentation und die Freigabe der Baupläne von landwirtschaftlichen Geräten und Maschinen sowie deren permanente Weiterentwicklung etabliert Farm Hack die Landwirtschaft nicht nur als eine gemeinsame wirtschaftliche Tätigkeit. Das Projekt dient auch als Vorbild für ein alternatives, lokales Produktionsmodell, das zu mehr Wahlfreiheit, Kontrolle und Selbstbestimmung führt. Die Grenzen der Landwirtschaft definieren sich nicht mehr negativ über die Ausbeutung natürlicher Ressourcen, sondern positiv über die zunehmende Virtuosität und das immer bessere Verständnis aller Beteiligten für das Gesamtsystem. Bauern lernen, wie sie die komplexen bio-geo-chemischen Ströme an Kohlenstoff, Stickstoff und Wasser besser für produktive und resiliente agroökologische Systeme nutzbar machen können. Der Schwerpunkt verschiebt sich von effizienter Ausbeutung der Ressourcen zu deren verbesserter Regeneration.

Im Gegensatz dazu kann man die proprietär organisierte Forschung und Entwicklung sowie den darauf beruhenden Handel in der konventionellen Landwirtschaft als gescheitert betrachten. Steriles Saatgut oder durch Chemikalieneinsatz zerstörte Böden zeigen, dass sie in Sackgassen führen. Zudem ist dieses Modell von Technologien abhängig, die nicht geteilt, angepasst oder nachgebaut werden können, was zu künstlichen Ineffizienzen führt, deren Hauptzweck es ist, das proprietäre Geschäftsmodell zu schützen. Erst wenn man erkennt, dass auf Bauernhöfen tagtäglich mehr Innovation geschieht als in den Universitäten und Forschungslabors dieser Welt, kann dieser Ansatz überwunden werden. Weil aber die Idee der Knappheit in den Köpfen der Menschen stark verankert ist, gelangen nur wenige dieser Innovationen über das Hoftor hinaus, um größere Wirkung zu entfalten und weiterentwickelt zu werden. Wenn es gelingt, dieses Denken zu überwinden, sowie regionsübergreifend Vertrauen sowie interdisziplinäre Kooperationen innerhalb der Landwirtschafts-Gemeinde zu stärken, dann kann eine innovationsfördernde Kultur des Teilens von Wissen Kraft entwickeln. Genau das ist bei Farm Hack geschehen und hat zu seinem robusten Wachstum geführt. Die Beteiligten haben verstanden, dass die jeweils anderen Bauern nicht ihre Konkurrenten sind, sondern dass sie von den globalen Akteuren oder den klimatischen Bedingungen herausgefordert werden.

Ein weiterer Erfolgsfaktor war, dass Farm Hack auf Netzwerkstrukturen und Software zurückgreifen konnte, die zuvor von anderen Open-Source-Communities entwickelt worden waren. Dazu gehören die Blog-Software Drupal oder die Wikipedia-Angebote zur Online-Kollaboration Open Layers, eine JavaScript-Bibliothek, mit der Geodaten im Webbrowser angezeigt werden können, oder die Server-Software von Apache. Indem Farm Hack die eigenen Beiträge in die Commons zurückgibt, kann die Community über den eigenen Tellerrand hinaus Vertrauen aufbauen und bereits Vorhandenes für die eigenen Zwecke umgestalten.

Darüber hinaus stützt sich Farm Hack auf das sogenannte »Collective Impact Framework«, um komplexe Kooperationsprozesse zu strukturieren und dafür Werkzeuge zu nutzen, mit denen wir gemeinsame Pläne erstellen sowie Arbeits- oder Forschungsergebnisse konsistent bewerten können. Darüber erhalten wir eine kontinuierliche Kommunikation auch mit vielen verschiedenen Teilnehmenden aufrecht (Kania und Kramer 2011). Die Online-Plattform von Farm Hack ist ein Prototyp für die Umsetzung dieses Denkrahmens und die Anwendung der Open-Source-Logik in der Landwirtschaft.

Im Jahr 1726 schrieb Jonathan Swift den berühmten Satz: »Wer bewirken könnte, dass auf demselben Fleck Erde zwei Ähren Korn oder zwei Halme Gras wachsen, wo vorher nur eines gedieh, der diente der Menschheit besser und leistete seinem Vaterland wesentlichere Dienste als die Gesamtheit aller Politiker.« In diesem Gedanken spiegelt sich die noch unvollendete, aber zunehmend sichtbare Leistung von Farm Hack: Indem es Open-Source-Archive für Wissen und Technologien schafft, umgeht es die herrschenden politischen und ökonomischen Strukturen, die die Macht der Agro-Industrie stützen. Farm Hack verschiebt das Verhältnis zwischen denen, deren Macht aus der Kontrolle über knappe Ressourcen und Wissen hervorgeht, zugunsten jener, die ihre Kreativität mit natürlichen Prozessen verbinden, um Fülle für alle zu schaffen.

Literatur

Kania, J., und M. Kramer (2011): »Collective Impact« in: *Stanford Social Innovation Review,* Ausgabe 73, Winter 2011, www.ssireview.org/articles/entry/collective_impact.

Dorn Cox ist Landwirt in Lee (New Hampshire/USA). Er befasst sich mit Open-Source-Forschung und -Entwicklung im Kontext der Landwirtschaft und ist unter anderem Gründungsmitglied von Farm Hack, der New England Farmers Union, GreenStart und der Oyster River Initiative für Agro-Treibstoffe. Cox hat an der Universität von New Hampshire promoviert.

Der Architekt Van Bo Le-Mentzel lebt Offenheit, Commons und bedingungsloses Grundarbeiten

Ein Interview

Van Bo Le-Mentzel, deutscher Architekt laotischer Herkunft, ist Erfinder von allerlei Nützlichem. Mit Hartz-IV-Möbeln, dem Unreal-Estate-Haus und dem Ein-Quadratmeter-Haus hat er die Welt beschenkt. Die Konzeption darin – bedingungslose Freiheit, etwas im eigenen Sinne zu nutzen – überträgt er nun auf sein Leben. Und auf das seiner Familie, denn 2014 startete er eine Kampagne namens #dScholarship. »In jedem von uns steckt ein Genie. Weck es auf!« Nach einem Gespräch zum #dScholarship, mit der sich der stets gut gelaunte Architekt ein ganzes Jahr »von der Crowd« finanzieren lassen möchte, stellte eine Journalistin fest: »In gewisser Weise sucht die Kampagne nach Mäzenen in einer Welt, in der es keine Grafen, Mündel und Lehnsherren mehr gibt. Die evangelisch-demokratische Version einer gutmütigen Dauerfinanzspritze. Oder mit dem Worten Van Bos: ein erster Schritt zu einem bedingungslosen Grundeinkommen.«[1]

Und das Spannende ist: Dieses Grundeinkommen hängt nicht vom Staat ab. Nicht von der Anonymität der Beitragenden, sondern von der Beziehung zu diesen. Ein commons-basiertes Grundeinkommen sozusagen. Eines, das Leistung von der Gegenleistung entkoppelt. Eines, das Freiheit gewährt und das Van Bo Le-Mentzel ermöglicht zu »grundarbeiten«. Wie kommt ein junger Mann, mit Kleinkind im Tragetuch dazu, vom Open Design über ein Fair-Trade-Schuhprojekt (die Kharma Chacks) und viele Stationen mehr, das halbe Leben in die Hände einer Community zu legen? Ist das mutig oder verrückt?

Silke Helfrich: Van Bo, Designermöbel oder »Zweckmöbel«?
Van Bo Le-Mentzel: Designermöbel.

Silke Helfrich: Klingt anspruchsvoll ... und teuer. Aber Du bist Architekt und hast Hartz-IV-Möbel entworfen. Was hat es damit auf sich?

---

1 | Van Bo Le-Mentzel hat erfolgreich sein komplettes Jahr 2015 per Crowdfunding finanzieren können. Seine Frage: Arbeiten die Menschen anders, kreativer, effizienter, wenn man sie von Existenzängsten und Druck befreit? Die Ergebnisse und Einsichten sind hier nachzulesen: https://www.startnext.com/dscholarship (Zugriff am 14. Mai 2015).

Van Bo Le-Mentzel: Das sind Bauanleitungen von Möbeln, die normalerweise sehr teuer sind. Dabei habe ich mich vom Bauhaus inspirieren lassen. Dahinter steckt der Gedanke: Jeder Mensch sollte sich einen »Bauhaus-Stuhl« leisten können.

Silke Helfrich: Wie bist Du darauf gekommen?
Van Bo Le-Mentzel: Ich frage mich oft, was wohl an Möbeln – oder an anderen Dingen – entstehen würde, wenn man sich nicht immer fragt, wie man sie verkaufen kann. Ich glaube, viele Güter würden anders werden. Weniger die Umwelt belasten, weniger Arbeitskräfte verheizen. Und den Konsumenten weniger vorgaukeln. Güter mit Güte, sozusagen. (lacht)

Silke Helfrich: So wie die Hartz-IV-Möbel.
Van Bo Le-Mentzel: Genau.

Silke Helfrich: Welche Rolle spielt dabei die Open-Design-Idee? Sowohl bei den Hartz-IV-Möbeln und den Karma Chakhs als auch bei den »Do it yourself«-Hausprojekten weist Du daraufhin, dass Nachahmen ausdrücklich erwünscht ist. Das sehen andere Kreative anders.
Van Bo Le-Mentzel: Ich bekenne mich zu Open Source und unterstütze die Open-Design-Idee, aber ich habe mir dafür andere Begriffe ausgedacht. Begriffe, die Offenheit nicht benennen, aber voraussetzen.

Silke Helfrich: Zum Beispiel?
Van Bo Le-Mentzel: Beta Business. Damit meine ich, schnell mit Hilfe von Open-Source-Werkzeugen etwas gründen oder eine Unternehmung gemeinsam mit der Crowd beginnen ohne Anspruch auf Erfolg: Blogs, freie Plattformen wie »strikingly«[2] oder »Etherpads«[3] oder die Kampagnenplattform »avaaz« helfen dabei.

Silke Helfrich: Das hat nicht unbedingt etwas mit dem Nutzen für alle zu tun.
Van Bo Le-Mentzel: Stimmt, aber es setzt Offenheit voraus – und das verändert alles. Weil es keinen Sinn mehr ergibt, feste Strukturen, ein Logo, einen Businessplan, Firmenziele, Erfolgskontrollmechanismen oder Patente zu haben, wenn man permanent in der Betaphase ist. Im Beta Business habe ich auch kein Interesse ein Alphatier zu werden, denn es geht um den Fortschritt der Idee, nicht um Befindlichkeiten.

Silke Helfrich: Ist das graue Theorie oder Praxis?
Van Bo Le-Mentzel: Das Betahaus – der wohl bekannteste Coworking-Space der Republik in Berlin – ist ganz praktisch. Oder »bookcrossing« oder die Wikipedia,

2 | Eine Website, die es jedem Menschen ermöglicht, eine anspruchsvolle eigene Website zu entwerfen: https://www.strikingly.com/ (Zugriff am 12. Januar 2015).

3 | Ein Etherpad ermöglicht es, mit oder ohne Registrierung direkt im Internet gemeinsam an Texten zu arbeiten. Mehrere Personen können gleichzeitig schreiben, alle sehen alles in Echtzeit. Änderungen können gesichert und so der Schreibprozess nachvollziehbar gemacht werden (Anm. der Hg.).

aber auch die Hartz-IV-Möbel. Das alles ist mehr als graue Theorie. Das Interessante ist doch: Es gibt keine Mitbewerber, kein Hickhack, keine strenge Hierarchie und ganz wichtig: keine Bürokratie und Verwaltung. Das Ende ist völlig offen. Wer so arbeitet, hat eine ganz andere Haltung zu den Dingen...

Silke Helfrich: Und er muss auf Planbarkeit verzichten. Das bringt Unsicherheit mit sich, aber auch mehr Raum für Zufall.
Van Bo Le-Mentzel: Das ist ein anderer Begriff, den ich gerne nutze: »Random Design«. Das bewusste Gestalten des Zufalls. Hier schwingt mit, dass Scheitern erwünscht ist. Es geht nicht darum, schnurstracks von A nach B zu kommen. Businesspläne sind AB-Systeme, Schulen und Unis sind AB-Systeme. Es geht nicht einmal mehr um das B, sondern vielmehr um das C. Um das, was sich ergibt, was nicht planbar ist. Viagra oder das Finden des Seewegs nach Amerika durch Kolumbus waren AC-Prozesse. Viele Erfindungen sind es ebenso: z.B. Sticky notes von 3M oder Google maps. Sie sind mehr oder weniger zufällig in der Freizeit entstanden. Industrie mag kein Random, weil Random nicht skalierbar ist und nicht wachsen kann. Sticky Notes kann man zum Beispiel nicht zweimal erfinden. Man kann vor allem niemanden beauftragen, es zu erfinden. Es erfindet sich gewissermaßen selbst. Genau deshalb liebe ich Random!

Abbildung 1: 1 qm Haus/Unreal Estate House

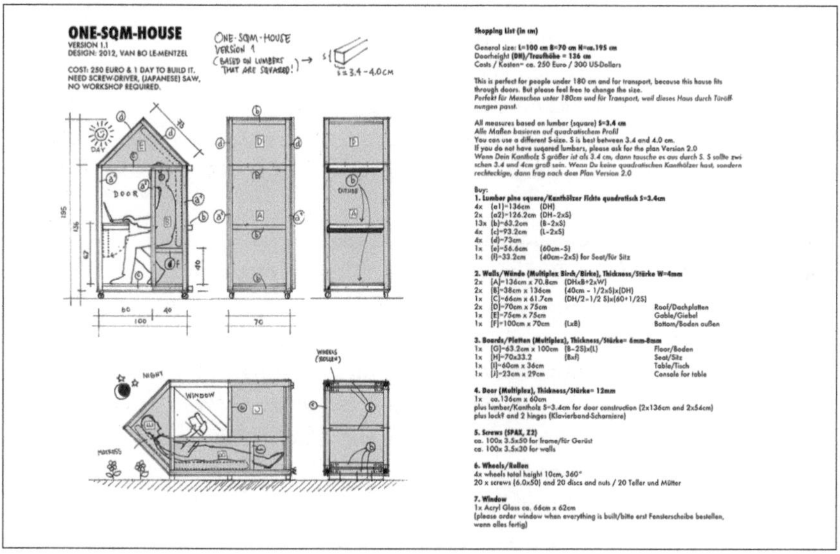

Silke Helfrich: Wem gehören die Hartz-IV-Möbel und das Unreal Estate House? Oder allgemeiner: Wem gehört, was im Open-Design-Prozess entsteht?
Van Bo Le-Mentzel: Auf alle Fälle nicht mir. Mich überzeugt die Idee vom »geistigen Eigentum« nicht. Wissen muss frei sein: Ideen, Kompositionen, Texte, Tattoos, Designs, Farben, Wörter, Skulpturen, Witze, Entwürfe, Youtube-Videos. Meine Favoriten sind übrigens die TedTalks von Sir Ken Robinson und Hans Rosling und Videos, in denen man lernt, wie man Raketenöfen baut! Aus Wissen entsteht

dann für alle das Beste, wenn es frei ist. Parallel dazu müssen wir Systeme schaffen, in denen Erfinder, Macherinnen, Musiker und andere Wissensherstellerinnen in Würde leben können und nicht nur die Damien Hirsts unter uns.

Silke Helfrich: Mit demselben Argument – in Würde leben zu können – verteidigen viele Kreative und Designer gerade die Idee des geistigen Eigentums, das darauf aufbauende Urheberrecht oder die sogenannten Geschmacksmuster[4]. Sie sollen sie vor Nachahmung schützen.
Van Bo Le-Mentzel: Das ist ja auch ein wichtiger Punkt. Jedenfalls im jetzigen System, das ganz auf Wettbewerb und die Verwertung von Einfällen und Wissen ausgerichtet ist. Aber wer sagt, dass es so bleiben muss? Was ich nämlich grundsätzlich fragwürdig finde, ist Folgendes: Nehmen wir einen der erfolgreichsten und reichsten zeitgenössischen Künstler: Damien Hirst. Er verwandelt einen echten Hai in ein Kunstwerk und macht damit Millionen. Ich bezweifle, dass er die gleiche Wirkung mit einer Ente oder einem Golden Retriever gehabt hätte. Ich denke: Weder Journalisten noch Dichter oder Komponisten könnten schreiben oder produzieren, ohne von den Dingen, die sie draußen in der Welt sehen, inspiriert zu werden und ohne die Unterstützung anderer. Was zahlen sie an ihre Inspirationsgeber? An die Quellen, von denen sie sich nähren und auf denen sie aufbauen? Bezahlen Journalisten ihre Interviewpartner? Bezahlen Fotografen die Gegenstände, die sie ablichten – Landschaften, die Skylines der Städte, Gebäude oder Menschen, mit denen sie ihr Geld verdienen? Die Brücken von Venedig inspirierten so viele Dichter und Komponisten. Diese Brücken bräuchten wirklich (finanzielle) Unterstützung. Ich kenne keinen Kreativen, der einen Anteil seines Gewinns dafür hergibt, Brücken zu reparieren.
Zudem ist das Problem an den gegenwärtigen Systemen, dass sie alle leistungsorientiert sind. Den einen – meist den Bekannten – nützen sie, den anderen nicht.

Silke Helfrich: Du stellst die Frage nach der Fairness.
Van Bo Le-Mentzel: Ja klar. Wir beide machen nun ein Interview für Dein Buch.

Silke Helfrich: Für unser Buch. Da arbeiten ja sehr viele Menschen mit.
Van Bo Le-Mentzel: Wie fast immer. Jetzt könnte man fragen: Wer arbeitet hier eigentlich für wen? Wem gehört das, was hier gesagt wird? Wer muss wem nun eine Rechnung schreiben? Ich Dir? Oder Du mir? Natürlich kann man versuchen das vertraglich zu regeln. Das freut die Anwälte. Man kann aber auch versuchen, die Idee voranzubringen, in dem Fall den Erfolg des Buches. Und da stellt sich mir nicht die Frage, wem dieses Interview gehört. Es wird ja wieder unter einer Creative-Commons-Lizenz veröffentlicht, also ist dafür gesorgt, dass auch andere unsere Ideen nutzen und weiterentwickeln dürfen. Das finde ich gut und deswegen trage

---

4 | Ein Geschmacksmuster ist beim deutschen Marken- und Patentamt (DPMA) anzumelden und gilt dann nur für die Bundesrepublik Deutschland. Um im elektronischen Geschmacksmusterblatt des DPMA eingetragen zu werden, bedarf es zunächst keines Nachweises der Neuheit und Erfindungshöhe. Bei Anfechtung hingegen schon. Gebrauchsmusterschutz gilt zunächst für 3 Jahre und kann auf bis zu 10 Jahre verlängert werden (Anm. der Hg.).

ich auch gern bei. Wer weiß, was unsere Leserinnen und Leser daraus machen. Erich Fromm schrieb sogar, dass es manch aufmerksamem Leser gelingt, das Buch besser zu verstehen, als dem Verfasser selbst. Von daher ist Besitzstandwahrung äußerst rückständig. Ich habe das übrigens als Aufforderung verstanden, seinen Klassiker Haben oder Sein nochmal herauszubringen mit aktuellen Bezügen zur Zeitgeschichte.

Silke Helfrich: Du hast auch schon Ayşe Langstrumpf herausgegeben, eine Kreuzberger Version von Pippi Langstrumpf, pünktlich zum Siebzigsten der berühmtesten Göre der Welt. In Deiner Version sind Blom und Donner-Karlsson schwul und der Affe Herr Nielsson heißt Herr Nguyen. Das also entsteht, wenn man etwas nicht verkaufen will, denn Ayse Langstrumpf ist nicht käuflich zu erwerben. Du veröffentlichst im Internet lediglich eine Anleitung, wie sich jeder basierend auf dem Originaltext seine eigene Pippi-Version ausdrucken kann.
Van Bo Le-Mentzel: Genau so würde ich auch das Buch von Erich Fromm herausgeben. Eine Zusammenfassung seines Lebenswerkes. Urheberrechtlich geschützte Stellen lasse ich weg und ergänze Links im Text, wo man die fehlenden Passagen im Internet findet. Das Buch wird erst komplett durch das Zusammenwirken mit den Leserinnen und Lesern. Ich finde, das hat etwas Symbolisches. Wirtschaft beginnt mit Wir. Und deshalb ist es auch einfach, Systeme auszutricksen, die nur auf Geld und der Idee von individuellem Eigentum aufbauen. Du musst ihnen nur die Grundlage wegnehmen, dann sind sie nichts wert.

Silke Helfrich: Einfach? Darüber kann man trefflich streiten!
Van Bo Le-Mentzel: Du musst dem Kapitalismus – das Urheberrechtssystem ist einer seiner Katalysatoren – einfach nur das Preisschild wegnehmen, dann sind Markenschutz, Urheberrecht und kaufmännische Regeln irrelevant. Weder die Hartz-IV-Möbel noch die Karma Chakhs haben ein Preisschild. Du kannst sie nicht kaufen. Wenn Du sie haben willst, musst Du sie selber bauen oder in einer Produktionsgemeinschaft selber herstellen. Man sagt auch »prosumieren« dazu. Dagegen sind Vitra, IKEA, Converse oder klassische Verlagsstrategien machtlos.

Silke Helfrich: Und jetzt möchtest Du Dein eigenes Preisschild loswerden?
Van Bo Le-Mentzel: Ja, deswegen habe ich meine #dScholarship-Kampagne gestartet, um mich ein Jahr existentiell abzusichern. Die Grundidee ist, Leistung von Honorar zu entkoppeln. Ich bin dann nicht gezwungen für Geld zu arbeiten, sondern kann sinnvolle Dinge tun. Ich nenne das Karma-Arbeit. Ich habe früher als Freelancer für Illustrationen 250 Euro Tagesgage verlangt. Das Designbüro, bei dem ich exklusiv unter Vertrag bin, verlangt das Vier- bis Fünffache von ihren Kunden. Alles auf der Welt, nicht nur Güter, auch Rohstoffe, Menschen, Zeit, sogar Sternkonstellationen haben ein Preisschild bekommen. Das macht uns verrückt. Ich habe natürlich schon überlegt, wie es sein kann, dass andere Kollegen das Doppelte oder mehr bekommen für eine Leistung, die ich mindestens genauso gut erbringe. Der Volkswagenchef und der Chef der Techniker Krankenkasse verdienen weitaus mehr Geld als die Bundeskanzlerin. Leisten und arbeiten diese Leute so viel mehr?

Silke Helfrich: Du hast darum geworben, dass Dir unbekannte Menschen 375 Euro in der Woche bzw. 1.500 Euro pro Monat quasi schenken. Warum?
Van Bo Le-Mentzel: Weil ich ungefähr so viel zum Leben benötige. Ehrlich gesagt, ist das eine virtuelle Größenordnung, die ich mit meiner Frau abgesprochen habe. Momentan verdiene ich ja mit meiner Festanstellung weitaus mehr als 1.500 Euro. Ich habe ihr versprochen, dass ich das #dScholarship-Projekt nur dann mache, wenn mindestens 1.500 Euro pro Monat drin sind. Sie hat schon einen großen Schreck bekommen, als ich ihr sagte, dass ich die Privilegien eines unbefristet Festangestellten aufgeben möchte. Im Jahr 2015 werde ich dann keine Rechnungen mehr schreiben. Ich werde nur noch ohne Geld und Profitgedanken arbeiten. Ich nenne es bedingungsloses Grundarbeiten.

Silke Helfrich: Wenn alle immer nur noch machen, worauf sie Lust haben, wer macht dann die Drecksarbeit?
Van Bo Le-Mentzel: Tja, gute Frage. Wer macht die Drecksarbeit heute? Man zahlt Menschen, die auf Geld zum Überleben angewiesen sind, ein kleines Geld, und dann machen die alles: Klos putzen, in Bergwerken Erze abbauen, Sexarbeit, Baumwolle pflücken. In Indien fangen Frauen neuerdings an, gegen Geld Babys auszutragen. Das ist für mich keine Alternative. Freiwillig machen diese Menschen das nicht. Ich bin gespannt, ob ich 2015 freiwillig auch unschöne Arbeiten erledigen werde. Alles eine Frage der Einstellung. Als wir für Karma Chakhs Schuhe verpackten, habe ich diese stupide Arbeit zum Event erklärt: Packaging Party mit Musik und Buffet. In Seoul zur Fußball-WM haben die Menschen nach dem Public Viewing freiwillig die Straßen gesäubert. Es war ein Riesenhappening. Kulturarbeit macht Spaß. Zwangsarbeit nicht. Also sollten wir genau darüber nachdenken, wie man unschöne Arbeiten zu einer Kultur erklären kann. Und für den Rest sollten wir Maschinen entwickeln. Open Source versteht sich.

Silke Helfrich: Und die Gegenleistung für die, die Dich unterstützen?
Van Bo Le-Mentzel: Das ist das Verrückte und das Revolutionäre. Meine Stifterinnen und Stifter geben mir das Geld bedingungslos. Es gibt keine Gegenleistung. Das sind alle Geber-Typen. Sie wissen, was sie davon haben. Sie kennen das universelle Geheimnis des Geber-Netzwerkens.

Silke Helfrich: Aha, ich bin ganz Ohr.
Van Bo Le-Mentzel: Wer bedingungslos gibt, dem wird auch gegeben. Und zwar doppelt und dreifach. Geber profitieren vom Geben. Es klingt paradox, aber es ist so. In meinem Startnext-Profil steht genau, wieviel Geld ich schon anderen Crowdfunding-Kampagnen geschenkt habe: genau 6.000 Euro. Jetzt bekomme ich 18.000 Euro zurück. Das entspricht haargenau dem Dreifachen. Man bekommt es nicht unbedingt von den Leuten zurück, denen man selber geholfen hat. Deshalb ein universelles Geheimnis.[5]

---

5 | Am 10.01.2015 veröffentlicht Van Bo Le Mentzel auf seinem Blog, dass er just zu Beginn seines crowdfinanzierten #dScholarships zum 01. Januar 2015 eine Vertretungsprofessur für sechs Monate bekam. Dazu schreibt er: »Die Professoren Jesko Fezer und

Silke Helfrich: Und was machst Du, wenn jemand versucht Dich zu vereinnahmen?
Van Bo Le-Mentzel: Eine Stiftung hat mir 1.000 Euro angeboten, eine Unternehmerin sogar 12.000 Euro. Es ist klar, dass sich dahinter Kalkül verbirgt. Ich habe mich zuerst sehr gefreut, dann aber abgelehnt. Die Unternehmerin darf – wie alle anderen auch – maximal ein Viertel des gesamten #dScholarships stiften, das heißt 4.500 Euro. Und von Firmen nehme ich kein Geld an, sondern nur von Privatpersonen. Es geht ja darum, »das Genie in mir zu wecken«, und nicht darum, mich von einigen wenigen abhängig zu machen. Das Genie kommt, wenn kein Druck herrscht. In jedem von uns steckt dieses Genie. Bei den meisten Menschen wird es allerdings zum letzten Mal gesichtet, wenn sie in die Grundschule kommen. Deshalb versuche ich auch, dieses #dScholarship auf andere zu übertragen.

Silke Helfrich: Du sagst von Dir: »Ich bin ein Geber.« Und das #dScholarships diene Dir auch, um andere Geber kennenzulernen. Heißt das, wir können dieses andere Wirtschaften nur hinkriegen, wenn wir alle Geber werden und uns dann vernetzen?
Van Bo Le-Mentzel: Ich glaube, dass wir als Geberinnen und Geber geboren werden. Das liegt daran, dass das Leben selbst, die Befruchtung, die Geburt, die Erziehung nur funktioniert, wenn jemand (die Eltern und viele andere) bedingungslos geben. Das prägt uns Menschen. Und wir sind alle von Natur aus Teamplayer. Eine Geburt ist immer ein Teamplay. Erst die Schule, Zensuren, Konkurrenz, Druck, Stillsitzen, Gehorsam, Lehrpläne, macht aus uns ökonomisch denkende Wesen.

Silke Helfrich: Du liebst die Kontroverse...
Van Bo Le-Mentzel: Zumindest provoziere ich sie. Es gibt zwei Lager. Die einen sagen, ich sei ein egoistischer Spinner. Die anderen finden, ich sei ein selbstloser mutiger Pionier. Dazwischen gibt es irgendwie nichts.

Van Bo Le-Mentzel ist 1977 in Laos geboren, lebt seit 1980 in Deutschland und wuchs in Berlin-Wedding auf. Er studierte an der Beuth Hochschule für Techhnik in Berlin Architektur, engagiert sich für Nachhaltigkeit und soziale Gerechtigkeit.

Friedrich Von Borries von der staatlichen Kunstuniversität HFBK haben mich berufen. Für ein halbes Jahr, als Vertretung einer schwangeren Professorin. Was für ein Timing! Hier sind zwei Aspekte, die mir daran so gut gefallen: 1. Die Professur ist zeitlich begrenzt. Wachstums- und akademische Karrierepläne sind somit ausgeschlossen. Stellt Euch vor, wie ein Professor Lehre betreiben könnte, wenn er weiß, es gibt kein »Morgen«. Er kann seine komplette Kreativität in die Lehre stecken (...) 2. Ich brauche das Geld nicht! Dank des #dScholarships kann ich mit dem Professorenhonorar frei hantieren. Ich werde es unter den 18 Studierenden aufteilen. Jeden Monat gibt's Cash von mir auf die Kralle. Meine Vorprofessorin hält das (wie vermutlich fast alle Professorenkollegen auf dieser Welt) für die falsche Entscheidung.« https://www.startnext.com/dscholarship/blog/ (Zugriff am 14. Mai 2015).

Ein Fab Lab für St. Pauli

Astrid Lorenzen

Das 2011 von einer interdisziplinären, technikaffinen Gruppe gegründete Fabulous St. Pauli liegt mitten in einem der lebhaftesten Stadtteile Hamburgs. Es ist eines von circa 30 Fab Labs im deutschsprachigen Raum.[1] Als offene Werkstatt bietet es jedem Interessierten Zugang zu gängigen Holz- und Metallverarbeitungswerkzeugen wie Fräse, Stanze, Bohrmaschine sowie zu computergesteuerten Geräten wie 3D-Druckern oder einem Lasercutter. Wer mag, kann hier Alltagsgegenstände wie kleine Spielzeuge oder Schmuck, Prototypen oder Ersatzteile herstellen, unabhängig von öffentlichen Dienstleistern oder privaten Anbietern, denn das Fab Lab ist als eingetragener Verein organisiert und finanziert sich fast ausschließlich durch Mitgliedsbeiträge.

Es arbeitet nicht gewinnorientiert, ganz im Sinne der internationalen Fab Lab Charter, die 2007 vom FabLab-Begründer Neil Gershenfeld formuliert wurde. Ein weiterer wichtiger Punkt der Charta ist der offene Zugang zu den Geräten und Werkzeugen. Er ist in St. Pauli immer donnerstags am Open Lab Day möglich.

Auszug aus der Internationalen Fab Lab Charter von 2007 mit einer Ergänzung von 2013:

Zugang: Du kannst das Fab Lab nutzen, um fast alles zu machen (außer Dinge, die andere verletzen); du musst lernen, Dinge selbst zu machen, und du musst dir den Gebrauch des Fab Labs mit anderen Nutzern und Nutzungsarten teilen.
Bildung: Das Training im Fab Lab basiert darauf, Projekte durchzuführen und von Mentoren zu lernen; wir erwarten, dass du dich an der Dokumentation und dem Anleiten von anderen beteiligst.
Verantwortung: Du bist verantwortlich für: die *Sicherheit* [...] das *Aufräumen* [...] den *Betrieb* (also beim Warten und Reparieren mitzuhelfen und Bescheid zu sagen, wenn es Probleme mit Maschinen gibt, Materialvorräte zur Neige gehen oder Unfälle passieren), eine *friedliche Nutzung* (also darauf zu achten, dass im Lab keine Waffen oder Waffenteile angefertigt und vom Lab aus keine Konstruktionsdateien für Waffen oder Waffenteile verbreitet werden).

1 | Diese Angaben beziehen sich auf Anfang 2015. Das erste deutsche Fab Lab wurde 2009 in Aachen gegründet, weitere befinden sich im Aufbau (Anm. der Hg.).

Geheimhaltung: Konstruktionen und Verfahren, die im Fab Lab entwickelt wurden, müssen für den persönlichen Gebrauch durch andere zugänglich bleiben. Abgesehen davon können geistige Eigentumsrechte an Konstruktionen und Verfahren geschützt werden.
Übersetzung und Ergänzung: nbo

Zu den Besuchern und Nutzern des Labs zählen Schülerinnen und Schüler sowie Studentinnen und Studenten, die ein Modell für ihre Projektarbeit realisieren möchten, sowie Fachleute aus dem Maschinenbau und der Naturwissenschaft, die sich über die Techniken informieren wollen, oder Tüftler, die Neues kreieren oder Altes reparieren. Das Lab bietet zudem den Jugendlichen des Viertels die Chance, einen Einblick in technische Berufe zu erlangen. In der Nachbarschaft gibt es zudem viele kreative Köpfe, die das Fab Lab zum Prototypen- oder Modellbau nutzen. Sie experimentieren mit Druckermaterialien, drucken Probeexemplare aus und entwickeln zum Beispiel einen Roboterfinger.

Für alle gelten die vom Verein entwickelten Nutzungsbedingungen: Wer etwas in die Hand nimmt, trägt die Verantwortung. Im Allgemeinen funktioniert das gut. Bezahlt wird nur der Materialeinsatz. Die Betreuungszeit selbst steht unentgeltlich zur Verfügung, mit Ausnahme der Nutzung einiger Maschinen. Im Lab erlangtes, neues Wissen sollte wieder in die Community fließen, und für die dauerhafte gewerbliche Nutzung der Räume und Maschinen ist im Lab kein Platz.

Fabulous St. Pauli sieht sich als Vernetzungspunkt, als Ort, an dem Menschen und Stadtteil-Initiativen, die sich in gesellschaftlich relevanten Bereichen wie Energie (KEBAP Energiebunker[2]), Müll, Verkehr oder Urban Gardening bewegen, die Technik, die sie brauchen, gemeinsam nutzen können, um individuelle und lokal angepasste Lösungen für sehr unterschiedliche Probleme zu entwickeln. Aus der Zusammenarbeit mit dem Urban-Gardening-Projekt »Gartendeck« ist beispielsweise ein Lastenfahrrad entstanden.

Fabulous St. Pauli setzt sich dabei ganz bewusst mit der Rolle der Produktion in der Stadt von heute auseinander und beteiligt sich damit auch an der Diskussion über eine neue Stadtentwicklung im Hamburger Netzwerk »Recht auf Stadt«. Doch die Zusammenarbeit bleibt nicht auf Hamburg oder Deutschland beschränkt: Durch die weltweite Vernetzung der Fab Labs gibt es auch einen regelmäßigen Austausch von Ideen und Software und zudem Besuch von Labs aus aller Welt.

Das Fab Lab lebt vom Austausch und von der Bereitschaft der Mitglieder, die neben ihrem monatlichen Beitrag ihre Zeit und ihr Wissen zur Bedienung und Reparatur der Maschinen teilen. Gerade das Reparieren ist wichtig, da wir unter anderem mit gespendeten Industriegeräten arbeiten, die regelmäßig gewartet

2 | Der Hamburg-Altonaer Verein KEBAP steht für Kultur- und Energiekonzepte in der Stadt mit dem Anspruch auf Basisversorgung in Sachen Kultur & Energie, die lokale Ökonomie und Ökologie miteinander verbindet. Der Name Bunker beruht auf der Idee der Übernahme eines Hochbunkers, um darin Räume für Kultur sowie eine Erzeugungsanlage für (Fern-)Wärme und Strom für den Stadtteil zu installieren.

werden müssen. Die meisten Maschinen werden jedoch von den Mitgliedern selbst bereitgestellt. Die Motive jedes Einzelnen sind dabei unterschiedlich. Bei dem einen steht das Fachsimpeln und Ausprobieren im Vordergrund, bei anderen die Umsetzung eigener Projekte. Wieder anderen geht es um den Gedanken, möglichst vielen Menschen Zugang zu den neuen Produktionsverfahren zu bieten.

Ohne die Möglichkeit, in einem selbstverwalteten Zentrum günstig einen Raum zu mieten, wäre es momentan schwer, das Lab zu betreiben. Kommunalpolitik hat daher einen erheblichen Anteil am Gelingen selbstorganisierter Experimentier- und Freiräume. Mit den Ressourcen und dem Wissen der aktiven Mitglieder aus Informatik, Elektrotechnik, Design, Journalismus sowie zahlreichen weiteren Wissenschaftsbereichen und mit einem bezahlbaren, zentral gelegenen Ort hat ein Fab Lab, wie das in St. Pauli, das Potential, die Produktion in die eigenen Hände zu nehmen. Im Fabulous können, unabhängig vom Marktgeschehen, individuelle, innovative Produkte und alternative Konzepte ausprobiert und umgesetzt werden. Wird dies durch öffentliche Förderung unterstützt, kann sich dieses Potential richtig entfalten, was am Beispiel des im Herbst 2014 stattgefundenen Handyselbstbauprojektes »Fabrica« sichtbar wurde.

Vom 13.08. bis 07.09.2014 veranstaltete das Fab Lab das Projekt **Fabrica – Technik meets Kunst meets DIY-Kultur:**

3D-Drucken und Lasercutten machen Spaß. Aber es geht um mehr als lustige Gimmicks im Maker-Hype. Fabulous St. Pauli will auch komplexere Geräte, die jeder nutzt, selbst bauen zu können. Mobiltelefone zum Beispiel, das Konsumprodukt schlechthin: kurzlebig, statusbeladen, unter fragwürdigen Umständen produziert und dazu in Blackboxes verschlossen, bei denen sich Verbraucherinnen und Verbraucher auf das verlassen müssen, was die Hersteller hineingepackt haben. Mit Blick auf den Hamburger Hafen wurde deshalb eine temporäre, dezentrale Hightech-Fabrik für Mobiltelefone errichtet, die es den Teilnehmenden ermöglichen sollte, fünf Prozent des Handy-Bedarfs von St. Pauli selbst zu produzieren. Nach der Vorlage eines Open-Source-Telefons, des arduino-basierten[3] DIY-Phones von David Mellis (MIT)[4], wurden die Platinen bestückt und verlötet. Für die individuell gestaltbare Gehäuseproduktion standen ein Highend-Lasercutter und verschiedene 3D-Drucker zur Verfügung. Im Lab wollten wir unter anderem herausfinden, wie Interessierte sich eine künftige dezentrale Produktion ihrer Hightech-Produkte wünschen und wie auch Nicht-Experten sich beteiligen können, einfache Mobiltelefone mit fair produzierten Bauteilen auf professionellem Niveau selber zu produzieren. Das Stichwort lautet: Fair IT. Viele sind daran interessiert, die Produkte, die sie täglich mit sich herumtragen, zu verstehen und sie sogar selbst zu gestalten und zusammenzubauen.

3 | Siehe dazu den folgenden Beitrag zu Arduino.

4 | Die Bauanleitung findet sich hier: www.fablab-hamburg.org/diy-phone/(Zugriff am 29. Januar 2015).

Astrid Lorenzen ist seit ihrem Diplom-Abschluss an der Muthesius Hochschule in Kiel selbständige Industriedesignerin für nachhaltige Produktgestaltung. Im Fab Lab St. Pauli ist sie seit 2012 aktiv. Zudem engagiert sie sich im Sustainable Design Center und im Arbeitskreis Fair IT.

Arduino und die Open-Hardware-Revolution

Julio Sanchez Onofre

Die »Revolution der Zusammenarbeit«, die in den 1990er-Jahren mit Freier und Open Source Software begann,[1] hat sich ein neues Gebiet erschlossen: Open Source Hardware. An vorderster Stelle dieser Revolution steht Arduino, ein globales Commons von Designern und Produzenten von Mikroprozessor-Platinen, dem Herzstück aller Computer. Ebenso wie Freie und Open-Source-Software kann diese Hardware frei kopiert, weitergegeben und nachgebaut werden. Weil die Platinen billig, aber vielseitig verwendbar sind, wird Arduino in vielen innovativen Projekten eingesetzt; etwa im argentinischen 3D-Drucker Kikai, mit dem bereits eine Armprothese für weniger als 50 US-Dollar produziert wurde, in Drohnen, oder in einer Plattform für Nanosatelliten, die weniger als 10 Kilogramm wiegen, und die ArduSat genannt wird.

Die Idee für Arduino hatten der Italiener Massimo Banzi und seine Kollegen David Cuartielles, Tom Igoe, Gianluca Martino und David Mellis. Was ursprünglich als Projekt für Studierende gedacht war, baute die Arduino-Gruppe 2005 zu einem Unternehmen aus, um günstige und gut durchdachte Computerplatinen für die Open Source Community leichter verfügbar zu machen. Für sie war es außerdem eine Möglichkeit, Künstlerinnen und Künstler sowie Ingenieurinnen und Ingenieure mit anderen Kreativen zusammenzubringen, um nach neuen, dem Gemeinwohl dienlichen Anwendungsbereichen zu suchen. Seit seiner Gründung ist Arduino zur Referenz für eine große, weltweite Bewegung für offene Innovation und Technologie geworden. Die Hardware-Entwürfe stehen unter der Lizenz Creative-Commons-Namensnennung-Weitergabe unter gleichen Bedingungen (CC-BY-SA). Die Software ist mit der GNU General Public License versehen.[2] Während die technischen Anleitungen von allen frei kopiert werden können, hat das Projekt eine eigene Produktlinie unter dem Label Arduino AtHeart entwickelt. Durch den Verkauf von AtHeart-Produkten, kann das Unternehmen bestehen und trotzdem seinen Mitbewerbern erlauben, günstigere »Klone« nachzubauen. Arduino ist also offiziell ein Unternehmen, dessen Hauptkapital in seinem Markenzeichen, dem

---

1 | Siehe dazu unter anderem den Beitrag von Mike Linksvayer in diesem Buch (Anm. der Hg.).

2 | Vgl. den Beitrag von David Bollier: Neues vom Bewährten. Warum Commons-Lizenzen erfolgreich sind, in diesem Buch.

Namen und dem Logo besteht. Zwar kann jeder die Baupläne frei verwenden, wer sie jedoch unter dem Namen Arduino vertreiben will, muss dafür zahlen.

So paradox es scheint: Die Möglichkeit, dass andere die Baupläne frei verwenden können, schadet dem Geschäft nicht, weil diese Offenheit den Markt für die entsprechende Technologie ebenso vergrößert hat wie das Vertrauen in die Marke. Auch Massimo Banzi verdient sein Geld damit, dass er in seiner Design-Firma auf Arduino basierende Produkte an die Wünsche der Kunden anpasst. Neben Computerplatinen bietet Arduino auch selbstentwickelte Bausätze, Bauteile für elektronische Geräte, die in Kleidung oder Accessoires eingebaut sind und am Körper getragen werden, sogenannte »wearables«, sowie 3D-Drucker, Werkzeuge, Handbücher und Workshops an.

Heute gibt es eine große, globale Community von Arduino-Anwendern mit zahlreichen regionalen Netzwerken und Gruppen, die jeweils an Mikroprozessorplatten für spezifische Anwendungen basteln. Schon im Jahr 2011 schätzte der Journalist Philipe Torrone, der für das *Make:magazine* schreibt, dass mehr als 300.000 Arduino-Prozessoren »irgendwo da draußen unterwegs sind« und »mehr als eine halbe Million Menschen in irgendeiner Weise mit der Plattform zu tun haben, angefangen von Studierenden bis zu denen, die sich nicht einmal bewusst sind, dass sie diese offene Plattform verwenden«.

Wie in jeder großen Community von Open-Source-Programmierern, die um eine vielseitige Plattform herum entsteht, gibt es zahlreiche selbstorganisierte Untergruppen, die sich mit jeweils spezifischen Produkten und Anwendungen beschäftigen. Dabei steht es den Technikern frei, ihre Zusammenarbeit selbst zu gestalten, die Technologie nach Belieben weiter zu entwickeln sowie die daraus entstehenden Produkte unter eigenem Markennamen zu verkaufen.

Unternehmen wie Technik-Enthusiasten sehen in der Open-Hardware-Plattform eine wichtige Infrastruktur für die Entwicklung einer neuen Ökonomie, die auf Kooperation und kollektivem Wissen aufbaut. Die Systeme sind nicht nur für uns vertraute Aufgaben wie die Fernsteuerung von Autos oder Haustüren geeignet, sondern sie haben auch großes Potenzial für die Produktion von billigen, aber leistungsstarken Smartphones, für Anlagen zur Sammlung, Aufbereitung und Verteilung von Wasser in abgelegenen Regionen oder für neue Systeme zur Erzeugung sauberer, erneuerbarer Energien.

Um aber das Potenzial offener Plattformen tatsächlich ausschöpfen zu können, ist es notwendig, das Wissen über die Möglichkeiten von Arduino in der Öffentlichkeit gezielter zu verbreiten. In dieser Hinsicht haben Arduino und andere offene Technologien noch einen weiten Weg zu gehen. Während mehrere Regierungen offene, digitale Technologien auf ihre Tagesordnung gesetzt haben, um die wirtschaftliche und soziale Entwicklung ihrer Länder auch durch Informationstechnologien voranzutreiben, gib es kaum öffentliche Schulen, die das Potenzial der Open-Source-Prinzipien erkannt haben und das Wissen über Open-Source-Software und -Hardware an ihre Schülerinnen und Schüler weitergeben. Fast überall haben Regierungen und Schulen die Open-Source-Revolution verschlafen. Sie schließen lieber Verträge mit Unternehmen wie Microsoft, Oracle oder SAP und kaufen dann deren proprietäre Software, um ihre Schülerinnen und Schüler damit und darin zu unterrichten. Auch das öffentliche Beschaffungswesen ist in dieser

Hinsicht blind. Zudem hat sich die Software-Industrie jeglichen Versuchen von Regierungen und internationalen Institutionen, standardmäßig quelloffene Software einzufordern, aggressiv widersetzt. Heute geben Regierungen routinemäßig Milliarden Dollar jährlich aus, um sich über die Software-Nutzungslizenzen an die Technologie großer Konzerne zu binden, anstatt Open-Source-Technologien einzufordern und zu unterstützen, um so den Wettbewerb anzuregen, die Preise zu senken und die Abhängigkeit von proprietären Anbietern zu verhindern.

Es gibt jedoch auch einige Lichtblicke. So wurde etwa ein globaler Roboter-Wettbewerb namens RoboCup für Schulen (inklusive Grundschulen) ausgeschrieben, bei dem in mehreren Wettbewerbsrunden Arduino-Bausätze für den Bau und die Programmierung der Roboter verwendet wurden.[3] Einige große Unternehmen wie Intel oder MediaTek mit ihren eigenen, proprietären Mikroprozessoren haben entschieden, Produkte zu entwickeln, die mit Arduino-Plattformen kompatibel sind, und damit deren Anwendungsbereich und Attraktivität erhöht. Die Regierungen haben es jedoch bislang versäumt, Arduino und andere Open-Source-Technologien als Schwerpunkt ihrer Arbeit zu begreifen und das Thema in ihre Bildungsprogramme zu integrieren. Besonders kleinere Volkswirtschaften, die ansonsten von teuren ausländischen Technologien mit restriktiven Urheberrechten abhängen, könnten davon profitieren.

Arduino ist eines jener seltenen Commons, bei denen es gelang, stabile kooperative Beziehungen zu erhalten und gleichzeitig am Markt erfolgreich zu sein. Sein Ansatz offener Technologie hat die Innovation in Sachen Computer-Hardware deutlich vorangetrieben und zugleich die wirtschaftlichen Möglichkeiten für Millionen Menschen verbessert.

Julio Sanchez Onofre arbeitet als Technikjournalist für die Zeitung *El Economista* in Mexico City.

3 | Siehe: www.robocup.org (Zugriff am 14. Mai 2015).

OpenSPIM: Ein Hightech-Commons für Forschung und Lehre

Jacques Paysan[1]

Das Betrachten und Verstehen sehr kleiner, für das bloße Auge unsichtbarer Strukturen ist für die Forschung enorm wichtig. So werden beispielsweise die Spitzen regenerierender Nervenfasern auf beschichteten Nanostrukturen beobachtet, um Implantate für die Heilung von Lähmungen zu entwickeln.[2] An die Mikroskopie stellt das enorme Anforderungen. Und obwohl der Bedarf an Hochleistungsmikroskopen beträchtlich ist, gibt es weltweit nur eine Handvoll Hersteller solcher Instrumente. Das liegt unter anderem daran, dass die Fertigung hochwertiger Optik höchste Ansprüche an Präzision und Stabilität stellt. Je kleiner die zu beobachtenden Strukturen sind, desto größer werden die damit verbundenen Probleme. Jeder Fehler wird gewissermaßen mit vergrößert. Schon eine Abweichung von nur einem tausendstel Millimeter kann zu deutlich sichtbaren Störungen führen. Selbst bei exakter theoretischer Kenntnis bleibt die Produktion von Hochleistungsmikroskopen schwierig. Dass sich ausgerechnet in diesem Hightech-Gebiet mit SPIM und OpenSPIM Projekte etabliert haben, in denen Wissenschaftler und Techniker auf mehreren Ebenen nach Commons-Prinzipien kooperieren, ist bemerkenswert.

SPIM ist ein Akronym für »Selective Plane Illumination Microscopy«, die auch als Lichtblatt- oder Lightsheet-Mikroskopie bezeichnet wird. Ihre Besonderheit liegt in der Art, wie das betrachtete Objekt im Mikroskop beleuchtet wird. In konventionellen Geräten geschieht dies entlang der sogenannten optischen Achse[3] – entweder durch eine Linse (Kondensor), unter dem Objekt entgegen der Blickrichtung (Durchlichtmikroskopie) oder durch das Betrachtungsobjektiv in Blickrichtung (Auflichtmikroskopie). Im Lichtblattmikroskop wird die Probe hingegen senkrecht zur optischen Achse beleuchtet, und zwar durch eine zusätzliche Optik von der Seite her. Diese Technik wurde erstmals zu Beginn des 20. Jahrhunderts von Richard Zsigmondy und Henry Siedentopf im sogenannten Ultramikroskop von ZEISS eingesetzt. Mit diesem Mikroskop ließen sich fortan selbst kleinste Partikel in Flüs-

---

1 | Mit herzlichem Dank an Jan Huisken für die kritische Durchsicht des Manuskripts.

2 | www.ncbi.nlm.nih.gov/pmc/articles/PMC4196919/figure/pone-0109770-g006/ (Zugriff am 5. März 2015).

3 | Die optische Achse ist die gerade Linie vom Objekt zum Bild durch die Symmetrieachsen aller optischen Linsen eines Mikroskops.

sigkeiten oder Glas beobachten, sogenannte Kolloide. Zsigmondy wurde für seine Arbeiten zu diesem Thema 1925 mit dem Nobelpreis für Chemie geehrt.

Um die Besonderheit von SPIM zu verstehen ist es hilfreich, sich einige Grundlagen der Mikroskopie vor Augen zu führen. Im Durchlichtmikroskop werden Strukturen sichtbar, die das Licht absorbieren und deshalb dunkler wirken. Im Auflicht- und im Ultramikroskop betrachtet man hingegen Strukturen, die das eingestrahlte Licht reflektieren oder streuen. Ein Spezialfall ist das Fluoreszenzmikroskop, in dem das eingestrahlte Licht dazu dient, spezifische Strukturen innerhalb des beobachteten Objekts zum Fluoreszieren anzuregen. Die Fluoreszenzmikroskopie hat in den letzten Jahrzehnten stark an Bedeutung gewonnen. Durch verschiedene biogene Farbstoffe wie dem »Grün Fluoreszierenden Protein« (GFP) und seinen Varianten können nun auch Prozesse in lebenden Zellen, in ganzen Organen oder sogar in intakten Organismen beobachtet werden. Das Problem dabei ist die hohe Lichtintensität, die zur Fluoreszenzanregung erforderlich ist. Die Probe wird dabei einer so hohen Helligkeit ausgesetzt, dass nach kurzer Zeit die Farbstoffe ausbleichen und die betrachteten Proben absterben. Besonders groß wird dieser Schaden dadurch, dass das Anregungslicht entlang der optischen Achse das gesamte Objekt durchquert und diese Durchflutung bei dreidimensionalen Objekten für jede Betrachtungsebene wiederholt werden muss.

SPIM revolutioniert nun die Fluoreszenzmikroskopie genau an dieser Stelle durch einen eleganten Trick: Hierbei wird nur genau die Ebene des Objekts durch ein dünnes Lichtblatt beleuchtet, die man auch tatsächlich betrachten will. Der Rest des Objekts bleibt im Dunkeln. Anders gesagt: Bei SPIM werden die Punkte ober- oder unterhalb der Brennebene gar nicht erst zum Leuchten angeregt. SPIM erzeugt so ganz nebenbei einen optischen Schnitt durch dreidimensionale Objekte, der in der konfokalen Mikroskopie nur durch ein aufwändiges, punktweises Abtasten des Objekts ermöglicht werden kann. Das System wird dadurch extrem schnell, da die gesamte beleuchtete Ebene mit einer Hochgeschwindigkeitskamera abfotografiert werden kann. Dies ermöglicht, auch intakte lebende Proben über Stunden oder sogar Tage aus mehreren Richtungen zu beobachten, ohne dadurch die Probe zu zerstören.

Typische Anwendungen für SPIM sind die Beobachtung der Entwicklung von Larven und Embryonen etwa von Fischen oder Insekten, das Wachstum von Tumoren und Organoiden oder das Auswachsen von Nervenfasern. SPIM hat schnell eine begeisterte Anhängerschaft unter Forschern gewonnen, die sich für nicht-invasive Mikroskopie an lebenden Organismen interessieren.

In den vergangenen zehn Jahren wurden weltweit um die 100 SPIM-Mikroskope von einer eng vernetzten und sich rasch vergrößernden Community gebaut, zumal kein ausgereiftes System kommerziell erhältlich war[4].Im September 2014 fand schließlich die »1. International Lightsheet Fluorescence Microscopy Tagung«[5] in Barcelona statt, zu der sich Mitglieder dieser Community sowie interessierte Wissenschaftlerinnen und Wissenschaftler aus aller Welt zum Gedankenaustausch

4 | Ein erstes käufliches Lightsheet-Mikroskop brachte ZEISS im Oktober 2012 auf den Markt.

5 | Siehe: www.lsfm2014.com/ (Zugriff am 14. Mai 2015).

trafen. Auf dieser Tagung sprachen auch Jan Huisken und Ernst Stelzer, die als Erfinder von SPIM gelten. Denn SPIM entstand im Ergebnis akademischer Forschung, maßgeblich durch die Arbeit von Jan Huisken, der die Technologie als Doktorand in der Arbeitsgruppe von Ernst Stelzer am renommierten European Molecular Biology Laboratory (EMBL) in Heidelberg technisch realisierte und später an der University of California in San Francisco an biologische Fragestellungen anpasste. Seit Huisken eine eigene Arbeitsgruppe am Max-Planck-Institut für Molekulare Zellbiologie und Genetik in Dresden leitet, hat sich dort eine kreative Keimzelle für SPIM etabliert.

Abbildung 1: Eine OpenSPIM-Aufnahme von einem 48 Stunden alten, lebenden Zebrafisch-Embryo, in dem bestimmte Strukturen wie das Nervensystem und Zellkerne mit Grün-Fluoreszierendem Protein (GFP) markiert sind

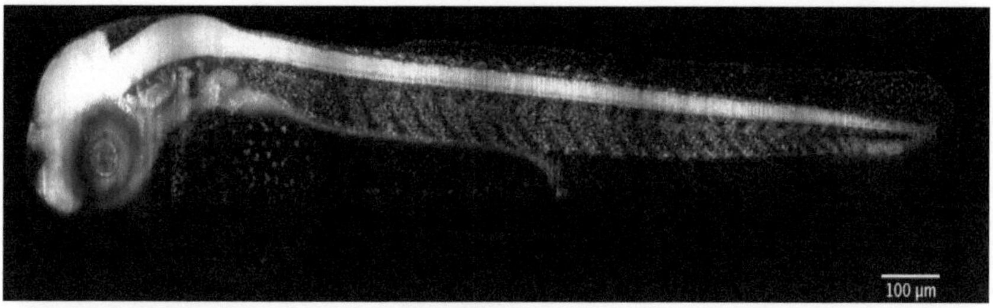

Quelle und Lizenz: openspim, via: http://openspim.org/Welcome_to_the_OpenSPIM_Wiki; CC BY-SA 3.0

Abbildung 2: OpenSPIM in einem Koffer

Quelle und Lizenz: openspim via: http://openspim.org/Gallery; CC BY-SA 3.0

Dort sei auch, so twitterte sein Kollege Pavel Tomancak[6], in der Kantine aus dem Traum eines tragbaren »SPIM in a suitcase« die Idee für OpenSPIM entstanden. Gefördert durch das internationale Forschungsprogramm Human Frontiers Scientific Program (HFSP) materialisierte sich die Idee in Form eines Wikis[7], das, dem Grundgedanken der Commons entsprechend, unter einer Copyleft-Lizenz (CC BY-SA 3.0) steht. In diesem Wiki ist nicht nur die exakte Bauteilliste des Prototyps zu finden, sondern auch eine animierte Bauanleitung, nach der ein solches System in 14 einzelnen Schritten innerhalb von einer Stunde zusammengebaut werden kann.

Abbildung 3: Das fertig montierte OpenSPIM aus der offenen Bauanleitung

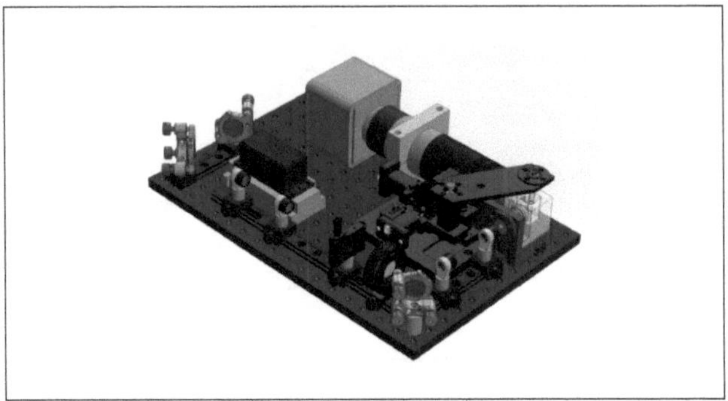

Quelle und Lizenz: openspim via: http://openspim.org/Step_by_step_assembly; CC BY-SA 3.0

Das OpenSPIM-Projekt verschrieb sich dabei von Anfang an den »Open Hardware«[8]- und »Open Software«-Prinzipien (Pitrone et al. 2013).

Um die Leistung zu begreifen, muss man verstehen, wie anspruchsvoll die Steuerung und Datenauswertung für ein solches System ist. Ein SPIM-Mikroskop kann, je nach Konfiguration, 100 Megabyte und mehr Daten pro Sekunde erzeugen. Unter Umständen tagelang. Schon das zuverlässige Abspeichern solcher Datenmengen ist herausfordernd, denn einzelne Datensätze können bis zu mehreren Terrabyte groß sein. Sie müssen verarbeitet, analysiert und dargestellt werden, wozu wiederum eine spezielle Software erforderlich ist, die Cloud-Computing – die Durchführung von aufwändigen Rechenprozessen im Rechnernetzwerk – unterstützen muss. Derartige Datenmengen können derzeit nur sehr begrenzt auf einzelnen Rechnern verarbeitet werden.

Die offene Struktur von OpenSPIM bietet ein effizientes Fundament zur Bewältigung solcher Aufgaben. So wurden ausschließlich Open-Source-Arduino-Elektro-

6 | Siehe: https://twitter.com/paveltomancak/status/295319377778204673 (Zugriff am 29. Januar 2015).

7 | Siehe: www.openspim.org (Zugriff am 5. Januar 2015).

8 | Siehe dazu auch den Beitrag von Dorn Cox in diesem Buch (Anm. der Hg.).

nikbauteile verbaut[9] und der Betrieb des Systems wird durch die freie Software µManager gesteuert. Die Datenauswertung ist in Form spezialisierter Plug-Ins in das Open-Source-Software-Projekt Fiji/ImageJ integriert, einem umfangreichen Open-Software-Projekt für die Analyse und Bearbeitung wissenschaftlicher Bilddaten, wozu insbesondere das Team um Pavel Tomancak vom MPI in Dresden beigetragen hat. Diese Arbeitsgruppe machte sich aber nicht nur als Keimzelle von OpenSPIM einen Namen, sondern genießt in der SPIM-Community auch wegen ihrer unermüdlichen Unterstützung von OpenSPIM-Projekten einen hervorragenden Ruf. Ihre Anstrengungen, die erforderlichen Kenntnisse in Workshops, Tagungen oder in direkten akademischen Kooperationen und durch Beiträge zum OpenSPIM-Wiki weiterzugeben, sind enorm.

Seit dem Start von OpenSPIM vor zwei Jahren wurden sieben OpenSPIM-Systeme weltweit im Wiki eingetragen.[10] Die Anzahl der nicht auf diese Weise dokumentierten und veröffentlichten Systeme ist unbekannt, weitere Systeme befinden sich zweifellos im Bau. Das Interesse an OpenSPIM ist jedenfalls erheblich. Interessierte Studierende und Wissenschaftler nutzen jede sich bietende Gelegenheit, um sich mit dem System vertraut zu machen. Experten sagen, dass OpenSPIM technisch nicht an die Standards kommerzieller und hochentwickelter Selbstbau-Systeme heranreicht, aber aufgrund der viel geringeren Kosten rückt es für ein breiteres Publikum in greifbare Nähe. So wird beispielsweise ein Einsatz in Universitäten solcher Länder denkbar, für die aufgrund ihrer niedrigen Forschungsbudgets andere Systeme unerschwinglich sind. Auch für Lehrzwecke kommt OpenSPIM in Frage. In Verbindung mit seiner offenen Konstruktion hat es einen didaktischen Wert, der jedes andere System in den Schatten stellt. Denn wer OpenSPIM baut, der kann es nicht nur nutzen. Er wird es auch verstehen. Darüber hinaus macht OpenSPIM Wissenschaft transparenter, Forschungsergebnisse können von anderen Forschenden leichter nachvollzogen und verifiziert werden, was dazu beiträgt, die Glaubwürdigkeit und Reproduzierbarkeit wissenschaftlicher Experimente zu sichern.

Ob OpenSPIM sich weiter entfaltet oder ein spannendes Nischenprojekt bleibt, wird die Zukunft entscheiden. Es wird wesentlich davon abhängen, ob die SPIM-Community (einschließlich der Selbstbauexperten und sogar der kommerziellen Anbieter) sich in Zukunft als aktive Commoners begreifen und – bei aller Begeisterung über Reiz und Nutzen der Technologie – ihre eigenen Beiträge und Weiterentwicklungen zum Nutzen aller in das Projekt zurückfließen lassen. Wenn aber – bewusst oder unbewusst – die Plattform nur als Startrampe für proprietäre »Geheimprojekte« von Eigenbrötlern missbraucht wird, dann droht die Gefahr, dass auch die Initiatoren sich schließlich vom hohen Aufwand erschöpft wieder ihren »Privatinteressen« zuwenden.

---

9 | Siehe den Beitrag von Julio Sanchez über Arduino in diesem Buch (Anm. der Hg.).

10 | Man darf OpenSPIM und die Selbstbau-SPIM-Systeme nicht verwechseln. Letztere sind teilweise hochspezialisierte Systeme, die mit hohem technischen und finanziellen Aufwand für spezifische Forschungsanwendungen gebaut wurden. Die Kosten für solche Systeme können, je nach Ausstattung, einige 100 Tausend Euro betragen. Die Kosten für ein OpenSPIM liegen, ebenfalls je nach Ausstattung, bei einigen 10 Tausend Euro.

Aber man kann optimistisch sein: Im Januar 2015 wurde die Lichtblattmikroskopie von der renommierten Fachzeitschrift *Nature Methods* zur Methode des Jahres 2014 gewählt.[11] Das ist auch Rückenwind für OpenSPIM als High-Tech-Commons.

Jacques Paysan ist promovierter Neurobiologe, Commons-Fan und SPIM-Experte. Er lebt im Jagsttal in Baden-Württemberg.

11 | Siehe: www.nature.com/nmeth/journal/v12/n1/full/nmeth.3251.html (Zugriff am 5. Januar 2015).

COMMONS FÜR WISSEN UND CODE

Just realizing that ›open source‹ and ›encrypted‹ are the ›fair trade‹ and ›organic‹ of the software world.
Nadim Kobeissi (via Twitter)

Die Geschichte von LibreOffice

Oder: Wie proprietäre Software zu einem Commons wurde

Mike Linksvayer

Seit den frühen 1990er Jahren hält Microsoft ein lukratives Quasi-Monopol auf das Office-Software-Paket, das heißt auf Anwendungen wie Textverarbeitung, Tabellenkalkulationen, Präsentationen und Datenbanken. Allein 2013 machte die Firma damit einen Gewinn von 16 Milliarden US-Dollar bei einem Verkaufserlös von 24 Milliarden USD. Das ist ein bemerkenswerter Vermögenstransfer von unten nach oben, von Software-Anwendern zu Microsoft. Möglich wird er durch das Copyright, Microsofts Geheimhaltungspolitik sowie den machtvollen Netzwerkeffekt, der sich aus der weiten Verbreitung von Microsoft-Programmen ergibt.

Microsoft nutzte jeden nur erdenklichen Trick, um dafür zu sorgen, dass die Nutzerinnen und Nutzer dieser Büro-Software von ihr abhängig bleiben. So wurden beispielsweise die technischen Einzelheiten der Programme bewusst mangelhaft dokumentiert. Daher konnten andere Programme nicht fehlerfrei mit Microsoft Office interagieren. Da das für viele Unternehmen und Anwender inakzeptabel ist, gelang es Microsoft im Endeffekt, seine Marktdominanz und die hohen Gewinne *durch* die Inkompatibilität mit anderen Systemen zu verteidigen.

Die Ironie der Geschichte ist, dass Software-Entwickler technisch längst in der Lage waren, das Internet zu nutzen, um online Bürosoftware kooperativ zu programmieren. Das wurde von einer breiten Öffentlichkeit jedoch erst wahrgenommen, als sich in den 1990er-Jahren Entwickler zusammenschlossen, um jenseits großer, proprietärer Software-Firmen gemeinsam das Betriebssystem GNU/Linux sowie die Webserver-Software Apache zu entwickeln. Der Erfolg dieser und anderer Open-Source-Projekte setzte viele Vertriebsorganisationen proprietärer Software unter Druck, weil Konsumenten und Entwickler nunmehr die Alternativen sahen. Sogar Konzerne wie IBM und Intel sahen inzwischen einen Geschäftsvorteil darin, sich an der Entwicklung von Open-Source-Software zu beteiligen. Der Code wäre zwar für alle frei zugänglich, aber mit technischer Unterstützung und Serviceleistungen oder dadurch, dass die Programme den Bedürfnisse der Kunden angepasst würden, konnte man immer noch Geld verdienen.

Die Freiheit(en) der Software-Anwender zu garantieren, erwies sich jedoch als schwieriger als gedacht. Regelmäßig sagten Programmierer voraus, das kommende Jahr werde das »Jahr des Linux-Rechners«, das Jahr, in dem Open-Source-Anwendungen weite Verbreitung fänden. Doch nie wurde etwas daraus. Ein Lichtblick war OpenOffice.org, ein ursprünglich von einem Unternehmen kontrolliertes Textverarbeitungsprogramm, das von engagierten Software-Entwicklern gänzlich unerwartet zu einem echten Software-Commons gemacht wurde.

Die Geschichte begann, als Sun Microsystems, einst Pionier offener Systeme, den Wettbewerbsdruck von GNU/Linux zu spüren bekam. Mit keinem geringeren Ziel, als Microsoft vom ersten Platz zu verdrängen, kaufte Sun im Jahr 2000 die deutsche Firma MillenniumX Software und gab eine Open-Source-Version von StarOffice unter dem Namen »OpenOffice.org« (OOo) heraus.

Da OOo von einem Unternehmen kontrolliert war, war es nicht wirklich ein Commons. Aber immerhin eine vollständige Büro-Software mit allen wesentlichen Anwendungen, die – wenn auch mit einigen Ecken und Kanten – grundsätzlich dialogfähig war mit den Programmen von Microsoft und damit mit dem Rest der Welt. Das motivierte viele Nutzer unfreier Microsoft- und Apple-Systeme, OOo zu installieren, dabei noch Geld zu sparen und mehr über Open Source zu erfahren.[1]

Es war jedoch von Anfang an unklar, wie Sun mit betriebsfremden Entwicklern (zusammen)arbeiten würde. Ebenso unklar war, ob OOo das Quasi-Monopol von Microsoft würde brechen können. Trotz seiner relativ progressiven Unternehmensethik behielt sich Sun die absolute Kontrolle über das OOo-Projekt vor, weil es ein Software-Gesamtpaket entwickeln wollte. Das wiederum hielt externe Entwickler davon ab, sich an der Weiterentwicklung von OOo zu beteiligen. Sie begannen stattdessen 2002, ihre eigenen OOo-Versionen voranzutreiben, die sie anstelle der Versionen von Sun-Software in häufig verwendete Linux-Distributionen einbauten. Es war, als könnte man die Commoners durch nichts davon abhalten, Software-Commons zu produzieren.

Eine weitere treibende Kraft in diesem Prozess war das Open-Document-Format (ODF). Das war im Grunde ein groß angelegter Standardisierungsversuch, eine Reihe von offenen und vollumfänglich dokumentierten Dateiformaten für Büro-Anwendungsprogramme zu schaffen, um sicherzustellen, dass Anwendungen von verschiedenen Anbietern und Communities reibungslos miteinander funktionierten. Das sollte eine wesentliche Ursache der Abhängigkeit von einzelnen Anbietern eliminieren. OOo gehörte zu den ersten Anwendungen, die seit 2005 das Open-Document-Format unterstützten.

Microsoft versuchte auch diesen Standardisierungsprozess mit dem konkurrierenden Format OOXML mit aller Kraft zu unterlaufen. Die Firma versah die hausinterne Software mit proprietären Erweiterungen zu OOXML und konnte so die Kontrolle über die Dokumentformate zurückgewinnen und die Nutzer davon abhalten, zur Konkurrenz zu wechseln.

Während also Microsoft der Hinwendung zur Software-Allmende einen Knüppel zwischen die Beine werfen konnte (was an den aktuellen Gewinnen ablesbar ist), hat ODF sowohl technische als auch strategische Fortschritte gemacht und seine Durchsetzungschancen verbessert: etwa durch die gute Interoperabilität zwi-

1 | Der technische »Stammbaum« – die technischen Entwicklungsschritte – von OOo ist hier zu finden: https://commons.wikimedia.org/wiki/File:StarOffice_major_derivatives.svg?uselang=de (Zugriff am 15. Februar 2015).

schen verschiedenen Programmen oder dadurch, dass mehrere öffentliche Institutionen nur noch den Erwerb von ODF-kompatibler Software zuließen.

Trotz Microsofts Weigerung, offene Formate zuzulassen konnte OOo also zur wichtigsten Alternative zu Microsoft werden, teilweise auch wegen der Reibungsverluste zwischen proprietären Anbietern. Das Unternehmen Sun aber, das die OOo-Entwicklung weiterhin streng kontrollierte, war Ende der 2000er-Jahre in Schwierigkeiten. Sein Kerngeschäft mit Serverhardware war durch die Konkurrenz von Linux stark in Mitleidenschaft gezogen. Die Aussichten wurden für OOo noch trüber, als der Software-Riese Oracle schließlich Sun wegen seiner Server und Java-Technologie aufkaufte. Das Schicksal schien besiegelt: OOo würde sich als nicht profitabel erweisen und von Oracle aufgegeben werden.

Das bestärkte die OOo-Community darin, die entscheidenden Schritte zu gehen, um OOo von einem auslaufenden Nebenprodukt eines Unternehmens zu einem lebensfähigen Software-Commons zu machen. Sie »forkten« das Projekt – begannen also einen eigenständigen, neuen Entwicklungsprozess – und riefen LibreOffice ins Leben. Nahezu alle Entwickler außerhalb von Oracle und Sun schlossen sich dem neuen Projektzweig an und fast alle Linux-Distributionen beabsichtigten, künftig LibreOffice (statt OOo) an ihre Nutzer weiterzugeben. Mit der Gründung der Document Foundation, einer nicht gewinnorientierten Organisation aus Deutschland, sicherte sich die Gemeinschaft langfristig die Kontrolle über das Projekt.

Alles ging sehr schnell. Doch das war nur möglich, weil fast ein Jahrzehnt an Gemeinschaftsprozessen und Commoning rund um OOo-Entwicklungen außerhalb von Sun und das stetige Engagement für ODF den Boden dafür bereitet hatten.

Wie zu erwarten, beendete Oracle daraufhin die Entwicklung von OOo. Aber anstatt mit dem neuen LibreOffice zusammenzuarbeiten, übergab die Firma den OOo-Code der Apache Software Foundation, einem Treuhänder von Open-Source-Projekten. Das jedoch führte zu unnötigen Reibereien zwischen den Unterstützern von LibreOffice und einer weiteren Abspaltung, Apache OpenOffice. Doch da – wenn zwei Open-Source-Projekte weitgehend am gleichen Code arbeiten – die Motivation groß ist zu kooperieren, verwendet LibreOffice schlicht auch Code von Apache OpenOffice.

LibreOffice hat eindeutig Herz und Hirn der freien und Open Source Community gewonnen, indem es allen sehr leicht gemacht wurde beizutragen, aber unmöglich, dass eine Gruppe die Kontrolle über die Projektorganisation an sich reißt. Infolge dessen haben sich seit der Abspaltung sowohl die Funktionen von LibreOffice, als auch die Benutzeroberfläche und die Kompatibilität mit Microsofts quasi-proprietären Formaten stark verbessert. Das hat LibreOffice gegenüber Microsoft in eine stärkere Position gebracht, als seine Vorgänger sie je hatten. Der Bekanntheitsgrad nahm noch zu, seit das Programm auch in großen Institutionen, wie der Münchner Stadtverwaltung, angewendet wird. Die komplette österreichische Justiz hat circa 12.000 Computer vollständig auf Open Source umgestellt, mit allen notwendigen Erweiterungen und Anpassungen.

Während diese Entwicklungen den Angriff von LibreOffice auf Microsofts Quasi-Monopol beschleunigt haben, führte die Verlagerung der Datenverarbeitung vom

Personalcomputer in die Cloud[2] sowie auf mobile Endgeräte zum gegenteiligen Ergebnis. Google Docs etwa wurde zu einem wichtigen Instrument für viele Organisationen, weil es online Programme anbietet, mit denen man in Echtzeit gemeinsam an Dokumenten arbeiten kann. Sie laufen auf Google Servern und können vom eigenen Webbrowser aus genutzt werden. Google Docs erwirtschaftet zwar keinen derart hohen Gewinn wie Microsoft mit seinem Quasi-Monopol auf Büro-Software, aber dieses Vorgehen führt zu einem noch unmittelbareren Kontrollverlust der Anwender als bisher: Google kann die Software jederzeit ändern und hat Zugriff auf alle Dokumente die online editiert und gespeichert werden. Microsoft hat eine eigene Online-Version von Office entwickelt, mit denselben Eigenschaften wie Google Docs – das treibt Commoners einmal mehr in eine Aufholjagd. LibreOffice Online gab es als Prototyp bereits seit 2011, doch erst in jüngster Zeit nimmt sich ein Entwicklerteam wirklich des Projektes an. Ab 2016 könnte LibreOffice Online eine robuste und verlässliche Alternative zu den konzernkontrollierten Dienstleistungen für Online-Zusammenarbeit sein.

Das Muster wiederholt sich: Unternehmen erweisen sich immer wieder als schlechte Sachwalter von Open-Source-Projekten, und daraufhin rebelliert die Community. Das war beim Datenbank-Programm MySQL nicht anders. Die commons-basierte Abspaltung nach der Oracle-Zeit firmiert unter MariaDB. Doch LibreOffice und ODF-Standards deuten das große Potenzial offener Verwaltungs- und Entwicklungsprozesse an, und sie verweisen darauf, dass sich auch die Politik für commons-basierte Software einsetzen und dafür den geeigneten gesetzlichen Rahmen schaffen kann. Tatsächlich ändert sich etwas. Um Kompetenz vor Ort zu stärken oder aus Gründen nationaler Sicherheit fordern Regierungen die Überprüfung von Open-Source-Optionen in der Software-Beschaffung (Italien), sie verbannen Windows 8 von den Computern der öffentlichen Verwaltung (China) und unterstützen offene Formate (Großbritannien).

Mike Linksvayer ist Vorstandsmitglied der Software Freedom Conservancy, einer Non-Profit-Organisation, die sich für Freie Software einsetzt, sowie von OpenHatch und AcaWiki. Er ist Mitglied des Open Definition Advisory Council sowie des Steuerungskomitees von Snowdrift.coop. Zwischen 2003 und 2012 war er Technischer Leiter und Vizepräsident von Creative Commons.

2 | Bezieht sich auf »Cloud Computing« und meint das Nutzen und Speichern von Daten in einem entfernten Rechenzentrum (Anm. der Hg.).

OpenCourseWare und Open Education

Neue Chancen des Lernens

Mary Lou Forward

Die Welt wird zunehmend digitalisiert, doch die meisten Bildungssysteme haben die Möglichkeiten der neuen Technologien noch nicht ausgeschöpft. Die Open-Education-Bewegung versucht diese Lücke zu schließen – über einen einfacheren und günstigeren Zugang zu allen möglichen Lernmitteln wie Bücher, Artikel, Datenbanken, oder Videos. Durch offene Netzwerke und Inhalte ermöglicht Open Education zudem die Interaktion zwischen Studierenden und Lehrenden, die weit voneinander entfernt sind. So ergeben sich ganz neue Möglichkeiten des Lernens.

Open Education basiert auf drei Grundideen: Bildung ist entscheidend für die persönliche und gesellschaftliche Entfaltung; Bildung ist im Kern eine Frage des offenen Teilens und baut auf bereits existierendem Wissen auf; und die Digitalisierung sowie das Internet haben beispiellose Möglichkeiten des Austauschs geschaffen, um Bildung weltweit zu verbessern. Open Education geht es darum, einen gewaltigen Pool an Inhalten, Materialien und Methoden zu schaffen, die für alle zugänglich und verwendbar sind. Die Bewegung hat einen ausgeprägten Sinn für Zusammenarbeit in der Entwicklung neuer Methoden, die auf die Bedürfnisse jedes Lernenden eingehen.

Der Big Bang, der Open Education ans Licht der Welt verhalf, war die Ankündigung des Massachusetts Institute of Technology (MIT) im Jahr 2001, seine gesamten Lehrinhalte für die Welt zu öffnen. Der damalige MIT-Präsident Charles Vest bat ein Komitee von Professorinnen und Professoren zu untersuchen, wie das MIT das Internet nutzen könne, um Wissen und Bildung wirksamer zu verbreiten. Dieses Komitee empfahl der Universität, alle Lehrinhalte, einschließlich der Bachelor- und Master-Kurse sowie der Materialien für Promovierende zu digitalisieren und online zu stellen.[1] Das MIT nannte seine Initiative »OpenCourseWare« (OCW).

Der Lehrkörper kam zu dem Schluss, dass es besser wäre, all jenen das Lehrmaterial zur Verfügung zu stellen, die sich damit auseinandersetzen wollten, als ein kommerzielles Online-Bildungsprogramm ins Leben zu rufen, wenn es um

1 | Für weiterführende Informationen zu OCW am MIT siehe: d'Oliveira, C., St. Carson, K. James und J. Lazarus: »MIT OpenCourseWare: Unlocking Knowledge, Empowering Minds«, *Science*, Vol. 329, Nr. 5991, 30. Juli 2010, S. 525-526, www.sciencemag.org/content/329/5991/525.full.

die Verbreitung von Wissen und die Förderung von Bildung ging. Zu dieser Zeit etablierte Creative Commons gerade seine standardisierten, öffentlichen Lizenzen, um es den Copyright- bzw. Urheberrechts-Inhaberinnen und -Inhabern zu ermöglichen, den Austausch, die Weiterverwendung und die Bearbeitung urheberrechtlich geschützter Inhalte vorab zu autorisieren.[2]

Die MIT-OpenCourseWare-Initiative beschloss, Creative-Commons-Lizenzen zu nutzen, um den Nutzerinnen und Nutzern weltweit zu erlauben, ihre eigenen Übersetzungen anzufertigen und alles frei weiter zu verbreiten: von Physikvorlesungen bis zu Mathematikaufgaben.

Schon bald darauf erkannten auch andere Universitäten, wie wirksam diese Art des offenen Teilens für die Weiterentwicklung der Bildungspraxis war, und sie begannen, eigene offene Kurse ins Leben zu rufen. Es entstand ein vielfältiges Angebot von frei zugänglichen Lernmaterialien, das in seiner Gesamtheit als Open Educational Resources (OER) bezeichnet wurde. Menschen aus der ganzen Welt hatten sie geschaffen. Gruppen gründeten sich, um OER in andere Sprachen zu übersetzen, Online-Archive anzulegen und die internationale Zusammenarbeit zu fördern.

Über das Projekt »Open Source Opencourseware«-Prototyp[3] wurde die Arbeit von mehr mehr als 2.000 Freiwilligen organisiert und koordiniert, die über 3.500 offene Kurse ins Chinesische übersetzten. An der Rice Universität haben das OER-Commons[4] und das Connexions-Projekt – das sich heute Open Stax College[5] nennt – zwei der frühesten OER-Archive geschaffen. Zur Unterstützung wurde 2005 das OCW-Konsortium gegründet, das sich 2014 in Open Education Consortium umbenannte. Es ist inzwischen zu einem Verband von hunderten Institutionen und Organisationen der höheren Bildung herangewachsen.

In jüngster Zeit haben auch Regierungen begonnen, offene Bildung zu fördern. Das US-Amerikanische Arbeitsministerium legte 2010 ein Förderprogramm auf, in dem über einen Zeitraum von vier Jahren zwei Milliarden US-Dollar zur Verfügung gestellt werden. Es sollten Bildungsinstitutionen dabei helfen, jene Programme zu verbessern, in denen Qualifikationsangebote für Tätigkeiten gemacht werden, für die es einen hohen Bedarf gibt. Alle Unterrichtsmaterialien, die mit Hilfe dieses Förderprogramms entwickelt werden, müssen offen lizenziert werden. Es ist die erste Regierungsinitiative der Welt, die die Entwicklung und Nutzung von OER finanziert. Auch andere Regierungen bewegen sich nun darauf zu. Im Jahr 2012 hat die UNESCO die OER-Deklaration von Paris formell übernommen.[6] Und 2013 hat die Europäische Kommission ein Programm zur Förderung von OER begonnen.[7]

---

2 | Einen guten Überblick über die Geschichte von Creative Commons bietet: www.wired.co.uk/news/archive/2011-12/13/history-of-creative-commons (Zugriff am 30. März 2015).

3 | In Chinesischer Sprache: www.myoops.org/twocw (Zugriff am 30. März 2015).

4 | Siehe: www.oercommons.org (Zugriff am 30. März 2015).

5 | Siehe: http://cnx.org (Zugriff am 30. März 2015).

6 | Die Pariser Erklärung in deutscher Sprache: www.unesco.org/new/fileadmin/MULTIMEDIA/HQ/CI/CI/pdf/Events/oer_declaration_german_rev.pdf (Zugriff am 30. März 2015).

7 | Siehe: www.openeducationeuropa.eu (Zugriff am 30. März 2015).

Als das MIT sein OpenCourseWare-Programm angekündigt hatte, geschah das in der Annahme, dass es zumeist von Lehrkräften genutzt werden würde, die auf der Suche nach guten Unterrichtsmaterialien waren. Doch schnell wurde deutlich, dass die Mehrheit der Nutzerinnen und Nutzer in formelle und informelle Bildungsprozesse involvierte Einzelpersonen waren. Umfragen ergaben, dass jährlich mehr als 400 Millionen Menschen weltweit mit den qualitativ hochwertigen Lernmaterialien arbeiten. Sie tun dies aus den verschiedensten Gründen: um bei ihrer Arbeit eine bessere Leistung zu erbringen, um Fern- und Teilzeitkurse zu unterstützen oder um sich auf ein spezifisches Projekt vorzubereiten. Der Nutzen geht also weit über das ursprünglich Angedachte hinaus.[8]

Mit jedem Jahr, das verging, wurde die Palette und Vielfalt der Open-Education-Projekte breiter. Indonesien hat eine offene Bildungsstrategie entwickelt, um die teilweise auf der Geografie des Landes beruhende ungleiche Bildungsversorgung auszugleichen. Die Regierung plant, OER einzusetzen, um Lernmittel zu teilen, Lehrkräfte zu schulen, Materialien auf die lokale Gegebenheiten abzustimmen oder Fernunterricht anzubieten. Die Virtuelle Universität von Pakistan[9] nutzt OER als einen Weg, um Bildung für alle verfügbar zu machen, hybride Bildungsmodelle an den Universitäten einzurichten und den Studierenden zusätzliche Materialien zur Verfügung zu stellen.

In den USA brechen viele Studierende sogenannter »Community-Hochschulen« ihr Studium ab, weil sie sich die teuren Lehrbücher nicht leisten können. Als Reaktion darauf startete das Maricopa Community College, die größte Community-Hochschule des Landes, das sogenannte Maricopa-Millionen-Projekt. Es möchte in fünf Jahren die Kosten für die Studierenden um 5 Millionen US-Dollar reduzieren, indem OERs verwendet statt traditionelle Lehrbücher gekauft werden. Mit Unterstützung des Centers of Teaching and Learning wählt die Professorenschaft geeignete OER-Materialien für ihre Kurse aus, sodass die Studierenden ohne teure Lehrmittel auskommen. Im Vorlesungsverzeichnis sind diese Kurse dann als »kostenfrei« gekennzeichnet.[10]

Immer mehr Regierungen nutzen Open Education als eine Möglichkeit, Bildung effektiver und zugänglicher zu machen.[11]

Das Projekt **British Colombia Open Textbook**[12] entwickelt Dutzende von frei lizensierten Lehrbüchern zu den fortgeschrittensten Themen akademischer Ausbildung. Sie alle werden unter einer Creative-Commons-Lizenz veröffentlicht und

8 | Beispiele zu Nutzerprofilen sind hier zu finden: www.oeconsortium.org/projects/surveyresults/www.oeconsortium.org/wp-content/uploads/2013/11/OCW-User-Feedback-Report_Final_May-2013.pdf (Zugriff am 30. März 2015).

9 | Siehe: http://ocw.vu.edu.pk (Zugriff am 30. März 2015).

10 | Siehe: https://www2.maricopa.edu/welcome-to-the-maricopa-millions-oer-project (Zugriff am 30. März 2015).

11 | Beispielsweise Open Scotland: http://openscot.net oder OpeningUp Slovenia www.k4all.org/openingupslovenia/ (Zugriff am 30. März 2015).

12 | http://bccampus.ca/open-textbook-project (Zugriff am 30. März 2015). Das Projekt wird vom Bildungsministerium finanziert und vom BC Campus verwaltet.

sind kostenfrei im Ebook-Format bzw. zum Selbstkostenpreis als Print-On-Demand verfügbar.

Die **Open Learning Initiative** ist eine gemeinnützige Organisation, die OER nutzt, um Bildung in ländliche und verarmte Regionen dieser Welt zu bringen, von Ruanda bis Nepal.[13]

Andere Projekte wie **Flexible Learning for Open Education** spezialisieren sich darauf sicherzustellen, dass Materialien auch für Menschen mit Behinderungen zugänglich sind oder eingesetzt werden können, um Lernende mit anderen Lernpräferenzen zu unterstützen.[14]

Ob das Potenzial von OER in der Zukunft voll genutzt werden kann, wird davon abhängen, ob sich die Menschen desselben bewusst werden und welche neuen Initiativen sich entwickeln. Um die Möglichkeiten von OER noch sichtbarer zu machen, findet alljährlich eine Open-Education-Woche[15] statt, die die Bewegung und ihre Bedeutung für weltweites Lehren und Lernen ins öffentliche Bewusstsein rückt. Viel wurde in den vergangenen vierzehn Jahren erreicht, doch der Schwung den das OER-Projekt bereits erlebt hat, lässt auf eine noch größere und robustere Entwicklung in den kommenden Jahren hoffen.

Mary Lou Forward ist Geschäftsführerin des Open Education Consortium. Vorher war sie für Afrika im akademischen Austauschprogramm SIT Study Abroad zuständig.

13 | Siehe: www.ole.org (Zugriff am 30. März 2015).

14 | Siehe: http://floeproject.org (Zugriff am 30. März 2015).

15 | Siehe: www.openeducationweek.org (Zugriff am 30. März 2015).

Vorreiter des freien Wissens: Public Library of Science

Cameron Neylon

Der Genforscher und Nobelpreisträger Harold Varmus sowie zwei kalifornische Wissenschaftler, der Biochemiker Patrick Brown und der Biologe Michael Eisen, waren Ende der 1990er Jahre zunehmend frustriert über die mannigfaltigen Einschränkungen, denen sie sich gegenüber sahen, wenn sie wissenschaftliche Arbeiten teilen wollten.

Obwohl es die Wissenschaftlerinnen und Wissenschaftler sind, die langwierige und kostenintensive Forschung betreiben und zudem »peer reviews« erfahren, also eine Begutachtung durch unabhängige Gutachter aus dem gleichen Fachgebiet, halten die Verlage normalerweise die Verwertungsrechte an der Veröffentlichung ihrer Forschungsergebnisse in den kommerziellen Fachzeitschriften. Diese Zeitschriften wiederum werden für die weitere Forschung gebraucht, sind aber sehr teuer. In der Konsequenz können sich Bibliotheken die Abonnements wissenschaftlicher Zeitschriften oft nicht (mehr) leisten. Die Rechtslage erschwert zudem den Zugang, die Vervielfältigung und die Weitergabemöglichkeit für wissenschaftliche Beiträge und Forschungsergebnisse. Und das obwohl diese Publikationen häufig mit öffentlicher Finanzierung beziehungsweise an öffentlichen Hochschulen entstanden sind. In den USA liegt der Anstieg der Abokosten für Wissenschaftszeitschriften seit mehr als zehn Jahren über der Inflationsrate. Und allein die dortigen Universitäten geben derzeit mehr als zehn Milliarden US-Dollar jährlich für Abonnements aus. Sogar bestens ausgestattete Institutionen wie die Harvard University halten das auf Dauer für untragbar.[1]

Varmus und seine Kollegen starteten eine Online-Petition. Sie forderten Wissenschaftlerinnen und Wissenschaftler aus aller Welt auf, keine Beiträge mehr für Fachzeitschriften zu schreiben, wenn diese nicht bereit seien, ihre Artikel entweder sofort oder nach wenigen Monaten bedingungslos und vollständig online zugänglich zu machen. Sie legten den Wissenschaftlern auch nahe, keine »peer reviews« mehr für solche Zeitschriften zu verfassen und sie auch nicht zu abonnieren.[2]

1 | Siehe: http://isites.harvard.edu/icb/icb.do?keyword=k77982&tabgroupid=icb.tabgroup143448 (Zugriff am 15. Januar 2015).

2 | Siehe: www.plos.org/about/plos/history/ (Zugriff am 15. Januar 2015).

Die Reaktion kam schnell, und sie war überraschend. Mehr als 34.000 Wissenschaftlerinnen und Wissenschaftler aus 180 Ländern unterzeichneten den offenen Brief. Es sollte sich aber bald herausstellen, dass sie sich in der Praxis nicht an ihre Petitionsziele halten konnten, weil es einfach zu wenige Publikationen gab, deren Herausgeber tatsächlich freien Zugang zu wissenschaftlichen Beiträgen anbieten oder erlauben würden.

Um diese Lücke zu schließen, gründeten Varmus und andere schließlich einen neues Verlagsunternehmen, das als Public Library of Science (PLOS) bekannt wurde.[3] Die Idee war, den Wissenschaftlerinnen und Wissenschaftlern zu helfen, die Hoheit über ihre eigenen Forschungsarbeiten zurückzugewinnen. Dafür stellt PLOS ein »Open access«-Publikationsinstrument zur Verfügung, mit dem die Artikel dauerhaft für alle frei zugänglich sein sollen. Die Urheber behalten bei diesem Verfahren ihre Verwertungsrechte und versehen ihre Beiträge mit einer Creative-Commons–Namensnennung-Lizenz (CC BY), damit sie geteilt und weiterverwendet werden können. Das Projekt hatte im Grunde genommen eine Idee des bereits existierenden Biomed Central aufgegriffen. Der Verlag Biomed Central, der vom Londoner Unternehmer Vitek Tracz und anderen innovativen Verlegern der späten 1990er-Jahre geführt wurde, hatte ähnliche Ziele.

Seit seiner Gründung 2003 hat sich PLOS von einer Protest-Community zum weltgrößten Verlagsprojekt für einfach zugängliche und offen lizenzierte wissenschaftliche Inhalte entwickelt. Das erste Journal, *PLOS Biology*, war bald für die hohe Qualität seiner Artikel bekannt. Später folgten zunächst *PLOS Medicine* und anschließend vier weitere Zeitschriften, die sich mit Bioinformatik, Genforschung, Pathogenen und vernachlässigten Tropenkrankheiten befassten. Als diese erfolgreich auf den Weg gebracht waren, nahmen die Gründer wieder ihr ursprüngliches, ambitionierteres Ziel in Angriff: die Veränderungen in der Wissenschaftskommunikation zu beschleunigen.

Der nächste große Schritt war 2006 die Gründung von *PLOS ONE*, ein Wissenschaftsjournal, das alle Forschungsbereiche abdecken und gleichzeitig eine innovative Publikationsmöglichkeit für wissenschaftliche Arbeiten entwickeln sollte. Zum ersten Mal würde es keine künstliche Beschränkung der Anzahl der publizierten Beiträge geben. Einreichungen würden ausschließlich nach ihrer wissenschaftlichen Fundiertheit und technischen Qualität beurteilt werden und nicht nach der wahrgenommenen oder erhofften Außenwirkung (»impact«).

Normalerweise versuchen Wissenschaftlerinnen und Wissenschaftler durch Publikationen in hoch-selektiven Zeitschriften ihr Ansehen zu erhöhen. Das führte mitunter dazu, dass das Prestige des Mediums wichtiger wurde, als die Qualität der Artikel selbst, was für Autoren und Verleger gleichermaßen unsinnige Anreize setzt, etwa eher ausgefallene Thesen oder Behauptungen auszuwählen als wissenschaftlich abgesicherte.

PLOS ONE hingegen veröffentlicht jede eingereichte Arbeit, die den Kriterien sachgemäß durchgeführter Forschung entspricht. Mit dieser Strategie wurde *PLOS ONE* bis 2010 zum weltgrößten Wissenschaftsjournal. Bald übernahmen alle größeren Verlage das »Megazeitschriften-Modell« von *PLOS ONE* und began-

3 | Siehe: www.plos.org (Zugriff am 31. März 2015).

nen, Journals mit einer großen inhaltlichen Bandbreite zu produzieren, ohne die Anzahl der Artikel künstlich zu begrenzen.

Wegen seiner größeren Leserschaft und der Vielfalt der eingereichten Texte war *PLOS ONE* bald auch Vorreiter in der Umsetzung eines akkuraten Peer-Review-Verfahrens. Es gehört heute zu den Fachpublikationen mit den strengsten Prüfkriterien für statistische Validität, ethische Grundsätze und Dokumentations-Richtlinien.

Anfangs finanzierte sich PLOS durch Spenden und Zuwendungen philanthropischer Organisationen, wie etwa der Gordon and Betty Moore Foundation oder der Bill and Melinda Gates Foundation (die mit den Gründern von Intel beziehungsweise Microsoft assoziiert sind). Im Jahr 2010 war die Bilanz zum ersten Mal ausgeglichen. Seither hat die Organisation jedes Jahr Überschüsse erzielt. PLOS hat sich zur Transparenz verpflichtet und gehört deshalb zu den ersten Organisationen, die detaillierte Angaben zu ihren Einnahmen und Ausgaben über die gesetzliche Informationspflicht für Non-Profit-Organisationen hinaus veröffentlichen. Im Jahr 2012 betrug der Umsatz aus den Publikationstätigkeiten mehr als 38 Millionen USD bei einem Gewinn von sieben Millionen USD.

Kaum konnte sich das Projekt selbst tragen, begann die Organisation, sich auf neue Innovationen in der Wissenschaftskommunikation zu konzentrieren. Bemerkenswert war das Projekt Article Level Metrics, ein Instrument, das Daten frei zur Verfügung stellt, um Wirkung und Weiternutzung einzelner Artikel detaillierter analysieren zu können.[4] Bis dahin wurden wissenschaftliche Artikel eher nach der Reputation desjenigen Journals bewertet, in dem sie veröffentlicht waren.

Die Initiative zeigte Wirkung: Im Jahr 2012 erschien die »Erklärung von San Francisco zur Bewertung wissenschaftlicher Arbeiten« (Declaration of Research Assessment, DORA).[5] Sie appelliert an Geldgeber, Institutionen und Herausgeber, wissenschaftliche Artikel nach ihrer ureigenen Qualität zu beurteilen und nicht an Faktoren wie dem Zitationsindikator einer Fachzeitschrift zu messen. DORA wurde bis Mitte 2014 weltweit von über 10.000 Personen und mehr als 400 Organisationen unterschrieben. Die darin enthaltenen Vorschläge ändern langsam aber sicher die Art der Bewertung von Forschungsarbeiten und damit letztlich auch die Entscheidungen über Einstellungen, Beförderungen oder Kündigungen.

Später richtete PLOS das Augenmerk auf die Forschungsdaten selbst. Sie sollten frei zugänglich sein, solange nicht ethische oder andere Bedenken dagegen sprechen. Zudem wurden neue Instrumente für eine strukturierte Evaluierung publizierter Artikel *nach* der Veröffentlichung entwickelt, um eine kontinuierliche Überprüfung der Genauigkeit beziehungsweise Fehlerfreiheit von wissenschaftlicher Publikationen zu unterstützen.

PLOS ebnete den Weg für massive Veränderungen in der Wissenschaftskommunikation, weil sie das wissenschaftliche Publizieren wieder als eine Art Commons denken konnte. Der Zugang zu Forschung und Forschungsergebnissen wird seltener begrenzt oder verzögert – und darüber wird schließlich auch die wissen-

4 | Siehe: http://article-level-metrics.plos.org/ (Zugriff am 31. März 2015).

5 | Siehe: https://en.wikipedia.org/wiki/San_Francisco_Declaration_on_Research_Assessment (Zugriff am 14. Mai 2015).

schaftliche Vorgehensweise selbst lebendiger. Nicht minder wichtig ist, dass PLOS in einem Bereich, der inzwischen Tausende von Open-Access-Journale mit mehr als einer halben Million frei lizenzierter Artikel umfasst, stets als engagierte Anwältin und Anstifterin zur Innovation agiert.

Cameron Neylon war nach Beendigung seiner wissenschaftlichen Laufbahn bis 2015 Leiter der Lobbyabteilung von PLOS. Ihn interessiert die Frage, wie das Internet zu einem effektiveren Werkzeug für die Wissenschaft werden kann. Neylon arbeitet zu den Themen Wissenschaftskommunikation, webbasierte Forschungsinstrumente und Wissenschaftspolitik.

Commons in Filmen

Eine Auswahl gut zugänglicher, aktueller Produktionen

»Gemeingüter? Was ist das?«
Ein dreiminütiges Erklärstück, das 2010 im Auftrag der Heinrich-Böll-Stiftung für eine internationale Commons-Konferenz in Berlin erstellt wurde und bisher auch in Englisch, Französisch, Spanisch und Italienisch zur Verfügung steht; gut einsetzbar für Einführungen ins Thema: https://www.youtube.com/watch?v=koZWFPVBTws

»This Land is Our Land. The Fight to Reclaim the Commons«
Der englischsprachige Dokumentarfilm, ebenfalls aus dem Jahr 2010, wurde von Jeremy Earp und Sut Jhally produziert. Das Skript stammt von David Bollier (Mitherausgeber dieses Bandes) und Jeremy Earp; Länge: 46 Minuten. Schwerpunkte sind die Einhegungsprozesse der letzten Jahrzehnte. Die Commons-Bewegung wird hier in den Kontext traditionellen Community-Engagements gestellt und zugleich als beginnende internationale Bewegung skizziert: www.mediaed.org/cgi-bin/commerce.cgi?preadd=action&key=146

»Commons in Action«
Die Wissenschaftsvereinigung International Association for the Study of Commons (IASC) produziert seit 2013 eine Serie von englischsprachigen Kurzfilmanimationen, »Commons in Action«, unter dem Motto: »Commons sind heute Realität«. Hier zu sehen: https://www.youtube.com/playlist?list=PLAAFvhxfMjvd7yVqcQpW-mW38VfXNCosM Sie führen kurz und knapp in einige zentrale Konzepte ein und stellen internationale Projekte vor, meist Preisträger der IASC. Nützlich und gut drei Minuten lang ist auch die Einführung in den Begriff: https://www.youtube.com/watch?v=IGVjDach1YU

»The Commons. Beyond the State, Capitalism and the Market«
Dieses 36-minütige, englischsprachige Video, in dem auch eine geistesgeschichtliche Einordnung, beispielsweise über Eigentumskonzepte, vorgenommen wird, veröffentlichte das links-libertäre Anarchist Collective im Jahr 2013. Der Titel des Beitrags: »The Commons. Beyond the State, Capitalism and the Market«: Nicht nur zentrale Begriffe wie Einhegungen, Resilienz oder Fülle werden erläutert, son-

dern auch die Desig-Prinzipien für langlebige Commons-Institutionen von Elinor Ostrom et al. Hier zu sehen: https://www.youtube.com/watch?v=PoBXCiKOsKY und hier nachzulesen: https://theleftlibertarian.wordpress.com/2013/09/11/the-commons-beyond-the-state-capitalism-and-the-market/

»The Promise of the Commons«

»Das Versprechen der Commons« wurde im Jahr 2014 von John D. Liu sowie der indischen Nichtregierungsorganisation Foundation for Ecological Security (FES) produziert. Besondere Aufmerksamkeit kommt der Umweltsituation im globalen Süden zu. Auf Youtube finden sich verschiedene Ausschnitte aus diesem insgesamt 50-minütigen Beitrag in englischer Sprache: https://www.youtube.com/watch?v=3uN2b1syMsA

»Better No More. Principles and Practices towards the next Economy«

Dieses 5-minütige Video in englischer Sprache ist eine Produktion von Kontent Film, USA, sowie der Edge Funders Alliance, einem internationalen Zusammenschluss kritischer Stiftungen und Geberorganisationen. Der Film entstand 2015 und konzentriert sich auf vier Aspekte der Commons: Natur entkommerzialisieren, Arbeit neu denken, Wissen befreien, Wohlstand demokratisieren. www.kontentfilms.com/work/genres/shorts/better-not-more

»The Commons«

Fünf Jahre hat der Filmemacher Kevin Hansen an diesem Dokumentarfilm gearbeitet. Entstanden ist ein Film über Gemeinschaften aus aller Welt, die nach alten Commons-Prinzipien wirtschaften. 49 Gemeinschaften in Nord- und Südamerika, Asien und Europa wurden interviewt. Sie erklären, wie sie Commons über Jahrhunderte lebendig halten. »Commons«, so Hansen, »sind ein alt-neuer Open-Source-Code rund ums Teilen von Ressourcen«. Die Website zum Film: http://commonsfilm.com/

TAUSCH- UND KREDIT-COMMONS

Alles hat entweder einen Preis, oder eine Würde. Was einen Preis hat, an dessen Stelle kann auch etwas anderes als Äquivalent gesetzt werden; was dagegen über allen Preis erhaben ist, mithin kein Äquivalent verstattet, das hat eine Würde.
Immanuel Kant, Philosoph

Die Zeitbank von Helsinki

Währung als Commons

Jukka Peltokoski, Niklas Toivakainen, Tero Toivanen und Ruby van der Wekken

Im Oktober 2009 kündigte sich in Kopenhagen ein weiterer fruchtloser Klimagipfel an. Zur gleichen Zeit begann ein Freundeskreis aus Kumpula, einem Stadtteil Helsinkis, über konkrete Alternativen zu dieser Art der Weltveränderung nachzudenken. Es musste etwas geben, das man selber machen konnte! Nach dem ersten Treffen des Freundeskreises entstand der »Kumpula-Tauschkreis«. Die ersten siebzehn Teilnehmenden hatten beschlossen, untereinander Güter und Dienstleistungen wie Übersetzungen, Schwimmstunden oder Gartenarbeit zu tauschen.

Ein Jahr später interessierten sich immer mehr Menschen für den Tauschkreis, der inzwischen in »Zeitbank Helsinki« umbenannt worden war. Sie wollten sich an dieser sinnstiftenden, alternativen Form des Wirtschaftens beteiligen, die unter dem Namen »timebanking« bekannt geworden war. Das Grundprinzip einer Zeitbank folgt der Idee, dass Zeit, Arbeit und Bedürfnisse aller Beteiligten gleich viel wert sind. Eine Stunde Babysitten zählt also gleich viel wie eine Stunde Altenbetreuung oder eine Stunde Buchhaltung. Dieses Wesensmerkmal von Zeitbanken steht mit den Grundannahmen des gegenwärtigen Geldsystems und des kapitalistischen Marktes in offenbarem Kontrast: Dort werden Zeit und Leistungen verschiedener Menschen *ungleich* bewertet. Zeitbanken bieten dazu eine Alternative. Sie können die Bedürfnisse der Einzelnen oder die ihres unmittelbaren Lebensumfeldes auf sozialere Weise befriedigen.

Im Jahr 2014 waren etwa 3.000 Mitglieder bei der Zeitbank Helsinki registriert, mehr als ein Drittel davon hatten sich bereits an mindestens einem Tauschprozess beteiligt. Bis heute sind etwa 19.000 Stunden getauscht worden, die interne Arbeit für die Wartung und Weiterentwicklung der Zeitbank mit eingerechnet.

Doch die Zeitbank Helsinki steht nicht allein. Weltweit gibt es Tausende Zeitbanken, die es Einzelnen und Organisationen erleichtern, Dienstleistungen und manchmal auch Güter nach den Prinzipien des »timebanking« zu tauschen. Die Zeitbank Helsinki ist Teil des Community Exchange System[1], eines Netzwerks jenseits von Markt und Geld, das Zeitbanken und Regionalwährungen eine gemeinsame Plattform bietet und so den Austausch zwischen den Projekten fördert.

Zeitbanken werden oft als irrelevant für die »Realwirtschaft« angesehen, weil

1 | Siehe: www.ces.org.za (Zugriff am 14. Mai 2015).

sie nichts mit »ökonomischen Fragen« oder Märkten zu tun haben. Oder sie werden als Selbsthilfeinstrument zur Lösung sozialer Probleme beschrieben, als Wohltätigkeitsorganisation oder gar als neue Form des Ehrenamts. Aus unserer Sicht sind Zeitbanken Plattformen, mittels derer Menschen ihre Fähigkeiten entwickeln und Dienstleistungen austauschen können und dabei zugleich ihr Zusammengehörigkeitsgefühl stärken. Und weil sie reale Bedürfnisse befriedigen und dabei das entsteht, was Ökonomen »soziales Kapital« nennen, verdienen es Zeitbanken, mindestens so ernst genommen zu werden wie Märkte.

Wie aus einer Währung ein Commons wird

Von Anfang an war die Zeitbank Helsinki bemüht, auch als Diskussionsplattform zu funktionieren. Sie wird von einer Kerngruppe verwaltet, die allen Mitgliedern offen steht. Die Gruppe reflektiert und diskutiert die Entwicklung der Zeitbank und den Umgang mit neuen Herausforderungen. Alle größeren und wichtigen Entscheidungen werden entweder nach Konsultation aller Mitglieder oder durch Abstimmungen getroffen. So stimmten die Mitglieder 2010 über die Umwandlung des lokalen Tauschrings in die Zeitbank Helsinki ab und auch darüber, dass die lokale Währung »Tovi« (Finnisch für »Moment«) getauft werden sollte.

Als eine große Kosmetikfirma mit einem eigenen Tauschkreis Mitglied bei der Zeitbank Helsinki werden wollte, löste das eine hitzige Diskussion darüber aus, welche Dienstleistungen und Beziehungen unterstützenswert wären und wie die Grenzen der Zeitbank zu definieren sind. Inspiriert vom Beispiel der Solidarökonomie-Bewegung entwarfen einige Mitglieder im Mai 2013 das »ABC der Zeitbank Helsinki«, ein Grundsatzpapier, in dem die Werte und Arbeitsprinzipien der Zeitbank formuliert sind. Das ABC definiert die Zeitbank als Plattform für soziale Praktiken, die Prinzipien folgen wie: »Gegenseitigkeit, Wir-Gefühl, ökologische Nachhaltigkeit, ökonomische Gerechtigkeit, lokale und partizipative Kultur«. Nach diesen Prinzipien richtet sich auch die Entscheidung, welche Organisation aufgenommen wird.

Als eine lokale Lebensmittelkooperative der Zeitbank beitreten wollte, war das die perfekte Kombination und eine wunderbare Möglichkeit, sich mit einer Gemeinschaftswährung in den lokalen Markt einzumischen. Die Kooperative stellt den Mitgliedern lokal produzierte Nahrungsmittel über Zeitgutschriften zur Verfügung, und im Gegenzug bekommt sie Zugang zur Zeitbank-Gemeinschaft und damit zu all jenen Ressourcen, die für Zeitguthaben eingetauscht werden können.

Ein weiteres Commoning-Beispiel ist das Netzwerk »Zeit heilt«. Es entstand aus der Zeitbank heraus als Peer-to-Peer-Netzwerk.[2] Menschen in schwierigen Lebenssituationen können über das Netzwerk emotionale Unterstützung erhalten. Die Einsätze werden den Anbietern als Zeitguthaben gutgeschrieben, wobei es egal ist, ob sie ihre Fähigkeiten durch formale Bildung, ihre berufliche Tätigkeit oder ihre Lebenserfahrung erworben haben. Das System setzt auf Reziprozität – mal hilft man anderen, mal erfährt man selbst Hilfe. Das Netzwerk bedient sich

2 | Siehe: www.aikaparantaa.net/english.html (Zugriff am 11. November 2014).

zudem der Zeitbank, um ganz konkrete Dinge abzudecken, etwa Unterstützung im Haushalt oder bei der Kinderbetreuung.

Die Zeitwährung selbst, der Tovi, ist keine Ware, sondern eine Art Wertmarke in einer commons-basierten Kreditvergabe, die genutzt werden kann, um konkrete Tätigkeiten oder Produkte auszutauschen. Der Prozess, in dem die Prinzipien und Regeln der Tauschwährung festgelegt werden, ist selbst eine Form des Commoning. Die Guthaben der Zeitbank Helsinki dienen gewissermaßen als pädagogisches Mittel, das die Beteiligten dabei unterstützt, Erfahrungen mit Kooperation und Selbstorganisation zu sammeln. Menschen, die einander fremd sind, können sich so begegnen und aufeinander beziehen. Über die Zeitbank können wertvolle Fähigkeiten aller – auch jener außerhalb des Arbeitsmarktes wie Ältere oder Menschen mit Behinderung – sichtbar gemacht und genutzt werden. Zeitbanken helfen dabei, unser tägliches Leben ohne Vermittlung über den Markt zu reproduzieren. Sie sind eine Plattform für Commoning.[3]

Ein weiteres wichtiges Commoning-Beispiel in der Zeitbank war die Entwicklung eines internen Besteuerungsmechanismus. Bekommt ein Anbieter einer Dienstleistung eine Zeitgutschrift, wird automatisch ein bestimmter Prozentsatz davon dem Zeitbank-Konto eines ethischen Wirtschaftsakteurs seiner Wahl gutgeschrieben; das kann eine Foodcoop sein, eine lokale Solidarische Landwirtschaft oder das Netzwerk »Zeit heilt«. Diese Zeitsteuer-Funktion erlaubt es den Mitgliedern, jene Akteure und Organisationen zu stärken, die die im ABC aufgelisteten Werte beispielhaft umsetzen. Sie unterstützt Tätigkeiten, die von den Mitgliedern besonders geschätzt werden, und stärkt die Weiterentwicklung der Gemeinschaft. Auf abstrakterer Ebene können Zeitsteuer und Zeitgutschriften als Mittel verstanden werden, Commons und Solidarische Ökonomie in Finnland zu unterstützen.

Dem Staat begegnen

Ende 2013 verabschiedete die Finnische Steuerbehörde neue Richtlinien, nach denen professionelle Dienstleistungen, die über Zeitbanken erbracht werden, entsprechend ihrem Marktwert (in Euro) versteuert werden müssen. Die Zeitbank Helsinki focht diese Entscheidung mit dem Argument an, sie verletze das elementare Prinzip der Gleichheit beziehungsweise Gleichwertigkeit aller Leistungen und stelle damit das Herzstück der Zeitbank in Frage. Sie forderte eine Ausnahme von der Besteuerung in Euro, um das tatsächliche Potenzial der finnischen Zeitbanken

3 | Der Historiker Peter Linebaugh benennt vier praktische Dimensionen des Commoning. Erstens waren Commons stets in eine konkrete soziale Umgebung und Kultur eingebettet. Commoners, oder die Mitglieder einer vormodernen Arbeiterschaft, richteten ihr Leben nicht nach den Anordnungen eines Herrschers oder nach Gesetzen aus, sondern entlang der Fragen und Erfahrungen, die die eigenen Lebensgrundlagen sichern konnten. Zweitens war Commoning eng an die dafür notwendigen Tätigkeiten gebunden. Drittens versteht er Commoning als kollektiven Prozess, der selbst wieder Gemeinschaft hervorbringt. Viertens wurden Commons von unten organisiert und waren unabhängig vom Staat oder einer zentralen Autorität. Vgl. Linebaugh, P. (2008): *The Magna Carta Manifesto. Liberties and Commons for All*, University of California Press, S. 44f und 72.

– einschließlich der Wirkungen der (internen) Zeitsteuer – beurteilen zu können. 2014 begann darüber ein Dialog zwischen der Zeitbank und der Stadt Helsinki, die geldlosen Tauschaktivitäten ließen zunächst nach.[4]

Die Auseinandersetzung dreht sich seither darum, die Autonomie der Zeitbank als sich ständig weiterentwickelndes, diskursiv gestaltetes Commons genauso zu bewahren, wie die formalrechtliche Akzeptanz sowie das öffentliche Ansehen. Wir versuchen, die Stadtverwaltung von Helsinki von der zeitbankinternen Zeitsteuer zu überzeugen und diese in die lokale Ökonomie zu integrieren. Gelingt das, könnten sich viele Möglichkeiten der Zusammenarbeit zwischen Zeitbankern und der Stadt ergeben. Das kann zu neuen Commons-Projekten führen, die anbieten, was sowohl die Stadt als auch die Zeitbank für wichtig halten. Und es kann neue Formen des Teilens sowie ein anderes Kräftegleichgewicht in der Stadt mit sich bringen. All das käme einer Commonifizierung des öffentlichen Sektors gleich![5]

Eine weitere Zukunftsfrage ist, ob Zeitbanken von ethischen Unternehmern genutzt werden können, um ihre Ressourcen zu teilen und eine relative Marktunabhängigkeit zu erreichen. Das würde aus unserer Sicht Commons stärken und die Abhängigkeit von hochkapitalisierten Märkten sowie Konkurrenz reduzieren. Doch dieser Weg ist in Finnland inzwischen durch die rigide Steuergesetzgebung versperrt, die den Austausch professioneller Dienstleistungen über Zeitbanken verhindert. Und es sieht ganz danach aus, als seien diese gesetzlichen Bestimmungen angelegt, Zeitbanken am Wachsen zu hindern und die Dominanz von Markt und Staat sowie der kapitalistischen Ordnung selbst in Frage zu stellen.

Jukka Peltokoski ist Politikwissenschaftler und Pädagoge, Aktivist in der Prekaritätsbewegung und Commoner.

Niklas Toivakainen ist aktives Mitglied der Zeitbank Helsinki und Mitglied von Commons.fi sowie des finnischen Netzwerks für Solidarische Ökonomie.

Tero Toivanen ist Promotionsstudent für Globale Politik an der Universität von Helsinki.

Ruby van der Wekken ist aktives Mitglied der Zeitbank Helsinki und Mitglied von Commons.fi sowie des finnischen Netzwerks für Solidarische Ökonomie.

4 | News Analysis: Finnish time banking activities decline on tax ruling, von Denise Wall, 01.07.2014, http://news.xinhuanet.com/english/indepth/2014-07/01/c_133450353.htm (Zugriff am 14. Mai 2015).

5 | Diese Idee erinnert an das, was Michel Bauwens von der P2P-Foundation als »Partnerstaat« bezeichnet, der die Befriedigung der Grundbedürfnisse aller garantieren soll und gleichzeitig die Infrastrukturen schafft, die Bürgerinnen und Bürger brauchen, um selbst aktiv zu werden. Diese Form der Ermächtigung und Unterstützung zivilgesellschaftlicher Aktivitäten würde nicht zu einer Privatisierung oder Vermarktlichung, sondern zu einer »Commonifizierung« des öffentlichen Lebens führen.

Neuer Wohlstand

Wie der Bangla-Pesa in einem Armenviertel die Wirtschaft ankurbelt

Ein Interview mit Will Ruddick

Oft bleibt unbeachtet, dass Geld nur funktioniert, sofern es eine Gemeinschaft gibt, die es akzeptiert und bereitwillig als Tauschmittel für Waren und Dienstleistungen nutzt. Die meisten Währungen werden von der Regierung des jeweiligen Nationalstaates ausgegeben, verwaltet und gedeckt. Was aber wäre, wenn eine ärmere Gemeinschaft ihre eigene Währung erfände, um den Austausch untereinander zu fördern? Genau dies ist in der informellen Siedlung Bangladesh, einem Slum im kenianischen Mombasa, geschehen.

Initiiert wurde das Ganze von Will Ruddick, einem Gemeinschaftswährungsexperten, der seit 2009 in der Entwicklungszusammenarbeit in Kenia tätig ist. Ein Dutzend Kleinstunternehmer des Slums Bangladesh hat daraufhin den »Bangla-Pesa« zur neuen Währung erklärt, die eingesetzt wird, um vor Ort auf unkomplizierte Weise frische Produkte, Fahrradreparaturen, die Nutzung von Verkehrsmitteln oder Ähnliches zu tauschen.

Die Gemeinschaftswährung gibt der lokalen Wirtschaft Auftrieb, indem sie die kenianische Nationalwährung ergänzt, denn die Familien in den Slums haben oft enorme Schwierigkeiten, auf dem Markt Abnehmer für ihre Angebote zu finden. Daher sind die Beträge, die sie (in kenianischem Schilling) verdienen, sehr dürftig. Auf lokaler Ebene ist es hingegen viel einfacher und meist auch effizienter, Waren und Dienstleistungen untereinander zu tauschen. Deshalb geschieht das im Armenviertel Bangladesh nun in Bangla-Pesa; so bleibt den beteiligten Familien mehr Geld übrig, um ihre Grundbedürfnisse zu befriedigen. Seit der Einführung der neuen Währung kursierten innerhalb des Viertels drei Millionen Schilling als Bangla-Pesa. In Gatina, einem Armenviertel der Hauptstadt Nairobi, haben die Bewohner inspiriert vom Erfolg des Bangla-Pesa ein neues Gemeinschaftswährungsprojekt begonnen, den Gatina-Pesa.

Silke Helfrich: Will, wie hat alles angefangen?
Will Ruddick: Die Idee des Bangla-Pesa ist nicht neu. Sie wurde zuerst in Kongowea, in den Slums Kisumu Ndogo, Shauri Yako und Mnazi Mmoja, eingeführt. Einige von uns brachten sie dann im März 2013 nach Bangladesh, um die Wirtschaft innerhalb des Viertels zu stabilisieren. Bangla-Pesa ist eine Art Abrechnungssystem für den gegenseitigen Tausch, oder sagen wir: ein Kreditsystem auf

Gegenseitigkeit. Die Mitglieder dürfen nur so viele Bangla-Pesa einnehmen, wie sie an einem Tag auf lokaler Ebene für Grundbedürfnisse wie Nahrungsmittel und Wasser ausgeben können. Zudem darf niemand mehr als 400 Bangla-Pesa auf einmal besitzen. Als wir das Programm entwickelten, wurde ein Garantiemechanismus für die Währung etabliert, so dass die Beteiligten für die Währung einstehen, sowie ein community-basierter Fonds, der das System sicherer und nachhaltiger macht.

Silke Helfrich: Wie konntet Ihr die Menschen für den Bangla-Pesa interessieren?
Will Ruddick: Die Meisten hier sind sehr arm und können nicht einmal ihre Grundbedürfnisse befriedigen. Wir wollten mit dieser Währung zu wirtschaftlichen Aktivitäten ermutigen, die jenen, die kaum konventionelles Geld verdienen, dabei helfen, an Lebensmittel und andere notwendige Dinge zu kommen. Die Leute waren mehr als froh, an solch einem Experiment teilnehmen zu können.
Wir sehen die Währung als ein Mittel, das es den Mitgliedern ermöglicht, untereinander zu handeln. Der Bangla-Pesa ist eine Art Gutscheinsystem für und zwischen Kleinstunternehmen, an dem sich nur im Netzwerk registrierte Mitglieder beteiligen können. In diesem Sinne ist er eine Komplementärwährung. Technisch gesehen handelt es sich um ein Verrechnungssystem für den multilateralen, gegenseitigen Austausch. Doch auch Menschen außerhalb des Netzwerks finden das Projekt gut, denn es unterstützt auch gemeinschaftliche Aktivitäten, wie Aufräum- und Müllbeseitigungsaktionen im Viertel. Zudem wissen sie, dass mit dem Bangla-Pesa Waren und Dienstleistungen an mehr als 100 Orten erworben werden können.

Silke Helfrich: Wie habt ihr die Einführung des Bangla-Pesa gestaltet?
Will Ruddick: Wir haben mehr als 200 Kleinstunternehmen in einer gemeinschaftsbasierten Organisation zusammengebracht, dem Bangladesh-Business-Netzwerk. Alle mussten sich formell als Mitglieder registrieren und zustimmen, den Bangla-Pesa als Währung für alle ihre Angebote zu akzeptieren – ob Lebensmittel, Dienstleistungen oder Transporte. Sie mussten zudem sicherstellen, dass sie mit jeweils 400 Bangla-Pesa in Waren und Dienstleistungen den Bangla-Pesa decken würden. Darüber hinaus brauchte jedes Mitglied vier weitere Mitglieder, die die eigene Mitgliedschaft befürworteten. Die Bangla-Pesa dienen als Gut- oder Schuldscheine für die Waren und Dienstleistungen der Mitglieder.

Silke Helfrich: Wie reagierten die Menschen zu Beginn auf die neue Währung?
Will Ruddick: Die Menschen im Viertel erkannten die Vorteile schnell. Sie konnten ihre Bedürfnisse befriedigen, auch wenn sie kaum »richtiges Geld« hatten. Aber sofort traten die Behörden auf den Plan. Sie befürchteten, dass der Bangla-Pesa die kenianische Nationalwährung, den Schilling, ersetzen oder zumindest bedrohen würde. Sechs Gründungsmitglieder wurden von der Changamwe-Polizei verhaftet und ins Gefängnis gesteckt. Die Polizei war sichtlich beunruhigt, weil es in der Region separatistische Bewegungen wie den Mombasa Republican Council gibt. Die Regierung fühlte sich und die nationale Währung durch den Bangla-Pesa bedroht. Ende Mai 2013 wurden wir sechs wegen Besitzes illegaler Zahlungsmittel

verurteilt. Alle Mitglieder des Bangladesh-Business-Netzwerks wurden angewiesen, die Währung nicht mehr zu verwenden. Wir waren perplex. Warum sollte ein so einfacher Mechanismus, der die Menschen in ihrer Selbstorganisation sinnvoll unterstützt, für die Nationalbank bedrohlich sein?

Silke Helfrich: Habt Ihr die Regierung überzeugt, dass sie den Bangla-Pesa nicht fürchten muss?
Will Ruddick: Am Ende ja. Wir haben klargemacht, dass der Bangla-Pesa nicht in Schilling umgetauscht werden kann. Die beiden Währungen sind nicht miteinander konvertierbar. Wir haben auch betont, dass der Bangla-Pesa eher ein Gutscheinsystem ist als eine Währung im engeren Sinn, denn der Wert des Bangla-Pesa ist an den Kenia-Schilling gebunden. Wir konnten den Staatsanwalt überzeugen, dass es unser Ziel war und ist, den Lebensstandard der Ärmsten der Armen zu heben. Jedenfalls befand er im August 2013, drei Monate nach unserer Verhaftung, dass wir keine Gesetze gebrochen hatten und hob die Anklage auf.

Silke Helfrich: Was geschah dann?
Will Ruddick: Unsere Verhaftung hatte den Aufschwung beendet, den der Bangla-Pesa ausgelöst hatte, denn es durfte ihn ja niemand mehr verwenden. Aber wir starteten im November 2013 neu durch. Dieses Mal mit Unterstützung der ganzen Community sowie lokaler Führungspersönlichkeiten und Regierungsvertreter. Seitdem hat der Handel mit dem Bangla-Pesa wieder Fahrt aufgenommen.

Silke Helfrich: Und was heißt das konkret?
Will Ruddick: Nehmen wir ein Beispiel: die 64-jährige Maciana Anyango. Sie ist Witwe und Alleinverdienerin, und sie sorgt für ihre 17-jährige behinderte Tochter sowie ihren Sohn, der zwar als Fahrer ausgebildet ist, aber bisher keine Arbeit finden konnte. Sie erzählt: »Ich hatte nichts zu essen, weil wir nicht genug Schilling hatten. Nun kann ich mir auch ohne richtiges Geld Essen leisten, weil ich noch den Bangla-Pesa nutzen kann.« Oder nehmen wir den Fahrradtransportunternehmer, der täglich 20 Kunden bedienen könnte, aber normalerweise nur von zehn Personen in Anspruch genommen wird. Jetzt kann er auch jenen Unternehmen Transporte anbieten, die zwar keine kenianischen Schilling, aber Güter oder Dienstleistungen übrig haben, etwa eine Frau, die noch Tomaten zum Markt bringen will. Das hilft der Gemeinschaft, ökonomisch schwierige Situationen zu überstehen. Es gibt hunderte Millionen von Menschen in dieser Situation. Sie haben Güter und Dienstleistungen anzubieten, aber kein »richtiges Geld«. Warum sollten sie also nicht ihre eigenen Tauschmittel schaffen, die sie direkt mit dem stützen, was sie haben und können?

Silke Helfrich: Geht es beim Bangla-Pesa nur ums Geschäft, oder gibt es noch andere Gründe mitzumachen?
Will Ruddick: Die Leute machen mit, weil es gut für die Gemeinschaft ist. Frederick Ochieng beispielsweise hat ein Reparaturunternehmen für Elektrogeräte, und er hat eine siebenköpfige Familie. Das ist in Afrika nicht ungewöhnlich. Ochiengs Motivation war, dass er sich etwas für seine Familie leisten wollte; Karussellfahr-

ten für die Kinder zum Beispiel. Und er wollte sich an Gemeinschaftsaktivitäten beteiligen, wie Reinigungsaktionen in der Nachbarschaft. Seit er den Bangla-Pesa verwendet, hat er tatsächlich viele neue Menschen kennengelernt – in der Nachbarschaft und im Netzwerk, und diese werden manchmal auch seine Kunden, wenn sie Probleme mit ihren Mobiltelefonen bekommen.

Silke Helfrich: Was unterscheidet die Währung von der Nationalwährung, dem Kenia-Schilling?
Will Ruddick: Der Bangla-Pesa ist so viel wert wie der Kenia-Schilling, aber er kann nicht in diesen umgetauscht werden. Er funktioniert wie ein Gutschein, der nur innerhalb der Community zirkuliert – damit bleibt das, was die Community kann und hat, in der Community erhalten und wird ihr nicht entzogen. Anders als der Schilling, dessen Wert sich mit der Inflation ändert, laufen die Gutscheine nach einem Jahr aus. Sie können dann jedoch mit einem Aufkleber, der in Bangla-Pesa gezahlt wird, in den Gemeinschaftstopf (Community Fonds) gehen. So kommen immer wieder Mittel zusammen, um Tätigkeiten für die Gemeinschaft zu unterstützen.

Silke Helfrich: Inwiefern ist das Bangla-Pesa-System ein Commons?
Will Ruddick: Der Bangla-Pesa wird von einer Nonprofit-Organisation namens KORU (Kenyans Organizing Regional Unity)[1] verwaltet. Ich habe sie gemeinsam mit Jacky Kowa gegründet, einer Kenianerin, die sich für Frauenrechte und Gesundheitsthemen engagiert. Die Mitglieder von KORU werden gewählt und kontrollieren die Währung. Sie befassen sich mit allen Konflikten, die zwischen den Mitgliedern aufkommen. Der Bangla-Pesa ist gewissermaßen sowohl ein Symbol als auch ein Instrument für den Wohlstand der Gemeinschaft, denn er beruht auf dem gemeinsamen Pool an Gütern und Dienstleistungen aller Netzwerkmitglieder. Sein Wert entspricht dem aller Güter und Dienstleistungen: den Tätigkeiten eines Lehrers; den Tomaten, die von einem Bauern angebaut werden; den angebotenen Motorradfahrten usw. Nicht mehr und nicht weniger. Die Gutscheine repräsentieren also den gemeinsamen Reichtum. Mit ihrer Hilfe können die Menschen auch den Zusammenhalt stärken. Zweihundert der vierhundert Bangla-Pesa, die jedem Kleinstunternehmen des Netzwerks zugeteilt werden, sind für Gemeinschaftsdienstleistungen reserviert. Die Mitglieder können aber selbst bestimmen, was sie konkret finanzieren wollen. Bangla-Pesa stoßen neue Beziehungen und Kooperationsformen an. Rose Akiny zum Beispiel betreibt eine Maismühle, mit deren Hilfe sie die Familie ihrer Schwester nach deren Tod unterstützt. Sie sagt: »Ich fand Freunde, die in ihren Geschäften den Bangla-Pesa verwenden. Sie unterstützten mich, und dann unterstützte ich sie. Jetzt gehe ich in ihre Geschäfte um Mais, Reis und Bohnen zu kaufen, und sie lassen ihr Getreide in meiner Mühle mahlen. Ich gehe dorthin, wo der Bangla Pesa verwendet wird, und lerne, wo ich mit ihm Dinge kaufen kann. Es ist leicht, diese Menschen zu finden, weil die Geschäfte gekennzeichnet sind.«

1 | Wörtlich: Kenianer organisieren regionale Einheit.

Silke Helfrich: Wie hat der Bangla-Pesa die Situation in Bangladesh insgesamt verbessert?
Will Ruddick: Im Netzwerk werden derzeit umgerechnet etwa hundert Euro pro Tag in Bangla-Pesa umgesetzt, zusätzlich zum Kenia-Schilling. Eine Studie zur Wirkung des Programms hat ergeben, dass mehr als 83 Prozent der Teilnehmenden durch die Nutzung der Gutscheine einen Zuwachs ihrer Umsätze verzeichnen. Im Durchschnitt haben die täglichen Umsätze um 22 Prozent zugenommen, während es bei den Umsätzen mit Kenia-Schilling keine Steigerung gab. Das heißt, der Bangla-Pesa hat wirtschaftliche Aktivitäten ermöglicht, die ohne ihn gar nicht stattgefunden hätten. Frauen profitieren davon besonders, weil ihnen hier 75 Prozent der Kleinstunternehmen gehören. Der Bangla-Pesa hat seine Nutzerinnen und Nutzer zudem unabhängiger von der formellen Ökonomie und der Volatilität der Märkte gemacht.

Silke Helfrich: Viele Commoners diskutieren die Dominanz von Geld und Marktmechanismen eher kontrovers. Schließlich gibt es auch andere Wege, wie Menschen ihre Bedürfnisse befriedigen und einander unterstützen können. Für wie wichtig halten Sie eine Währung oder ein Tauschmittel für die Verbesserung der Lebenssituationen der Menschen mit denen Sie arbeiten?
Will Ruddick: Es ist wirklich wichtig zu verstehen, wie Menschen durch ihre Beteiligung am kapitalistischen Spiel verarmen, also die Ursachen der Armut zu begreifen. Wenn wir Armut als etwas betrachten, das hergestellt wird, indem eine elitäre Minderheit die Ressourcen kontrolliert, dann können wir vielleicht erkennen, dass die Kontrolle des Geldes selbst ein wichtiges Werkzeug dieser Elite ist. Sicher sind mangelhafte Bildung, Korruption und fehlende Arbeitsplätze auch Gründe für die Armut der Menschen in Bangladesh und allgemein in Mombasa. Aber sie sind nicht der Hauptgrund. Es gibt eine nahezu unbegrenzte Nachfrage nach Gütern und Dienstleistungen, Bildung inklusive und eine nahezu unbegrenzte Zahl von Menschen, die Angebote hätten, um diese Nachfrage zu befriedigen. Es fehlt aber das Instrument, das zwischen beidem vermittelt. Leider ist es fast immer nur als nationale Währung verfügbar, die normalerweise von gewinnorientierten Institutionen und Banken kontrolliert wird, die wiederum von der wachsenden Verschuldung anderer profitieren wollen. Wenn Gemeinschaften stattdessen ihre eigenen Tauschmittel kontrollieren, könnten sie den Handel für ihre eigenen Zwecke nutzbar machen. Sie könnten vom kenianischen Schilling unabhängiger werden, wenn sie den Bangla-Pesa verwenden, wo immer das möglich ist. Die Währung würde damit einen Puffer für die Gemeinschaft schaffen, der ihr hilft, auch die schwierigsten wirtschaftlichen Zeiten durchzustehen.

Will Ruddick arbeitet in der Internationalen Zusammenarbeit, Schwerpunkt Ostafrika. Er an der University of Colorado Boulder u.a. Physik studiert. Seit 2008 widmet er sich ausschließlich Fragen der alternativen Ökonomie.

WIR – Eine Währung, die den Tausch neu erfindet

James Stodder und Bernard Lietaer

Der Schweizer WIR ist die älteste derzeit existierende soziale bzw. Gemeinschaftswährung. Auch die Bezeichnung Komplementärwährung ist geläufig. Sie verweist darauf, dass derartige Währungen eher als Ergänzung und nicht als Ersatz für ein staatliches Währungssystem gedacht sind.

WIR ist keine physische Währung im eigentlichen Sinn, kein Geld zum Anfassen, sondern vielmehr ein System von Guthaben und Verpflichtungen. Wenn ein Käufer und eine Verkäuferin einen Preis in WIR vereinbaren, wird dieser der Verkäuferin gutgeschrieben und beim Käufer als Belastung registriert. Mit einem Smartphone ist dieser Vorgang heute innerhalb von Sekunden erledigt.

Die WIR-Bank wurde 1934 unter dem Namen Wirtschaftsring inmitten der großen Depression gegründet. Sie basierte auf den Ideen von Silvio Gesell, einem deutsch-argentinischen Unternehmer, der genau verfolgt hatte, wie der normale Geldkreislauf zusammengebrochen war. Daraufhin entwickelte er mit der Freiwirtschaftslehre ein Wirtschaftskonzept, das derartige Zusammenbrüche verhindern sollte. Seine wesentliche Erkenntnis: Wenn Geld eher ängstlich gehortet statt freizügig ausgegeben wird, dann verschärft das die Krise.

Gemeinschaften können diesen Teufelskreis durchbrechen, wenn sie eigene Währungen erfinden, die auf langfristige Gegenseitigkeit zwischen den Beteiligten bauen statt auf Gold oder Regulierungen der Zentralbank. Nach Irving Fischer, einem der ersten Währungstheoretiker, schossen in der großen Depression Hunderte solcher Währungen aus dem Boden (Fisher 1936). Neuere Forschungen der Autoren bestätigen, dass der WIR-Kreislauf sich in einer Rezession tatsächlich beschleunigt; weil Menschen ihre knappen Schweizer Franken horten, sind sie eher bereit, den WIR für den Tausch zu verwenden (Stodder 2009).

WIR hat gegenüber der offiziellen Währung auch Nachteile. Zum Beispiel kann diese Währung nicht einfach in eine andere eingetauscht werden, und sie wird auch nicht außerhalb der WIR-Community als Tauschmittel akzeptiert. Dieser Kreis ist allerdings in der Schweiz recht groß. Er umfasste 2013 etwa 50.000 kleine und mittlere Unternehmen (KMUs), was nach dem Geschäftsbericht der WIR-Bank 2013 zu einem Umsatz von 1,43 Milliarden Schweizer Franken oder 1,59 Milliarden US-Dollar führte. Über 80 Prozent der Nutzer des WIR sind KMUs oder größere Unternehmen, der Rest sind Haushalte.

Was ist nun die soziale Basis dieser langfristigen Gegenseitigkeit, wie sie dem WIR zu Grunde liegt? Lehrbücher über den Ursprung des Geldes beginnen meist mit dem Problem der »doppelten Übereinstimmung der Bedürfnisse«: Wenn beide Seiten von einem Tauschgeschäft profitieren sollen, dann ist es nicht damit getan, dass du willst, was ich habe; du musst auch haben, das ich will. Doch je fortgeschrittener die Arbeitsteilung, desto schwieriger wird es, solche doppelten Übereinstimmungen zu finden. Lange Ketten von einfachen Übereinstimmungen sind notwendig, um den Kreis zu schließen: A gibt Brot an B, dieser Käse an C und jener wiederum einen Apfel an A zurück. Geld hilft, dieses Problem zu lösen, weil es als intermediäres »Gut« dient, das alle haben wollen. Dieser Erklärungszusammenhang beginnt und endet mit individuellen Bedürfnissen, doch die Menschheit hat nicht in erster Linie mit solchen Tauschgeschäften überlebt. Die anthropologische und historische Forschung eines Jahrhunderts hat gezeigt, dass Geschenke – und nicht Geld oder Tausch – am Ursprung dessen standen, was heute unter Wirtschaft verstanden wird (Lietar 2000).[1]

In seinem Werk *Die große Transformation* beschreibt Polanyi die Schenkökonomie als voraussetzungslose Gabe, für die aber eine Gegengabe erwartet wird, wenn auch nicht unbedingt von denselben Personen. Dieses Verfahren sei gut austariert und durch komplexe Methoden, den Prozess öffentlich zu machen, perfekt abgesichert (Polanyi 1957: 47). Ein weit verzweigtes Netzwerk von Gaben und Gegenseitigkeit zwischen Individuum und Gruppe, nicht nur zwischen zwei Individuen – das war die ursprüngliche Lösung für das Problem der »doppelten Übereinstimmung der Bedürfnisse«. Analog waren die ersten Währungen keine unpersönlichen Wertaufbewahrungsmittel, sondern vielmehr Aufzeichnungen des sozialen Austauschs in den Gemeinschaften. Lietaer beschreibt in *Mystery of Money* Währungen, die Tonwaren zur Grundlage hatten und in deren Zentrum Tempel der Muttergottheiten oder mittelalterliche Schreine der Jungfrau Maria standen. Diese frühen Formen des Geldes waren eine Methode, an persönliche Schuld zu *erinnern*. Der lateinische Wortstamm von »monetär«, abgeleitet von der Muttergottheit Juno Moneta, die über alle Tauschhandlungen wacht, verweist auf diese Tatsache. WIR ist ein Nachkomme der Juno. WIR ist eine Methode, über wechselseitige (nicht nur bilaterale) Reziprozität innerhalb einer Gemeinschaft von namentlich bekannten Individuen zu wachen.

Unpersönliches Geld als Grundlage für den Tauschhandel kam erst viel später auf. Es ermöglichte Wirtschaftsbeziehungen über den Kreis der persönlichen Bekanntschaften hinaus. Aber dieses neue, unpersönliche Geld schuf wieder neue Probleme: Wie soll die Geldmenge kontrolliert werden? Zuviel bedeutet Inflation und Ressourcenverschwendung; zu wenig führt zu Deflation und Arbeitslosigkeit. Wertvolle Metalle sind eine willkürliche Form der Kontrolle und Zentralbanken eine allzu direkte. In der Geschichte gab es immer wieder mal Überfluss, mal Mangel an Gold und Silber und die derzeitige Situation verweist eindrucksvoll auf die Reichweite und Grenzen zentralbanklicher Steuerung. Das Angebot an WIR wird

1 | Vgl. etwa Marcel Mauss' Klassiker: *Die Gabe: Form und Funktion des Austauschs in archaischen Gesellschaften*; Karl Polanyi: *Die große Transformation: Politische und ökonomische Ursprünge von Gesellschaften und Wirtschaftssystemen;* Frederic Pryor: *The Origins of the Economy: A Comparative Study of Distributions in Primitive and Peasant Economy.*

jedoch weder durch Gold noch durch die Geldbasis[2] der Zentralbank begrenzt, sondern es steigt in dem Maße, in dem Menschen die Währung ausgeben möchten. Diese Bereitschaft ist größer (a) in einer Rezession, (b) in stark konjunkturabhängigen Branchen, wie der Bauwirtschaft oder dem Gastgewerbe, und (c) bei denen, die am wenigsten Geld haben. Im Gegensatz zum normalen Geld fließt diese Währung also dort, wo sie am meisten gebraucht wird.

WIR ist eine Gemeinschaftswährung, aber selbst in einem so kleinen Staat wie der Schweiz ist sie nicht mehr stark an eine Gemeinschaft gebunden. Zeitbanken (etwa in den USA oder in Finnland[3]), die Local Exchange Trading Systems, kurz: LETS, ein bargeldloses Tausch- und Verrechnungssystem (in Kanada oder Österreich[4]) sowie die Fureai Kippu (»Gegenseitiges-Kontakt-Ticket«, das als Sektorialwährung im japanischen Gesundheitswesen eingesetzt wird) sind weitere bemerkenswerte Währungen, die besser in den entsprechenden Gemeinschaften verankert sind. Doch wie sie alle, schafft auch WIR ein Bewusstsein für den bedürfnisbasierten Gabentausch. Vielleicht ist es diese Form des Tausches, die am besten zu uns Menschen passt.

Literatur

Fisher, I. (1936): »100 % Money and the Public Debt«, in: *Economic Forum,* Frühjahr, S. 406-420.

Lietaer, B. (2000): *Mysterium Geld: Emotionale Bedeutung und Wirkungsweise eines Tabus,* München.

Polanyi, K. (1957): *The Great Transformation: the political and economic origins of our time,* Boston, Beacon Press.

Stodder, J. (2009): »Complementary Credit Networks and Macro-Economic Stability: Switzerland's Wirtschaftsring«, in: Journal of Economic Behavior and Organization.

Stodder, J., und B. Lietaer (2014): »The Macro-Stability of Swiss WIR-Bank Credits: Balance, Velocity and Leverage«, Arbeitspapier, Rensselaer Polytechnisches Institut.

James Stodder lehrt Ökonomie und Ökonometrie, unter anderem an der School of Management am Rensselaer Polytechnischen Institut. Er forscht zu Austauschsystemen, Verhaltensökonomik, Ungleichheit und ökonomischer Anthropologie.

Bernard Lietaer ist Autor von The Future of Money, das in 18 Sprachen übersetzt wurde (dt.: Das Geld der Zukunft) sowie Experte für die Konzeption und Einführung von Währungssystemen. Er half, den Konvergenzmechanismus des Euro zu entwickeln, und wirkte als Präsident des Elektronischen Zahlungssystems der Belgischen Nationalbank.

2 | Der Begriff bezeichnet die aktuellen Bestände an Zentralbankgeld, die Grundlage für die Geldschöpfung der Kreditinstitute sind. Es gehen der Bargeldumlauf sowie Sichtguthaben der Banken bei der Zentralbank ein (Anm. der Hg.).

3 | Siehe dazu auch den Beitrag von Peltokoski et al. in diesem Band.

4 | Siehe: www.waffeltausch.at/ (Zugriff am 15. Januar 2015).

INSTRUMENTE UND INFRASTRUKTUREN FÜR COMMONS

The master's tools will never dismantle the master's house.
Audre Lorde, afro-amerikanische Dichterin und Aktivistin

Commoning in Katastrophenzeiten

Das »Open Street Map«-Team für humanitäre Einsätze

Kate Chapman

Nur wenige Stunden nachdem im Januar 2010 ein Erdbeben der Stärke 7 Haiti heimgesucht hatte, begann ein Team der freien Online-Karte OpenStreetMap (OSM) alle verfügbaren topografischen Daten des Landes zu sammeln – Straßen, Ortschaften, Krankenhäuser und Regierungsgebäude. Innerhalb von 48 Stunden war ein hochauflösendes Satellitenbild von der Situation nach dem Erdbeben nutzbar. Nach einem Monat hatten 600 Menschen Informationen in Haitis OpenStreetMap eingetragen. Diese Karte wurde rasch zum Standard. Viele Organisationen griffen darauf zu: Such- und Rettungsmannschaften, die Vereinten Nationen, die Weltbank und humanitäre Kartierungsorganisationen wie MapAction.

Im Nachhinein wurde klar: Dies war der erste Schritt zur Gründung des OSM-Teams für humanitäre Einsätze, kurz HOT genannt (**H**umanitarian **OSM** **T**eam). HOT hat seither Dutzende ähnlicher Kartierungsprojekte organisiert.

Das Projekt ist eine Art Kartierungs-Commons, dessen frei zugängliche geografische Daten von unschätzbarem Wert für humanitäre Organisationen sind, sei es bei Naturkatastrophen und in Krisensituationen. Die Karten werden auch von der Bevölkerung genutzt, um ihre eigenen Entwicklungsziele zu formulieren und zu verfolgen.

Das Herz von HOT ist die große Zahl engagierter Freiwilliger, die sich der Aufgabe verschrieben haben, freie Online-Karten zu produzieren. Diese basieren auf einer quelloffenen Kartensammlung von OpenStreetMap, einem webbasierten Kartierungsprojekt, das wie ein Wiki funktioniert und dort besonders wertvoll ist, wo es nur wenige oder veraltete Geodaten gibt bzw. solche, die sich schnell ändern. Das globale, kollaborative Projekt Open Street Map (OSM) wurde 2004 von Steve Coast gestartet und knüpft an den Erfolg von Wikipedia an. Alle OSM-Karten werden von Menschen erstellt, die die Erdoberfläche mit GPS-Geräten vermessen, Luftbilder digitalisieren und geografische Daten aus bestehenden öffentlichen Quellen sammeln und freigeben. Dabei stützen sie sich auf Angaben, die von 1,6 Millionen registrierten Nutzerinnen und Nutzern zusammengetragen werden. Anders als Anbieter, deren Karten von bezahlten Experten hergestellt und als proprietäre Produkte verkauft werden, erlaubt es OSM jedem Menschen von überall auf der Welt auf die Kartierungsinstrumente zuzugreifen, neue Informationen einzutragen oder Fehler zu korrigieren. Dadurch können riesige Mengen an Informationen auf sehr partizipative und effiziente Weise in einer Plattform zusammengetragen werden.

Die Karten selbst stehen unter einer freien Lizenz, der Open Data Commons Open Database License (ODbL). Das heißt, sie sind für alle frei zugänglich und dürfen kopiert, verteilt, weitergegeben und adaptiert werden, solange die daraus abgeleiteten Karten unter denselben Bedingungen verfügbar sind.[1] Diese Lizenz ist in Katastrophensituationen besonders wichtig, weil sie allen Einsatzdiensten einen schnellen und kostenlosen Zugriff auf genaue Ortsangaben ermöglicht. Das geht mit kommerziellen Daten normalerweise nicht. Die freie Lizenzierung geografischer Daten macht es Hilfsorganisationen zudem viel einfacher, Rohdaten für gedruckte Karten und mobile Anwendungen zu verwenden.

Schon bald nach dieser gemeinsamen Kartieraktion nach dem Erdbeben in Haiti 2010 entstand das OSM-Team als gemeinnützige Organisation. Sie hat als juristische Person zwar einen Vorstand und wahlberechtigte Mitglieder, aber jeder Mensch mit einem OSM-Benutzernamen kann zur Arbeit von HOT beitragen und zwar über den »Tasking Manager«. Mit diesem Instrument wird ein Kartierungsvorhaben in viele kleine Aufgaben zerlegt, die schnell erledigt werden können.[2]

Das HOT ist Teil eines wachsenden globalen Commons von Freiwilligen, die Geodaten in Karten verzeichnen[3] und dabei die Prinzipien von Open Source und Open Data Sharing anwenden, um die Lebensbedingungen in ihrem Wohn- und Lebensumfeld zu verbessern, besonders wenn diese von Naturkatastrophen oder anderen Krisen bedroht sind. Das Team selbst, HOT, unterstützt die Beteiligten auf zwei Wegen: durch die Koordination der weltweit verstreuten freiwilligen Mitarbeiterinnen und Mitarbeiter, die aus Satellitenfotos Karten erstellen, und durch die Ausbildung und Unterstützung von OSM-Gruppen in gefährdeten Ländern. Das HOT bemüht sich zudem, Verständnis dafür zu wecken, dass freie Geodaten in Zeiten politischer Krisen und Naturkatastrophen Leben retten und Lebensbedingungen verbessern helfen.

Ende 2013 traf einer der stärksten jemals beobachteten Taifune, der Taifun Haiyan, die Philippinen. Er zerstörte Tausende Häuser und machte viele Menschen obdachlos. Die philippinische OSM-Gruppe (OSM-PH) und das HOT hatten bereits Erfahrung mit solchen Situationen; eine andere Gruppe humanitärer Kartierer, MapAction, hatte OSM genutzt, um eine offizielle Einsatzkarte nach dem Tropensturm Ondoy 2009 zu erstellen.[4] Im Falle von Haiyan begannen sowohl

1 | Der volle Gesetzestext zu dieser Lizenz kann hier nachgelesen werden: http://opendatacommons.org/licenses/odbl. Die Karten, die aus diesen Datenbanken angefertigt werden, sowie deren Dokumentation stehen unter der Creative-Commons-Lizenz BY-SA. Auch diese erlaubt die Weiterverwendung bei Nennung der Quelle und Weitergabe unter gleichen Bedingungen, ist also eine Copyleft-Lizenz.

2 | Hintergrundinformationen: http://wiki.openstreetmap.org/wiki/Humanitarian_OpenStreetMap_Team#Global_Volunteer_Community (Zugriff am 2. Februar 2015).

3 | Siehe dazu den Beitrag von Ellen Friedman über commons-relevante Mapping-Projekte in diesem Buch.

4 | Siehe: http://brainoff.com/weblog/2009/10/08/1495 (Zugriff am 2. Februar 2015).

die an OSM-PH Beteiligten als auch die Unterstützer des HOT bereits vor dem Eintreffen des Sturms, die Stadt Tacloban zu kartieren. Dreiunddreißig Freiwillige trugen anhand freier Satellitenfotos 10.000 Gebäude in die OSM ein. Das entspricht etwa einem Viertel aller Gebäude in Tacloban. Die Bedeutung dieser Daten zur Lage von Gesundheitseinrichtungen, Regierungsgebäuden, Wasser-, Energieversorgungstellen und mehr für Hilfsorganisationen, die ihre Aktivitäten schnell und während des bereits laufenden Einsatzes von entfernten Orten aus planen müssen, ist offensichtlich. Das Rote Kreuz nutzte die Karten beispielsweise, um das Ausmaß der Zerstörung abschätzen zu können. Mehr als 1.600 Freiwillige aus aller Welt nahmen in den ersten Monaten nach dem Taifun etwa fünf Millionen Neueinträge oder Korrekturen in der Karte vor. Diese Daten waren für die philippinische Regierung und für internationale Hilfsorganisationen eine enorme Hilfe. So wie die Unterstützung von HOT-Freiwilligen für die Organisation Ärzte ohne Grenzen oder das Rote Kreuz in der Reaktion auf den Ausbruch von Ebola 2014. Detaillierte, sehr präzise und speziell auf die Situation zugeschnittene Karten waren für die Helfer in Guinea, Liberia, Sierra Leone oder Nigeria entscheidend, um medizinische Hilfe dorthin zu bringen, wo sie gebraucht wurde.[5]

Nicht alle Aktivitäten des HOT geschehen in direkter Reaktionen auf Katastrophen. Oft wird in Regionen kartiert, von denen keine detaillierten geographischen Daten vorhanden sind, etwa im Vorfeld von Veranstaltungen, oder, wie in Lubumbashi in der Demokratischen Republik Kongo, um eine genaue Straßenkarte zu erstellen, die es Ärzte ohne Grenzen erleichtert, die Gesundheitssituation der Bevölkerung besser zu verfolgen oder einschätzen zu können, wann ein umfassender Hilfseinsatz wegen Cholera-Ausbrüchen notwendig wird.

Diese Kooperation begann mit einem Kartierungsfest in Berlin, wo sich Menschen trafen, um Daten von Satellitenfotos in OSM zu übertragen. Nachdem sie einen großen Teil Lubumbashis gewissermaßen per Fernsteuerung kartiert hatten, fuhr ein Mitglied des HOT dorthin, um mit Ärzte ohne Grenzen zu kooperieren.[6] Mit Hilfe der Universität von Lubumbashi konnten die Daten zu den einzelnen Straßen noch genauer erfasst werden. Das Team verwendete dafür so genannte »Field Papers«, ein Werkzeug, mit dem Karten direkt aus OSM ausgedruckt werden können.[7] Damit können Anmerkungen auf der Papierversion erstellt und diese mit einem Mobiltelefon fotografiert werden. Das digitale Foto mit den Notizen wird anschließend per OSM-Editor hochgeladen. Anschließend kommen Freiwillige anderswo erneut zu einem Mapping-Event zusammen, transkribieren die Notizen und pflegen sie in die Online-Version der OSM ein.[8]

---

5 | Jay Cassano hat den Beitrag von HOT zu Beginn der Ebola-Epidemie ausführlicher beschrieben und mit Kartenmaterial veranschaulicht: Inside The Crowdsourced Map Project That Is Helping Contain The Ebola Epidemic, am 22. Oktober 2014 auf www.fastcolabs.com veröffentlicht (Zugriff am 14. Mai 2015).

6 | Siehe: http://hot.openstreetmap.org/updates/2014-04-01_a_week_in_lubumbashi_drc (Zugriff am 14. Mai 2015).

7 | Siehe: http://fieldpapers.org (Zugriff am 2. Februar 2015).

8 | Siehe: http://hot.openstreetmap.org/updates/2014-05-08_london_hot_congo_mapathon (Zugriff am 2. Februar 2015).

Das Beispiel ist typisch für ein Muster des HOT-Engagements: Freiwillige aus anderen Ländern machen Karten von Regionen, die Unterstützung brauchen oder wo Orte und Geländeformationen nicht gut erfasst sind. Idealerweise stehen sie in Verbindung mit einer OSM-Community der betreffenden Region, was nicht immer der Fall ist. Ein anderer Zugang des HOT ist es, Menschen vor Ort zu zeigen, wie sie OSM verwenden können, um selbst zu kartieren. Das geschieht oft im Rahmen von speziellen Einsätzen[9] wie jenem in Lubumbashi.

Diese Kooperationen und Reisen tragen viel zum Lernprozess bei, und natürlich dazu, OSM ständig zu verbessern. So wurde das Trainingsprogramm LearnOSM[10] ursprünglich bei einem HOT-Training in Indonesien entwickelt. LearnOSM bietet leicht verständliche Einführungen und Schritt-für-Schritt Anleitungen für die zentralen Elemente der OSM-Technologie in neun Sprachen.

Wichtig ist auch die besondere Oberfläche für humanitäre Karten der OSM. Sie zeigt vor allem jene Punkte an, die für Hilfsmannschaften nach Katastrophen besonders relevant sind: Wasserstellen, Sanitäre Anlagen, die Straßenqualität, Hydranten für Löschwasser, Stromnetze, Straßenlampen und soziale Einrichtungen. Die Kartenoberfläche kann auch informelle Ansammlungen von Geschäften sichtbar machen. Solche Informationen sind normalen Karten in der Regel nicht zu entnehmen, weil sie die raschen Veränderungen im urbanen Raum nicht laufend aktualisieren oder es den Nutzern nicht erlauben, nah genug heran zu zoomen.

Die Erfahrung des HOT zeigt, dass lokale Praktiken des Commoning ansteckend sind. Was ursprünglich für Menschen in einem Katastrophengebiet hilfreich war, erweist sich auch anderswo in der Welt als sinnvoll. So entsteht ein Kreislauf, in dem Wissen weitergegeben und der Zugang zu den nötigen Werkzeugen verbreitet wird: zunächst von Gemeinschaft zu Gemeinschaft – und schließlich um die ganze Welt.

Kate Chapman ist Geografin. Sie hat sich erheblich für den Aufbau einer OSM-Community in Indonesien engagiert und war bis 2015 geschäftsführende Vorsitzende des humanitären OSM-Teams.

9 | Im Original »field missions« (Anm. der Übers.).

10 | Siehe: http://learnosm.org/en (Zugriff am 2. Februar 2015).

Unser gemeinsamer Reichtum

Wie Karten Commons sichtbar machen

Ellen Friedman

Wenn ein Bild mehr sagt als tausend Worte, dann sagt eine Karte vermutlich mehr als tausend Bilder. Seit 2010 sind Hunderte »Mapping«-Projekte für Commons und »Ökonomien des Gemeinsamen« entstanden, die Tausende innovative soziale, ökologische und ökonomische Initiativen abbilden. So erzählen sie komplexe Geschichten des Neuen, das in den Rissen des Alten auftaucht, so wie Löwenzahnknospen durch berstenden Beton brechen.

Die Karten erfüllen mehrere Zwecke zugleich. Sie bieten (oft offene) digitale Plattformen an und helfen damit neuen Projekten, Mitglieder zu finden. In dem Maße, wie sich solche Karten mit nutzergenerierten Inhalten füllen, wird die Kraft jener partizipatorischer Initiativen sichtbar, die den Anspruch erheben, geteilte Ressourcen selbst zu verwalten. Das betrifft so unterschiedliche Dinge wie urbane Räume, Seen, frei zugängliche Obstgärten, Umweltprojekte und Hackerspaces. Die vielen Commons-Karten und Karten von Wirtschaftsunternehmen, die am Menschen statt am Gewinn orientiert sind, erzählen von Gruppen und Initiativen, die den Status quo zurückweisen, mit ihrem unmittelbaren Lebensumfeld in enger Beziehung stehen und dieses wieder neu beleben.

Einige bedeutende Mapping-Projekte werden im Folgenden beschrieben, eine komplette Liste der entsprechenden Karten einschließlich der Internet-Links findet sich am Ende des Textes.

Eine beträchtliche Zahl von Mapping-Projekten befasst sich mit Commons im städtischen Raum.[1] Bei dem 2010 gegründeten Projekt Mapping The Commons(.net) werden offene Workshops organisiert, in denen die Teilnehmenden wichtige Commons in ihrer Stadt identifizieren. Die Methode wurde von Projektleiter Pablo de Soto von der Universität Rio de Janeiro gemeinsam mit Menschen vor Ort entwickelt und bisher in Athen, Istanbul, Rio de Janeiro, Belo Horizonte, São Paulo, Quito und Grande Vittoria eingesetzt. Die Teilnehmenden beschreiben dabei ihre Beziehung zu den Commons der jeweiligen Stadt, und sie benennen die natürlichen Ressourcen, Kulturschätze, öffentlichen Räume, digitalen Commons und sozialen Aktivitäten, die für sie von besonderer Bedeutung sind. Daraufhin werden

1 | Siehe dazu auch den Beitrag von Jannis Kühne in diesem Buch (Anm. der Hg.).

kurze Videos gedreht und in die digitalen Stadtkarten eingebettet. Der von De Soto und anderen verfasste Beitrag zum Thema (dies. 2013) wurde mit dem Elinor-Ostrom-Preis der Universität Buenos Aires in der Kategorie »Konzeptuelle Zugänge zu den Commons« geehrt.

Einige der innovativsten Projekte kommen aus Italien. **World of Commons** bildet die »best practices« der kollektiven Nutzung und Verwaltung sehr unterschiedlicher Ressourcen ab: Wohnraum und öffentlicher Raum, oder Weiden, Wälder und Ländereien, die sich seit dem Mittelalter in Gemeinschaftseigentum befinden. Das Projekt wurde von LabGov entwickelt, dem in Rom ansässigen LABoratorium für Commons-GOVernance, das aus einer Kooperation von Labsus (Laboratorium für Subsidiarität, ital.: LABoratorio per la SUSsidiarietà) mit der Internationalen Freien Universität für Sozialwissenschaften Guido Carli (LUISS) entstanden ist. Das Ziel von LabGov, das mit den Regierungen von Rom, Bologna, Taranto und der Provinz Mantua zusammen arbeitet, ist es, Expertinnen und Experten für Commons-Governance und die Gestaltung neuer Institutionen auszubilden. Das Laboratorium in Bologna hat sich darauf spezialisiert, neue Modelle zum Umgang mit städtischen Gemeingütern zu entwickeln, und eine Kampagne initiiert, um das Prinzip der »horizontalen Subsidiarität« einzuführen. Es soll den Bürgerinnen und Bürgerinnen mit dem verfassungsmäßigen Recht ausstatten, sich direkt und auf allen Ebenen an der Verwaltung zu beteiligen.

Ebenfalls aus Italien kommt **Mapping the Commons(.org)**, das in keinem Zusammenhang mit den gleichnamigen Vorhaben von Pablo de Soto steht. Die Initiative war einst Teil des Projekts unMonastery und nahm zu Beginn des Jahres 2014 in Matera ihren Anfang. Die Non-Profit-Organisation unMonastery wird in Gemeinden tätig, die stark von Arbeitslosigkeit und dem Rückbau sozialer Dienstleistungen betroffen sind und in denen es einen hohen Gebäudleerstand gibt. Um damit umzugehen, erarbeiten Personen mit entsprechender Ausbildung gemeinsam mit den Menschen vor Ort innovative Lösungen in einem kollaborativen Prozess. Die kulturellen Reichtümer, lokalen Traditionen, das Wissen und die Erzählungen der Region in einer Karte sichtbar zu machen, all dies unterstützt diesen Prozess, denn die perspektivwendende Frage lautet nicht: Was brauchen wir? Sondern: Was haben wir?

Die **Great Lakes Commons Map**, die »Karte der Commons der Großen Seen«, ist einzigartig in ihrem Fokus auf eine Bioregion. Paul Baines, ein Lehrer aus dem kanadischen Toronto, veröffentlichte die Karte, als im Mai 2012 das Council of Canadians, eine der größten zivilgesellschaftlichen Organisationen des Landes und intensiv in Sachen »Wasser als Commons« engagiert, mit einer Infotour in mehreren Städten Halt machte. Mit Great Lakes Commons setzen sich viele Gruppen, darunter das Council of Canadians, On The Commons, Vertreterinnen und Vertreter der indigenen Bevölkerung, Stadtregierungen und Bürgerinnen und Bürger aus urbanen und ländlichen Regionen gemeinsam für einen verantwortungsvollen Umgang mit den Großen Seen ein. Alle, die in dem riesigen Gebiet rund um die großen Seen leben, sind eingeladen, selbst erlebte Geschichten zu erzählen, sei es über Umweltbelastungen oder über die positive Wirkung gemeinsamen Arbeitens und Lebens. Die Karte enthält neben Videos und Erzählungen, auch verschiedene Filter, mit denen beispielsweise die Gebiete der

»First Nations«[2], Wasserleitungen, Pipelines, die Orte, an denen Unternehmen Wasser zur Produktion von Flaschenwasser entnehmen dürfen sowie eine Liste mit Unterstützern der Great Lakes Commons Charter[3] aufgerufen werden können. Die Karte selbst ist in mehrfacher Hinsicht ein Commons: Die Geschichten und Informationen kommen von Menschen, die eine enge Beziehung zu den Großen Seen haben, die Karte steht unter einer Creative-Commons-Lizenz, und die Infrastruktur wird von Ushahidi zur Verfügung gestellt, einer Open-Source-Mapping-Plattform zum Erfassen von Krisensituationen.

Das Projekt **P2PValue** konzentriert sich auf die große Vielfalt digitaler Initiativen, die auf commons-basierter Peer-Produktion (Commons-Based-Peer-Production, CBPP) beruhen, also der internetgestützten Zusammenarbeit zwischen vielen Menschen zur Produktion von wertvollen Informationen und materiellen Gütern. P2PValue wurde von einem Konsortium aus sechs akademischen Einrichtungen mit dem Ziel gegründet, die Entwicklung einer commons-freundlichen Politik zu unterstützen.[4] P2PValue hat, obwohl erste Ende 2013 gegründet, bereits über 300 CBPP-Projekte identifiziert und arbeitet daran, die besten Praktiken und günstigsten Bedingungen für horizontale kollaborative Produktion herauszuarbeiten. Weil digitale Commons im Cyberspace keinen geografischen Orten zugeordnet werden können, sind die Projekte von P2PValue in einer durchsuchbaren Datenbank aufgelistet. Jeder kann zur Plattform beitragen, alle Projektdaten sowie der Quellcode sind frei zugänglich.

Andere Mapping-Projekte widmen sich den Möglichkeiten und Organisationsformen »alternativer« oder »solidarischer Ökonomien«. **Shareable** und das globale **Sharing Cities Network** aus den USA haben 2013 und 2014 Dutzende sogenannte »Mapjams« organisiert, damit Menschen zusammenkommen, um Karten mit Sharing-Projekten zu füllen. Aus diesen Mapjams sind mehr als 70 Stadtkarten hervorgegangen, die lokale Kooperativen, Commons, öffentliche Ressourcen oder Plattformen und Organisationen zum Teilen von Ressourcen anzeigen. Der Mitbegründer von Shareable, Neal Gorenflo, meint: »Eine Bestandsaufnahme vorhandener Ressourcen geht oft dem Handeln voraus. Solche Karten machen Intentionen sichtbar, sie verändern das Denken der Teilnehmenden, und sie dienen als praktische Werkzeuge, die den Menschen helfen, sich zu organisieren.«

Die Kartierungsinitiative **Vivir Bien** konzentriert sich auf die Solidarische Ökonomie sowie die Vielfalt an nicht-kapitalistischen und nicht profitorientierten Initiativen und Organisationen. Gegründet 2010 von der Kritischen und Solidarischen Universität (KriSU) in Wien, ist sie auf Europa konzentriert. Die Projekt-Webseite steht unter einer Creative-Commons-Lizenz und verwendet OpenStreetMap als Grundlage.

---

2 | Bezeichnung für die indigene Bevölkerung Kanadas.

3 | Siehe: www.cglg.org/projects/water/docs/GreatLakesCharter.pdf (Zugriff am 5. März 2015).

4 | Dazu gehören die Universität von Surrey (UK), das Centre National de la Recherche Scientifique (Frankreich), die P2P Foundation (Belgien/Thailand), die autonome Universität von Barcelona (Katalonien/Spanien), die Universidad Complutense de Madrid (Spanien), die Università degli Studi di Milano (Italien) sowie 27 Zusammenschlüsse und Einzelpersonen aus Spanien, Italien, Holland, Frankreich, Irland, Großbritannien, Indien und Luxemburg.

Eine weitere interessante kollaborative Mapping-Erfahrung ist der sogenannte **P2P Wikisprint**. Er hat hunderte Freiwillige aus aller Welt, die meisten davon aus Lateinamerika und Spanien, im März 2013 für 24 Stunden in seinen Bann gezogen. Die P2P Foundation wollte mit dem Wikisprint sehr rasch viele Datensätze von P2P- und Commons-Projekten im spanischsprachigen Raum erfassen. Die so entstandene Karte zeigt die Vielfalt dieses neuen ökonomischen Paradigmas, das sowohl gerade entstehende als auch traditionelle Kulturen in Spanien und Lateinamerika durchwirkt.

Allein die große Zahl junger Kartierungs-Projekten bringt neue Herausforderungen mit sich, die derzeit angegangen werden. Zu den sicher bemerkenswertesten gehört **TransforMap**, entstanden Anfang 2014 aus einer Zusammenarbeit von Programmierern und Menschen aus Deutschland und Österreich, die den verschiedenen Strömungen der »Ökonomien des Gemeinsamen« verbunden sind. Sie waren der Meinung, dass für all diese Karten eine gemeinsame Sprache und ein gemeinsamer digitaler Ort notwendig seien, und arbeiten deshalb an einer universell anwendbaren und offenen Taxonomie, die von Bedürfnissen ausgeht und andere Transaktionsformen als jene des Kaufens und Verkaufens in den Mittelpunkt stellt. Diese Taxonomie ist die Grundlage für einen globalen Kartierungsprozess, der dem Motto folgt: »Es gibt viele Alternativen. Wir machen sie sichtbar.« TransforMap soll es für jede und jeden genauso einfach machen, in der eigenen Umgebung den nächsten Ort des Teilens, Tauschens oder Schenkens zu finden wie den nächsten Supermarkt. Die (mittelfristige) Standardisierung der Datensätze wird zudem ermöglichen, Daten aus den verschiedenen alternativen Karten weltweit – über 260 davon wurden bereits zusammengetragen – zu einer einzigen, offenen und freien Karte zusammenzuführen, die in wesentlichen Teilen auf Open Street Map sichtbar gemacht wird.

CommonsScope wiederum ist ein Projekt von CommonSpark, einer gemeinnützigen Organisation aus Texas/USA, das mehrere Sammlungen und Visualisierungen von Commons und Gemeinressourcen sichtbar macht. Das Webportal führt zu mehreren Hundert commons-bezogenen Karten, die Themen wie Lebensmittel, Community Land Trusts, soziale Bewegungen, öffentliche Güter, indigene Kulturen und »Sharing Cities« (»Teilende Städte«) zum Gegenstand haben.

Wegen ihrer spezifischen Inhalte besonders erwähnenswert ist auch **Falling-Fruit**, eine Karte, die zum Zeitpunkt des Entstehens dieses Artikels 786.000 Orte auf der ganzen Welt anzeigte, wo Obst geerntet werden darf. Das deutschsprachige Äquivalent dazu ist die sehr populäre gewordene, interaktive **Mundraub**-Karte, die Obstbäume, Obststräucher, Nüsse und Kräuter im öffentlichen Raum abbildet. Tausende Menschen nutzen die Plattform, um nicht nur Fundorte miteinander zu teilen, sondern auch Rezepte oder Erfahrungen mit dem Allmendeobst auszutauschen. Anfang September 2014 feierten die Mundräuber den zehntausendsten Fan in einem bekannten sozialen Netzwerk, im Juni 2015 waren es schon 14.300, die Website hat zudem die Schallmauer der fünfzwanzigtausend Anmeldungen durchbrochen.

Ein anderes Beispiel ist **Free Little Libraries**, ein globales Verzeichnis von in der Nachbarschaft frei erhältlichen Büchern. Daneben gibt es weltweite oder national begrenzte Karten von Hackerspaces, FabLabs und Räumen des Selbermachens wie offenen Werkstätten oder Saatgut (**Seed Map**), eine Karte aller **Transition**-Initiativen sowie mehrere Verzeichnisse von **Community Land Trusts**.

Dank der vielen engagierten Kartographinnen und Kartographen trägt das wachsende Universum an Commons- und alternativökonomischen Karten dazu bei, dass wir das, was durch kolonialistische und kapitalistische Kulturen systematisch zerstört wurde, wieder wahrnehmen und einfordern können. Die Karten unterstützen zudem die Entwicklung neuer Formen der Selbstorganisation, und sie stärken unser Bewusstsein für unsere Verantwortung für die Commons. Gemeinsam erzählen sie die Geschichte eines historischen Moments: in dem ein Systemwechsel von unten die Zivilisation verändert, von einer, die den privaten Reichtum hochhält, zu einer, in der dieser Reichtum geteilt wird.

Die Karten sind flexibel einsetzbare Werkzeuge, die uns ermächtigen, einer gerechten, prosperierenden Welt zur Durchsetzung zu verhelfen.

Bemerkenswerte Karten im Netz

CommonsScope: http://commonsscope.org
Falling Fruit: http://fallingfruit.org
Free Little Library Map: http://littlefreelibrary.org/ourmap
Great Lakes Commons Map: http://greatlakescommonsmap.org
Hackerspaces: http://hackerspaces.org/wiki/List_of_Hacker_Spaces
Mapping the Commons(.net): http://mappingthecommons.net
Mundraub: http://mundraub.org/
National Community Land Trust Network: http://cltnetwork.org/directory
P2P Foundation maps: https://www.diigo.com/user/mbauwens/P2P-Mapping
Seed Map: http://map.seedmap.org
Shareable Community Maps: www.shareable.net/community-maps
TransforMap: http://transformap.co/
Big Transition Map: www.transitionnetwork.org/map
Verbund Offener Werkstätten: www.offene-werkstaetten.org/werkstatt-suche
Vivir Bien: http://vivirbien.mediavirus.org
World of Commons (LabGov): www.labgov.it/world-of-commons

Literatur

De Soto, P., et al. (2013): »Mapping the Urban Commons: A Parametric & Audiovisual Method«, http://mappingthecommons.net/en/blog/2013/12/11/elinor-ostrom-award/ (Zugriff am 4. März 2015).

Kate Chapman ist Geografin. Sie hat sich erheblich für den Aufbau einer OSM-Community in Indonesien engagiert und war bis 2015 geschäftsführende Vorsitzende des humanitären OSM-Teams.

Neues vom Bewährten

Warum Commons-Lizenzen erfolgreich sind

David Bollier

Die Wenigsten wissen, dass das Gesetz praktisch jedes Ergebnis kreativen Schaffens bereits im Moment seines Entstehens als Privateigentum betrachtet. Egal, ob Du rasch ein Doodle aufsetzt oder ein paar Akkorde von der Gitarre aufnimmst. Das Copyright[1] behandelt das entstandene »Werk« wie Privateigentum, über das du bis zum Lebensende und noch 70 Jahre darüber hinaus exklusiv verfügen kannst; je nach Land sind es ein paar Jahre mehr oder weniger.

Dieses Recht auf alleinige Verfügung sei notwendig, um für Autorinnen und Autoren Anreize zu bieten, Neues zu schaffen – egal ob Software, Musikaufnahmen, Bücher oder Fotografien. Die Grundannahme ist, dass es ohne den Schutz des Copyrights keine künstlerischen Werke gäbe, und jedes kreative Werk auf dem Markt ge- und verkauft werden müsse.

Was aber, wenn beispielsweise eine Schöpferin möchte, dass ihr Werk frei kopiert, geteilt und weiterverwendet werden kann? Im Copyright wie im Urheberrecht sind nicht-marktförmige Nutzungen, die von den Autoren erwünscht sind, nicht ausdrücklich vorgesehen. Dies wurde schlagartig offensichtlich, als das Internet in den 1990er-Jahren zum Massenmedium wurde und Menschen plötzlich dank digitaler Technologie gratis teilen konnten.

---

1 | Es gibt neben dem angloamerikanischen Copyright die Rechtstradition des kontinentaleuropäischen Urheberrechts. Beide werden oft miteinander vermengt, unterscheiden sich jedoch fundamental. Das Urheberrecht schützt – wie der Name schon sagt – den Urheber oder die Urheberin selbst. Die Grundidee ist: Ein Werk als kreativer Ausdruck des Urhebenden ist untrennbar mit seiner Person verbunden. Daher kann der Urheber seine Rechte an diesem Werk auch nie völlig abgeben, sondern nur anderen die Lizenz erteilen, dieses Werk auf eine bestimmte Art zu nutzen. Das Copyright ist fast 100 Jahre älter, es ist eigentlich ein »Verwerterrecht«: Die Grundidee hier: öffentliche Bildung und Wissenszirkulation befördern, indem die Verwerter – Drucker, Produzenten oder Verlage – ein zeitlich begrenztes exklusives Vervielfältigungsrecht erhalten. Dieser Unterschied ist zwar fundamental, aber für den in diesem Artikel dargelegten Gedanken nicht relevant. Daher werden Copyright und Urheberrecht hier nebeneinander angeführt (Anm. der Hg.).

Die General Public License

Der legendäre Hacker Richard Stallman gehörte zu den Ersten, die sich für diese Beschränkungen des Copyright eine pfiffige Lösung ausgedacht haben. Stallman wollte, dass ihm andere Software-Programmierer helfen, die Programme zu verbessern, an denen er schrieb. Außerdem wollte er die programmierte Software weithin teilen und zugleich sicherstellen, dass niemand sich diese Programme individuell aneignen und ein Copyright oder Urheberrecht darauf beanspruchen könne.

Stallmans zukunftsweisende Lösung von 1989, die als General Public License (GPL) oder »Copyleft« bekannt wurde, war ein »legal hack«. Das heißt: Stallman nutzte das existierende Recht, drehte aber dessen Zweck um: Statt um den Schutz des Privateigentums ging es nun um den Schutz der Software-Allmende. Jedwede Software, die unter der (inzwischen in der dritten Version existierenden) GPL veröffentlicht wird, erlaubt es allen, das entsprechende Programm zu verwenden, zu kopieren, zu verändern und die veränderte Version wieder weiterzugeben, ohne davor um Erlaubnis fragen oder zahlen zu müssen. Die GPL bietet damit einen rechtlich durchsetzbaren Schutz für Werke (nicht nur Software), die von mehreren Kreativen oder Programmierern entwickelt werden und frei bleiben sollen.

Die einzige Einschränkung, die sie enthält, besagt – und das ist der Clou –, dass jedes veränderte Werk erneut mit GPL lizenziert werden muss. Unter GPL-Bedingungen gilt also das Recht zu kopieren, zu teilen, zu verändern und weiter zu verwenden automatisch auch für eine Weiterentwicklung, für die Weiterentwicklung einer Weiterentwicklung und so fort. Das war ein brillanter Schachzug. Er verkehrte die quasi automatische Privatisierung von Inhalten unter dem Copyright ins Gegenteil und erforderte nunmehr – quasi auch automatisch – dass immer geteilt wird, was einmal geteilt wurde.

Und je öfter ein Programm geteilt wird, umso größer wird das Commons für beide Seiten: Programmierer und Anwender! Ein Vierteljahrhundert ist vergangen. Die GPL war und ist enorm wichtig, denn sie sorgt(e) dafür, dass der Wert, der von Commoners geschaffen wird, auch als Commons erhalten bleibt. Menschen können zu Software-Programmen, wie dem berühmt gewordenen freien Betriebssystem GNU Linux beitragen und dabei darauf vertrauen, dass niemand es als alleiniges Eigentum beanspruchen kann.

Creative-Commons-Lizenzen

Der Erfolg der GPL in den 1990er und frühen 2000er Jahren inspirierte den Juraprofessor Lawrence Lessig sowie weitere Rechtswissenschaftlerinnen, Aktivisten, Technikfreaks und Künstlerinnen dazu, die Grundidee der GPL auch auf andere urheberrechtlich geschützte Inhalte zu übertragen. Einmal mehr war das Ziel, das legale Teilen von Inhalten zu unterstützen. Nur ging es dieses Mal um Texte, Musik, Fotografien, Videos und was sonst noch unter das Copyright respektive Urheberrecht fallen konnte. Im Jahr 2002 stellte dann eine neue Organisation, Creative Commons, sechs Standardlizenzen vor, um das Teilen dieser Dinge einfacher zu gestalten. Urheberinnen und Urheber haben seither die Möglichkeit, einen konkreten, von ihnen gewünschten Modus des Kopierens und Teilens zu erlauben. Eine Lizenz mit dem Zusatz »Namensnennung« (»attribution«, ausgedrückt durch das Kürzel »BY«) erlaubt das Kopieren, wenn der Name des Autors oder der Autorin genannt wird. Die Bestimmung »nicht kommerziell« (»non commercial«, Kürzel »NC«) berechtigt zur freien Verwendung, solange kein kommerzieller Zweck verfolgt wird. Ein Werk mit deer Bestimmung »share alike« (»Wiedergabe unter gleichen Bedingungen«, Kürzel »SA«) darf verändert werden, wenn das neue Werk wieder unter der gleichen Lizenz veröffentlicht wird. Jede Weiterentwicklung muss somit auch frei bleiben. Ähnlich wie bei der GPL! Hingegen berechtigt die Klausel »keine Bearbeitungen« (»non derivatives«, Kürzel »ND«), zur Verwendung, aber nicht zu Veränderungen des Werkes. Jede dieser Bestimmungen kann mit den jeweils anderen kombiniert werden, so dass leicht zu verwendende Lizenzen entstehen, zum Beispiel eine »attribution – non commercial« (BY-NC).

Abbildung 1: Zahl der als Creative Commons lizenzierten Werke

Mittels der CC-Lizenzen gelang es ausgesprochen gut, der Macht zum Durchbruch zu verhelfen, die entsteht, wenn Menschen Dinge kopieren, teilen und auf ihnen aufbauen dürfen. Tausende wissenschaftliche Open-Access-Zeitschriften[2] nutzen sie, um ihre Inhalte frei zugänglich zu machen. Wikipedia ist mit einer CC-Lizenz groß geworden (und inzwischen auch standardmäßig mit einer GPL-Lizenz versehen), ebenso wie Plattformen, auf denen Remix-Musik oder Video-Mashups vorgestellt werden.[3] Zahllose Webseiten und Blogs machen ihre Inhalte frei zugänglich, was wiederum Menschen ermutigt, sich einzubringen. Bis 2014 wurde

2 | Das Directory of Open Access Journals (www.doaj.org) zählt zum Zeitpunkt der Erstellung dieses Beitrags 9.994 Zeitschriften mit 1.728.759 Artikeln aus 134 Ländern auf. Vergleiche auch den Beitrag von Cameron Neylon zu PLOS in diesem Buch.

3 | Die Begriffe »Remix« und »Mash-up« stammen ursprünglich aus der Musik. Bei einem Remix wird ein Lied oder Musikstück zunächst technisch bearbeitet und dann, wie der Name

das CC-Lizenzsystem an mehr als 70 Rechtssysteme in aller Welt angepasst. Als institutionelle Struktur waren diese Lizenzen, die auf dem Copyright aufbauen und die Macht offener Netzwerke nutzen, entscheidend, um langlebige Commons herzustellen.

Doch die Diskussion hat sich weiterentwickelt. Inzwischen geht es auch um die Frage, wie sichergestellt werden kann, dass nicht alle zu gleichen Bedingungen aus dem freien Wissenspool schöpfen, denn es ist ein Unterschied, ob man das tut, um die Commons zu bereichern oder sich selbst.

Commons-basierte Reziprozitäts-Lizenzen

Michel Bauwens, Gründer der P2P Foundation, hat darauf aufmerksam gemacht, dass Akteure, die intern demokratisch organisiert und zudem bereit sind, Gewinne zu teilen, ihr eigenes Projekt unterminieren, wenn sie am Wettbewerb auf dem Markt zu gleichen Bedingungen teilnehmen wie andere, profitorientierte Unternehmen. Schließlich schafft der emergierende Bereich commons-orientierter Peer-Produktion (freie Software, offenes Design, Offene Hardware und vieles mehr) routiniert immer neue Wissenspools für alle, während viele Start-ups und große multinationale Unternehmen dieses Wissen nutzen können, um ihr Kapital zu akkumulieren, ohne dass es sie selbst etwas kostet. Im Versuch, diese Dynamik umzukehren und einen »Offenen Ko-operativismus« (»Open Co-Operativism«) zu entwickeln, versuchen Bauwens und andere derzeit, die commons-orientierte Peer-Produktion mit commons-basierten Eigentums- und Governance-Modellen, wie sie auch im Genossenschaftswesen oder der solidarischen Ökonomie genutzt werden, zu verknüpfen. Ein praktisches Instrument dafür sind sogenannte »commons-basierte Reziprozitäts-Lizenzen«. Eine davon, die Peer Production License (PPL)[4], würde Commoners, Genossenschaften und den Non-Profit Sektor in die Lage versetzen, ohne Zahlung von Lizenzgebühren Wissen und Material zu teilen, zu nutzen und weiterzuentwickeln, wohingegen gewinnorientierte Unternehmen Nutzungsgebühren zu zahlen hätten. Das würde zu einem Mitteltransfer vom Kapital zu den Commons führen, ohne die Kultur der Commons zu unterlaufen.

David Bollier ist ein amerikanischer Commons-Experte und -Aktivist, Blogger und Berater; Autor zahlreicher Beiträge und Bücher zum Thema »Commons als neuem Paradigma für Wirtschaft, Politik und Kultur«; Mitbegründer der Commons Strategies Group.

sagt, neu abgemischt. Bei Mash-ups werden zwei oder mehr Titel miteinander »vermanscht«, etwa ein Rhythmus-Background der Beatles mit einer Rap-Gesangsspur.

4 | Siehe: http://p2pfoundation.net/Peer_Production_License (Zugriff am 28. Februar 2015).

Commons für Buchstaben

David Bollier, Santiago Hoerth und Lara Mallien

Während klassische Verlage zwischen hohen Vertriebskosten, der Expansion von Amazon und geringen Gewinnmargen ums Überleben kämpfen, entdecken viele Start-ups den Charme commons-basierten Publizierens. Auf Gemeinschaften zu bauen erweist sich als probates Mittel, um einerseits die enormen Kosten marktorientierter Veröffentlichungspraxis zu umgehen und andererseits Autorinnen und Autoren sowie Leserinnen und Leser zueinander zu bringen. Im Folgenden werden einige Pioniere dieser anderen Publikationspraxis vorgestellt. Sie veröffentlichen Wissenschaftsjournale, Bücher, Zeitschriften und e-Publikationen; und sie zeigen, dass es möglich ist, wichtige Inhalte billiger und schneller zu veröffentlichen, als konventionelle Verlage das tun, ohne dabei den Beschränkungen des klassischen Urheberrechts und den Zwängen hochkonzentrierter Märkte unterworfen zu sein.

Zeitschriften als Commons

Die Zeitschrift **Oya**[1] ist ein junges Magazin aus Deutschland, das Mut macht, neue Wege im Sinn eines »guten Lebens« zu gehen. Dabei legt die Redaktion nicht fest, was ein »gutes Leben« sein soll, sondern sie begibt sich gemeinsam mit den Leserinnen und Lesern auf Forschungsreise. Diese Reise führt von offenen Werkstätten, urbanen Gärten, Kunst im öffentlichen Raum und Hausprojekten bis hin zu Ökodörfern, Höfen mit solidarischer Landwirtschaft oder Wildnisschulen. Im Kern aller Projekte werden immer wieder Commons-Prinzipien deutlich: freiwilliges Beitragen, gemeinschaftliches Handeln, Selbstorganisation, Selbstbestimmung und Vielfalt. Denn »viel interessanter als ein Haufen Gleichgesinnter ist doch eine Gemeinschaft der Ungleichgesinnten«, so das Motto, das die Online-Ausgabe der Oya ziert.

Auch wenn die Praxis im Vordergrund steht, ist *Oya* ein nachdenkliches Heft: In Essays werden einerseits die Denkgrundlagen der heutigen Gesellschaft wurzeltief hinterfragt, andererseits wird den Krisen ins Auge gesehen. Desillusionierung ist manchmal eine wichtige Bedingung, ermutigende Praxis als bedeutungsvoll erkennen zu können.

---

1 | Siehe: www.oya-online.de (Zugriff am 10. April 2015).

Die Zeitschrift erscheint seit März 2010 regelmäßig alle zwei Monate in lebendigem Layout, mit starken Fotos und selbstverständlich auf ökologischem Papier. Ein Großteil der Printausgabe stehen auch online unter einer Copyleft-Lizenz zur Verfügung (CC BY-NC-SA). Getragen wird die Unternehmung von der Oya Medien eG – einer Genossenschaft, die in ihrer Präambel festlegt, dass ihr Ziel nicht die Bereicherung der Mitglieder, sondern das Herausgeben einer sinnvollen Zeitschrift ist. Gut 10 Prozent der inzwischen 4.000 Abonnentinnen und Abonnenten sind Genossenschaftsmitglieder und finanzieren mit Anteilen zu 200 Euro den Projektaufbau. Redaktion, Verwaltung sowie Autorinnen und Autoren haben in den ersten Jahren eine hohe Schenkleistung erbracht. *Oya* hat eine Auflage von 10.000 Exemplaren, ist auch im gut sortierten Bahnhofsbuchhandel erhältlich, trägt sich aber im Wesentlichen durch Abos. Auch Anzeigen leisten einen Beitrag. Das Projekt braucht 5.000 Abos, um wirtschaftlich auf stabilen Beinen zu stehen.

Oya ist kein niedrig schwelliges Einstiegs-Magazin für ein breites Publikum, sondern ein Heft von und für aktive Menschen, denen der Zustand der Welt unter den Nägeln brennt und die bereit sind, mehr zu tun, als nur ein bisschen nachhaltigen Konsum zu praktizieren.

Lara Mallien

In Großbritannien verleiht das **STIR magazine** (für »stir to action«, dt.: »zum Handeln verführen«) den Veränderungen von Politik, Kultur und Gesellschaft eine frische Stimme. Neben Berichten über Kooperativen, Open-Source-Projekte und alternative Ökonomien beschäftigt sich *STIR* auch ausführlich mit der Commons-Bewegung. Wie *Oya* hat *STIR* eine neue Zeitschrift gestartet und damit einen weiteren Weg eröffnet, eine aktive Community von Leserinnen, Aktivisten und Denkerinnen zusammenzubringen. Viele kleine, lokale Initiativen mit großem Potenzial werden so vernetzt.

Eine andere erwähnenswerte Publikation ist die von dem Politikwissenschaftler Massimo de Angelis herausgegebene Online-Zeitschrift **The Commoner – A Web-journal for Other Values.**[2] Sie bietet reichhaltiges Material, Kommentare, Beiträge und Analysen vorwiegend aus der Perspektive des autonomen Marxismus. *The Commoner* hat seit 2001 insgesamt 15 Ausgaben mit gehaltvollen Essays herausgebracht, die sich unter anderem damit beschäftigen, welche Relevanz Commons für Care-Tätigkeiten, Hausarbeit, Energie, Geld, dem Körper und der Wertedebatte haben. Das Grundproblem sei, so erklärt der Herausgeber, »dass wir in einer Welt leben, in der unser Handeln vom Ergebnis desselben getrennt wird und diese Trennung auf eine zunehmende Zahl von Lebensbereichen übergreift, wobei die Rebellion über diese Trennung allgegenwärtig ist«.

Auch in den USA tragen mehrere Online- und Printmagazine zur Commons-Debatte bei. **Shareable,** in der Bay Area zuhause, der Metropolregion im Norden von Kalifornien, ist eine interaktive Internetzeitschrift, die über die Entwicklungen der »sharing and collaborative economy« berichtet. Von Shareable stammt die Idee der »shareable cities«, der »teilenden Städte«, die sich mit zahlreichen praktischen Ideen und Aktionsvorschlägen verbindet. Zudem organisiert das Team von *Sharea-*

---

2 | Siehe: www.commoner.org.uk/ (Zugriff am 11. April 2015).

ble Dutzende Projekte und Aktivitäten, um lokale Projekte und Initiativen bekannt zu machen.

Im **Yes! Magazine**, einer Zeitschrift für Zukunftsalternativen, gibt es eine regelmäßige Artikelserie unter dem Namen »Commonomics«. Das Online-Magazin *On the Commons*[3] wiederum wird seit über einem Jahrzehnt regelmäßig in Minneapolis herausgegeben und beschreibt vorwiegend die Vielfalt nordamerikanischer Commons, mit einem besonderen Schwerpunkt auf der partizipativen Gestaltung öffentlicher Räume. **On the Commons** widmet sich auch dem Thema »Wasser als Commons« sowie Organisations- und Governance-Fragen.

Verlassen wir die USA. **The Case for the Commons** ist eine indische E-Publikation, die alle zwei Monate erscheint und sich mit den Auswirkungen zahlreicher, commons-relevanter Urteile des Supreme Court, also des Obersten Gerichtshofes, sowie von Regierungsverordnungen beschäftigt. Die Publikation wird von der Foundation for Ecological Security (Stiftung für Umweltsicherheit) in Indien herausgegeben und trägt dazu bei, den Ausgang von Rechtsverfahren zu interpretieren und mit Blick auf eine bessere Governance der Commons zu verbreiten.

Ebenfalls in Indien ist der nicht profitorientierte Verlag **Pratham Books** beheimatet, der sich zum Ziel gesetzt hat, »jedem Kind ein Buch in die Hand zu geben«. Er ist aus der »Read India«-Bewegung entstanden, die versucht, bei Kindern die Freude am Lesen zu wecken. Pratham Books stellte fest, dass in Indien qualitativ hochwertige, erschwingliche Kinderbücher fehlen, und begann preiswerte Bücher auf Englisch und in zehn weiteren Sprachen herauszugeben. Um die Kinder zu erreichen, arbeitet der Verlag mit zahlreichen Partnern zusammen – darunter Stiftungen, soziale Medienunternehmen und andere Verlagen. Bis heute hat Pratham Books mehr als 280 Titel veröffentlicht und mehr als 12 Millionen Bücher.

David Bollier

Pillku – wörtlich übersetzt: die »Freiheitsliebende« – ist in Lateinamerika als Online-Magazin bekannt, das sich mit freier Technologie und Kultur, P2P, Commons, Hacktivismus, Cyberfeminismus, gutem Leben, Kooperation und Gemeineigentum beschäftigt. Pillku entsteht in freiwilliger Zusammenarbeit. Die große Mehrheit der Mitwirkenden ist ehrenamtlich aktiv und die Leserschaft von Pillku ist am Entstehen des Magazins maßgeblich beteiligt. Pillku bietet einen Raum für Debatten über Freie Kultur und Commons in Lateinamerika und versucht damit zu einer Gesellschaft beizutragen, die auf freiem Austausch beruht. *Pillku* bietet Commoners einen Bezugspunkt, über den sich verschiedene Gruppen in Lateinamerika und der Karibik vernetzen und ihre Arbeit erweitern können.

Das Magazin wird vierteljährlich von der Non-Profit-Organisation Código Sur publiziert, deren Zweck unter anderem darin besteht, gesellschaftliche Debatten zu solchen Themen zu fördern. Natürlich kosten die Herausgabe, technische Bearbeitung und Koordination jeder Ausgabe auch Geld. Ein solches Editionsprojekt ganz ohne Geld dauerhaft zu betreiben ist unmöglich. Daher stellt Código Sur die Grundfinanzierung sowie die technische Infrastruktur zur Verfügung.

---

3 | Siehe: www.onthecommons.org/ (Zugriff am 11. April 2015).

Obwohl *Pillku* den Standard wissenschaftlicher Zeitschriften erreicht, hat es sich als Organisation und Magazin dem Prinzip kollektiven Schaffens verschrieben, selbst während des Editionsprozesses. Die *Pillku*-Herausgeber und der erweiterte Kreis der Mitarbeitenden umfasst engagierte Organisationen in Argentinien, Uruguay, Brasilien, Equador, Costa Rica und Mexiko.

Der digitale Vertrieb ermöglicht es, das Magazin permanent zu erweitern und eine kritische Masse zu erreichen. Der Traum des *Pillku*-Teams ist es, von diesen Inhalten jedes Jahr einen Sammelband in gedruckter Form herauszugeben.

Santiago Hoerth

Natürlich gibt es noch eine Vielzahl an Blogs und Webseiten, die sich mit Commons auseinandersetzen. Zu den führenden universitären Webseiten gehören die von Elinor Ostrom mit gegründete Seite der International Association for the Study of the Commons (IASC) und die in diesem Kontext entstandene **Digital Library on the Commons**[4], auf der eine enorme Zahl an wissenschaftlichen und populärwissenschaftlichen Commons-Publikationen und -Dokumenten zu finden ist.

Eine weitere häufig verwendete Ressource sind der **Blog und das Wiki der P2P-Foundation**[5], in dem Daten und Beiträge aus aller Welt zusammengetragen werden. Das Wiki bietet ein umfangreiches Archiv an Materialen über (digitale) Peer-Produktion, die Commons und verwandte Themen.

Open Access in der Wissenschaft

Seit Generationen teilen Wissenschaftlerinnen und Wissenschaftler ihre aktuellen Forschungsergebnisse und Theorien über Wissenschaftsjournale. Die Fachpublikationen werden üblicherweise von kommerziellen Verlagen herausgegeben, deren Geschäft in Privatverkäufen oder Abonnements von Universitätsbibliotheken und Forschungsinstituten besteht. Dies war die bislang übliche Art und Weise, akademisches Wissen zu verbreiten. Doch der Durchbruch digitaler Technologien hat hinsichtlich der hohen Kosten sowie der Einschränkungen, denen dieses Publikations- und Vertriebssystem unterliegt, neue Fragen aufgeworfen. Digitale Publikationsmöglichkeiten machen es für die Forschenden wesentlich einfacher und günstiger, ihre Forschungsergebnisse mit aller Welt zu teilen. Natürlich kosten die Herausgabe von Zeitschriften sowie der Peer-Review-Prozess noch immer Geld, doch durch Online-Veröffentlichungen werden die Kosten radikal reduziert, weil die Ausgaben für Druck, Vertrieb und Marketing sinken.

Wenig überraschend sehen kommerzielle Wissenschaftsverlage diese Entwicklungen als Bedrohung ihrer Geschäftsmodelle an. Nach wie vor lassen sie sich vielfach exklusiv die Nutzungsrechte an den Beiträgen übertragen, verhindern den Zugriff durch Paywalls und setzen auf teure Abonnements. Kurz, sie beschränken den Zugang zu Forschungsergebnissen, die im Grunde einfacher zugänglich ge-

4 | Siehe: https://dlc.dlib.indiana.edu/dlc/ (Zugriff am 11. April 2015).

5 | Siehe: http://p2pfoundation.net/ (Zugriff am 11. April 2015).

macht werden könnten. Oft sind dies Forschungsergebnisse, die aus Steuermitteln finanziert wurden.

Zu Beginn dieses Jahrhunderts nahmen sich schließlich mehrere Wissenschaftlerinnen und Wissenschaftler von us-amerikanischen und europäischen Universitäten dieses drängenden Problems an und riefen die »Open Access«-Bewegung für wissenschaftliches Publizieren ins Leben. Sie wollten wissenschaftliche Forschungsergebnisse dauerhaft für alle frei zugänglich zu machen. Die Vorreiter für Open Access (OA) mussten neue Finanzierungsmodelle für wissenschaftliche Zeitschriften entwickeln, sie mussten mithilfe von Creative-Commons-Lizenzen[6] die Beschränkungen des konventionellen Urheberrechts überwinden und sich mit dem heftigen Widerstand einiger Verlage, uninformierter Politiker und träger Universitätsverwaltungen auseinandersetzen.

Erfreulicherweise war das Bemühen, Forschungspublikationen nicht allein den Verlagen zu überlassen, von Erfolg gekrönt. Den ersten Open-Access-Zeitschriften, die 2003 von der **Public Library of Science**[7] veröffentlicht wurden, folgten Tausende weitere Publikationen, die auf die eine oder andere Weise diesem Ansatz Rechnung trugen. Eines davon ist das *International Journal of the Commons*[8], herausgegeben von der internationalen Wissenschaftsvereinigung **Association for the Study of the Commons**[9], das den Leserinnen und Lesern die Möglichkeit bietet, sich mit den aktuellen Ergebnissen der Commons-Forschung vertraut zu machen. Das Journal nutzt wie viele andere Wissenschaftsmagazine auch sogenannte »Open Journal Systems«, eine Open-Source-Publikationssoftware, die vom Public Knowledge Project entwickelt, unterstützt und unter einer GNU General Public License frei verbreitet wird.

Die wichtigsten Geldgeber für Wissenschaft und Forschung, darunter auch Regierungen, haben längst begonnen, die Veröffentlichung von Forschungsergebnissen nach OA-Prinzipien zur Förderbedingung zu machen. Auch kommerzielle Verlage »erlauben« den Wissenschaftlerinnen und Wissenschaftlern mittlerweile, ihre Arbeiten online zu stellen (sog. »open access repositories«). Einige der größten Verlage geben inzwischen eigene OA-Zeitschriften heraus und schließen sich damit jener kleinen Gruppe von Unternehmen an, die auf diesem Gebiet als Pioniere agierten. Im März 2015 listete das Verzeichnis der OA-Publikationen 10.328 frei zugängliche, im Peer-Review-Verfahren produzierte Zeitschriften mit mehr als 1,8 Millionen Beiträgen. Viele der größeren Universitäten, darunter auch die Harvard University, verlangen heute Veröffentlichungen nach OA-Prinzipien.

Auch wenn noch viel geschehen muss, um die Ergebnisse universitärer Forschung leichter zugänglich zu machen, gehören Open-Access-Publikationen doch zu den größten Erfolgsgeschichten im Bemühen um Wissens-Commons.

David Bollier

---

6 | Siehe den Beitrag über commons-orientierte Lizenzen von David Bollier in diesem Band.

7 | Siehe den Essay von Cameron Neylon über PloS in diesem Band.

8 | Siehe: www.thecommonsjournal.org (Zugriff am 10. April 2015).

9 | Siehe: www.iasc-commons.org/ (Zugriff am 10. April 2015).

Publikationen als Commons

Unzufrieden mit den hohen Kosten und den langwierigen Prozessen, die die konventionelle Art der Buchpublikation mit sich bringen, versuchen einige Pioniere das Handwerk, die Sorgfalt und die sozialen Beziehungen wieder zu beleben, die einst diesen Bereich prägten. Ein Beispiel dafür ist **Levellers Press**, eine von den Mitarbeitenden selbstverwaltete Kooperative aus Amherst, Massachusetts (USA), die aus einem regionalen Kopierunternehmen, Collective Copies, hervorgegangen ist. Inspiriert von den »levellers«, Commoners aus dem 17. Jahrhundert, die die Privatisierung von gemeinsam genutztem Land anprangerten und für mehr Gleichheit stritten, will Levellers Press den Autorinnen und Autoren neue Möglichkeiten eröffnen, ihre Leserschaft zu erreichen, und zugleich eine neue Gelegenheit für Erstpublikationen schaffen. Dieser Ansatz verändert zwangsläufig die Beziehungen zwischen Verlag, Autoren- und Leserschaft. Ein lokaler Beobachter beschrieb es so: »Es ist, als würde man in eine frühere Zeit zurückversetzt, als Verlage noch selbst gedruckt und viel enger mit den Autorinnen und Autoren ihrer Bücher zusammengearbeitet haben.«

Die Autorinnen und Autoren, die ihre Bücher bei Levellers Press veröffentlichen wollen, leben meist im sogenannten Pioneer Valley im westlichen Massachusetts. Viele Levellers-Publikationen handeln von regionalen Themen, die sonst keinen Verlag finden würden. Das erste thematisierte beispielsweise die Sklaverei im Connecticut-Tal in Massachusetts, verfasst von Robert Romer, einem pensionierten Professor des Amherst College. Seit 2009 erschienen bei Levellers mehr als fünfzig Romane, Gedichtbände, Memoiren, Bücher über Gesundheit, soziale und historische Themen. Sie werden auf dem lokalen Markt ebenso vertrieben wie über die Webseite von Levellers und Amazon. Zwei Dinge waren zentral für den Erfolg: die geschickte Nutzung neuer Technologien, um ein neues Verlagsmodell zu entwickeln, sowie die Persönlichkeit des Gründers Steve Strimer, der seit 1997 Mitarbeiter und Teilhaber der Kooperative Collective Copies war. Strimer erkannte, dass sich der Verlagsmarkt radikal veränderte und ein Nischenbetrieb wie Collective Copies davon profitieren könnte, auf regionale Publikationen zu setzen. Neue Computerprogramme, Drucker, Scanner und Bindegeräte machen es inzwischen möglich, dass ein kleiner Betrieb wie Levellers Auflagen von 100 oder 200 Büchern für weniger als zehn Euro pro Stück herstellen kann.

Solche Kleinserien, die nach Bedarf gedruckt werden können, verhindern, dass unverkäufliche Bücher herumliegen und geben auch unbekannten Autorinnen die Chance, Leserinnen zu erreichen. So zu publizieren ist zudem sehr flexibel. Gibt es plötzlich einen Hype um *Vital Aging*, ein Handbuch für ältere Menschen, oder um *Girls Got Kicks*, eine beliebte Fotodokumentation über »knallharte Frauen«, dann kann Levellers innerhalb weniger Tage einige Dutzend Kopien zu niedrigen Kosten nachdrucken. Die meisten Autoren bei Levellers verkaufen 200 bis 300 Exemplare.

Die Autorinnen und Autoren mögen dieses Modell, weil es einfach und fair ist: Levellers trägt die Anfangskosten für das Layout, das Design und den Druck; die Autorin oder der Autor bekommen kein Honorar im voraus, und sie müssen das

Buch selbst bewerben. Sobald die Produktionskosten gedeckt sind, normalerweise nach 100 bis 150 verkauften Exemplaren, teilen sich Autor und Verlag die Einnahmen im Verhältnis 50:50, was wesentlich besser ist als übliche Autorenhonorare zwischen sieben und zwölf Prozent.[10] **Off the Common Books** ist ein Tochterunternehmen von Levellers, das Menschen, die ihre Bücher selbst publizieren wollen, beim Druck und in der Vermarktung unterstützt. Wegen der größeren Autonomie, des niedrigen Verkaufspreises, der so garantiert werden kann, und der Möglichkeit, Eigenleistungen zu erbringen, war das auch für uns ein maßgeschneidertes Arrangement für die Veröffentlichung der englischen Fassung dieses Bandes, Patterns of Commoning.

Strimer erkennt an, dass er nicht so auf den Markt achten muss wie konventionelle Verlage. Und das ist genau der Punkt: Das Verlagsmodell von Levellers bringt finanzielle Praktizierbarkeit und Regionalität zusammen und macht das Publizieren für Menschen möglich, die ansonsten nie zu Autoren werden könnten.

David Bollier

David Bollier ist ein amerikanischer Commons-Experte und -Aktivist, Blogger und Berater; Autor zahlreicher Beiträge und Bücher zum Thema »Commons als neuem Paradigma für Wirtschaft, Politik und Kultur«; Mitbegründer der Commons Strategies Group.

Lara Mallien ist ausgebildete Tänzerin, Redakteurin der Oya und lebt in einem Allmende-Dorf im Nordosten Deutschlands.

Santiago Hoerth gehört zum Team von Codigo Sur, arbeitet als Grafikdesigner, Autor und »hacktivista« für Commons-Projekte, unter anderem Pillku; er lebt zwischen Buenos Aires (Argentinien) und Chiapas (Mexiko) meist in Costa Rica.

10 | Die Angaben gelten für die USA.

»Remix the Commons«

Hören, Sehen, Andersmachen: Anmerkungen über eine weitläufige Plattform

Alain Ambrosi und Frédéric Sultan

»Wie definieren Sie Commons in einem Satz?« Mit dieser kurzen Frage und der Videokamera auf der Schulter erblickte »Remix the Commons«[1] im Jahr 2010 das Licht der Welt. Wir stellten sie vielen Menschen aus unterschiedlichen Millieus, Kulturen, Bildungsschichten und Erfahrungshorizonten. Und wie bei einer zufälligen Befragung von Passanten auf der Straße üblich, bekamen wir recht spontane Antworten. Natürlich waren diese so vielfältig wie die von uns interviewten Personen, und obwohl sie stets unvollständig waren, trugen sie alle einen Baustein bei, der sich mit anderen Bausteinen zu einer Definition der Commons fügte.

In Berlin sagte uns ein bekannter kanadischer Umweltexperte auf einer Commons-Konferenz im Jahre 2010: »Commons sind eine Haltung.« Ein Jahr später befand eine senegalesische Teilnehmerin des Weltsozialforums in Dakar: »Commons sind das, was alle gemeinsam teilen.« Und wieder ein anderer meinte: »Sie sind etwas, dem ich mich verpflichtet fühle.« Im Mai desselben Jahres auf der Plaça de Catalunya in Barcelona bediente sich einer von 15.000 Demonstranten des Bildes »einer Fußballmannschaft (die gut spielt!)«. Auf einer Kundgebung zum Tag der Erde 2012 im kanadischen Montreal antwortete ein Teilnehmer: »Commons sind das, was jedem gehört.«Und der Nächste gleich darauf: »Commons sind das, was niemandem gehört.« In Brasilien, während der Rio+20-Konferenz, sprach ein ekuadorianischer Minister mit uns über Commons und »Buen Vivir«[2]. Auf einem Commons-Festival 2014 in Helsinki mussten wir die Frage umformulieren, um sie einer litauischen Tänzerin stellen zu können: »Wie würden Sie Commons tanzen?« Ihre spontane Antwort: »Aber das ist alleine unmöglich.« Daraufhin forderte sie den Interviewer auf, sich an einer gemeinsamen »bewegten« Commons-Definition zu beteiligen.

---

1 | Im französischen Original »Remix Biens Comuns«.

2 | Zum Zusammenhang zwischen Commons und dem andinischen Konzept des Buen Vivir, siehe »Der Schaum dieser Tage: Buen Vivir und Commons. Ein Gespräch von Gustavo Soto Santiesteban und Silke Helfrich, Bielefeld 2012, in: Helfrich, S., und Heinrich-Böll-Stiftung (Hg.): *Commons. Für eine neue Politik jenseits von Markt und Staat*, Bielefeld, transcript, S. 335ff.

In unsere Sammlung, die Ende 2014 weit mehr als 100 Antworten in 35 Sprachen aus ungefähr 40 Ländern umfasst, haben wir natürlich auch Definitionen aufgenommen, die präziser und ausgefeilter sind, die die lange Praxiserfahrung von Commoners oder die Forschungsergebnisse von Commons-Theoretikern spiegeln. All diese gehaltvollen und vielfältigen Antworten auf unsere einfache Frage haben uns sowohl den universellen Charakter der Commons verdeutlicht als auch die Schwierigkeiten, denen man sich stellen muss, wenn man solch eine Definition einerseits umreißen und andererseits offen und dynamisch halten will. Und sie haben uns gezeigt, dass eine interkulturelle Perspektive unabdingbar ist.

Remix the Commons versteht sich als ein Raum der interkulturellen Begegnung, des Teilens und der gemeinsamen Produktion von Video- und Audiodokumenten, Kurzfilmen sowie Medien- und Kulturprojekten über Commons. Es ist die Initiative eines internationalen Kollektiv, von Menschen und Organisationen, die davon überzeugt sind, dass das Sammeln, Austauschen und Remixen von Erzählungen und Bildern über Commons ein so aktiver wie geselliger Weg ist, den Begriff kennenzulernen und ihn sich anzueignen.

Remix the Commons funktioniert selbst wie ein Commons. Die Arbeit organisiert sich um eine offene und kollaborative Plattform. Diese besteht aus einer Internetseite, die es ermöglicht, Multimedia-Dokumente zu speichern, auszutauschen, zu katalogisieren, neu zu mischen und zu verbreiten. Auch finden wir stets Orte und Möglichkeiten für die gemeinsame Konzeption, Gestaltung und Belebung medialer Produktionen. Den Praktikern, Wissenschaftlerinnen und Vermittlerinnen der Commons steht damit ein interkulturelles, freies und kollaboratives Verzeichnis multimedialer Dokumente über ihr Thema zur Verfügung. Sie können es verwenden und mit eigenen Beiträgen bereichern.

Die Geschichte des Projekts hängt eng mit dem Auftauchen der Commons in der aktuellen gesellschaftlichen Debatte sowie in den Vorschlägen der sozialen Bewegungen seit der Krise von 2008 zusammen. Anlässlich der Internationalen Commons-Konferenz (ICC)[3] wurde im November 2010 ein erster Entwurf präsentiert. Er wiederum geht zurück auf die Videodokumentation des interdisziplinären Treffens »Wissenschaft und Demokratie«, das im Januar 2009 das Weltsozialforum von Bélem in Amazonien eröffnet hatte. Auf der Abschlusskundgebung dieses Weltsozialforums fanden die Commons ihren Platz, bei dieser Gelegenheit wurde auch das »Manifest für die Wiederaneignung der Gemeingüter« in mehreren Sprachen veröffentlicht.[4] In eben diesem Jahr hat man Elinor Ostrom mit dem Nobelpreis für ihre Arbeiten zu den Commons ausgezeichnet, und in der Freien Kulturszene zirkulierte die Dokumentation RIP: A Remix Manifesto[5], in der das kreative Schaffen der Menschheit als Ergebnis einer gemeinschaftlichen Schöpfung in Raum und Zeit gewürdigt wurde.

---

3 | Siehe: http://p2pfoundation.net/International_Commons_Conference_2010 (Zugriff am 23. November 2014).

4 | Siehe: http://bienscommuns.org (Zugriff am 23. November 2014).

5 | Ein Dokumentarfilm von Brett Gaylor zur kritischen Reflexion des Copyright im Zeitalter digitaler Technologien. Verfügbar unter: https://www.nfb.ca/film/rip_a_remix_manifesto/ (Zugriff am 20. August 2014).

Remix the Commons ist nach wie vor mit den internationalen Treffen der sozialen Bewegungen verbunden; das färbt die Realisierung unserer konkreten Projekte. In Zukunft wollen wir uns auf Ereignisse konzentrieren, die die Kunst des Commoning[6] herausarbeiten.

Die ungefähr 300 realisierten Videodokumente wurden mehr als 15.000 mal aufgerufen, reproduziert, verbreitet und in Veranstaltungen genutzt. Es gibt Interviews, Fallstudien, Videoberichte über konkrete Projekte oder Aktivitäten und deren Reflexion, theoretische und politische Aussagen über Commons sowie unsere eingangs erwähnte Sammlung individueller Definitionen. Letztere wird derzeit kartographiert. Auf einer Weltkarte werden also die jeweilige Sprecherin oder der jeweilige Sprecher mit ihrer Aussage verortet, was für Workshops und Bildungsveranstaltungen zur Entdeckung der Vielfalt der Commons sehr hilfreich ist. Solche Workshops – etwa die »Commons-Frühstücke« oder die »Commons-Sommerschulen« – illustrieren, wie gemeinsame Wissensproduktion in offenen Netzwerken funktioniert. Es sind Momente der kollektiven Aneignung und Weiterentwicklung des Begriffsfeldes der Commons.

Mit dem Erscheinen der Commons auf der internationalen Bühne von Kultur und Politik muss Remix the Commons sich an die schnelle Entwicklung der soziopolitischen Kontexte anpassen. Das zeugt von der Vorschlagskraft einer noch immer bunten Bewegung, die zunehmend Einfluss auf die sozioökonomische und politische Tagesordnung gewinnt.

Die Herausforderungen dabei sind zahlreich: etwa »Commons-Washing« zu begegnen, das den innovativen und revolutionären Charakter der Commons zu banalisieren sucht; oder der ununterbrochenen Einhegung von Informationen und natürlichen Ressourcen entgegenzutreten; gemeinsame Strategien, Methoden und Kommunikationswege zwischen Commoners des Kulturhandwerks, der Bildung und der Kommunikation ersinnen, um Wissen zu teilen und zwar so, dass, wie Georges Por es ausdrückt, »unsere Kommunikationskultur eine Kultur des Commoning ist«.[7] Und das alles so interkulturell, nutzerfreundlich, partizipativ und einladend wie möglich. Zu guter letzt muss Remix the Commons eine ökonomische Basis finden, die unserer Idee angemessen ist.

Alain Ambrosi ist Designer, Produzent und Videographer. Er ist Mitbegründer von Remix the Commons und forscht vor allem zu interkulturellen Prozessen als Mitglied von Communautique, in Montréal, Kanada. Seine langjährige Beteiligung an »unwahrscheinlichen« internationalen Kooperationen machten ihn zum »Lehrling von Utopien«.

Frédéric Sultan ist ein französischer Commons-Aktivist. Er ist Co-Facilitator des Frankophonen Commons-Netzwerks, das 2012 ins Leben gerufen wurde, und unterstützt Menschen vor allem mit Kultur- und Bildungsprojekten darin, sich ihrer Commons bewusst zu werden.

6 | Siehe: www.schoolofcommoning.com/content/art-commoning-commons-education (Zugriff am 20. August 2014).

7 | »We have to raise our culture of communication to the level of commoning« (George Por, 2013 in Berlin).

Mit vereinten Kräften

Wie man Commons per Crowdfunding finanziert

Enric Senabre Hidalgo

Gäbe es eine Gleichung, um die Internet-Plattform Goteo zu beschreiben, dann lautete sie so: Hacktivismus + Crowdfunding + breite soziale Zusammenarbeit = neue Commons.

Natürlich existierten die einzelnen Größen für sich genommen bereits, doch erst Goteo vermochte sie in einem gemeinsamen offenen Netzwerk miteinander zu verbinden: um Commons-Aktive, also »Commoner«, zu unterstützen und eine neue Sphäre der Commons zu schaffen. Mit über 50.000 Nutzerinnen und Nutzern, insbesondere aus Europa und Lateinamerika, hat Goteo seit seiner Gründung 2012, in weniger als zweieinhalb Jahren, mit mehr als 2 Millionen gesammelten Euro geholfen, über 400 Projekte ins Leben zu rufen. Diese Projekte sind sehr vielfältig, sie stärken Commons, Open Code und Freies Wissen, es geht um Ausbildung, Umwelt, Technologie, Kultur, Start-ups, Journalismus und mehr.[1] Zu den bemerkenswertesten Initiativen zählen:

Der **Smart Citizen Kit**, eine Open-Source-Plattform und Hardware zur Umweltüberwachung, mittels derer Bürgerinnen und Bürger ihre eigenen Umweltdaten veröffentlichen und teilen können.[2]
Quién manda, ein kollaboratives Kartenprojekt, das die politischen und ökonomischen Machtverhältnisse in Spanien sichtbar macht.[3]
Open Source Gasifier, ein erneuerbarer Stromgenerator, der einen Biogasreaktor für organische Reststoffe nutzt.[4]
Nodo Móvil, ein replizierbarer, mobiler Wifi-Hotspot für Communities, soziale Bewegungen und öffentliche Räume.[5]

---

1 | Siehe: www.goteo.org (Zugriff am 12. Februar 2015).

2 | Siehe: https://goteo.org/project/smart-citizen-sensores-ciudadanos (Zugriff am 12. Februar 2015).

3 | Siehe: https://goteo.org/project/quien-manda (»quién manda«, dt. »wer bestimmt« [Anm. der Hg.]).

4 | Siehe: https://goteo.org/project/gasificador-opensource-en-el-chad (Zugriff am 12. Februar 2015).

5 | Siehe: https://goteo.org/project/nodo-movil (Zugriff am 12. Februar 2015).

Spanien in Flammen, eine Open-Data-Webseite, die es erlaubt, Waldbrände anzuzeigen, deren Ursachen und die Bekämpfungswege darzustellen, ergänzt durch Informationen aus Forschungsberichten.[6]
Foldarapa, ein kompakter, faltbarer 3D-Drucker, der von der Gemeinschaft in verteilter P2P-Produktion entwickelt und hergestellt wird.[7]
The Social Market, ein Projekt des Solidarischen Netzwerks Spaniens, das mehr als 230 Firmen und andere Initiativen verbindet, die sich den Werten einer solidarischen Ökonomie verpflichtet fühlen.[8]

Goteo ist mehr als eine Crowdfunding-Plattform. Goteo ist zu einem Zentrum für eine verteilte, das heißt in vernetzten Strukturen organisierte Zusammenarbeit[9] zwischen Menschen geworden, die materielle Ressourcen, Fachwissen, Infrastruktur oder Zeit in ein bestimmtes Projekt einbringen können. Das ist nicht nur für Einzelpersonen interessant, sondern hat sich zu einem Netzwerk lokaler, unabhängiger, aber miteinander verbundener Gemeinschaften in ganz Spanien entwickelt, vom spanischen Teil des Baskenlandes bis ins katalanische Barcelona und nach Andalusien.

Wer zu Goteo gehört, füllt in der Regel zu verschiedenen Zeitpunkten verschiedene Rollen aus. Mal muss ein neues Projekt vorgestellt werden, das Unterstützung benötigt, mal wird Hilfe bei der Finanzierung eines Projektstarts benötigt, oder ein Projekt braucht konkrete Beteiligung, damit es gedeihen kann.

Goteo geht zurück auf das Kollektiv Platoniq, einer in Barcelona ansässigen Gruppe, die zu den Vorreitern der Copyleft-Kultur gehörte.[10] Die Hacker von Platoniq – zu denen auch ich zähle – wollten Instrumentarien zur Bürgerermächtigung und sozialen Innovation schaffen. Wir nutzten hauptsächlich Open Source und Peer-to-Peer-Technologien, die einfach angepasst und reproduziert werden können. Einige Projekte wurden recht berühmt; Burn Station etwa, das schon 2004 ein mobiles Selbstbedienungssystem entwickelte, um Musik- und Audiodateien kostenlos zu suchen, anzuhören und zu kopieren – und zwar legal unter einer Creative-Commons-Lizenz. Diese Art »das Internet auf die Straße zu tragen«, erregte weltweite Aufmerksamkeit und führte zu offenen Workshops in verschiedenen Städten. Dort wurden Handbücher erstellt, die Wiki-Nutzung erlernt, freie Wifi-Netzwerke eingerichtet oder mit Anleitungen aus dem Netz Haushaltsgeräte repariert.[11] Platoniq war an solchen hackathon-ähnlichen Ver-

6 | Siehe: https://goteo.org/project/espana-en-llamas (Zugriff am 12. Februar 2015).

7 | Siehe: https://goteo.org/project/foldarap-peer-to-peer-edition (Zugriff am 12. Februar 2015).

8 | Siehe: https://goteo.org/project/desarrollando-el-mercado-de-economia-solidaria (Zugriff am 12. Februar 2015).

9 | Im Original: »distributed cooperation«, die Kooperation wird also durch die Vernetzung über neue Informationstechnologien erleichtert und ist nicht zwingend auf persönliche Begegnung angewiesen (Anm. der Hg.).

10 | Siehe: www.youcoop.org. Mehr zum Copyleft findet sich im Beitrag von David Bollier zu alternativen Lizenzen in diesem Buch (Anm. der Hg.).

11 | Siehe: www.bankofcommons.org sowie http://youcoop.org/en/bcc.

anstaltungen entweder als »Prozessmittler« oder als »Zeremonienmeister« beteiligt. Trotz der erfolgreichen Arbeit von Platoniq wurde uns nach einigen Jahren schmerzlich bewusst, dass wir einfach viel zu wenig Ressourcen hatten, um wirklich innovative Projekte auf den Weg zu bringen. Mehr Mittel brauchten besonders jene Projekte, die auf Open-Source- und Commons-Prinzipien beruhten. Weder öffentliche, noch private Institutionen sind normalerweise darauf erpicht, diese zu unterstützen, und konventionelle Akteure am Markt sehen ohnehin wenig Nutzen in der Förderung von Innovationen, die darauf angelegt sind, geteilt und kopiert zu werden.

Der Aufstieg des Crowdfunding zu einer neuen digitalen Erfolgsgeschichte eröffnete uns im Jahr 2009 ein Spektrum neuer Möglichkeiten. Plattformen wie Kickstarter machten schnell klar, dass die »Schwarmfinanzierung« durch Hunderte, ja Tausende von Leuten eine realistische Basis hatte. Das Crowdfunding-Standardverfahren bestand damals in der Benennung eines Finanzierungsziels, einem Stichtag, zu dem die Finanzierung erreicht werden musste, einem individuellen Anreizsystem für Unterstützerinnen und Unterstützer sowie einem Alles-oder-Nichts-Prinzip. Das heißt: Entweder gab es bis zum Stichtag ausreichend Beiträge, und das Ziel war erreicht, oder das Finanzierungsziel wurde verfehlt. In diesem Fall wurde alles bis dahin gesammelte Geld zurückgegeben, und die Förderung kam nicht zu Stande.

Einige Platoniq-Beteiligte, besonders Susana Noguero und Olivier Schulbaum, schauten sich diese Mechanismen näher an. Sie fanden heraus, dass die Unterstützung für Open-Source-Projekte im Schnitt großzügiger war als für andere Projekte und dass außerdem regelmäßiger beigetragen wurde. Platoniq ging auch den Feinheiten anderer internetbasierter Fundraising-Systeme auf den Grund – dem von Kiva genutzten Mikrokreditansatz beispielsweise oder Plattformen zum Kreditverleih für Unternehmen. Am Ende stand die Erkenntnis, dass es an der Zeit war, eine neue Plattform aus der Taufe zu heben, und zwar für Innovationen, die zu freiem Wissen und Commons beitragen. Wir hatten kein einziges Projekt oder Werkzeug gefunden, das auf die Logik des Teilens und der Kooperation zugeschnitten war! Also erfanden wir es: Goteo.

Bei Goteo wurde Kooperation von Anfang an großgeschrieben. Bevor wir auch nur eine einzige Programmzeile schrieben, gab es eine ausgedehnte gemeinschaftliche Design-Phase, in der wir uns mit Kulturaktivisten, Open-Source-Praktikern, Designern, Akademikern und anderen mehr abstimmten. Wir baten die potenziellen Nutzerinnen und Nutzer, uns bei der Gestaltung der Plattform zu unterstützen und Funktionen vorzuschlagen, die ihren Bedürfnissen und Erfahrungen am ehesten entsprechen würden. Der offizielle Start der ersten Crowdfunding-Plattform für offene und commons-orientierte Projekte war Ende 2011. In der weiteren Gestaltung standen folgende Werte im Mittelpunkt (in der Reihenfolge ihrer Bedeutung):

Aus Commons schöpfen, in Commons zurückgeben: Neben individuellen Anerkennungen für die Unterstützerinnen und Unterstützer muss jede Initiative, die Goteo nutzt, auch aus ihren Ergebnissen oder Prozessen einen Beitrag zu den Commons leisten. So müssen die Projekte beispielsweise Lizenzen verwenden, die es ermöglichen, Werke teilweise oder ganz zu kopieren, zu teilen, zu verändern und frei zu nutzen.

Ein vertrauenswürdiges Verwaltungsmodell: Goteo wird von einer als gemeinnützig anerkannten Stiftung getragen, der Fuentes-Abiertas-Stiftung. Diese Rechtsform bietet sowohl den mit finanzierenden als auch den Projektunterstützern Steuervorteile.

Eine Kultur der Transparenz: Jedes Projekt muss detailliert Auskunft darüber geben, was mit dem gesammelten Geld geschieht. Kombiniert mit einem zweistufigen System der Mittelbeschaffung bedeutet dies, dass selbst sehr erfolgreiche Kampagnen die tatsächliche Verwendung aller eingeworbenen Mittel offenlegen, einschließlich derer, die sie über das Beschaffungsziel hinaus erhalten haben. Zudem unterzeichnen Goteo und die Projektträger einen Vertrag, in dem festgehalten ist, dass die Leistungen, die in der Crowdfunding-Kampagne beschrieben sind – wie Produkte, Dienstleistungen, Aktivitäten, Archive – auch tatsächlich erbracht werden.

Vernetzte Zusammenarbeit: Alle sind eingeladen, sich über die finanziellen Beiträge via Goteo hinaus an Projektentwicklungen zu beteiligen. Sie können Dienstleistungen, Materielles und Infrastruktur beitragen oder auch Kleinstaufgaben übernehmen.

Fortbildung: Goteo hat mehr als 2.000 Menschen aus verschiedenen Bereichen in Dutzenden von Workshops beraten und trainiert. Dieses Engagement verbreitet unser Wissen genauso wie Goteos Anhängerschaft und stärkt zudem unsere ökonomische Basis.

Lokale Netzwerke: Goteo ist keine zentrale Drehscheibe, sondern eher eine Gemeinschaft von Gemeinschaften – also ein Netzwerk lokaler, unabhängiger Initiativen, denen Goteo einen zusätzlichen Anker und Kontext bietet. Das erste Netzwerk entstand im spanischen Baskenland, unterstützt von der Baskischen Regierung. Das zweite später in Andalusien, nun kommen Barcelona und Nantes in Frankreich hinzu.

Öffentlich gesellt sich zu Privat: Goteo ist ein Pionier im Einwerben von öffentlichen und privaten Investitionen zur Förderung offener Kulturprojekten durch einen Bottom-up-Prozess, den wir »Cloudfunding Capital« nennen. Zu jedem Euro, den eine Privatperson aufbringt, kommt ein Euro aus einem so genannten »Commons Capital Fund«, den beteiligte Institutionen gemeinsam gegründet haben.

Open Source: Hauptbestandteile der Software von Goteo stehen unter einer General Public License 3.0 und sind via GitHub frei zugänglich. Damit ist sichergestellt, dass die Software nach Open-Source-Prinzipien genutzt und verbessert werden kann.

Unsere Gestaltungsprinzipien und die darin eingeschriebenen Werte sorgen dafür, dass das Goteo-Crowdfunding besser mit den Prinzipien der Offenheit und der Commons im Einklang steht, als das für andere Plattformen gilt. Das führt auch zu Mehrarbeit, um sicherzustellen, dass die Projekte diesen Anspruch tatsächlich umsetzen und der Allgemeinheit wie erhofft etwas zurückgeben oder etwas für sie zugänglich machen. Aber mit Zehntausenden Nutzern und einer siebzigprozentigen Erfolgsrate (die Mehrzahl der Crowdfunding-Plattformen erreicht kaum 40 Prozent) sind wir überzeugt, auf dem richtigen Weg zu sein. Goteos Erfolg hat einen neuen Standard im Crowdfunding gesetzt und einige der Protagonisten auf diesem Gebiet neugierig gemacht.

Goteo will nun »den Kreis schließen« und neue Formen der Peer-to-Peer-Entwicklung sowie -Begleitung *vor* und *nach* dem Crowdfunding auf den Weg bringen. Doch das wird noch warten müssen, da wir zunächst konsolidieren werden, was uns am wichtigsten ist: die Finanzierung und Stärkung der Commons.

Enric Senabre Hidalgo hat einen Masterstudiengang zur Informations- und Wissensgesellschaft absolviert. Er gehört zum Platoniq-Kollektiv, ist Mitbegründer und inhaltlicher Koordinator von Goteo.org sowie Vizepräsident des Observatoriums für CyberSociety. Er lehrt zudem Software-Studien sowie Geschichte der Digitalen Kultur an der Open University von Katalonien.

LERNEN ALS COMMONS

Geteilte Bildung ist vervielfachte Bildung
Eine alte Weisheit

Kreativ, innovativ, offen

Technologielabore im Netzwerk Otelo

Hannelore und Martin Hollinetz

Die Entwicklung Otelos – dem internationalen Netzwerk der offenen Technologielabore – ist die Geschichte einer Gruppe, die im ländlichen Raum kreative Menschen zusammenbringt und mit ihnen eine neue Innovationskultur entstehen lässt. Die Gruppe entstand 2009. Ich, Martin Hollinetz, damals Leiter des Regionalmanagements in den oberösterreichischen Bezirken Vöcklabruck und Gmunden, war mit den sogenannten »Top-down-Regionalentwicklungsstrategien« von EU, Bund und Ländern mehr als unzufrieden. Partizipation galt dort in der Regel als unwillkommene Einmischung in die Arbeit des Establishments. Es fehlte sowohl an Infrastruktur als auch an Organisationsmodellen für eine von Kreativität und Freiräumen getragene Innovationskultur: eine Kultur, in der Offenheit, Teilen und Kooperation eine neue partizipative Regionalentwicklung ermöglichen sollte.

Wir begaben uns auf die Suche und wurden in den damals bereits etablierten Gemeinschaftswerkstätten, FabLabs und Hackspaces der Ballungszentren fündig. In Räumen also, in denen sich technologieaffine Menschen, Hacker sowie an Wissenschaft oder digitaler Kunst Interessierte austauschen und wo sie gemeinsam Neues produzieren konnten. Diese Räume schienen jedoch für den ländlichen Raum gänzlich ungeeignet, weil sie zu eng auf spezielle Zielgruppen zugeschnitten waren. In einer Machbarkeitsstudie zeigte sich zudem, dass die Zusammenarbeit mit Menschen aus der regionalen Wirtschaft, aus Bildung, Medienlandschaft oder Politik für die Verankerung in der Region wichtig werden würde. Darüber hinaus wollten wir eine Struktur schaffen, die uns nicht in finanzielle Abhängigkeit bringt – ein Aspekt, der uns für die Otelo-Idee als ganz wesentlich erschien.

Initiieren und Inspirieren

In der Folge starteten 2010 die ersten »Otelos«, die ersten offenen Technologielabore, in Kooperation mit den Städten Vöcklabruck und Gmunden. Die Infrastruktur wurde von den Kommunen durch einen Gemeinderatsbeschluss für mindestens drei Jahre zur Verfügung gestellt. Mittlerweile haben viele Gemeinden die Nutzungsverträge unbefristet verlängert. Damit war eine erste Anforderung für die angestrebte Unabhängigkeit erfüllt. Für die Organisation der Standorte suchten wir in den jeweiligen Gemeinden nach Menschen, die Lust hatten, die Gestaltung der Otelos gemeinsam zu starten und zu gestalten. Pro Standort fanden sich mindestens fünf Mitglieder mit Freude am gastgeben und vernetzen. Dieses Prinzip der ehrenamtlichen Standortorganisation hat sich bis heute bewährt. Diese Gruppe behält neue Trends im Auge und ermöglicht Experimente für so unterschiedliche Zielgruppen wie Kinder, landwirtschaftlich Interessierte, Menschen aus den Bereichen »Kulturvernetzung«, »Mechatronik«, »Spieleentwicklung« und viele andere mehr. Von der Konstruktion autonomer Spinnenroboter über Hochbeetebau bis zu Seifensieden und Recyclingschmuck brachte dies Gruppen zueinander, die eines gemeinsam hatten: Spaß am Teilen von Wissen und Erfahrungen sowie am gemeinsamen Tun.

Abbildung 1: Otelo (Offenes Technologielabor)

Begeistern und Ermöglichen

Zudem wurden bald erste Otelo-Jam-Sessions und -DenkBars angeboten – offene Treffen, die nicht von wissensvermittelnden Expertinnen und Experten dominiert waren, sondern in denen die durch das gemeinsames Interesse entstandene Gruppe gemeinsam ein Thema weiterentwickeln konnte. Doch auch dabei sollte es nicht bleiben. Um in vertiefende Experimente gehen zu können, entwickelten wir im Rahmen eines geförderten Kreativwirtschafts-Projektes das »Node-Modell«. Dieses Modell ermöglichte es Gruppen, längerfristig, kostenfrei und ohne Ergebnisdruck Raum in den Laboren zu nutzen. Einzige Gegenleistung für die Gemeinschaft war und ist bis heute, dass Wissen und Erfahrungen geteilt und Möglichkeiten zur Beteiligung an den Entwicklungen geboten werden. Da gibt es Menschen, die Teslaspulen zum Musizieren bauen, mit Licht malen, kommunale Energiesparprojekte entwickeln oder neue Formen von Konsumenten-Produzenten-Partnerschaften (»Prosumer«) für die Lebensmittelversorgung organisieren. Das Bedeutsame dabei ist: Sie kommen aus sehr unterschiedlichen Kontexten und würden sich im »normalen« Leben nie begegnen.

Dazugehören und wachsen dürfen

Was 2010 als Experiment begann, wurde 2012 mit zwei weiteren Standorten zur ersten großen Herausforderung für den Verein. Schnell wurde klar, dass eine Dezentralisierung not tat, um die Lebendigkeit und unsere Entscheidungsfähigkeit zu erhalten. Es wurde die Idee diskutiert, lokale Vereine zu gründen. Die Entscheidung, dies auch zu tun, lag bei den einzelnen Standorten. Heute gibt es diese Vereine – mit der Otelo-Charta als dem vernetzenden Element. Sie umreißt unsere Innovationskultur, formuliert die grundlegende Haltung aller Otelo-Standorte und verbindet sie so miteinander. Damit war die Grundlage für die weiteren Entwicklungen gelegt. Die Vereine bilden heute die Basis des Netzwerkes. Sie treffen sich halbjährlich und beteiligen sich an standortübergreifenden Aktivitäten. Ende 2014 gibt es bereits 26 »Nodes« an 11 Standorten in Österreich und Deutschland, die sich in Kunsthandwerk, Elektronik, 3D-Druck, alternative Bildungsansätze, gemeinsames Spielen und Tanzen, freie Medienproduktion, Gestaltung neuer Arbeitsformen und anderes vertiefen. Alle in den Laboren entwickelten Ideen und Projekte stehen entweder unter CC-Lizenz oder werden anhand von Workshops oder Dokumentationen allen Interessierten frei zur Verfügung gestellt, ganz nach dem Motto: Wissen ist Commons!

Martin Hollinetz ist Sozial- und Berufspädagoge, Regionalentwickler und seit 2013 Ashoka Fellow. Er ist zudem Lektor an der Kunstuniversität Linz und wurde 2013 zum Österreicher des Jahres im Bereich Kreativwirtschaft gewählt.

Hannelore Hollinetz ist Musikern und Pädagogin. Sie arbeitet als Schauspielerin, Projektentwicklerin und Prozessbegleiterin bei Kinder- und Jugendprojekten und ist – wie Martin Hollinetz – Mitbegründerin des Otelo-Netzwerkes und der Otelo eGen.

Der offene Weg

Über freies, selbstbestimmtes, entschultes Lernen

Claudia Gómez-Portugal

In der mexikanischen Kleinstadt Tepoztlán entsteht auf Initiative einiger Familien derzeit ein Raum für freies, unabhängiges und sinnstiftendes Lernen. 14.000 Menschen leben in den sieben Vierteln der Stadt, manche davon sind indigener Herkunft oder zugewandert. Es gibt viel gemeinschaftlich genutztes Land, das hat in Mexiko Tradition. Darüber hinaus finden sich zahlreiche Initiativen alternativen Wirtschaftens – etwa die Tauschwährung Ollines oder TepozTequio, wo Menschen gemeinsam und füreinander arbeiten.[1] Es gibt das TepozHub, ein von mehreren Initiativen genutztes Büro, in dem die Infrastruktur allen Beitragenden zur Verfügung steht, den Second-Hand- und Tauschladen Tepoz und das Gemeinschaftsradio Tepoztlán. All dies, so befand unsere Familie, würde ein einzigartiges Potenzial bieten, für unsere Kinder, aber auch für Jugendliche und Erwachsene, und es würde allen einen besonderen Lernkontext schaffen. So beschlossen wir, zum Wandel »von unten« beizutragen und mit vielen ähnlich Denkenden auf eine andere Bildung zu setzen.

Wie es dazu kam, ist schnell erzählt. Unserer Familie war immer öfter die Frage begegnet, in welche Schule wir unsere Kinder schicken würden? Die Frage stellte sich auch für andere Eltern immer dringender, sie wurde mitunter zum beherrschenden Thema. Für uns hatte sie jedoch eigentlich keinen Sinn. Denn wir fanden es letztlich wichtiger, allgemeiner zu fragen: nämlich wie wir unsere Kinder aufwachsen und lernen lassen wollten. Wir dachten darüber nach, was wir in und mit der Zeit tun würden, die wir unseren Kindern widmeten, und was wir selbst verändern müssten, damit sie frei aufwachsen und über ihr Leben frei entscheiden lernen. All diese Fragen brachten uns dazu, das Lernen und die Verbindung zwischen Lernprozessen und Lebensfreude neu zu entdecken. Sie haben uns in der Überzeugung gestärkt, im Leben unserer Kinder für diese Verbindung zwischen Lebensglück und Lernen sorgen zu wollen; aber auch im Leben anderer, und vor allem in unserem eigenen Leben. Wir wollten einen Weg öffnen, den alle

---

1 | In Tepoztlán werden auf diese Weise vor allem Häuser gebaut. Eine Gruppe baut zunächst gemeinsam das Haus der Einen, anschließend des Anderen und so weiter. Der Name greift die indigene Tradition des »tequio« auf, der die Koordination und Erbringung von Tätigkeiten für die Gemeinschaft bezeichnet.

mitgehen können, durch den wir uns neu erfinden und neu bestimmen, was zu tun ist, in dem wir unsere Mittel, Möglichkeiten und Fähigkeiten, zu lernen und zu handeln, erweitern und so gemeinsam mit anderen die Kraft hervorbringen und erfahren, die im Lernen selbst liegt.

Auf unserer Suche nach Möglichkeiten, uns andere Formen des Lernens und des Lebens auf diesem Planeten anzueignen, entstand »Camino Abierto«, der Offene Weg. Der Name erinnert an das Gedicht »Song of the Open Road« von Walt Whitman aus dem Jahr 1856 (dt.: »Gesang von der offenen Landstraße«). Camino Abierto versteht sich als Gemeinschaft selbstbestimmten Lernens. Hier versuchen wir, Lernen und Leben zu integrieren und dabei gemeinschaftliche Zusammenhänge lebendig zu halten. Zu unserer Gruppe gehören Familien, deren Kinder eingeschult sind, und andere, deren Kinder nicht zur Schule gehen. Wir treffen uns regelmäßig zum Meinungsaustausch, um uns gegenseitig zu unterstützen, organisieren gemeinsame Aktivitäten, Besichtigungen oder Ausflüge und sorgen für Workshops, an denen alle teilnehmen können. Dabei gehen wir zunächst von den Interessen und Fähigkeiten aus, die es unter uns gibt, und stellen Monat für Monat alle Aktivitäten in einem Kalender zusammen. Kurz: Wir gestalten und leben das Lernen als Commons! Etwa indem wir über das Gleichgewicht des Lebens und der Biologie im Garten und draußen in der Tier- und Pflanzenwelt lernen oder über Geographie in der Landschaft der Region, indem wir uns beispielsweise im Filmclub ein Bewusstsein für globale Zusammenhänge erarbeiten, uns gegenseitig kennenlernen, dabei unseren Toleranzbereich und unsere Grenzen ausloten, uns in Lesezirkeln in der Auseinandersetzung mit anderen und durch die Kraft des Wortes neu erfinden und an der sozialen Integration arbeiten, sowohl als Menschen als auch als Bürgerinnen und Bürger, im öffentlichen Raum, den wir mit Fahrrädern, Dreirädern oder Rollschuhen nutzen[2] – was eine Umgestaltung dieses öffentlichen Raumes erfordert –, oder wenn wir Parks oder Gemeinschaftsgärten schaffen.

Gemeinschaften aufzubauen und lebendig zu halten, das ist der bedeutungsvollste, notwendigste und nützlichste Lernprozess unserer Zeit. Er vollzieht sich auf lokaler Ebene und in kleinen Schritten, aber mit ausgesprochen menschlichem Maß. Vor Ort eignen sich Menschen diese Art des Lernens an, sie integrieren es in ihr Familienleben, gestalten die Lernprozesse und deren konkrete Umsetzung selbst und schaffen sich so Netzwerke zur gegenseitigen Unterstützung, die wiederum zu mehr verfügbaren Ressourcen und Beziehungen führen und so allmählich einen lernfreundlichen Kontext hervorbringen. All dies ist selbst ein Commons, ein Raum der Gemeinschaftlichkeit.

In vielen Teilen der Welt wird Lernen wieder als Commons verstanden und eingefordert. Dabei sind Art und Charakter der Initiativen sehr unterschiedlich, doch ihnen allen ist gemein, dass sie das Lernen selbst steuern, es in Sinnzusammenhänge einbetten, es auf den je eigenen Interessen, Problemen, Fragen und Biographien gründen und dies in selbstbestimmter, freier und entschulter Weise

2 | Das ist in Mexiko nicht selbstverständlich. Weder die Pflasterstraßen Tepoztláns noch die engen Gehsteige, so überhaupt vorhanden, eignen sich dafür (Anm. der Hg.).

(»unschooling«)[3] – jenseits des Staates und jenseits einer Marktlogik, die sowohl die schulischen Lehrpläne zunehmend prägt und die Freiheit der Wissenschaft unterläuft.

Herausfordernd am »Lernen als Commons« ist, dass es immer und immer wieder angegangen werden muss und zwar, im Gegensatz zum »Homeschooling«, in einer Gemeinschaft. Es ist herausfordernd, einzigartige Lebensräume zu schaffen, in denen Kinder und Jugendliche Kurse besuchen, in Projekten arbeiten, Probleme lösen oder einfach nur spielen können, kurz: ein Ambiente zu kreieren, das in das aktive Leben eingebunden ist und in dem Zwang, Druck, Manipulation, Drohungen und Angst keinen Platz haben. Solche »Lerngemeinschaften« wollen Schule nicht imitieren, sondern Umgebungen herstellen, in denen die Beteiligten etwas tun, und wo ihnen das, was sie tun, immer besser gelingt, auch weil es ihnen direkt zu Gute kommt. So zu lernen ist ermutigend. Mädchen, Jungen, Jugendliche, Männer und Frauen lernen für sich selbst, wenn sie Interesse mitbringen, einen geeigneten Kontext finden sowie über die Ressourcen und die Freiheit verfügen, dies zu tun.

Über das Lernen selbst zu entscheiden enthält selbst einen Lernprozess. Er liegt darin, dass wir reflektieren müssen, wie wir unsere Zeit verbringen und wie wir der Welt Sinn geben wollen – ausgehend von unserer Identität und in Beziehung mit anderen, denn Lernen braucht auch stets ein Gegenüber. Dieses Lernen bleibt uns, es wird verstanden und erinnert. Hier stehen Neugier und Kreativität im Mittelpunkt, die sich in horizontalen Netzwerken zwischen Gleichgesinnten entfalten können und so Solidarität und Austausch fördern. Zugleich legt solch ein Prozess ein großes individuelles Entwicklungspotenzial frei. Er schafft die Bedingungen dafür, dass Menschen ihr Leben selbst gestalten und es ausleben. Anders gesagt: Lernen ist Leben.

Lernen als Commons wirkt in die Familien hinein, in die Art, wie wir uns in verschiedenen Lebensbereichen organisieren oder wie wir die Geschlechterverhältnisse verändern lernen. Gustavo Esteva, Gründer der Universidad de la Tierra in Oaxaca (dt. Universität der Erde im mexikanischen Bundesstaat Oaxaca), drückt es so aus: »... wirklich nötig sind Voraussetzungen für ein gutes Leben, eine Gemeinschaft, in der Menschen jeden Alters lernen und in der die verschiedenen Arten des Lernens gedeihen können. (...) Wenn es uns nur um Schulbildung und Schulgebäude geht, in denen unsere Kinder und Jugendlichen bleiben und lernen

---

3 | Der Schulreformer John Holt prägte diesen Begriff in den 1970er Jahren; er schrieb Bücher wie *How Children Learn* (1967) oder *The Underachieving School* (1970) und versuchte dabei, die Perspektive der Schüler einzunehmen, was ihn zu der Erkenntnis brachte: »Was im Unterricht passiert, ist nicht das, was die Lehrer denken« (zitiert nach: Ian Lister: *The Challenge of Deschooling*, in: Lister, I. (Hg.): *Deschooling. A Reader*, London 1974, S. 2). Nachdem Holt schulreformerische Ansätze als gescheitert ansah, entschied er, direkt mit den Familien an der »Entschulung« der Kinder zu arbeiten. Die Begriffe »unschooling« (nach Holt) und »deschooling« (nach Illich) unterscheiden sich voneinander. »Unschooling« ist eher als konkrete, nicht verschulte Lernmethode zu verstehen. »Deschooling« als gesellschaftsveränderndes Konzept. »Unschooling« ist eine Form des »deschooling«, was umgekehrt nicht notwendigerweise gilt (Anm. der Hg.).

können, verschließen wir die Augen vor der tragischen Sozialwüste in der wir leben« (Esteva 2007).

Bei Camino Abierto scheint es schwer vorstellbar, diese Aufgabe aus einer Kultur des Individualismus heraus anzugehen; zugleich sind die meisten von uns nicht in Gemeinschaften eingebunden. Unsere Lebensrealität entspricht nicht den Commons. Deshalb ist diese Art, unser Lernen zu gestalten, für uns auch eine Möglichkeit, gemeinschaftliche Zusammenhänge im Alltag aufzubauen und zu beleben. Wie groß diese Aufgabe ist, hat Ivan Illich formuliert, denn »... wir haben fast die Fähigkeit verloren, von einer Welt zu träumen, in der das Wort angenommen und geteilt wird, in der niemand die Kreativität des Anderen einschränkt, in der jeder das Leben verändern kann« (Illich 1978: 15).

Dabei ist es gar nicht so schwer, Alternativen zu schaffen. Das Entfaltungspotenzial ist beträchtlich. Es gibt viele Möglichkeiten, sich auszutauschen und einen echten Multikulturalismus zu entwickeln: Autonome Lerngemeinschaften verbinden sich mit anderen Welten und anderen Lerngemeinschaften auf Augenhöhe, gerade mit solchen, die auf »neue Commons« der Informations- und Kommunikationstechnologien setzen. Volksbildungsinitiativen, Gemeinschaftsschulen, Bildungseinrichtungen, Ausbildungszentren, Lerngemeinschaften, selbst Hochschulen – in allen Strukturen kann Lernen als Commons begriffen werden.

Die zapatistischen Gemeinden in Mexiko sind ein eindrucksvolles Beispiel dafür, wie ernst die Forderung nach Bildungsautonomie genommen werden kann. Die zapatistische Bildung bietet einen unglaublich starker Anker, »das Lernen von unten aufzubauen und in den Gemeinschaften selbst jene Elemente zu suchen, die die lokale Realität mit dem Universellen verbinden; sie aus der lokalen Verankerung heraus zu entwickeln und dabei auf das in den indigenen, bäuerlichen Gemeinschaften vorhandene Wissen zu setzen [...] Ihr ist es gelungen, ein Bildungssystem mit verschiedenen Stufen zu entwickeln, die von den zapatistischen Gemeinden selbst entwickelt worden sind, mit Bezug zu ihrer Geschichte und ihrer geographischen Umgebung; [...] sie richtet ihren Blick auf die zapatistischen Gemeinden, selbst wenn sie nach einer besseren Organisation dessen sucht, was diese Gemeinden schon seit Jahrhunderten getan haben, nämlich jene auszubilden, die sich in Zukunft um das Leben in den Gemeinden kümmern werden, in letzter Instanz, damit diese nicht sterben, sondern im Gegenteil immer neu geboren werden« (Zaldívar 2007: 48).

An der bereits erwähnten Universidad de la Tierra (kurz »Unitierra«) in Oaxaca wird ähnlich gedacht. Sie entstand Mitte der 1990er Jahre[4], um vor allem Jugendlichen ohne Schulabschluss oder berufliche Bildung freie Lernmöglichkeiten zu bieten und dabei Lernformen zu nutzen, mit denen Menschen seit jeher auf ihre Art umgegangen sind. Unitierra ist ein Beispiel dafür, wie Orte der Konvivialität[5] geschaffen werden, an denen sich alle einbringen, gemeinsam lernen und doch jeder Mensch tut, was sie oder ihn interessiert. Der Gründer Gustavo Esteva formuliert es so: »Wissen ist eine Beziehung mit anderen und mit der Welt, kein Konsum

4 | Formalisiert im Mai 2001.

5 | Siehe dazu den Beitrag von Marianne Gronemeyer zu Beginn dieses Bandes (Anm. der Hg.).

einer Ware, die in Kenntnishäppchen verpackt ist. Solch ein Päckchen zu konsumieren bedeutet, bestenfalls, Information *über* die Welt zu erhalten. Doch Wissen bedeutet *von* der Welt zu lernen, indem wir mit ihr, den Anderen und der Natur in Beziehung treten und sie erfahren. [...] An der Universität lernen die Jugendlichen das, was sie interessiert, von denen, die etwas Bestimmtes tun oder herstellen; so erwerben sie nicht nur spezifische Fähigkeiten und Fertigkeiten, sondern sie beobachten das Leben von Menschen, die bestimmten Tätigkeiten nachgehen und können sich darüber klar werden, ob es das ist, was sie im Leben wirklich sein wollen. Das Gelernte ist für ihre jeweiligen *communities* nützlich, und es bringt den Jugendlichen Würde, Wertschätzung und Einkommen (Esteva 2001: 10).

Unitierra ist auch ein Ort des Nachdenkens über die Ökonomisierung des Lernens, also der Tatsache, dass »Bildung ein Lernen unter Bedingungen der Knappheit ist und von daher historisch gesehen eine relativ junge Praxis darstellt, die mit der Wirtschaftsgesellschaft entstanden ist. Überall ergreifen Menschen und ganze Völker Initiativen, die nicht mehr darauf beschränkt sind, das Bildungssystem zu reformieren oder wieder anzueignen. Vielmehr lassen sie es hinter sich.« Esteva stimmt hier mit Holt überein (Holt 1976), wenn er hinzufügt, »unsere Lebenskompetenz entsteht daraus, das wir durch das Tun lernen, [...] genau genommen bedeutet lebendig sein, bedeutet leben, nichts anderes als Lernen« (Esteva 2001: 9).

Unitierra verbindet das Einfordern von Lernmöglichkeiten mit einer Alternative zum Bildungssystem, verbindet autonomes, von Markt und Staat unabhängiges Lernen mit dem Erhalt der Lebendigkeit von Gemeinschaften und der Schaffung von Commons.

Schauen wir in andere Länder: In ganz Indien existiert mit Shikshantar[6] eine Bildungsinitiative, die sogenannte »radikale Lerngemeinschaften« in den Mittelpunkt stellt. Sie wurde von Freiheitskämpfern wie Mahatma Gandhi und Rabindranath Tagore inspiriert und ist als eine »Bildungsbewegung« im Geiste einer umfassenderen Gabenkultur zu beschreiben, die informelle Wissenssysteme wieder in den Blick nimmt. Shikshantar unterhält in Udaipur (Rajasthan) ein intergenerationelles, gemeinschaftsbasiertes »Entlernzentrum« mit Bibliothek, Slow-Food-Café, städtischer biologischer Landwirtschaft, einer Werkstatt zum Selbermachen und Upcyclen sowie einem gemeinschaftlichen Medienzentrum. Menschen aller Altersgruppen kommen dort zusammen, um ihr Wissen zu teilen, sich neue Fähigkeiten anzueignen und gemeinsam einen Ort vibrierenden Experimentierens zu schaffen. Einmal im Jahr veranstaltet Shikshantar eine sogenannte »Unkonferenz der Lerngesellschaften«, dort kommen Lerngemeinschaften aus ganz Indien zusammen und vertiefen Debatten, die darauf abzielen, die dominierende Monokultur von Bildung und Entwicklung zu dekonstruieren und Bildung stattdessen radikal, systemisch neu zu denken.

Ebenfalls in Indien wurde 2010 die **Swaraj-Universität**[7] gegründet. Dort können junge Menschen zwischen 16 und 30 in einem selbstentworfenen Lernprogramm studieren; sie werden »khojis«, Suchende, genannt. Jede Person ist zunächst ein-

6 | Siehe: www.swaraj.org/shikshantar/ (Zugriff am 15. Mai 2015).

7 | Siehe: www.swarajuniversity.org (Zugriff am 15. Mai 2015).

mal aufgefordert, den eigenen Leidenschaften, Zwecken, Bedürfnissen und Gaben im Kontext des je eigenen Lebensumfeldes und in einem neuen Bezug zur Wildnis nachzugehen. Die Fülle der Commons wird hier eingeklagt als eine »Fähigkeit«, die sich aus den verschiedensten Wissenssystemen generiert – im gemeinsamen Lernen mit anderen »khojis«, mit – Frauen und Männern – Kunsthandwerker, Heiler, Fischer, Kleinbauern, Aktivisten, mit Straßenkindern, Großmüttern etc.

Formelle Qualifikationen sind nicht gefordert, überhaupt werden die »Abschlüsse« als Instrument der Einhegung deutlich kritisiert. Als »Gebühr« sind die »khojis« gebeten beizutragen, was sie können, um die laufenden Kosten zu decken oder anderen in der Zukunft diese Lernmöglichkeit zu bieten. Um Commons auch erfahrbar zu machen, bietet die Universität den Yatra-Zyklus an. Das heißt, dass eine Gruppe junger Leute ohne Geld, ohne digitale Technologien, ohne Medizin und ohne Planung eine Woche gemeinsam in ländliche Gegenden reist.[8]

In Ciudad Bolivar, einem Stadtteil im Südwesten der kolumbianischen Hauptstadt Bogota, liegt **Libertatia**.[9] Es ist ein Sozialzentrum für die Kinder und Jugendlichen der am meisten benachteiligten Schichten der Stadtbevölkerung. Libertatia ist als Lern- und Dialograum zum Austausch von Wissen konzipiert und wird von den Jugendlichen selbst verwaltet. Dort gibt es weder Lehrer noch Schüler, aber es gibt Workshops, in denen die Beteiligten kritisches Denken lernen, um ihre Lebensbedingungen zu verändern.

Das **Purple-Thistle-Zentrum**[10] wurde im Jahr 2001 im kanadischen Vancouver als Alternative zur Schule gegründet und wird ebenfalls von den Jugendlichen selbst geleitet, der Schwerpunkt liegt auf Kunstprojekten und gemeinschaftlichen Aktivitäten, durch die die Jugendlichen Selbstorganisationserfahrungen machen können.

Der **Otherwise Club** in London[11] existiert seit über 20 Jahren als Ort selbstbestimmten Lernens; er war von Müttern für Kinder und Jugendliche gegründet worden. Seit 2011 kooperiert der Otherwise Club mit der London Community Neighbourhood Co-operative (LCNC), einem ambitionierten Projekt um nachhaltige Praktiken in vielen Lebensbereichen zum Beispiel im Wohnungsbau, im Arbeitsleben oder in den Gemein- und Nachbarschaften selbst zu unterstützen.

Es gibt die Erfahrungen von **The Learning Exchange**, einem Projekt, das 1971 im US-amerikanischen Evanston, Illinois, seinen Anfang nahm und rasch in mehr als 40 Gemeinden Fuß gefasst hatte. Es ist eng an die Ideen von Ivan Illich, der »Entschulung der Gesellschaft« (Illich 1971) angelehnt. Was die Einzelnen lernen wollten, wurde auf kleinen Karten festgehalten, ebenso das, was sie lehren könnten und was sie teilen möchten. Bereits nach zweieinhalb Jahren hatten sich 15.000 Menschen mit 2.000 Themen registriert. Heute gibt es The Learning Exchange in vielen Bundesstaaten der USA.

Zudem existieren Initiativen und Projekte, die sich anschicken, auch die akademische Bildung zu rekonzeptualisieren. Die **Sharing School** in Italien[12] ist dafür

8 | Vielen Dank an Manish Jain für die Unterstützung in der Recherche dieser Informationen.

9 | Siehe: www.centrosociallibertatia.org (Zugriff am 15. Mai 2015).

10 | Siehe: www.purplethistle.ca (Zugriff am 15. Mai 2015).

11 | Siehe: www.theotherwiseclub.org.uk/index.php (Zugriff am 15. Mai 2015).

12 | Siehe: http://www.sharingschool.it/ (Zugriff am 15. Mai 2015).

ein Beispiel. Sie reagiert auf den zunehmenden Trend der Ko-Produktion und des Teilens und legt dabei einerseits Wert auf die Frage, was Teilen wirklich heißt, und versucht andererseits, die Städte für diesen Gedanken zu öffnen, so dass eine Ökonomie »von allen und für alle« gefördert wird.

In Deutschland ist mit der **Cusanus-Hochschule**[13] seit 2014 eine ambitionierte akademische Bildungsstätte am Start, die dem Gemeinschaftsgedanken verpflichtet ist. Das drückt sich unter anderem in der Kampagne »Denken Schenken« aus, in der die Studierendengemeinschaft der Hochschule gemeinsam Unterstützung für ihre Mitglieder und die jeweils folgenden Studiengänge einwirbt. Über die Verteilung der Mittel unter den Studierenden entscheidet sie selbst. In ihrem Leitbild formulieren die Initiatorinnen und Initiatoren den Gedanken der »Befähigung zur Selbstbildung«. Das heißt: »Innerhalb der sozialen Gemeinschaft soll sich jede/r in moralischer und intellektueller Freiheit selbst bilden dürfen.« Dazu gehöre, dass je eigene Fach »über die reine Wissensvermittlung hinaus reflektieren und schöpferisch entwickeln« zu lernen und »zum interdisziplinären Dialog sowie zur gestalterischen Teilhabe an Gesellschaft statt zum engen Spezialistentum« anzuregen. Kurz vor Beendigung dieses Beitrags erhielt die Cusanus-Hochschule ihre staatliche Anerkennung.

So erleben wir es auch in Caminos Abiertos: Lernen muss Sinn ergeben: Für unser Leben und für das der Menschen, mit denen wir in Beziehung stehen.

Literatur

Esteva, G. (2001): Más allá de la Educación«, Beitrag zum Seminar »Jugend und Bildung«, Monterrey, September 2001.

— (2007): »Reclaiming Our Freedom to Learn« in: YES! Magazine, November 2007, www.yesmagazine.org

Illich, I. (1978): La Convivencialidad, Morelos, Mexiko.

— (1971 [2003]): Deschooling Society, World Perspectives. Band 44, Harper and Row, New York. (dt. 2003: Entschulung der Gesellschaft, Eine Streitschrift, beck).

Holt, J. (1976): Instead of Education, Dutton.

Zaldívar, J.I. (2007): »La otra educación en territorio zapatista«, Cuadernos de Pedagogía (Pädagogische Hefte), Nr. 371, Januar 2007, Spanien.

Claudia Gómez-Portugal aus Mexiko ist Mitgründerin der Organisation SAKBE – Commons für den Wandel sowie der Initiative Freie Lerngemeinschaften für das Leben. Sie arbeitet zu den Themen: Kommunikation für sozialen Wandel, freies Wissen, Lernnetzwerke und Gemeinschaftsbildung.

13 | Siehe: www.cusanus-hochschule.de/ (Zugriff am 15. Mai 2015).

Brüter neuer Ideen: Medialab-Prado

Marcos García

Das Medialab-Prado ist ein Experimentierraum, der commons-basierte Innovationen aller Art ermöglicht: von und für die Menschen in Madrid. Mit seinen Werkstätten, Bildungsangeboten und öffentlichen Veranstaltungen hat das »Lab« die Entwicklung von experimentellen Videospielen[1] oder Open-Design-Bienenstöcken für urbane Bienenzucht ebenso vorangetrieben wie kollaborative Übersetzungsprojekte. Wer Interesse hat, kann an der Visualisierung von Daten zur Luftqualität in der spanischen Hauptstadt oder am Aufbau eines bürgergetragenen Netzwerks von Messstellen zur Datenerhebung mitarbeiten. Auch Forschungsteams finden hier einen Platz. Sie entwickelten bisher zum Beispiel eine neue Typographie und entwarfen einen riesigen LED-Bildschirm, der für Kunstprojekte in der Stadt oder öffentliche Debatten eingesetzt werden kann.

Die Grundannahme, dass passionierte Amateure, Hacker aus der Open-Source-Szene, Fachleute aus unterschiedlichen Gebieten sowie Bürgerinnen und Bürger tatsächlich zusammenarbeiten und dabei Interessantes und Neues in die Welt bringen, mag seltsam anmuten. Aber genau das ist im Medialab-Prado in den vergangenen acht Jahren geschehen. Das Lab ist zu einer neuartigen öffentlichen Kultureinrichtung geworden, deren Schwerpunkt auf der Erforschung kooperativer Formen des Lernens und Experimentierens liegt. Dabei geht es insbesondere um Praktiken, die Commons ins Werk setzen und sich dabei auf digitale Netze stützen: freie Software und Hardware, das Internet als offene Infrastruktur oder konkrete Prozesse der Peer-Produktion. Vor allem durch das im Medialab angesiedelte Commons Lab[2] ist dieser Ort zu einem kulturellen Zentrum geworden, in dem commons-basiertes Forschen, Experimentieren und gemeinschaftliches Produzieren vorangetrieben wird.

Das Modell ist einfach: Medialab fungiert als Plattform. Wer eine Idee hat, kann hier andere Menschen treffen, Arbeitsgruppen bilden, diese Idee diskutieren und gemeinsam Prototypen zu deren Umsetzung entwickeln. Der Charme unserer Arbeitsweise gründet in der offenen Einladung an alle, die das Wissen, das Talent oder die Begeisterung mitbringen, neue Ideen in die Welt zu setzen. Es gibt ver-

1 | Siehe: http://medialab-prado.es/article/playlab_experimentacion_con_videojuegos (Zugriff am 8. Januar 2015).

2 | Siehe: http://medialab-prado.es/laboratorio_del_procomun (Zugriff am 8. Januar 2015).

schiedene Aufrufe, die zum Mitmachen oder zur Einreichung eigener Vorschläge animieren. Dann werden Mitstreiterinnen und Mitstreiter gesucht, aus denen sich Teams bilden, die in den Werkstätten ihren Projekte nachgehen. Jede Gruppe ist selbst ein Experiment in Sachen Team- und Gemeinschaftbildung, denn hier kommen Menschen aus verschiedenen Bereichen wie Kunst, Wissenschaft und Technik zusammen. Sie bringen verschiedene Ausbildungsniveaus mit und können sich unterschiedlich stark engagieren. Jede Gruppe muss sich selbst organisieren, ihre eigenen Regeln festlegen und entscheiden, nach welchen Kriterien die Beiträge der Teilnehmenden akzeptiert oder abgelehnt werden und welche Formen der Anerkennung es für die jeweiligen Beiträge gibt. Sie wird dabei von dem Betreuer bzw. der Betreuerin des jeweiligen Projekts begleitet. Das Medialab-Prado wird nicht umsont bisweilen auch als Inkubator für Gemeinschaften und Commons gesehen.

In unserer Rolle als »Innovationsgastgeber«, legen wir besonderen Wert auf die Nutzung Freier Software und freier Lizenzen. Sie sind das Herzstück des Ganzen. Diese Praxis erleichtert die Beteiligung derer, die direkt im MediaLab mitmachen wollen, macht aber auch die Online-Beteiligung sowie die sorgfältige Dokumentation der Projekte einfacher. Letzteres ist unerlässlich, um sie andernorts umsetzen zu können. Zudem bleibt so nachvollziehbar, wie ein Commoning-Experiment abgelaufen ist und was konkret zu seinem Erfolg oder Scheitern führte.

Das Teilprojekt Commons Lab hat sich seit seiner Gründung im Jahr 2007 von einem wissenschaftlichen Seminar, in dem die Mitglieder bislang unveröffentlichte Arbeiten zum weiten Thema »Commons« diskutierten, zu einem offenen Laboratorium entwickelt, in dem alle willkommen sind, gleich ob Fachleute aus der Wissenschaft oder Amateure. Das Commons Lab war bislang bemerkenswert produktiv: Es erforschte mit dem Projekt »Erinnerung als Commons« wie in einem kooperativen Prozess Konfliktsituationen gemeinsam erinnert werden und ein kollektives Gedächtnis geschaffen werden kann; es beteiligte sich am Aufbau des »Guifi.net Madrid«[3], einer lokalen, als Commons gedachten und organisierten Telekommunikations-Infrastruktur; an »Commons-basierte Unternehmen«[4], einem Projekt, das Formen der Unternehmensorganisation erforscht, die vorwiegend zu Commons beitragen wollen; und es entwickelte »Kune«[5], ein Online-Instrument, das Kooperation, das Teilen von Inhalten und die freie Kultur unterstützt. Zudem war das Commons Lab Gastgeber für viele öffentliche Commons-Diskussionen, bei denen unter anderem Commons im Kontext von Städten, ländlichen Räumen, der digitalen Sphäre oder des menschlichen Körpers diskutiert wurden. Es gab öffentliche Projektpräsentationen wie zum Beispiel »Guerrilla Translation« (siehe Kasten) oder »Mapping the Commons«[6] sowie ein offenes Forschungslabor für städtische Gemeingüter.

---

3 | Siehe: http://madrid.guifi.net/ (Zugriff am 8. Januar 2015).

4 | Siehe: www.colaborabora.org/proyectos/empresas-del-procomun (Zugriff am 8. Januar 2015).

5 | Siehe: http://kune.ourproject.org (Zugriff am 8. Januar 2015).

6 | Siehe: http://mappingthecommons.net/en/world; siehe auch den Beitrag von Ellen Friedmann zu globalen Commons-Kartierungsprojekten in diesem Band. (Zugriff am 8. Januar 2015).

»Guerrilla Translation«

»Guerrilla Translation« ist ein P2P-Commons-Übersetzungs-Genossenschaft, die sich in Spanien gegründet hat. Getragen wird Guerrilla Translation von einer kleinen, aber internationalen Gruppe begeisterter Leserinnen und Leser, die zu sozialen und ökologischen Themen arbeiten und zudem leidenschaftlich gerne übersetzen: »Wir wollen eine kooperative Form globalen Austauschs von Ideen auf einer Plattform bieten. Wir arbeiten nicht ehrenamtlich, sondern entwickeln unser eigenes innovatives Geschäftsmodell, das ›den großen Worten‹ vieler zeitgenössischer Beiträge zum Thema ›New Economy‹ und ihrer Macht zur Veränderung Taten folgen lässt«, heißt es auf der Website.

Das Guerrilla-Manifest skizziert, was übersetzt wird – ganze Bücher, Interviews, Videos, Dokumentarfilme sowie das gesprochene Wort – und wie: ohne Mittler, »zu Hause«, oft nicht als Auftragswerk sondern aus eigenem Antrieb. Alle Übersetzungen werden frei lizensiert und allgemein zugänglich gemacht.

Und es beschreibt die Auswahlprinzipien:
1) Innovative Ideen
2) Verschiedenheit der Perspektiven
3) Praktische Lösungen
4) Vernichtet Gewalt, bis sie mausetot ist
5) Einleuchtend, aber nicht von Erleuchteten
6) Aktuell aber ohne Verfallsdatum

Informationen
www.guerrillatranslation.es
www.guerrillatranslation.es/el-manifiesto-guerrilla-translation

Das Medialab-Prado zeigt: Stadtpolitik und öffentliche Einrichtungen können die Entwicklung neuer Commons-Projekte maßgeblich voranbringen. Umgekehrt erlaubt die Commons-Perspektive, öffentliche Institutionen neu zu denken: Menschen werden unmittelbar einbezogen, können dabei ihre Fähigkeiten weiterentwickeln und bekommen dafür leicht zugängliche, offene Infrastrukturen zur Verfügung gestellt. Das wiederum erfordert, was der Anthropologe Christopher Kelty »rekursive Öffentlichkeit« nennt: »eine Öffentlichkeit, die sich durch ihre geteilte Verantwortung für den Erhalt jener Mittel und Medien konstituiert, die es ihr ermöglichen, als Öffentlichkeit zusammenzukommen« (Kelty 2008: 27).

Vor diesem Horizont versucht das Medialab-Prado, als Teil des Bereichs Kunst und Kultur der Stadt Madrid vom »commoning« zu lernen – mal mit, mal ohne Erfolg. Als Institution, die den Commons als Organisationsform verpflichtet ist, sind dabei eigene Werkstätten, Diskussionsorte und Veranstaltungen unentbehrlich.

Literatur

Kelty, Ch. (2008): *Two Bits. The Cultural Significance of Free Software,* Durham, NC, Duke University Press.

Marcos Garcia leitet seit 2006 die Programmentwicklung und -koordination des Medialab-Prado. Zuvor war er für das Bildungsprogramm verantwortlich. Er ist in zahlreichen nationalen und internationalen Foren zu Digitaler Kultur, Media-Labs und Freier Kultur aktiv.

Eine Odyssee mit klarem Ziel

Mataroa und die Commons von Ikaria

Maria Bareli-Gaglia

Unsere Geschichte begann, als ich 2006, während meiner Feldstudien auf der griechischen Insel Ikaria in der Ägäis, eine Anhalterin mitnahm: Frosini Koutsouti. Gleich zu Anfang unseres Gesprächs stellten wir fest, dass sich nun zwei Anthropologinnen den Wagen teilten. Es war der Beginn einer Unterhaltung über Commons, die bis heute anhält. Und es war der Beginn unseres Versuchs, gemeinsam zu ergründen, wie Commons mit dem Land und der lokalen Kultur verknüpft sind. Was bedeuten sie für die Menschen? Was passiert, wenn diese den Zugang zu ihren Commons verlieren? Welche Auswirkungen hat es auf die lokale Kultur, wenn Commons eingehegt werden?

Zwei Jahre nach unserer ersten Begegnung, als die Finanzkrise von 2008 gerade Wirkung entfaltete, war die politische Tagesordnung in Griechenland bestimmt von der Einhegung natürlicher und sozialer Commons sowie der Privatisierung öffentlicher Güter und Dienstleistungen. Im Namen einer »grünen Entwicklung« hatte die Regierung eng mit privaten Unternehmen zusammengearbeitet, um entlang der Bergrücken der meisten Ägäischen Inseln Windparkanlagen zu errichten. Auch ein neuer Landnutzungsplan wurde verabschiedet, in dem die Nutzung von Grund und Boden derart neu definiert wurde, dass sie mit der traditionellen Landnutzung nicht vereinbar war. Das vielleicht charakteristischste Beispiel hierfür war die Umwidmung einiger bisher traditionell als Weideland genutzter Flächen in »Industriegebiete«.

Im Jahr 2012 verkündete die Regierung ihre Entscheidung, das Krankenhaus von Ikaria jenem der nahegelegenen Insel Samos anzugliedern. In Folge dessen verschlechterten sich Qualität und Umfang der Gesundheitsversorgung auf der Insel. Diese und andere Maßnahmen, die die Kommodifizierung des Gesundheitswesens vorantrieben, drohte die Grundidee zunichte zu machen, welche 1958 die Ikarianer bewogen hatte, das Panikarianische Krankenhaus gemeinsam zu bauen: nämlich allen Bewohnerinnen und Bewohnern der Insel gleichen Zugang zur Gesundheitsversorgung zu gewähren. Für die 8.000 Menschen war eine solche Gesetzgebung zur ernsthaften Bedrohung ihrer Lebensweise geworden.[1]

1 | Für eine Beschreibung der Diskurse auf der Insel und der Sicht der Bewohnerinnen auf die Krise siehe Bareli 2014.

Frosini Koutsouti und ich wurden uns bald der Tatsache bewusst, dass Ikaria so etwas wie ein »Laboratorium des wirklichen Lebens« für einige Schlüsselthemen unserer Zeit war. Hier ließen sich verschiedene Einhegungen beobachten, aber auch der Widerstand der Menschen sowie ihr Versuch, Commons wieder einzufordern oder neue, innovative Commons zu entwickeln. Doch wie konnten wir all dies erforschen und dokumentieren? Uns war klar, dass ein solches Forschungsvorhaben nicht neutral sein konnte, so als könnten die Forschenden abseits der Bemühungen der Menschen vor Ort stehen. Wir konnten auch die globalen neoliberalen Kräfte nicht ignorieren, die die Bürger mit Macht in Konsumenten von Gütern verwandeln, deren Produktion wiederum auf rücksichtslosen Einhegungen beruht.

Wir gründeten schließlich eine nicht gewinnorientierte Organisation, die unsere Arbeit tragen sollte: das Dokumentations-, Forschungs- und Aktions-Zentrum von Ikaria (DRACOI). Ivan Illichs Interkulturelles Dokumentationszentrum, das er 1961 in Mexiko eingerichtet hatte, war uns eine wichtige Quelle der Inspiration. Wir wollten die Rolle dokumentieren, die das Konzept der »Entwicklung« bei der Zerstörung lokaler Kulturen spielt, für das Verschwinden traditioneller Lebensweisen und als Ursache von Armut. Genau wie Illich begannen wir mit den verschiedenen Dorfgemeinschaften vor Ort zusammenzuarbeiten, mit Aktionsgruppen, Kooperativen und anderen. Unser Ziel bestand im Schutz fundamentaler Menschenrechte wie gleicher Zugang zu Gesundheit, Bildung und Trinkwasser. Außerdem wollten wir die Commons sozusagen als Vergrößerungsglas nutzen, um größere politische und sozio-kulturelle Veränderungen zu verstehen.

Wir begannen zu begreifen, dass die lokalen Reaktionen auf Einhegungen nicht nur als isolierte Momente des Widerstands gegen eine neoliberale Welle »gelesen« werden mussten, sondern auch Teil eines längeren historischen Einhegungsprozesses waren, der im spätmittelalterlichen England und andernorts seinen Ursprung nahm. Lokaler Widerstand stand also im Kontext jener »Doppelbewegung«, die schon der Wirtschaftsanthropologe Karl Polanyi beschrieben hatte. Die von der Marktökonomie getriebenen Einhegungen, so erklärte er, lösen unausweichlich Gegenbewegungen aus und zwar von Menschen, die das Verlorene wieder einfordern oder neue Commons schaffen. In diesem Licht betrachtet, ähneln die Ideale einer »grünen Entwicklung«, die heute als »Lösung« für die Krise propagiert werden, den »Verbesserungen« im Großbritannien des 19. Jahrhunderts, die eine anhaltende Einhegung natürlicher und bürgerlicher Commons erfordern (Esteva 1992).[2]

Während unserer Reise durch das schier endlose Meer von Literatur, Aktivitäten und Dialogen zu Commons-Themen, sind wir Denkern begegnet, die sich mit den für unsere Fragen und Ziele relevanten Aspekten bereits auseinandergesetzt haben. Sie alle haben unseren Navigationshorizont erweitert. Einige wurden zu Passagieren, die uns auf der gemeinsamen Reise begleiteten; manche nur für kurze Zeit, andere blieben länger. Zudem gingen wir an Bord größerer »Schiffe«, ein solches war das »Mataroa-Seminar«; benannt nach einem historischen Schiff, das im Dezember 1945 von Griechenland aus in See gestochen war. An Bord waren

2 | Vergleiche zur Kritik am Entwicklungsparadigma den Beitrag von Arturo Escobar in diesem Band (Anm. der Hg.).

junge Wissenschaftler, Studierende und Künstler, die im Laufe ihres Lebens viel zu den Ideen und Visionen beigetragen haben, die in den Ereignissen vom Mai 1968 ihren Höhepunkt fanden. Unsere Idee war nun die Rückkehr eines imaginären Schiffs nach Griechenland, mit jenen Konzeptionen und Ideen an Bord, die für ein kritisches und radikales Verständnis der gegenwärtigen Realität notwendig waren. Dies waren die Konzeptionen von Krise, Commons und ihrer Einhegungen sowie die Idee einer »Mediterranen Vision«.[3]

Im Jahr 2013 »lief« das Mataroa-Seminar in den Hafen von Ikaria ein und brachte siebenundzwanzig Forscherinnen, Forscher und Commoners aus dem Mittelmeerraum und darüber hinaus zusammen. Die Teilnehmenden hatten sich gegenseitig auf die Einladung aufmerksam gemacht, einige hatten durch das entsprechende Blog vom Seminar erfahren (mataroanetwork.org). Alle empfanden die Seminarkonzeption als fruchtbar, um viele verschiedene Geschichten zusammenzubringen. Und alle stimmten darin überein, dass es notwendig sei, die Idee der »Krise« kritisch zu analysieren. Sie sei nicht als objektive Bedingung der derzeitigen Realität zu sehen, sondern als machtvoller Diskurs der »VerAnderung« (»othering«)[4] und somit als wirkungsvolles Mittel, eindeutige Verletzungen des Gesellschaftsvertrags sowie der Menschenrechte zu legitimieren.[5] Die Frage, die die »Mataroaner« aufgeworfen hatten, war, ob es gelingen könnte, die wichtigsten Elemente eines Entwurfs zu identifizieren, der in der Lage wäre, den Kapitalismus herauszufordern. Könnten wir uns eine Welt vorstellen, die die Quellen des Lebens schützt und regeneriert, anstatt immer mehr Aspekte des Lebens lediglich als Kategorien von Markt und Entwicklung zu betrachten? Könnten wir herausfinden, ob ein solcher »mediterraner Entwurf« existiert, der dem Hobbesianischen »Krieg aller gegen alle« entgegen steht; ob eine Vision existiert, die von zentralen Werten wie »Geben« und »Konvivialität«[6] innerhalb kommunaler Institutionen, familiärer und freundschaftlicher Bindungen geprägt ist?

Das Seminar kam ohne jedes Budget zustande und basierte vollständig auf der »Schenkökonomie« der Ikarianerinnen und Ikarier, die die Teilnehmenden unterbrachten und bewirteten. Diese Schenklogik bestimmte auch die Organisation des

---

3 | Die Idee zum »Mataroa-Sommerseminar« auf Ikaria stammt von Nikolas Kosmatopoulos. Das Seminar trug den Titel: »Gegen die Krise. Für die Commons. Auf dem Weg zu einem Mediterranen Entwurf«.

4 | Der Begriff bezeichnet den Prozess der Differenzierung und Distanzierung der Gruppe, der man sich zugehörig fühlt (Eigengruppe), von anderen Gruppen und wurde von Gayarti Chakravorty Spivak geprägt. Eine allgemein gebräuchliche deutsche Übersetzung existiert bislang nicht. Julia Reuter hat, in *Ordnungen des Anderen. Zum Problem des Eigenen in der Soziologie des Fremden*, transcript Verlag, Bielefeld, »othering« als »VerAnderung« übersetzt. Diesem Vorschlag folgen wir (Anm. der Hg.).

5 | Siehe zum Beispiel den Bericht der Internationalen Gesellschaft für Menschenrechte und ihres griechischen Zweigs, der Hellenischen Liga für Menschenrechte, zur Abwertung der Menschenrechte als Folge der Sparpolitik in Griechenland vom Dezember 2014: https://www.fidh.org/International-Federation-for-Human-Rights/europe/greece/16675-greece-report-unveils-human-rights-violations-stemming-from-austerity (Zugriff am 29. März 2015).

6 | Siehe dazu den Beitrag von Marianne Gronemeyer in diesem Band (Anm. der Hg.).

Seminars, das sich für die lokale Bevölkerung durch eine Vortragsreihe »öffnete«, um aktuelle Themen des Mittelmeerraums sowie solche, die für die Erfahrungen der Ikarianer relevant waren, zu behandeln. Einige Mataroaner diskutierten über die Volkserhebungen in Ägypten, der Türkei und in Kentucky. Andere sprachen über die internationalen Erfahrungen im Zusammenhang mit der Privatisierung der Wasserversorgung, wieder andere über das »Degrowth«-Konzept.

Abbildung 1: Die Mataroa im Juli 1945 im Hafen von Haifa

Quelle: Wikipedia

Das Mataroa-Seminarschiff verließ den Hafen von Ikaria mit unbekanntem Kurs in die Gewässer neuer Initiativen. Auf der Reise entstand eine Fülle von Materialien, die unter der Creative-Commons-Lizenz BY-SA (Copyleft) frei nutzbar sind. Als Gegengabe für unsere Gastgeber in Ikaria haben die Beteiligten der Mataroa-Initiative eine Publikation zusammengestellt, die den Dialog über die Commons dokumentiert.[7] Statt einfach die Protokolle zu publizieren, entstand hier eine Sammlung von Essays, die die Reflexionen fortsetzten, die die öffentlichen Vorträge entfacht hatten. Wir luden Bürgerinnen, Bürger und Gruppen ein, die gegen die Kommerzialisierung natürlicher Ressourcen und die Privatisierung öffentlicher Güter und Dienstleistungen kämpfen. Darunter waren Menschen wie der stellvertretende Vorsitzende des lokalen Verbandes der Mitarbeiterinnen und Mitarbeiter des Krankenhauses von Ikaria oder von »SOS Chalkidiki«, einem Bündnis von Gruppen, die sich gegen die Planung eines Goldbergwerks wehren.

Diese Erfahrungen brachten uns zu der Überzeugung, dass, wenn wir den Begriff der Commons in unser analytisches Epizentrum stellen, es keinen anderen

7 | Unterstützt wurden wir vom Team des digitalen Lokalmagazins ikariamag.gr, dem wir dankbar sind.

Weg gibt, als dies in Zusammenarbeit mit den Menschen vor Ort zu tun, im Kontext ihrer Lebenswirklichkeit, ihrer eigenen Wertesysteme sowie der wirtschaftlichen- und gesellschaftlichen Verhältnisse. Politisch engagierte Forschung muss die Ko-Konstruktion und den Austausch von Wissen so erleichtern, dass es die Menschen stärkt und ihnen neue Mittel in die Hand gibt, die ihren Existenzkampf leichter machen.

Die Reise im weiten Ozean der Commons geht weiter. Neue Initiativen mit neuen Partnern und alten Freunden sind geplant.[8] Das Unterfangen, eine Methode der Commons zu entwickeln hat gerade erst begonnen.

Literatur

Bareli, M. (2014): »Facets of crisis in a Greek island community: The Ikarian case«, in: Practicing Anthropology, Vol. 36, Nr. 1, Winter 2014, S. 21-27.

Esteva, G. (1992): »Development«, in W. Sachs (Hg.): The Development Dictionary: A Guide to Knowledge as Power, London, UK, Zed Books, S. 6-25.

Stiglitz, J. E. (2001): »Foreword«, in: K. Polanyi: The Great Transformation: The Political and Economic Origins of Our Time, Boston, Beacon Press, S. vii-xvii.

Maria Bareli-Gaglia ist Ökonomin. Sie arbeitet zur Zeit an ihrer Promotion in Soziologie und Sozialanthropologie an der Universität von Kreta und ist Vorsitzende von DRACOI.

8 | Das Dialogprojekt fand mit der Zeitschrift *Esto* seine Fortsetzung, einer vierteljährlichen Publikation einer Initiative von der Insel Kefallonia, die die Gründung einer »freien Universität« anstrebt.

OMNI-COMMONS

Zweifle nie daran, dass eine kleine Gruppe nachdenklicher, engagierter Menschen die Welt verändern kann. Tatsächlich ist es die einzige Art und Weise, wie das gelingt.
Margaret Mead, Ethnologin

Warum Omni-Commons?

Den Begriff haben wir uns nicht ausgedacht. Er landete in der Mailbox. Omni-Commons heißt ein inspirierender Ort im kalifornischen Oakland (Bay Area). Der Begriff trifft prägnant den gemeinsamen Nenner der großen Vielfalt, die an diesem Ort zusammenkommt: ein Lab für Bürgerwissenschaft und Open-Source-Biologie neben einem von Künstlerinnen und Künstlern getragenen Druck- und Buchbindestudio; eine Gruppe für zeitgenössische Poesie und Theoriekritik mischt genauso mit wie das Black Hole Cinema, ein Zelluloid-Film-Lab, »ganz weit jenseits der kommerziellen Filmindustrie«; oder ein Kollektiv, das traditionelle Heilkunst und Selbstheilpraktiken zugänglich macht. Das Museum für Zeitgenössische Kunst Oaklands nutzt die Wände von Omni-Commons als Gallerie. Das sind nur Schlaglichter. Es wird programmiert und geschraubt, getanzt und gelernt, gemeinsam gegessen und viel diskutiert. Es werden Entscheidungen getroffen und finanzielle Risiken getragen – derzeit zum Kauf des weitläufigen Gebäudes.

Omni-Commons. Der Name ist Programm. Es geht um einen Raum, der die »radikale Zusammenarbeit über Disziplinen und Gruppengrenzen hinweg fördert und ein lebendiges Modell für radikale Räume schafft«, so steht es auf der Website.

Was sich die Omni-Commoners unter Radikalität vorstellen? Radikal teilen, radikal selber machen, radikal kooperieren, radikal Neues ausprobieren. Kurz – aus allem ein Commons machen.

Mehr über Omni Commons unter: https://omnicommons.org

Auch an anderen Orten der Welt findet sich eine »Radikalität des Commoning«. Wir haben zwei ausgewählt. Es sind Orte, die sich weniger auf Commons-Traditionen berufen können als in den bereits vorgestellten Projekten in Indien (Rajasthan), Südafrika (»Shack Dwellers«-Bewegung), Bolivien (Wasserkommitees) oder Äthiopien (Menz-Guassa Community). Es sind Orte, an denen Commoning für das ganze Leben immer wieder neu gedacht und eingeübt werden muss, Orte aus denen Institutionen und Prozesse entstehen, die zwar nicht kopierbar sind, aber inspirieren.

Unterwegs zu einer Gesellschaft des Gemeinsamen

Die Cooperativa Integral Catalana

Ariadna Serra und Ale Fernandez

Katalonien war die Wiege verschiedener Bewegungen – etwa der Genossenschafts- und Unabhängigkeitsbewegung, des Anarchismus und des Naturismus.[1] Das prägte das Nachdenken über Gesellschaft in diesem Landstrich. Und es hat auch das Denken jener geprägt, die zur Integralen Katalanischen Kooperative (CIC) gehören, auch wenn diese keiner speziellen Denktradition verschrieben ist, vielmehr ihre eigenen Prinzipien diskutiert und danach handelt. Die Gründung der CIC zog auch aus anderen Ereignissen Kraft. Da war die Degrowth-Rundfahrt vom Frühjahr 2009, eine Radtour durch alle katalanischen Landkreise, um die Prinzipien eines Wirtschaftens jenseits des Wachstums bekannt zu machen. Oder die Flugschriften *Crisis*[2], *Podemos*[3] und *Queremos*[4], die einen starken Einfluss auf die öffentliche Diskussion zur Selbstverwaltung und -ermächtigung hatten. Und schließlich

---

1 | Der libertäre Naturismus zu Beginn des 20. Jahrhunderts kritisiert die Entwicklungsideen des Industrialismus als unmoralisch, sie würden die Menschen entfremden und die Erde zerstören. Zentrales Element des Naturismus ist der Glaube an eine natürliche Ordnung und an die Notwendigkeit, in Harmonie mit der Natur zu leben. Wichtige praktische Elemente sind Vegetarismus und Freikörperkultur (Anm. der Hg.).

2 | *Crisis*: einmalig publiziert am 17.9.2008, erschien in einer Auflage von 200.000 Exemplaren durch die Aktion des »katalanischen Robin Hood« Enric Duran, der sich insgesamt 492.000 Euro bei 39 spanischen Banken lieh, ohne die Absicht, dieses Geld je zurückzuzahlen. Stattdessen investierte er es in verschiedene soziale Projekte und den Druck dieser Zeitung: http://enricduran.cat/en/statements172013/ (Zugriff am 20. Oktober 2014).

3 | *Podemos* bedeutet: »Wir können«. Das Blatt in einer Auflage von 350.000 Exemplaren trug den Untertitel »Ohne Kapitalismus leben« und erschien am 17. März 2009. Darin ist zum ersten Mal von »Integraler Kooperativen« die Rede.

4 | *Queremos* bedeutet: »Wir wollen«. Das Blatt erschien am 17. September 2009 und stellte verschiedene Projekte vor.

entstanden spontan und an mehreren Orten zugleich viele Tauschnetzwerke (»ecoredes«[5]), die sogenannte »Sozialwährungen«[6] nutzen.

In diesem Kontext gründete sich im Mai 2010 die CIC mit ihrem ersten »Versammlungstag«, dem »Jornada Asamblearia«, an dem sie einige Grundfragen klärte, fußend auf Entscheidungen nach dem Konsensprinzip. Die Versammlungstage gehören seitdem fest zur CIC. Sie sind offen und »nomadisch«, das heißt, sie finden immer an verschiedenen Orten Kataloniens statt, jeweils an einem Wochenende am Monatsende. So kann die Kooperative ihr nahestehende Projekte kennenlernen und sich dabei zugleich dezentralisieren. Die Versammlungen enden nicht selten mit einem improvisierten Konzert. Während der 47 Jornadas Asamblearias ging es um Fragen der Gesundheit, des Lebens in Gemeinschaft oder um die Prinzipien der Integralen Revolution.[7]

CIC begann auf Initiative nur einer Handvoll Aktivistinnen und Aktivisten, doch in den vergangenen Jahren wurden wir immer mehr. Die bunt zusammengewürfelte Gruppe ermöglicht es, dass sich alle Altersgruppen, Nationalitäten und Geschlechter begegnen. Egal ob Männer, Frauen, Behinderte, Mädchen oder Jungen – sie alle schaffen einen Raum für Zusammenhalt und Gemeinschaft. Diese Vielfalt bereichert unsere Debatten, und doch ist es schwierig, ihr wirklich gerecht zu werden. Es gibt (unbewusste) Macht- und Geschlechter-Beziehungen, so dass Frauen in ihre kulturell geprägte unterwürfige Rolle zurückfallen, während Männer Macht und Anerkennung als Männer suchen, oder die Männer greifen in der Regel technische Themen auf, während die Frauen sich mehr für soziale Themen engagieren. Auch das ist ein Thema für die Jornada Asamblearia.

Vieles entwickelte sich in diesen ersten Jahren rasant: Die Anzahl der Menschen und Gemeinschaften, die uns nahe stehen, jene der Mitglieder, der jährliche Haushalt, die Immobilien, die wir nutzen. Im August 2014 zählte die CIC 2.600 Mitglieder. Sehr aussagekräftig ist das nicht, denn um mitzumachen, muss man nicht Mitglied werden. Unser Haushalt stieg seit unserer Gründung von null auf 458.000 Euro. In nur 4 Jahren! Von den Immobilien, die wir vergemeinschaftet haben, ist Calafou die wichtigste. Wir verwandeln diese alte Industriesiedlung, die wir 2011 gemeinsam gekauft haben und seither renovieren, in eine postkapitalistische, ökoindustrielle Siedlung.[8] In Calafou leben heute 30 Menschen. Dort entstehen weitere Projekte, wie »Circe«, ein experimentelles Labor für die Seifen-, Essenzen- und Olitätenproduktion und ein Hacklab, in dem es um Wissenstransfer zu Themen

5 | Siehe: http://ecoxarxes.cat/ (Zugriff am 20. November 2014).

6 | Sozialwährungen wollen staatliche Währungen nicht ersetzen. Sie zirkulieren in einem eigenen Bereich und werden gemeinschaftlich verwaltet. Die brasilianisch-argentinische Professorin Heloisa Primavera prägte den Begriff, um zu unterstreichen, dass offizielle Währungen einerseits »unsozial« wirken und andererseits nicht von den Nutzerinnen und Nutzern kontrolliert werden. Er wird heute von verschiedenen Akteuren mit unterschiedlichen Bedeutungen versehen. (Anm. der Hg.; Korrespondenz mit Heloisa Primavera am 20. August 2014).

7 | Siehe: http://integrarevolucio.net/ (Zugriff am 20. November 2014).

8 | Siehe: http://calafou.org (Zugriff am 20. November 2014).

wie Freie Software, Netzwerkadministration, die Verbreitung von Open-Source-Prinzipien oder Verschlüsselung beziehungsweise Sicherheit im Netz geht.

Die Struktur, über die wir die Grundversorgung der Gemeinschaft jenseits von Markt und Staat sichern, nennt sich »Sistema Público Cooperativista« (SPC). Die SPC ist keine Rechtsform, sondern sie besteht aus Arbeitsgruppen, die sich rund um verschiedene Themen organisieren, zum Beispiel Therapie, Bildung oder Lebensmittelproduktion. Jeder dieser Bereiche hat eine Werkstatt, die als Versammlungs- und Debattenraum verstanden wird. Alle Werkstätten sind autonom und genauso offen wie die Jornadas Asamblearias. Das Projekt »Lebendige Bildung Albada«[9] ist dafür ein Beispiel. Dort beruht Lernen auf Erfahrungen. Familien mit Kindern arbeiten gemeinsam für die Weitergabe von Techniken und Fertigkeiten.[10] Oder die Werkstatt für Gesundheit, in der sich Gesundheit als lebendiger Prozess versteht, der durch ein auf Gegenseitigkeit beruhendes gemeinschaftliches Finanzierungsmodell ermöglicht wird. Oder die Transport-Werkstatt: Dort wird alles gefördert, was die Notwendigkeiten reduziert, Menschen und Materialien zu transportieren. Auch die Selbstversorgung mit Treibstoff durch erneuerbare Ressourcen wie wiederaufbereitetes Pflanzenöl wird hier unterstützt. Oder unsere Ernährung, wo Produzierende und Konsumierende zusammenkommen und dabei zugleich ihr eigenes Zertifizierungssystem für ökologisch produzierte Lebensmittel schaffen. In einer weiteren Werkstatt geht es um Zugang zu gemeinsamem Wohnraum, beispielsweise durch Abtretungsverträge, Sozialmieten oder Spenden. Und nicht zu vergessen die Werkstatt für Wissenschaft, Technik und Technologie, wo Werkzeuge entwickelt werden, die wir für die Produktion benötigen. Intern sind wir zudem in Arbeitskommissionen organisiert, die eng miteinander kooperieren. Die einen widmen sich den Finanzen, die anderen den Projekten, oder sie kümmern sich um unsere Unterstützungsnetzwerke. Auch diese Kommissionen sind selbstverständlich offen. Sie sind zwar voneinander abhängig und auf gemeinsame Vereinbarungen bezogen, aber auf dieser Grundlage sind sie in ihren Entscheidungen autonom.

Zudem ist die CIC mit all jenen Gruppen der Bioregion verbunden, die sich selbst verwalten oder zu ähnlichen Themen arbeiten und dabei die Instrumente nutzen oder mitproduzieren, die wir als Gemeingut herstellen – wie das »Integral-CES«, ein computergestütztes Community Exchange System, das als Freie Software mit offenem Quellcode veröffentlicht wurde und mit dem wir alle Leistungen und Gegenleistungen innerhalb der CIC verrechnen; ihm gehören auch viele Tauschringe an. Oder der »Virtuelle Markt«, eine Verkaufsplattform im Internet für die produzierenden Mitglieder, die 2014 online ging. Eine ihrer Besonderheiten ist, dass dort auch mit Sozialwährungen gezahlt werden kann, genauso wie mit dem Euro oder mit Kryptowährungen.

All diese selbstorganisierten Systeme zusammen lassen sich in einer fraktalen Struktur darstellen. Das bedeutet, eine Gruppe kann in einem Kontext die Gesamtheit vertreten und zugleich in einem anderen Kontext nur einen Teil des Ganzen. In einer hierarchischen Struktur ist das unmöglich. Es geht darum, die für die

9 | Siehe: http://albadaviva.blogspot.com.es/ (Zugriff am 20. November 2014).

10 | Siehe auch den Beitrag von Claudia Gómez-Portugal in diesem Band.

Gruppe jeweils optimale Entscheidung zu suchen, basierend auf den Prinzipien der direkten Demokratie, Ökologie, Gleichberechtigung in Verschiedenheit, der menschlichen Entfaltung, Teamgeist, integralen Revolution und freiwilligen Einfachheit. Letzteres meint: Je stärker und aktiver eine Person in die CIC eingebunden ist und von ihr profitiert, desto weniger Geld erhält sie, da sie weniger Geld braucht. Schließlich setzen wir unsere gemeinsamen Mittel auch anders ein als das, was man gewöhnlich »Lohn« nennt. Während Entlohnung gemeinhin an Zeit, Anstrengungen und Verdienste gekoppelt wird, laden wir Menschen ein, sich in Arbeitsgruppen zusammenzutun und dabei ihren Erwartungen und Neigungen zu folgen; sie können die Gruppe wechseln oder auch an mehreren zugleich teilnehmen.

Das Ganze ist ein Prozess. Alles ist ständig im Wandel begriffen und hängt immer wieder neu davon ab, was die Beteiligten brauchen und was sie motiviert. Es geht in all diesen Prozessen auch um Vertrauensaufbau, der es jeder Person ermöglicht, sich der eigenen vitalen Bedürfnisse wie Ernährung, Wohnung, Transport und so weiter bewusst zu werden. Viele dieser Bedürfnisse werden durch das gemeinsame Projekt getragen werden und zwar unabhängig von den Stunden, die jede oder jeder Einzelne in die Kooperative steckt. Und auch unabhängig von der Verantwortung, die er oder sie trägt. Die Hauptversammlung entscheidet, wie die gemeinsamen Einnahmen an die Einzelnen verteilt werden. Diese Entscheidungen sind öffentlich zugänglich und transparent – wie alle anderen Entscheidungen der Hauptversammlung und wie die Sozialwährungsbilanzen auch. Gelingende Sozialbeziehungen beruhen auf Transparenz, aber auch darauf, dass jeder sich beteiligt, so gut er kann, dabei aufhört zu bewerten und sich für die eigenen Entscheidungen verantwortlich zeigt.[11]

Wer zur CIC gehört, bekommt zum Beispiel innerhalb der Kooperative steuerbefreite Produkte und Dienstleistungen – vom Brot über Englischkurse bis hin zu Klempnerarbeiten. Die Transaktionen außerhalb der Kooperative werden versteuert, was wiederum auf andere Weise von der Gemeinschaft getragen wird, denn wir nehmen das Recht auf Rebellion durch Nichtbefolgung der Steuerpflichten in Anspruch. Dieses Recht hat in unserer Geschichte eine Schlüsselstellung. Es legitimiert sich aus der Entscheidung der Hauptversammlung, sich selbst zum Souverän zu erklären. Uns erscheint es nicht kohärent, dass ein Staat, der indoktriniert und assistenzialistisch ist, darüber befindet, wie die Mittel eingesetzt werden, die aus den Steuern der Bevölkerung stammen. CIC hat die Legitimität des Verhaltens der spanischen Regierung nach der Finanzkrise von 2008 öffentlich deutlich angezweifelt. Die Regierung investierte Milliarden Euro von Steuergeldern für die Rettung von Banken und vollzog im Jahr 2011 aus unserer Sicht einen »finanziellen Staatsstreich« indem sie die Verfassung so änderte, dass sie den Finanzinstitutionen nutzt. Zugleich kündigten die Banken die Wohnungen von Millionen von Menschen, und die Regierung kürzte die Budgets für Gesundheitsversorgung, soziale Dienste und Arbeitslosenhilfe. Das kommt der Aufkündigung des Sozialvertrags zwischen dem Staat und den Bürgerinnen und Bürgern gleich. Die CIC ruft deshalb offen zum zivilen Ungehorsam auf, zur »Nichtbeachtung aller Gesetze

11 | Siehe dazu auch das folgende Interview mit CECOSESOLA (Anm. der Hg.).

und Regeln, die wir als ungerecht empfinden«. Wir schlagen vor, dass die Menschen ihre Steuern auf ein Treuhandkonto überweisen und damit der Regierung die Zahlungen zunächst vorenthalten, bis die Forderungen nach institutioneller Transparenz erfüllt sind. Damit machen wir deutlich, dass wir nicht einfach die gleichen Steuerschlupflöcher nutzen wie große Unternehmen. Zugleich leiten wir in einigen Fällen Steuern in Richtung Selbstverwaltung auf lokaler Ebene um, in Strukturen die aus der »M-15«-Bewegung erwachsen sind. Was wir nicht dem Staat zahlen, kommt also immer dem Gemeingut zu.

Unsere Finanzierung reicht von der Förderung der Produktion, über Mikrofinanzierungsplattformen wie Coopfunding[12] – eine Website, die die gemeinschaftliche Finanzierung selbstorganisierter Projekte ermöglicht, zins- und gebührenfrei ist und nicht nur Euro zulässt – oder die Finanzkooperative CASX[13], über die wir bereits 80.000 Euro einwerben konnten, bis hin zum beschriebenen zivilen Ungehorsam. Im Jahr 2014 ist es uns erstmals gelungen, komplett unabhängig vom staatlichen Bankensystem zu arbeiten. Das war zur Gründung des CIC noch undenkbar.

Wir haben viel erreicht, aber die größten Herausforderungen liegen noch vor uns, nicht als Cooperativa Integral Catalana, sondern als Menschen. Die Herausforderung besteht in dem, was wir »Integrale Revolution« nennen: sich miteinander in Netzwerken zu verbinden, sich gegenseitig zu unterstützen und anzuerkennen als Menschen und Gemeinschaften dieser Welt und uns mit allen auf einen Weg zu einer »Gesellschaft des Gemeinsamen« zu machen. Manchmal beschreiben wir es so: »Mit der Integralen Revolution ist es wie mit dem Brot. Es kann Weißbrot sein oder Vollkornbrot[14]. Dem einen hat man etwas entzogen. Das fehlt ihm jetzt. Das andere ist noch ›ganz‹, integral.«

Ariadna Serra arbeitet bei l'art du soleil (www.lartdusoleil.net/), einer Wander-Ökoshow in einem umgebauten LKW, die Alternativen zum gegenwärtigen Wirtschaftssystem thematisiert. Sie ist Hauptverfasserin dieses Beitrags, in den Ideen vieler CIC-Mitglieder eingeflossen sind.

Ale Fernandez ist in der CIC-Gruppe, die sich um Wohnungsfragen kümmert und gehört zu Guerrilla Translation (http://guerrillatranslation.com/).

12 | Siehe: www.coopfunding.net/ (Zugriff am 23. Februar 2015).

13 | Siehe: www.casx.cat/es/ (Zugriff am 23. Februar 2015). CASX bedeutet »Kooperative zur Sozialen Selbst-Finanzierung im Netz« (»Cooperativa de Autofinanciación Social en Red«) (Anm. der Übers.).

14 | Im Spanischen: »pan integral« (Anm. der Hg.).

»Wir sind ein großes Gespräch«

Ein Gespräch mit Mitgliedern der venezolanischen Kooperative Cecosesola

Cecosesola schreibt jetzt fast ein halbes Jahrhundert Geschichte. Sie beginnt 1967 mit dem Tod eines »Cooperativista« in der venezolanischen Millionenstadt Barquisimeto, der seine Familie nicht nur trauernd, sondern angesichts der Beerdigungskosten auch ratlos zurück ließ. Irgendwann schlossen sich zehn Kooperativen zusammen, die das Sterben nicht dem Markt überlassen wollten. Sie gründeten ein Beerdigungsinstitut. Cecosesola war geboren. Die Central Cooperativa de Servicios Sociales del Estado Lara ist heute ein Netzwerk von rund 60 Kooperativen und Basisorganisationen des venezolanischen Bundesstaates Lara[1] mit rund 20.000 Mitgliedern. Die Kooperativen produzieren Lebensmittel und verkaufen sie auf Wochenmärkten in Barquisimetos. Ein knappes Drittel der Großstadtbevölkerung versorgt sich dort. Der Verband betreibt ein Gesundheitszentrum, das Centro Integral Cooperativo de Salud, und bietet Kredite an, die in der Gemeinschaft abgesichert werden können. Etwa 1.300 Menschen arbeiten Vollzeit in einer der Kooperativen, auf den Wochenmärkten und in den Gesundheitsdiensten. Auch das Beerdigungsinstitut existiert noch.

Das folgende Interview basiert auf Gesprächen, die 2012 in Mexiko City und 2013 in Berlin mit folgenden Mitgliedern von Cecosesola geführt wurden:[2]

Jorge Rath, in Deutschland geboren und aufgewachsen, seit 1999 dabei, Tätigkeitsschwerpunkt: Akupunktur.

Gustavo Salas, seit 40 Jahren Cecosesola-Mitglied, in der »Escuela Cooperativa« und auf den Wochenmärkten aktiv, Prozessbegleitung.

Noel Vale Valera, seit seinem 16. Lebensjahr in der Cooperativa El Triunfo, arbeitet vor allem auf den Wochenmärkten und im Informatik-Team.

Lizeth Vargas, auf den Wochenmärkten und im Gesundheitszetrum aktiv; ihre Großeltern haben den Verband mitgegründet.

1 | Siehe: http://cecosesola.org (Zugriff am 15. Mai 2015).

2 | Siehe: www.pillku.com/article/de-la-confianza-emerge-una-fuerza-colectiva-que-es/ sowie www.remixthecommons.org/?fiche=cecosesola-vivir-lo-comun-dia-a-dia (Zugriff am 15. Mai 2015).

Silke Helfrich: Lebensmittel anbauen, Kranke pflegen, Handel treiben und Tote bestatten. Wie passt das alles zusammen?
Gustavo Salas: Das ist nur eine Umschreibung dessen, worum es wirklich geht. Wir befinden uns in einem gemeinsamen Prozess, in dem wir uns ständig weiterbilden und unser Leben gestalten. Dabei stecken wir im Fahrwasser des Üblichen: patriarchale Strukturen, Eigentum und so fort.
Jorge Rath: Aber wir »drehen« gewissermaßen den Gehalt. Philosophisch könnte man sagen: Wir heben Eigentum auf, ohne es abzuschaffen.[3]
GS: Stimmt. Niemand kann sagen: Cecosesola ist mein.
Jorge Rath: Und genauso geschieht es – allmählich – mit der Hierarchie: Wir haben weder einen Manager, noch einen Vorsitzenden noch einen stellvertretenden Vorsitzenden.[4] Das einzige Formale sind unsere Versammlungen. Und davon gibt es jede Menge. Wir sind im Grunde ein großes Gespräch.
Lizeth Vargas: Man muss etwas über unsere Geschichte wissen, um das zu verstehen. In den 1970er-Jahren hatten sich viele unserer Mitglieder an Demonstrationen gegen die Fahrpreisverdoppelung der lokalen Busunternehmen beteiligt. Schließlich gründeten sie 1974 einen eigenen Fahrbetrieb als Genossenschaft und selbstverwalteten Betrieb. Er ist später vor allem wegen Verstrickungen in politische Machtkämpfe gescheitert. Aus dieser bitteren Erfahrung hat Cecosesola gelernt. Im Jahr 1982 kündigte der Geschäftsführer des Beerdigungsinstituts. Cecosesola stellte keinen neuen ein. Der Lagerverwalter ging. Die Stelle blieb unbesetzt. Genauso war es mit der Hausmeisterin. Am Ende lernten die Sekretärinnen, LKW zu fahren, und die Fahrer beschäftigten sich mit Verwaltungsaufgaben.

Silke Helfrich: Wie kommen heute die Mitglieder zu ihrer jeweiligen Aufgabe?
Jorge Rath: Sie rotieren. Von einer Aufgabe zur anderen. Alle sollen so viel wie möglich lernen können. Das hilft außerdem, den Blick auf's Ganze zu behalten statt »das eigene kleine Königreich« abzustecken.
Noel Vale Valera: Es gibt aber keinen Rotationsplan. Das ist wie bei den Tagesordnungen unserer Versammlungen. Die gibt es auch nicht. Wir gehen immer vom Prinzip der Freiwilligkeit aus, von dem, was die oder der Einzelne gerade tun oder lernen will.
Jorge Rath: Aber ich darf Dich schon mal daran erinnern, dass Du schon lange nicht mehr freiwillig rotiert bist. (Lacht)

---

3 | Anspielung auf den Hegelschen Begriff des »Aufhebens« im dreifachen Sinne: in die Höhe, also auf eine höhere Stufe, heben, bewahren (die zukunftsfähigen Seiten erhalten) sowie beenden und überwinden (Anm. der Hg.).

4 | Das war nicht immer so. Anfangs war der Verband – ebenso wie die Kooperativen – eine ganz normale Genossenschaft mit Geschäftsführer und Angestellten. Der Geschäftsführer verdiente fast doppelt so viel wie sein Assistent und viermal so viel wie die Sekretärinnen. Mit der Zeit wuchsen Unzufriedenheit wegen mangelnder Transparenz und Mitsprache. Als die Chefs gingen, wurden sie nicht ersetzt. Die jetzige Struktur ist der hierarchischen förmlich entwachsen.

Lizeth Vargas: Machen wir es konkret. Ich zum Beispiel arbeite in unserem Gesundheitszentrum[5], mache dort Massagen und Hydrotherapie. Ich kümmere mich um die Buchhaltung oder stelle Arbeitspläne zusammen. Manchmal aktualisiere ich auch die Internetseite oder stehe am Wochenende auf einem der Märkte. Das ist eine fließende Rotation, keine vorher festgelegte. An einem Tag kann ich im Büro arbeiten, am nächsten die Flure wischen und am dritten kochen. Wer was wie lange macht, hängt von den persönlichen Neigungen, dem Können und dem jeweiligen Bedarf ab.
Gustavo Salas: Wenn wir rotieren, treten wir immer wieder neuen Menschen gegenüber, und das entspricht unserer Kultur des persönlichen Kontakts. Dort, wo wir gerade tätig sind, werden diese Kontakte gelebt, nicht nur in den Versammlungen. Das ist alles andere als abstrakt. Es ist sehr konkret. Wir berühren den Anderen – im Wortsinne.

Silke Helfrich: Klingt aufregend, aber auch aufwändig.
Jorge Rath: Leicht ist es nicht, aber wir wollen es so, weil Cecosesola nicht unsere Arbeit ist. Es ist unser Lebensprojekt.
Lizeth Vargas: Ich habe jedenfalls nie das Gefühl, dass ich arbeite.
Jorge Rath: Na ja, wir wollen weniger ein »unser« als vielmehr ein »uns« produzieren. Wir wollen uns verstehen und verändern. Daraus entsteht eine Art kollektive Energie. Natürlich gibt es Situationen, in denen sie nicht spürbar ist, aber wir stellen diese Energie immer wieder gemeinsam her.
Noel Vale Valera: Es ist auch eine Frage der Perspektive. Wir versuchen Cecosesola als persönlichen Entwicklungsprozess zu begreifen, nicht als Arbeit. Arbeit! Schon der Gedanke ermüdet! Das gelingt nicht immer und nicht bei jeder und jedem. Aber wir gehen diesen Weg, etwa bei unseren Versammlungen ohne feste Tagesordnung. Wir reden über das, was ansteht. Manchmal kommt der gleiche Punkt zwei bis dreimal auf den Tisch, bis wir einen Konsens gefunden haben.

Silke Helfrich: Gutes Stichwort. Wie trefft Ihr Entscheidungen?
Jorge Rath: Wir haben das Ziel, alles im Konsens zu entscheiden. Wir stimmen also nie ab, denn wir wollen uns einfach nicht in Mehr- und Minderheiten spalten. Stattdessen nehmen wir uns Zeit zu reden, gemeinsam nachzudenken und »gemeinsame Kriterien« zu entwickeln.

---

5 | Drei Jahre wurde - nicht nur in Versammlungen - über die Machbarkeit eines so großen Projektes diskutiert. Woher sollte das Geld kommen? Was wurde genau gebraucht? Wer konnte es umsetzen? Die Cooperativistas wollten mehr Raum für Gemeinschaftsflächen und Grünanlagen einplanen als für Behandlungsräume. Das fanden einige Ärzte gewöhnungsbedürftig. Ein damals 24-jähriger Architekt, der mit Cecosesola aufgewachsen ist, hat schließlich den Bau geleitet. 1,8 Mio. US-Dollar hat Cecosesola aufgebracht, durch zusätzlichen Verkauf auf den Märkten bis hin zu festverzinsten, kurzfristigen Einlagen von Kooperativen und Einzelpersonen auf das Konto des Zentrums sowie einem konsensbasierten Obolus aller Vollbeschäftigten -im Verhältnis von 10 bolívares auf 630 bolívares wöchentlichen Vorschuss. Eingeweiht wurde das Zentrum am 2. März 2009.

Silke Helfrich: Könnt Ihr das genauer erklären?
Jorge Rath: Das sind Kriterien, an denen wir uns in allen möglichen Alltagssituationen orientieren können, wenn einzelne Gruppen oder Personen Entscheidungen treffen. Dazu gehört, dass diejenigen, die die Entscheidung letztlich treffen, sie auch kommunizieren und verantworten.
Noel Vale Valera: Wenn wir uns treffen, haben wir nie die Erwartung, dass gemeinsam Entscheidungen gefällt werden. Wir reden einfach viel darüber, wie und entlang welcher Kriterien eine Entscheidung zustande kommen kann. Die Entscheidung selbst kann letztlich von ein, zwei oder drei Personen gefällt werden.

Silke Helfrich: Und das funktioniert?
Lizeth Vargas: Ja, seit Jahrzehnten. Leicht ist es natürlich nicht. Wir sind schließlich 1.300 Personen. Aber wir müssen auch nicht alles gemeinsam besprechen. Wir sind uns oft sicher, dass uns die anderen Mitglieder gut vertreten und dass sie uns mitteilen, was entschieden wurde.[6]

Cecosesola in Zahlen

- 1 Integrales Gesundheitszentrum mit OP-Saal, Röntgenabteilung, Labor, Alternativtherapien, 12 Praxen.
- 200.000 Patientinnen und Patienten werden jährlich betreut.
- 500 Tonnen Gemüse werden wöchentlich produziert und vertrieben.
- 1.300 Mitglieder, darunter etwa 700 in den Produktionskooperativen und den Wochenmärkten.
- 3.000 Versammlungen gibt es – gerundet – pro Jahr, alle Lokal-, Regional- und Arbeitsbereichsversammlungen mitgezählt. Das sind knapp zehn pro Tag.
- 60.000 Menschen kaufen pro Woche auf den Cecosesola-Märkten ein.
- 150.000 Personen sind für den Fall ihres Todes bezüglich der Bestattungskosten bei Cecosesola abgesichert.

Silke Helfrich: Wie regelt Ihr die Bezahlung?
Noel Vale Valera: Wir zahlen uns keinen Lohn, sondern einen Vorschuss auf das, was wir voraussichtlich gemeinsam erwirtschaften werden.
Jorge Rath: ... ohne für den Gewinn oder die Anhäufung von Gütern zu arbeiten. Das treibt uns nicht an. Deswegen sind unsere Überschüsse auch vergleichsweise bescheiden. Wenn etwas übrig bleibt, geht ein Großteil für gemeinsame Anliegen drauf. Woanders würde man das Reinvestition nennen. Zudem müssen wir gesetzlich vorgeschriebene Reserven vorhalten. Wenn dann immer noch etwas übrig ist – was nicht die Regel ist – passen wir den Vorschuss an. In den letzten Jahren war dabei die Inflationsrate unser Kriterium, damit der Vorschuss nicht dahinschmilzt.

6 | In *Cecosesola. Auf dem Weg. Gelebte Utopie einer Kooperative in Venezuela* (Die Buchmacherei, Berlin 2012) ist die Rede von einem »kollektiven Gehirn«.

Silke Helfrich: Und wer bekommt wie viel?
Noel Vale Valera: Alle kriegen im Prinzip das Gleiche. Der Koch verdient soviel wie die Buchhalterin, doch wir berücksichtigen auch unterschiedliche Bedarfe, etwa weil gerade ein Kind geboren ist. Ein Ausnahme sind nur die Ärztinnen und Ärzte. Ihnen wird etwa das Doppelte gezahlt, und die Bezahlung ist noch von der Anzahl der Patienten abhängig, die sie betreuen. Nur wenige sind bereit, Vollzeit in Cecosesola auf der Basis unseres Vorschusses tätig zu sein.[7]

Silke Helfrich: Also, je mehr Patienten, umso höher das Honorar?
Noel Vale Valera: Genau. Dies würden wir gern ändern, haben aber noch keine einvernehmliche Lösung gefunden. Beim Gemüse ist es einfacher. Da entkoppeln wir den Aufwand, den wir in eine Sache stecken, vom Preis. Denn wir haben einen Einheitskilopreis.

Silke Helfrich: Heißt das, Paprika kostet soviel wie Kartoffeln?
Noel Vale Valera: So ist es. Wir produzieren in den Kooperativen sehr viel Gemüse. Also sondieren wir genau, was zum Produzieren nötig ist. Wir summieren alle produzierten Kilos – die gesamte Produktpalette – einerseits und alle dadurch entstehenden Kosten andererseits. Dann dividieren dann das Eine durch das Andere. So erhalten wir unseren Einheitskilopreis. Unser Maßstab sind einfach die Produktionskosten inklusive dem, was die Produzenten zum Leben brauchen.
Gustavo Salas: So versorgen wir inzwischen bis zu 300.000 Personen. Es ist ziemlich heikel, solch ein Wachstum zu managen und dabei so kreativ zu bleiben wie am Anfang, als wir mit 5 bis 8 Leuten Gemüse zum Markt brachten.

Silke Helfrich: Und es geht auf?
Noel Vale Valera: Tut es. Wir stehen im Vergleich sehr gut da. Es gibt natürlich Schwund. Wie überall. Lebensmittel verderben, es wird etwas gestohlen und so weiter. Damit müssen wir »jonglieren«. Deswegen achten wir auch sehr darauf, so wenig Schwund wie möglich zu haben, den Salat nicht verderben zu lassen, den Maniok nicht zu beschädigen.
Jorge Rath: Durch dieses Verfahren sparen die Leute übrigens eine ganze Menge Geld. Viele Gemüsesorten kosten »draußen« unverhältnismäßig mehr. Der Einheitskilopreis entbürokratisiert, Zwischenhandel haben wir auch nicht, und von saisonalen Schwankungen lassen wir uns ebensowenig beeindrucken.
Noel Vale Valera: Entscheidend ist doch, dass wir uns nicht nach dem Markt(-preis) richten. Wenn irgendwo die Preise für Tomaten und Kartoffeln steigen, heißt das nicht, dass wir sie auch erhöhen. Wir richten uns nur nach dem, was wir brauchen.

7 | Drei Ärzte arbeiten Vollzeit im Gesundheitszentrum. Weitere 60 operieren dort oder bieten Sprechstunden an. Sie sehen diese Arbeit jedoch nicht als Mitglied von Cecosesola, sondern als Teil ihres beruflichen Lebens und nehmen eher selten an Versammlungen teil. Das Thema sorgt ständig für Gesprächsstoff im Netzwerk.

Silke Helfrich: Was ist für Euren Prozess eigentlich das Wichtigste?
Gustavo Salas: Respekt! Respektvolle Beziehungen im umfassenden Sinne. Ich meine nicht einfach Toleranz, sondern Respekt vor der anderen Person, mit der wir zusammenleben. Wir können unser Gegenüber nicht als ein Etwas behandeln, vom dem wir profitieren wollen. Wir müssen die ganze Person wahrnehmen. Dafür brauchen wir Transparenz, Ehrlichkeit und Verantwortung. Erst daraus entsteht Vertrauen, und das ist fundamental. Denn erst aus Vertrauen entsteht das, was wir »kollektive Energie« nennen.
Lizeth Vargas: Und die kann Berge versetzen.
Gustavo Salas: Vertrauen lässt sich übrigens unendlich ausbauen. Deswegen sagen wir auch, dass unser Prozess grenzenlos ist. Wir zeigen, dass es möglich ist, sich anders zueinander in Beziehung zu setzen. Das kann, wer mag, in sein jeweiliges Umfeld tragen. Nur einen Instrumentenkoffer haben wir dafür nicht. Denn wir bauen ja keine Sachen zusammen, sondern wir gestalten Beziehungen.

Silke Helfrich: Wie ist Euer Verhältnis zum Staat?
Gustavo Salas: Unabhängigkeit ist uns ganz wichtig. Deswegen bemühen wir uns beim Staat auch nicht um Finanzierung. Wir versuchen mit eigenen Mitteln zu arbeiten und fangen deshalb stets klein an. Aber wir arbeiten respektvoll zusammen, wo es erforderlich ist.[8] Mit den eigenen Mitteln zu arbeiten schafft übrigens etwas Mystisches. Eine große Begeisterung für das, was wir tun.
Silke Helfrich: Was sind Commons für Euch?

---

8 | Im Dezember 2014, nach Abschluss des Interviews, beschloss die Regierung, den Kooperativen des Landes unverzüglich eine Steuerlast aufzuerlegen, die ca. 35 Prozent über derjenigen der Unternehmen liegen, die entsprechend der Kapitallogik profitorientiert agieren. Bis dahin genossen Kooperativen gemäß der 1999 verabschiedeten Verfassung besonderen Schutz (Artikel 118). Der höhere Steuersatz begründet sich mit der neuen Bestimmung des Kooperativengesetzes, das die Einkommen der »cooperativistas« jetzt als zu versteuernde Überschüsse anzusehen sind. Cecosesola errechnete auf der Grundlage der normalen Steuerlast vom Januar und Februar 2015 einen fortan zu zahlenden zusätzlichen Betrag von circa 50 Mio Bolivares. Das bedeutet für viele Kooperativen den Ruin. Cecosesola zeigt sich widerständig, beginnend mit »Ameisenaktionen« wie Unterschriftensammlungen (zum Zeitpunkt der Fertigstellung dieses Artikels sind es bereits über 100.000), der Information internationaler Netzwerke sowie Dialogangeboten an den Staat, etwa der Aufsichtsbehörde für Kooperative oder dem Ministerio de las Comunas. Überall weist Cecosesola darauf hin, dass diese Politik mit den offiziellen Verlautbarungen nicht in Übereinstimmung zu bringen ist. Am 4. Mai 2015 gab es einen »massiven Fußmarsch« zum Sitz von Corporalara, einer Entwicklungsorganisation, die im Bundesstaat Lara für den Staat steht. Mehr als 1.000 Cecosesola-Mitglieder aus fünf Bundesstaaten hatten gemeinsam drei Kilometer zurückgelegt und eine »durch und durch spielerisch-friedliche Athmosphäre« geschaffen, schreibt Jorge Rath. Es war das erste Mal seit Beginn des Konflikts, dass Cecosesola auf die Straße ging. Für die Beteiligten ist klar, dass grundsätzlich darüber nachzudenken ist, welche Art des Kooperativismus sie wollen und wie und auf welcher Grundlage die Regierung zwischen authentischen Kooperativen einerseits und kapitalistischen Unternehmen sowie Scheinkooperativen andererseits unterscheiden kann. Der Ausgang des Konflikts ist offen

Jorge Rath: Es gibt viele Theorien über Commons. Das ist nicht so unser Thema. Wir zeigen, wie eine Commons-Praxis aussieht oder aussehen kann. Wir brauchen mehr Praxis! Nicht im Sinne von »Modellen«. Cecosesola ist kein Modell und möchte auch keines sein – aber Commons-Theorie kann sich nur aus einer gemeinschaftlichen Praxis, aus konkreten Prozessen speisen. Cecosesola ist unser Commons.
Gustavo Salas: Wir gehen nicht von einem Traum aus, wie die Welt oder die Gesellschaft sein soll. Dieses »So soll die Welt sein« endet oft damit, dass das, was »sein soll«, den Menschen aufgezwungen wird. Wir gehen von uns und unserer Kultur aus und sind uns sehr bewusst, dass kulturelle Transformation Zeit braucht. Dieser ganze Individualismus! Das ist etwas anderes als Individualität, die wir sehr fördern. Wie soll man Vertrauen aufbauen, wenn alle ihren »Möglichkeiten hinterherjagen«. Deshalb analysieren wir oft, wie unsere Kultur unsere Beziehungen beeinflusst und was daraus Konstruktives werden könnte.

Silke Helfrich: Kannst Du das mit einem Beispiel erklären?
Gustavo Salas: Irgendwann kam der Vorschlag auf, Registrierkassen auf den Märkten einzuführen. Registrierkassen sind ja überall die Norm. Aber bei uns gibt es das nicht. Die Cooperativistas auf dem Markt nehmen das Geld ein und bringen es in einem Umschlag zu uns ins Büro. Fertig. Irgendwann kam also dieser Vorschlag der Registrierkassen auf, um die Vorgänge besser überprüfbar zu machen. Wir haben das in unzähligen Versammlungen diskutiert. Fast drei Jahre lang. Bis uns schließlich klar wurde: Diese Registrierkasse tut vor allem eines – die Cooperativistas auf dem Markt kontrollieren. Das käme einem Vertrauensentzug gleich. Und das wollten wir nicht. Also verfahren wir weiter wie bisher. Ohne Registrierkassen, mit Umschlägen. Investition gespart. Vertrauen gewonnen.

Bis dann das Finanzamt die Registrierkassen in Venezuela zur gesetzlich verpflichtenden Norm machte ...

---

und kann auf der Website von Cecosesola verfolgt werden: www.cecosesolaorg.bugs3.com/ (Zugriff am 17. Mai 2015).

INTERMEZZO II

Die Innenwelt der Außenwelt: Über Commons und Commoning

Die in Teil II zusammengetragene Vielfalt bemerkenswerter Commons sollte – so der Gedanke – etwas Verborgenes unter Sichtbarem freilegen, es (be-)sprechbarer machen und in einem größeren Kontext reflektieren. Dabei ging es nicht darum, aus der Vogelperspektive auf die »Welt der Commons« zu schauen oder sie als außenstehende Beobachter in ihren Elementen und Strukturen zu erfassen, als gäbe es darin die exakten Tonfolgen und Motive einer Komposition zu entdecken. Auch ging es nicht darum, die Projekte zu bewerten, als gäbe es die *eine* gültige Commons-Definition. Vielmehr wollten wir dazu einladen, Commons zu durchwandern, um sich diese Welt Stück für Stück zu erschließen.

Im nächsten und letzten Teil möchten wir nun mit unserer Suche eine Ebene tiefer gehen, weil wir denken, dass die auf den ersten Blick verwirrende Vielfalt der Commons uns einen Weg zu anderen Seinsweisen aufzuzeigen vermag. Genau das versuchen die Autorinnen und Autoren in ihren Beiträgen, wenn sie »die Innenseite« des Commoning ergründen. Sie tun das, nahezu alle anthropologisch ausgebildet, in verschiedenen Lebenswelten und Kulturen; etwa indem sie das Fischerwerden und Fischersein an der schottischen Küste beschreiben (Andrea Nightingale) oder die Beziehungen zwischen einigen Maori-Gemeinschaften, dem Meer und ihren Fischereipraktiken zugänglich machen (Anne Salmond). Damit rückt dieser Teil das Commoning als Prozess der »Subjektivierung« in den Blick. In den Beiträgen werden die Faktoren, Bedingungen und Denkweisen skizziert, die auf unser Handeln *wirken* und somit auf das, was wir ständig werden. Dieses permanente Werden in den Blick zu bekommen ist wichtig, denn selbstredend ist Kooperation in uns angelegt. Wir sind in vielfältige Beziehungen eingebunden und von diesen Beziehungen abhängig. Doch genauso wenig, wie wir als »homo oeconomicus« geboren werden, *sind* und bleiben wir stets auf Beziehungs- und Kooperationspflege bedacht. Vielmehr *werden* wir durch zahllose bewusst oder unbewusst vollzogene Alltagspraktiken das Eine oder Andere (und nicht selten beides zugleich). Handeln wir vornehmlich geldvermittelt in Prozessen, die vermessen und berechnet werden, so werden wir berechnend, werden zu Händlern oder Transaktionisten. Wir denken und erleben uns als Kunden oder Produzenten. Wir liefern ständig etwas ab, bekommen etwas geliefert und werden zu Lieferanten oder Dienstleistungsempfängern. Oft in mehrfach täglich wechselnden Rollen. Wir üben – gedrängt in marktorientierte Infrastrukturen – den »homo oeconomicus« täglich ein, wie die Schauspielerin eine Rolle oder der Musiker eine Partitur; oft getrieben von institutionellen Zwängen, politischen Kalkülen, medialem Spektakel und kunstvoll inszenierten Trugbildern.

Auch Commoning müss(t)en wir üben, denn es macht uns erst zu »Commoners«. Nicht einmal und für alle Zeiten, sondern immer wieder neu.

Wenn die Autorinnen und Autoren der folgenden Beiträge die Haltungen, Gewohnheiten und das Tun von Menschen erfassen, die zu teilende Ressourcen verwalten, gemeinsam Probleme lösen und ihre kollektiven Rechte verteidigen – so wie das Nigel Gibston für die Barackenbewohner in Südafrika tut –, dann helfen sie uns besser zu verstehen, was schon im Intermezzo I deutlich wurde: Bei Commons geht es im Kern um eine andere Art und Weise des Sehens, Wissens, Seins und Handelns. Doch das verlangt eine gewisse Stetigkeit, Phasen des Probierens und Praktizierens, die Möglichkeit zu irren, zu verwerfen und wieder neu anzufangen.[1] Commoning braucht Zeit und Unterstützung – auch und insbesondere von der Politik. Es braucht geschützte Räume zum Experimentieren, zur Entfaltung von Eigenständigkeit, von Widerständigkeit sowie zum gedanklichen und emotionalen Verarbeiten dessen, was sich jeweils konkret ereignet, damit aus dem Zwischenmenschlichen und den spezifischen Mensch-Natur-Beziehungen überhaupt *etwas Anderes* entstehen kann. Bestenfalls neue Selbstverständlichkeiten.

Welche Rolle Widerstand dabei mindestens spielen muss, wird in einigen Beiträgen auch benannt: »Finger weg! Es gibt Dinge, die niemandem allein gehören.«

Im Grunde folgen wir einem anderen Denkansatz und damit auch einer anderen Methode und Strategie als jenen, in existierende institutionelle Strukturen bessere Regeln und Gesetze einschreiben zu wollen und im Ergebnis gesunde Wälder, saubere Gewässer, stabile Fischbestände, menschenwürdigen Wohnraum, Bildung und Gesundheit für alle, vollwertige Lebensmittel oder fruchtbare Böden zu erwarten. Es wird nicht genügen, das als richtig Angenommene in unveränderte gesellschaftliche Verhältnisse und Wirtschaftsweisen hinein zu verordnen. Es wird auch nicht gelingen, das als richtig Erkannte oder Angenommene von oben nach unten durchzuregieren. Gewiss gibt es vielfältige Wege, um ähnliche Ergebnisse zu erreichen. Warum wir den Weg der Commons favorisieren und für ein Feuerwerk an (politischer) Unterstützung sowie eine persönliche Haltung –

1 | Stattdessen werden schon die Schülerinnen und Schüler auf ein ganz anderes Verständnis des »Wirtschaftens« gepolt, sie sollen »für den Markt« fit gemacht werden. Exemplarisch steht dafür das Lehrerportal www.wirtschaftundschule.de, das von der IW Medien, einer Tochter des Instituts der deutschen Wirtschaft Köln, konzipiert und verantwortet wird. Aufgesetzt wurde es von der Initiative Neue Soziale Marktwirtschaft, die ihre Arbeitsmaterialien allgemeinverständlich zu gestalten bemüht ist, was Wendungen wie diese hervor bringt: »Und weil all das noch längst nicht ausreicht, um auszudrücken, was auf Märkten geschieht, kennt die deutsche Sprache auch noch Marktteilnehmer, Marktführer, Marktforscher, Marktanteile, Marktlücken, Marktpreise, Markttrends, Marktreife, Marktwachstum, Marktvolumen, Marktumfeld – und so weiter und so markt« (INSM: Märkte verstehen – Wie Angebot und Nachfrage zusammenhängen, 2010, S. 5).

ja Ihre! – für das Commoning werben, hängt mit der sozialen Verankerung des Vorgehens zusammen: Das Ringen um eine freie, faire und nachhaltige Zukunft muss stets mit der Frage beginnen, wie wir zusammen leben wollen und wie dieses Zusammenleben so zu gestalten ist, dass sich niemand über den Tisch gezogen fühlt. Das heißt auch, immer zu fragen: Wer ist betroffen? Wer ist zuständig? Wer kann und will gestalten? Wer kann sich wehren? Wer kann etwas befördern oder behindern und warum? Diese Fragen können meist nicht ein für allemal beantwortet werden, sondern sind immer wieder neu zu stellen.

So zu denken und vorzugehen, entfernt uns zugleich von linearen Entwicklungsvorstellungen, vermittelt uns »pluriversale Perspektiven« (Arturo Escobar) und bringt uns in vielfältige ontologische Auseinandersetzungen, ohne die eine Verteidigung von sozialen Territorien, von Räumen des Gemeinsamen, nicht zu erklären sind – überall auf der Welt. Alle Autorinnen und Autoren dieses Kapitels tragen dazu bei, in den Blick zu nehmen, was sich in Commons konkret vollzieht und wie soziale Aneignungen vor sich gehen, egal ob das offensichtlich oder subtil geschieht. Sie begreifen Commons als soziale Handlung, nicht vorwiegend als Institution, Produkt oder Ergebnis. Selbst der Evolutionswissenschaftler David Sloan Wilson, der anschaulich seine Zusammenarbeit mit Elinor Ostrom in ihren letzten Lebensjahren beschreibt und sich dabei auf die in der Commons-Forschung dominierenden Konzepte und Methoden der Institutionenökonomie stützt, zeigt, wie weit es trägt, wenn ein anderer Blick auf vermeintlich Bekanntes – hier die Evolution – gerichtet wird. Der Biologe und Philosoph Andreas Weber geht zum Ausklang dieses Bandes noch einen Schritt weiter. Er sieht die Wirklichkeit selbst als Commons, als eine dynamische Matrix von Beziehungen. Nach seiner Auffassung beschreiben Commons eine Ontologie »schöpferischer Lebendigkeit«: Darin schlummere die Möglichkeit zu einem relationalen Weltverständnis, das nicht nur Strukturen, Algorithmen und Kausalitäten, sondern auch die Handlungen und Empfindungen der Akteure umgreife und das damit kein Dualismus mehr sei.

In all dem liegt ein Freiheitsmoment, das neue Wege öffnet, die je eigene Gegenwart kreativ im Sinne der Commons – jenseits von Markt und Staat – zu gestalten. Denn im konkreten, kreativen Tun, in Freiheit in Bezogenheit, liegt Schöpfungskraft für neue Ideen, für Bedeutungswandel, Innovation, Zukunft!

Silke Helfrich und David Bollier

Kapitel III – Verinnerlichen

Wie ich dreißig Jahre zu Commons forsche, ohne es zu wissen

Étienne Le Roy

Was mir den Blick auf die Commons verstellte

Als Wissenschaftler einer noch jungen Disziplin über Commons zu schreiben ist in mehrfacher Hinsicht problematisch.

Zunächst ist da die Verzögerung, mit der das Thema überhaupt ins Zentrum unserer Aufmerksamkeit gerückt ist. Wieso ist das nicht bereits vor 50 Jahren geschehen? Warum brauchten wir so lange, um jene Hindernisse zu überwinden, die uns unfähig machten, soziale Phänomene als Commons-Phänomene zu erkennen und zu denken? Ich konnte viele Fragen beantworten, ich schrieb bereits im Paradigma des Teilens, und doch war es mir unmöglich, die Fragen so zu stellen, dass ich meine Themen in einer Commons-Terminologie hätte verstehen oder verfassen können. Das zweite Problem ist, dass es eine Art Dominoeffekt auslöst, wenn man die Commons-Akte öffnet. Sobald der erste Stein fällt, gerät das Ideenfundament, auf dem die moderne westliche Zivilisation ruht, außer Balance, und das fundiert Geglaubte stürzt in sich zusammen: Staat, Recht, Markt, Nation, Arbeit, Verträge, Schulden, juristische Person, Privateigentum und Institutionen wie Verwandtschaft, Ehe- und Erbrecht werden plötzlich hinterfragt. Wir halten diese oft für allgemeingültig, doch im interkulturellen Vergleich sind sie nur eine Sitte (»folkway«), die unsere moderne, westliche Rechtstradition (»folklaw«) geprägt hat. Das dritte Problem schließlich hat mit dem hochpolitischen, gar polemischen Charakter der zeitgenössischen Commons-Debatte zu tun, wie sie in Frankreich derzeit in der Publikation *Commun* von Pierre Laval und Christian Dardot ihren Ausdruck findet. Schon der Untertitel spricht eine klare Sprache: »Essay über die Revolution im 21. Jahrhundert«. Die Autoren bringen wichtige Fragen zurück in die wissenschaftliche Diskussion, Fragen, die Karl Marx schon Mitte des neunzehnten Jahrhunderts aufgeworfen hatte, als er über die Bedeutung und die Rolle des Kapitals reflektierte.

Die derzeitige Aufmerksamkeit für Commons legt es nahe, sich diesen Problemen der Reihe nach zu widmen, doch eines vorweg: Theoretisch könnten Commons eine Alternative zu Markt und Staat darstellen, doch praktisch sind wir weit von dieser Alternative entfernt.

Wie alles anfing

Meinen Hochschulabschluss in Anthropologie und Öffentlichem Recht erhalte ich 1964. Im Verlauf meiner Forschungen zur Diplomarbeit, dem heutigen Master entsprechend, stoße ich auf Michel Alliot, einen jungen Professor aus Afrika, auf die Wissenschaftsdisziplin der Rechtsanthropologie sowie auf die Landfrage in Afrika. Diese drei Entdeckungen werden mein Leben verändern.

Ich entscheide mich für Michel Alliot als Doktorvater und schreibe meine Doktorarbeit, eine der ersten in der französischen Rechtsanthropologie (Le Roy 1970), über die senegalesische Bodenreform und das Gesetz Nr. 64-46. Mich treibt der Ehrgeiz, nicht nur die Ursprünge und Wurzeln dieser Reform zu kommentieren, sondern auch zu erläutern, was sie eigentlich erfassen und regulieren will: nämlich das Gewohnheitsrecht.[1] Dafür vertiefe ich mich bis ins 16. Jahrhundert in die Geschichte des Landbesitzes in einer schwarzafrikanischen Gesellschaft. Ich entdecke das Feld der Commons, finde dafür aber keinen Ausdruck.

Das liegt an der ethnozentrischen Ideologie[2] des Kolonialismus sowie den Grundlagen, auf denen das Denken der Moderne sowie die Entwicklungsvorstellung dieser Zeit fußen.[3] Das sogenannte Gewohnheitsrecht war ein Nicht-Identifiziertes-Wissenschafts-Objekt (NIWO). Nur wenige haben versucht, dessen tiefere Besonderheit tatsächlich zu erfassen. Meistens behandelte die Wissenschaft Rechtsphänomene in Afrika, als wären sie das Gegenteil der Rechtskonzeption, die im Westen seit drei Jahrhunderten entwickelt wurde. Primitivismus[4] und wissenschaftliche Überheblichkeit sind nie weit voneinander entfernt.

Diesen NIWO-Status hat das Gewohnheitsrecht auch, weil dessen Regeln nicht nach allgemein gültigen Standards oder den unpersönlichen Kriterien unserer modernen Gesetzgebung formuliert sind. Vielmehr erfassen sie verstetigte Verhaltensmuster und zeitstabile Bereitschaften, auf eine bestimmte Art und Weise zu handeln. Diese wiederum können nun nur mit formalen Modellen erfasst und erforscht werden. Ich entscheide mich also, eine Matrix zu Hilfe zu nehmen und zu versuchen, die »Gewohnheiten« als Rechtsakte abzubilden; nicht im Sinne des kodifizierten Rechts, sondern im Sinne von Mustern, die sich in Verhaltensregeln ausdrücken, die in den verschiedenen Gemeinschaften immer wieder auftauchen.

---

1 | Diese Art postkolonialer Studien hat in Frankreich mit dem Ende der Kolonialzeit begonnen, einige Anthropologen wie Georges Balandier betrieben sie bereits in den 1950er Jahren.

2 | Bekanntlich beruht die Kolonialisierung des 19. Jahrhunderts auf der Vorstellung, dass es ein ständiges Voranschreiten der Entwicklung gibt und die westlichen Gesellschaften sich auf der Höhe derselben befinden. Der US-Amerikaner und Mitbegründer der Ethnologie, Lewis H. Morgan, mit seiner Studie *Ancient Society, Or: Researches in the lines of human progress from savagery through barbarism to civilisation (Die Urgesellschaft oder: Untersuchung über den Fortschritt der Menschheit aus der Wildheit durch die Barbarei zur Zivilisation),* erschienen 1877 (deutsch 1891) ist dafür ein typisches Beispiel.

3 | Siehe dazu auch den Beitrag von Arturo Escobar in diesem Band.

4 | Gemeint ist die Vorstellung, dass das Leben primitiver Völker, ähnlich wie das Leben in der Kindheit, »besser« ist und die Zivilisation es im Grunde nur zerstören kann (Anm. der Hg.).

Auf der Matrix kann ich drei verschiedene Datensätze miteinander verschränken und so einem Phänomen begegnen, das ich gerade entdecke und das die Forschung herausfordert: den Rechtspluralismus. Bemerkenswerterweise entdecke ich schon durch die Abbildung nach den Prinzipien der Matrix die Grundelemente der Beschreibung der Commons – doch ohne mir dessen gewahr zu werden: eine Gemeinschaft, in der jeder einen Status hat, eine von den anderen anerkannte und gewürdigte Tätigkeit und eine Ressource, die es – symbolisch – erlaubt, die Absichten und Dispositionen aller Beteiligten zusammenzubinden. Insgesamt also ein sanktionierbares System das dem »Recht« gleichkommt.

In meinen frühen Arbeiten und in jenen der 1970er Jahre, in denen ich die anthropologischen Modelle der Beziehung des Menschen zum Land weiterentwickele (Le Roy 2011), steht das Problem der Gemeinschaften im Mittelpunkt. Gemeinschaftliche Grundkonzeptionen, die das Handeln prägen, sind erkennbar, und der zivilrechtliche Begriff der »Gemeinschaftsgüter« (»biens communaux«) ist in meinen Erörterungen ebenfalls zu finden. Aus heutiger Sicht scheint es erstaunlich, doch von Commons ist bei all dem nirgends die Rede, obwohl das Gedankengut des »mbock« der westafrikanischen Wolof bereits meine Analysen prägt.

»Mbock« – das bedeutet in der Sprache der Wolof »Verwandtschaft« und im Kern auch »Teilen«. An einer Stelle bezieht es sich auf gemeinsame Vorfahren, an anderer auf eine Feldgemarkung, eine Herde, Waldflächen und anderes mehr. Zu entdecken, dass das Teilen dem Tauschen vorgezogen wird, fordert plötzlich all jene Erkenntnisse heraus, deren sich die Anthropologie sicher glaubt: nämlich eingeschränkter Austausch in Verwandtschaftsbeziehungen nach der Theorie von Claude Lévi-Strauss[5]; das Konzept der Gabe von Marcel Mauss[6]; jene des Eigen-

5 | Claude Lévi-Strauss (1908–2009) ist Begründer des ethnologischen Strukturalismus und der wohl berühmteste französische Ethnologe. Eines seiner bekanntesten Werk ist *Tristes Tropiques* (1955, dt. *Traurige Tropen*), an dem seine erste Frau Dina erheblichen, aber ungewürdigten Anteil hatte. Bereits in dieser faszinierenden Beschreibung schriftloser Kulturen skizziert Lévi-Strauss selbige als Alternativen zur westlichen Zivilisation. Ein Gedanke, den er Anfang der 1960er Jahre in *Pensée Sauvage* (dt. *Das wilde Denken*) weiterentwickelt. Er hält traditionelle, ganzheitliche und mythisch erklärte Denkweisen den westlichen gegenüber durchaus für ebenbürtig. Sie seien nicht mehr oder weniger vernünftig, sondern schlicht anders. Le Roy bezieht sich hier auf die Lévi-Strausssche Analyse von Verwandschaftssystemen, die bereits 1949 erschienen ist. Darin ist die Grundidee formuliert, dass ein durch Heiratsregeln (Ge- und Verboten) gesteuertes Tauschsystem natürliche Verwandtschaften durch sozial verbindliche Allianzen ersetzt, aus denen gegenseitige Verpflichtungen hervorgehen (Anm. der Hg.).

6 | Der französische Soziologe und Ethnologe Marcel Mauss (1872-1950) begreift den Austausch in archaischen Gesellschaften, den er in *Essai sur le don* (zuerst 1923/24, dt. *Die Gabe*) analysiert, als »soziales Totalphänomen«, das über das Menschenbild des rationalen Homo oeconomicus und des auf ihm errichteten Wirtschaftsgebäudes hinausweist. Die Gabe behält bei Mauss - prinzipiell - Zwangscharakter. Sie produziert Schuld und *erfordert* eine Gegengabe. Das erlaubt Mauss, aufbauend auf diesem Konzept, die Prinzipien von Dienstleistung, Wohlfahrt oder Sozialstaat zu analysieren (Anm. der Hg.).

tums bei Maurice Godelier[7] und andere mehr. Teilen ist das vorherrschende Organisationsprinzip in den Commons. Aber das werde ich erst verstehen, während ich zwischen 1980 und 1990, ein neues Modell für die Bewirtschaftung von Land und Obstanbauflächen erarbeite (Le Roy 1996). Ich versuche darin zu erklären, wie Afrikaner (aber auch wir selber), imaginäre kulturelle Grenzen überschreitend, in ihren komplexen Praktiken im Grunde verschiedene Rechtsformen des Eigentums und der Ressourcennutzung kombinieren. Dabei gilt die Inkompatibilität oder gar Inkohärenz vieler derartiger Kombinationen in der modernen Wissenschaft schon fast als Binsenweisheit.

Eine Reform unvorhersehbarer Tragweite

Ich erzähle all diese intellektuellen Abenteuer in meiner 2011 entstandenen Synthese zur Bodenpolitik. Es ist ein theoretischer Versuch (Le Roy 2011). Darin kombiniere ich die Rechtsbeziehungen der individualistischen Moderne (öffentlich und privat) mit denen des Kommunitarismus (extern, intern und Bündnisse). Ich verschränke also die Kategorien *öffentlich* und *privat* beziehungsweise eine Kombination aus beiden mit *intern* und *extern*. Dabei erweist sich der Begriff des Gemeinsamen als geeignet, diese Beziehungen in folgender Logik zu ordnen:

- öffentlich = allen gemein
- extern = n Gruppen gemein
- Bündnis = zwei Gruppen gemein
- intern = einer Gruppe gemein
- privat = einer juristischen, physischen oder moralischen Person einer unbestimmten Anzahl von Gruppen gemein

Zweifellos führen all diese Möglichkeiten kollektiver Organisation noch nicht zu dem, was zeitgenössische Commons-Theorie (Bollier 2014; Dardot und Laval 2014) unter Commons versteht, aber seit 1996 steht dieses Gemeinsame zumindest im Mittelpunkt meiner Analysen zur Bodenpolitik. Mit 30 Jahren Verspätung!

Dieser Fehlstart begründet sich zum einen mit dem anthropologischen Paradigma selbst. Dieses hat (in Sachen Landnutzung im Senegal) »das Recht« zum Gegenstand. Demzufolge kann das konzeptionelle und methodische Werkzeug, das man benötigt, um das Ungedachte und Undenkbare des Gewohnheitsrechts zu verstehen, nur das Werkzeug der Juristen sein: also Normen und Rechtsvorschriften. Wobei für den Anthropologen »das Recht weniger das [ist], was die Texte sagen, sondern vielmehr das, was die Akteure damit tun« (Le Roy 1999). Die Texte sind wichtig, aber wie sie interpretiert und angewendet werden, ist noch wichtiger. Oder wie ein französisches Sprichwort sagt: »Es ist ein weiter Weg vom Becher

7 | Maurice Godelier (geb. 1934) gilt als Begründer der neomarxistischen Wirtschaftsethnologie. Er ist Spezialist für die Gesellschaften Ozeaniens und Forschungsdirektor an der École des Hautes Études en Sciences Sociales (EHESS) in Paris. Sein Hauptwerk *La production des Grands Hommes* erschien 1982 (Anm. der Hg.).

bis zum Mund.«[8] In den endogenen, mündlichen afrikanischen Kontexten gibt es keine zu interpretierenden Texte und keine zu kommentierenden expliziten Normen. Man muss die Praktiken beobachten! Indem der Anthropologe der Stellung und Rolle der Akteure, ihrem Status, ihren Handlungen und ihren Wechselbeziehungen die nötige Aufmerksamkeit widmet, geht er zu jenen Abstraktionen auf Distanz, die unsere westlichen Rechtssysteme grundlegend strukturieren, die man aber bei den Wolof und in anderen Gesellschaften, die wir Anthropologen erforschen, vergeblich sucht.

Der Begriff »Commons« ist eine Abstraktion, die vor allem in den Wirtschaftswissenschaften in Umlauf gebracht wird. Und in eben diesem Bereich – der Wirtschaft – verbreitet sich die seit 1968[9] allzu berühmte »Tragik der Allmende« von Garrett Hardin. Sie untergräbt für mindestens eine Generation andere Ansätze wissenschaftlicher Forschung zur kollektiven Ressourcenverwaltung. Ich gebe übrigens zu, dass ich erst seit Mitte der 1980er Jahre (angesichts der Kollateralschäden dieser Pseudo-Theorie samt ihrer schludrigen Verallgemeinerungen) diese lächerliche Geschichte der Schäfer ernst nehme, die unfähig sein sollen, ihre Weiden gemeinsam zu nutzen.[10]

Der zweite Grund für den Fehlstart der Commons in der akademischen Debatte betrifft die Entwicklungstheorien der damals »unterentwickelt« genannten Länder. Durch sein Gesetz über das Staatsgebiet[11] versetzt sich Senegal schließlich in die Lage, von einem Entwicklungsmodell abzuweichen, dass ganz grundlegend mit Markt und Privateigentum verknüpft ist. Das geschieht im Namen eines afrikanischen Sozialismus, der für die »Négritude«, jener poetischen Entdeckung afrikanischer Wurzeln des Dichterpräsidenten Léopold Senghor[12] mindestens genauso empfänglich ist wie für einen Bruch mit dem Kapitalismus. Doch es geht dabei nicht darum, mit dem Kapitalismus zu brechen, sondern darum, die vollständige Durchsetzung des Privateigentums – ein Erbe der Kolonialzeit – zu bändigen. Entsprechend beabsichtigt das Gesetz Nr. 64-46 nicht, Privateigentum abzuschaffen. Es genehmigt sogar alle Regularisierungen privater Rechte im Zuge der Katastererfassung, die noch hätten abgeschlossen werden sollen, für die aber die vorgesehene Erfassungszeit nicht ausreichte. Darüber hinausgehende Anträge auf Katastererfassung von weiterem privatem Grund und Boden werden der Kontrolle der Verwaltung überstellt. Damit soll verhindert werden, dass Privateigentum, welches Leopold Senghor in einer Rede von 1964 als »egoistisch« qualifiziert, sich direkt auf die sozialen Bindungen auswirkt.

Nach dieser Reform können ausschließlich Transaktionen von öffentlichem Nutzen (Artikel 13) die Umwandlung lokaler, endogener Eigentumsrechte in Staatseigentum rechtfertigen. Dieser kann sie anschließend auf Privatpersonen

8 | In etwa: »Papier ist geduldig.«

9 | Dem Erscheinungsjahr des Essays *The Tragedy of the Commons* von Garrett Hardin im Wissenschaftsmagazin *Sciene* (Anm. der Hg.).

10 | Siehe dazu den Beitrag von David Sloan Wilson in diesem Buch (Anm. der Hg.).

11 | Im Französischen »loi sur le domaine national« (Anm. der Übers.).

12 | Léopold Sédar Senghor (1906-2001) war ein senegalesischer Dichter und Intellektueller, zwischen 1960 und 1980 Präsident des Landes (Anm. der Hg.).

übertragen. Der Ansatz beruht auf der Annahme, dass öffentliche Institutionen im Senegal neutral sind, was später leider durch Fakten widerlegt wird. Wir werden sehen, wie diese Form der »Nationalisierung« mit der Verstaatlichung flirtet. Dafür schauen wir uns zunächst den Gesetzestext und dann die Praxis selbst an.

Vom Gesetzestext ...

Formell gehören 96 Prozent des Territoriums dem Nationalstaat, der Rest sind öffentliche sowie Verwaltungsgrundstücke und die bereits ins Grundbuch eingetragenen privaten Ländereien. Dieses »der Nation gehörende Territorium« hat keine Rechtspersönlichkeit – es gehört damit dem senegalesischen Staat. Folglich kommt es auf die Interpretation des Begriffs »Gehören« an. Artikel 2 interpretiert es im Sinne der Treuhänderschaft.

Das Gesetz Nr. 64-46 ändert also die Regelung zum Landbesitz in einer Weise, die sich für den Senegal als zukunftsweisend herausstellen soll, denn in der Kolonialgesetzgebung wurden diese Ländereien rechtlich wie Privateigentum des Staates behandelt; wie ungenutzte Flächen – der Verwaltung zur freien Verfügung stehend, herrenlos – verstanden. Jetzt hingegen sind sie konkreten Verwaltern anvertraut und in vier Regelungsbereiche aufgeteilt: 1) Stadtgebiet, 2) Entwicklungsgebiete (»zones classées«), 3) Flächen in ländlichen Gebieten (»zones de terroirs«) und 4) Pionierflächen. Ein wesentlicher Teil dieses mit 17 Artikeln sehr kurzen Gesetzestextes befasst sich mit den ländlichen Flächen, die von den Gemeinden bewirtschaftet werden. Eben hier finden sich die meisten Bezüge zu Commons. Es wird festgehalten, »dass die Flächen in ländlichen Gebieten (*zones de terroir*) von Mitgliedern der ländlichen Gemeinden genutzt werden, die ihre Bewirtschaftung gewährleisten und unter Kontrolle des Staates betreiben [...]« (Artikel 8), und dass die Entscheidungsgewalt über konkrete Nutzungen (Artikel 9) oder Stilllegung (Artikel 15) bei den jeweiligen Räten der entsprechenden Gemeinde liegt. Das ist nichts anderes als eine Bestimmung zur Selbstorganisation, die tatsächlich eine Kultur der Commons hätte erzeugen und formalisieren können – hätten die Parteien nicht die Finger im Spiel.

... in die Praxis

Aufbauend auf meiner ersten Feldforschung im Jahre 1969 und mit Hilfe meiner Kontakte zum Minister für Ländliche Entwicklung, Ben Mady Cissé, will ich den bodenpolitischen Fragen im Zuge der Umsetzung des Gesetzes 64-46 auf den Grund gehen. Nach der Verteidigung meiner Doktorarbeit 1970 schicke ich meine Forschungsergebnisse tatsächlich an Präsident Senghor, der sie leider seinem Innenminister Jean Colin anvertraut. Colin, ein ehemaliger Kolonialbeamter, war durch Heirat zum Senegalesen geworden. Er sieht in meinen Ergebnissen eine Gefahr für seine eigenen Pläne: nämlich die ländlichen Gemeinden (in typisch französisch-jakobinischer Pose) als regionale Basiskollektive unter staatliche Aufsicht zu stellen. Der Übergang vom Prinzip der Selbstorganisation zur Einbindung in ein zentrales Verwaltungsnetz hat, trotz einsetzender Dezentralisierung im Jahre 1972, die Rolle der ländlichen Gemeinden grundsätzlich verändert.

In der Commons-Theorie wird normalerweise die Distanz sowohl zum Markt als auch zum Staat unterstrichen. Während der Markt im Senegal noch auf Distanz bleibt, mischt der Staat in Sachen Landnutzung auf lokaler Ebene ganz erheblich mit und reduziert die Autonomie der ländlichen Gemeinschaften. Dieses Kontrollbedürfnis findet auch in jenen Ereignissen seinen Ausdruck, die Dakar im August 1970 erlebt. Eine schwere Regierungskrise führt zum Exil des Ministers Ben Mady Cissé, zur Wiederaufnahme der Konzepte des Innenministeriums und zur »endgültigen« Verweigerung meines Aufenthaltsrechts im Senegal. (Ich werde jedoch, sobald meine Anwesenheit nicht mehr als gefährlich betrachtet wird, vor Ende des Jahrzehnts zurückkehren.) Die Idee der Commons ist damit nicht nur als Konzept des Rechts inexistent, sondern die Akte ist – zumindest offiziell – geschlossen.

Doch die Senegalesinnen und Senegalesen vor Ort haben sich die ursprünglichen Reformideen bereits angeeignet. Trotz mangelhafter Verwaltungsverfahren und pingeliger Interventionen entsprechender Abteilungen, setzt sich im Grunde eine Logik durch, die der Ausbreitung des Privateigentums Einhalt gebietet und zur Übernahme von Selbstverantwortung im Ressourcenmanagement führt. Selbst die im Senegal mächtigen, muslimischen religiösen Bruderschaften spielen mit, was man von in- und ausländischen Investoren nicht behaupten kann. Diese haben seit 1980 die Aufhebung des Gesetzes Nr. 64-46 gefordert, das allen Anfeindungen zum Trotz im Jahr 2014 sein 50-jähriges Bestehen feiert.

Trotz politischer, wirtschaftlicher und prozessualer Unklarheiten und manch Widerstands an der Spitze des senegalesischen Staates hat sich letztlich in der Praxis eine Logik der Commons durchgesetzt. Ist das ein Einzelfall?

Funktionale statt institutionelle Logik

Im Jahr 2012 nehme ich an einer Konferenz für Juristen und Rechtshistoriker an der Universität Paris VIII-Saint-Denis zum Thema »Das Wiederauftauchen der Commons, zwischen Illusionen und Notwendigkeiten« ein, deren Debatten in eine Publikation münden werden (Parance und Saint Victor 2014). Die Konferenz sollte ein sehr viel positiveres Bild von den Commons zeichnen, als es der Einladung zu entnehmen ist. In meiner Rede präsentiere ich drei Thesen:

1. Unsere moderne Gesellschaft hat Commons und die Erfahrung des »Gemeinsamen«, des Commoning, verloren.
2. Die Wiederentdeckung der Commons legt nahe, dass das Paradigma des Teilens jenem des Tauschens vorzuziehen ist.
3. Die Problematik der Commons wirft notwendigerweise die Frage nach einem Rechtspluralismus auf.

Um diese Thesen zu belegen, beziehe ich mich auf zwei unterschiedliche Erfahrungen: die Land- oder Bodenreformen in Afrika und im Indischen Ozean sowie meine Beobachtungen inmitten der französischen Gesellschaft, in der Stadt und auf dem Land.

Bodenreformen umzusetzen ist immer heikel. Im afrikanischen Kontext gibt solch ein Unterfangen zudem Rätsel auf, denn de facto muss zunächst Eigentum an Grund und Boden geschaffen werden, wo es vorher keines gab. Mitunter weigern sich die jeweiligen Gemeinschaften, dass es selbiges geben soll. Und zwar aus gutem Grund: Sie fühlen sich nämlich durch verwandtschaftliche Beziehungen oder Beziehungen an ihren Wohnorten besser abgesichert. Sicher hat sich die Welt verändert, aber nicht für alle und nicht nur in eine Richtung. Die senegalesische Landreform illustriert diese Mischung von verschiedenen politischen Anliegen, dem Lobbying internationaler Geldgeber und unsicherem Wissen über sich rasch wandelnde Gesellschaften. Am Ende steckt der Experte in einer Klemme. Da ist einerseits die offiziell verlautbarte Notwendigkeit einer sogenannten Modernisierung auf globaler Ebene, die keinesfalls aufzugeben sei und andererseits die Resilienzfähigkeit[13] von Gemeinschaften und Gesellschaften, die mit unzähligen Veränderungen konfrontiert sind und die – sofern sie nicht unterstützt werden – als Gegenreaktion zu beispielloser Gewalt zurückkehren (Appadurai 2013). Wenn man den Fortschritt nicht ablehnen kann, dann muss er zumindest den Bedürfnissen der gesamten Bevölkerung entsprechen (und nicht nur jenen der verwestlichten Elite). Und er muss mit den Einschränkungen umgehen, die sich aus den globalen Anforderungen an eine nachhaltige Entwicklung ergeben.

Auch wenn wir Forscher in diesen etwa dreißig Jahren nicht alles verstanden haben, so haben wir doch gemeinsam viel gelernt; insbesondere durch Aktivitäten des »Vereins zur Förderung von Forschung und Studien zum Grundbesitz in Afrika« (APREFA[14]). Bis 1996 hatte ich den Vorsitz von APREFA inne. Damals gründeten wir im Ministerium für Auswärtige Angelegenheiten Frankreichs einen »technischen« (also politisch nicht entscheidungsbefugten) »Ausschuss für Grundbesitz und Entwicklung«. Es ging uns darum, die Expertise der Forscher mit dem Analysebedarf der Diplomaten und der Mitarbeiter für Entwicklungszusammenarbeit zusammenzubringen. Der Ausschuss verfolgte also eine Idee der angewandten Forschung und Kooperation und wollte zugleich die interdisziplinäre Grundlagenforschung voranbringen. Das zentrale Forschungsthema war auch hier: in wie weit und in welcher Form privates Eigentum an Grund und Boden anzuerkennen ist.

Unsere Arbeit zeigte, dass Privateigentum – nach Artikel 544 des französischen Code Civil[15] »das Recht, eine Sache in absolutester Weise zu nutzen und darüber zu verfügen [...]«[16] – sowie Eigentum (als dessen Entsprechung im Common Law) nur in Kontexten nötig sind, in denen der nach kapitalistischen Prinzipien organisierte Markt allgegenwärtig ist. Zwischen fehlenden Eigentumstiteln einerseits und »absolutem« Eigentum andererseits können verschiedene Zwischenformen sowohl den Bedürfnissen lokaler Produzenten entgegen kommen als auch das Risiko des großflächigen Aufkaufs von Land, des »Landgrabbing« – reduzieren. Auf dieser Annahme beruhen die oben beschriebenen Modelle zur Kontrolle von Land

13 | Zum Begriff der Resilienz vgl. Rob Hopkins: »Resilienz denken«, in: S. Helfrich und Heinrich-Böll-Stiftung (Hg.), Commons – Für eine neue Politik jenseits von Markt und Staat, transcript 2012, S. 45ff.

14 | Association pour la Promotion des Recherches et Études Foncières en Afrique.

15 | Entspricht der Zivilrechtsgesetzgebung in Deutschland (Anm. der Hg.).

16 | »Le droit de jouir et de disposer des choses de la manière la plus absolue [...].«

und Ressourcen. Und sie beruhen auf Lösungen, die in der Praxis von den Gemeinschaften in einer Commons-Logik umgesetzt werden, aber theoretisch kaum beschrieben sind. Auch dies ist eine Lektion unsere Arbeit: Hinter den Entwicklungsillusionen, nach denen alle Privateigentümer werden sollten – eine Position, die etwa Hernando de Soto[17] vertritt –, verbirgt sich die Vertreibung der Bevölkerung und die Anhäufung von Bodenrenten[18] auf dem Rücken der mehrheitlich kleinen Produzenten.

Erinnern wir uns: Gute Regierungsführung in Sachen Bodenpolitik im 21. Jahrhundert sollte – abgestimmt auf die jeweilige Gruppe vor Ort – variable Anteile von Privateigentum und Gemeingut enthalten. Die senegalesische Erfahrung begann damit, die Ausbreitung des Privateigentums kontrollieren zu wollen. Dafür erkannte man dem Staat eine Rolle zu, die er so gewaltig überzog, dass es heute schwierig ist, beim Blick auf den Rechtsstatus senegalesischer Dörfer überhaupt noch von Gemeingütern zu reden. Zugleich müssen wir verschiedene Arten von Eigentum anerkennen, so wie auch unterschiedliche Arten von Commons identifizierbar sind. Und genau dies hat mich meine Erfahrung auf den Komoren seit 1986 gelehrt.

Damals bittet mich die FAO (Food and Agriculture Organization – die Ernährungs- und Landwirtschaftsorganisation der Vereinten Nationen) eine Expertengruppe zu leiten, die die Bodenpolitik auf den Komoren stabilisieren soll. Als die ehemalige französische Kolonie 1975 unabhängig wird, erlebt sie bis 1978 eine revolutionäre Krise. Diese führt unter anderem zur Besetzung des ehemaligen Kolonialbesitzes, auf dem Blumen zur Parfümherstellung sowie Vanille angebaut werden. Sie führt auch zur Verbrennung aller Grundbücher, ganze Archive werden vernichtet – und damit auch die Eigentumstitel. Im Jahr 1986, in einer wirtschaftlich instabilen Situation und auf Druck der internationalen Geldgeber, muss die Regierung einwilligen, die Landfrage zu ordnen, um Investoren anzuziehen, und zwar ohne eine unnötige Rückkehr zur Gewalt zu provozieren.

Als Bodenrechtsexperte obliegt es mir, verschiedene Szenarien vorzuschlagen. Ich skizziere sechs Optionen und beschreibe deren Möglichkeiten und Grenzen. Das reicht von »alles« (proaktive und rasche Ausweitung des Privateigentums auf die gesamte Bevölkerung) bis »nichts« (die Regierung begnügt sich damit, die sensibelsten Konflikte beizulegen und lässt auf diese Weise zu, dass sich die lokalen Kräfteverhältnisse sowie lokale Verhandlungsformen durchsetzen). Wenn es nach fast dreißig Jahren so aussieht, als näherten wir uns dem »nichts«, weil, formal gesehen, keine Reform jemals umgesetzt wird, dann verschließen wir die Augen vor der intellektuellen und technischen Revolution, die es den Funktionären der ländlichen Entwicklung gestattet hat, die Landnutzungsproblematik nach dem Ansatz der Unveräußerlichkeit anzugehen, den ich von der Regierung im Jahr 1987

17 | De Soto inspirierte die Liberalisierung von Grund und Boden in mehreren lateinamerikanischen Ländern. Zwar unterstreicht er in seinen Werken die Schwierigkeiten, die mit der allgemeinen Verbreitung des Privateigentums einhergehen, ignoriert aber deren tatsächliche Gründe (Le Roy 2011).

18 | Ein aktueller Band zum Thema wurde 2014 im Metropolis Verlag veröffentlicht, vgl. Dirk Löhr: *Prinzip Rentenökonomie. Wenn Eigentum zu Diebstahl wird.*

absegnen lasse. Das Parlament der Komoren kann den Gesetzestext nicht mehr vollständig durchbringen, da der Präsident der Republik, Hamed Abdallah, im November 1989 ermordet wird.

Die Zukunft der großen kapitalistischen Betriebe ist gefährdet. Und unsere Herausforderung besteht nunmehr darin, die kleinbäuerliche Landwirtschaft zu stabilisieren, die das Land ernähren und den Export bestimmter Kolonialwaren garantieren kann. Dafür bedarf es einiger Neuerungen wie etwa der »Einhegung«[19] von Pflanzen auf jenen Ländereien, die bislang frei zugänglich sind und als Dorf-Commons verwaltet, aber von einzelnen Familien genutzt werden.[20] Darüber hinaus hilft die technische Beratung dabei, regelmäßig einen Dorfverwaltungsrat abzuhalten, ein verlässliches, aber kaum formalisiertes Treffen von Landwirten und Alten nach dem Freitagsgebet. Es soll Problemen vorbeugen und lokale Spannungen regeln, bevor sie zu Konflikten wachsen. Die Optionen meiner juristischen Texte werden in soziale Praktiken umgesetzt, da auf allen Ebenen des politisch-administrativen Lebens eine Verhandlungskultur dominiert und weil die Idee der Unveräußerlichkeit jener des absoluten Eigentums vorgezogen wird. Die Expertise der Entwicklungsexperten hat demnach zwei glückliche Wirkungen: Sie erspart dem Staat die politischen Kosten einer Bodenreform und garantiert einen Lebensstil, der, wenngleich bescheiden und oft nah an der Armut, würdiger ist, als der vieler Nachbarn.

Später komme ich genau dorthin: nach Madagaskar, allerdings erst nach zwei weiteren Einsätzen. Der erste führt mich in den Niger, um zur Erarbeitung des nigrischen Agrarrechts beizutragen. Der zweite nach Mali, wo ich, weil man die Baumwollindustrie des Landes retten will, viele Ungereimtheiten in Fragen des Grundbesitzes beobachte. Alle drei Länder – Niger, Mali und Madagaskar – haben bereits eine eigene Landrechtsgeschichte. Ein »Copy and Paste«-Verfahren, wie wir es aus der digitalen Welt kennen, ist undenkbar. Man kann nicht einfach auf ein Land anwenden, was in einem anderen zu funktionieren scheint. Allerdings steht man überall vor ähnlichen Fragen: kein generalisierbares oder leicht zu generalisierendes Privateigentum an Grund und Boden; unbotmäßige Präsenz des Staates durch die Privilegien des Staatseigentums; Unkenntnis oder sogar Ablehnung der traditionellen Praktiken einheimischer Akteure, die immer noch »Gewohnheitsrecht« genannt werden.

In Madagaskar stürze ich mich in die sogenannte Realwirtschaft und beobachte die Holzenergiebranche. Sie bietet der Bevölkerung ein Auskommen durch

19 | Im Gegensatz zur Erfahrung im England des 16. bis 18. Jahrhunderts nützt die Einhegung hier nicht nur den Reichsten und den mächtigen Honoratioren, sondern sie wertet auch die gemeinschaftliche Bodennutzung in den Dörfern auf.

20 | Saïd (2009) erinnert an die Vielfalt konkreter Rechtsformen für Land, das gemeinsam, aber zu unterschiedlichen Zwecken genutzt werden kann. Das betrifft hochliegende Weideflächen so wie alte, koloniale Naturreservate, die wieder für den Obstbau in Frage kommen, oder ehemaligen Kolonialbesitz, der der Parfümproduktion vorbehalten war, die »manyaouli«, genauso wie matrilineare Vermögenswerte (in muslimischen Ländern), Fischereigebiete in den Lagunen und so weiter.

Eukalyptus-Pflanzungen auf den sogenannten »tanety«[21], die sie gemeinschaftlich verwalten. Dann weite ich meine Forschungen auf die vertraglichen Beziehungen aus, da mich Inhalt und Umfang der Pacht-Klauseln[22] interessieren, ebenso wie die Halbpacht[23] und die wahre Natur der entsprechenden Eigentumsrechte. Im Ergebnis entsteht eine enge Zusammenarbeit mit Alain Karsenty (ein Sozio-Ökonom des französischen Forschungszentrums für internationale Agrar- und Entwicklungsfragen, CIRAD[24]), und ich erlebe 1996 die Verabschiedung des sogenannten »Gelose-Gesetzes« durch die madagassische Regierung.

Das Gesetz beruft sich nicht auf das »absolute Eigentumsrecht«. Es ermächtigt vielmehr die Beteiligten, Verträge zum Ressourcenmanagement zu verhandeln, solange die relative Sicherheit der Eigentumsrechte an Grund und Boden gewährleistet ist. Dieser Schritt mündet 2005 in eine weiter reichende Bodenreform, die es gestattet, dass in jeder Gemeinde eine Stelle eingerichtet wird, an dem man über sogenannte Bodenzertifikate verhandeln kann. Die Zertifikate sind rechtskräftig. Es sind juristische Dokumente, die in der entsprechenden Verwaltungsregion für Transaktionssicherheit sorgen, wobei sich natürlich das Bedürfnis nach mehr Sicherheit weiterhin mit der Idee von (eingetragenen) Grundbuchtiteln verbindet. Zwischen der gemeinschaftlichen Verwaltung unter Gleichgesinnten und den anonymen Landtiteln ist das Zertifikat ein interessanter Mittelweg, der aber aus eben diesem Grund auch in Frage gestellt wird. Die madagassische Erfahrung erlebt international ein großes Echo, doch anderswo übernommen wird sie seither nicht.

Auch in Frankreich tauchen Commons wieder auf

Meine andere Erfahrungswelt rührt daher, dass ich mir seit Mitte der 1970er Jahre Gedanken mache, wie ein bis dahin exklusiv afrikanistischer wissenschaftlicher Ansatz auch auf die französische (oder europäische) Gesellschaft übertragen werden kann. Der Grundgedanke ist, mit der Rechtsanthropologie eine noch exotische Wissenschaft auch »zu Hause« anzusiedeln, um den Ethnozentrismus zurück zu drängen. Und während ich mir immer wieder die Frage stelle, was das Recht im Grunde ist, entsteht die Idee, meine Feldforschung im Senegal von 1969 und anschließend im Kongo 1972/73 auszuweiten. Ich suche nach Ausdrucksformen des Kommunitarismus in Frankreich – zunächst in der Beziehung der Menschen zum Land und anschließend im Kontext des Jugendstrafrechts im Frankreich der 1980er Jahre.

Ich beginne mit meiner eigenen »Ethnie«, da mir die kulturelle Zugehörigkeit den Zugang zu bestimmten Informationen und Verhaltensweisen erleichtert und

21 | Flacher Hügel, ehemals ohne Baumbestand (Anm. der Übers.).

22 | Im Original: »clauses de fermage«. Hier wird ein vorab festgelegter Fixbetrag an den Eigentümer gezahlt (Anm. der Übers.).

23 | Im Original: »clauses de métoyage«. Hier wird vorab festgelegt, welcher Prozentsatz der Ernte – die Hälfte bis zwei Drittel – an den Eigentümer geht, der in der Regel für die Produktionsinfrastruktur aufkommt (Anm. der Übers.).

24 | www.cirad.fr/ (Zugriff am 30. November 2014).

weil die Picarden aus Nordfrankreich für ihr »Gewohnheitsrecht« berühmt sind. Außerdem habe ich privilegierten Zugang zu spezifischen Informationen über ein konkretes Gebiet in der Picardie, die mittelalterliche Grafschaft Vermandois. Es handelt sich um genealogisches Material, die sogenannten »Kollektaneenbücher«, eine Art Kalender, in dem alle wirtschaftlichen Aktivitäten, alle Verkäufe und Einkäufe, alle Arbeiten, besonderes Wetter oder politische Ereignisse, selbst der Humor der Arbeiterinnen und Arbeiter eingetragen sind. Die »Vernunftbücher« sowie die Aufzeichnungen der Wirtschaftsleiter liefern den Schlüssel zum Verständnis des Erhalts der Gemeinschaftspraktiken in einer bäuerlichen Welt, die mehr und mehr dem kapitalistischen Markt unterworfen wird. Diese Welt fiel den Schützengrabenkämpfen in der Schlacht an der Somme im Jahre 1916 zum Opfer, die das historische Erbe genauso zerstört haben wie Architektur und Landschaft.[25] Das Privateigentum drängt sich in dieser Region der Welt seit dem 18. Jahrhundert auf. Und es verbreitet sich im 19., doch verschiedene soziale und rechtliche Praktiken zeugen noch immer von gemeinsamen Bezugspunkten, von der Verpflichtung, etwas »gemeinsam zu pflegen«, so wie man »Gesellschaft pflegt«. »Gemeinschaffen« oder »etwas gemeinsam tun« (»commoning« im Englischen) das bedeutet zum Beispiel, die Kunst der Jagd zu teilen, ebenso wie Hochzeiten und Trauerfälle, die Patronage für Klientel und Arbeiter und darüber hinaus alle gesellschaftlich relevanten Anlässe, in denen Zugehörigkeit und Solidarität im Angesicht des Lebens und des Todes unterstrichen werden. Wie in Afrika ist man im hiesigen bäuerlichen Milieu sowohl reich an familiären wie an beruflichen Beziehungen und Bindungen. Und wie in Afrika werden auch die Einschränkungen, die dies mit sich bringt, intensiv empfunden, aber nicht benannt – schon gar nicht einem Fremden gegenüber.

Pluralismus ist eine Bedingung für das harmonische Funktionieren einer Gemeinschaft, doch er wird als solcher nicht thematisiert. Darin sind meine Gesprächspartner sich einig, doch sie haben auch noch nie aus einer pluralistischen Perspektive über die Landproblematik nachgedacht! Schaut man auf die Eigentumsverhältnisse, so gehört in den Dörfern, in denen ich arbeite, alles irgendwem. Kein einziger Ort ist herrenlos. Die Böden gehören zu den besten Frankreichs. Land ist teuer. Es ist gar nicht daran zu denken, auch nur den geringsten Quadratmeter zu verschenken. Es gibt nur wenige gemeinschaftliche Organisationsstrukturen in den Sumpflandschaften entlang der das Land durchquerenden Mittel- und Unterläufe der Flüsse. Demgegenüber bezeugen Flächen, die spezifischen gemeinschaftlichen Aktivitäten gewidmet sind, die seit Langem existierenden gemeinsamen Praktiken, etwa Faustballspiele oder das Sammeln von Waldfrüchten. Dies ist meine erste Lektion. Sie wird sich in meinem eigenen picardischen Landstrich, dem Amiénois, bestätigen: Ein Eigentumsrecht, das im Prinzip exklusiv und absolut ist, kann von einer »gemeinsamen« und damit ihr innewohnenden, nicht explizit gemachten Funktion überlagert werden. Sie beschränkt dann die Ausübung

25 | Anlässlich des Wiederaufbaus nach dem 1. Weltkrieg Anfang der 1920er Jahre haben jene Bodengesellschaften, die auf ausländischem Kapital beruhten, vom psychologischen Schockzustand und der finanziellen Unabhängigkeit profitiert, um sich beträchtlicher Ländereien zu bemächtigen und deren Bewirtschaftung einer kapitalistischen Rationalisierungslogik zu unterziehen.

dieses Rechts zum Nutzen aller Mitglieder einer bestimmten Gemeinschaft, soweit und solange diese Funktion es erfordert. Mangels Spieler transformieren zum Beispiel die Faustballplätze entweder zu Gemeindeplätzen oder zu Materiallagern, zu Blumenrabatten und anderem mehr. Die Funktionslogik triumphiert über die institutionelle Logik![26]

Diese Praktiken veranschaulichen, dass hinter der geteilten Nutzung von gemeinsamen Orten Raumvorstellungen auftauchen, die gewöhnlich im Dunkeln bleiben. Es sind topozentrische Raumvorstellungen, die in den afrikanischen Gesellschaften geläufig, aber hier in Europa, aufgrund der Dominanz geometrischer Raumvorstellungen, vergessen sind. Geometrische Vorstellung führen zur Vermessung des Raums und ermöglichen damit, dass dem Maß ein Tauschwert zugewiesen und das Vermessene letztlich in den Markt überführt werden kann (Le Roy 2011). In einer topozentrischen Vorstellung hingegen sind alle Räume jeweils durch einen Ort (Stelle, Punkt) identifizierbar, der eine eigene Funktionalität hat. Diese Räume können sich überschneiden, wenn sie unterschiedliche Funktionen erfüllen, und sie können Grenzen schaffen und damit Territorien markieren, wenn die Funktionen ähnlich sind. Das können politische, wirtschaftliche, religiöse oder andere Funktionen sein. All dies prägt die Formung eines Territoriums.

Man kann also beobachten, wie sich funktional ausdifferenzierte Commons in ein und demselben Gebiet überlagern. Zugleich ist dieses Gebiet formell, nach den Regel des positiven Rechts, konkreten Eigentumsverhältnissen zugeordnet. Solche »Schichtungen« des Rechts mit verschiedenen Kontrollformen verkomplizieren natürlich das Verständnis der Kultur der Menschen und ihrer Netzwerke. Denn im Grunde ist es so: Sobald wir in die Logik der Commons eintreten, versagen einige unserer gewohnten Interpretationsmechanismen für das Funktionieren einer Gesellschaft und ihrer formellen Regulierungsinstanzen. Sie vermögen dann mitunter nicht mehr, als Informationen verzerrt abzubilden – bis hin zur Karikatur.

Im Jahr 2003 kam ich auf Michel Alliots Arbeiten zurück, in denen er die Auffassung vertrat, dass eine Gemeinde oder Gemeinschaft dreifach teilt: Lebensbereiche, ein besonderes Verhalten und ein Entscheidungsfeld. Dieses dreifache Teilen macht Gemeinschaften zu etwas potentiell Totalitärem, sofern die Praktiken des Teilens nicht durch plurale Zugehörigkeiten und Identitäten korrigiert werden. Wir leben ja de facto in vielen Welten zugleich: Familie, Schule, politisches Engagement, Berufsleben, Sport und mehr. Und in jeder dieser Welten haben wir einen eigenen Status und eine eigene Identität. Auch wenn sich das traditionelle, gemeinschaftliche dreifache Teilen in einer Gesellschaft, die durch marktorientiertes Verhalten und staatliche Kontrolle transformiert wurde, nicht mehr reproduziert, so werden doch in diesen multiplen Teilzeit-Identitäten gelegentlich Praktiken

26 | Diese Einsicht wird auch von Carol M. Rose (1994) in: *Property and Persuasion: Essays on the History, Theory and Rhetoric of Ownership*, Boulder, Colorado, Westview Press, unterstrichen. Darin widmet sie sich der rechtlichen Anerkennung üblicher Landnutzungen im Mittelalter innerhalb feudaler Regime, etwa dem Recht der Commoner auf das jährliche Maibaumsetzen, das dem Eigentumsrecht des Feudalherren übergeordnet wurde (Anm. der Hg.).

des Teilens favorisiert, oft von solchen Gruppen, die ich als »Neo-Gemeinschaften« bezeichne.

Eine Beilage zum Thema »Nachhaltige Entwicklung« der *Le Monde* vom 4. April 2014 unter dem suggestiven Titel »Die Wette des Teilens«, befasst sich mit den Commons aus der Perspektive des »anderen Konsumierens«. Sie skizziert vor allem die Wirkungen von Fahrgemeinschaften und Formen des genossenschaftlichen Zusammenlebens, so wie es in Frankreich durch das sogenannte Gesetz ALUR (Gesetz über den Zugang zu Wohnraum und Stadterneuerung) nach deutschen Vorbild gefördert wird. Die Journalistin Marie-Béatrice Baudet merkt an, dass sich »Gewohnheiten vor allem unter der Jugend ändern. Das ist sicher, aber damit noch keine Revolution.« Sie zitiert Remy Oughiry vom Meinungsforschungsinstitut IPSOS: »Die Anhänger des kollaborativen Konsums lehnen die Konsumgesellschaft überhaupt nicht ab. Sie wollen nur die Kontrolle darüber zurückzugewinnen.« Und er ergänzt: »Der Wunsch nach Eigentum bleibt sehr hoch.«

So wie Herr Jordan in *Der Bürger als Edelmann* von Molière entdeckte, dass er sich prosaisch ausdrückte, ohne es zu wissen, so praktizieren wir Commons durch und in unseren gemeinsamen Erfahrungen, die wir nicht mehr als gemeinschaftlich benennen. Denn unter dem Einfluss des Neoliberalismus hat sich der Begriff der Gemeinschaft in der politischen Diskussion in Frankreich in etwas Negatives verwandelt, ein Gegensatz zur Idee vom guten Leben und ein Schreckwort in der politischen Debatte, mit all den Nebenwirkungen, die das mit sich bringt (Hatzfeld 2011).

In Folge dessen stehen wir vor einer Schwierigkeit: Wir legen Verhaltensweisen des Teilens an den Tag, die oft beständig sind, aber nicht mit einer Commons-Praxis in Verbindung gebracht werden. Und wenn versucht wird, dieses Verhalten zu benennen, dann geschieht das meist unter Verwendung des Begriffs »Gemeingut«, der sich aufgrund seiner semantischen und politischen Zweideutigkeit zwar als bequem erweist, aber aus juristischer Sicht widersprüchlich ist. Ein Gut ist eine Sache, die sich im Privatbesitz befindet und über die man vollständig verfügen kann, während ein Commons nicht beliebig veräußert werden kann. Ich werde deshalb den letzten Teil dem rechtlichen Status der Commons widmen. Dies setzt im Prinzip voraus, dass zunächst Kategorien und Rechtsbegriffe eingeführt werden, doch darauf werde ich aus Platzgründen verzichten.

Die Rechtmäßigkeit der Commons

Das oder die Commons[27] stellen uns vor zwei Probleme: das Schweigen des Rechts und der Wortschwall desselben, wenn es vorgibt zu regeln, was durch dieses Recht gar nicht zu regeln ist. Dieser offensichtliche Widerspruch verlangt nach einer Art anthropologischer Zustandsbeschreibung des Rechts, um die Schwierigkeiten verständlich zu machen, denen ich mich im Anschluss zuwende.

27 | Ich nutze meist den Plural um eine Abstraktion zu vermeiden, die reproduzieren würde, was die dem philosophischen Idealismus verbundenen Positivisten tun: das »Gemeine« als ein Gut, als Objekt des Eigentums oder ähnlich Fiktives behandeln.

Dass Juristen das Recht missbrauchen, ist aus ihrem Beruf heraus erklärbar. Aber dass eine Mehrheit der Bürgerinnen und Bürger diesem Recht vertraut, um Probleme zu regeln, die damit nicht oder kaum erfassbar sind, das ist nicht akzeptabel. Die anthropologische Erfahrung bringt mich als Forscher dahin einzusehen, dass das Recht von dem wir behaupten, es sei im menschlichen Denken universell, nichts anderes ist als ein Konstrukt, das den jeweiligen zeitlichen und lokalen Gegebenheit entspricht und über mehrere Generationen getestet wurde (in Rom beispielsweise). Erst seit dem 17. Jahrhundert waren in Europa die Bedingungen gegeben, dass es sich verselbständigen und immer weiter spezialisieren konnte, um schließlich ein Bündnis zwischen Staat und Markt einzugehen. Derart gebunden an die politische und ökonomische Macht und im Zuge der kolonialen Abenteuer des 19. Jahrhunderts, hat sich dieses ursprünglich westliche Recht in der ganzen Welt verbreitet. Doch die Herrschaft der Waffen und des Kapitals kann nicht vergessen machen, dass für drei oder vier Milliarden unserer Zeitgenossen, das, was sich »Recht« nennt und mit dem modernen Staat Hand in Hand geht, nicht ihren eigenen Erfahrungen entspricht und stattdessen Misstrauen und Widerstand auslöst.

Menschheitsgeschichtlich gesehen ist das Recht nur ein »folk law«, eine lokale Interpretation eines Prozesses, der viel allgemeiner, aber weniger bekannt ist und den ich Rechtlichkeit nenne, »juricidité«. Wenn diese Rechtlichkeit wenig erforscht ist, dann weil es mächtige politische, ökonomische und ideologische Interessen gibt, die dies verhindern. Es sind dieselben, die nicht zulassen, das Commons positiv wahrgenommen werden.

Zudem gibt es ein Problem mit der Charakterisierung. Wenn das Recht autonom ist (Le Roy 2009) und jene, die es interpretieren, daraus normative Kategorien filtern und semantisch als Kategorien des Rechts behandeln können, rücken andere Erfahrungen (konfuzianische, indigene, muslimische, animistische und so weiter) zwar manchmal in deren Nähe, aber im Grunde bleiben sie heteronom[28]. Rechtlichkeit hingegen ist in und durch jene Praktiken identifizierbar, die nur dann im herkömmlichen Sinne rechtsfähig sind, wenn sie durch eine Autorität, die von der Gruppe ermächtigt wurde, zum Gegenstand von Sanktionen wurden.

Dieses scheinbare Fehlen formaler Anerkennung dessen, was Recht ist und was nicht, ist für europäische Gemüter, vor allem die cartesianischen, zutiefst beunruhigend. Sie neigen nämlich dazu, eine Art Verrechtlichung (»juridisme«) zu betreiben, wie Pierre Bourdieu (1986) das nennt. Darunter versteht Bourdieu die schlechte Angewohnheit von Ethnologen (und anderen), ständig juristische Regeln zu formulieren, Regeln also nach den jeweiligen Konventionen des Rechts auszurichten, wo im Grunde strukturelle Existenzbedingungen, zeitstabile Präferenzen und der Habitus dargestellt werden müsste.

Zwei Dinge sind daher unbedingt zu respektieren: nicht für Recht zu halten, was lediglich Normen sind, die vom Staat erlassen und anerkannt wurden (man nennt es »positives Recht«) und auch das Andere als authentische Hervorbringung rechtlich relevanter Phänomene zu behandeln.

28 | Gegensatz zu »autonom« und damit fremdgesetzlich/fremdbestimmt, abhängig von fremden Einflüssen bzw. vom Willen anderer (Anm. der Hg.).

Vom Recht zur »maîtrise« oder: Die Erkundung einer neuen Rechtsordnung

Zwei Innovationen wurden bereits zur Diskussion gestellt. Die erste hat zunächst eher Interesse als reale kritische Auseinandersetzung provoziert. Das ist wahrscheinlich einem gewissen Hochmut von Juristen geschuldet, die es wenig schätzen, in ihren Gewohnheiten gestört zu werden. Die zweite ist, wie wir sehen werden, noch unbequemer.

Die Idee, dass man ein Recht auf Land (»ius in re«) ausüben könne oder einen Anspruch auf Landzuweisung oder darauf, Gläubiger zu sein, hat sich in unseren Vorstellungen festgesetzt. So fest, dass es schwer fällt einzugestehen, dass auch dies nur ein spezifisches Produkt unserer Denkweise ist. Das Recht wird in diesem Denken autonom gesetzt, als etwas Eigenständiges aufgefasst und als Bedingung für die Autonomie des Einzelnen in der Gesellschaft verstanden. Den großen Abenteuern der Demokratie in England, Amerika und Frankreich liegen jeweils wichtige Erklärungen von Rechten zugrunde. Andere kulturelle Traditionen versuchen eher, den Menschen als Teil komplexer Netzwerke in seiner Interaktion mit und seinen Verpflichtungen gegenüber Anderen zu begreifen sowie in seiner Fähigkeit, diese Netzwerke zu mobilisieren. Um beiden Ansätzen gerecht zu werden, entscheide ich mich für ein interkulturelles Konzept, das der »maîtrise«, der Beherrschung im doppelten Sinne, das ich zunächst so definiere: »Der Begriff der maîtrise legt eine Macht und Kraft nahe, die denjenigen eine besondere Verantwortung verleiht, die sich ein Territorium mehr oder weniger exklusiv vorbehalten, weil sie tatsächlich von dem, was dort geschieht, betroffen sind. Der Begriff erlaubt es, Souveränität und Eigentum miteinander zu verbinden – die die Debatte um Landnutzung »rahmen« (...) –, indem er betont, dass Rechte und Verantwortung aus der konkreten Beziehung zum Raum (hier: Land, A.d.Ü.) entstehen können und dass diese Verantwortung im Kern erhalten oder gesichert werden muss« (Le Roy 1995: 489). Indem er anthropologische und interkulturelle Aspekte aufgreift, ermöglicht dieser spezifische Kontrollbegriff nach Catherine und Olivier Barrière, »ein System der Vermögensverwaltung sozio-ökologischer Beziehungen im Herzen der internen und externen Beziehungen der Gemeinschaften« anzusiedeln (Barrière und Barrière 2002: 315).

Der Begriff der »maîtrise« sowie mehr Klarheit über die Aneignungs- und Nutzungsformen der Ressourcen und ihrer gemeinschaftlichen Verwaltung befähigen uns einzuschätzen, was nach den Konventionen einer jeden Gruppe, Gemeinschaft oder Gesellschaft in einem spezifischen Moment ihrer Geschichte einer Commons-Logik entspringt und was nicht. Als wissenschaftliches Vorgehen stützt er sich nicht auf eine A-priori-Definition dessen, was Commons »in seiner Essenz« ist. Er schärft vielmehr unseren Blick für das, was Menschen teilen und rückt so Strategien gemeinschaftlichen Handelns ins Zentrum.

Zum Schluss

Commons in Alltag, Wirtschaft und Recht wieder lebendig zu machen erscheint wie eine Revolution, die entweder als Wiederentdeckung vorkapitalistischer und vorstaatlicher Organisationsprinzipien interpretiert werden kann oder als Bruch mit der aktuellen politischen Ordnung. Aber wird das der Sache gerecht?

Pierre Dardot und Christian Laval schreiben im Nachwort ihres bereits zitierten Werkes: »Commons sind die neue politische Rationalität, die die neoliberale Rationalität ersetzen muss« (Dardot und Laval 2014: 572). Sie setzen prometheische Akzente zur Größe dieser Idee von Revolution als Selbstinstitution der Gesellschaft: »Als Prinzip definieren Commons eine Norm der Nicht-Aneignungsfähigkeit. Das erfordert in der Tat, alle sozialen Beziehungen ausgehend von dieser Idee neu aufzubauen: Nicht-Aneignungsfähigkeit heißt dabei nicht, [...] dass es unmöglich wäre, sich etwas zuzueignen, sondern, dass man es nicht aneignen soll. Dass es also nicht erlaubt ist, sich etwas privat anzueignen, weil es der gemeinsamen Nutzung vorbehalten ist« (ebd.: 583).

Es gibt keine gemeinsamen Güter, Commons können nur eingeübt werden.

Literatur

Alliot, M. (2003): »*Modèles sociétaux: les communautés*«, *Le droit et le service public au miroir de l'anthropologie*, Paris, Karthala, S. 73-78.

Appadurai, A. (2013): *Condition de l'homme global*, Paris, Payot.

Barrière, Catherine und Olivier (2002): *Un droit à inventer. Foncier et environnement dans le delta intérieur du Niger (Mali)*, Paris, IRD.

Bollier, D. (2014): *La renaissance des communs, pour une société de coopération et de partage*, Paris, Éditions Charles Léopold Mayer.

Bourdieu, P. (1986): *Habitus, code et codification, Actes de la recherche en sciences sociales*, Band 64, September 1986, S. 40-44.

Dardot, P., und Ch. Laval (2014): *Commun, essai sur la révolution au XXI° siècle*, Paris, Le Découverte.

De Soto, H. (2000): *The mystery of Capital. Why Capitalism Triumphs in the West and Failes Everywhere Else?* Battman Press.

Hatzfeld, M. (2011): *Les lascars, une jeunesse en colère*, Paris, Autrement.

Le Roy, É. (1970): *Système foncier et développement rural, essai d'anthropologie juridique sur la répartition des terres chez les Wolof ruraux de la zone arachidière nord*, Sénégal. Diplomarbeit, FDSE Paris, Ronéo.

— (1995): »Le pastoralisme africain face aux problèmes fonciers«, in: Daget, Philippe, M. Godron (Hg.), *Pastoralisme; Troupeaux, espaces, sociétés*, Paris, Hatier AUPELF-UREF, S. 487-510.

— (mit A. Karsenty und A. Bertrand) (1996): *La sécurisation foncière en Afrique, pour une gestion viable des ressources renouvelables*, Paris, Karthala.

— (1999): »Au delà de la relation public-privé, l'apparition de la notion de ›communs‹ dans les expériences actuelles de décentralisation administrative en Afrique francophone«, in: J. Rösel und T. von Trotha (Hg.), *Dezentralisierung, Demokratisierung und die lokale Repräsentation des Staates*, Köln, Rüdiger Köppe Verlag, S. 69-78.

— (2009): »Autonomie du droit, hétéronomie de la juridicité«, in: Sacco, R. (Hg.), *Le nuove ambizioni del sapere del giurista: anthropologica giuridica e traducttologia giuridica,* Rom, Academia Nazionale dei Lincei, Atti dei convegni Lincei 253, S. 99-133.

— (2011): *La terre de l'autre, une anthropologie des régimes d'appropriation foncière,* Paris, LGDJ, Sammlung: Droit et société, série anthropologie.

— (2014) [2012]: »Sous les pavés du monologisme juridique, prolégomènes anthropologiques«, in: Parance et al., S. 81-101.

Parance, B., und J. de Saint Victor (Hg.) (2014): *Repenser les biens communs,* Paris, CNRS éditions.

Saïd M. (2009): *Foncier et société aux Comores,* Paris, Karthala.

Étienne le Roy ist emeritierter Professor für Rechtsanthropologie an der Universität Panthéon-Sorbonne, wo er zwischen 1988 und 2007 die Forschungsgruppe zur Rechtsanthropologie und zwischen 1993 und 2003 die Afrikastudien geleitet hat. Seit Mitte der 1960er Jahre widmete er sich Feldstudien zu Landrechtsfragen und -politik. Aus seinen zahlreichen Publikationen ist hervorzuheben: *Le jeu des lois, (Das Spiel der Gesetze,* Paris, LGDJ, 1999) als theoretischer Beitrag für eine »rechtsdynamische« Anthropologie sowie *La terre de l'autre (Das Land des Anderen,* Paris, LGDJ, 2011), eine Synthese seiner 40-jährigen Forschungsarbeit zu Landfragen.

Subjektivität, Emotion und (nicht) rationale Commons

Andrea J. Nightingale

Wann immer ich erzähle, dass ich zur Küstenfischerei aus Commons-Perspektive arbeite, ernte ich abfällige Reaktionen. Viele gehen nach wie vor davon aus, dass es sich bei Commons um eine unabwendbare Umweltkatastrophe handelt oder – wenn sie doch eine vage Vorstellung von Gemeingütern haben – dass alle Fischerinnen und Fischer von Gier getrieben werden. Dagegen legen meine Erfahrungen an der Westküste Schottlands nahe, dass die gemeinsame Bewirtschaftung von Fischgründen nicht in erster Linie an der individuellen Nutzenmaximierung orientiert ist, sondern zunächst einmal mit Subjektivität zu tun hat und auf anderen Verhaltenslogiken.

Als ich anfing, mir über Vorstellungen von Subjektivität und Emotionen in Bezug auf die Fischerei Gedanken zu machen, hielten mich die meisten für verrückt. Mit Fischerinnen und Fischern über ihre Gefühle reden? Doch wie sich bald herausstellen sollte, war ich auf der richtigen Fährte. Ein Fürsprecher der Fischer sagte mir lachend, »Menschen sind bestimmt nicht rational, vor allem Fischer nicht. Ihre Entscheidungen beruhen auf anderen Faktoren.«[1] Es faszinierte mich zu ergründen, worum es sich bei diesen »anderen Faktoren« handeln könnte.

Mein Forschungsvorhaben beginnt mit der herausragenden Arbeit von Elinor Ostrom und anderen über Design-Prinzipien für Commons.[2] Diese konzentrieren sich auf die institutionellen Regeln und Normen, die für eine effektive Bewirtschaftung kollektiver Ressourcen erforderlich sind. Theoretisch folgen die Arbeiten zu den Design-Prinzipien jedoch einem Rational-Choice-Ansatz, der kaum geeignet ist, »nicht-rationale« Verhaltensweisen zu verstehen. Wenn wir diesem Verständnis der Design-Prinzipien Aspekte wie Gender, Verwandtschaftsverhältnisse, emotionale Verbundenheit mit Ressourcen, Landschaften und dem Meer lediglich hinzufügen, kommen wir nicht dahin zu fragen, wie Design-Prinzipien überhaupt entstehen. Deshalb meine ich, dass wir erforschen müssen, wie sich Institutionen, Ressourcen und Gesellschaften zugleich und aufeinander bezogen herausbilden. Wenn wir so vorgehen wird sich zeigen, wie das »Design« eines Commons ein Produkt der Interaktionen, Geschichten und Beziehungen ist, das kontinuierlich

1 | Sinngemäß aus einem nicht aufgezeichneten Telefoninterview.

2 | Vergleiche die Design-Prinzipien für langlebige Commons-Institutionen in diesem Band.

erneuert werden muss. Wenn wir diesen emergenten Prozess als Ausgangspunkt nehmen, dann hat das weitreichende Konsequenzen für unser Verständnis der Dynamik der Commons.

Dabei ist weniger zu klären, wie die Ressourcennutzung die Commons *beeinflusst*, sondern vielmehr einerseits zu erforschen, wie Commons als Institutionen, Orte und Ökosystem in die Gesellschaften, die Commons nutzen, *eingebettet* sind, und andererseits, wie Commons diese Gesellschaften *prägen*. Und hinsichtlich der Bewirtschaftung müssen wir verstehen, wie soziale Prozesse sowohl aus dem Commons-Ökosystem entstehen als auch darin widergespiegelt werden. Beide Zugänge lassen sich nicht sauber trennen, weder räumlich noch zeitlich noch analytisch.

Ich habe die küstennahe *Nephrops norvegicus*-Fischerei in Schottland erforscht, die größte Fischerei in Bezug auf die angelandeten Mengen und die Anzahl der Boote bzgl. *Nephrops*, auch Kaiser- oder Norwegischer Hummer genannt. Wir kennen sie aus dem Handel als Scampi oder Kaisergranat. Gefischt wird sowohl mit Hummerkörben (Reusen auf dem Meeresboden) als auch mit Schleppnetzen, die am Meeresboden entlang gezogen werden, wobei die Reusenfischerei ein höherwertiges, lebendes Produkt ergibt. In dieser küstennahen Fischerei finden sich vorwiegend Boote, die täglich von kleinen Häfen auslaufen und die der Skipperin oder dem Skipper gehören.

An der schottischen Westküste teilen sich jene Fischer mit Hummerkörben und jene mit Schleppnetzen dieselben Fischgründe. Eine Ortschaft hat allerdings alle Schleppnetze aus ihren Fischgründen verbannt und betreibt ein formales, wenngleich rechtlich nicht bindendes Programm, um die Anzahl Hummerkörbe zu begrenzen, die jedes Boot pro Tag nutzen kann. Das ist ein ungewöhnlicher Fall, denn die britische Regierung bestimmt und verteilt die Quoten für den Kaiserhummer, was Fischerinnen und Fischern kaum Möglichkeiten lässt, ihre eigenen Regeln zu setzen. Die Situation ändert sich ständig, denn die Regierung hat 2009 Küstenfischereigruppen eingeführt, um die Bewirtschaftung zu dezentralisieren. Die Autorität dieser Gruppen ist bislang jedoch recht begrenzt. In diesem Kontext möchte ich die »(nicht) rationalen Commons« untersuchen.

Design-Prinzipien und das (nicht) Rationale

Ein großer Teil der Commons-Forschung beschäftigt sich mit den Institutionen der gemeinschaftlichen Bewirtschaftung geteilter Ressourcen. Institutionen (Regeln und Normen) sind unabdingbar, um die extraktive Nutzung dieser Ressourcen zu begrenzen und zu überwachen. Doch mir geht es in erster Linie um die Dynamik von Institutionen sowie um die alltäglichen Praktiken, durch die Institutionen sowohl entstehen als auch über Raum und Zeit hinweg ständig reproduziert werden. Und vor allem möchte ich über Subjektivitäten nachdenken, etwa Gender, Rasse, Klasse und sogar Identitäten wie »Fischer/in«, die – so behaupte ich – für die Art und Weise, eine gemeinsam genutzte Ressource zu bewirtschaften, genauso wichtig sind wie die Institutionen selbst. Subjektivitäten sind also für die Gestaltung von Institutionen von erheblichem Belang. Sie prägen, wie Menschen ihre Beziehungen zu anderen auffassen. Wenn wir das in den Blick nehmen, wird klarer, warum so manche gut durchdachte Institution scheitert.

In meiner Forschung konzentriere ich mich auf jene Praktiken und Interaktionen, die erforderlich sind, um als »Fischerin« beziehungsweise »Fischer« zu gelten, und auf die widersprüchlichen Arten und Weisen, in denen diese Interaktionen die Kooperation untereinander fördern beziehungsweise behindern. Wenn ich zum Beispiel Küstenfischern sage, dass mich interessiert, wie sie zusammenarbeiten, dann lachen sie und behaupten, das würden sie nicht tun. Doch wenn ich mit ihnen im Boot sitze, gibt es einen fast ununterbrochenen Strom von Mitteilungen: Die Skipper geben einander Informationen über die Seeverhältnisse durch, sie machen auf ein fremdes Boot in ihren Gewässern aufmerksam oder warnen Boote, die Schleppnetze ziehen, wenn sie einer Hummerkorbleine zu nahe kommen. Wenn ich darauf aufmerksam mache, gestehen sie bereitwillig zu, dass das ihre Art sei zu kooperieren. Tatsächlich denke ich, dass die meisten der Ansicht sind, dass sie kooperieren *müssen*, um ihre eigene Sicherheit und die ihrer Ausrüstung und ihres Fangs zu gewährleisten. Daraus ergibt sich die Frage, ob diese Formen der Kooperation dazu beitragen, einer formelleren Zusammenarbeit den Boden zu bereiten.[3]

Kooperationsfördernde Beziehungen können gewissermaßen als »rational« gelten. Aus der Perspektive der Gemeinschaft betrachtet, kann es ebenso »rational« sein, Verwandtschaftsbeziehungen zu bewahren wie mit dem Meer verbunden zu sein, insbesondere über lange Zeiträume hinweg. Mit Hilfe von Verwandtschaftsbeziehungen könnten sich Menschen in Krisenzeiten zum Beispiel unterstützen. Deshalb finden sie es logischerweise wichtig, solche Beziehungen aufrechtzuerhalten. Die Rationalität dahinter unterscheidet sich jedoch von jener des »rationalen Fischers« in der Vorstellung von Rational-Choice-Theoretikern. Daher möchte ich die dominante Idee vom »gierigen Fischer« in Frage stellen, indem ich die anderen, »(nicht) rationalen« Beziehungen und Verpflichtungen in den Blick nehme, die für Kooperationen grundlegend sind.

Subjektivität und Kooperation

Mir geht es um den Gedanken, dass Subjektivität eine wichtige Komponente der »(nicht) rationalen« Beziehungen ist, die für informelle wie formelle Arten der Kooperation grundlegend sind. Subjektivität wird häufig mit Identität gleichgesetzt, doch es gibt wichtige Unterschiede zwischen den beiden Konzepten. Subjektivität bezieht sich darauf, wie Menschen in Machtbeziehungen gebracht oder unterworfen werden – und wie sie dagegen Widerstand leisten können. Macht bildet den Kern sozialer Interaktionen; es ist unmöglich, Beziehungen zu konzeptualisieren, die nicht in irgendeiner Art und Weise durch Macht gekennzeichnet sind. Macht kann in Commons in vielerlei Weise wirken: von Ungleichheiten innerhalb der Gruppen der Nutzerinnen und Nutzer aufgrund von Gender, Kaste und Ethnizität über die Beziehungen zwischen der Fischereipolitik oder den politischen Entscheidungsträgern einerseits und den Fischern andererseits bis hin zu subtileren

3 | Auch der vorangehende Beitrag von Étienne Le Roy dokumentiert eindrücklich, wie Commons nicht als solche wahrgenommen werden, weil Commoning-Prozesse unreflektiert bleiben (Anm. der Hg.).

Dimensionen der Macht, wie sie sich etwa aus den unterschiedlichen Erfahrungen und Wissensständen über Commons-Ressourcen ergeben – sie alle erzeugen unterschiedliche Subjektivitäten, die wiederum die Menschen, die mit Commons zu tun haben, unterschiedlich zueinander und zu Commons selbst positionieren. So muss man in der Fischerei zur See fahren und Fisch fangen, um »Fischer« zu sein bzw. zu werden. Das ist für die Selbstdefinition der Fischerinnen und Fischer entscheidend, und auch dafür, wie sie gewisse Einstellungen und Verhaltensweisen in andere Aspekte ihres Lebens integrieren, unter anderem in die Gestaltung der formalen Fischereiinstitutionen.

Subjektivitäten sind nicht notwendigerweise negativ. Sie sind eine Folge der multidimensionalen Aspekte der Macht und erschweren es, Macht als etwas zu begreifen, dass lediglich in eine oder auch zwei Richtungen wirkt. Macht gibt dem Subjekt die Möglichkeit zu handeln, und jeglicher Widerstand gegen eine dominierende Macht wird Widersprüche mit sich bringen. Doch um der Macht etwas entgegenzusetzen, ist zunächst zu akzeptieren, dass man der jeweiligen Macht unterliegt. So ist in der schottischen Fischerei das Subjekt »Fischer« von einem großen Geflecht ökonomischer, politischer und sozialer Beziehungen abhängig, in denen das Fischen als historische, kulturelle, technologische und rechtliche Praxis definiert und überwacht wird. Betrachten wir in diesem Kontext, wie Macht funktioniert: Die Fischerinnen und Fischer können zum Beispiel die Fischereibestimmungen nicht in Frage stellen, ohne zunächst hinzunehmen, dass sie deren Regulierungen unterliegen. Die über sie ausgeübte Macht gibt ihnen jedoch auch die Macht, in unterschiedlicher Weise zu agieren. Auch können Fischer nicht behaupten, dass sie ihre Fischgründe schützen, ohne zugleich der Idee Vorschub zu leisten, dass sie die Fischbestände ausbeuten und dass die Fischgründe überhaupt jemandem gehören.

Meist wird im Nachdenken über Commons Macht als etwas aufgefasst, das eine ansonsten gut funktionierende Gemeinschaft entgleisen lassen kann, oder als etwas, das in Individuen steckt und von diesen zur Gewinnmaximierung eingesetzt werden kann, indem sie die gemeinsame Ressource ungeachtet der anderen Nutzerinnen und Nutzer übermäßig ausbeuten. Eines der bekanntesten Beispiele ist die Überfischung oder die Missachtung von Fangquoten. Doch seit kurzem stehen einige schottische Fischerinnen und Fischer an vorderster Front freiwilliger Programme, in denen es darum geht, nachhaltige Fischereien zu schaffen. In einem dieser Programme sind etwa Weißfischboote dazu angehalten, Gebiete mit vielen jungen Dorschen zu melden und aktiv zu meiden. In einem anderen wurde – wie bereits erwähnt – bewegliches Fanggerät aus einer mit Hummerkörben genutzten Fischereizone verbannt. Das ist recht ungewöhnlich, denn diese Zone lässt sich relativ klar als »lokaler Fischgrund« abgrenzen: Eine Seite wird von einer Militärzone »geschützt«, und einen anderen Teil grenzt die Topographie der Küste eindeutig ab.

Vor etwa 15 Jahren waren die Fischerinnen und Fischer in dieser Gegend zunehmend in Sorge, weil die Fangmengen zurückgingen. Sie setzten einige legale sowie – in den sogenannten »Schleppnetzkriegen« – etwas dubiosere Taktiken ein, um bewegliches Fanggerät aus ihrer Gegend herauszuhalten. Einer der bekanntesten Vorfälle war die Versenkung eines Wohnwagens, der die Schleppnetze behindern sollte. Das hatte zwar in dieser Hinsicht Erfolg, aber der Übeltäter wurde identifiziert, »weil man vergessen hatte, das Nummernschild abzuschrauben, was nicht so schlau war«, wie ich in meinen Gesprächen erfuhr. Die Gruppe erreichte eine Regelung, die in diesem Gebiet bewegliches Fanggerät teilweise ausschließt und die Zahl der Hummerkörbe begrenzt, die ein Boot pro Tag ausbringen kann. Sie setzen zudem »Ausstiegsluken« ein, sodass die kleineren Kaiserhummer den Korb verlassen können, bevor er gehoben wird. Diese Vereinbarungen sind zwar freiwillig, aber der Ausschluss von beweglichem Fanggerät ist rechtlich bestätigt worden, wenngleich nicht auf Dauer. Die rechtliche Genehmigung muss in regelmäßigen Abständen erneuert werden (etwa alle 10 Jahre, aber mitunter bewirken Änderungen in der schottischen Fischereipolitik auch Änderungen der Verbotsregelungen). Da der Fischgrund inzwischen hervorragend ist, »gibt es mehr Boote, besonders im südlichen Teil des Bereichs, die [unsere Vereinbarung] nicht unterzeichnet haben und sie nicht befolgen. Besonders Max [Pseudonym] ... ist kein Fischer, er ist nur Geschäftsmann«.

Mein Interviewpartner erläuterte mir, warum manche Fischer sich verpflichtet haben, ihren Fang zu begrenzen und andere nicht. Er verweist darauf, dass es einerseits die »Fischer« gibt, die die lokalen Gebräuche respektieren, und andererseits einen »Geschäftsmann«, der einfach auf Gewinn aus ist. In einem anderen Gebiet vergleicht ein Reusenfischer die »Geschäftsmänner«, die mit Schleppnetzen fischen, mit der Reusenfischerei: »Da gibt es Tage, wo du draußen bist und kaum deinen Lebensunterhalt verdienen kannst, aber du bist auf See ... es ist eine Lebensweise.« Dann beschwert er sich darüber, dass die Besatzungen der großen Schleppnetzschiffe im Dorf kein Geld ausgäben und keine Verpflichtung gegenüber der lokalen Gemeinschaft hätten. Er erzählte nicht nur, dass sie unterschiedslos alle möglichen Fische und Meeresfrüchte fingen, sondern legte auch nahe, dass ihre emotionale Bindung zum Meer und zur Gemeinschaft anders sei, und im Ergebnis hätten sie nicht dieselbe Verpflichtung, nachhaltige Fischerei zu betreiben.

Beide Programme sind konstruktiv und proaktiv; sie wollen die Fischerei schützen, bringen jedoch den Fischern keine kurzfristigen finanziellen Vorteile, obwohl die meisten Beteiligten glauben und hoffen, dass sie längerfristig die Lebensfähigkeit der Fischerei sichern werden. Aus einer Rational-Choice-Perspektive allerdings gelten solche Programme als hochgradig irrational. Sie führen oft dazu, dass einzelne Fischer für ihre Arbeit auf See weniger Geld verdienen; daher erkennt man nicht, dass sie deren Interessen dennoch nützen. Dabei – und darauf kommt es mir an – gelten diese Programme nur deswegen als »ungewöhnlich« oder »innovativ«, weil die vorherrschende Sichtweise (die von der Rational-Choice-Theorie selbst gestärkt wird!) stets davon ausgeht, dass Fischer ausschließlich an Profiten oder der Verbesserung ihrer eigenen Situation interessiert sind. Alle Programme, die die Fischerei begrenzen, basieren auf der Annahme, dass Fischerinnen und Fischer versuchen, so viele Fische wie möglich zu fangen. Doch in ihrer alltäglichen Praxis spiegelt sich diese Annahme in der Regel nicht wider. Das liegt größtenteils daran, dass die Identität des »Fischer-Seins« aus der Tätigkeit rührt, zur See zu fahren und in einem Netz von Verwandtschaftsverhältnissen, Gemeinschaften und Beziehungen zu anderen Fischerinnen und Fischern zu leben, die eine entscheidende Rolle dabei spielen, die Fischerei als Tätigkeit und Wirtschaftszweig zu tragen. Es ist wichtig, dass diese Identität *unabhängig von den institutionellen Regeln und in gewissem Maß unabhängig von den vorherrschenden theoretischen Paradigmen* weiterbesteht. Diese Hinwendung zu alternativen Rationalitäten und Identitäten ist essenziell, wenn man verstehen möchte, wie Kooperation bzw. Nicht-Kooperation entsteht, wenn man also verstehen möchte, wie Commons so effektiv funktionieren können.

Die Fischerei als Tätigkeit schafft besondere Körper und Emotionen, was nicht unbedeutend ist im Bemühen, Bewirtschaftungsvereinbarungen auszuhandeln. So finden es Männer, die gewohnt sind, mit einer gefährlichen und körperlich herausfordernden Umwelt umzugehen, physisch und subjektiv buchstäblich unangenehm, ihren Körper in ein Sitzungszimmer zu sperren. Diese Erfahrung verändert die Bedeutung des Fischer-Seins, die eine ebenso körperliche wie politische und emotionale Dimension hat. Fischer, die auf dem eigenen Boot arbeiten und dadurch Nahrungsmittel und Einkommen für die Familie erarbeiten, sind häufig in einer relativ machtvollen Position. Ich habe in Schottland wenige Fischerinnen und Fischer kennengelernt, die nicht auf ihren Beruf stolz waren. Doch das verändert sich und führt zu einer ganz anderen Subjektivität, wenn sich diese Menschen als Zielscheibe von Stilllegungsprogrammen wiederfinden, wenn ihnen die Schuld für den schlechten Zustand ihrer Fischgründe zugeschrieben wird oder sie gezwungen werden, mit politischen Entscheidungsträgern zu interagieren. Ihre Art, Macht auszuüben[4], wird auf tiefgreifende Weise verändert, und sie geraten gegenüber ihrem Beruf in eine eher defensive Position.

Macht und Subjektivität in dieser Art und Weise zu konzeptualisieren lenkt den Blick auf jene Beziehungen und Praktiken, die zur gelingenden Kooperation in den Commons beitragen. Viele dieser Beziehungen und Praktiken gelten nach der engführenden Rational-Choice-Theorie nicht als »rational«. Jede Commons-Beziehung, ob zwischen politischen Entscheidungsträgern und Ressourcennutzern, innerhalb der Nutzergruppen oder zwischen diesen und der größeren Gemeinschaft, bergen die Möglichkeit, dass die Machtverhältnisse entweder Widerstand und Nicht-Kooperation auslösen oder aber viele unterschiedliche Subjektivitäten hervorbringen, die kollektivem Handeln eher zuträglich sind. Wo diese Interaktionen stattfinden, das ist für die Frage der Macht und der Beziehungsgestaltung ebenfalls von Belang. Deshalb müssen wir den Fokus der Commons-Arbeit vom institutionellen Design (von Regeln und Normen) weg und hin zu den alltäglichen Räumen, Erfahrungen und Praktiken lenken, in denen die Bewirtschaftung von Gemeingütern stattfindet. Sie bestimmen mit darüber, ob Bewirtschaftungsregeln angenommen werden, wer sie annimmt, wer ihre Einhaltung überwacht und welche sozialen und Umweltveränderungen sie hervorbringen.

4 | Im Sinne von: sich als daseinsmächtig erleben (Anm. der Hg.).

Auf See arbeiten: Alltagspraktiken und die Ausübung von Macht

Diese Überlegungen scheinen jedoch noch immer weit entfernt von schaukelnden Fischerbooten und übel riechenden Molen, wo Fischer die meiste Zeit verbringen. Ich denke, man muss *den verkörperten Erfahrungen der Fischerinnen und Fischer* Aufmerksamkeit schenken, dort, wo sie interagieren: auf der Mole, den Booten, in Versammlungsräumen und in der Gemeinschaft.

In Schottland ist die Küstenfischerei häufig die Existenzgrundlage kleiner Küstendörfer. Viele Orte haben neben dem Tourismus wenige Beschäftigungsmöglichkeiten. Der Tourismus wiederum hängt davon ab, den Gästen das Image des »Fischerdorfs« zu verkaufen. Eine ältere Frau beantwortete meine Frage, was die größten Veränderungen in ihrer Gemeinde an der Westküste verursacht hat, so: »Nun, hauptsächlich die Fischerei, die Kaiserhummerfischerei. Vor Jahren, so etwa vor 10 oder 15 Jahren, waren nicht so viele Boote von hier draußen, und viele junge Leute sind von hier weggezogen. Aber jetzt sind viele der Jungen wieder da... sie kaufen Häuser und sie bauen Häuser...«

Die Fischerei ist also mehr als ein Beruf. Sie gehört zu den Tätigkeiten, die dafür sorgen, dass die Gemeinschaft lebensfähig und lebendig bleibt. Daher sind Fischerinnen und Fischer in vielfältige Beziehungen eingebettet, die die Fischerei symbolisch und emotional unterstützen, auch wenn die ortsansässige Bevölkerung nur einen sehr kleinen Teil des Fangs direkt vom Boot weg kauft. Die Fischer profitieren nicht finanziell von der Gemeinschaft. Doch sie leben in Beziehungen, die die Menschen intensiv miteinander verbinden – und das folgt einer anderen Rationalität als der Gewinnmaximierung. In diesen Beziehungen erkennen die Beteiligten die Vorteile des Fischens *von eben diesem Ort aus* an, was ihnen unbewusst emotionale Unterstützung bietet, falls sie einmal keinen Fang einbringen sollten. Diese Unterstützung ist notwendig, damit die Fischer dem Ort verbunden bleiben; sonst würden sie zu ertragreicheren Fanggründen ziehen, wie es die »rationale« Theorie nahelegt.

Da es in den Dörfern der Westküste jetzt mehr »lokale« Boote gibt, treibt viele Fischer die Sorge um, dass es bald zu viele von ihnen gibt. Dennoch schlägt niemand vor, dass Menschen ausgeschlossen werden sollen. Stattdessen betonen sie, wie sie kooperieren. Ein Fischer beschrieb es so: »Alle sind frei hinzugehen, wohin sie wollen, aber im Grunde ist dein [Fischgrund] markiert, und es ist ... nun, es ist eher eine Art Absprache, dass du nicht einfach hingehst und über die Reusen eines anderen rüberschießt ... also, das passiert schon mal ... im Grunde weil die Leute denken, dass ein anderer vielleicht was Besseres kriegt, aber im Allgemeinen wird das einem Irrtum mit den Gezeiten zugeschrieben ... aber wenn jemand das offensichtlich tun würde, hierherkommen und sich auf alle anderen draufsetzen würde, dann müsste man was tun, und das würde man vielleicht nicht schwarz auf weiß aufschreiben« (lacht).

Der Fischer legt also nahe, dass die Möglichkeit, jemanden vom eigenen Fischgrund auszuschließen, damit verbunden ist, dass man ein legitimes Mitglied der Gemeinschaft ist. Er nimmt also an, dass jemand, der Absprachen offensichtlich verletzt, von außen kommen müsste. In diesem lokalen Sinne bedeutet »Fischer-Sein« auch, Teil der Gemeinschaft zu sein.

Ein anderer Fischer sprach darüber, dass es unangenehm sei, sich mit anderen Menschen zu konfrontieren und deutete an, dass Beziehungen häufig wichtiger seien als der Fang. In Gebieten, wo sich Fischgründe von zwei Gemeinschaften überlappen, vermeiden sie, dort zu fischen, wo sich Konflikte ergeben könnten. Sie wollen keine Auseinandersetzung riskieren, nur um ein paar zusätzliche Hummer zu fangen.

Diese Fischer sind ganz anders als jene der Fischereipolitik. In vielerlei Hinsicht handeln sie aus Sicht des Wettbewerbs »nicht-rational«. Es wäre zu erwarten, dass Fischer versuchen, neue Boote auszuschließen oder so viel Fang wie möglich einzuholen, auch wenn das zu Konflikten mit ihnen unbekannten Menschen führte. Während die ortsansässigen Männer, die mit der Fischerei zu tun haben, sicherlich auf mehrere Arten und Weisen miteinander konkurrieren, sind sie zugleich hoch angesehen, und zwar wegen der Arbeitsplätze und des Wohlstands, die sie dem Dorf bringen. Sie müssen sich ihrem guten Ruf entsprechend verhalten und fühlen sich an bestimmte lokale Umgangsformen gebunden, die Vorrang vor so manchem eklatant eigennützigen Verhalten haben. Als ich im Gespräch mit der Frau eines Fischers über einige dieser Ideen laut nachdachte, unterbrach sie mich: »Sie haben keine *Wahl*. Ich glaube, es ist ihnen noch nicht einmal bewusst: sie müssen hier dazugehören. Es ist ein Teil davon, wer sie *sind*. So machen wir das hier.«[5]

Auch den Reusenfischern in zwei weiteren Orten der Westküste ist klar, dass sie größere und mehr Kaiserhummer hätten, wenn die Schleppnetzfischerei aus ihren Fischgründen verbannt wäre. Doch sie wissen auch, dass der Fischgrund geteilt werden muss, und sind dagegen, das Trawlern insgesamt zu verbieten. In einem Ort ist der Bruder eines erfolgreichen Reusenfischers körperbehindert. Er kann zwar ein Boot mit Schleppnetzen betreiben, aber nicht mit Hummerkörben arbeiten. Alle sind der Ansicht, dass auch er eine Möglichkeit zum Fischen haben muss. Es ist auch nicht ungewöhnlich, dass Fischer ihre Hummerkörbe gegen ein Schleppnetz eintauschen, wenn sie älter werden und die körperlichen Anstrengungen der Reusenfischerei sie überfordern. Nicht nur alternative Verhaltenslogiken, sondern auch all diese Verpflichtungen der Gemeinschaft gegenüber veranlassen die Fischer in diesem Gebiet auf verschiedene Fischereitechniken (Reusen und Schleppnetze) zu setzen. Interessanterweise ändert sich dies mit zunehmenden Treibstoffpreisen rapide. Dann steigen mehr Schleppnetzfischerinnen und -fischer auf Reusenfischerei um, weil sie deutlich weniger Treibstoff benötigt.

Die Reusenfischer haben Ende 2012 eine Organisation gegründet, die versucht, der Lobby der Schleppnetzfischer eine Alternative zur Seite zu stellen. Sie fördert die Reusenfischerei als klare Verpflichtung auf den kurz- und langfristigen Erhalt der Fischerei. So hat die Vereinigung in einem öffentlichen Statement die neuen Meeresschutzgebiete an der schottischen Küste als willkommene Entwicklung der marinen Raumordnung begrüßt. In manchen Gebieten wird das Fischen begrenzt erlaubt sein, in anderen gar nicht. Die von den Schleppnetzfischerinnen und -fischern dominierten Vereinigungen sprachen sich dagegen entschieden gegen Meeresschutzgebiete aus.

---

5 | Sinngemäß aus einem nicht aufgezeichneten Telefoninterview.

Offensichtlich können solche Machtbeziehungen auch zur Nichtbefolgung und zum Widerstand gegen den Druck führen, ein »gewissenhaftes Mitglied der Gemeinschaft (oder der Vereinigung)« zu sein. In vielen Fischergemeinschaften gibt es mindestens eine solche Person; und in einer Ortschaft, in der ich meine Feldforschung durchführte, warnte man mich vor einem Mann, der als gefährlich gelte. Aber die überwiegende Mehrheit der Fischerinnen und Fischer, mit denen ich gearbeitet habe, ist bewusst und unbewusst in Beziehungen gebunden, so dass sie nicht willens sind, die Frage »Bin ich ein gewissenhaftes Mitglied der Gemeinschaft?« zu meiden.

In Schottland ist die Fischerei meist eine Tätigkeit der Männer. Die Anforderungen der Arbeit sowie der zeitliche Einsatz gelten als unangemessen für Frauen, die Kinder erziehen. Mit wenigen Ausnahmen erledigen sie (die Ehefrauen) die meiste Büroarbeit und all das, was an Land anfällt, doch sie gehen selten selbst auf See. Eine Frau beschrieb mir die Prioritäten der Männer in ihrem Dorf sehr anschaulich: »Ach, Sie kennen doch diese West-Highland-Männer. Für sie ist es so: Arbeit, Pub, Ehefrau.« Bei »Arbeit« hielt sie ihre Hände direkt vor sich, bei »Pub« direkt daneben und bei »Ehefrau« streckte sie dann beide Arme ganz weit zur selben Seite. »Ich bin sicher, sie selbst glauben, dass es umgekehrt ist, aber das stimmt nicht« (lacht). Konflikte haben viel mit der Vorstellung zu tun, wie ein Mann in den Fischerdörfern der Westküste sein sollte. Die Frau betont, dass »anständige Männer« hart arbeiten, und zugleich, dass sich die Rollen von Mann und Frau stark unterscheiden. Sehr wenige Frauen gehen in den Pub. Den eigenen Ruf wahren, die Familie ernähren, hart arbeiten und im Pub trinken sind der Schlüssel dafür, wie männliche Personen zu »Männern« werden, so wie sie durch ihre Tätigkeiten auf See zu »Fischern« werden.[6]

Die hier beschriebenen Beziehungen zu verstehen ist so schwierig, weil es unangemessen ist zu versuchen, Muster zu identifizieren oder Identitäten mit bestimmten Motivationen in Verbindung zu bringen. Wie gezeigt, können die Verpflichtungen der Gemeinschaft genauso zu einem Verbot von beweglichem Fanggerät führen wie zur Nutzung unterschiedlicher Fangtechniken. Es geht darum zu erkennen, dass Beziehungen komplex, kontingent und veränderbar sind. Wenn Commons nicht erfolgreich sind, dann eher wegen der Probleme in diesem Beziehungsgeflecht als wegen des institutionellen Designs. Daher rede ich von (nicht) rationalen Commons[7]. Das berücksichtigt, wie Macht und Beziehungen, so wie ich sie hier beschrieben habe, in Commons funktionieren.

---

6 | Viele Skipper, die ich kenne, sind nicht oft im Pub. Sie trinken eher bei Partys oder zu Hause, wohingegen die eher jüngeren und unverheirateten Mitglieder der Mannschaft viel Zeit im Pub verbringen.

7 | Die Autorin nutzt den Begriff in bewusster Abgrenzung zur Rationalitätsvorstellung in der Rational-Choice-Theorie (Anm. der Hg.).

Sitzungen, Emotion und Subjektivität

Um die kooperationsrelevanten Beziehungen in der Fischerei genauer zu verstehen, muss man sich auch die Orte der Sitzungen oder Besprechungen anschauen. Es gibt sehr viele davon: von informellen Gesprächen auf der Mole zwischen Skippern und anderen Nutzern der See wie den Betreibern von Touristenbooten oder Hafenbehörden, bis hin zu politischen Sitzungen in Edinburgh und Brüssel, an denen Vertreter der Fischer, politische Entscheidungsträger und Wissenschaftler teilnehmen. Die Verlagerung vom Boot in den Sitzungsraum betrifft Fischer in radikal anders. Ich konzentriere mich hier auf Beratungen, bei denen Entscheidungsträger und Regulierer der Fischereipolitik, Fischer und ihre Fürsprecher sowie gelegentlich Umweltgruppen oder Entwicklungsbehörden zugegen sind. Diese Sitzungen werden überwiegend in größeren Orten an der Westküste abgehalten oder in Gegenden, die aus den verstreut liegenden Dörfern zentral zu erreichen sind.

In Interviews bringen etliche Fischerinnen und Fischer viel stärkere Emotionen und pragmatische Verbindungen mit ihren Ressourcen zum Ausdruck als in politischen Sitzungen. Ein Fischer meinte eindringlich: »Menschen, die im Büro sitzen – es kümmert sie noch nicht einmal, ob's regnet.« Ein anderer Fischer sagte: »Sie sind so abgehoben von dem, worum es geht. Wir reden häufig darüber, was es bedeutet, hier zu leben. Wir sind von Grün- und Blautönen [d.h. Natur] umgeben, [politische Entscheidungsträger], die aus der Stadt kommen, sie haben das nicht, sie verstehen nicht, was das bedeutet.«[8] Die Männer bestehen darauf, dass Manager die Realitäten des Fischens und des Lebens in einem abgelegenen Küstendorf nicht verstehen, und halten dies für ein großes Problem, das gemeinsamen Lösungen im Weg steht. Anders gesagt: Fischer und politische Entscheidungsträger haben sehr unterschiedliche Beziehungen zur Ressource, und das prägt entscheidend, wie Machtbeziehungen ausgeübt werden.

Ein Sitzungsraum erzeugt eine ganz andere Subjektivität unter den Fischern als die Zeit, die sie auf dem Boot verbringen. Sie sind sich darüber im Klaren, dass der Sitzungsraum nicht ihr Platz ist. Ein Fischer sagte: »Es ist der Unterschied, ob du auf dem Landungssteg stehst oder in die See springst.« Ein anderer sagte: »Das eine ist real, das andere nicht. Na ja, ich für meinen Teil bin [auf dem Boot] glücklicher.« Ebenso wichtig ist die von vielen Fischerinnen und Fischern hervorgehobene Tatsache, dass viele politische Entscheidungsträgerinnen und Entscheidungsträger dafür bezahlt werden, an Sitzungen teilzunehmen, sie selbst jedoch nicht. Stattdessen nehmen sie sich Zeit, in der sie sonst auf dem Boot wären oder anderes tun würden, um sich Gehör zu verschaffen. Die Räumlichkeit des Sitzungssaals selbst schafft also spezifische Subjektivitäten – sowohl der Fischer als auch der politischen Entscheidungsträger –, die sich dann buchstäblich einander gegenüber sitzen. Dieser Art der Beziehungsgestaltung sind sich die Fischer sehr bewusst. Sie sind sich zudem darüber im Klaren, wie die Grundannahmen der Fischereipolitik die Sitzungsdynamik prägen. Einer sagte: »Die Typen kommen mit ihrem Vorverständnis von vielen Dingen. Und wir den-

---

8 | Singgemäß aus einem nicht aufgezeichneten Telefoninterview.

ken dann: ›Jetzt fängt das schon wieder an.‹ Wir haben sie ziemlich überrascht [als wir anfingen, darüber zu reden, die Reusenfischerei, zusätzlich zum Verbot von Schleppnetzen, zu begrenzen]. Jemand redet über sein eigenes Thema, das haben sie nicht erwartet.«[9] Ein anderer: »Du erläuterst deine Sichtweise, aber sie wollen das nicht hören. Sie haben sich ihre Meinung schon gebildet, bevor sie in die Sitzung gehen.«

Diese Voreingenommenheiten entstehen aus dem, was normalerweise dem Subjekt des »Fischers«/der »Fischerin« zugeschrieben wird. Entscheidungsträger gründen ihre Politiken und Sitzungsordnungen auf Vorstellungen von »rationalen Fischern«, die überwacht und reguliert werden müssen. Die Reusenfischer, die ich hier beschrieb, sind in den Augen der Entscheidungsträger also weniger Ernährer ihrer Familien, die durch Absprachen und die »Gemeinschaft« gebunden sind, nicht zu Ausbeutern des Meeres zu werden, sondern Fischer, denen man ordentliche Fischereibewirtschaftung erst nahebringen muss. Dies erklärt im Kern, warum es so viel Feindseligkeit zwischen ihnen und den politischen Entscheidungsträgern gibt.

Alternative Rationalitäten oder das »nicht Rationale« sind daher Schlüsselkomponenten der Commons. Die Beziehungen und Räume, in denen Fischer interagieren, beeinflussen ihre Subjektivitäten, die wiederum wesentlich dafür sind, wie Macht ausgeübt wird. Meine Arbeit legt nahe, dass diese Machtbeziehungen mit darüber entscheiden, ob Fischer jegliches kollektive Handeln ablehnen oder ob sie sich zusammentun und kooperieren (sei es um gemeinsam zu fischen oder um sich gemeinsam zu wehren). Diese verkörperten Interaktionenformen ermöglichen bestimmte Kooperationswege und blockieren zugleich andere. In der Bewirtschaftung gemeinsam genutzter Ressourcen kommt es also darauf an zu verstehen, wie sich Macht und Beziehungen im jeweiligen räumlichen und politischen Kontext verändern. Hier tritt der Unterschied zu Tage zwischen einerseits der »Bewirtschaftung einer geteilten Ressource«, wie Fischereiprogramme sie versuchen, und andererseits den aus den Verpflichtungen der Gemeinschaft entstehenden Absprachen, die hier beschrieben sind. Das schottische Beispiel zeigt, dass solche Absprachen in den Commons durch Nichteinhaltung oder durch mangelnde staatliche Unterstützung stets gefährdet sind. Er zeigt aber auch die enormen Möglichkeiten, die daraus entstehen, dass Menschen ihre »Commoning«-Verpflichtungen in den Alltag einbringen. Oder, wie die Herausgeberin dieses Bandes, Silke Helfrich, in einem Gespräch über diesen Beitrag formulierte: »Wenn du dich als Commoner siehst und dein Tun im Sinne des Commoning wahrnimmst und reflektierst, dann gelingen Commons besser.«[10]

---

9 | Singngemäß aus einem nicht aufgezeichneten Telefoninterview.

10 | Persönliche Korrespondenz, September 2014.

Emotionale Bindungen an eine Landschaft oder das Meer können diesen Prozess genauso stärken wie gemeinschaftsgeprägte Subjektivitäten.[11]

Andrea J. Nightingale ist Geographin und leitet den Lehrstuhl für »Ländliche Entwicklung im Globalen Süden« an der Schwedischen Universität für Landwirtschaftswissenschaft in Uppsala. Ihr derzeitiges Forschungsinteresse gilt Fragen der Anpassung an Klimawandel und Transformationen, der öffentlichen Autorität, des kollektiven Handelns und der Staatsbildung sowie feministischen Theorien zu Emotionen und Subjektivität in Bezug auf Entwicklungstheorien, kollektives Handeln und Kooperation.

11 | Ich möchte besonders den Menschen an der Westküste danken, die meinem Forschungsprojekt ihre Zeit, ihre Gedanken und ihre Geduld schenkten. Sie haben mir eine Großzügigkeit gezeigt, die mir half, die Bedeutung »gemeinschaftlicher Verpflichtungen« besser zu verstehen. Ich danke außerdem David Donan, Jim Atkinson, Jim Watson und Hamish Mair für Diskussionen über den politischen Kontext und die Herausforderungen, mit denen die Fischerei konfrontiert ist, sowie für ihre Offenheit, die sozialwissenschaftlichen Aspekte ihrer Wissenschaftsdisziplin zu bedenken.

Der Urquell der Fische

Ontologische Kollisionen auf See

Anne Salmond

> Wenn etwas schiefgeht, werden nicht nur unsere Strände ruiniert, sondern die Strände aller.
> *Tweedie Waititi*

Im April 2011 stach eine kleine Flotte Protestboote von der östlichen Bay of Plenty in Neuseeland aus in See. Mit dabei war das Fischerboot San Pietro, das der ortsansässigen Verwandtschaftsgruppe (»Iwi«) namens Te Whanau-a-Apanui gehörte. Iwi-Mitglied Elvis Teddy fuhr als Skipper. Auch Rikirangi Gage, einer der Stammesältesten, war mit an Bord. Damals führte das Spezialschiff *Orient Explorer* im Auftrag des brasilianischen Erdölunternehmens Petrobras eine seismische Vermessung des Raukumara-Beckens durch, das etwa 300 Kilometer nördlich von East Cape liegt. Hier befinden sich auch die angestammten Fischgründe der Te Whanau-a-Apanui. Im Jahr 2010 hatte Petrobras die Genehmigung der neuseeländischen Regierung erhalten, in diesen Gewässern nach Öl zu suchen. Die führenden Köpfe der Iwi waren empört, als sie von dieser Explorationsgenehmigung aus der Presse erfuhren. Schließlich hatte Königin Victoria im Jahr 1840 mit ihren Ahnen den Vertrag von Waitangi unterzeichnet und darin den »vollständigen, exklusiven, ungestörten Besitz ihrer Ländereien und Anwesen, Wälder, Fischgründe und anderen Besitztümer [garantiert], ... solange es ihr Wunsch und Anliegen ist, dieselben in ihrem Besitz zu halten« (Waitangi-Vertrag, Artikel 2). Erst im Jahr 1975 wurde das Waitangi-Tribunal eingerichtet, das Vertragsbrüche prüfen soll. Seitdem hat das Tribunal im ganzen Land Anhörungen abgehalten und ist zahlreichen Beschwerden von Maori-Gruppen nachgegangen, auch in Bezug auf die Fischerei und die Nutzung des Meeres. Es hat die entsprechenden Berichte und Empfehlungen veröffentlicht und dazu beigetragen, dass mehrere Regierungen in diesem Zeitraum verschiedenen Iwi im ganzen Land Entschuldigungen sowie Geld- und Sachabfindungen angeboten haben.

Als die Führung der Te Whanau-a-Apanui mit dem Premierminister zusammen kam, um sich gegen die Ölbohrungen in ihren angestammten Gewässern auszusprechen, drückte der Premier zwar Verständnis aus, doch er weigerte sich, die Genehmigung zurückzuziehen. Der Stamm war fest entschlossen, die eigene

Sichtweise deutlich zu machen und bat öffentlich um Unterstützung. Die Umweltgruppe Greenpeace reagierte und sandte Protestboote zur Bay of Plenty.

Die Wut über die Erdölexploration nahm zu, plötzlich waren in den Fenstern und an den Zäunen entlang der Straße zwischen Opotiki und Gisborne Schilder und Plakate zu sehen. Mahnfeuer wurden angezündet und große »Haka« (Kriegstänze) an den Stränden aufgeführt. Im April 2011 schwammen Protestierende von Greenpeace unter den Augen der Luftwaffe, der Marine und der Polizei der Orient Explorer in den Weg. Die Polizei erteilte Verwarnungen gemäß dem Seeschifffahrtsgesetz und befahl den Booten und ihren Besatzungen, 200 Meter Entfernung zum Schiff einzuhalten. Die Überschreitung sollte mit einer Strafe in Höhe von 10.000 Neuseeländischen Dollar oder bis zu einem Jahr Gefängnis geahndet werden (Hill 2011). In einem Medieninterview drückte Tweedie Waititi von den Te Whanau-a-Apanui ihre Überraschung über die Gefühle ihres Volks aus: »Wir sind die friedfertigste Iwi der Welt. Und ich werde Ihnen was sagen: Die Regierung hat eine Art ›Taniwha‹ (Schutzkreatur) zum Leben erweckt. Es überrascht schon sehr zu sehen, dass mein Volk in dieser Art und Weise reagiert. Wir sind in dieser Hinsicht alle sozusagen jungfräulich. Wir kämpfen nie« (Waititi 2011).

Wie andere Neuseeländerinnen und Neuseeländer hatten die Mitglieder des Stammes viel von der Explosion der Deepwater Horizon im Golf von Mexiko erfahren und natürlich von ihren Folgen für das Meer, die Meeresbewohner, die Küsten, Mündungsgebiete und die Existenzgrundlagen der ortsansässigen Bevölkerung. Sie fürchteten eine ähnliche Katastrophe in ihren angestammten Gewässern. Tweedie sprach auch von ihrer Sorge um Moki, den heiligen Fisch, der jedes Jahr von seiner Heimat Hawaiki in die Gewässer der Te Whanau-a-Apanui migriert. »Dort ist die Heimat des Moki, genau dort, wo sie bohren wollen. Jedes Jahr im Juni erscheint ein Stern am Himmel, mit Namen Autahi; das ist unser Zeichen, dass der Moki heimgekehrt ist.« Einige Gemälde im Speisesaal und im geschnitzten Versammlungshaus in Kauaetangohia marae[1] in Whangaparaoa erzählen die Geschichte des Moki. Ich hatte bereits Jahre zuvor von diesem heiligen Fisch gehört, als ich mit Eruera Stirling, einem führenden Stammesältesten der Iwi, an einem Buch über seine Vorfahren und sein Leben arbeitete. Er erzählte mir von seiner Jugend, als Manihera Waititi, ein Stammesältester, ihn und seinen älteren Bruder einlud, den »ersten Fisch« zu fangen und damit die Moki-Saison zu eröffnen. Bei dieser Gelegenheit gingen die beiden Jungen vor Sonnenaufgang zum Whangaparaoa-Fluss und bestiegen Maniheras Boot. Mit einer ablandigen Brise im Rücken führte sie der Älteste zum Moki-Fischgrund etwa hundert Meter vor dem Strand von Ratanui, wo die Reisekanus ihrer Vorfahren an Land gekommen waren. Nachdem sie mehrere Moki gefangen hatten, machten sie sich zu einem Tiefwasserfischgrund auf, wo sie weitere Exemplare fingen. Zurück an Land, gab

1 | Ein Marae ist in den pazifischen Kulturen ein abgegrenztes Areal für zeremonielle Zwecke, oft mit einer Tempelanlage bebaut. In Neuseeland haben die meisten Stämme (Iwi), Unterstämme (Hapu) und auch kleinere Maori-Gemeinschaften ihre eigenen Marae, an denen Begrüßungen, Reden und zahlreiche kulturelle Aktivitäten stattfinden. Mitunter werden die Marae auch für offizielle Zeremonien der Schulen oder gar Universitäten benutzt (Anm. der Hg.).

der alte Mann den beiden Jungen den Moki. Sie sollten ihn mit nach Hause nehmen, denn ihrer Mutter Mihi Kotukutuku, sollte als Stammesoberhaupt der erste Fisch präsentiert werden.

Eruera zufolge werden die Gewässer vor seinem Heimatdorf »Te Kopua a Hine Mahuru« genannt, die tiefen Gewässer von Hine Mahuru, der Vorfahrin seines Volkes. Die dortigen Fischgründe und Muschelbänke sind mit dem geschnitzten Versammlungshaus an Land verknüpft. Auch das Haus ist nach dieser hochgeborenen Frau benannt, deren »Mana« (Macht der Vorfahren) sich über Land und Meer erstreckte. Der Fels Whangaipaka steht in diesen Gewässern und wird von einem Kai-tiaki (Hüter), einem großen Stachelrochen, bewacht. Wenn Fremde ohne Erlaubnis dorthin gingen, fegte eine große Welle mit dem Stachelrochen über den Fels und ertränkte die Eindringlinge. Eruera erzählte mir, wie sorgfältig die Muschelbänke und Fischgründe zu seiner Zeit gehütet wurden:

»Jeder Landstrich hatte seine eigenen Muschelbänke, die den dort ansässigen Menschen vorbehalten waren. Wenn ein Fremder beim Muschelernten beobachtet wurde, musste er sich vorsehen. Käme er an Land, wäre er ein toter Mann. Fischen war stark ›tapu‹, das heißt: von der Gegenwart der Vorfahren durchdrungen; und jede Familie hatte ihre eigenen Fischgründe. Dort durfte niemand anderes fischen, sonst gäbe es eine große Auseinandersetzung. Die alten Menschen achteten sehr genau darauf, wie man mit dem Meer umging; niemand durfte draußen auf den Booten essen oder rauchen. Nahm ein Mann Essen mit, wenn er zum Fischen herausfuhr, würde er den ganzen Tag mit leerem Angelhaken und leerer Leine dasitzen. Manchmal, wenn die Fischerei sehr schlecht lief, begannen die Menschen nach den Ursachen zu forschen, und wenn sie den Schuldigen gefunden hatten, würde er große Schwierigkeiten bekommen, weil er das heilige ›Tapu‹-Gesetz gebrochen hatte. Die Menschen würden ihn windelweich prügeln, und er durfte eine ganze Zeit lang nicht aufs Meer fahren. Wenn so etwas zu Hause passierte, würdest du von den Menschen stigmatisiert« (Stirling 1980: 106).

Angesichts dieser intensiven Verbindung zwischen den Menschen, ihrem Land und ihren Gewässern überrascht es nicht, dass die Te Whanau-a-Apanui empört waren, als die Regierung ohne Vorwarnung einer Ölgesellschaft die Genehmigung erteilte, in ihren angestammten Gewässern nach Bodenschätzen zu suchen. Als Rikirangi Gage sich als hochrangiger Führer der Iwi der Protestflottille anschloss, ignorierte die Regierung diese Geste. Einige Tage später fuhr das Fischerboot San Pietro quer vor den Bug der Orient Explorer. Es zog dabei Angelleinen für den Thunfischfang sowie miteinander vertäute Bojen hinter sich her. Als der Kapitän des Vermessungsschiffs sie aufforderte fernzubleiben, erwiderte Gage: »Wir bleiben hier. Wir werden fischen.« Kurz darauf enterten Polizeibeamte das Boot, nahmen den Skipper Elvis Teddy fest und lasteten ihm einen Verstoß gegen das Seeschifffahrtsgesetz an. Zurück an Land verteidigte sich Teddy; er habe lediglich sein im Vertrag von Waitangi garantiertes Recht ausgeübt, in seinen angestammten Gewässern zu fischen. Wenn sein Boot in die Nähe der Orient Explorer geraten war, dann sei dies die Schuld des Kapitäns des Vermessungsschiffs, der das Fischerboot nicht gemieden habe (Woolford 2013). Teddy wurde belangt. Während seines Verfahrens vor der ersten Instanz, dem Auckland District Court, argumentierten seine Anwälte, dass das Seeschifffahrtsgesetz nicht gelte, weil die Konfrontation außerhalb der 12-Meilen-Zone vor Neuseeland stattgefunden habe. Der Richter stimmte dieser Argumentation zu, und das Verfahren wurde eingestellt. Als die Polizei jedoch in die nächste Instanz ging, befand das Gericht, dass die San Pietro als neuseeländisches Boot auch auf hoher See unter neuseeländische Gerichtsbarkeit falle. Obwohl es dazu im Seeschifffahrtsgesetz keine spezifische Bestimmung gebe, müsse das Gesetz auch über die 12-Meilen-Grenze hinaus gelten, da sonst die neuseeländische Regierung nicht in der Lage sei, ihren internationalen Verpflichtungen gemäß dem Seerechtsübereinkommen der Vereinten Nationen von 1982 nachzukommen (Webster und Monteiro 2013).

Nach diesem Urteil erklärte Teddys Anwalt in einem Statement, dass die neuseeländische Regierung mit der Bohrgenehmigung in den Gewässern der Te Whanau-a-Apanui – ohne den Stamm vorab zu konsultieren – nicht nur den Vertrag von Waitangi, sondern auch die Erklärung der Vereinten Nationen über die Rechte der indigenen Völker, die Neuseeland unterzeichnet hatte, gebrochen habe. Er begründete den Rechtsbruch zudem damit, dass die Regierung Marine, Luftwaffe und Polizei eingesetzt habe, um Teddy und Gage daran zu hindern, in ihren angestammten Gewässern zu fischen (Te Whanau-a-Apanui 2012). Kurz darauf verschärfte die Regierung die Kontrolle über neuseeländische Schiffe auf hoher See noch mehr, indem sie ein heiß debattiertes Gesetz verabschiedete, das Proteste auf See in der Nähe von Ölerkundungsschiffen verbot (Devathasan 2013).

Der Konflikt zwischen Te Whanau-a-Apanui einerseits und Petrobras sowie der Krone andererseits war nicht nur eine physische Konfrontation. Er war vielmehr eine »ontologische Kollision«, ein Konflikt zwischen verschiedenen »Welten« oder Seinsweisen – in dem unterschiedliche Ansprüche auf das Meer, unterschiedliche Vorstellungen von kollektiven Rechten sowie unterschiedliche Freiheitsbegriffe und dessen Schranken verhandelt wurden. Das ist nicht einfach eine Konfrontation zwischen verschiedenen Kulturen oder Ethnien, sondern eine komplexe Geschichte, die in den Beteiligten sehr unterschiedlich wirkt.

Die See als Protestschauplatz

Viele Neuseeländer erinnerte die verfahrene Situation zwischen der San Pietro und dem Vermessungsschiff an eine Episode aus dem Jahr 1973, als die neuseeländische Regierung versuchte, Frankreichs Atomtests im Pazifik zu stoppen. Sie entsandte zwei Fregatten samt einem Kabinettsmitglied zum Moruroa-Atoll in den Gesellschaftsinseln, wo die Tests durchgeführt wurden. Damals wurde eine Greenpeace-Jacht nahe Moruroa geentert und der Skipper von französischen Marinesoldaten tätlich angegriffen.

Als die neuseeländische Regierung schließlich 1984 das Land zur atomwaffenfreien Zone erklärte und sich weigerte, Besuche von atomkraftgetriebenen US-amerikanischen Schiffen zu erlauben, wurde Neuseeland aus der ANZUS-Allianz ausgeschlossen.[2]

---

2 | Das ANZUS-Abkommen wurde 1951 zwischen Australien, Neuseeland und den USA unterzeichnet und trat am 28. April 1952 in Kraft. Es ging um die Sicherheit im Pazifischen

Ein Jahr später versenkten französische Agenten im Hafen von Auckland das Greenpeace-Schiff Rainbow Warrior, das bald darauf eine andere Protestflottille nach Moruroa hätte anführen sollen (Thakur 1986).

Es zeigt sich, dass in Neuseeland die Freiheit, auf See zu protestieren, eng mit der nationalen Identität und der Sorge um die Umwelt verknüpft ist. Aus Sicht vieler Neuseeländerinnen und Neuseeländer standen die Te Whanau-a-Apanui in dieser Tradition, als ihr kleines Schiff gegen das große Vermessungsschiff antrat, um den Ozean zu schützen. Doch für viele Mitglieder der Te Whanau-a-Apanui ging es eher um den Schutz ihrer Verwandschaftsgruppe und ihres Mana. Die Besatzung der San Pietro machte ihr Recht geltend, ihre angestammten Fischgründe gegen unerwünschtes Eindringen zu schützen, und zwar auf Grundlage des garantierten »vollständigen, exklusiven, ungestörten Besitz[es]« derselben gemäß Artikel 2 des Vertrags von Waitangi. Zugleich ging es aus Sicht der Regierung und vieler anderer Neuseeländerinnen und Neuseeländer darum, die Souveränität der Krone aufrechtzuerhalten, wie auch das Recht der Regierung, die 200 Meilen breite ausschließliche Wirtschaftszone zu verwalten, Erdölunternehmen Erkundungsgenehmigungen zu erteilen und Ölsuchende vor Interventionen durch Protestboote zu schützen, auch vor solchen der Iwi.

Und doch war es keine ethnische Konfrontation. Viele der Protestierenden waren keine Maori, Tweedie Waititi beschreibt es so: »Wenn etwas schief geht, werden nicht nur unsere Strände ruiniert, sondern die Strände aller. Ich bin mir ziemlich sicher, dass es nicht nur Maori sind, die eine Verbindung zum Meer haben.« Außerdem liebäugelten auch einige Iwi mit der Idee, die Ölexploration zu unterstützen. Tweedie weiter: »Wie unser Anwalt gesagt hat, steht unsere Mana nicht zum Verkauf, und wir sind nicht käuflich, für kein Geld der Welt. Einige Iwi könnte man vielleicht ködern. Aber diese Iwi beißt nicht an.«

Ich möchte diesen ontologischen Kollisionen nachgehen. Was sagen sie uns über unterschiedliche Beziehungen zwischen Menschen und Meer in Neuseeland und was über deren verschiedenen Vorstellungen von »Commons«? Dazu möchte ich einige der tiefsitzenden, als selbstverständlich vorausgesetzten Vorannahmen beleuchten, die sich hinter den Positionen der verschiedenen Protagonisten verbergen.

Der Urquell der Fische: Der Ozean in Te Ao Maori

In den Worten Marshall Sahlins ist »das Universum der [Maori] [...] eine gigantische Verwandtschaft, eine Genealogie ... eine veritable Ontologie« (Sahlins 1985: 195). Te Ao Maori (die Welt der Maori) wird von Whakapapa geordnet – weitreichende, komplexe Beziehungsnetzwerke, in denen alle Lebensformen gegenseitig definiert und verknüpft sind. Sie alle sind durch »hau« (Atem, Wind, Lebenskraft, vitale Essenz) animiert. Elsdon Best, ein neuseeländischer Ethnologe, der sein Leben lang die Sitten und Gebräuche der Maori studierte, bat 1907 einen Ältesten na-

Raum, ursprünglich vor allem gegen eine erneut mögliche japanische Aggression. Der hier geschilderte Vorgang belastet bis heute die neuseeländisch-amerikanischen Beziehungen (Anm. der Hg.).

mens Tamati Ranapiri in einem Brief, ihm die Vorstellung von »hau« zu erläutern. Dieser antwortete so:

»Dieses *hau* ist nicht der Wind, der weht, überhaupt nicht. Erlauben Sie mir, Ihnen das sorgfältig zu erklären. Nun, Sie besitzen einen Gegenstand, der Ihnen viel bedeutet (*taonga*), und Sie geben ihn mir, ohne dass wir beide einen Preis dafür festlegen. Nun gebe ich den Gegenstand einem anderen. Möglicherweise erinnert sich dieser Mensch nach einer langen Zeit, dass er diesen *taonga* hat und dass er mir ein Gegengeschenk machen sollte, und tut das. Der Gegenstand, den er mir gibt, ist das *hau* des *taonga*, der mir vorher von Ihnen gegeben wurde und den ich dann dem Anderen gegeben habe. Ich muss Ihnen diesen nun aushändigen. Es wäre nicht korrekt, wenn ich ihn behielte. Egal ob es ein sehr guter *taonga* oder ein schlechter ist, ich muss ihn Ihnen geben, weil es ein *hau* von Ihrem *taonga* ist. Würde ich ihn behalten, dann würde mich ein schlimmes Übel befallen, sogar der Tod. Dies ist das *hau*« (Ranapiri 1907).

Er befindet sich im Herzen des Lebens selbst. Wenn eine Person ihren Verpflichtungen in solchen Austauschbeziehungen nicht nachkommt, wird ihre Lebenskraft bedroht. Während Geschenke oder Beleidigungen angetrieben von der Kraft des *hau* hin- und zurückgereicht werden, werden Beziehungsmuster geschmiedet und verwandelt, zum Guten wie zum Schlechten.

Elsdon Bests Schriften über Ranapiris Darstellung des »hau« zogen den französischen Soziologen Marcel Mauss in seinen Bann. 1923/1924 publizierte dieser *Die Gabe*, ein Klassiker, in dem er den Austausch von Geschenken in verschiedenen Gesellschaften inklusive seiner eigenen, untersuchte. Mauss zitierte Ranapiri, und er verglich den maorischen Begriff des »hau«, der hauptsächlich auf Großzügigkeit beruht, mit der utilitaristischen Annahme des zeitgenössischen Kapitalismus, dass Eigennutz der Antrieb sämtlicher Transaktionen sei. Dies ergäbe, so Mauss' Argument, eine verengte, unvollständige Sicht darauf, wie die zwischenmenschlichen Beziehungen das soziale Leben gestalten.

Aus seiner Sicht erzwingt das »hau«, der »Geist des geschenkten Gegenstands«, ein Gegengeschenk, was wiederum Solidarität erzeugt. Zwar ist seine Erörterung des Konzepts scharfsinnig, und doch kratzt es nur an der Oberfläche.

In der maorischen Philosophie treibt »hau« die ganze Welt voran, nicht nur die Gemeinschaften, und es greift weit über den Austausch von Geschenken zwischen Menschen hinaus. Den Tohunga (Expertinnen und Experten) in den Whare wananga (Schulen des Lernens) zufolge entwickelte sich »hau« in den Anfängen des Kosmos. Nach einem von Te Kohuora aufgenommenen Gesang, zum Beispiel, beginnt die Welt mit einem Energieimpuls, der Denken, Erinnern und Wünschen erzeugt (Te Kohuora 1854). Dem folgen die »Po«, lange Äonen der Dunkelheit. Aus ihnen kommt das »Kore«, ungebundenes, unbesessenes Nichts, das Saatbeet des Kosmos, das ein Zeitgenosse von Best als »die Leere oder Negation, [die] jedoch die Potentialität von allem enthält, das danach kommen könnte«, beschrieb (Tregear 1891: 168). In dieser Leere beginnen »hau ora« und »hau tupu«, die Winde des Lebens und des Wachstums, sich zu erheben und neue Phänomene zu erzeugen. Der Himmel entsteht, und dann der Mond und die Sterne, das Licht, die Erde, der Himmel und das Meer. Als der Waldahne Tane die Welt des Lichts und des Lebens schafft, indem er die Erde und den Himmel auseinanderzwingt, attackiert sein Bruder Tawhiri, der Windahne, ihn sowie seine Kinder, die Bäume, indem er ihre Äste in Stücke schlägt. Er greift auch die Ahnen der Wurzelfrüchte an und zwingt ihre Nachkommen, sich im Boden zu verstecken. In diesem kosmischen Kampf ist Tu, der Ahne der Menschen, der einzige, der in der Konfrontation mit dem Wirbelwind Tawhiri Rückgrat zeigt. Mit seinem Mut verdient er für seine Nachkommen das Recht, die Nachkommen seiner Brüder zu ernten – Vögel, Wurzelfrüchte, Waldnahrungsmittel und -bäume, Fische, Krebse und Schalentiere.

»Utu«, das Prinzip der Gegenseitigkeit, treibt die Interaktionen zwischen Individuen und Gruppen und allen anderen Lebensformen in der maorischen Welt voran, mit dem Ziel eines (stets fragilen) Gleichgewichts. Dabei wird »hau« unter und zwischen Menschen und anderen Lebensformen ausgetauscht, was ihre Schicksale miteinander verknüpft.

Individuen werden also durch ihre Beziehungen definiert, Subjekt und Objekt sind nicht radikal voneinander getrennt. Das verdeutlicht, dass jegliche Vorstellung der Commons, die diese cartesianische Trennung voraussetzt, in einer modernistischen Logik des Kosmos verwurzelt ist, die keine universelle Gültigkeit für sich beanspruchen kann. Im maorischen Leben spiegelt sich das Vermengen des Selbst und des Anderen in vielerlei Hinsicht. Wenn etwa maorische Menschen einander begrüßen, drücken sie ihre Nasen aneinander und atmen, wobei sie ihren »hau« vermengen. Menschen sprechen von sich als »Ahau« (»ich selbst«), und wenn »Rangatira« beziehungsweise Anführerinnen oder Anführer von einem Ahnen oder einer Ahnin in der ersten Person sprechen, dann deswegen, weil sie das »Kanohi Ora« (»lebende Gesicht«) dieses Ahnen oder dieser Ahnin sind. Anderseits wird die Verweigerung, sich auf diese Formen der Gegenseitigkeit einzulassen, »hau whitia« genannt (»sich abwendender ›hau‹«). »Auhauaitu« (»Schaden am ›hau‹«) manifestiert sich als Krankheit oder Unglück, was dem Zusammenbruch des Gleichgewichts des gegenseitigen Austauschs gleichkommt. Auch die Lebenskraft ist dann betroffen.

Das alles gilt auch für die Beziehungen von Menschen zu anderen Lebensformen. Sollten zum Beispiel die Beziehungen zwischen den Menschen und dem Meer nicht ausgeglichen sein, wird sowohl das »hau« des Ozeans als auch der »hau« der Menschen darunter leiden. Das veranschaulichen Geschichten über die See, wie sie Timi Waata Rimini, einer der Ältesten der Te Whanau-a-Apanui, erzählt. Ihm zufolge ist der Sohn des Ahnen Pou vor vielen Generationen im Motu-Fluss ertrunken. Als Pou sich aufmachte, um seinen Sohn zu suchen, kam er dorthin, wo der Meeresahne Tangaroa lebte. Er kam zum »Urquell der Fische«, wo es von Arten nur so wimmelte. Dort fragte er den Meeresahnen, ob er seinen Sohn genommen habe. Tangaroa stritt ab, doch Pou wusste, dass er log, und bat ihn, beim »Tangi« (Begräbnis) seines Sohnes dabei zu sein. Als er zur Bay of Plenty zurückkehrte, sagte Pou den Menschen seines Volks, sie sollten ein großes Netz knüpfen. In jenem Sommer näherte sich ein riesiger Schwarm Lachsbarsche (»Kahawai«) der Küste und eskortierte den Meeresahnen zum Begräbnis. Auf ein Zeichen hin befahl Pou seinem Volk, das große Netz auszuwerfen. Tausende der Kinder Tangaroas (»die Kahawai«) wurden gefangen und den vielen Menschen, die zur Trauer um Pous Sohn zusammengekommen waren, zum Essen gereicht. Rimini (1901) beschreibt, wie jedes Jahr, wenn die Kahawai im Mündungsgebiet des Motu-Flusses ankamen, ein junger Mensch, der/die Häuptling werden sollte, ausgesandt wurde, um drei Kahawai zu fangen. Diese wurden Pou und dem oder der hohen Häuptling der Region angeboten. Indem sie die »Mana« des Meeresahnen würdigten, eröffneten diese Rituale der »ersten Fische« die Saison und schützten die Fruchtbarkeit und Üppigkeit des Ozeans.

Andere lokale Sitten und Gebräuche waren mit der »Kehe« beziehungsweise »Granitforelle« verbunden, einem heiligen Fisch, der sich häufig in den felsigen Kanälen der Riffe aufhielt und gewöhnlich im »Kohuwai«, einer bestimmten Seetangart, graste. Er wurde mit mehreren Methoden gefangen. Eine davon war diese: Man formte mit Steinen Kanäle im Riff und wartete ab, bis der »Kohuwai« nachgewachsen war, um dann die »Kehe« während des Grasens mit einer Reuse einzuholen. Oder man benutzte einen Stab, um sie in die Reuse zu treiben. Als die Frau des Häuptlings in Omaio schwanger wurde, schrieb Te Rangihiroa, wurde der heilige Bann auf den berühmten Kehe-Fischgrund Te Wharau, aufgehoben, und die Männer mit Reusen geschickt, um auf bestimmten namentlich gekennzeichneten Felsen zu stehen. Sobald der Experte bzw. die Expertin »Rukuhia!« rief, sprangen sie kopfüber in die Kanäle, schwammen unter Wasser und trieben die »Kehe« in einem freudigen wilden Durcheinander in die Reusen. Danach wurden die Fische gekocht und der Stammesführerin als Delikatesse präsentiert (Te Rangihiroa 1926).

In dieser Onto-Logik lebte und atmete das Meer selbst. Atmete »Te Parata«, ein mächtiges Wesen im Herzen des Ozeans, aus, setzten die Gezeiten ein, und Kinder wurden geboren. Atmete es ein, bildete sich ein großer Wasserstrudel, der die Kanus verschluckte. Starb ein großer oder eine große »Rangatira«, so erhob sich zum Abschied mitunter folgender Gesang: »Die Wirbelböe ist vorüber, der Sturm hat sich verzogen, Parata ist vergangen, der große Fisch hat seine Wohnung verlassen« (Colenso 1887: 422).

Hier wird in der kollektiven Rechtsvorstellung die Vitalität anderer Lebensformen anerkannt – seien es Fische, Flüsse, Berge oder Land. Im jeweils konkreten Fall werden die Rechte zwischen ihnen und den Menschen auf verschiedenen Ebenen ins Verhältnis zueinander gesetzt und verteilt, verschachtelt und verknüpft. Solche Vorstellungen ermöglichen die Kontrolle der Nutzungsrechte am Meer entweder entlang der Verwandtschaftslinien oder entlang des Gabentauschs. Heute sind solche Denkweisen in Neuseeland rechtlich anerkannt. So hat die Krone 2014 den ikonischen Fluss der Whanganui Iwi gemäß dem Vertrag von Waitangi in einer Streitschlichtung als Rechtssubjekt verstanden. In einer Auseinandersetzung mit den Tuhoe, einem Volk im Binnenland, erfuhr ihr angestammtes Land Te Urewara ebensolche Anerkennung, infolgedessen wurden gemeinsame Bewirtschaftungsregime mit der Krone und den regionalen Behörden eingerichtet.

Derartige Innovationen des Rechts folgen in mehrfacher Hinsicht zeitgenössischen Auffassungen, denen zufolge Menschen und andere Phänomene (etwa das Meer) in komplexe interaktive Systeme eingebunden und auf jeder Ebene eng miteinander verflochten sind.

Der Vorteil derartiger Arrangements ist, dass neben den Interessen der Menschen auch dem Wohlergehen eines Sees, eines Flusses oder des Meeres rechtliche

Priorität bei der Zuweisung von Rechten an Ressourcen und Bewirtschaftungsregimen eingeräumt werden kann.

Das Meer in der Aufklärung

Westliche und maorische Auffassungen vom Meer sind sowohl divergent als auch resonant. Als im Oktober 1769 Kapitän Cooks Schiff Endeavour an der Ostküste der neuseeländischen Nordinsel ankam und die ersten Europäer an Land gingen, befand sich auf seinem Schiff eine bunte Truppe von Vertretern der europäischen Aufklärung mit kollidierenden Kosmologien im Kopf. Es war eine wissenschaftliche Expedition, die einerseits von der Royal Society of London gesponsert worden war, um auf Tahiti den Venusdurchgang zu beobachten, und andererseits von der Admiralität, um Terra Australis zu finden, den Unbekannten Südlichen Kontinent. Es wäre auch hier falsch, die der Landung folgenden Begegnungen als binäre Zusammenstöße zwischen zwei »Kulturen« aufzufassen. Genau wie heute, gab es auch damals vielfältige Denkweisen, sowohl bei den Maori, als auch bei den Europäern.

So kann ein Strang des Denkens der Aufklärung mindestens bis ins 17. Jahrhundert zurückverfolgt werden, als der Philosoph Descartes eine neue, so kraftvolle wie berauschende Vision der Realität hatte. In Descartes Traum wurde das Cogito – das »denkende Selbst« bzw. das Subjekt – zum Auge der Welt, die wiederum zum Objekt der Untersuchung wurde. Die cartesianische Unterteilung in Geist (»res cogitans«) und Materie (»res extensa«), in Subjekt und Objekt, ist historisch wie kulturell eingebettet. Im Zuge der europäischen Aufklärung, als die Kultur von der Natur getrennt wurde, fingen die Naturwissenschaften an, sich von den Geistes- und Sozialwissenschaften weg zu entwickeln (Descola 2013). Während die Dinge voneinander getrennt und in einzelne Einheiten zerlegt wurden, wurden sie objektifiziert und klassifiziert; es entstanden die verschiedenen Wissenschaftsdisziplinen. Diese »Ordnung der Dinge«, wie Michel Foucault sie nannte, bildete den Kern der Wissenschaft der Aufklärung (Foucault 1970). Sie gestaltete auch das Seerecht und damit die Verteilung der verschiedenen Kontrollrechte über das Meer. In diesem Denkstil kam das uralte Motiv des Gitternetzes zum Einsatz, in dem verschiedene Dimensionen und Gebilde in abgegrenzte Einheiten eingeteilt und sortiert werden, um sie auf diese Weise praktisch unter Kontrolle zu bringen. Häufig war das Netz zudem mit einer Hierarchie verknüpft – da ist beispielsweise die alte Idee der Stufenleiter der Wesen (»scala naturae«), mit Gott an der Spitze, gefolgt von Engeln, von den durch Gott eingesetzten Königen, der Aristokratie und nachfolgenden Rängen, die als »zivilisiert« bis »wild« klassifiziert wurden, gefolgt von Tieren, Pflanzen und Mineralien in absteigender Reihenfolge (Lovejoy 1936, Hodgen 1971). Indem das denkende Selbst zum Garant des Seins wurde, wurde das alles sehende »Auge Gottes« durch das »geistige Auge« ersetzt und Menschen so die Verantwortung für den Kosmos übertragen. Diesen wiederum begriff man oft als Maschine, die aus unterschiedlichen, abtrennbaren Teilen bestand, die jeweils eine konkrete Funktionen erfüllten, die man nun untersuchen konnte.

Mitte des 18. Jahrhunderts verbreitete sich diese Ordnung der Dinge in Europa wie ein Lauffeuer. Viele Aspekte des Lebens wurden transformiert – die Verwaltung (mit Volkszählungen, Landvermessung und bürokratischen Systemen), die Industrie (mit einer Produktion, die auf Mechanisierung und Standardisierung, dem Nachbau von Bauteilen und der Verfahrensoptimierung gründete) sowie die Wissenschaft (mit dem Einsatz von Instrumenten, der Quantifizierung und zunehmenden Spezialisierung des Wissens) (Frängsmyr, Heilbron und Rider 1990). Der Aufschwung der Vermessung hing eng mit militärischen Aktivitäten und der wissenschaftlichen Erforschung und Nutzung physikalischer Kräfte zusammen (Edney 1994).

Zufälligerweise war James Cook der erste europäische Entdeckungsreisende, der in Neuseeland eintraf, um sich als führender Hydrograf an vorderster Front vom Meer eine neue Vorstellung zu machen. Wie die anderen Kartographen seiner Zeit ging auch er von einem imaginären Beobachtungspunkt hoch über der Erde aus: ähnlich dem »Auge Gottes«. Auf Cooks Karten verwandelte sich das Meer – grau oder blaugrün wie es war, die Heimat von Vögeln, Fischen und Walen, mit den Wogen der Gezeiten und Wellen, die sich im Wind kräuseln – in eine statische, weiße, zweidimensionale Fläche, die vom Netz der Breiten- und Längengrade durchzogen ist; mathematisch eingeteilt und vermessen. In der Nähe von Häfen und Lagunen maß man die Tiefe des küstennahen Meeresbodens mit dem Lot und übertrug die Ergebnisse der Sondierung in die Karten. Durch dieses instrumentelle Verfahren wurde der diffuse, sich ständig in Bewegung befindliche Bereich zwischen Land und Meer auf eine einfache Linie reduziert (Salmond 2005).

Jordan Branch (2011) hat argumentiert, dass dieser Prozess der kartografischen Vereinfachung eng mit der imperialen Macht und der Schaffung des modernen Nationalstaats verwoben war. Mit Ausnahme einiger verstreut liegender Inseln wurden Teile des Pazifiks als leere Flächen dargestellt, die darauf warteten, von europäischen Mächten erkundet, kartografiert, in Anspruch genommen und regiert zu werden. Damals galt in Europa die Souveränität der Krone (bzw. des Imperiums) bis zu drei Meilen[3] vor der Küste, wobei Eigentumsrechte (das »Dominium«) innerhalb dieser Grenze gewährt werden konnten. Kapitän Cook hatte Anweisungen von der Admiralität, jegliches neue Land, das er »entdecken« sollte, für die britische Krone in Anspruch zu nehmen.

Gleichzeitig sollte man die Vielfalt der Ansichten während der Aufklärung nicht unterschätzen. Mitte des 18. Jahrhunderts zum Beispiel haben Männer wie Erasmus Darwin[4] und Joseph Priestley[5], schottische Aufklärer, der Enzyklopädist Comte de Buffon[6] in Frankreich, Benjamin Franklin in Amerika und später die Humboldt-Brüder die Realität als lebendige Beziehungsnetze zwischen verschiedenen Phänomenen verstanden, die vom gegenseitigen Austausch mit Leben gefüllt wurden – eine Darstellung, die im maorischen und polynesischen Denken

3 | Eigentlich eine Wegstunde (»league«): eine alte Maßeinheit des angloamerikanischen Maßsystem, die vor Einführung des metrischen Systems auch in zahlreichen Commonwealth-Staaten galt, heute aber fast nur noch in den USA gebräuchlich ist (Anm. der Hg.).

4 | Der Dichter, Botaniker, Arzt und Erfinder Erasmus Darwin gehörte zu den führenden Intellektuellen des 18. Jahrhunderts, Charles Darwin war sein Enkel (Anm. der Hg.).

5 | Der englisch-amerikanische Theologe, Philosoph, Chemiker und Physiker beschrieb erstmals die Darstellung und Wirkung des Sauerstoffs und entdeckte Darstellungsmöglichkeiten für zahlreiche weitere Gase (Anm. der Hg.).

6 | Sein bürgerlicher Name war Georges-Louis Leclerc (Anm. der Hg.).

viel Resonanz erzeugt. In dieser Tradition der Aufklärung – man könnte sie »Ordnung der Beziehungen« nennen – sind Menschen lediglich eine Lebensform unter vielen, und die Welt befindet sich in ständiger Veränderung. Ideen wie Gerechtigkeit, Wahrheit, Gleichheit und Ehre, Balance und Gleichgewicht legten nahe, wie die Austauschbeziehungen – insbesondere zwischen Menschen – gestaltet werden sollten. Hier finden sich die Ursprünge der partizipatorischen Demokratie, großer Teile der zeitgenössischen Anthropologie, der Geowissenschaften, der Ökologie und der evolutionären Theorie. Auch das World Wide Web und wissenschaftliches Nachdenken über komplexe Systeme und Netzwerke lassen sich letztlich auf diesen Richtung modernen Denkens zurückführen.

Es überrascht nicht, dass sich diese Vielfalt der Sichtweisen an Bord der Endeavour wiederfand. Zusätzlich zu den Befehlen der Admiralität hatte Cook ein ganzes Bündel voller »Hinweise« vom Präsidenten der Royal Society Earl of Morton erhalten. Darin wurden die Rechte der pazifischen Menschen auf Kontrolle über ihr eigenes Land und ihre Küsten anerkannt; zudem schlug der Earl vor, in welcher Weise Cook die Menschen, Orte, Pflanzen, Tiere und Mineralien, denen sie während ihrer Reise um die Welt begegnen würden, detailliert beschreiben sollte. Während also Cooks Karten das Land und das Meer abstrakt darstellen, machten die Tagebücher, Skizzen und Sammlungen der Wissenschaftler und Schiffsoffiziere beides wieder lebendig. Sie ergänzten sie, zumindest teilweise, um detailreiche Darstellungen der Landschaften, der Einheimischen, ihrer Kanus, Fischereiausrüstungen und der verschiedenen Fischarten. Sie erfassten Strömungen, Gezeiten und die Temperatur des Ozeans (Salmond 2004).

Als die Endeavour 1769-1770 Neuseeland umrundete, waren die unterschiedlichen Strömungen des aufklärerischen Denkens – wie sie sich in den Befehlen der Admiralität und in den »Hinweisen« des Earl of Morton widerspiegelten – an der Gestaltung des darauf folgenden Geschehens beteiligt. Zudem hat die Anwesenheit Tupaias, den Georg Forster später als »Genie« beschrieb, die Dynamik dieser Begegnungen gewaltig geprägt. Als Hohepriester aus einem der Stammländer der Maori war er schnell in der Lage, die Lautverschiebungen zwischen Maori und Tahitisch zu meistern und mit den Menschen vor Ort zu sprechen.

Die Krieger, die in ihren Kanus hinaus gefahren waren, um das Schiff herauszufordern, waren sich unsicher, worum es sich bei dieser bizarren Erscheinung handeln könnte. In Turanga beispielsweise, dem ersten Hafen, in den die Endeavour einlief, dachten die Menschen, es könnte Waikawa sein, eine vor dem Ende der Mahia-Halbinsel gelegene heilige Insel, die in ihren Hafen hineintrieb. Dennoch forderten sie die Fremden mit ihren althergebrachten Ritualen heraus: »Wero« (rituelle Kampfansagen), »Karakia« (Beschwörungsformeln) und »Haka« (Kriegstänze).

Obwohl Cook die Befehle der Admiralität befolgte, die Marinesoldaten an Land marschieren ließ, um die britische Fahne zu hissen, und Neuseeland in Besitz nahm, beherzigte er zugleich die »Hinweise« des Earl of Morton, indem er mit den Maori verhandelte und den ra'iateanischen Tupaia für ihn dolmetschen ließ. Nachdem die ersten Begegnungen an Land und auf See in Schießereien endeten, war Cook bitter verärgert.

An der neuseeländischen Küste gab es zahlreiche Konfrontationen dieser Art. Als die Endeavour beispielsweise bei der heiligen Insel Waikawa ankam, einer Stätte traditionellen Lernens, skandierten die Priester, und Krieger in Kanus warfen Speere auf den Rumpf der Endeavour. Als sie über Hawke's Bay segelten, fuhren Kanu-Flottillen heraus, unter Führung älterer, in feine Gewänder gekleideter Oberhäupter, die flammende Reden hielten und ihre Waffen schwangen, was die Europäer am Anlanden hinderte.

Als die Endeavour Richtung Norden unterwegs war und in der Bay of Plenty ankam, fuhr ein großes Kanu mit sechzig Kriegern von Whangaparaoa in die Gewässer der Te Whanau-a-Apanui hinaus und umrundete das Schiff, während ein Priester Beschwörungsformeln sprach und die Crew einen Kriegstanz aufführte. Sie schrien: »Kommt an Land, und wir töten euch«, paddelten schnell, um die Endeavour anzugreifen, und hielten erst inne, als eine Salve Bleikugeln aus einer Kartätsche neben ihrem Kanu landete. Als eine Kanonenkugel abgefeuert wurden, flohen sie zurück an Land. Hier wird die Kontinuität sichtbar zwischen der Anwesenheit von Rikirangi Gage an Bord der San Pietro in der Konfrontation mit dem Vermessungsschiff und diesen früheren Kämpfen, in denen Te Whanau-a-Apanui ihre »Mana«, ihre traditionelle Macht, über ihre Stammesgewässer verteidigten.

Im Großen und Ganzen respektierte Kapitän Cook die Herausforderungen. Er konterte mit Warnschüssen, anstatt die Krieger zu erschießen. Der Earl of Morton hatte darauf bestanden, dass die Menschen in den neuen Landen das Recht hätten, ihre eigenen Territorien zu verteidigen, einschließlich ihrer Küstengewässer. Später war es dasselbe Verständnis, das dem Versprechen im englischen Text des Vertrags von Waitangi zugrunde lag, dass die Maori »vollständigen, exklusiven, ungestörten Besitz ihrer ... Fischgründe und anderer Besitztümer [genießen sollten] ... solange es ihr Wunsch und Anliegen ist, dieselben in ihrem Besitz zu halten.«

Erst vor relativ kurzer Zeit, 1965, wurde auch in Neuseeland die Souveränität der Krone formal auf drei Meilen von der Küste ins Meer hinaus ausgeweitet, 1977 auf zwölf Meilen und 1982 unter dem Seerechtsübereinkommen der Vereinten Nationen auf 200 Meilen, was eine »ausschließliche Wirtschaftszone« im Meer definierte, die die Regierung gegen die Whanau-a-Apanui- und Greenpeace-Protestierenden zu verteidigen suchte. Das bedeutet, dass die hohe See beziehungsweise das »mare liberum«[7] – der Ozean außerhalb der ausschließlichen Wirtschaftszonen, der allen Nationen frei steht, aber keiner Nation gehört – in jüngster Zeit schrumpft, da die Nationalstaaten ihre irdische Souveränität von den Küsten ausgehend ausweiten. Es ist eine Art ozeanische Einhegung.

Wie wir gesehen haben, verkörpern derart kartografische Vorstellungen des Ozeans bestimmte Grundannahmen über die Welt. Die atomistische, quantifizierende, abstrahierende und kommodifizierende Logik entfaltet sich weiter. Diese Kosmo-Logik fragmentiert die Wissenschaften, trennt die Menschen von »der Umwelt« ab und macht das Wohlergehen anderer Lebensformen kontingent. Sie

7 | »Mare liberum« ist eine von Hugo Grotius formulierte Doktrin, um das Recht der Holländer, nach Ostindien zu segeln, zu verteidigen. Sie stand im Gegensatz zum Anspruch der Portugiesen, die ausschließliche Kontrolle über jene Gewässer zu behaupten: »Aus denselben Gründen ist Gemeingut das Element des Meeres, das ohne feste Grenzen ist, so daß es nicht besessen werden kann und dem allgemeinen Gebrauch, sowohl hinsichtlich der Schiffahrt wie des Fischfangs, bestimmt ist« (Grotius, Übers. Richard Boschan, 1919: 44).

ist deshalb auch nicht besonders erfolgreich, wenn es um das Verständnis oder den Schutz der Lebendigkeit der komplexen sozio-biophysischen Systeme geht, zu denen Menschen gehören und von denen ihr Wohlergehen abhängt.

Da die Regierung versucht, bislang gemeinsam bewirtschaftete Ressourcen zu kommodifizieren und zu privatisieren, reagieren die Maori, indem sie das Recht der Krone in Frage stellen, diese Entscheidungen überhaupt zu treffen. Der neuseeländische Juraprofessor Alex Frame merkte zum Vertrag von Waitingi an: »Die Kommodifizierung des ›gemeinsamen Erbes‹ hat neue Ansprüche heraufbeschworen und ruhende wieder erweckt ... die Ansprüche auf Wasserflüsse, Strom produzierende Staudämme, den Äther, Wälder, Flora und Fauna, Fischquoten, geothermische Ressourcen, den Meeresboden, das Küstenvorland, Mineralien folgen der Tendenz, diese früher als gemeinsames Eigentum geltenden Ressourcen nun als Wirtschaftsgüter zu betrachten, die [...] zum Verkauf stehen. Es überrascht nicht, dass die Reaktion der Maori ist: wenn es sich schon um Eigentum handelt, dann um unser Eigentum« (Frame 1999: 234).

Das Küstenvorland und der Meeresboden

Man könnte nun die Entfaltung dieser Logik auch am Beispiel der Quantifizierung der Fischbestände im Rahmen des neuseeländischen Fischereiquotensystems untersuchen, was übrigens zu einem der ersten Anträge an das Waitangi-Tribunal führte, doch ich werde mich hier auf den Streit zwischen vielen Maori und der Krone über das Küstenvorland und den Meeresboden konzentrieren. Dieser Streit war auch Wegbereiter der Konfrontation zwischen Te Whanau-a-Apanui und der Krone und veranschaulicht, warum aktuelle Debatten über die Commons so komplex sind.

Die Geschichte beginnt in den Marlborough Sounds am nördlichen Ende der Südinsel. Obwohl die dort lebenden Stämme beim örtlichen Gemeinderat wiederholt Lizenzen für die Muschelzucht in ihrem angestammten »Rohe« (Territorium) beantragt hatten, wurden diese nicht erteilt. Aus Frust wandten sie sich schließlich an das Maori Land Court, um die Anerkennung ihrer Gewohnheitsrechte am Küstenvorland und am Meeresboden in den Sounds durchzusetzen (Bess 2011: 90-93; Boast 2005). Das Küstenvorland ist ein fruchtbarer Ort. Zur Zeit des Vertrags von Waitangi migrierten Klans und Familien je nach Saison von Gärten und Wäldern zu Feuchtgebieten, Sandstränden, Felsenriffs und zur See; sie pflegten Beziehungen zu einem komplexen Mosaik aus Fischen, Pflanzen und Tieren und ernteten zum Zeitpunkt der größten Fülle. Bestimmte Gruppen hielten zu bestimmten Jahreszeiten verschachtelte Nutzungsrechte an bestimmten Ressourcen. So entstanden überlappende, flexible Netzwerke an Rechten beidseits der Küstenlinie, die Menschen, Land und Meer miteinander verknüpften.[8]

Im Gegensatz dazu verlief die Linie zwischen Land und Meer gemäß dem 1840 geltenden englischen bürgerlichen Recht an der Flutmarke. Land und Meer

8 | Siehe Diaw (2008) für eine hervorragende Diskussion ähnlich resilienter Systeme durch verschachtelte Nutzungsrechte in Kamerun und deren Konsequenzen für sich verändernde Vorstellungen von Commons.

unterlagen unterschiedlichen Kontrollregimen. An Land hielt die Krone das Recht des *Imperiums* und damit die volle Souveränität, in deren Rahmen das *Dominium* (das Eigentum im Allgemeinen) als Privateigentum begriffen und auch als solches organisiert wurde. Auf See hingegen galt ein anderer Ausgangspunkt: die Krone hatte sowohl *Imperium* als auch *Dominium* inne[9], zumindest über die ersten drei Meilen ab der Küste.

Als man in Neuseeland begann, Land zu vermessen, abzuteilen und zu verkaufen, gingen sowohl die Regierung als auch europäische Käuferinnen und Käufer in der Regel davon aus, dass das gekaufte Küstenland bis zur Flutmarke reiche, während das Küstenvorland (die Gezeitenzone) sowie der Meeresboden der Krone gehörten.

Von Anfang an fochten die Maori dies an, denn diese Annahme entsprach nicht dem Versprechen in Artikel 2 des Waitangi-Vertrags, dass ihre angestammten Nutzungsrechte zu respektieren seien. Seit 1963, als der Court of Appeal in einem Fall zum Neunzig-Meilen-Strand urteilte, dass die Gewohnheitsrechte am Küstenvorland erloschen seien und der Native Land Court Eigentumsrechte am Küstenland erteilt habe, wurde die Angelegenheit als rechtlich geklärt betrachtet. Doch mit dem Antrag der Marlborough Iwi an das Maori Land Court wurde die Entscheidung in diesem Präzedenzfall aufgehoben. Der Richter befand, dass die vom Justizminister zitierten Rechtsvorschriften, einschließlich des Urteils zum »Ninety Mile Beach«, die Gewohnheitsrechte der Marlborough Iwi nicht hatten erlöschen lassen. Der Fall ging in die nächste Instanz und anschließend an das High Court, der das Urteil kippte. Danach ging der Fall ans Court of Appeal, wo die Richter einstimmig urteilten, dass die Krone bei der Unterzeichnung des Vertrags erst ein Herrschaftsrecht über das Meer erworben hatte, als sie die Souveränität erlangt habe. Sie zitierten das Rechtskonzept des autochthonen Bodennutzungsrechts (»doctrine of aboriginal title«) und urteilten, dass die *Dominium*-Rechte bei den maorischen Verwandtschaftsgruppen verblieben, sofern sie nicht rechtlich erloschen waren, und dass dies auch für das Küstenvorland und den Meeresboden gelte. Weiterhin, so die Argumentation, sei die Unterscheidung des englischen bürgerlichen Rechts zwischen Land diesseits und jenseits der Flutmarke ungültig, was eine Welle von juristischen Debatten nach sich zog. Richter Elias kommentierte: »Das bürgerliche Recht, wie es in Neuseeland rezipiert wird, wurde mit der Anerkennung der maorischen traditionellen Eigentumsinteressen modifiziert. Es besteht kein Raum für gegenteilige Annahmen, die sich aus dem englischen bürgerlichen Recht ableiten. Das bürgerliche Recht Neuseelands ist anders« (Elias, S, im Court of Appeal, Neuseeland CA 173/01). Die Richterinnen und Richter verwiesen den Fall zurück an das Maori Land Court, um feststellen zu lassen, ob die Marlborough Iwi über traditionelle Rechte an Küstenvorland und Meeresboden in diesen Territorien verfügten oder nicht.

Doch bis dahin hatte es der größte Teil der neuseeländischen Bevölkerung als gegeben hingenommen, dass das Küstenvorland und der Meeresboden, mit Ausnahme des Anrainerrechts, der Krone gehörten. Die Entscheidung machte

9 | Das heißt, niemandem wurden dort individuelle Eigentumsrechte zugestanden (Anm. der Hg.).

demnach Furore. Im Laufe der Generationen hatten viele nicht-maorische Neuseeländerinnen und Neuseeländer enge Beziehungen zu bestimmten Stränden und Küstenabschnitten entwickelt; das ließ die maorische Gepflogenheit anklingen, im Sommer an Stränden und küstennahen Campingplätzen Fischereicamps einzurichten und viel Zeit mit Fischen, Tauchen, Surfen und Segeln zu verbringen.

Obgleich einige maorische Führungspersönlichkeiten betonten, dass sie lediglich »Kai-tiakitanga« beziehungsweise die Treuhänderschaft über das Küstenvorland und den Meeresboden ausübten und die betreffenden Gebiete nicht wie Privateigentum behandeln wollten, waren andere eindeutig an Vermarktungsmöglichkeiten interessiert und behaupteten Eigentumsrechte im Meer. Wegen der Befürchtung, ihre Beziehungen zu bestimmten Stränden und Häfen würden auseinandergerissen oder ihre Freizeit- und kommerziellen Interessen an den entsprechenden Orten an die Maori verloren gehen, waren viele nicht-maorische Neuseeländer über die Entscheidung des Court of Appeal empört.

Auch dies war strenggenommen keine ethnische Konfrontation. Unter den Richterinnen und Richtern am Court of Appeal gab es beispielsweise keine Maori. Doch die öffentliche Verärgerung war derart groß, dass die Regierung 2004 übereilt ein Gesetz verabschiedete, um sicherzustellen, dass Küstenvorland und Meeresboden fortan der Krone gehören würden; vorbehaltlich einiger regulatorischer Einschränkungen, bei freiem Zugang für alle und in Anerkennung der angestammten Interessen der Maori (doch ohne die Erlaubnis, dies als uneingeschränkten Eigentumstitel zu verstehen).

Als daraufhin Tausende maorische Protestierende zum Parlament marschierten, wurden sie vom Premierminister als »Umstürzler und Hasser« disqualifiziert, was viele der beteiligten Ältesten schockierte und verletzte. Danach jedoch, als verschiedene Iwi gemäß dem Vertrag von Waitangi Streitschlichtungsvereinbarungen mit der Krone unterzeichneten, beruhigten sich die Gemüter auf allen Seiten (Palmer 2006: 197-214). Als eine neue Regierung mit der Maori-Partei koalierte – sie war aus Protest gegen das Gesetz über das Küstenvorland und den Meeresboden gegründet worden – gab eine neue Gesetzgebung den Maori weitere angestammte (jedoch nicht uneingeschränkte) Rechte an diesen Gebieten und schützte gleichzeitig öffentlichen Zugang und Nutzung, indem sie das Küstenvorland und den Meeresboden als »Gemeinbesitz« (»public domain«) definierte (Bess 2011: 92-93).

Auf See behielt sich die Krone jedoch das Recht vor, ohne Beteiligung der Öffentlichkeit Förderlizenzen für Erdöl- und Mineralien zu erteilen. Bis zur Konfrontation des Fischerboots der Te Whanau-a-Apanui mit der Orient Explorer hatten die Maori viele nicht-maorische Unterstützerinnen und Unterstützer gewonnen, die ihre Befürchtungen über die Zukunft des Ozeans teilten. Als das Containerschiff Rena im Oktober 2011 im westlichen Teil der Bay of Plenty auf ein Riff lief, bestätigte die Realität ihre Vorahnungen. Die Fracht, unter anderem Gefahrengüter wie Heizöl und Diesel, ergoss sich ins Meer.

»Die Menschheit miteinander verknüpfen«

Wie gesehen, haben sich in Neuseeland grundverschiedene Onto-Logiken der Beziehungen von Menschen zum Meer als sehr widerstandsfähig erwiesen. Zugleich hat es einen bedeutenden Wandel gegeben, und zwar sowohl in den maorischen Vorstellungen als auch im modernen Denken. So hat sich über die Idee der Kontinuität bezüglich der maorischen Rechte das englische bürgerliche Recht durch Einbeziehung des Gewohnheitsrechts transformiert, wie Sian Elias, mittlerweile Oberster Richter von Neuseeland, schon sagte: »Das bürgerliche Recht Neuseelands ist anders.« Das wird auch in zahlreichen neuseeländischen Gesetzen deutlich, die sich explizit auf »Tikanga« (»hergebrachte Konventionen«) beziehen;[10] unter anderem neuere Gesetze, die denjenigen Waitangi-Vereinbarungen rechtliche Wirkung verleihen, in denen uralte Flüsse und Landstriche als Wesen mit eigenen Rechten anerkannt werden. Zugleich hat sich der Inhalt bestimmter »Tikanga« häufig gründlich gewandelt, etwa jener der »Kai-Tiakitanga«, die einst von nicht-menschlichen Wesen wie Haien und Stachelrochen als Wächter über bestimmte Bereiche des Ozeans wahrgenommen wurde. Heute ist eine stärker anthropozentrische Version üblich, in der sich Menschen als Kai Tiaki (»Bewacherinnen und Bewacher«) dieser Orte betrachten. Andererseits wurde auch die Idee, dass die Souveränität mit der Unterzeichnung des Waitingi-Vertrags an die britische Krone übertragen worden war, nicht mehr ernsthaft in Zweifel gezogen, trotz der zahlreichen politischen Herausforderungen und Verfahren vor dem Waitangi-Tribunal. Bezogen auf das Meer bedeutet dies, dass Verfahren wie »Mataitai« und »Taiapure«, bei denen maorische Verwandtschaftsgruppen begrenzte Rechte über küstennahe Subsistenzfischerei entweder ausüben oder mit anderen Mitgliedern der Gemeinschaft teilen, innerhalb strikter Grenzen operieren. Zudem können Kabinettsmitglieder über die Köpfe der Maori hinweg Stammesvertreterinnen bzw. -vertreter für Bewirtschaftungsgruppen benennen und so praktisch sicherstellen, dass ihre Regelungen nicht mit gewerblichen Fischereirechten kollidieren.

Parallel dazu hat sich die Vorstellung von »der Krone« selbst verändert, sodass jegliche Fundamentalopposition zwischen den Maori einerseits und der Krone andererseits mittlerweile schwierig durchzuhalten ist. Seit vielen Jahren sind Maori in Neuseeland Anwältinnen und Anwälte, Richterinnen und Richter, Beamtinnen und Beamte, Ministerinnen und Minister sowie Parlamentsabgeordnete. Tatsächlich war es ein Maori-Minister, Matiu Rata, der bei der Etablierung des Waitangi-Tribunals half.

Auch hier ist die Beziehung zwischen »Iwi« und der Krone struktureller anstatt streng ethnischer Natur, was auch in der Fischereibewirtschaftung zum Tragen kommt, bei der Nicht-Maori und Maori die Fischereiquoten für »Iwi« ausschließlich nach gewerblichen Prinzipien festlegen. Unter »Mataitai« und »Taiapure« hingegen wird die Bewirtschaftung der gewohnheitsmäßigen Fischerei üblicherweise mit nicht-maorischen Mitgliedern der Gemeinschaft geteilt (Jacobson und Moller 2009). Auch bezeichnen sich manche nicht-maorische Neuseeländerinnen und Neuseeländer als »Kai-tiaki« (»Hüterinnen« bzw. »Hüter«) von Flüssen, Stränden und gefährdeten Arten; die Zunahme maorischer Begriffe im neuseeländischen Englisch transformiert Denkweisen.

10 | Siehe Henare (2007) für eine Untersuchung der Art und Weise, in der beispielsweise das Konzept von »Taonga« (»angestammter Schatz«) in die neuere neuseeländische Gesetzgebung integriert wurde.

In Neuseeland scheint also ein Mittelweg zu existieren, wobei Experimente, die sowohl maorische als auch nicht-maorische Sitten und Gebräuche betreffen, immer wieder neue Ideen und Handlungsmöglichkeiten schaffen – im Recht, in der Regierungsführung, in der Geschäftswelt[11] sowie in vielen Bereichen des täglichen Lebens, von den Künsten über den Sport bis hin zu öffentlichen Ritualen. Für die Zukunft ist dies vielversprechend, denn Experimente dieser Art sind dringend nötig – nicht nur mit Blick auf die Nutzung des Meeres. In Neuseeland wie anderswo wirken die radikale Unterteilung in Natur und Kultur sowie der Glaube, dass die Menschen die Natur grenzenlos ausbeuten dürften und jeglicher Schaden repariert werden könnte, fundamental zerstörerisch für die Beziehungen zwischen Menschen und dem Ozean. Obwohl Männer und Frauen unsere Strände und Küsten noch immer frequentieren, um zu surfen, zu schwimmen, zu tauchen und zu fischen oder zu segeln, sind diese Aktivitäten zunehmend gefährdet durch Wasserverschmutzung, Sedimentierung oder Überfischung von Riffen, Muschelbänken und Fischgründen sowie die intensiven Stürme, die Versauerung der Meere oder klimabedingte Veränderungen.

Zeitgenössische wissenschaftliche Modelle mit ihren Fragmentierungen, die eine tiefgreifende Abtrennung zwischen den Menschen und anderen aus »der Ordnung der Dinge« geborenen Phänomenen mit sich bringen, führen in die Irre. Sie sind nicht in der Lage, die kaskadierenden Dynamiken komplexer Systeme angemessen zu erfassen, mit denen Menschen auf jeder Maßstabsebene zu tun haben.

Auch Vorstellungen von Commons können sich nicht immer von diesen ontologischen Beschränkungen lösen. In Neuseeland finden sie ihre verschlungenen Wege in die Wirklichkeit: manchmal, um gegen maorische Ansprüche an Fischgründen oder Wasserstraßen vorzugehen (»Das Wasser gehört niemandem!«), die danach aber mitunter privatisiert werden; manchmal auch, um Allianzen mit maorischen Verwandtschaftsgruppen zu schmieden (wie im Falle der San Pietro), um Projekte der Rohstoffgewinnung zu verhindern. Solange die Menschen nicht begreifen, dass ihr Sein und das Sein des Meeres untrennbar miteinander verknüpft sind, werden sie nicht fordern, dass menschliche Aktivitäten, die unsere Zukunft gefährden, innerhalb überlebbarer Grenzen stattfinden.

In Neuseeland gibt es Resonanz zwischen (1) dem beziehungsorientierten Denken aus der Aufklärung (einschließlich Commons), (2) maorischen Vorstellungen von komplexen Netzwerken, die die cartesianischen Unterteilungen zwischen Subjekt und Objekt, Geist und Materie, Gesellschaft und Natur umgehen, sowie (3) der zeitgenössischen Wissenschaft komplexer Systeme. Diese Konvergenzen könnten helfen, neue Vorstellungen vom Ozean zu ersinnen.[12]

So wie der Physiker Niels Bohr auf asiatische Begrifflichkeiten zurückgriff, um die Quantentheorie zu verstehen, oder Marcel Mauss über die maorische Idee des

11 | Es ist interessant, dass eine der größten Firmen in Neuseeland, das Molkereiunternehmen Fonterra, als Kooperative im Besitz der Landwirtinnen und Landwirte agiert und »share-milking«, eine Form der Naturalpacht in der Milchwirtschaft, üblich ist.

12 | Vgl. Schmidt und Mitchell 2013: 64-66. Sie gehen der Frage nach, welche Möglichkeiten es in einem kanadischen Kontext gibt, Commons umzugestalten, mit einigen Verweisen auf die First Nations.

»hau« nachdachte, um sich Alternativen zu einer kommodifizierten Welt vorzustellen, könnten derart Philosophien überschreitende Experimente helfen, eine neue Umweltwissenschaft hervorzubringen. Das wiederum würde auch die auf komplexen Systemen beruhenden Ideen der Commons begünstigen – jene verwobenen, kaskadierenden, dynamischen, interaktiven Netzwerke unter Menschen sowie zwischen Menschen und anderen Lebensformen auf allen Ebenen – samt ihrer rechtliche Arrangements, in denen Flüsse und der Ozean ihr eigenes Sein und ihre eigenen Rechte haben.

Mein Mentor, der Te-Whanau-a-Apanui-Älteste Eruera Stirling, hat folgendes Lied gesungen:

Whakarongo! Whakarongo! Whakarongo!
Ki te tangi a te manu e karanga nei
Tui, tui, tuituiaa!
Tuia i runga, tuia i raro,
Tuia i roto, tuia i waho,
Tuia i te here tangata
Ka rongo te po, ka rongo te po
Tuia i te kawai tangata i heke mai
I Hawaiki nui, i Hawaiki roa,
I Hawaiki pamamao
I hono ki te wairua, ki te whai ao
Ki te Ao Marama!

Hört! Hört! Hört!
Den Schrei des rufenden Vogels
Verbindet euch, kommt zusammen, seid eins!
Verbindet euch nach oben und nach unten
Verbindet euch nach innen und nach außen
Verknüpft die Menschheit miteinander
Die Nacht hört, die Nacht hört
Verbindet die Linien der Menschen, die abstammen
Vom großen Hawaiki, vom langen Hawaiki
Vom fernen Hawaiki
Verbindet euch mit dem Geist, mit dem Tageslicht
Mit der Welt des Lichts!

Literatur

Bess, R. (2011): »New Zealand's Treaty of Waitangi and the Doctrine of Discovery: Implications for the Foreshore and Seabed«, in: *Marine Policy* 35, S. 85-94.

Blomley, N. (2003): »Law, Property and the Geography of Violence, The Frontier, the Survey and the Grid«, in: *Annals of the Association of American Geographers* 93 (1), S. 121-141.

Boast, R. (2005): *Foreshore and Seabed,* Wellington, Lexis Nexis.

Branch, J. (2011): Mapping the Sovereign State: Cartographic Technology, Political Authority, and Systemic Change, Doktorarbeit der Politikwissenschaft, Berkeley.

Colenso, W. (1887): »Ancient Tide Lore, and Tales of the Sea«, in: *Transactions and Proceedings of the New Zealand Institute* 20, S. 418-22.

Descola, Ph. (2013): *Beyond Nature and Culture,* Chicago, University of Chicago Press.

Devathasan, A. (2013): »The Crown Minerals Act 2013 and Marine Protest«, *Auckland University Law Review* 19, S. 258-263.

Diaw, M. (2008): From Sea to Forest: An Epistemology of *Otherness* and Institutional Resilience in Non-conventional Economic Systems, http://dlc.dlib.indiana.edu/dlc/bitstream/handle/10535/312/diaw.pdf?sequence=1 (Zugriff am 5. März 2015).

Edney, M.H. (1994): »British military education, mapmaking, and military ›map-mindedness‹ in the later Enlightenment«, in: *The Cartographic Journal* 31, S. 14-20.

Frame, A. (1999): »Property and the Treaty of Waitangi: A Tragedy of the Commodities?«, in: J. McLean (Hg.), *Property and the Constitution,* Oxford, Hart Publishing, S. 224-234.

Foucault, M. (1970): *The Order of Things,* London, Tavistock.

Frängsmyr, T., J.L. Heilbron, R. Rider (Hg.) (1990): *The Quantifying Spirit in the 18th Century,* Berkeley, University of California Press.

Grotius, H. (übersetzt von R. v. D. Magoffin) (1608): *The Freedom Of The Seas: Or, The Right Which Belongs To The Dutch To Take Part In The East Indian Trade,* New York, Oxford University Press.

Henare, A. (2007): »Taonga Maori: Encompassing rights and property in New Zealand«, in: Henare, A., M. Holbraad, S. Wastell (Hg.), *Thinking through Things: Theorising Artefacts Ethnographically,* London, Routledge, S. 47-67.

Hill, M. (2011): »Police make arrest on protest ship«, *Stuff NZ,* 23.04.2011.

Hodgen, M. (1971): *Early Anthropology in the Sixteenth and Seventeenth Centuries,* Philadephia, University of Pennsylvania Press.

Israel, J. (2006): »Enlightenment. Which Enlightenment?«, in: *Journal of the History of Ideas* 67(3), S. 523-545.

Jacobson, C., und H. Moller (2009): *Two from the same cloth? Comparing the outcomes of Mātaitai and Taiāpure for delivering sustainable customary fisheries, He Kōhinga Rangahau No. X,* Dunedin, University of Otago.

Lovejoy, A. (1936): *The Great Chain of Being: The History of an Idea,* Boston, Harvard University Press.

Mauss, M. (übersetzt von E. Moldenhauer) (1968): *Die Gabe. Die Form und Funktion des Austauschs in archaischen Gesellschaften,* Frankfurt a.M., Suhrkamp

Palmer, M. (2006): »Resolving the Foreshore and Seabed Dispute«, in: R. Miller und M. Mintrom (Hg.), *Political Leadership in New Zealand,* Auckland, Auckland University Press, S. 197-214.

Ranapiri, T. (1907): Letter to Peehi (Elsdon Best), 23. November 1907, S. 2, MS Papers 1187, Folder 127, Alexander Turnbull Bibliothek, Wellington, übersetzt von A. Salmond.

Reill, P.H. (2005): *Vitalizing Nature in the Enlightenment,* Berkeley, University of California Press.

Rimini, T. W. (1901): »Te puna kahawai i Motu«, in: *Journal of the Polynesian Society* 10(4), S. 183-190.

Sahlins, M. (1985): »Hierarchy and humanity in Polynesia«, in: A. Hooper und J. Huntsman (Hg.), *Transformations of Polynesian Culture*, Auckland, The Polynesian Society.

Salmond, A. (1992): Maori Understandings of the Treaty of Waitangi, F19, for the Waitangi Tribunal, Muriwhenua Land Claim.

— (2004): *The Trial of the Cannibal Dog, Captain Cook in the South Seas*, London, Penguin.

— (2005): »Their Body is Different, Our Body is Different: European and Tahitian Navigators in the 18th Century«,in: *History and Anthropology*,16 (2), S. 167-186.

— (2010): Brief of Evidence of Distinguished Professor Dame Anne Salmond, WAI 1040, #A22, for the Waitangi Tribunal.

Stirling, E. (im Gespräch mit A. Salmond) (1980): *Eruera: The Teachings of a Maori Elder*, Christchurch, Oxford University Press.

Te Kohuora of Rongoroa (diktiert für R. Taylor) (1854): Der Maori-Text befindet sich in: R. Taylor (1855), *Te Ika a Maui*, London, S. 15-16 (veröffentlicht und transkribiert von A. Salmond).

Te Rangihiroa (Peter Buck) (1926): »The Maori Craft of Netting«, in *Transactions of the New Zealand Institute* 56, S. 597-646.

Thakur, R. (1986): »A dispute of many colours: France, New Zealand, and the Rainbow Warrior Affair«, *The World Today* 42 (12), S. 209-214.

Schmidt, J. und K. Mitchell (2014): »Property and the Right to Water: Towards a Non-Liberal Commons«, *Review of Radical Political Economics* 46 (1), S. 54-69.

Te Whanau-a-Apanui (2012): Statement of Te Whanau-a-Apanui, iwimaori.weebly.com/.../te_whanau_a_apanui_statement_16_may_2012, Zugriff am 23. März 2015.

Tregear, E. (1891): *The Maori-Polynesian Comparative Dictionary*, Wellington, Lyon and Blair.

Waitangi Tribunal, www.justice.govt.nz/tribunals/waitangi-tribunal/treaty-of-waitangi (Zugriff am 11. Dezember 2014).

Waititi, T. (2011): Zitiert in der *Sunday Star Times* 24.04.2011.

Woolford, J. (2003): Urteil im Fall NZ Police vs. Elvis Heremia Teddy, CRI-2011-470-00031 [2013, NZHC 432.

Webster, K. und Monteiro, F. (2013): High Court clarifies jurisdiction over New Zealand ships on high seas, International Law Office, www.internationallawoffice.com/newsletters/detail.aspx?g=96970d24-7159-4b4c-b41f-71d8c0f58 (Zugriff am 5. März 2015).

Anne Salmond ist Distinguished Professor für Māori-Studien und Anthropologie an der University of Auckland. Sie hat über viele Jahre mit indigenen Gruppen und Führungspersönlichkeiten im Pazifischen Raum zusammengearbeitet und zahlreiche literarische sowie wissenschaftliche Preise gewonnen. Im Jahr 2013 erhielt sie die Rutherford Medaille, die höchste wissenschaftliche Auszeichnung des Landes. Im selben Jahr wurde sie Neuseeländerin des Jahres. Anne Salmond leitet umfangreiche Umweltprojekte.

Ein ethischer Kampf ums Menschsein

Über die Bewegung der Barackenbewohnerschaft in Südafrika

Nigel C. Gibson

Am 19. März 2005[1] blockierten 750 schwarze Barackenbewohner, Frauen und Männer, eine wichtige Umgehungsstraße in der Nähe des Umgeni Business Parks im südafrikanischen Durban. Vier Stunden lang kämpften sie gegen die Polizei. Die Szenerie erinnerte an den Anti-Apartheid-Kampf. Geduldig hatten die Barackenbewohner auf die Umsetzung von Nelson Mandelas historischem Wahlversprechen aus dem Jahr 1994 gewartet. Sie hatten auf Wohnraum gehofft und geglaubt, auf einem nahe gelegenen Grundstück würden Häuser gebaut, doch das Versprechen wurde wegen der Immobilien- und Gewerbeentwicklung gebrochen. Statt neuen Häusern standen sie nun Bulldozern gegenüber. Ihnen drohte die Umsiedlung an einen Ort mehrere Meilen außerhalb der Stadt, weit entfernt von Arbeitsplätzen, Schulen, Krankenhäusern und von den Nachbarschaften, zu denen sie gehörten. Auf eine der Apartheid-Praxis nicht unähnliche Art – nämlich Menschen als »überschüssige Bevölkerung« zu behandeln – hatte die auf den Markt fixierte Politik die politische Realität in Südafrika nach der Apartheid auf unschöne Weise hervortreten lassen.

Die Kennedy-Road-Siedlung liegt eingekeilt zwischen der Wohnsiedlung Clare Estate und Afrikas größter Mülldeponie an der Bisasar Road. Ständig fahren Lastwagen auf das Deponiegelände. Dabei passieren sie Electron Avenue und weitere Straßen, deren Namen einer verflossenen Ära technologischer Innovation und »Entwicklung« unter dem Apartheid-Regime entstammen. Entlang der Kennedy Road ist die Müllhalde von einer langen Betonmauer umgeben. Eine Art Parfümierung soll den Geruch überdecken. Menschen gehen die Halde auf und ab, um Brauchbares aus dem Müll zu klauben, oder sie gehen dort entlang, weil sie auf dem Hin- oder Rückweg zur Arbeit als Hausangestellte oder Gärtner in den Wohnhäusern des Clare Estate sind. Offiziell ist den Barackenbewohnern der Zutritt zu dieser gesundheitsschädigenden und giftigen Deponie verboten. Wer jedoch neben den Barackensiedlungen an der Mauer entlang geht, wird sehen, dass hin und wieder Betonplatten entfernt wurden. Viele Menschen verdienen ihren Le-

1 | Ein Teil dieses Beitrags basiert auf meiner Einleitung zu *Challenging Hegemony: Social Movements and the Quest for a New Humanism in Postapartheid South Africa* (Gibson 2006: 1-14).

bensunterhalt, indem sie die Abfälle durchkämmen und Pappe, Plastik oder Metall sammeln, die sie dann in der »informellen Ökonomie« zum Recyceln verkaufen.

Der größte Teil der »informellen Siedlung« an der Kennedy Road liegt nicht direkt an der Straße, sondern ist über die zahlreichen Pfade zu erreichen, die die Hügel überziehen.[2] Die Menschen dort leben in bitterer Armut. Vom Staat vergessen, haben sie weder Strom noch Wasserver- und -entsorgung. Sie leben in Baracken, die in die Hügel gegraben wurden und aus Plakatwänden, Wellblech, Zweigen und Lehm zusammengeschustert sind. Aus ihren »behelfsmäßigen« Unterkünften wurden mehr oder weniger dauerhafte. Lange Zeit wurde noch nicht einmal der Müll abgefahren.

Kennedy Road selbst gehört zum Viertel Clare Estate, in dem hauptsächlich Inderinnen und Inder der gehobenen Mittelschicht wohnen. Die Grundstückspreise im Viertel schießen in die Höhe. In den Siedlungszwischenräumen – in den Tälern, entlang der Flussufer und der städtischen Deponie – gibt es acht Barackensiedlungen. Jede hat ihre eigene Geschichte und ihre eigenen Organisationen hervorgebracht. Eine davon ist die Kennedy-Road-Siedlung, in der sich eine radikaldemokratische politische Kultur über Jahre hinweg entwickelt hat. In anderen Barackensiedlungen herrscht Vetternwirtschaft, dominiert von einem »induna« (Häuptling), von denen manchen mehr Respekt gezollt wird als anderen, aber oft orientiert sich die Führungskultur an Hierarchien und Protektion.[3] Da materielle Interessen im Spiel sind, geht die Einführung eines demokratischen Systems in der Regel mit Anfechtungen und harten Auseinandersetzungen einher. Die Gestalt einer jeden Siedlung hat sich aus unterschiedlichen materiellen Bedingungen ergeben, wobei räumliche Strukturen, Größe und Geografie die Machbarkeitsgrenzen etwa von gemeinsamen Versammlungsorten bestimmen. Diesen Einschränkungen zum Trotz, sieht man schon beim Blick von den Bergkuppen herab, dass dieser Teil Durbans etwas Besonderes hat. Die Projektentwickler verstehen das, und auch den Barackenbewohnern ist es nicht entgangen. Ein Mitglied des KwaZulu-Natal-Kabinetts soll Berichten zufolge gesagt haben: »Wir können neben drei Millionen Rand teuren Häusern keine Streichholzschachteln bauen« (Khan 2006a), während ein Mitglied der Gemeinschaft der Barackenbewohner schlicht feststellt: »Sie wollen es für die Reichen haben« (Alfred Ndlovu, zitiert in Pithouse 2005b).

Trotz gegenteiliger Versprechen des örtlichen Stadtrats rückten am 19. März 2005 die Bulldozer an. Als sie zusehen mussten, wie ihr »Gelobtes Land« dem Erdboden gleichgemacht wurde, wurden die Barackenbewohner/innen aktiv: Sie

---

2 | Der Begriff »informelle Siedlung« wird von Nichtregierungsorganisationen bevorzugt. Er suggeriert eine vorübergehende Unterbringung, doch das geht an der Realität vorbei. Häufig leben die Familien über Generationen hinweg in solchen Siedlungen.

3 | Da ein sehr großer Teil der Literatur über Barackensiedlungen auf Studien von UN-Habitat in Nairobi beruht (wo das Problem ist, dass Baracken vermietet werden und Slumlords ihr Unwesen treiben), ist der Hinweis notwendig, dass autoritäre Regierungsstile häufig auf klientelistischen Verbänden beruhen. Lokale Führungspersönlichkeiten versuchen dort, »ihre Leute« zu Stimmvieh für die regierende Partei zu machen und erhalten dafür Wohltaten von oben.

blockierten die Umgeni Road mit brennenden Reifen und Matratzen und brachten den Verkehr und die Geschäftstätigkeit zum Erliegen. Die Polizei war überrascht und ersuchte um Hilfe. Sie attackierte mit Hunden, schlug auf die Protestierenden ein und nahm 14 der 750 Menschen der Kennedy-Road-Siedlung fest, darunter zwei Jugendliche, Thobekile Zulu and Akhona Khebesi. Zwei Tage später, am Tag der Menschenrechte in Südafrika – dem Jahrestag des 21. März 1960, als die Apartheid-Polizei in Sharpeville auf Protestierende gegen die Passgesetze schoss und dabei 69 Menschen tötete – demonstrierten 1.200 Menschen. Sie forderten, dass die örtliche Polizei entweder die 14 Verhafteten freilassen oder aber die gesamte Gemeinschaft festnehmen solle. Die Menschen hatten selbstbewusst begonnen, sich für ihre eigenen Rechte stark zu machen; endlich begannen sie, den Staat unter Druck zu setzen und Rechenschaft zu fordern. Mehr als ein Jahrzehnt lang war ihre Wut stetig gewachsen. Viele hatten die Hoffnung auf eine reguläre Beschäftigung aufgegeben oder waren gezwungen, das zu nutzen, was die Weltbank die Möglichkeiten »unternehmerischer Ambitionen« und des »Einfallsreichtums« in der informellen Ökonomie nennt. Aber Pappe, Plastik oder Metall auf einer stinkenden Deponie zu sammeln und selbst das Gärtnern und Putzen für die Bewohnerinnen und Bewohner der Clare Estate bieten nicht viele »Möglichkeiten«.

Die Barackenbewohner hatten eingesehen, dass die von der Regierung versprochenen Veränderungen Zeit brauchen würden, auch dass sie für ihr eigenes Wohlergehen Verantwortung übernehmen müssten, doch bis 2005 war ihnen klar geworden, dass ihre Interessen überhaupt keine Berücksichtigung finden würden. In den Worten eines Barackenbewohners: Sie waren es endlich »leid, durch Scheiße zu gehen und in ihr zu leben« (zitiert in Kockott 2005).

Also organisierten sich die Menschen der Kennedy Road noch an jenem Märztag. Sie begannen zu protestieren, weil sie sich betrogen fühlten. Die Aktion markierte den Anfang einer Bewegung, auch wenn sie sie anfangs vielleicht nicht als solche erkannten. Sie sahen sich *auf sich selbst gestellt* gegen die Kommunalverwaltung, die Polizei, gegen Unternehmen, die Reichen, die Medien und die Gerichte; sie warteten wie üblich nicht auf die Medien oder professionelle Aktivistinnen und Aktivisten. Von entscheidender Bedeutung war, dass sie bereits über ein demokratisches Entscheidungsgremium verfügten, das Kennedy Road Development Committee, dessen partizipatorische Versammlungen und soziale Forderungen schnell die benachbarten Gemeinschaften begeisterten. Tatsächlich wurde deren Fantasie anlässlich der Begrüßungsparty nach der Entlassung der Inhaftierten beflügelt, als der Vorsitzende des Kennedy Road Development Committee, S'bu Zikode, eine denkwürdige Rede hielt und das Tun der Menschen bekräftigte: »Der erste Nelson Mandela war Jesus Christus. Der zweite war Nelson Rolihlahla Mandela. Der dritte Nelson Mandela sind die Armen der Welt« (zitiert nach Patel und Pithouse 2005). Was dabei mitschwingen sollte, war klar. Die Armen waren nicht Christus, aber Christus war der erste Mandela, der erste Befreier, der einen neuen Himmel auf Erden skizziert. Mandela ist der wiedergeborene Christus; er gründete die Befreiung fest auf südafrikanischem Boden; seine 18-jährige Gefangenschaft während der Apartheid ist eine Metapher für die Nation, so wie seine Freilassung mit der Geburt eines neuen Südafrikas in Verbindung gebracht wird. Doch das Versäumnis des historischen Mandela, Südafrika wirklich zu befreien, verlangte die Geburt eines neuen Mandela: die Armen selbst. Nach vielen gebrochenen Versprechen durchschauten sie die leere Rhetorik der Kommunalbehörden. Das Maß war voll – »sekwanele, sekwanele!« – und die Wahrheit ging von ihren eigenen Erfahrungen aus: sie waren zur »neuen Realität der Nation« geworden und erklärten ihre Bewegung zur Universität, an der sie »ihre eigenen Kämpfe dachten« und »nicht geistig arm« waren (Zikode 2006). Die Armen nahmen die Sache selbst in die Hand, kritisierten dabei subtil Mandela und sahen sich selbst als die Kraft und den Grund für ihre eigene Befreiung – sie waren ihre eigenen Mandelas geworden.

Dies ist der Kern der Bestrebungen aller Commoners, überall in der Welt: die Fesseln der sie enteignenden Fremdbestimmung abzuwerfen; ihre eigenen Regeln zur Gestaltung ihrer Angelegenheiten und der ihnen wichtigen Ressourcen zur Geltung zu bringen; und die Protagonisten ihrer eigenen Geschichte zu werden. In diesem Sinne ist die Bewegung der Barackenbewohner ein bahnbrechender »Commoning-Kampf«, eine Möglichkeit, das Überleben und die Menschenwürde zu sichern.

Die Ursprünge der Bewegung der Barackenbewohnerschaft

Auch wenn sie vorher noch nie von einer »sozialen Bewegung« gehört hatten, waren die Barackenbewohner bis März 2005 im Prinzip eine solche geworden, und zwar durch ihre Selbstorganisation und die Entwicklung ihrer Beziehungen zu anderen Barackenbewohnern. Die *Allgemeingültigkeit* ihrer Erfahrungen an der Kennedy Road und ihre Forderungen wurden in benachbarten Siedlungen unmittelbar verstanden und aufgegriffen. Diese neuen horizontalen Verknüpfungen zwischen Barackensiedlungen ließen ahnen, dass sich eine neuartige Bewegung formierte. Im Mai 2005 hatten die Menschen von der Kennedy Road und fünf weiteren Barackensiedlungen sowie Bewohnerinnen und Bewohner von Wohnungen im kommunalen Wohnungsbau eine Demonstration von mehr als 3.000 Menschen organisiert. Sie trugen Banner, die ihren kollektiven Willen (»Wir wollen unser Land«) und ihre selbst organisierte politische Bildung (»Die Kennedy-Road-Universität«) zum Ausdruck brachten, und legten ein Memorandum mit zehn Forderungen vor, das sie in zahlreichen Versammlungen und Diskussionen erarbeitet hatten. Eine Handvoll Mittelschichtsaktivistinnen und Intellektuelle von der Universität KwaZulu-Natal waren in diese Prozesse involviert; dabei folgten sie dem Prinzip, dass die Menschen für sich selbst sprechen müssten.

Im Memorandum ging es um die Notwendigkeit von Wohnungsbau, Arbeitsplätzen, Abwasserentsorgung, Gesundheitsversorgung, Bildung, Schutz vor Polizeigewalt und vor Umweltgiften. Es wurde zu einer Charta der Menschen, die versuchte, nicht nur die 800.000 Barackenbewohner in Durban, sondern die Armen in ganz Südafrika zu repräsentieren: fast drei Millionen Haushalte in »informellen« Behausungen. Die Forderungen waren alles andere als revolutionär. Es waren Forderungen loyaler Bürgerinnen und Bürger, die vernünftige Wünsche um Aufnahme ins »neue Südafrika« vorbrachten, und zwar aus eben ihrer Eigenschaft als Staatsbürgerinnen und -bürger heraus.

Ziel der Demonstration war das Büro des örtlichen ANC-Stadtrates. Dort machten die Demonstrierenden deutlich: Falls der Stadtrat nicht zurücktrete, würden sie, die Wählerinnen und Wähler, den Wahlbezirk 25 für »stadtratfrei« erklären. Sie hatten einen Sarg mitgebracht, der den politischen Tod des Stadtrats symbolisierte. Der Punkt war klar. Doch auch das Selbstbewusstsein der Demonstrierenden war bemerkenswert, sowohl als Klasse, die sich dem Zugriff auf Land entgegenstellte, als auch als Kollektiv, das die Regierung unter Druck setzte, nicht nur ihre Versprechen einzulösen, sondern diese Versprechen auch in ihren künftigen Debatten zu bearbeiten. Selbstbewusst forderten die Demonstrierenden den elitären Charakter der Stadtregierung und kritisierten damit implizit auch den Klassencharakter des südafrikanischen »Übergangs für die Elite«.[4]

Einige Monate später wurde nach einer Versammlung von zwölf Siedlungen an der Kennedy Road die Bewegung der Barackenbewohner, Abahlali baseMjondolo, gegründet.[5] Es gab keinerlei externe Finanzierung weder von Nichtregierungsorganisationen noch von der Zivilgesellschaft oder von politischen Parteien. Vom Kommunalparlament durchgängig ignoriert und häufig wie Kriminelle behandelt, schlossen sich Barackenbewohnerinnen und -bewohner aus ganz Durban der Bewegung an. »Die einzige Sprache, die sie verstehen, ist, wenn wir zu Tausenden auf die Straße gehen«, befand Zikode (2006: 187). Im darauf folgenden Jahr schafften Massendemonstrationen der Barackenbewohnerschaft lokale, nationale und sogar internationale Aufmerksamkeit für ihre Misere, unter anderem durch Berichte in *The Economist* und anderen lokalen und internationalen Medien, darunter ein ganzseitiger Bericht in der *New York Times*.

Die Bewegung befand sich auf einer schnellen Lernkurve, verfügte über wenige Ressourcen, war aber dennoch in der Lage, nicht nur sich selbst darzustellen, sondern auch auf Falschdarstellungen in den Medien zu reagieren. Bald war klar, dass die Barackenbewohner nicht kleinzukriegen waren. Tägliche Demonstrationen und Aktionen in sämtlichen großen Städten Südafrikas begleiteten das steigende Ansehen und die Medienpräsenz von Abahlali. Allein 2005 gab es mehr als 600 Aktionen von Gemeinschaften, Demonstrationen und Besetzungen im ganzen Land (Alexander 2010), darunter auch Kämpfe mit der Polizei, bei denen Blut floss. Neue Technologien, insbesondere Mobiltelefone und SMS wurden genutzt, um die Kommunikation zu unterstützen (zu SMS-Aktivismus in Afrika siehe Erkine 2010). Dies hat es dieser und anderen Bewegungen ermöglicht, für sich selbst zu sprechen und sich in den Medien mehr zu vertreten, als das in der Vergangenheit möglich war.

---

4 | Die Legalisierung der Baracken erfolgt auf unterschiedliche Weise. Eine der Privatisierung ähnliche Form ist die Ausstellung von Eigentumsurkunden, wodurch die Bewohnerinnen und Bewohner zu Immobilieneigentümern werden. Die Bewegung befürwortet diese Strategie nicht, denn sie würde die Autonomie der Siedlung wahrscheinlich untergraben und einer auf Solidarität der Gemeinschaft gründenden Bewegung abträglich sein.

5 | Unter den 32 Gewählten waren 15 Frauen und 17 Männer. Es gibt viele Wurzeln für das Wort »mjondolo« (das umgangssprachliche Wort für Baracken). Möglicherweise waren mit »jondolo« ursprünglich die Verpackungskisten von Traktoren der Marke John Deere gemeint, die in den 1970er Jahren für den Bau von Baracken verwendet wurden.

Sie machten weiter, trotz des Aufrufs von Präsident Mbeki, die Aktionen zu beenden. »Diese Sachen haben die Jugendlichen damals im Kampf gegen die Apartheid gemacht«, beklagte er, doch genau das legitimierte die Aktionen.

Anfang 2006 fing Abahlali an, einen Boykott der für März desselben Jahres angesetzten Kommunalwahlen zu organisieren. Nach ihrem »Begräbnis« des Stadtrats war das eine logische Entwicklung. Die Entscheidung zum Boykott folgte einer Demonstration der Foreman-Road-Siedlung in die Innenstadt von Durban, die unter dem Motto stand: »Kein Land, kein Haus, keine Stimme«, welches die South African Landless People's Movement (»Bewegung der Landlosen in Südafrika«) in einer nationalen Kampagne von 2004 genutzt hatte. Obwohl die Demonstration legal war, wurde sie vom Stadtverwalter Mike Sutcliffe verboten. Zwei Tage nach dem Verbot, am 3. Februar 2006, versammelten sich die 3.000 Barackenbewohner an der Foreman-Road-Siedlung und entschieden sich für die Demonstration, obwohl sie von der Bereitschaftspolizei eingekesselt waren. Sie verließen die Siedlung hinter den Bannern der »Universität von Abahlali baseMjondolo« und »Kein Land, kein Haus, keine Stimme«. Als sie die Asphaltstraße betraten, griff die Polizei sofort an. Mehrere Menschen wurden schwer verletzt, und 45 wurden festgenommen. Sutcliffe sprach ein weiteres Verbot für eine für den 27. Februar geplante Demonstration aus. Erneut sperrte die Polizei die Zugänge von drei großen Siedlungen ab und nahm mehrere Menschen fest. Aber dieses Mal waren die Menschen darauf vorbereitet. Mit Unterstützung progressiver Anwältinnen und Anwälte konnte Abahlali den Stadtverwalter Sutcliffe vor dem High Court verklagen und erhielt auf diesem Weg die Erlaubnis, mit dem Demonstrationszug in die Stadt hineinzugehen.

Sicherlich gibt es Kontinuitäten zwischen diesen Kämpfen und jenen gegen die Apartheid. Viele von Abahlali halten letzteren für unvollendet, und sogar Mandela hatte 1993 den Kampf der Barackenbewohner anerkannt, als man noch weithin glaubte, dass das Ende der Apartheid die Aufwertung der »informellen Siedlungen« bedeuten würde und dass die Zustände dort eine direkte Folge der Apartheid waren.[6] Tatsächlich ist Südafrika immer ein Land der Extreme gewesen, ein Land von Reich und Arm. Und Entwicklungen in der südafrikanischen Wirtschaft waren stets die Domäne mächtiger Bergbau- und Finanzinteressen im Kontext des globalen Kapitalismus. Das Ende der Apartheid hat diese Eigentümerschaft sogar gestärkt. Der ANC hatte einige der besten Köpfe vereinnahmt und die Bewegungen in Regierungsstrukturen verwandelt; er versprach, das Erbe der Apartheid anzupacken, doch die tatsächlichen Politiken und Praktiken des ANC hielten nie der Rhetorik stand. Zunächst wurde dies der Zeit des Übergangs zugeschrieben, besonders auf lokaler Ebene, wo nach wie vor Apartheid-Funktionäre im Amt waren. Doch nachdem die Regierung sich die neoliberale Wirtschaftspolitik zu eigen gemacht hatte, änderte sich die Situation. Obwohl sie unter internationalem Druck standen,

6 | In einer Presseerklärung von 1993 proklamiert der ANC, dass die Menschen, die in »illegalen Siedlungen« lebten, »ihre Stimme erheben sollten. ›Eure Probleme sind meine Probleme, eure Lösung ist meine Lösung‹, sagte Präsident Nelson Mandela«. Dumisani Makhaye formuliert es so: »Die Krise im südafrikanischen Wohnungswesen ist ... ein Ergebnis der Apartheid« (ANC 1993).

waren die neuen schwarzen und die alten weißen Eliten die direkten Verfasser einer »hausgemachten Strukturanpassung«.[7]

Heute ist klar, dass die Umverteilung nach dem Ende der Apartheid vor allem den südafrikanischen Banken und Multis von Nutzen war (und weiterhin ist). Heute können sie sogar noch freier agieren als während der Apartheid. Zudem ist die südafrikanische Wirtschaft in die globale Wirtschaft stärker integriert als je zuvor und die schnelle Einführung eines neoliberalen Wirtschaftsmodells, um globale Investitionen anzulocken, hat die Prioritäten aus den ersten Jahren der ANC-Regierung verlagert und tiefe Einschnitte in die Sozialbudgets verursacht. Ernsthafte Diskussionen über die sozialen und ökonomischen Konsequenzen der Kolonialzeit und der Apartheid sind in den 1990er Jahren einem neoliberalen Diskurs über die Armen gewichen, die als »undifferenzierte, unwillige Träger sozialer Krankheiten« (Barchiesi 2007: 46-47) dargestellt werden – mit anderen Worten: als moralisch korrupt und undiszipliniert – oder, in der Sprache der Apartheid, als »überschüssige Bevölkerung«. Unnötig zu erwähnen, dass das Post-Apartheid-Wohnungsbauprogramm Teil dieses Prozesses ist, der letztendlich darauf abzielt, die Armen aus den Städten zu verdrängen. Ein-Zimmer-Häuser, so klein wie ein Schrank und von den Städten weit entfernt, sind für viele auch ökonomisch keine Option. Es ist für sie lebensnotwendig, in der Nähe von Schulen und Arbeitsplätzen zu wohnen. Daher verstanden die Barackenbewohner es richtig, als die Stadt Durban ihren Plan für eine »Stadt ohne Slums« vorstellte: als Wiederkehr der Apartheid-Politik der »Zuflussbegrenzung« und der Entfernung »schwarzer Flecken«.[8] Wieder einmal sollten Schwarze aus der Stadt und in die Ghettos der Peripherie gedrängt werden.

Der Klassencharakter dieser Situation ist klar. Das zeigt sich auch in der Wasser- und Stromversorgung. Die südafrikanische Verfassung garantiert zwar den Zugang zu »ausreichendem Wasser« (kostenfrei bis zu 25 Liter pro Tag und Person), aber in den Slums ist das nicht der Punkt. Dort ist das Problem schärfer, denn es gibt mitunter nur ein paar funktionierende Wasserhähne und Toiletten für Tausende Menschen. Es geht also nicht einfach darum, dass sich die Menschen in den Baracken nicht genügend Wasser und Strom leisten könnten, manche sind dazu durchaus in der Lage. Es geht um unzureichende Wasser- und völlig fehlende Stromversorgung und um die Tatsache, dass bei Bränden häufig nicht einmal die Feuerwehr geschickt wird. Das Ergebnis: Ausbreitung von Bränden und vermeidbare Todesfälle. In den Worten von S'bu Zikode: »Wenn die wilden Wälder und die

7 | Alan Hirsch (2005) ist der Auffassung, dass die Regierung ein neoliberales Programm einführte, um die Souveränität Südafrikas vor der Einsetzung eines ebensolchen Programms durch IWF und Weltbank zu schützen.

8 | Apartheid-Minister Piet Koomhof hatte zwar 1981 ein Ende der Zwangsumsiedlungen angekündigt, dies jedoch nicht umsetzen lassen. Was sich änderte, waren die Taktiken und die Sprache hin zu »vagen Versprechen, uneindeutigen Aussagen, Ankündigungen und Widerrufen, Gerüchten und Schikanen« (Platzky 1986: 395). Dieselben Taktiken kommen im Post-Apartheid-Südafrika zum Einsatz. So wurden Versprechen, die Baracken an die Stromversorgung anzuschließen, widerrufen, weil die informellen Siedlungen »temporär« seien und die Barackenbewohner bis 2010 anderweitig untergebracht würden. Auch dieser Zeitpunkt wurde später widerrufen.

Plantagen der Reichen brennen, dann löschen große Helikopter die Brände mit Hunderten Tonnen Wasser. Aber wenn unsere Baracken brennen, sind Helikopter und Krankenwagen nirgends zu sehen ... Helikopter kümmern sich nur dann um uns, wenn wir demonstrieren. Der Staat kümmert sich um uns, wenn wir versuchen zu sagen, was wir denken« (Zikode 2008a).

Am 21. April 2006, zwölf Jahre nach der Geburt des neuen Südafrikas durch die erste allgemeine und freie Wahl, gingen 5.000 südafrikanische Barackenbewohnerinnen und -bewohner aus den 14 informellen Siedlungen, die im Jahr zuvor Abahlali beigetreten waren, auf die Straße – aber nicht, um die Freiheit zu feiern, sondern um den »Tag der Unfreiheit« zu beklagen. Seitdem pflegen sie dieses Ritual. Wie können »wir die Freiheit feiern, wenn wir nur von ihr reden hören, wenn wir sehen, wie sich das Leben der Menschen in anderen Teilen des Landes verbessert, aber nie in unseren Gemeinschaften?« fragte S'bu Zikode (2007), womit er im Grunde den Zustand der Freiheit im ganzen Land in Frage stellte.

Der 40-jährige Gründungspräsident der Bewegung der Barackenbewohner Abahlali baseMjondolo (AbM), hat früher an einer Tankstelle gearbeitet. Anfang 2007 verlor er wegen seiner politischen Tätigkeit seinen Arbeitsplatz (Zikode 2009). Der Vater von vier Kindern war 1997 in die Kennedy-Road-Siedlung gezogen. Als Junge war er Pfadfinder in einer ländlichen Kleinstadt, schloss die Schule mit Auszeichnung ab, hatte aber kein Geld für ein Studium. Er ist ein schmächtiger Mann mit einem warmen Lächeln und einer einladenden Art, gewinnend und wortgewandt, von nachdenklichem und ruhigem Auftreten. Er ist radikaler Humanist, kein Unruhestifter, sondern Lehrer und Zuhörer, und im öffentlichen Leben des Landes eine bedeutende Person geworden. Er ist im Fernsehen, im Radio und in den nationalen und lokalen Printmedien präsent, und seine Worte werden häufig in Popkultur-Magazinen mit einer Gesamtauflage von fünf Millionen nachgedruckt (Bryant 2008). Wenngleich man S'bu Zikode als intellektuellen Kopf von Abahlali betrachten könnte – tatsächlich beschreibt er den Kampf als dialektisches, nicht statisches Denken, als »Denken, während man sich bewegt und handelt« –, hat er strikt wiederholten Aufforderungen widerstanden, sich auf kommunaler Ebene zur Wahl zu stellen oder der Sprecher der Bewegung zu sein. Für ihn sind die Probleme systemischer Natur; er sieht sich nur als Diener der Menschen, der gewählt wurde, um deren Interessen zu vertreten, und der von diesen Menschen wieder abberufen werden kann. Zikode ist mit seiner Haltung bemerkenswert konsistent geblieben: treu den Prinzipien der Basisdemokratie, der geteilten Führung und der kritischen Reflexion der eigenen Kämpfe verpflichtet. Im Jahr 2008 entschied er sich, nicht als Präsident der Bewegung zu kandidieren. Seine Argumentation:

»Es war stets meine Absicht, mich für die Bewegung nachdrücklich zu engagieren, aber mir war klar, dass in unserer Bewegung alle Positionen auf allen Ebenen geteilt werden müssen, dass die Last der Führung [...] geteilt werden muss, dass ich Zeit für meine Familie brauche und in der Lage sein muss, lesen und über die Erfolge unserer lebendigen Politik nachdenken zu können. Es ist eine Politik, die immer darauf gegründet war, dass wir sehr genau über unser Leben und unsere Kämpfe nachdenken. Wir müssen uns selbst verändern, bevor wir die Welt verändern können, und wenn wir keine Zeit zum Nachdenken haben, wird diese Veränderung schwierig werden« (Zikode 2008a).

Hier wird ein wichtiges Prinzip artikuliert. S'bu Zikode insistiert nicht nur auf Zeit zum Nachdenken, sondern auch auf die zentrale Bedeutung der Selbstreflexion für die Bewegung selbst. Als er von Mitgliedern gebeten wurde, seine Entscheidung gegen eine Kandidatur zu überdenken, nahm Zikode dies ernst und merkte an, dass die »Rufe [der Bewegung] nach einer Führungspersönlichkeit, die lernen möchte und bereit ist, selbst geführt zu werden ... sehr wichtig für die Arbeit unserer Bewegung [ist], sich selbst zu definieren und zu kennen, bevor Menschen von außerhalb unsere Bewegung definieren« (2008a).

Zikode hat stets klar gemacht, dass es sich beim Abahlalismus um eine »Bewegung« handelt, nicht um Individuen. Wenn er von Nichtregierungsorganisationen eingeladen wird, einen Vortrag zu halten, sind sie häufig überrascht zu erfahren, dass in der Bewegung selbstverständlich zunächst diskutiert wird, ob das in Frage kommt oder nicht, und falls sie sich zur Teilnahme entscheiden, wird ein gewählter Vertreter bzw. eine gewählte Vertreterin geschickt werden. Das ist Ausdruck eines Fanonschen Prinzips: Die Führungspersönlichkeit führt die Anderen nicht, sondern sie unterstützt die Klärungsprozesse und die Selbstreflexion; die philosophische Idee des »Erkenne dich selbst!« ist ein sozialer und kollektiver Prozess und muss es auch sein.

Zikode hat die Fertigkeit entwickelt, über die Art, die Regierung zu beschreiben, eine größere Anhängerschaft anzusprechen. Seine Botschaft fordert die Nation heraus: »Regierungsbeamte, Politiker und Intellektuelle, die die Barackenbewohner mit der Third Force [ein Begriff, der auf die mörderische, von der Apartheid geförderte Gewalt der frühen 1990er Jahre anspielt] in Zusammenhang bringen, haben keine Ahnung, wovon sie reden. Sie sind zu weit oben, um wirklich zu spüren, was wir spüren.« Und ganz wortwörtlich »weit oben«, von ihren Büros aus, können sie die Menschen darunter – physisch, konzeptionell, und erfahrungsmäßig – nicht erkennen. Es ist gut möglich, dass das der Grund für das Unverständnis ist. Zikode weiter: »Wir werden von einer anderen Third Force angetrieben, dem Leiden der Armen. Die Second Force sind unsere Verräter. Die First Force war unser Kampf gegen die Apartheid. Die Third Force wird aufhören, wenn die Fourth Force kommt: Land, Wohnungen, Wasser, Strom, Gesundheitsfürsorge, Bildung und Arbeit« (Zikode 2006). Die Andeutung ist klar: Die »Second Force«, der ANC an der Macht, hatte keine Befreiung mit sich gebracht, sondern eine »Third Force«: das Leiden der Armen. Dieser Logik zufolge ist die bislang nicht realisierte »Fourth Force« natürlich eine Zukunftsvision einer egalitären Gesellschaft.[9]

Ein Kampf um moralischen Diskurs und demokratische Praxis

Die Entscheidung zum Wahlboykott wurde nicht leichtfertig gefasst, doch aus Abahlalis Perspektive bedeutete Demokratie viel mehr als hin und wieder einen Urnengang zu absolvieren. Die Entscheidung brachte ein Umdenken über die

9 | Als Blade Nzimande, Generalsekretär der Südafrikanischen Kommunistischen Partei, 2009 die Proteste der Armen verurteilte und Plünderungen und Zerstörung von Eigentum als das Werk einer »Third Force« abtat, haben Zeitungskolumnisten (etwa Karumbidza 2009) mit Bezügen auf Zikodes »Third Force«-Argument reagiert.

zentralen Werte der Post-Apartheid-Gesellschaft mit sich. Für die Bewegung war Demokratie nicht eine alle fünf Jahre stattfindende Wahl, sondern es ging um das Alltagsleben, zu dem Gegenseitigkeit und Zuwendung gehörte sowie die Einbeziehung all jener, die systematisch ausgeschlossen worden waren und über die gesagt wurde, sie seien zu dumm, um zu verstehen. Abahlali sprach einfach eine andere Sprache, eine, die von unten kam und im alltäglichen Kampf gründete. Die Organisation befasste sich nicht mit politischen Verhandlungen, sondern mit Prinzipien, die aus einer offenen, gleichberechtigten und der Moral verpflichteten Debatte sowie einer demokratischen Praxis entsprangen: »In unserem Kampf [...] geht es eher um Gerechtigkeit«, erklärte Zikode. »Ist es für Barackenbewohner gut, so wie sie es tun, wie Schweine in Lehm zu wohnen? Warum lebe ich in einem Haus aus Pappe, wenn es Menschen gibt, die in der Lage sind, in einem anständigen Haus zu leben? Also handelt es sich um eine moralische Frage« (Zikode, zitiert in Ngiam 2006).

So wie der Kampf gegen die Apartheid zum Wahlrecht führte, hinterfragt der Kampf der »shack dwellers« die Bedeutung der Wahl und gibt den Ärmsten der Armen eine Stimme: »Jetzt *hat sich das Blatt gewendet*«, sagte Zikode 2006, »du hörst alles direkt aus erster Hand ... Wir demonstrieren, um zu sagen: *Dies ist, wer wir sind, dies ist, wo wir sind, und dies ist, was wir wollen*« (Interview mit Zikode in Beresford 2006; Hervorhebung im Original). Dabei stets für neue kreative Impulse, für Fragen und Innovationen von unten offen zu bleiben ist ein zentrales Prinzip. Als Bewegung der sich selbst organisierenden Barackenbewohnerschaft wurde Abahlali zum Verfasser der eigenen Geschichte, ein Prozess, an dem alle teilnehmen konnten und ein Beispiel für das, was Fanon, »Praxis der Freiheit« nennt, die sich in der »Struktur des Volkes« zeigt.

Abahlali hat den Diskurs über die »Bereitstellung von Versorgungsdienstleistungen« durchweg angefochten und besteht stattdessen darauf, dass ihre Forderungen das »Menschsein« betreffen. »Es geht nicht nur um physische Infrastruktur«, sagt Zikode, »wir haben unser Denken verändert«; von Anfang an »geht es in unserem Kampf um den Menschen, um unsere Lebensbedingungen, die sich in Forderungen nach Wohnraum und Land übersetzen« (Zikode 2007). Durch Abahlali, so fügt er hinzu, »beginnen die Menschen sich daran zu erinnern, dass sie Menschen sind« – sogar die Polizei. Mitglieder der Bewegung haben unter ihr gelitten, wurden häufig schikaniert und kriminalisiert (mit erfundenen Mordanklagen und dergleichen). Ihre Führungspersönlichkeiten, darunter Zikode selbst, wurden inhaftiert und in der Polizeistation von Sydenham verprügelt. Doch nach den anhaltenden Mobilisierungen Ende 2007 wurde eine Veränderung im Verhalten der Polizei sichtbar, und Abahlali war entschlossen, darauf einzugehen und mit der Polizei in Sicherheitsfragen zusammenzuarbeiten. Diese Kooperation wurde Ende September 2009 zerstört, als die Polizei untätig zusah, wie Mitglieder von Abahlali aus der Kennedy-Road-Barackensiedlung vertrieben und ihre Baracken zerstört wurden.[10]

»Die Kultur des Abahlalismus« ist ein tief verwurzelter Humanismus, der alle das Leid und den Schmerz des Alltags, aber auch das Lachen miteinander teilen

10 | Siehe: www.youtube.com/watch?v=-8gQv19cD4Y (Zugriff am 14. März 2015).

lässt. Abahlalismus ist eine Kultur des Teilens, deren Wurzeln – vor dem Hintergrund des langen Kampfes gegen die Apartheid – in den Vorstellungen von Gemeinschaft und Gegenseitigkeit liegen. Das spiegelt sich in der demokratischen Offenheit und dem Respekt, die die Versammlungen prägen. »Wir kämpften, starben und stimmten für diese Regierung«, sagt Zikode, »sodass wie frei sein und ein anständiges Leben haben konnten«, aber »diese Regierung behandelt uns nicht wie Menschen, die selbstständig sprechen und denken können« (Butler und Ntseng 2007). Daher geht es nicht nur um einen Kampf um anständige Lebensbedingungen, sondern auch um eine mentale Befreiung aus Jahren der Unterwerfung und des mangelnden Selbstbewusstseins, die die Armen während der Apartheid und traurigerweise auch danach so stark unterdrückt haben. Zu Abahlalis Hauptanliegen gehört daher eine Art moralische Revolution, die Schaffung einer Gesellschaft, in der die Armen wie Menschen mit ihrem eigenen Kopf behandelt werden. »Wir sind arm im Leben, nicht im Geist«, pflegt Zikode zu sagen. Doch auf Schritt und Tritt wird er daran erinnert, dass arme Menschen in Südafrika weniger wertgeschätzt werden als andere. Obwohl sich Abahlali erfolgreich auf die Tagesordnungen von Institutionen aus Regierung und »Zivilgesellschaft« gedrängt hat, gibt es immer noch einen ständigen Kampf darum, diese Räume nicht nur offen zu halten, sondern sie auch als solche zu transformieren. Welche Taktik auch immer eingesetzt wurde, von Massendemonstrationen bis zu Gerichtsverfahren, von Treffen mit der Kommunalverwaltung bis zur »No Vote«-Kampagne – stets bleibt unerlässlich, dass alles in den Versammlungen von permanenten Reflexionen und Entscheidungsprozessen begleitet wird. Zum Beispiel können Gerichtsverfahren (darunter die Anrufung des Verfassungsgerichts) langwierig und teuer sein, die Ressourcen übermäßig belasten und den Zusammenhalt jeder Bewegung von Armen herausfordern. Abahlali schätzt die ehrenamtliche Arbeit der unterstützenden Anwältinnen und Anwälte, doch die Bewegung bleibt stets darauf bedacht, sich von unten nach oben zu organisieren und diese Organisationsform durchzuhalten, etwa durch ständige Besprechungen oder dadurch, dass »biryani money« grundsätzlich abgelehnt wird.[11] So hat sie zwei Fallstricke vermieden: Abhängigkeit von Geldgebern und Professionalisierung:

Sämtliche Entscheidungen, die Geld betreffen, werden in den wöchentlich stattfindenden Versammlungen kollektiv, öffentlich und demokratisch getroffen. Alle Spenden gehen durch die formellen Strukturen der Bewegung, sodass in den Versammlungen über die Verwendung der Mittel entschieden werden kann. Abahlali wird zu 100 Prozent ehrenamtlich betrieben, kein Mitglied wird für irgendwelche Tätigkeiten für die Organisation bezahlt, Geld kommt nie einer Einzelperson zu, sondern es wird vollständig für die gemeinsamen Ausgaben wie Anwälte, Kautionen, Transport, Soundsysteme und anderes ausgegeben (Abahlali 2006a).

Auch Abahlalis Kritik an der Art und Weise, wie über die mangelnde Versorgung mit Dienstleistungen diskutiert wird, fußt auf dem Grundgedanken, aktiv an Entscheidungen und Aktivitäten teilhaben zu wollen, anstatt als Parias zu gelten,

11 | »Biryani money« ist Geld für den Lebensmitteleinkauf. Während des Wahlkampfs tauchten ANC-Ortsgruppen mit großen Kesseln des Reisgerichts Biryani auf, um Versammlungen zur Wahl zu organisieren, daher die Bezeichnung (Anm. der Hg.).

die zu verwalten und zu kontrollieren sind. Sie bahnen sich daher ihren Weg zu jenen Räume, in die sie nicht geladen wurden, und machen ihre Anwesenheit in diesen Räumen zu einer Art »aufständiger Bürgerschaft« (Holston 2007), die das Elitäre der südafrikanischen Demokratie in Frage stellt. Ihr Anspruch auf praktische und intellektuelle Gleichheit, so Cooper-Knock (2009: 57), »beruht nicht darauf, gleiches Fachwissen zu behaupten, sondern ... auf ihrer Fähigkeit, ihre Situation logisch zu durchdenken«. Ihr Wissen stammt aus der existentiellen Erfahrung des Lebens in den Barackensiedlungen und ihre Politik aus der daraus gewachsenen Reflexion ihrer Situation.

Denken in Gemeinschaft

Die Bewegung der Barackenbewohner lässt sich nicht mit der Mobilisierung von Ressourcen oder mit der Unterstützung von außen erklären. Vielmehr stärkten sie selbst ihre Mobilisierungs- und Handlungsfähigkeit, indem sie auf offene Versammlungen bestanden, wo alle sprechen und Fragen durchdiskutieren konnten. Die Bewegung wuchs durch Mundpropaganda sowie persönliche Kommunikation und führte so binnen eines Jahres zu der neuen Organisation: Abahlali baseMjondolo. Wenn Abahlali nur verhalten auf Wachstum setzt, dann deswegen, weil sich die Bewegung das Prinzip zu eigen gemacht hat, alles offen und gründlich zu diskutieren sowie Entscheidungen zu treffen, auf die sich alle verpflichten können. Jede hinzukommende Barackensiedlung muss genau wie jede neue Ortsgruppe Abahlalis demokratischen Prinzipien folgen. Das wird natürlich zu einer immer größeren Herausforderung, je mehr die Organisation wächst oder sich Barackenbewohner nur anschließen, um ein konkretes Ziel zu erreichen, etwa eine Zwangsräumung zu verhindern, und nach Erreichung des Ziels das Engagement nachlässt. Dies wurde zum Beispiel kurzzeitig nach den Angriffen an der Kennedy Road 2009 sichtbar, als sich viele der Aktivistinnen und Aktivisten zurückgezogen hatten.

Jede Demonstration verlangt mehrere Vorbereitungsversammlungen, Treffen von Arbeitsgruppen sowie die aktive Kommunikation zwischen den beteiligten Siedlungen. Presseerklärungen werden diskutiert, geschrieben und verteilt. Jede Siedlung und Ortsgruppe hat ihre eigenen, unabhängigen Komitees und schickt Delegierte zu den Treffen Abahlalis, die im Rotationsverfahren in allen beteiligten Siedlungen abgehalten werden. Meist nehmen etwa 30 bis 40 gewählte Vertreterinnen und Vertreter aus den Ortskomitees teil, zudem können alle Bewohnerinnen und Bewohner derjenigen Siedlungen teilnehmen, in der das Treffen abgehalten wird (Beresford 2006). Obwohl alle die demokratische Kultur der Organisation akzeptiert haben, sind weder autoritäres Denken noch konservative Ideen bereits überwunden. Es ist manchmal weiterhin schwierig, am bewaffneten Autoritarismus von »Führungspersönlichkeiten« vorbeizukommen, die Wählerstimmen gegen private Gefälligkeiten eintauschen, die sie vom Staat erwarten. In jeder der basisdemokratisch regierten Siedlungen stehen die Versammlungen allen Erwachsenen offen, unabhängig von Alter, Geschlecht, ethnischer Zugehörigkeit, Herkunft und Wohndauer. Doch meist sind von den Frauen nur die jungen und kinderlosen oder die älteren Frauen mit jugendlichen beziehungsweise erwachsenen Kindern in der Lage teilzunehmen. Wenn Versammlungen vollkommen demokratisch sein sollen, müsste Kinderbetreuung angeboten werden, doch dafür ist mancherorts schlicht kein geeigneter Raum vorhanden (Pithouse 2006: 61). In jeder Siedlung gibt es mindestens eine Versammlung pro Woche, jeden Tag trifft sich irgendeine Arbeitsgruppe und die Vertreterinnen und Vertreter jeder Siedlung kommen jeden Samstag als Abahlali baseMjondolo zusammen. All diese Versammlungen verlaufen sehr formal, Entscheidungen werden im Konsens getroffen, und es wird permanent der inklusive Prozess betont, dass man »den Ideen der anderen zuhört« und »zusammen steht« (Bryant 2008: 48).

Die Bewegung bleibt argwöhnisch gegenüber Menschen, die von außen versuchen, für sie zu sprechen oder sie zu kontrollieren, doch im Laufe der Zeit hat sie unterscheiden gelernt, wer wirklich Freund und Feind ist. Zum Zeitpunkt der Gründung waren drei Personen »von außen«, Fazel Khan, Raj Patel und Richard Pithouse – Aktivisten und Wissenschaftler der Universität von KwaZulu-Natal – täglich involviert. Auf die Fanonsche Überzeugung verpflichtet, dass eine Bewegung der Armen für sich selbst sprechen sollte, hatten sie selbst die Schule der Bewegung besucht, in ihr und mit ihr gearbeitet. Sie unterstützten die Organisation nicht nur dadurch, dass sie Kontakte zu engagierten Anwälten herstellten, Presseerklärungen abtippten und eine Website erstellten, sondern sie nahmen auch das gemeinschaftliche Denken ernst.

In *Die Verdammten dieser Erde* schreibt Fanon: »Wenn man allerdings eine Sprache benutzt, die nur Juristen oder Wirtschaftswissenschaftlern verständlich ist, dann läßt sich leicht beweisen, daß die Massen gegängelt werden müssen. Aber wenn man die konkrete Sprache spricht [...] dann stellt man fest, daß die Massen alle Nuancen, alle Listen begreifen [...] Man kann dem Volk alles erklären, allerdings unter der Voraussetzung, daß man wirklich will, dass es versteht [...] Je mehr das Volk versteht, desto klarer sieht es, daß letztlich alles von ihm abhängt« (Fanon 1981: 160-163). Dieser Gedanke hilft zu erklären, wieso sich die Vorstellung der Barackenbewohner von Politik nicht um politische Ämter dreht; vielmehr geht es um eine Politik der Armen in der Sprache der Menschen. Partizipation gründet auf geteilter Erfahrung, und ihre politische Praxis beruht auf demokratischen Versammlungen in ihren Siedlungen: »Unsere Politik ist traditionelle Innenpolitik, die von allen Mamas und Gogos [Omas] sehr gut verstanden wird, weil sie ihr Leben betrifft und ihnen ein Zuhause gibt.« Wir alle können diese Sprache sprechen und verstehen; sie ist einfach und transparent und schafft so eine Situation, die bewusst kollektiv und inklusiv ist. Zikode drückt es so aus: »Wir sorgen füreinander, denken über die Situation nach und planen gemeinsam unseren Kampf« (2008: 115).

Diese Vorstellung von Politik fordert die elitäre Politik der ersten Jahre nach der Apartheid und die konzerndominierte, technizistische Phase danach heraus. Es geht hier nicht um »Empowerment« oder Inklusion im Sinne eines Platzes am politischen Verhandlungstisch. Es geht auch nicht einfach darum, gefragt zu werden, obwohl das immer ein wichtiger Anfang ist; sondern es geht um die Entfremdung, die sich in der Haltung und den Vorschlägen der Wohnungsbaufachleute ausdrückt. Sie ergibt sich aus ihrer Einstellung zu den Armen und deren systematischem Ausschluss von den politischen Entscheidungen, die andere schließlich für sie treffen.

Daher verstand sich die Kennedy-Road-Bewegung zunächst als ureigene Bewegung, vor Ort und unmittelbar agierend, vollkommen getrennt von den Diskursen liberaler Nichtregierungsorganisationen oder linker Globalisierungskritik. Im Jahr 2006 verknüpfte Zikode in einer Präsentation die Selbstorganisation der Barackenbewohner nicht nur direkt mit der Wohnungspolitik, sondern auch mit der nationalen Politik: »Wir glauben, dass Wohnungspolitik mehr braucht als Wohnungsspezialisten, reiche Berater und die Regierung. Wir glauben, dass die Wohnungspolitik vor allem jene Menschen braucht, die die Häuser benötigen. *Darum* wissen wir als arme Gemeinschaften und als Barackenbewohnerinnen und -bewohner auch, dass den Armen nichts anderes übrig bleibt, als in der Gestaltung und Umgestaltung dieses Landes in ein antikapitalistisches System eine Rolle zu spielen« (Zikode 2008: 115; Hervorhebung durch den Autor).

Dieser alternative Wurf, fügte er hinzu, komme aus »unserem Denken in Gemeinschaften«. Dem sollten auch die Wissenschaft und Intellektuelle zuhören – und es ernst nehmen. Anders gesagt, das Denken braucht eine neue »Geografie«, so dass vorgefasste Vorstellungen davon, wer wo denkt, in Frage gestellt werden. Dabei geht es nicht einfach um Territorialität, sondern darum, den Menschen, die die Situation kennen, die denken können und denken sollen, ihre Handlungsfähigkeit zurückzugeben. So können sie im Fanonschen Sinne eine realitätsverankerte, rationalere und effektivere Vorgehensweise fordern, die zu der selbstbewussten Erkenntnis führen wird, dass sie »den Problemen, mit denen sie konfrontiert sind, gewachsen sind« (Fanon 1968: 193).

Jenseits liberaler Vorstellungen von »Freiheit« und »Inklusion«

Von Anfang an konzentrierte sich der Diskurs der Bewegung auf Fragen von Würde und Selbstachtung. Die Erklärung »Wir sind Menschen« fand ihren Widerhall in der Empörung der Barackenbewohner über eine Politik, die ihre Misere ignorierte. Folglich ging es im Grunde nie um die technische Frage der Umverteilung von Ressourcen (wenngleich dies dazugehört), sondern um eine sehr konkrete Reflexion über das Menschsein, über menschenwürdigen Wohnraum. Die Barackenbewohner wollen als Menschen anerkannt werden. Diese Forderung ist beständig, und sie geht über die liberale Tradition der »Einbeziehung« in politischen oder rechtlichen Fragen hinaus. Die Menschen nehmen die in den Kämpfen gegen die Apartheid gewonnene Freiheit ernst und lehnen daher die Gleichsetzung von Freiheit mit neoliberalen Ideen als »Unfreiheit« ab, da dies aus ihrer Sicht auf einen Mangel an Freiheit hinausläuft. Sie wollen, dass die Freiheit wahrhaftig gleich ist.

Obwohl der Kampf um die in der südafrikanischen Verfassung verbrieften Rechte[12] wichtig ist, geht es um mehr. Es geht um die Notwendigkeit, tief verwur-

12 | Südafrika hat eine liberale Verfassung, die Individuen und »Minderheiten« anerkennt. Heute wird das Land im Gegensatz zu seiner Apartheid-Vergangenheit als Regenbogennation beworben, die den Multikulturalismus feiert. Mitte der 1990er Jahre betonte Nelson Mandela: »Ich liebe jede und jeden unter euch – aller Rassen.« Zudem enthält die Verfassung materielle Rechte, etwa das Recht auf Wohnraum, auch wenn die Reichweite dieses Verfassungsrechts strittig ist. Die Tatsache, dass in der Verfassung Menschenrechte der zweiten Generation

zelte Strukturen der ökonomischen Ungleichheit anzupacken, die zum Erbe von Apartheid und Kolonialismus gehören – und im heutigen Südafrika reproduziert werden. So gesehen, ist die Forderung nach »Umverteilung« real und dringlich und sollte auch eine Kritik elitärer Politik (bzw. des apolitischen Diskurses über »Bereitstellung von Versorgungsdienstleistungen«) einschließen – egal, ob sie von einer konservativen, vertikalen Technokratie, von Nichtregierungsorganisations-Paternalismus, Avantgardismus[13] oder linksgerichtetem Technokratismus motiviert ist. Letzteres beschreibt eine Situation, in der technischen Instrumenten zu viel und der Beteiligung der Allgemeinheit zu wenig Aufmerksamkeit geschenkt wird. Im Gegensatz zu Reformen, die in der Welt der Wissenschaft oder der Nichtregierungsorganisationen entwickelt werden, »während die Armen und ihre Basisorganisationen bei der Strategieentwicklung und der intellektuellen Ausarbeitung nur eine untergeordnete Rolle spielen« (De Souza 2006: 337), streben die Barackenbewohner an, bei der Entscheidungsfindung und in der demokratischen Umgestaltung als Handelnde unerlässlich zu sein. Als Fanon in Die Verdammten dieser Erde schrieb, dass Intellektuelle sich in die Schule des Volkes begeben müssten, ging es ihm um die Fundierung von Konzepten, die Zikode »Denken in Gemeinschaften« nennen würde. Dieses Denken, das aus Erfahrung entsteht, ist sowohl pragmatisch als auch kritisch. Grundideen und Formeln, die auf den Versammlungen immer wieder ins Gedächtnis gerufen werden, helfen dabei, neue, gemeinschaftliche Erkenntniswege zu generieren, und im Fall von Abahlali gehören die Intellektuellen der Bewegung organisch dazu. Sie leben in den Siedlungen, was viel dazu beiträgt, die Trennung der Intellektuellen von den Massen zu überwinden, die Fanon so stark beschäftigte.

Im Lauf der Zeit haben einige Nichtregierungsorganisationen und andere Akteure auch praktische Unterstützung geleistet, doch Abahlali ist nicht von externer Finanzierung abhängig, sondern vielmehr darauf bedacht, ihre politische Autonomie zu behalten: »Es ist recht interessant, denn manchmal sehen wir, dass diese Organisationen Geld haben, aber kein Wahlvolk, weißt du, *Menschen*«, betont Zikode, »Abahlali ist der arme Kampf – Kampf der Armen – daher wird uns Geld nicht in Versuchung führen ... daher sind wir nicht käuflich« (Zikode, zitiert in Pithouse 2006). Abahlali hat also die potenziell katastrophalen Auswirkungen externer Finanzierung auf eine Bewegung armer Menschen erkannt: dass sie nämlich nicht nur einer Bewegung das Heft aus der Hand nehmen, sondern möglicherweise auch zerstören kann.

---

formuliert sind, bedeutet, dass Gerichte, unabhängig von ihrer Besetzung, immer noch ein Ort der politischen Auseinandersetzung für die Bewegung der Barackenbewohner sind.

13 | Abahlali ist alles andere als allein. Richard Calland (2007) argumentiert in der Wochenzeitung *Mail and Guardian*, dass die Demokratie den Südafrikanern, Männern wie Frauen, mehr schuldig ist als eine Regierung aus Experten mit einem Plan. Er kritisiert explizit Mike Sutcliffe, den Stadtverwalter Durbans und treuen ANC-Anhänger, und argumentiert für »eine ganz andere Vision partizipatorischer Demokratie, in der die Bürgerinnen und Bürger sinnvolle Möglichkeiten haben, die Regierung in ein fortdauerndes Gespräch einzubinden, im Gegensatz zum anachronistischen Modell der alle fünf Jahre episodenhaften, repräsentativen Demokratie«.

Noch einmal erinnert uns Zikode (2008: 122) daran, dass Menschen nicht vom Brot allein leben. »Wir sind arm«, sagt er, »wir wissen das, und wir mögen arm im Leben sein, aber geistig arm sind wir nicht«. Er erkennt dabei, wie schon Marx nahelegte, dass der wahre Reichtum des Individuums vom Reichtum an realen sozialen und intellektuellen Beziehungen abhängt.

Der Essay basiert auf einem Kapitel von Nigel Gibson (2011): »Unfinished Struggles for Freedom: The Birth of a New Shack Dwellers' Movement«, in: Fanonian Practices: From Steve Biko to Abahlali baseMjondolo, *Pietermaritzburg: University of Kwa-Zulu Natal Press und New York, Palgrave Press.*

Literatur

Abahlali baseMjondolo (2006): Supporting Abahlali, www.abahlali.org/node/269.

Alexander, N. (1993): *Some Are More Equal Than Others: Essays on the Transition in South Africa,* Kapstadt, Buchu Books.

ANC (African National Congress) (1993): »Southern Natal Statement on the Housing Crisis«, 9. November.

Aristide, J.B., und Ch. Wargny (1993): *Aristide: An Autobiography* Maryknoll New York, Orbis Books.

Barchiesi, F. (2007): »Wage Labor and Social Citizenship in the Making of Post-Apartheid South Africa«, *Journal of Asian and African Studies* 42 (1), S. 39-72.

Beresford, A. (2006): Trapped in Corporatism? Trade Union Linkages to the Abahlali baseMjondolo Movement in Durban, www.abahlali.org/files/Beresford.pdf.

Bryant, J. (2008): »Toward Delivery and Dignity«, in: *Journal of Asian and African Studies* 43 (1), S. 41-62.

Butler, M., und D. Ntseng (2007): Protokoll der »Abahlali baseMjondolo«-Treffen zur Strategiediskussion gegen die Slum-Gesetzgebung, 13. Juli, Kennedy Road Hall, Durban, http://abahlali.org/node/1718.

Calland, R. (2007): »Resist the Prison of Expertocracy«, in: *Mail and Guardian,* 21. Januar 2007.

Cooper-Knock, S. (2009): The Role of Citizens in Post-Apartheid South Africa: a Case-Study of Citizen Involvement in Informal Settlement Projects, Masterarbeit, Universität Oxford.

De Souza, M. L. (2006): »Together with the State, Despite the State, Against the State: Social Movements as ›Critical Urban Planning‹ Agents«, in: *City* 10 (3), S. 327-342.

Fanon, F. (1981): *Die Verdammten dieser Erde,* Frankfurt a.M., Suhrkamp.

Gibson, N. C. (Hg.) (2006): *Challenging Hegemony: Social Movements and the Quest for a New Humanism in Post-apartheid South Africa,* Trenton: Africa World Press, S. 1-14.

Hirsch, A. (2005): *Season of Hope: Economic Reform Under Mandela And Mbeki,* Pietermaritzburg, University of KwaZulu-Natal Press.

Holston, J. (2007): *Insurgent Citizenship: Disjunctions of Democracy and Modernity in Brazil,* Princeton, Princeton University Press.

Khan, F. (2006): »Outside the ICC again«, in: Independent Media Centre, 12. September, www.southafrica.indymedia.org/news/2006/09/11083.php.

Kockott, F. (2005): »Shack Dwellers' Fury Erupts«, in: Tribune, 20. März.

Ngiam, X.-W. (2006): Taking Poverty Seriously: What the Poor are Saying and Why it Matters, www.abahlali.org.

Patel, R., und R. Pithouse (2005): The Third Nelson Mandela, www.voiceoftheturtle.org/show_article.php?aid=435.

Pithouse, R. (2005): The Left in the Slum: The Rise of a Shack Dwellers' Movement in Durban, South Africa, Seminar Geschichte und Afrika-Studien, 23. November 2005, University of KwaZulu-Natal.

— (2006): »Our Struggle is Thought on the Ground Running«: The University of *Abahlali baseMjondolo*‹, Centre for Civil Society Research Report, No. 40, University of KwaZulu-Natal, Durban.

— (2009): »A Progressive Policy without a Progressive Politics: Lessons from the Failure to Implement Breaking New Ground«, in: *Town Planning Journal* 54, S. 1-14.

Platzky, L. (1986): »Relocation in South Africa«, in: *South African Review* 3. Johannesburg, Ravan.

Zikode, S'bu (2006): »We are the Third Force«, in: *Journal of Asian and African Studies* 41 (1/2), S. 185-189, www.abahlali.org/node/17.

— (2007): Protokoll einer Versammlung vom 19. Juli 2007, http://abahlali.org/node/1718/

— (2008): »Sekwanele Sekwanele« (Enough is Enough), in: *Journal of Asian and African Studies* 43 (1), S. 119-24.

— (2008a): Post Annual General Meeting Speech, 14. Dezember, http://abahlali.org/node/4666

— (2009): To resist all degradations and divisions, Interview von R. Pithouse, http://antieviction.org.za/2009/04/28/to-resist-all-degradations-divisions-an-interview-with-sbu-zikode

Nigel C. Gibson ist Associate Professor für interdisziplinäre Studien am Emerson College und Research Associate an der Universität Kwa-Zulu Natal. Er ist Autor von *Fanonian Practices* sowie *Fanon: The Postcolonial Imagination* und Herausgeber von acht Büchern u.a. *Rethinking Fanon* und *Biko Lives*.

Commons im Pluriversum

Arturo Escobar

Commons und Welten

Commons existieren in Welten. Lange bevor das Privateigentum sich anschickte, Territorien zu verschlingen, brachten die Menschen das hervor, was wir heute Commons nennen. Es war ihre wichtigste Strategie, diese Welten zu gestalten. Sie bestanden aus menschlichen und nicht-menschlichen, lebendigen und leblosen, materiellen Formen und spirituellen Wesen – unentwirrbar ineinander verschlungen, miteinander verknüpft und bis heute überdauernd.

Der kolumbianische Soziologe Orlando Fals Borda (1984) beschreibt am Beispiel der karibischen Küstenregion Kolumbiens, wie zu Beginn des 20. Jahrhunderts die Einführung des Stacheldrahts in der Viehzucht die Bewegungsradien von Menschen und Tieren beschnitt, Landschaften vereinheitlichte und in manchen Gegenden sogar Feuchtgebiete und Lagunen austrocknen ließ. Trotzdem zeigten die Menschen dieser Region sich widerständig und versuchten, ihre Commons immer wiederherzustellen. Sie bemühten sich immer wieder neu um jene sinnliche Ganzheit, die Raoul Vaneigem als Opfer der Wirtschaft beschreibt: »Die Wirtschaft ist überall dort, wo das Leben nicht ist [...] Die Wirtschaftswissenschaft ist die langlebigste Lüge der etwa zehn Jahrtausende, die fälschlicherweise als Geschichte betrachtet werden [...] Mit dem Eindringen der Arbeit verliert der Körper seine sinnliche Ganzheit [...] Arbeit existierte von dem Moment an, als ein Teil des Lebens in den Dienst der Wirtschaft gestellt und der andere Teil verleugnet und unterdrückt wurde« (Vaneigem 1994: 17-28).

Trotz der Herausforderungen und der verschwindend geringen Erfolgschancen konnten die von Fals beschriebenen Menschen der Karibik weiterhin ihre eigene Welt zum Leben erwecken. Sie schufen mit ihrem Handeln Welten, in denen Commons bzw. das »Commoning« möglich waren. Commoners sind nun einmal so. Sie weigern sich, die Regeln dieser Eine-Welt-Welt (EWW) hinzunehmen, in der es darum geht, alles so zu organisieren, dass es zu Individuen, Privateigentum, Märkte und Gewinne passt und auf eine einzige Vorstellung von Wirklichkeit Bezug nimmt. Diese Eine-Welt-Welt versucht, die Natur und das Heilige aus der Domäne eines ausschließlich von Menschen gesteuerten Lebens zu verbannen (Law 2011).

Wer auf Commoning besteht, widersetzt sich dieser Zivilisation (kapitalistisch, säkular, liberal, patriarchalisch, weiß), die für sich selbst das Recht beansprucht,

»die Welt« zu sein, und die alle anderen Welten als inexistent betrachtet oder zur unglaubwürdigen Alternative reduziert (Santos 2002). Auch hier ist Vaneigem lehrreich: »Die Zivilisation wurde als einer universellen und ewigen Marktbeziehung untergeordnet definiert [...] Die Ware ist die ursprüngliche Form der Umweltverschmutzung. [...] Die Natur kann nicht von der Wirtschaft befreit werden, bis die Wirtschaft aus dem menschlichen Leben vertrieben worden ist ... (Von dem Moment an, wenn das Marktsystem die Früchte der Erde minimiert, indem es sie ausschließlich in Bezug auf die Früchte der Arbeit betrachtet, behandelt das Marktsystem die Natur als Sklavin.) [...] Wird der Griff der Wirtschaft schwächer, dann ist das Leben besser in der Lage, sich einen eigenen Weg zu bahnen« (Vaneigem 1994).

Diese Tatsache ist den meisten mit ihren Territorien verbundenen Menschen (»pueblos-territorio«)[1] dieser Welt schon immer offensichtlich gewesen. Eine Aktivistin des Process of Black Communities of Colombia formulierte es so: »Das Territorium hat keinen Preis. Unsere Ahnen pflegten es mit einem starken Zugehörigkeitsgefühl. Deswegen müssen wir unsere Wirtschaften nicht von außen nach innen schaffen, sondern umgekehrt: von innen nach außen.«[2] Auch die Welt, von der diese Aktivistin spricht, hat überlebt – auch hier waren die Chancen verschwindend gering – und doch: Besuchen wir für einen Moment diese Welt.

Yurumanguí: Einführung in relationale Welten

Stellen wir uns eine scheinbar einfache Szene an der südkolumbianischen Pazifikküste vor, am Yurumanguí-Fluss im Regenwaldgebiet. Der Fluss strömt von den westlichen Anden in Richtung Pazifik und durchquert eine Gegend, in der hauptsächlich Gemeinschaften wohnen, die afrikanischer Herkunft sind.[3] Ein Vater und seine sechsjährige Tochter paddeln am späten Nachmittag in ihren »potrillos« – der lokalen Form des Einbaums – scheinbar nur flussaufwärts. Sie nutzen dabei die ansteigende Flut. Vielleicht kehren sie heim, nachdem sie die tagsüber geern-

1 | Darunter verstehe ich jene Völker und Sozialgruppen, die ihre historische Bindung zu Orten und Landschaften erhalten haben. Der Bindestrich betont, dass für sie (meist ethnische Minderheiten und Bauern, auch in den Städten gibt es sie) eine intensive Verbindung zwischen dem Menschlichen und dem Nicht-Menschlichen, zwischen den natürlichen, menschlichen und spirituellen Welten besteht.

2 | Statement einer afro-kolumbianischen Aktivistin beim Forum »Other Economies are Possible«, Buga, Kolumbien, 17.-21. Juli 2013.

3 | Der Yurumangui ist einer von fünf Flüssen, die in der Buenaventura-Bucht in den Pazifik münden. Etwa 6.000 Menschen, hauptsächlich afrikanischer Abstammung, leben an seinen Ufern. Dank aktiver Mobilisierung vor Ort gelang es den Gemeinschaften 1999, das kollektive Eigentumsrecht an circa 52.000 Hektar beziehungsweise 82 Prozent des Flussgebietes zu sichern. Die Menschen vor Ort sind jedoch nicht in der Lage, das Territorium wirksam zu kontrollieren, und zwar aufgrund von bewaffneten Konflikten, dem Hereindrängen illegalen Pflanzenanbaus sowie Mega-Infrastrukturprojekten. Nichtsdestoweniger bedeutete das kollektive Eigentumsrecht einen großen Schritt in der Verteidigung ihrer Commons, die Basis für autonome Territorien und die Sicherung ihrer Existenzgrundlagen.

teten Kochbananen und den Tagesfang flussabwärts in die Stadt gebracht und von dort Dinge wie Rohrzucker, Brennstoff zum Kochen, Salz oder Schreibhefte für die Kinder mitgebracht haben.

Auf den ersten Blick könnten wir sagen, dass der Vater seine Tochter in eine wichtige Fertigkeit »hineinsozialisiert«, indem er ihr zeigt, den »potrillo« richtig zu lenken. Wer in der Region lebt, ist auf den Verkehr der »potrillos« durch die Flüsse, Mündungsgebiete und Mangrovenwälder angewiesen.

Diese Interpretation ist in mancherlei Hinsicht richtig, doch es geschieht zugleich noch etwas anderes. Wenn die Menschen dieser Gegend vom Flussterritorium sprechen, dann sagen sie: »Acá nacimos, acá crecimos, acá hemos conocido qué es el mundo« (»Hier wurden wir geboren, hier sind wir aufgewachsen, hier haben wir verstanden, was die Welt ist.«). Durch dieses »Geboren werden – Aufwachsen – Kennenlernen« bringen sie vielfältige soziale Praktiken entsprechend ihrem Territorium hervor, seit sie »libres« (freie, nicht versklavte Völker) sind und mit den übrigen Lebewesen dieser Wald- und Mangrovenwelten verknüpft wurden.

Reisen wir zu diesem Fluss, tauchen wir tief in diese Welt ein. Erleben wir sie aus der Perspektive der »Relationalität«, dieses besonderen Beziehungsgefüges, dann kann eine ganz eigene Art des Welt-Erzeugens[4] wahrnehmbar werden. Wenn wir aufmerksam die vielfältigen Beziehungen beobachten, die diese Welt zu der machen, die sie ist, dann sehen wir: Der Vater hat den »potrillo« mit dem von seinen Vorfahren überlieferten Wissen aus einem Mangrovenbaum hergestellt; die Bewohnerinnen und Bewohner kennen den Mangrovenwald in- und auswendig; mit großer Leichtigkeit durchqueren sie das verästelte Mündungsgebiet, das die Flüsse und das Meer bilden; wir beginnen, die schier endlosen Verbindungen wahrzunehmen, die diesen »aquatischen Raum« (Oslender 2008) in der Gezeitenzone zusammen- und in permanenter Bewegung halten, einschließlich der Verbindungen zum Mond und zu den Gezeiten, die eine nicht-lineare Zeitlichkeit in die Welt bringen. Der Mangrovenwald umfasst viele relationale Einheiten, zu denen Mineralien, Mollusken, Nährstoffe, Algen, Mikroorganismen, Vögel, Pflanzen und Insekten – Leben unter Wasser, auf dem Boden und in der Luft – zu zählen sind. Ethnografinnen und Ethnografen beschreiben dies als drei nicht voneinander getrennte Welten: die Infrawelt, die Welt, in der wir uns bewegen, und die Suprawelt. Zwischen ihnen ist ein Kommen und Gehen, bestimmte Orte und Wesen, darunter »Visionen« und spirituelle Wesen, verbinden sie miteinander. Dieser gesamte Zusammenhang wird mündlich weitergegeben – in Geschichten, Gesängen und Poesie.

Dieses dichte Netzwerk von Verflechtungen könnte man als »relationale Ontologie« bezeichnen. Die Mangrovenwelt, um sie prägnanter zu benennen, entfaltet sich Minute um Minute und Tag um Tag durch unendlich viele Praktiken aller möglichen Wesen und Lebensformen in einer komplexen organischen und anorganischen Materialität von Wasser, Mineralien, Salzgehalten, Energieformen (Solar-, Gezeiten-, Mondenergie) und vielem mehr. Ihren Verflechtungen ist etwas eigen, das an ein Rhizom erinnert. Sie sind unmöglich auf einfache Art und Weise zu verfolgen; und sie sind nur sehr schwierig, wenn überhaupt, kartier- und ver-

4 | Im englischen Original: »worlding« (Anm. der Übers.).

messbar; vielmehr enthüllt sich eine gänzlich andere Art des Seins und Werdens im jeweiligen Territorium.

Solches Erleben und Erfahren bestimmt relationale Welten und Ontologien. Abstrakt formuliert, existiert in einer relationalen Ontologie *nichts vor den Beziehungen, die sie ausmachen.* Mit anderen Worten: Dinge und Wesen sind ihre Beziehungen; sie existieren nicht vor den Beziehungen.

Der Anthropologe Tim Ingold spricht über »Welten ohne Objekte« (2011: 131), die stets in Bewegung sind und aus Materialien bestehen, die ihrerseits in Bewegung, im Fluss und im Werden sind; in diesen Welten machen Lebewesen aller Art die Lebensbedingungen der jeweils anderen aus; sie »verweben sich miteinander, um ein immenses und sich stets weiterentwickelndes Geflecht zu bilden« (2011: 10).

Wenn wir nun zu der Szene am Fluss zurückkehren, könnte man sagen, dass »Vater« und »Tochter« ihre unmittelbare Umgebung nicht durch distanzierende Reflexion kennenlernen, sondern durch ihren Umgang mit ihr, also dadurch, dass sie ihrer Welt gegenüber lebendig sind. Diese Welten verlangen keine Trennung zwischen Natur und Kultur, um zu existieren – tatsächlich bringen soziale Praktiken, die nicht auf dieser Trennung beruhen, diese Welten erst hervor. In einer relationalen Ontologie »sind Wesen nicht einfach auf der Welt«, vielmehr *bewohnen* sie sie, und sie tragen zu diesem sich stets weiterentwickelnden Gewebe bei, indem sie ihre eigenen Pfade durch das Maschenwerk weben« (Ingold 2011: 71). Commons existieren in relationalen, nicht in reglosen Welten, die man sich vorstellt, als würden sie die Anwesenheit von Menschen erwarten.

Auch wenn die Beziehungen, die dafür sorgen, dass die Mangrovenwelt stets im Werden ist, sich permanent verändern, so resultiert ein merklicher Eingriff in diese Beziehungen doch im Verfall solcher Welten. Das gilt für die industrielle Garnelenzucht genauso wie für Ölpalmplantagen, die Biokraftstoffe produzieren sollen. Beides hat in den tropischen Regionen stark zugenommen; dabei werden Marktsysteme oft auf Kosten der Mangroven und Feuchtgebiete etabliert und verwandeln angeblich »wertlosen Sumpf« in agroindustrielle Komplexe (Ogden 2012; Escobar 2008). Hier spielt natürlich die Eine-Welt-Welt eine Rolle: die Verwandlung von allem, was in der Mangrovenwelt existiert, in »Natur« und von »Natur« in »Ressourcen«; das Auslöschen der lebensermöglichenden Materialität der gesamten Domäne des Anorganischen und Nicht-Menschlichen und seine Verwandlung in »Objekte«, die besessen, zerstört oder ausgebeutet werden können; sowie das Einflechten derart transformierter Waldwelten in »Weltmärkte«, um Profite zu generieren. Die fortschreitende Zerstörung der Mangrovenwelt verdeutlicht den unersättlichen Appetit der Eine-Welt-Welt, die ontologische Vereinnahmung und die Verwandlung durch Kapital und Staat (Deleuze und Guattari 1992). Kurz: Die Eine-Welt-Welt verweigert der Mangrovenwelt die Möglichkeit, als solche zu existieren.

Territorialität, Anzestralität und Welten

Alte wie junge Aktivistinnen und Aktivisten in vielen Küstengemeinschaften der ganzen Welt drücken wortgewandt aus, warum sie ihre Welten sogar um den Preis des eigenen Lebens verteidigen. Eine Frau aus der Gemeinschaft La Toma im Südwesten Kolumbiens, die sich seit 2008 gegen den Goldabbau zur Wehr setzt, sagte: »Es ist völlig klar, dass wir solchen Monstern wie den transnationalen Konzernen und dem Staat die Stirn bieten. Niemand ist bereit, das eigene Territorium zu verlassen. Vielleicht komme ich hier ums Leben, aber weggehen werde ich nicht.«[5]

Diese Haltung steht im Kontext einer langen Geschichte von Herrschaft und Widerstand, und daraus – das ist essenziell – wird Commoning als ontologisch-politische Praxis verstehbar. So ist Menschen in La Toma bewusst, dass sie seit der ersten Hälfte des 17. Jahrhunderts ununterbrochen in diesem Territorium präsent sind. Das sagt viel darüber, was sie »Anzestralität« nennen. Sie beziehen sich damit auf das Mandat ihrer Vorfahren, das sie für die Kämpfe von heute inspiriert, im Gedächtnis der Ältesten fortbesteht und über Oral History und wissenschaftliche Forschung umfangreich dokumentiert ist (Lisifrey et al. 2013). Dieses Mandat wird in mündlich überlieferter Poesie und Gesängen engagiert gewürdigt: »Del Africa llegamos con un legado ancestral; la memoria del mundo debemos recuperar« (»Aus Afrika sind wir mit einem Erbe unserer Vorfahren angekommen; wir müssen die Erinnerung an die zurückholen«).[6] Statt bloß als unhintergehbare Verbindung mit der Vergangenheit begriffen zu werden, sollte man Anzestralität von einem lebendigen Gedächtnis ableiten, das sich an der Zukunft orientiert: Es streitet für Bedingungen, die es den Menschen erlauben, mit ihrer eigenständigen Existenzweise fortzubestehen.

In relationalen Welten sind die Verteidigung des Territoriums, des Lebens und der Commons ein und dasselbe. Das ist die ontologische Dimension des Commoning. So gesehen kann die Argumentation dieses Beitrags auch so lauten: Das Fortbestehen von Gemeinschaften, Commons und (sozialen) Bewegungen sowie die Kämpfe zur Verteidigung und steten Neukonstituierung der Commons können als ontologisch beschrieben werden. Das trifft besonders auf jene Kämpfe zu, die eine explizit ethno-territoriale Dimensionen beinhalten.

Obwohl die Besetzung von Territorien ökonomische, technologische, kulturelle, ökologische und nicht selten militärische Aspekte umfasst, ist ihre grundlegendste Dimension doch ontologisch. So gesehen, besetzt die Ontologie Territorien und Commons und damit zugleich die Ontologie der Eine-Welt-Welt der Individuen und Märkte, die versucht, alle anderen Welten zu einer einzigen zu formen; auch so lässt sich die historische Einhegung der Commons interpretieren. Indem sie mit der Durchsetzung der »Einen Welt« brechen, bringen viele indigene, afrikastämmige, bäuerliche sowie arme städtische Gemeinschaften *ontologische Kämpfe* voran. Diese Auseinandersetzung um den Erhalt multipler Welten – dem Pluriversum – drückt sich am besten im zapatistischen Spruch »Un mundo donde

5 | Die Aussage stammt von Francia Marquez, Mitglied des Gemeinderates La Toma, aus dem Dokumentarfilm *La Toma* von Paula Mendoza, Zugriff am 23. März 2014, www.youtube.com/watch?v=BrgVcdnwUOM. Der größte Teil dieses Abschnitts über La Toma beruht auf Gesprächen, die ich 2009, 2012 und 2014 mit Führungspersönlichkeiten aus La Toma geführt habe, sowie aus Informationen über die Kampagnen, die sich gegen den illegalen Bergbau in diesem anzestralen Territorium gerichtet haben.

6 | Aus dem oben zitierten Dokumentarfilm von Mendoza.

quepan muchos mundos« aus: »eine Welt, in die viele Welten passen«. Viele dieser Welten können daher als Kämpfe um das Pluriversum betrachtet werden.

Ein weiterer klarer Fall der ontologischen Besetzung von Territorien findet sich am südlichsten Zipfel der kolumbianischen Pazifikküste in der Umgebung der Hafenstadt Tumaco. Seit Anfang der 1980er Jahre wurden hier der Wald zerstört und Gemeinschaften vertrieben, um für Ölpalmplantagen Platz zu machen. In den 1970er Jahren waren Ölplantagen noch unbekannt; bis Mitte der 1990er Jahre umfassten sie mehr als 30.000 Hektar. Die Monotonie der Plantage – eine Art grüne Wüste, Palmenreihe neben Palmenreihe, soweit das Auge reicht – hat die vielfältige, heterogene und verwobene Welt von Wald und Gemeinschaften ersetzt.

Diese dramatische Veränderung hat zwei wichtige Aspekte: Erstens, die »Plantagenform« vernichtet die sozioökologischen Beziehungen der Waldwelt. Die Plantage entsteht aus einer dualistischen Ontologie der Dominanz des Menschen über die sogenannte »Natur«, die als auszubeutende »Ressourcen« oder »inerter Raum« begriffen wird. Das berechtigt zu der Behauptung, dass die Plantage ein äußerst wirksames Mittel der ontologischen Besetzung und letztlich der Ausradierung der lokalen relationalen Welt ist. Aus der Perspektive der Waldwelt ist diese Plantagenform undenkbar. In einer Plantagenwelt nehmen Waldnutzungs- und -kultivierungspraktiken eine völlig andere Form an, sie ähneln eher der Agro-Forstwirtschaft. Auch die Landschaft ist, selbstredend, eine gänzlich andere. Nicht weit von den Ölpalmplantagen entfernt verwandelte die industrielle Garnelenzucht in den 1980er und 1990er Jahren auch die Mangrovenwelt in eine disziplinierte Abfolge rechteckiger Becken, die »wissenschaftlich« gemanagt werden. Diese Art der Garnelenzucht ist stark umweltverschmutzend und zerstörerisch, besonders in den Mangrovensümpfen (Escobar 2008).

Commons jenseits von Entwicklung

Die ontologische Besetzung von Commons und Welten geschieht häufig im Namen der sogenannten »Entwicklung«. Entwicklung und Wachstum gehören nach wie vor zu den weitverbreitetsten Konzepten in Wirtschaft und Politik. Dabei haben Kulturkritikerinnen und Kulturkritiker bereits Mitte der 1980er Jahre in Frage gestellt, wie die Grundannahmen, auf denen das Entwicklungskonzept beruht: darunter Wachstum, Fortschritt und instrumentelle Vernunft. Die Kritik war schließlich 1992/93 mit der Publikation des Sammelbandes *Wie im Westen so auf Erden. Ein polemisches Handbuch zur Entwicklungspolitik* (Sachs 1993) den Kinderschuhen entwachsen. Das Buch begann mit der erstaunlichen Behauptung: »Die letzten vierzig Jahre kann man als Zeitalter der Entwicklungspolitik bezeichnen. Aber diese Epoche geht zu Ende, und es wird Zeit, einen Nachruf zu formulieren« (ebd.). Doch wenn Entwicklung tot war, was sollte ihr folgen? Manche begannen von einer »Postdevelopment-Ära« zu sprechen (Rahnema 1997). Degrowth-Theoretikerinnen und -Theoretiker, insbesondere Serge Latouche (2009), trugen dazu bei, diese Perspektive im Norden zu verbreiten.

Ein wichtiges Postdevelopment-Argument ist, dass es Aktiven und politischen Entscheidungsträgern möglich sei, über das Ende der Entwicklung nachzudenken und anstatt Entwicklungsalternativen fortan die Alternativen *zur* Entwicklung zu betonen. Diese Idee ist in den letzten Jahren mit den südamerikanischen Vorstellungen von Buen Vivir[7] und den Rechten der Natur konkreter geworden. Als ganzheitliche Sicht des sozialen Lebens definiert, die der Wirtschaft nicht länger eine übergeordnete Bedeutung zumisst, ist Buen Vivir eine Alternative *zur* Entwicklung, und stellt als solche eine mögliche Antwort auf die inhaltlichen Kritiken des Postdevelopment dar (Gudynas und Acosta 2011). Knapp zusammengefasst, entwickelte sich Buen Vivir aus den Kämpfen für sozialen Wandel von Bäuerinnen und Bauern, aus Afrika abstammenden Menschen, Umweltschützerinnen und -schützern, Studierenden, Frauen und jungen Menschen. Indem es indigene Ontologien aufgreift, beinhaltet Buen Vivir eine andere Philosophie des Lebens, die ökonomische Ziele ökologischen Kriterien, der Menschenwürde und der sozialen Gerechtigkeit unterordnet. Degrowth, Commons und Buen Vivir sind so gesehen »Reisegefährten«.

Buen Vivir steht im Einklang damit, dass das »Zivilisationsmodell« der globalisierten Entwicklung in viel umfassenderem Maße in Frage gestellt wird. Die Krise dieses westlichen »modelo civilizatorio« wird von vielen Bewegungen als eigentliche Ursache der aktuellen Klima-, Energie-, Armuts- und Sinnkrise ins Feld geführt. Besonders betonen dies ethnische Bewegungen, aber auch kleinbäuerliche Netzwerke wie Via Campesina. Für sie kann nur eine Verlagerung hin zur agroökologischen Nahrungsmittelproduktion einen Weg aus den Klima- und Lebensmittelkrisen weisen. Buen Vivir ist eng mit dem Rahmenkonzept der »Übergänge zum Postextraktivismus« verwandt, das in vielen Ländern Südamerikas diskutiert wird (Alayza und Gudynas 2011; Gudynas 2011; Massuh 2012). Ihr Ausgangspunkt ist eine Kritik der Intensivierung extraktivistischer Modelle, die auf intensiven Bergbau, Nutzung fossiler Brennstoffe oder extensiver Landwirtschaft, insbesondere dem Anbau von Biokraftstoffen wie Soja, Zuckerrohr oder Palmöl, beruhen. Gleichgültig, ob sie die Form konventioneller – oft brutaler – neoliberaler extraktivistischer Politiken in Ländern wie Kolumbien, Peru oder Mexiko einnehmen oder die des Neoextraktivismus von Mitte-Links-Regierungen – beide legitimieren den Extraktivismus als effiziente Wachstumsstrategie.

Wir haben es also mit einem Übergang von Eine-Welt-Konzepten wie »Globalisierung« zu Pluriversums-Konzepten zu tun, die aus einer Vielzahl miteinander verwobener und sich gegenseitig konstituierender, dennoch eigenständiger Welten bestehen (Blaser 2010). Viel spricht dafür, dass die Eine-Welt-Doktrin ins Wanken gerät. Die Auseinandersetzungen zur Verteidigung von Bergen, Landschaften und Wäldern, die von einer relationalen (nicht dualistischen) sowie pluriversalen Auffassung des Lebens ausgehen, werden sichtbar. Sie sind ein Ausdruck der Krise der Eine-Welt-Welt. Santos hat diese Sachlage eindrucksvoll beschrieben: »Wir sind mit modernen Problemen konfrontiert, für die es nicht länger moderne Lösungen gibt« (Santos 2002: 13).

All das ergibt ein ergiebiges Feld für die Commons-Forschung. Einerseits müssen die Bedingungen verstanden werden, unter denen die Welt der neoliberalen Globalisierung ihre Herrschaft aufrecht erhält, und andererseits können die Pro-

7 | Das Konzept könnte man übersetzen als »gutes Leben oder kollektives Wohlergehen in kulturell angemessener Art und Weise«.

jekte beschrieben und verstanden werden, die auf anderen Arten des »Welt-Erzeugens« fußen. So ließen sich die sozioökologischen Prozesse begreifen, die die gemeinschaftliche Gestaltung einer eigenständigen Realität möglich machen und das Eine-Welt-Projekt schwächen könnten, während sie sich zugleich weiter verbreiten.

Die Idee des Pluriversums, dies sollte klar geworden sein, speist sich aus zwei Hauptquellen: der theoretischen Kritik am Dualismus und der Beharrlichkeit von pluriversalen, mithin nicht-dualistischen Welten (oft auch als »Kosmovisionen« bekannt), die uns eine tiefgreifend relationale Auffassung vom Leben spiegeln. Bemerkenswerte Beispiele sind unter anderem Muntu und Ubuntu in Teilen Afrikas, die Pachamama oder Mama Kiwe bei indigenen Völkern Südamerikas, Kosmologien der Ureinwohnerinnen und Ureinwohner der USA und Kanadas und die gesamte buddhistische Geistesphilosophie. Beispiele sind auch im Westen zu finden, als »alternative westliche Modelle« oder nicht-dominante Formen der Moderne. Manche der aktuellen Auseinandersetzungen in Europa, beispielsweise zu Commons, Energiewenden und der Re-Lokalisierung der Nahrungsmittelproduktion, könnten auch so gelesen werden, dass es darum geht, sich wieder mit dem Strom des Lebens zu verbinden. Denn all dies sind auch Formen des Widerstands gegen die dominante Ontologie der kapitalistischen Moderne.

Commons und die Wege zum Pluriversum

In wirtschaftlicher, kultureller und militärischer Dimension sind wir Zeugen eines erneuten Angriffs auf alles Gemeinschaftliche; Landraub und die Privatisierung der Commons wie Meer, Land und Atmosphäre (durch CO_2-Märkte) machen das deutlich. Hier wird zynisch die gnadenlose Welt der einen 10 Prozent den anderen 90 Prozent und der natürlichen Welt mit steigernder Wucht aufgezwungen. Das Wegrücken und Abtrennen jener Welten, die wir unausweichlich mit anderen Erdwesen knüpfen, sind von der Eine-Welt-Welt verursacht. Sie selbst sind der Ausgangspunkt der ökologischen und sozialen Krise (Rose 2008). Es geht hier um Aspekte dessen, was Nonini (2007) erkenntnisreich als »Vernutzung der Commons« beschrieb.

Dass im Laufe des vergangenen Jahrzehnts intensive Debatten zu den kulturellen und ökologischen Übergängen entstanden, die für den Umgang mit den miteinander verknüpften Klima-, Nahrungsmittel-, Energie- und Armutskrisen notwendig sind, belegt eindrucksvoll, dass das vorherrschende Geschäfts- und Gesellschaftmodell ausgereizt ist. Überall entstehen neue Narrative und Aktivitäten für alternative Modelle, die die strategischen Lösungen der »Einen Welt« – beispielsweise die sogenannte »nachhaltige Entwicklung« oder die »grüne Ökonomie« – hinter sich lassen. Die Autorinnen und Autoren dieser Übergangsdiskurse kommen nicht nur aus der akademischen Welt. Es gibt vielseitige Ansätze wie »Degrowth«, eine Reihe von »Transition«-Initiativen, die Debatte um das Anthropozän, Trendprognosen (z.B. Club of Rome, Randers 2014), sowie die Commons-Bewegung (Bollier 2014) oder die Care Economy, die eine andere Art des Sehens und des Seins thematisiert. Auch Ansätze im Kontext des interreligiösen Dialogs oder von UNO-Prozessen gehören dazu. Expliziter sind Initiativen und Diskurse wie die Transition Town Initiative (TTI, Großbritannien), die Great Transition Initiative (GTI, Tellus Institute, USA), The Great Turning (Macy und Johnstone 2014), »das Große Werk«, das den Übergang zu einer »ökozoischen Epoche« meint (Berry 2011) sowie der Übergang vom Zeitalter der Aufklärung zu dem der Lebenserhaltung (Fry 2012). Im globalen Süden drehen sich Transition-Debatten unter anderem um die Krise des zivilisatorischen Modells, um Postdevelopment beziehungsweise Alternativen zur Entwicklung, Buen Vivir, gemeinschaftliche Logiken und Autonomie, Subsistenz und Nahrungsmittelsouveränität sowie Übergänge zum Postextraktivismus. Während die Charakteristika der neuen Ära im Norden unter anderem mit Postwachstum, Postmaterialismus, Postökonomie, Postkapitalismus und Postdualismus beschrieben werden, geschieht das im Süden eher mit Begriffen wie Postdevelopment, Post-/Nicht-Liberalismus, Post-/Nicht-Kapitalismus und Postextraktivismus (Escobar 2011).

Commoning und Commons als Brücken

Die Übergangsdiskurse des globalen Nordens und globalen Südens sollten, erstens, zusammengeführt werden, denn es gibt sowohl Ergänzungen als auch Spannungen zwischen den genannten Visionen und Strategien – beispielsweise zwischen Degrowth und Postdevelopment. *Commons* könnte der ergiebigste Oberbegriff sein, um die Debatten zusammenzubringen und Dichotomien aufzulösen. Wie Bollier (2014) zeigt, ziehen Commons eine andere Art des Sehens und des Seins nach sich, ein anderes Modell des sozio-natürlichen Lebens. So gesehen treffen sie ein wirkmächtiges, geteiltes Interesse über verschiedene Welten hinweg, die Verknüpfungen dazwischen sind zunehmend sichtbar und beschreibbar (siehe z.B. Helfrich und Heinrich-Böll-Stiftung 2012). Auch wenn die Commons-Debatten zeigen, dass die Völker und Welten »ein gemeinsames Interesse« haben, so sind es nicht immer dieselben Interessen bei allen Beteiligten, denn Visionen und Praktiken der Commons sind je-weltspezifisch (de la Cadena 2015). Zweitens, das Nachdenken über Commons und Commoning macht commons-zerstörende dualistische Konzeptionen sichtbar, insbesondere jene wie Natur und Kultur, Menschen und Nicht-Menschen, Individuum und Gemeinschaft, Geist und Körper. Über Commons nachzudenken erinnert auch diejenigen, die in den dichtesten urbanen und liberalen Welten leben, dass wir in einer lebendigen Welt zu Hause sind. Es situiert die Menschen wieder im unaufhörlichen Fluss des Lebens, der unweigerlich alles mitzieht; so wird uns ermöglicht, uns selbst wieder als Teil des Lebensstroms zu betrachten. Commons haben heute dieses enorme Potenzial, das Leben aufzuwerten.

Drittens teilen Commons-Debatten mit der politischen Ontologie das Ziel, eine Weltsicht und Praxis zu dekonstruieren, die sich auf die entbettete Wirtschaft und die ihr eng verwandte Vorstellung vom »autonomen Individuum« gründen. Keine Kulturleistung des Westens ist für die relationalen Welten schädlicher gewesen. Beide Eckpfeiler des westlichen Liberalismus und der Moderne müssen immer wieder hinterfragt werden, insbesondere indem ihre Rolle bei der Zerstörung commons-schaffender Praktiken aufgedeckt wird. Auf eine »Commons Creating Economy«, ein »commons-schaffendes Wirtschaften« (Helfrich 2013), hinzuarbeiten bedeutet auch, auf die Re- bzw. Konstituierung relationaler Welten hinzuarbeiten, in denen die Wirtschaftsweise wieder in die Gesellschaft und die Natur eingebettet ist; es bedeutet, dass das Individuum in einer Gemeinschaft integriert ist, das Menschliche im Nicht-Menschlichen und Wissen im eng verflochtenen Dreieck aus Wissen, Sein und Tun.

Viertens gibt es viele Fragen, die zu untersuchen aus doppelter Perspektive, nämlich von Commons und politischer Ontologie, ergiebig wäre. Dazu gehören die bereits erwähnten Alternativen zur Entwicklung, Übergänge zu postextraktiven Modellen, Bewegungen für die Re-Lokalisierung von Nahrungsmittelproduktion, Energie, Transport, Bauwesen und weitere sozio-kulturelle sowie produktive Bereich sowie die Neuimaginierung und Gestaltung der Wirtschaft mit Vorschlägen wie die vielfältige Wirtschaftsweise (Gibson-Graham et al. 2013), Subsistenz- und Gemeinschaftsökonomien und soziale und solidarische Ökonomien (Coraggio und Laville 2014).

Zahlreiche ontologische und politische Fragen zu diesen Themen betreffen sowohl Commons als auch die politische Ontologie, angefangen bei dem Problem, wie hegemoniale Denkweisen effektiver hinterfragt werden können, bis zu der Frage, wie tatsächlich innovative Arten des Wissens, Seins und Tuns in Bezug auf »Wirtschaft«, »Entwicklung«, »Ressourcen« oder »Nachhaltigkeit« tatsächlich vorstellbar werden. Auf diesem Weg wird ein neues Vokabular entstehen – de facto entsteht es bereits – hin zu einem Pluriversum innerhalb dessen Commoning und relationale Seinsweisen günstige Bedingungen für ihr Gedeihen finden könnten.

Die vielfältigen ontologischen Auseinandersetzungen zur Verteidigung von Commons, Territorien und dem Strom des Lebens lösen ein veritables politisches Erwachen aus – mit besonderem Akzent auf dem Verbunden-Sein, der Relationalität. Jeder Schritt hin zu mehr Commons jenseits von »Entwicklung« und »der Wirtschaft« ist hier elementar. Aber letztlich wird unsere Fähigkeit zum Commoning davon abhängen, ob wir uns der unendlichen Beziehungsvielfalt wieder öffnen und Bewegungen schaffen, die das Pluriversum des Lebens ehren.

Literatur

Alayza, A., und E. Gudynas (Hg.) (2011): *Transiciones, post-extractivismo y alternativas al extractivismo en el Perú*, Lima, RedGE y CEPES.

Berry, Th. (2011): *Das Wilde und das Heilige*, übersetzt von B. Müller, Uhlstädt-Kirchhasel, Arun.

Blaser, M. (2010): *Storytelling Globalization from the Chaco and Beyond*, Durham, NC, Duke University Press.

Bollier, D. (2014): *Think Like a Commoner. A Short Introduction to the Life of the Commons*, Gabriola Island, BC, New Society Publishers.

de la Cadena, M. (2015): *Earth Beings: Provincializing Nature and the Human through Andean Worlds*, Durham, Duke University Press.

Coraggio, J. L., und J.-L. Laville (Hg.): *Reinventar la izquierda en el siglo XXI. Hacia un diálogo norte*-sur, Buenos Aires, Universidad de General Sarmiento, S. 191-206.

Deleuze, G., und F. Guattari (1992): *Tausend Plateaus. Kapitalismus und Schizophrenie II*, Berlin, Merve Verlag.

Escobar, A. (2011): *Encountering Development. The Making and Unmaking of the Third World*, 2. Auflage, Princeton, Princeton University Press.

Escobar, A. (2008): *Territories of Difference: Place~Movements~Life~Redes*. Durham, Duke University Press.

Fals Borda, O. (1984): *Resistencia en el San Jorge*, Bogota, Carlos Valencia Editores.

Fry, T. (2012): *Becoming Human by Design*, London, Berg.

Gibson-Graham, J.K., J. Cameron und St. Healy (2013): *Take Back the Economy. An Ethical Guide for Transforming Our Communities*, Minneapolis, University of Minnesota Press.

Gudynas, E. (2011): »Más allá del nuevo extractivismo: transiciones sostenibles y alternativas al desarrollo«, in: I. Farah und F. Wanderley (Koordination), *El desarrollo en cuestión. Reflexiones desde América Latina*, CIDES UMSA, La Paz, Bolivien, S. 379-410.

Gudynas, E., und Acosta, A. (2011): »La renovación de la crítica al desarrollo y el buen vivir como alternativa«, in: *Utopía y Praxis Latinoamericana* 16 (53), S. 71-83.

Helfrich, S., und Heinrich-Böll-Stiftung (Hg.) (2012): *Commons. Für eine neue Politik jenseits von Markt und Staat*, Bielefeld, transcript-Verlag.

Helfrich, S. (2013): »Economics and Commons?! Towards a Commons-Creating Peer Economy«, Hauptvortrag »Economics and the Commons Conference«, Berlin, 22. Mai 2013, vgl. Konferenzbericht auf S. 12-15, www.boell.de/sites/default/files/ecc_report_final.pdf.

Ingold, T. (2011): *Being Alive. Essays on Movement, Knowledge, and Description*, New York, Routledge.

Latouche, S. (2009): *Farewell to Growth*, London, Polity Press.

Law, J. (2011): »What's Wrong with a One-World World«, Presented to the Center for the Humanities, Wesleyan University, 19.09.2011, veröffentlicht auf *heterogeneities* am 25.09.2011, www.heterogeneities.net/publications/Law 2111Whats WrongWithAOneWprldWorld.pdf

Lisifrey, A., et al. (2013): *La Toma. Historias de territorio, resistencia y autonomía en la cuenca del Alto Cauca*, Bogotá, Universidad Javeriana y Consejo Comunitario de La Toma.

Massuh, G. (Hg) (2012): *Renunciar al bien común. Extractivismo y (pos)desarrollo en America Latina*, Buenos Aires, Mardulce.

Macy, J. und Ch. Johnstone (2014): *Hoffnung durch Handeln: dem Chaos standhalten, ohne verrückt zu werden*, übersetzt von Ch. Broermann, Paderborn, Junfermann.

Nonini, D. (2007): *The Global Idea of the Commons*, New York, Berbghan Books.

Ogden, L. (2012): *Swamplife. People, Gators, and mangroves Entangled in the Everglades*, Minneapolis, University of Minnesota Press.

Oslender, U. (2008): *Comunidades negras y espacio en el Pacífico colombiano: hacia un giro geográfico en el estudio de los movimientos sociales*, Bogotá, ICANH.

Randers, J. (2014): *2052. Der neue Bericht an den Club of Rome: Eine globale Prognose für die nächsten 40 Jahre*, München, oekom.

Rahnema, M., und V. Bawtree (Hg.) (1997): *The Post-Development Reader*, London, Zed Books.

Rist, G. (1997): *The History of Development*, London, Zed Books.

Rose, Deborah B. (2008): »On history, trees, and ethical proximity«, in: *Postcolonial Studies* 11(2), S. 157-167.

Sachs, W. (Hg.) (1993): *Wie im Westen so auf Erden*, Reinbek, Rowohlt Taschenbuch.

Santos, B. de Sousa (2002): *Towards a New Legal Common Sense*, London, Butterworth.

Vaneigem, R. (1994): *The Movement of the Free Spirit*, New York, Zone Books

Arturo Escobar, Kolumbien, ist Professor für Anthropologie an der Universität von North Carolina, Chapel Hill, und Forschungsmitglied der Gruppe Nation/Kultur/Gedächtnis der Universität del Valle, Cali, Kolumbien.

Commons größer denken

David Sloan Wilson

Als Evolutionsbiologe – ich wurde 1975 promoviert – bin ich mit Garrett Hardins 1968 in der Zeitschrift *Science* veröffentlichtem Essay »The Tragedy of the Commons« (»Die Tragik der Allmende«) groß geworden. Seine Parabel über die Dorfbevölkerung, die zu viele Kühe auf der gemeinsamen Weide grasen ließ, erfasste den Kern des Problems, das ich mit meiner Forschung lösen wollte. Wer eine zusätzliche Kuh dorthin trieb, so Hardin, erzielte gegenüber den anderen im Dorf einen Vorteil, doch da dies fortan alle tun, führte dieses Verhalten zur Überweidung. Die Welt der Tiere und Pflanzen ist voll von ähnlichen Beispielen, in denen jene, die sich zugunsten ihrer Gruppe verhalten, im Existenzkampf gegen eigennützigere Individuen unterliegen, was Ressourcenübernutzung und andere Tragödien zur Folge hat.

Wird in der »biologischen Welt« diese sogenannte »Tragik der Allmende«[1] jemals vermieden, und wenn ja, auf welche möglichen Lösungen für unsere eigene Spezies weist dies hin? Ein plausibles Szenario ist die natürliche Selektion auf der Ebene von Gruppen. Ein eigennütziger Landwirt könnte einen Vorteil gegenüber den anderen Landwirten im Dorf haben, doch ein Dorf, das – in welcher Weise auch immer – die »Tragik der Allmende« auflöste, hätte einen entscheidenden Vorteil gegenüber anderen Dörfern.[2] Die meisten Arten sind auf verschiedenen Ebenen in lokale Populationen unterteilt, so wie Menschen in Dörfern, Städten und Nationen organisiert sind. Wenn die natürliche Auslese zwischen Gruppen (die Kooperation fördern) zur natürlichen Auslese innerhalb von Gruppen (die nicht Kooperation fördern) ein Gegengewicht bieten kann, dann kann die »Tragik der Allmende« für Menschen wie für nicht-menschliche Spezies abgewendet werden.

Zu der Zeit, als Hardin seinen Artikel publizierte und ich an meiner Dissertation arbeitete, war diese Möglichkeit geprüft und weitgehend verworfen worden. Das 1966 veröffentlichte Buch *Adaptation and Natural Selection* (»Anpassung und natürliche Selektion«) des Evolutionsbiologen George C. Williams war dabei, ein

1 | Hardin beschrieb de facto keine Allmende, sondern ein Open-Access-Regime, das allen offen steht, in dem es keine Gemeinschaft gibt, keine Regeln, keine Überwachung der Ressourcennutzung oder andere für die Commons/Allmende charakteristischen Merkmale.

2 | Dieser Argumentation begegnet man auch häufig in der digitalen Welt, in der vom »Auskooperieren« die Rede ist (Anm. der Hg.).

moderner Klassiker zu werden. Williams beschrieb die Selektion *zwischen* verschiedenen Gruppen zwar als theoretisch möglich, doch sie sei im Vergleich zur Selektion *innerhalb* von Gruppen fast ausnahmslos schwach. Ihm zufolge waren Bemühungen, Anpassungen jeglicher Art als »zum Wohle der Gruppe« zu interpretieren, Ausdruck von Nachlässigkeit und Wunschdenken. Hardins Artikel zeigte denselben Pessimismus hinsichtlich der Vermeidbarkeit der »Tragik der Allmende« und hielt Regulierung »von oben nach unten« für die einzige Lösung. Da ich die Plausibilität der Gruppenselektion neu durchdenken wollte, fand ich mich in einer sehr kleinen Gruppe von Häretikerinnen und Häretikern wieder.[3]

Die individualistische Wende in der Evolutionstheorie fiel zeitlich mit der individualistischen Wende in anderen Wissensgebieten zusammen. Die Wirtschaftswissenschaft der Nachkriegszeit war von der Rational-Choice-Theorie geprägt, in der das Eigeninteresse des Individuums als übergreifendes Erklärungsprinzip gilt; sie dominierte die Wirtschaftswissenschaft der 1960er Jahre und der folgenden Jahrzehnte. In den Sozialwissenschaften war eine als »methodologischer Individualismus« bekannte Einstellung vorherrschend, der zufolge sämtliche sozialen Phänomene zu Phänomenen auf individueller Ebene reduziert werden konnten, so als seien Gruppen nicht ihrerseits legitime Einheiten, die der Analyse wert wären (Campbell 1990). Und die britische Premierministerin Margaret Thatcher wurde berühmt-berüchtigt, als sie 1987 in einer Ansprache sagte: »Die Gesellschaft existiert nicht, nur Individuen und Familien.« Es schien, als sei die gesamte Kultur individualistisch geworden, und als seien die wissenschaftlichen Theorien nachgezogen.

Was ich damals nicht wusste: Eine weitere Häretikerin namens Elinor Ostrom forderte in ihrer Disziplin, der Politikwissenschaft, herkömmliche Überzeugungen heraus. Von den Untersuchungen zu ihrer Doktorarbeit darüber, wie eine Gruppe von Anliegern und Betroffenen im Süden Kaliforniens ein System zur Bewirtschaftung ihres Grundwassers entwickelte, bis zu ihrer weltweiten Forschung zu Gruppen, die unterschiedliche, gemeinsam genutzte Ressourcen bewirtschafteten, war die Botschaft ihrer Arbeit, dass *Gruppen in der Lage sind, die Tragik der Allmende zu vermeiden, ohne Regulierung »von oben nach unten«*, jedenfalls wenn bestimmte Bedingungen erfüllt sind (Ostrom 1990, 2010). Sie fasste die Bedingungen in Form von acht grundlegenden »Design-Prinzipien« zusammen: 1) klar definierte Grenzen; 2) Verhältnismäßigkeit zwischen Nutzen und Kosten; 3) Arrangements für kollektive Entscheidungsfindung; 4) Überwachung; 5) abgestufte Sanktionen; 6) zügige und faire Konfliktlösung; 7) lokale Autonomie; 8) angemessene Beziehungen zu anderen regelsetzenden Entitäten (polyzentrische Governance). Diese Arbeit war derart bahnbrechend, dass Ostrom 2009 mit dem Nobelpreis für Wirtschaftswissenschaften ausgezeichnet wurde.

Ich lernte Lin (wie sie gern genannt wurde) wenige Monate vor der Auszeichnung bei einem Workshop in Florenz mit dem Titel »Entwickeln Institutionen sich weiter?« kennen (in Wilson 2011a wird davon berichtet). Ähnliche Veranstaltungen

3 | Mehr zur Kontroverse über Gruppenselektion, die meines Erachtens mittlerweile größtenteils beigelegt worden ist, in Okasha 2006, Sober und Wilson 1998, Wilson und Wilson 2007 sowie Wilson 2015.

fanden 2009 auf der ganzen Welt statt, um Darwins 200. Geburtstag und 150 Jahre des Erscheinens von *Die Entstehung der Arten* zu feiern. Besonders hinsichtlich der kulturellen Evolution des Menschen war die Mehrebenen-Selektionstheorie – und ihre Vorstellung, dass natürliche Selektion auf verschiedenen Ebenen stattfindet und es auf jeder Ebene eigene Hierarchien gibt – breiter angenommen worden, weswegen ich häufig als Redner angefragt wurde. Ich hatte außerdem einen Think-Tank namens Evolution Institute[4] mit gegründet, der aus evolutionärer Perspektive Vorschläge für die Politik formuliert, und hatte daher ein starkes Interesse am Workshop-Thema. Lins Arbeiten waren mir zwar einigermaßen geläufig, aber die Gelegenheit, mich vertieft mit ihr zu unterhalten, hat etwas verändert. Mir wurde schnell deutlich, dass ihr Ansatz der grundlegenden Design-Prinzipien mit der Mehrebenen-Selektionstheorie gut zusammenpasste. Ihr Ansatz ist besonders für das Konzept großer evolutionärer Wandlungen relevant, nach dem Gruppenmitglieder derart kooperativ werden, dass die Gruppe als solche zu einem übergeordneten Organismus wird. Die Zellbiologin Lynn Margulis (1970) hat diesen Gedanken als erste vorgebracht, um zu erklären, wie kernhaltige Zellen sich aus symbiotischen Ansammlungen von Bakterien entwickeln. Der Gedanke wurde in den 1990er Jahren verallgemeinert, um andere weitreichende Transformationen, etwa das Aufkommen der ersten bakteriellen Zellen, vielzelliger Organismen, eusozialer Insektenkolonien sowie die menschliche Evolution zu erklären (Maynard Smith und Szathmary 1995, 1999).

Jäger- und Sammler-Gesellschaften sind dafür bekannt, dass sie egalitär sind, und nicht deswegen, weil alle nett zueinander sind, sondern weil Gruppenmitglieder gemeinsam in der Lage sind, Mobbing und selbstherrliches Verhalten innerhalb der Gruppe zu unterdrücken – was das kennzeichnende Kriterium eines großen evolutionären Wandels ist (Boehm 1993, 1999, 2011). Weil zerstörerischer Wettbewerb innerhalb von Gruppen großenteils in Schach gehalten werden konnte, wurde der Erfolg *als* Gruppe die wichtigste Kraft der Selektion in der menschlichen Evolution. Das gesamte Paket an spezifisch menschlichen Eigenschaften – einschließlich unserer Fähigkeiten, in Gruppen nicht-verwandter Individuen zu kooperieren, gelernte Informationen über Generationen hinweg zu vermitteln und Sprache sowie andere Formen symbolischen Denkens zu entwickeln – können als Formen physischer und geistiger Zusammenarbeit betrachtet werden, die ein großer evolutionärer Wandel ermöglicht hat.

Ostroms Design-Prinzipien (DP) waren offensichtlich Teil einer »großen evolutionären Wende«. »Klar definierte Grenzen« (DP1) bedeutet, dass Mitglieder wissen, dass sie Teil einer Gruppe sind, und was der Zweck dieser Gruppe ist (z.B. Fischerinnen und Fischer mit Zugang zu einer Bucht oder Bäuerinnen und Bauern, die ein Bewässerungssystem bewirtschaften). »Verhältnismäßigkeit zwischen Nutzen und Kosten« (DP2) bedeutet, dass Mitglieder sich den Nutzen erarbeiten müssen und sich ihn nicht einfach aneignen können. »Arrangements für kollektive Entscheidungsfindung« (DP3) bedeutet, dass Gruppenmitglieder sich auf Entscheidungen einigen müssen, sodass niemand herumkommandiert werden kann. »Überwachung« (DP4) und »abgestufte Sanktionen« (DP5) bedeuten, dass

4 | Siehe: http://evolution-institute.org, Zugriff am 19. März 2015.

störende, eigennützige Verhaltensweisen erkannt und sanktioniert werden können. »Zügige und faire Konfliktlösung« (DP6) bedeutet, dass die Gruppe nicht durch interne Interessenkonflikte auseinandergerissen werden darf. »Lokale Autonomie« (DP7) bedeutet, dass die Gruppe den Spielraum hat, sich um ihre eigenen Angelegenheiten kümmern zu können. »Angemessene Beziehungen zu anderen regelsetzenden Entitäten« (DP8) bedeutet, dass all jene Elemente, die zur Regulierung *innerhalb* einer Gruppe gebraucht werden, bei mehreren, unterschiedlichen Gruppen auch zur Regulierung *zwischen* diesen gebraucht werden.

Die Übereinstimmung zwischen Ostroms Ansatz der grundlegenden Design-Prinzipien einerseits und der Mehrebenen-Selektionstheorie andererseits hatte drei große Konsequenzen.

Erstens stellte sie den Ansatz der Design-Prinzipien auf ein allgemeineres theoretisches Fundament. Ihr Rahmenkonzept der »institutionellen Analyse und Entwicklung« stammte aus der Politikwissenschaft, und sie wandte frühzeitig die wirtschaftswissenschaftliche Spieltheorie an, aber ihr wichtigstes Argument für die Design-Prinzipien war ihre Datenbank mit Informationen über das Verhalten von Gruppen in der ganzen Welt, die gemeinsame Ressourcen bewirtschafteten, so wie in ihrem einflussreichsten Buch *Die Verfassung der Allmende: jenseits von Staat und Markt* (Ostrom 1990, dt.: 1999) beschrieben. Die Mehrebenen-Selektionstheorie zeigte nun, wie die Design-Prinzipien aus der evolutionären Dynamik der Kooperation bei allen Spezies folgen, inklusive unserer eigenen evolutionären Geschichte als in hohem Maße kooperative Spezies.

Zweitens ist es wahrscheinlich, dass der Ansatz der Design-Prinzipien aufgrund seiner theoretischen Allgemeinheit auf weitaus mehr Gruppen anwendbar ist als nur auf diejenigen, die gemeinsam genutzte Ressourcen zu bewirtschaften versuchen. Fast jede Gruppe, deren Mitglieder zusammenarbeiten müssen, um ein gemeinsames Ziel zu erreichen, wird durch eigennütziges Verhalten gefährdet und sollte von diesen Prinzipien profitieren. Eine Analyse von Gruppen in Unternehmen, Kirchen, ehrenamtlichen Vereinen und städtischen Nachbarschaften würde zu denselben Ergebnissen führen wie Ostroms Analyse von Gruppen, die gemeinsame Ressourcen bewirtschaften.

Drittens kann der Ansatz der Design-Prinzipien einen praktischen Rahmen bieten, um die Wirksamkeit von Gruppen in der realen Welt zu verbessern. Es sollte für quasi jede Gruppe möglich sein, sich selbst bezüglich der Design-Prinzipien zu bewerten, Missstände zu beheben und schließlich besser zu funktionieren. Diese Perspektive war für mich als Präsident des Evolution Institute besonders reizvoll, da ich nunmehr aktiv daran beteiligt war, aus einem evolutionären Blickwinkel Politik zu formulieren und umzusetzen.

Lin inspirierte mich, mehrere Projekte zugleich zu beginnen. Das eine war, gemeinsam mit ihr und Michael Cox einen wissenschaftlichen Artikel zu schreiben: »Generalizing the Core Design Principles for the Efficacy of Groups« (»Die Verallgemeinerung der Design-Prinzipien zur Steigerung der Wirksamkeit von Gruppen«: Wilson, Ostrom und Cox 2013), in dem die drei soeben beschriebenen Implikationen für eine akademische Leserschaft aufbereitet sind. Michael Cox war Erstautor eines Artikels aus dem Jahre 2010, in dem der Ansatz der Design-Prinzipien in der Literatur ausgewertet wurde, die seit Ostroms ursprünglicher

Analyse veröffentlicht worden war (Cox et al. 2010). Damit wurde dieser Ansatz – zwanzig Jahre nach Erstveröffentlichung – einmal mehr aktualisiert sowie bestätigt.[5] Außerdem begann ich, den Ansatz in Projekten anzuwenden, in denen ich mit verschiedenen Gruppen in Binghamton/New York (USA) arbeitete. Ein Projekt entstand in Zusammenarbeit mit der Stadt Binghamton und der gemeinnützigen Organisation United Way. Es hieß: »Gestaltet euren eigenen Park«. Die Leute wollten die Chance nutzen, ein vernachlässigtes Grundstück als Gemeinressource in einen Nachbarschaftspark zu verwandeln. Nachbarschaftsgruppen, die sich zu diesem Zweck gebildet hatten, sollten zu den Design-Prinzipien gecoacht werden, die ihnen schließlich helfen würden, auch andere Angelegenheiten in ihrer Nachbarschaft zu regeln. Dieses Projekt führte zur Schaffung von vier Nachbarschaftsparks – und den dazugehörigen Gruppen (Wilson 2011b).

Das zweite Projekt war eine Zusammenarbeit mit der Schulverwaltung der Stadt Binghamton, um für Risikojugendliche eine »Schule in der Schule« namens Regents Academy zu etablieren (Wilson, Kauffmann und Purdy 2011). Es war unser ambitioniertestes und am besten dokumentiertes Projekt, denn wir konnten den Goldstandard wissenschaftlicher Auswertung einsetzen: die randomisierte kontrollierte Studie. Dabei werden die Teilnehmerinnen und Teilnehmer nach dem Zufallsprinzip einer Versuchs- oder einer Kontrollgruppe zugeordnet, um signifikante Variablen zu ermitteln, die Einfluss auf die Ergebnisse haben könnten. Die Regents Academy setzte soweit möglich die acht grundlegenden und zwei zusätzliche Design-Prinzipien ein, die für Lernumgebungen relevant waren: eine entspannte und spielerische Atmosphäre sowie kurzfristige Belohnungen für langfristige Lernziele. Die Schülerinnen und Schüler in der Regents Academy haben nicht nur haushoch bessere Ergebnisse erzielt als die Vergleichsgruppe, sondern sie haben beim *Regents exam*, einer vorgeschriebenen Prüfung, genauso gut abgeschnitten wie der Gesamtdurchschnitt der Schülerinnen und Schüler (für Einzelheiten siehe Wilson, Kauffman und Purdy 2011). Dies lässt darauf schließen, dass der Ansatz der Design-Prinzipien über Nutzergruppen gemeinsamer Ressourcen hinaus verallgemeinert und als Reflexionsrahmen zur Entfaltung der Wirksamkeit von Gruppen in unserem Alltag genutzt werden kann.

Im dritten Projekt ging es um die Zusammenarbeit mit einigen Religionsgemeinschaften in Binghamton, um vor dem Hintergrund ihres Glaubens und ihrer sozialen Organisation über die Design-Prinzipien zu reflektieren. Diese Gespräche führten zwar nicht zur formellen und konkreten Veränderung sozialer Praktiken, doch sie waren von unschätzbarem Wert, um auszuloten, wie der Erfolg religiöser Gruppen aus Sicht des Ansatzes der Design-Prinzipien verstanden werden konnte.

Alle diese Projekte waren bestätigten weitgehend, dass die Ostrom'schen Design-Prinzipien für alle Gruppen relevant sind, in denen Menschen zusammenarbeiten, um ein gemeinsames Ziel zu erreichen. Sie zeigten außerdem, dass in manchen Gruppen, etwa in unterprivilegierten Nachbarschaften und öffentlichen

5 | Unser Artikel wurde in einem Sonderheft des *Journal of Economic and Behavior Organization* mit dem Titel »Evolution as a General Theoretical Framework for Economics and Public Policy« (»Evolution als allgemeiner theoretischer Bezugsrahmen für Wirtschaft und Politik«) publiziert.

Schulen, leider viele der in den Design-Prinzipien formulierten Merkmale fehlen. Dabei ist es wichtig sich zu vergegenwärtigen, dass Ostrom die Prinzipien für gemeinsam bewirtschaftete Ressourcen auch ableiten konnte, weil sie von den Nutzergruppen sehr unterschiedlich umgesetzt worden waren. Manchen gelang das sehr gut, während andere Beratung benötigt hätten.

Während meiner Kooperation mit Lin arbeitete ich zudem mit drei führenden Persönlichkeiten in den angewandten Verhaltenswissenschaften: Tony Biglan, ehemaliger Präsident der Society for Prevention Research (Gesellschaft für Prophylaxe-Forschung) mit Sitz in den USA, Steven C. Hayes, Mitgründer der Association for Contextual Behavioral Science (Gesellschaft für kontextbasierte Verhaltenswissenschaft), und Dennis Embry, ein Wissenschaftler und Unternehmer, der zu evidenzbasierten Praktiken für positive Verhaltensänderungen arbeitet. Ich war von dieser Zusammenarbeit begeistert, weil sie viel mehr Erfahrung als ich darin hatten, unter realen Bedingungen auf positive Verhaltensänderungen hinzuarbeiten. Sie wiederum fanden die Zusammenarbeit mit mir spannend, weil sie erkannten, dass die Evolutionstheorie – so wie für die Design-Prinzipien – auch für ihre Disziplinen einen allgemeineren theoretischen Rahmen liefern konnte. Diese Erfahrung unterstrich, dass jetzt wo die Evolutionstheorie in der Biologie anerkannt ist, ihre Erkenntnisse auch auf grundlegende Bereiche der menschlichen Verhaltenswissenschaften angewendet werden können. Ein Ergebnis unserer Kooperation war ein großer Artikel, »Evolving the Future: Toward a Science of Intentional Change« (»Die Zukunft entwickeln: Aufbruch zu einer Wissenschaft absichtlicher Veränderungen«), der zusammen mit Fachkommentaren und einer Erwiderung in der Fachzeitschrift *Behavioral and Brain Sciences* (Wilson, Hayes, Biglan und Embry 2014) publiziert wurde. Darin wurde das theoretische Fundament, das ich mit Ostrom und Cox legte, ausgeweitet. Die erste Hälfte dieses Artikels skizziert die wissenschaftlichen Grundlagen intendierten Wandels, beruhend auf der Evolutionstheorie. Die zweite Hälfte analysiert erfolgreiche positive Verhaltensänderungen und kulturelle Entwicklungen aus den angewandten Wissenschaften, die das Konzept eines klug umgesetzten und begleiteten Prozesses kulturellen Wandels illustrieren, aber jenseits ihrer Disziplinen kaum wahrgenommen worden sind. Mit diesem Artikel sind wir näher an einer Wissenschaft intentionalen Wandels, als man glauben mag.

All diese Projekte mündeten schließlich in ein ambitioniertes Projekt am Evolution Institute namens PROSOCIAL (Wilson 2014). Dort soll zunächst eine Internetplattform gestaltet werden, die jeder Gruppe irgendwo auf der Welt ermöglichen wird, sich selbst zu evaluieren und mehr bewirken zu können. Auf der Plattform wurden die Design-Prinzipien mit evidenzbasierten Methoden aus den angewandten Verhaltenswissenschaften fusioniert. Zum Zweiten wollen wir eine Möglichkeit bieten, dass diese Gruppen miteinander interagieren und direkt voneinander lernen können. Drittens wollen wir die Informationen von diesen Gruppen für den Aufbau einer wissenschaftlichen Datenbank verwenden, ähnlich der Datenbank für Nutzergruppen gemeinsamer Ressourcen, die es Lin Ostrom ermöglichte, die Design-Prinzipien überhaupt erst zu bestimmen.[6]

6 | Die Plattform soll zum Zeitpunkt der Veröffentlichung dieses Buches online sein (Anm. der Hg.).

Lin ist leider im Juni 2012 an Krebs gestorben. Nur wenige Monate zuvor hatten wir gemeinsam an ihrem »Workshop für Politische Theorie und Institutionenanalyse« an der Indiana Universität eine Veranstaltung zu »Rules as Genotypes in Cultural Evolution« (»Regeln als Genotypen in der kulturellen Evolution«) durchgeführt. Gleichzeitig versuchte sie, für ihren Mann Vincent zu sorgen, die Nachfrage nach Vorträgen in aller Welt gerecht zu werden, ihre Projekte zu koordinieren und sich um sich selbst zu kümmern. Ich bin dankbar zu den vielen Menschen zu gehören, die von ihr berührt waren, und stolz, zu ihrem Erbe beitragen zu können, indem ich helfe, die Design-Prinzipien zu verallgemeinern und sie allen Gruppen zugänglich mache, die gemeinsame Ziele erreichen wollen.

Literatur

Boehm, C. (1993): »Egalitarian society and reverse dominance hierarchy«, in: *Current Anthropology*, *34*, S. 227-254.

— (1999): *Hierarchy in the Forest: Egalitarianism and the Evolution of Human Altruism*, Cambridge, Massachusetts, Harvard University Press.

— (2011): *Moral Origins: The Evolution of Virtue, Altruism, and Shame*, New York, Basic Books.

Campbell, D. T. (1990): »Levels of organization, downward causation, and the selection-theory approach to evolutionary epistemology«, in: G. Greenberg und E. Tobach (Hg.), *Theories of the Evolution of Knowing*, Hillsdale, NJ, Lawrence Erlbaum Associates, S. 1-17.

Cox, M., G. Arnold und S. Villamayor-Tomas (2010): »A review of design principles for community-based natural resource management«, in: *Ecology and Society*, *15*.

Hardin, G. (1968): »The Tragedy of the Commons«, *Science 162*, S. 1243-1248.

Margulis, L. (1970): *Origin of Eukaryotic cells*, New Haven, Yale University Press.

Maynard Smith, J. und Szathmary, E. (1995): *The Major Transitions of Life*, New York, W.H. Freeman.

— (1999): *The Origins of Life: From the Birth of Life to the Origin of Language*, Oxford, Oxford University Press.

Okasha, S. (2006): *Evolution and the Levels of Selection*, Oxford, Oxford University Press.

Ostrom, E. (1999): *Die Verfassung der Allmende: jenseits von Staat und Markt*, Tübingen, Mohr Siebeck.

— (2010): »Polycentric systems for coping with collective action and global environmental change«, in: *Global Environmental Change*, *20*, S. 550-557.

Sober, E., D. S. Wilson (1998): *Unto Others: The Evolution and Psychology of Unselfish Behavior*, Cambridge, MA, Harvard University Press.

Williams, G. C. (1966): *Adaptation and Natural Selection: A Critique of Some Current Evolutionary Thought*, Princeton, Princeton University Press.

Wilson, D. S. (2011a): *The Neighborhood Project: Using Evolution to Improve My City, One Block at a Time*, New York, Little, Brown.

— (2011b): »The Design Your Own Park Competition: Empowering Neighborhoods and Restoring Outdoor Play on a Citywide Scale«, in: *American Journal of Play*, 3, S. 538-551.

— (2014): »Introducing PROSOCIAL: Using the Science of Cooperation to Improve the Efficacy of Your Group«, *This View of Life.*

— (2015): *Does Altruism Exist? Culture, Genes, and the Welfare of Others*, New Haven, Yale University Press.

Wilson, D. S., R. A. Kauffman; M. S.Purdy (2011): »A Program for At-risk High School Students Informed by Evolutionary Science«, *PLoS ONE*, *6*(11), e27826. doi:10.1371/journal.pone.0027826

Wilson, D. S., J. M. Gowdy (2013): »Evolution as a general theoretical framework for economics and public policy«, in: *Journal of Economic Behavior & Organization*, 90, S. 3-10. doi:10.1016/j.jebo.2012.12.008

Wilson, D. S., S. C. Hayes, A. Biglan und D. Embry (2014): »Evolving the Future: Toward a Science of Intentional Change«, in: *Behavioral and Brain Sciences*, *37*, S. 395-460.

Wilson, D. S., E. Ostrom und M. Cox (2013): »Generalizing the Design Principles for Improving the Efficacy of Groups«, in: *Journal of Economic Behavior & Organization*, *90*, S. 21-32.

Wilson, D. S., E. O. Wilson (2007): »Rethinking the theoretical foundation of sociobiology«, in: *Quarterly Review of Biology*, *82*, S. 327-348.

David Sloan Wilson ist SUNY Distinguished Professor of Biology and Anthropology an der Binghamton Universität in Binghamton/New York (USA), Präsident des Evolution Institute und Chefredakteur des Online-Magazins This View of Life. Er ist Autor u.a. von folgenden Büchern: Darwin's Cathedral: Evolution, Religion, and the Nature of Society (2002), Evolution for Everyone: How Darwin's Theory Can Change the Way We Think About Our Lives (2007), The Neighborhood Project: Using Evolution to Improve my City, One Block at a Time (2011), und Does Altruism Exist? (2015).

Wirklichkeit als Allmende

Eine Poetik der Teilhabe für das Anthropozän

Andreas Weber

> Was also ist eine Philosophie der Bezogenheit? Etwas Unmögliches, solange sie nicht als Poetik gedacht wird.
> *Edouard Glissant*

Die Welt als Bewusstsein

Bei Sant'Andrea leckt das Meer über die Felsplatten, die den Rand der Insel Elba bilden. Die Wogen, glatt wie Fischbäuche, schiefergrau, weiß und aquamarin, fransen auf dem Stein in flüssige Scherben aus. In der Ferne, im Dunst kaum sichtbar unter einem Fächer von Lichtfingern, liegt Korsika. Das Wasser, das die Steine streichelt, der rundgeleckte Fels, der Wind, der die Haare rauft, die Vögel, vorbeigetrieben und wieder verloren, verbinden sich in einem gemeinsamen Tanz. Wir sind *Commoners* einer Allmende der Wahrnehmung, aus der die eigene Erfahrung, die eigene Identität und die der Welt erst hervorgehen.

Unsere Identität entsteht durch das, was wir nicht sind: durch Eindrücke und Berührung, durch einen Austausch mit dem, was Stein ist und Wasser, was Molekül ist und Lichtquant: al das, was sich in die Energie des Körpers verwandelt. Unsere Existenz in einer von Leben erfüllten Ökosphäre ist immer schon Gemeingut, bevor sie Individualität wird. Jedes Individuum ist der Welt zu eigen und zugleich ihr Besitzer, Eigner des rauen Steins, gefleckt von den Wellen, vom Wind gezaust, von Strahlen gestreichelt.

Alle Wahrnehmung ist *Commons*, ist vorübergehendes Ergebnis eines Tanzes in gegenseitiger Abhängigkeit und gemeinsamer Kreativität mit der Welt. Die Welt gehört uns ganz, und zugleich sind wir ihr vollständig anheimgegeben. Erst durch diese Gegenseitigkeit ist Erfahrung möglich, weil sie die Voraussetzung für die Existenz als lebendes Wesen in einem miteinander verflochtenen Ganzen darstellt.

Diesseits des Humanismus

Derzeit erleben wir eine epochale geistesgeschichtliche Revolution. Ein neues Selbstverständnis entwickelt sich, welches die Moderne und die in von ihr gedachte Scheidung der Welt in menschliche Kultur und materielle Natur abzulösen versucht und damit erst jetzt die Rationalität der Aufklärung hinter sich lässt. Das neue Denken ist noch im Fluss, vielfach ungeformt. Seine Varianten hören auf eine Reihe von Namen, darunter etwa »Anthropozän«, »Posthumanismus« oder »Metahumanismus«.

Allen Denkrichtungen ist gemein, dass sie versuchen, das Mensch-Natur-Verhältnis neu zu ordnen und so das Humane anders zu erfassen. Ihre Vertreter, etwa die italienische Philosophin und Schriftstellerin Francesca Ferrando, sehen eine »dringende Notwendigkeit, das Humane vollständig neu zu definieren« (Ferrando 2013: 26; siehe auch Wolfe 2009). Dieses andere Denken ist dabei, das Bild unserer selbst und der Welt, deren Teil wir sind, zu verändern. Wir befinden uns somit nicht nur in einer wirtschaftlichen oder sozialen Umbruchzeit, sondern auch in einer Krise unseres Selbstverständnisses.

Die Metaphern, mit denen wir unsere Rolle in der Welt beschreiben, sind nicht länger adäquat. Ein neuer Diskurs hat begonnen, in seiner Tragweite vermutlich bedeutender als die Idee der Postmoderne und vielleicht nur mit dem Aufkommen der Aufklärung und den dramatischen Änderungen der sozialen und politischen Ordnung in ihrem Gefolge zu vergleichen. Schon sind die Bereiche von Politik und Ökonomie dabei, sich neu zu ordnen: Wenn wir die Welt nicht mehr in der Dualität von »menschlichen Akteuren« und »natürlichen Ressourcen« betrachten, verschwinden die Grenzen zwischen dem, was verteilt wird, und denen, die das Verteilte verbrauchen.

In einer solchen Perspektive kann die Sozioökonomie nicht länger die klassischen Ziele effizienter Zuteilung und gerechter Verteilung verfolgen, weil Produzenten und Konsumenten oft die gleichen sind, und weil das, was konsumiert wird, nichts Unabhängiges ist, sondern Teil der eigenen Existenz. Eine verwüstete Landschaft ist nicht irgendwo »da draußen« in einer Black Box, sondern sie ist zugleich auch der seelische Raum ihres Nutzers. Diesen Zusammenhang können wir in den vielen neu entstehenden Commons, etwa Wikipedia, erfahren, aber er besteht auch in den traditionellen, vor allem naturbezogenen Allmenden.

In der Epoche des Anthropozäns und des daran gebundenen posthumanistischen Denkens bildet sich somit eine neue Metaphysik des Haushaltens heraus, in der die gegenseitige Verbindung von Materie, Stoffwechselprodukten und Bedeutung rearrangiert wird. Das ist eine einzigartige Gelegenheit, den Dilemmata der Moderne zu entkommen und unsere Existenzbedingungen neu zu erfassen. Auf der Suche nach einem Verständnis dessen, was das Humane sein wird, lösen viele die Trennungen zwischen Mensch und Materie, Natur und Kultur, Körper und Geist auf, die seit der Aufklärung unser Selbstverständnis dominierten. Sie gehen Schritte hinaus aus dem Dualismus und seiner Annahme, die Welt sei Ressource, und der angemessene Umgang mit ihr die Routine eines liberalistischen Wirtschaftssystems. Die alten Schranken, an denen ein wohlwollenderes Verhältnis zur belebten Welt und der Menschen untereinander scheiterte, so scheint es, könnten fallen oder zumindest verschoben werden.

Diese Krise bietet daher die seltene Chance, zu einem ausgeglicheneren Verhältnis von Mensch und Erde zu kommen, als es im Denken der Trennung möglich war. Aber werden wir nach der Epoche der Trennung, die die letzten Jahrhunderte bestimmte, eine heilsame Balance finden? Wir sollten verhindern, dass eine weitere toxische Utopie die vorherige ablöst. Freilich steht gerade das zu befürchten. Wenn aus dem derzeitigen Wettstreit der Sichtweisen eine neue Anthropozentrik hervorgeht, wird diese die Naturgeschichte endgültig unter ihre Herrschaft zu bringen suchen, indem sie das Biologische allein aus der Perspektive kausaler Machbarkeit und steigender Effizienz versteht und das Humane aus dem Cyborg ableitet – so wie es manche Vertreter des »Anthropozän«-Denkens zu meinen scheinen.

Kann es demgegenüber gelingen, eine umfassende Ontologie schöpferischer Lebendigkeit zu entfalten, die den Menschen enthält und umfängt? Es ist dafür essentiell, die Denkkategorien der Aufklärung, die noch immer unsere Weltvorstellung und auch unsere politischen Wertesysteme bestimmen, hinter uns zu lassen. Es geht nämlich darum, Momente eines lebendigen Humanismus wieder zu finden, welche von der rationalistischen Schubkraft westlichen Denkens verbannt worden sind. Bislang freilich enthalten die Theorien des Anthropozäns und des Posthumanismus kaum eine Perspektive schöpferischer Lebendigkeit, so meine Diagnose. Sie folgen nach wie vor der Idee, dass die Welt richtig verstanden wird, indem wir sie als einen physikalisch inerten Körper denken, und dass sie vor allem menschliche Pflege und Kontrolle, »stewardship« (Marris 2013) brauche, um ihr volles kreatives Potential zu erfahren.

Ich widerspreche hier diesem Glauben, nicht nur indem ich jene Dimensionen wieder in den Vordergrund stelle, die seit der Aufklärung zunehmend verloren gegangen sind: die radikale philosophische Perspektive und Praxis der Commons, ohne die die menschliche Verbindung zur Natur und überhaupt zur Wirklichkeit nicht verstanden werden kann. Sondern ich versuche auch, eine neue Sicht auf die grundlegenden Entfaltungsprozesse von Wirklichkeit und damit Sinnstrukturen zu skizzieren, die immer wieder an den Bruchlinien der Aufklärung in den Blick kam, aber nie vollständig formuliert geschweige denn systematisch als eine Anthropologie entfaltet wurde. Diese andere Sicht hat immer wieder gefunden, dass Welt ein beständiger Entfaltungsprozess bedeutungsvoller, existentieller Beziehungen ist, in der Akteure untereinander, durch Sachen, durch Ideen, und Ideen durch ihre Verwendung beständig schöpferisch neue Wirklichkeit herstellen (Weber 2014). Wirklichkeit ist keine Erfolgsgeschichte, die sich in Dienst nehmen lässt, sondern eine der Passionen, der Innovationen, der Verbindungen – der Zunahme von Tiefe, nicht der von Effizienz.

Diese Perspektive ist eine Absage an jede Idee der objektivierenden Kontrolle und ordnenden Separation. Die Wirklichkeit, aus der wir stammen und die wir beständig herstellen, ist lebendig: Sie ist selbst ein Commons und muss als solches verstanden und behandelt werden. Sie bildet sich aus der beständigen gegenseitigen Verwandlung von verschiedenen Perspektiven, Akteuren und Dingen in- und durcheinander. Erst unter dieser radikalen Blickveränderung können wir an die epochale Umbruchzeit mit einer neuen Erzählung anschließen.

Commons verstehe ich hier somit nicht als das exotische Nischenarrangement in einem ansonsten nach Objektivitätskriterien funktionierenden ökonomischen System, sondern vielmehr als das bestimmende Prinzip, dem gemäß sich Wirklichkeit in schöpferischem Austausch ihrer Teilnehmer ständig neu erschafft. Sie sind damit zunächst eine Matrix von Beziehungen, durch die sich die Lebendigkeit in Ökosystemen entfaltet, die die Naturgeschichte kennzeichnet. Materielle und sinnstiftende Aspekte sind darin nicht systematisch geschieden, sondern immer zwei Aspekte des Gleichen. Commons (oder Allmenden) lassen die Lebendigkeit biologischer und menschlicher Gemeinschaften aus einer Perspektive der Partizipation, des Tausches von Gaben und der Untrennbarkeit von Akteuren und Aktionsraum entstehen. Lebende Teilnehmer bringen einander durch Beziehungen (Stoffwechsel, Räuber-Beute-Verhältnisse, Eltern- und Paarbeziehungen) hervor und produzieren dadurch nicht nur ihren Lebensraum, sondern auch die eigene Identität (Weber 2014). Jedes Commons ist ein Rhizom – ein materielles und informelles Netz von Lebendigkeitsbezügen, das, indem es geknüpft wird, sich dauernd verändert.

Die Perspektive der Commons beschreibt demnach eine sowohl ökonomische als auch ökologische Ontologie der Bezogenheit. Sie betont einen Prozess der Transformation und Identitätsbildung aus einer materiellen und emotional erlebten Gegenseitigkeit. Dieser Prozess umfasst, was jüngst von Alain Caillé et al. als »Konvivialität« beschrieben wurde – eine »Kunst des Zusammenlebens (»con-vivere«)[1], die die Beziehung und die Zusammenarbeit würdigt und es ermöglicht, einander zu widersprechen, ohne einander niederzumetzeln, und gleichzeitig für einander und für die Natur Sorge zu tragen« (Caillé et al. 2014: 47).

Im Folgenden versuche ich, eine Perspektive auf die Wirklichkeit mit einem *alle* Menschen und *alle* anderen Geschöpfe verbindenden Gehalt zu füllen. Commons sehe ich dafür als Bezugsrahmen. Ich versuche, ein Denken des schöpferischen Austauschs zu entfalten, das aus dem Gegensatz zwischen den Kategorien Kultur und Natur heraustritt. Die Wirklichkeit besitzt einen objektiven, empirischen Gehalt und eine subjektive, erfahrbare Dimension und verwebt stets die materielle Dimension mit Wahrnehmung und Erfahrung.

Ich bezeichne diese Perspektive – in Abgrenzung zur technischen Rationalität der Aufklärung (des »Enlightenment«) – als *Enlivenment* (Weber 2015). Unter »Enlivenment« verstehe ich eine Ontologie und Praxis der Lebendigkeit, welche zugleich physikalisch und abstrakt fassbar ist und sowohl wissenschaftlich als auch spirituell erfahrbar: Eine »Ökologie in der Ersten Person«, die sich in empirischer Subjektivität erfahren und in poetischer Objektivität kommunizieren lässt. Die Gleichzeitigkeit dieser Dimensionen ist dabei nicht der Schwachpunkt, sondern das entscheidende Scharnier. Sie ruft Menschen dazu auf, sich als Subjekt einer sich entfaltenden Naturgeschichte der Freiheit und damit in Verwirklichung von Selbstheit-in-Verbundenheit zu erfassen.

Die Anthropozän-Hypothese als Kommodifizierung des Schöpferischen

Dieses Bild einer schöpferischen Wirklichkeit ist heute möglich. Es ist immer wieder in der Geistesgeschichte begonnen und doch nie ausgestaltet worden. Dabei löste es auf einen Schlag die quälendsten Dilemmata unserer Zeit, welche in der

1 | Siehe dazu auch den Beitrag von Marianne Gronemeyer in diesem Buch (Anm. der Hg.).

Konkurrenz zwischen der »ökologischen« und »sozialen Frage« liegen und in der nach wie vor ungeklärten Rolle, auf welche Weise unsere Zuschreibungen von Wert von der Wirklichkeit legitimiert und mit unserer subjektiven Innerlichkeit und der anderer verbunden sind.

Die gegenwärtigen Versuche, Mensch und Natur als verbunden zu denken, wie sie im Rahmen der Anthropozän-Hypothese entstehen, verschenken aber weitgehend die radikale Position einer solchen neuen Ökologie der Bezogenheit. Viele Denker argumentieren vielmehr so, als wäre der Dualismus deshalb am Ende, weil der Mensch restlos alle Urwüchsigkeit im Rahmen eines phänomenalen *Buy-Out* übernommen habe. Sie betonen, dass die menschliche Spezies mit Hilfe der Technik die Lücke zwischen sich und der Natur überbrückt habe. Sie sehen in der »Natur nicht länger eine Kraft [...], die den Absichten des Menschen fern liegt oder entgegengesetzt ist [...] Sie ist Teil eines globalen Kulturprozesses. Die Menschheit formt die Natur, und daher sind Menschheit und Natur ein und dasselbe« (Bilgrami 2013). In dieser Sichtweise hat sich der Abstand zwischen Natur und Kultur aufgelöst. Aber nicht im Sinne der Idee einer Allmende der Wirklichkeit, sondern mittels ihrer endgültigen und absoluten Einhegung, indem Technologie alle Natur überformt, und eben auch unsere emotionale Fähigkeit, sie als unser gemeinsames Lebendiges zu erkennen. Indem wir die Natur nicht nur als vornehmlich durch Kultur und Technik geformt verstehen, vollenden wir die Kolonialisierung des Urwüchsigen, von der die abendländische Kultur jahrhundertelang träumte. So gewendet, erweist sich das Anthropozän-Denken als Prototyp der Einhegung. Es bringt das, was sich selbst gehört, was sich selbst organisiert und sich selbst hervorbringt, unter die Kontrolle der technischen Kreativität. Es umgreift Natur, aber auch alles, was im Menschen selbst sich von allein organisierende und allein heilende Urwüchsigkeit ist – das »Wilde«

Von hier ist es nicht mehr weit bis zur auch physischen Umwandlung zur »commodity«, in eine Ware also, die unsere Interessen zur Disposition stellt. Das geschieht ja erfolgreich bereits seit Jahrzehnten in einem Prozess, der das Nutzen anderer Wesen nicht als notwendigen Teil eines Stoffwechsels versteht sondern als deren Erhöhung in den Kreis des Gemachten und Kulturellen. Aber das, was gemeinhin als »Ausbeutung« beschrieben wird, und was im herkömmlichen Denken, das sich seiner Einhegung nicht bewusst ist, nach Schutz ruft, ist eben bereits die Folge einer existentiellen Gebrochenheit. Diese versagt sich selbst das Recht, in selbstverständlichem Austausch mit der Wirklichkeit zu stehen und alle Instrumente und Vermögen (einschließlich dem zu Glück und Entsetzen) dazu geschenkt zu erhalten. Ganz so, wie ein gebrochenes Kind sich den Wunsch nach Freiheit unbewusst selbst versagt und seine eigenen Schützlinge einst mit Versklavung peinigen wird. Die Einhegung ist unser destruktivstes Introjekt. Die Besessenheit des Anthropozäns mit menschlicher Weltgärtnerschaft verspricht bislang nicht, dieses zu heilen.

Dualismus als Kolonialisierung der Seele

Wir sollten verstehen, dass der Dualismus keine gutartige Abstraktion ist, sondern eine unsere Vorstellungen dominierende Kraft, die den Menschen von der

Erfahrung schöpferischer Realität abzuschneiden vermag. Er liegt dem Ethos der historischen Aufklärung zugrunde, dass die Welt nur mit Hilfe der Vernunft ein bewohnbarer Ort werden könne. Dieser Gedanke ist wiederum die Basis für die Logik des Marktes. Auch das liberalistische Denken, das zwischen Ressourcen, mit denen gehandelt wird, und Subjekten, die handeln bzw. die versorgt werden wollen, trennt, ist ein Produkt dieses Dualismus. Er stellt eine Methode zur Verfügung, Kontrolle herzustellen, indem er die Welt zweiteilt: in eine unbelebte, also zu beherrschende Sphäre und eine, von der aus und für die Kontrolle hergestellt werden soll.

Unter diesem Blickpunkt besteht zwischen Einhegung, Kommodifizierung und Kolonialisierung kein Unterschied. Jeder dieser Begriffe bezeichnet nicht nur einen Angriff auf Ressourcen, die allen gehören, sondern zugleich auf die seelische Identität, die mit diesen Ressourcen in Verbindung steht und die auf sie angewiesen ist. Es ist ein Angriff auf unverfügbare und unverstehbare Lebendigkeit – und damit auf die Wirklichkeit selbst.

Die Praktiken konzeptueller Einhegung verneinen präventiv die Existenz eines unverfügbaren Anderen und vereiteln daher, reale subjektive Erfahrung und Verbundenheit mit nichtmenschlicher Lebendigkeit überhaupt zu denken. Dieses Andere ist nicht allein die Natur oder der Mensch fremder Kulturen. Es ist die Erfahrung, dass es eine Dimension gibt, die nur gelebt werden kann – und die sich nicht in rationaler Begrifflichkeit auflöst. Dieses Andere ist die Domäne leiblich erlebter Wirklichkeit, die aller Konzeptualisierung und Kolonialisierung vorgeht: das Glück beim Anblick der aufgehenden Sonne, eines jungen Hundes, eines geliebten Partners, die Dimension des Sinns bei einer Arbeit, die nicht allein mir, sondern allem zu Gute kommt. Es ist die Domäne dessen, was Manfred Max-Neef als »Human needs« katalogisiert (Smith und Max-Neef 2010).

Einhegend ist ein Denken, dass diese Unverfügbarkeit aufgibt und sie der »Rationalität«, der »Stewardship«, der Empirie, Diskursivität und Kontrolle unterordnet. Seinen Gipfel findet es in der lange Zeit den gesellschafts- und kulturkritischen Diskurs dominierenden Position, es gebe keine Natur und auch keinen Körper. All das sei allein kulturell erzeugt. Die unsere Kultur dominierende Erklärung, die Erfahrung selbstschöpferischen Werdens sei von Kulturtechniken bestimmt, und die komplementäre Unterstellung, jeder Einspruch zugunsten einer dem Menschen unverfügbaren, aber ihn dennoch durchdringenden und von ihm wahrnehmbaren Macht sei naiv, ist konzeptuelle Machtübernahme, die keinen Fluchtraum lässt. Es ist mentale und spirituelle Einhegung.

Der Turiner Philosoph Ugo Mattei meint, dass bereits die Aufteilung der Welt in Subjekt und Objekt zur Kommodifizierung beider führe (zit. n. Bollier 2014). Diese Kommodifizierung im Geiste schlägt sich auch auf einer realen und politischen Ebene nieder. Die Natur wird aus der menschlichen Welt vertrieben, obwohl sie alles produziert, was wir essen, und obwohl sie der Ursprung schöpferischer Energie bleibt. Jede Subjekt-Objekt-Spaltung teilt die Welt in Ressourcen und Profiteure. Diese Grenze zieht sich nicht zwischen Sachen und Menschen (oder Materie und Geschöpfen), sondern zwischen dem oder denen, die verbraucht werden, und denen, die von diesem Verbrauch profitieren.

Wir leiden also nicht nur an der Kommodifizierung der natürlichen und sozialen Welt. Wir leiden auch an einer Kommodifizierung der Begrifflichkeit selbst, in der sich nicht mehr in den Kategorien subjektiver Lebendigkeit über die Welt sprechen lässt. Wir leiden unter der Einhegung des Seelischen mit ihren Fiktionen von Trennung und Beherrschung, Außen (Ressource) und Innen (Akteur). Konzepte wie Ursache-Wirkungs-Relation, die Spaltung von Leib und Seele – allesamt Grundhaltungen der Aufklärung – führen zu einer Geiselnahme der Wirklichkeit durch das Konzept einer behandelbaren, reparierbaren, kontrollierbaren Welt. Jede Erfahrung, die dieser Einhegung widerspricht, muss von dieser unschädlich gemacht werden.

Dabei ist die Tragweite des Verbots einer Imagination unseres Selbst, die sich nicht an die Kausalmechanik hält, kaum klar. Denn alles Lebendige hat eine innere, nicht auf Kausalmechanik oder Kybernetik reduzierbare Dimension, die von uns nicht mehr erfasst werden kann. Tatsächlich machen wir uns kein Bild davon, in welchem Maß unsere Sicht auf die Wirklichkeit durch seelische Einhegungen deformiert wird. Diese reichen vom Verschwinden sich selbst organisierender Natur aus unserem Alltag – ein Abschied in einer Radikalität, wie ihn sich die ausgesperrten Waldnutzer vor ein paar hundert Jahren nicht hätten vorstellen können – über die Konzeption des eigenen Selbst als Biomaschine oder die Deklassierung des Empfindens als »bloße Chemie« bis hin zur ubiquitären Bindungslosigkeit.

Viele der neuen Positionen, die den Bruch mit den Dualismen der Aufklärung durch ein »Post« in ihrem Namen bekräftigen – »Postenvironmentalismus« etwa oder »Posthumanismus« – machen keinen Frieden mit der schöpferischen Wirklichkeit. Sie denken die menschliche Hybrid-Natur zwischen »Objekt« und »Subjekt« nicht über ihre Verwurzelung in den Prozessen kreativer Wildnis, sondern über die vom Menschen hergestellten Artefakte. Der Posthumanismus ist auf Maschinen fixiert, auf Cyborgs und Hybriden, und gibt sich mit Grashüpfern und Geckos ebenso wenig ab wie mit den das Natürliche und das Soziale integrierenden Denksystemen indigener Gemeinschaften. Er errichtet noch immer Mauern um eine Kolonie der Abstraktion, und bewacht so eine Enklave der Rationalität. Dadurch übersehen viele von ihm faszinierte Denker weiter die rationale Einhegung des lebenden Körpers in seiner schöpferischen, materiell-existentiellen Identität. Diese aber, schon im simplen Stoffwechsel immer auf den Anderen und das andere angewiesen, ist überhaupt erst das Vehikel, durch das ein Austausch mit dem Anderen möglich wird.

Jede emanzipatorische Philosophie steht auf schwankendem Boden, wenn sie sich über diese untergründige Einhegung der wilden Dimensionen unseres Selbst, unseres Denkens und unserer Identität nicht klar wird. Aber die Pointe der existentiellen Einhegung besteht gerade darin, dass sie weit vor dem Recht, Land und Güter zu nutzen liegt und eben auch noch weit vor den Begriffen in jenen unbewussten Bereichen, die als Metaphysik dem Redeverbot unterliegen. Vor dem Redeverbot liegt das Introjekt einer alternativlosen Amnesie. Und diese kann daher gar nicht mehr versprachlicht werden. Sie ist dem Bewussten und damit der Sprache nicht zugänglich (gleichwohl aber emotional unterschwellig aktiv). Das Gebot, lebende Subjekte von einer Teilhabe an der Allmende der Wirklichkeit und ihrer Mischung aus Praktiken und Gefühlen, Objekten und

Sinnmomenten abzuschneiden, geht so weit, dass es uns vergessen macht, was fehlt, wie die Psychologen Miguel Benasayag und Gérard Schmitt (2007: 101f) beobachten.

Allmenden der Existenz

Eine Konzeption des Anthropozäns kann nur fruchtbar sein, wenn wir es nicht allein als »Epoche des Menschen« begreifen, sondern als Epoche, in der die lebendige Wirklichkeit der Ökosysteme zum Wirklichkeitsverständnis wird. Dazu müssen wir die Wirklichkeit selbst als ein Commons erkennen, das dazu drängt, sich in einer Naturgeschichte der Freiheit auch in den Körpern und in den subjektiven Erfahrungen lebendiger Subjekte zu entfalten. Commons sind so gesehen nicht allein etwas von Menschen Gestaltetes. Sie entfalten sich in der existentiellen Notwendigkeit lebendigen Austauschs, in dem der Mensch immer schon steht. Alle Realität, sagt Martin Buber (1995), ist Begegnung. Alle Realität, jeder Akt der Wahrnehmung, der Welt erschließt und produziert, ist eine Verhandlung, eine kreative Transformation zwischen zwei Polen, die beide sowohl Gegenstand als auch Akteur sind.

Die Wirklichkeit ist Commons, auch ohne uns. Wir können uns ihr nähern, indem wir unser Verhältnis zu ihr nach dem Muster des gegenseitigen Tausches gestalten. Kultur kann die spezifisch menschliche Weise sein, an der Welt als einer Allmende teilzunehmen und sie somit wirklicher zu machen. Philosophie und Praxis der Commons verstehen die Ko-Existenz der Organismen und Ökosysteme auf diesem Planeten als einen gemeinsamen Prozess, der die Lebendigkeit der Bio- und Semiosphäre erhöht. Das Denken in den Kategorien der Commons enthält eine im abendländischen Denken nicht grundsätzlich neue, aber lange Zeit unterschätzte und unterdrückte Ontologie. Erst diese ermöglicht ein Erfassen, aber auch ein Mitgestalten der Existenzbedingungen, in denen wir uns als Teilnehmende der Naturgeschichte und ihres sozialen, metabolischen und existentiellen Kosmos befinden (Weber 2012).

Prinzipien des Handelns entstehen von einem solchen Standpunkt aus im konkreten, situativen Aus-Handeln und wirken dadurch auf neue Situationen zurück. Jede Einstellung, jede Bedeutung, die in diesem Aushandeln entsteht, wirkt genuin schöpferisch verändernd. Alle Werte, die dieses Aushandeln bestimmen, sind diesem immanent und können nicht von außen kommen. Sie fallen nicht vom Himmel, und auch kein Gott, Staat oder wie auch immer gearteter objektivierender Prozess kann sie setzen. Jede Dekretierung absolut geltender Ziele und Normen wirkt mehr oder weniger zerstörerisch. Zugleich aber ist die Allmende der Wirklichkeit alles andere als regellos. Sie folgt den Bedingungen schöpferischer Identitäten, die verletzliche Körper haben, die Interessen folgen und die stets auf die anderen angewiesen sind. Es gibt Prinzipien existentiellen Gelingens, die gleichwohl nie festgeschrieben werden können, sondern gelebt werden müssen. Commoning ist das Prinzip einer Ökologie der Wirklichkeit und beruht somit auf konkreten Interaktionen. Diese müssen stets das Gedeihen des Individuums mit dem Gelingen des Ganzen ausbalancieren. In dieser Hinsicht ist existentielles Gelingen immer das Ergebnis eines Aushandelns zwischen Autonomie und Verschmelzung. Seine konkrete Erscheinung jedoch kann nicht kodifiziert, sondern muss gelebt werden.[2]

In diesem Sinne sind alle Commons »posthumanistisch«. Unsere Handlungsfreiheit, die unzweifelhaft besteht, ist einem System lebendiger Kräfte eingeschrieben. Beide Seiten sind sowohl souverän als auch abhängig. Der Mensch erscheint im Commons entsprechend nicht als Herrscher, sondern als Subjekt in einem Netz von Beziehungen, in dem (Inter-)Aktionen auf die Agierenden zurückwirken und in dem alle anderen Knotenpunkte ebenfalls aktiv sind – menschliche Subjekte, Fledermäuse, Pilze, Bakterien, ästhetische Leidenschaften, Ansteckungen oder Leitmetaphern. Darum ist die Idee der Commons, die den körperlichen, pragmatischen, materiellen und nährenden Aspekt realer Subjekte auf der Suche nach Sinn beinhaltet, die adäquate Formulierung einer »posthumanen« Verbindung mit dem Rest der Biosphäre. Denn ein Commons ist immer ein verkörpertes, materielles, sinnliches, existentielles und symbolisches Aushandeln der individuellen Existenz durch den Anderen und das Ganze. Es ist der Versuch, ein ordnendes Element der Wildnis zu sein, Akt einer schöpferischen Verwandlung. Jeder dieser Akte ist materielle Transaktion und Selbsterfahrung. Er ist real und metabolisch, indem in ihm die Teilnehmer des Ökosystems im Austausch von Fressen und Gefressenwerden verbunden sind, und er ist imaginativ, indem er Freude oder Angst wirken lässt – Erfahrungen, welche die Grundlage für reale Handlungen und materielle Veränderungen werden.

Natürliche – existentiell-symbolische wie materielle – Prozesse bilden die Richtschnur, um den Umgang mit dem verkörperten Aspekt unserer Existenz in eine »Kultur unserer Lebendigkeit« zu verwandeln. Der Begriff der Commons liefert das verbindende Element zwischen dem »Natürlichen« – der von selbst werdenden Welt der Wesen und Arten – und dem »Sozialen« oder »Kulturellen« – der Sphäre der vom Menschen mittels symbolischer Systeme, Diskurse und Praktiken gemachten Dinge. Die Natur in ihrem Allmende-Charakter zu erfassen ist ein Weg, uns selbst neu zu verstehen, und zwar gleichzeitig in unserer biologischen wie in unserer sozialen Lebendigkeit.

Eine Ontologie, also eine Wirklichkeitsbeschreibung unter der Maßgabe der Commons bietet die Möglichkeit, den sowohl konzeptuellen als auch erfahrungsbezogenen Begriff der Lebendigkeit in den Mittelpunkt zu stellen und somit die Wirklichkeit eines kreativen Kosmos nicht länger auszublenden. Darin schlummert die Möglichkeit zu einem relationalen Weltverständnis, das nicht nur Strukturen, Algorithmen und Kausalitäten, sondern auch die Handlungen und Empfindungen der Akteure umgreift, und das damit kein Dualismus mehr ist. Unsere Identität wurzelt in unkontrollierbarer Wildnis, schöpferischer Selbstorganisation, die keiner Kontrolle und keiner »Stewardship« unterliegen kann. Sie kann es nicht, weil das Unkontrollierbare den Baustoff bildet, aus dem die Instrumente bestehen, mit denen wir zwar versuchen, Kontrolle herzustellen, den wir aber selbst nicht kontrollieren können. In einer Wirklichkeit als Commons verzichten wir darauf, die Widersprüche des Existierens durch Reduktion auf eine Seite – nur Geist,

2 | Vergleich den Beitrag zu den Mustern des Commoning von Silke Helfrich in diesem Band (Anm. der Hg.).

nur Materie, nur Diskurs, nur Markt – aufzulösen. Wir verzichten auf jene höhere Synthese, die seit Hegels Logik zur verheerenden Antwort auf die Paradoxien der Existenz wurde. Deren Verheißung führte über Hegels Schüler Marx zum Heißlaufen der Utopien in einer brachialen Vorwegnahme des versprochenen widerspruchsfreien höheren Seins. Aber das wirkliche Sein ist höher und niedriger im selben Moment.

Das Lebendige sperrt sich jeder Synthese. Es ist – innere Identität an einem materiellen Körper – selbst größte Paradoxie. Diese lässt sich nur leben, in einer »Dialogik«, wie der französische Philosoph Edgar Morin sagt, in einer Logik des Dialoges und der Mehrstimmigkeit, der Begegnungen, der Gespräche, der gegenseitigen Transformationen und Interpretationen, in der Logik des Aushandelns und Kompromisse-Machens (Morin 2001: 272). Es ist diese Haltung des Verhandelns und Aushaltens, die seit der Vorzeit den menschlichen Umgang mit Commons bestimmt. Es ist das, was man »Commoning« nennt.

Poetischer Materialismus

Dem Anthropozän, wie es bislang von einer Vielzahl von Vertreterinnen und Vertretern konzipiert wird, fehlt das Begreifen, dass jeder Austausch – der von Sachen (in der Wirtschaft), der von Bedeutungen (in der Kommunikation) und der von Identitäten (in der Bindung zwischen Subjekten) – immer zwei Seiten hat: eine äußere, materielle, aber auch eine innerliche, existentielle, in der sich Bedeutung ausdrückt und erlebt wird. In diesem Austausch entsteht genuin Neues. Die Wirklichkeit ist schöpferisch und ausdruckshaft, weil sie sich niemals auf eine dieser Seiten reduzieren lässt. Weil alle Prozesse auf Beziehungen beruhen, die Bedeutungen vermitteln (welche Subjekte, also alle Lebewesen, als Emotionen erfahren), können wir das Bild einer solchen Wirklichkeit nur als Poetik formulieren. Nicht nur sprachliche Bedeutungsentfaltung ist real wirklichkeitsstiftend, sondern Wirklichkeit als solche ist nur als Prozess von gegenseitiger Hervorbringung oder »Interpenetration« (Frye 1991) zu verstehen – und darum nur in einer Poetik zu fassen.

Die poetische Dimension ist die Welt unserer Gefühle, unserer sozialen Bindungen, unserer Imagination und all dessen, was wir als bedeutungsvoll erfahren. Sie erschafft die Brücke zwischen dem Materiellen und einem symbolischen Gehalt, und ist damit unablösbar an biologische Kommunikation, soziale Verständigung, Austausch und Interaktion mit anderen gebunden.

Eine Poetik beschreibt nicht nur wie wir etwas erfahren (sortieren, strukturieren), sondern beharrt darauf, dass jeder dieser Akte genuin und unvermeidbar weltstiftend ist, und dass er in seinem Schöpfungsakt zugleich immer eine Verbindung zwischen Selbst und Anderem stiftet, aus der beide verändert hervorgehen. Eine Poetik formuliert die Welt, die wir erfahren, immer in der ersten und in der dritten Person. Sie kann darum die Welt, in der wir zuhause sind, und die Welt, die wir durch politischen und ökonomischen Wandel schützen möchten, auf intime, erfahrbare, und eben nicht gleichmacherische oder reduktionistische Weise miteinander verbinden.

Es geht darum, in einer Zeit der Revision der großen Diskurse – empirische Rationalität, Wirklichkeit als Konstruktion des menschlichen Geistes, instrumentelle Vernunft der Ökonomie – eine neue Sprache zu aktivieren, mit der Wirklichkeit zugleich einen neuen Status erhält. Es geht nach 300 Jahren Aufklärung um die Ergänzung der *techné* durch das Konzept der *poiesis*. *Techné* heißt Erklärbarkeit, Analyse und erfolgreicher Nachbau. *Poiesis* aber bedeutet schöpferische Selbstverwirklichung. Sie ist ein Element, das die Wirklichkeit hervorbringt, das sich nicht abstellen lässt, das wir aber missverstehen können. Letztlich ist in einem Sinne alles *techné* – aber in einem anderen auch alles *poiesis*. *Techné* ist Ursache-Wirkung, Kontrolle, Steuerung, Verstehen, Tauschen. *Poiesis* ist innere Zielgerichtetheit, Finalität, Sich-Überlassen, Selbstausdruck, Fühlen, Schenken und Annehmen. *Techné* ist Planung und Nachhaltigkeit. *Poiesis* ist Schöpfung und Verschwendung. Leben braucht beides. Wirklichkeit ist beides. Die schöpferische Transformation erwächst aus diesem Widerspruch, ohne ihn je zu lösen.

Vielleicht könnte man eine solche Perspektive als »poetischen Materialismus« bezeichnen. Sie ist in jeder Hinsicht realistisch, aber sie ist realistisch gerade in ihrer Idee einer dauernden gegenseitigen Verwandlung hin zu etwas Neuem, was immer Trennung-in-Gemeinsamkeit darstellt. Die Beziehungen aber organisieren sich zwischen Körpern. In Systemen, in denen Veränderung durch die wechselseitige Verwandlung der Teilnehmenden geschieht, ist Erfahrung nicht als Identität, sondern nur als Ausdruck des einen durch das andere, also poetisch möglich. Das Poetische ist zugleich eine Modifikation des Einzelnen und eine Modifikation des Ganzen, das in diesem Einzelnen im Sinne einer symbolischen Erfahrung deutlich wird. In diesem Sinne erscheint in ihm die Wirklichkeit als Allmende. Ein konsequentes Denken und eine gelebte Praxis der Commons basieren auf einer Poetik der Relationen. Deren Idee des Austauschs versteht beides, die körperhaften Dinge und die existentielle Realität von Bedeutung und Empfindung als Aspekte eines kreativen Haushaltes der Ausdrucks- und Erfahrungsfähigkeit in einer Naturgeschichte der Freiheit.

Die Idee, unsere Wirklichkeit durch die Optik einer »Poetik der Relationen« zu verstehen, hat zuerst der französisch-karibische Dichter und Philosoph Edouard Glissant formuliert. Glissant nennt seine Poetik auch eine »Kreolisierung des Denkens«. Alle Mitspielenden sind hier gleichwertig, sie sind Akteure und Objekte, sie gehören sich selbst, und sie sind für alle anderen Mittel – ja sogar Nahrung (Glissant 1996). Eine Kreolisierung des Denkens fordert »peership« zwischen Empirie und Gefühl. Alle Prozesse finden zugleich drinnen und draußen statt, sind immer konzeptuell und seelisch, aber stets real in Raum und Zeit. Der Schritt über den Abgrund der zwei Kulturen führt über eine Neubewertung des Schöpferischen als Zentrum der Wirklichkeit. Das Schöpferische aber ist das Lebendige. Die Erfahrung des Lebendigen wiederum ist schöpferisches Handeln, erlebt von der Innenseite. Man könnte diese Perspektive als »affektive Objektivität« bezeichnen. Diese ist ein universelles und reales Phänomen – zugleich aber eines, das sich gegen jede Messung sperrt.

Wie sehr diese seelische Kraft Commoners zum Handeln ermutigt und dafür belohnt, zeigt die indische Geographin Neera Singh. Sie weist nach, dass Dorfbewohner bei der Commons-Arbeit in den Wäldern nicht nur Ressourcen produktiver machen, sondern zugleich emotionale Bedürfnisse stillen und ihre »individuelle und kollektive Subjektivität verändern« (Singh 2013). Sie engagieren sich in einer aktiven Poetik des Bezogenseins, in der das menschliche Fühlen und die materielle Welt sich gegenseitig hervorbringen.

Es ist entscheidend zu sehen, dass diese »kollektive Subjektivität« sich über die menschliche Gemeinschaft hinaus dehnt und jene der lebenden Umwelt einschließt – ihre Bäume, ihre zur Nahrung dienende Vegetation, ihre Vögel und deren Stimmen, ihre Wasserströme. All das ist mit der Subjektivität menschlicher Teilnehmer des Ökosystems verflochten, ganz so, wie der Spin eines Partikels in der Quantenphysik mit den Handlungen des beobachtenden Forschers in Wechselwirkung steht. Commoners, so könnte man sagen, folgen einer poetischen Raison, die einen emotiven Gehalt hat, aber an Materie verkörpert bleibt. Das poetische Moment ihres Handelns schlägt sich im sinnlich spürbaren und emotional erfüllenden Gedeihen des Waldes und des sozialen Zusammenhaltes nieder.

Es ist bezeichnend, dass Kulturen, für die eine Teilhabe an natürlichen Prozessen emotionales Engagement in einer poetischen Wirklichkeit bedeutet, die Unterscheidung zwischen »belebt« und »unbelebt« bzw. »Natur« und »Kultur«, die im Zentrum des abendländischen Selbstverständnisses stehen, nicht machen. Die Einhegung der affektiven Grunderfahrung, in einem lebendigen Austausch mit der Welt zu stehen, von ihr zu nehmen und zu ihr beizutragen, findet dort nicht statt. Die betreffenden Kulturen befinden sich in einem Kontinuum mit dem, was sich schöpferisch entfaltet, in einem Kontinuum der Subjekte und Objekte, welches eine kulturelle Interpretation der metabolischen Kontinuität zwischen dem individuellen Körper und den Körpern des größeren Ökosystems ist (Descola 2005).

Singh bezeichnet das seelische Engagement durch die Pflege einer Allmende als »emotionale Arbeit«. Ohne diese affektive Dimension verlieren beide, die Arbeitenden und der Adressat der Arbeit – das belebte Ganze –, ihre Identität. Der Geograph Ben Anderson nennt eine solche emotionale Verbindung in Anlehnung an Hardt und Negri eine »Biomacht von unten«. Zunehmend beginnen Geographen und Philosophen diese gelebte Realität als Faktor realer Interaktionen zu begreifen (Anderson 2012; Negri 1999; Hardt und Negri 2009).

Wird eine solche Allmende kolonialisiert, sind die emotionalen Bedürfnisse der Beteiligten – Zugehörigkeit, Sinn, Identität – nicht mehr erfüllbar. Im Zuge der Kolonialisierung – die gerade auch unsere vermeintlich modernen Köpfe erobert hat – werden solche Emotionen als rückständig, abergläubisch, unaufgeklärt oder unwissenschaftlich denunziert. Emotionale Arbeit aber ist ökologische, also auch materielle Realität. Der Zusammenbruch der Affekte hat materielle Konsequenzen, durch die auch das Verhältnis der Menschen zum Ökosystem leidet. Dieser ökologische Tod wiederum hat eine sowohl spirituelle wie auch taxonomische Realität. Das heißt: Beide sind voneinander abhängig und durcheinander ausbalancierbar.

Kultur ist schöpferische Interpretation der Natur und der sie hervorbringenden, nicht zu unterdrückenden Lebendigkeit. Daher sind Subjektivität, Kooperation, Aushandeln und unvereinbare Fremdheit nicht nur die Muster, die *wir* über die Welt legen, um sie kulturell zu formen. Es sind zugleich Muster der schöpferischen Lebendigkeit, die Natur bereits ausmachen. Sie machen Wahrnehmung zu einer ko-kreativen Allmende aus existentiell um sich besorgtem Subjekt und Umgebung, durch die beide sich wechselseitig hervorbringen.

Darum ist Kultur – das Vermittelnde, der kreative Austausch – unsere Natur. Und darum kann diese Kultur nicht Kontrolle und Engineering der Natur sein. Sie muss vielmehr zu einer Kultur unserer Lebendigkeit werden, die in schöpferischer Freiheit das für eine fortgesetzte Lebendigkeit Notwendige immer wieder neu erzeugt. Daher auch kann menschliche Kultur nicht Natur als ein passives, unlebendiges Objekt kontrollieren, sondern sie muss unsere Lebendigkeit ins Zentrum stellen. Schließlich sind wir Menschen in der kreativen Lebendigkeit von Natur bereits mit gemeint. Eine Politik der Nachhaltigkeit als Praxis der Lebendigkeit wäre der beste Weg, um für unsere Freiheit und unser langfristiges Überleben zu sorgen. Wir können das erreichen, indem wir unsere paradoxale »Autonomie-in-Bezogenheit« im Hinblick auf ein umfassendes Ganzes so ausgestalten, dass beide Seiten durcheinander möglichst viel Wirklichkeit erlangen.

Vor diesem Hintergrund wird es möglich, der vermeintlich wissenschaftlichen Perspektive »objektiver Realität«, also einer Perspektive *in der dritten Person*, eine Ökologie bzw. Perspektive *in der ersten Person* hinzuzufügen. Sie schafft die Verbindung zwischen unserer Wahrnehmung und unserer materiellen Realität, die nur von einem Bedeutungen erfahrenden Selbst möglich ist (Weber und Varela 2003). Darin besitzt echte Objektivität stets einen poetischen Aspekt. Einsichten, die durch eine Weltsicht, die nur die empirisch-objektive Position gelten ließ, ausgeschlossen waren – weil sie im materiellen, physischen Sinn nicht »wirklich« waren – sind in einem innerlichen Sinn gültig. Sobald natürliche Ökosysteme in ihrer schöpferischen Lebendigkeit begriffen werden, wird es nötig, rationales Denken und empirische Beobachtung um die »empirische Subjektivität« der Lebewesen und die »poetische Objektivität« sinnvoller Erfahrungen zu ergänzen. Dadurch bekommen wir die Welt in den Blick, in der wir auf intime Weise zuhause sind, die zugleich die Welt ist, für die wir politische Vorkehrungen ersinnen. Sie repräsentiert die fehlende subjektive Perspektive innerhalb der menschlichen Kultur, welche diese erste vollständig machen würde.

Commoning als reales Miterschaffen von Wirklichkeit

Unsere Herausforderung ist ebenso praktisch wie theoretisch: Die Aufgabe besteht darin, diese neue ontologische Sensibilität in die Welt zu tragen und in ihr zu verankern. Glücklicherweise bieten die bestehenden Praktiken, mit denen Menschen Commons aufrechterhalten oder neu hervorbringen eine Vielzahl nützlicher Bezugspunkte. Sie zeigen, wie sich das Subjektive und Objektive, das Natürliche und Humane verzahnen lassen und wie man die vielen weiteren Dualismen überwinden kann, welche unsere schöpferische Lebendigkeit behindern. Der Prozess des Commoning widerspricht den Dualismen, auf denen die Ökonomie im konventionellen Verständnis basiert. Das gelingt ihm, indem er andere Rollen und Handlungsfelder inszeniert als jene, die von der neoliberalen Wirtschaftslehre festgelegt wurden (wie etwa »Produzent« und »Konsument« oder »Investor« und »Naturressource«). Eine Praxis des Commoning ersinnt Versorgungsstrukturen, denen es darum geht, fundamentale Bedürfnisse in jeweils spezifischen Kontexten zu stillen, zu denen immer eine Dimension existentieller Erfahrung und persönlicher Integration gehört.

Sinn und Zweck von Commons-Projekten und den entsprechenden politischen Zielen besteht darin, wirtschaftliche Aktivität zu verlebendigen und dabei das »Enlivenment«, also eine Gleichzeitigkeit von Austausch- und Sinnerfahrungsprozessen, ins Zentrum zu rücken. Das heißt, dass eine solche Politik danach streben muss, die geteilten Interessen aller zu vermitteln, seelische menschliche Bedürfnisse zu berücksichtigen und darin die Fruchtbarkeit des Ökosystems zu erhöhen. Wie solch ein komplexes und notwendigerweise in sich widersprüchliches Ziel erreicht werden kann, ist in Anne Salmonds Essay in diesem Band zu sehen. Dieser beschreibt, wie die Kultur des Maori-Volkes in Neuseeland die tiefgreifende Verwandtschaft zwischen Menschen und anderen Lebensformen ausdrückt, die in einer Reihe von offenen und dynamischen Geflechten und Austauschbeziehungen miteinander verbunden sind.

Ein ähnliches Verständnis wird in der Idee des Buen Vivir ausgedrückt, der Vorstellung des Guten Lebens, unter der die Menschen etwa in Ecuador und Bolivien das achtsame Zusammenleben sowohl mit Pachamama, der »Mutter Erde«, als auch mit der humanen Gemeinschaft und ihren Vorfahren verstehen. Eine solche Herangehensweise hinterfragt die Kosmologie der Moderne mit ihrer Aufteilung in Dinge, Akteure, Markt und Staat. Beide Beispiele, das traditionelle und das gegenwärtige, gehören zu jener schier endlosen Kette von Möglichkeiten, wie der Mensch zum jeweils sozialen oder natürlichen Anderen in Beziehung zu stehen vermag, die die künstliche Grenze zwischen »belebt« und »unbelebt« außer Kraft setzen und die somit Identitätssysteme »jenseits von Natur und Kultur«, wie es der französische Anthropologe Philippe Descola (2005) ausdrückt, darstellen.

Derartige multidimensionale, »Innen« und »Außen« sowie Bedeutung und Stofftausch vermischende Bezugssysteme sind freilich nicht auf Völker mit prämodernen kulturellen Wurzeln begrenzt. Auch Menschen, die in der Welt der Moderne und ihrer Logik von globalisierter Industrie und Markt aufgewachsen sind, bauen Commons auf, welche eine Ontologie schöpferischer Lebendigkeit verkörpern. Das Permakultur-Netzwerk etwa entwickelt Formen des Landbaus, die explizit im Einklang mit ökologischen Kräften sein sollen. Ein Leitsatz der Permakultur lautet »Integrieren statt trennen«, sodass landwirtschaftliche Praktiken Beziehungen zwischen den Dingen aufbauen, die zusammen wachsen und sich gegenseitig unterstützen. Mit ganz anderen, viel spielerischeren Zielen unterstützt die amerikanische Burning-Man-Community die Prinzipien »radikaler Inklusion« und »gemeinsamer Anstrengung« in Verbindung mit »radikalem Selbstvertrauen«, »Partizipation« und »Direktheit«. Es geht ihr darum, die Wildheit in jedem menschlichen Individuum zu fördern und zugleich eine zivile Gesellschaftsordnung herzustellen sowie eine produktive Verbindung zum Land zu pflegen.

Die Idee, mit den Kräften der Natur und den sozialen Dynamiken zu arbeiten anstatt zu versuchen, sie zu verleugnen, bürokratisch einzuebnen oder mit Macht zu unterdrücken, ist ein Schlüsselprinzip von commons-basierter Governance. Es ist einer der Gründe, warum ein Sozialkritiker wie Ivan Illich die Commons als einen Weg spiritueller Rückverbindung propagierte, den wir angesichts einer entmenschlichenden Moderne einschlagen können. Commons helfen uns, diese Richtung zu halten. Sie betonen »emotionale Arbeit« als eine entscheidende Dimension, um Menschen miteinander zu verbinden und sie in eine Beziehung zu natürlichen Systemen und zu früheren und künftigen Generationen zu setzen. In ihrem Rahmen lassen sich Identität, Bedeutung, Ritual und Kultur entwickeln, indem die Menschen »Ressourcen« für ihre alltäglichen Bedürfnisse einsetzen. In diesem Prozess werden freilich solche »Ressourcen« in Objekte transformiert, die mit persönlicher Bedeutung und Notwendigkeit für die Gemeinschaft aufgeladen sind, womit sie ihren reinen Objektstatus verlieren.

Die kunstvolle Integration der sozialen, moralischen und physikalischen Dimensionen in eine einzige Allmende, deren physikalische Existenz sich weder von den Körpern noch von den erlebten Sinnmomenten ihrer Mitglieder abtrennen lässt, gibt dem Commons-Paradigma Dauer und Kraft. Es bedient sich der Quelle schöpferischer Lebendigkeit in den daran beteiligten Menschen und ist umgekehrt in der Lage, tiefe Zufriedenheit, Identität, Engagement, Flexibilität und Vitalität zu stiften. Das Paradigma der Commons fordert unser politisches System heraus, welches um das Duopol Markt/Staat kreist, das wiederum selbst auf den die polaren Gegensätze favorisierenden Prinzipien der Aufklärung beruht. Aber es geht darum, eben diese duale Ausschließlichkeit zu unterlaufen und Formen von Gesetzen und politischer Willensbildung hervorzubringen, mit denen sich Commons zunächst einmal überhaupt konzeptuell abbilden, in die politische Willensbildung einführen und schließlich fördern lassen.

Die Kosmologie der liberalistischen und der Moderne verpflichteten Politikvorstellungen hat Probleme damit, die spezifische Effizienz von Governance-Modellen zu verstehen, die subjektive Gefühle, menschliche Bedürfnisse, lokales Wissen und einzigartige historische Settings nicht nur als sentimentale Epiphänomene einer »eigentlich« rein materiellen wirtschaftlichen Rationalität verstehen, sondern vielmehr gerade die Mischung mit idiosynkratischen Dimensionen suchen. Der bürokratische Staat zieht es vor, das Zusammenleben mit Hilfe universalisierender Abstraktionen zu regeln und seine Bürgerinnen und Bürger als atomistische Individuen bar jeder Geschichte und allen Kontextes zu verstehen.

Gerade hierin liegt vermutlich einer der tieferen Gründe, warum Nationalstaaten und öffentliche Verwaltung die Loyalität der Bürger verlieren. Die distanzierte, unpersönliche Art, Wirtschaft und Soziales zu verwalten, ist immun gegenüber jener schöpferischen Lebendigkeit, die wir als menschliche Wesen benötigen und unausweichlich suchen. Hier liegt auch einer der Gründe, warum sich der Nationalstaat nur sehr begrenzt zum Anwalt der Natur machen kann, weil er diese, statt sie in ihrer Verwobenheit mit humanen Belangen als Commons zu verstehen, unweigerlich zum Gegenstand verwaltungsbürokratischer Akte macht oder sie – aktueller – als eine »grüne« ökonomische Ressource dem Markt einspeist.

Die Idee des Markt/Staat-Duopols, durch das für die Bedürfnisse des Kunden/Bürgers gesorgt wird, verläuft parallel zum Postulat, dass sich das individuelle Selbst als souveräner Akteur und Herr seiner Empfindungen und Taten selbst hervorbringen muss, indem er geschickt und effizient alle verfügbaren Ressourcen benutzt, um im Wettbewerb als Sieger hervorzugehen. Wie sehr dieses atomistische Effizienz-Modell an der ökologischen (und damit auch ökonomischen) Realität vorbeigeht, habe ich hier beschrieben. Wird das Entstehen persönlicher Identität von einem derart ressourcenzentrierten und -objektivierenden Standpunkt aus betrachtet, legitimiert dies eine Perspektive, die andere (mit dem eigenen Selbst verbundene) Subjekte ebenfalls als Ressourcen sieht; als Material, aus dem sich das eigene Selbst aufbauen lässt. Beziehungen, die in Wahrheit eher Prozesse eines transformierenden Wandels sind und somit immer unsicher und offen, unterliegen dann einem Wettbewerb um die geschickteste Nutzung und Funktionalisierung des Anderen.

Der beständige Druck, sich selbst zu verzwecken, führt dazu, dass viele Commoners, die in offenen Netzwerken zusammengeschlossen sind wie Open-Source-Software, Open-Design-Produktion, Open-Source-Landwirtschaft vorsätzlich an Märkten vorbei arbeiten, welche finanziellen Gewinn über alles andere stellen. Unternehmen versuchen immer wieder, die Fülle auszubeuten, die durch commons-basierte Peer-Produktion – und damit notwendig innerhalb der Dimension schöpferischer Lebendigkeit – geschaffen wird. Unternehmen sind jedoch strukturell so gestaltet, dass sie Commons einhegen und monetarisieren müssen, um wirtschaftlich erfolgreich zu sein. Ihre Struktur entstammt einem Weltbild, das auf die Subjekt-Objekt-Trennung setzt. Diese wird in Form von Beziehungen ausgebeutet, die auf der »neutralen« Geldwährung beruhen. Unternehmen können daher »emotionale Arbeit« nicht abbilden, sondern entwerten sie. Durch seine substantielle Allianz mit dem Markt verstärkt der Staat diese Verleugnung einer ontologischen Realität lebender Systeme – den existentiellen Katastrophen zum Trotz, die derzeit den Planeten bedrängen, allen voran der Klimawandel.

Die Wächter des Staates und des freien Marktes täten gut daran, die strukturellen Begrenzungen des von ihnen vertretenen Konzeptes anzuerkennen und Commons als eine heilsame Form von Governance zu sehen. Aber als ein Produkt der modernen Kosmologie ist der Markt/Staat strukturell unfähig, in Form eines respektvollen Miteinanders zwischen gleichwertigen Mitspielern an der Biosphäre teilzunehmen. Der dualistisch konzipierte »Markt/Staat« ist in seiner Selbstreflexion nicht in der Lage, schöpferische Lebendigkeit als ontologische Wirklichkeit anzuerkennen und für die Zukunft einzusetzen.

Es ist bezeichnend, dass viele Verfechter des Anthropozäns als einer Epoche der Weltgärtnerschaft und der technologischen Stewardship über die Biosphäre, auch einen ultraliberalistischen Markt-Ansatz durchsetzen wollen (Shellenberger und Nordhaus 2013; Marris 2013), um die Austauschprozesse mit der Biosphäre zu organisieren und Verteilung, Zuteilung und Sinnzuschreibung zu meistern. Die Kreativität des Marktes wird als eine Kraft für solche Innovationen begrüßt, welche dann die technohybride Vermischung von Mensch und Natur vorantreiben helfen. Bereits diese Strategie entlarvt viele Interpretationen des Anthropozäns und so manchen vorgeblichen Postdualismus als versteckte Neuinszenierung von Themen der Aufklärung. Aus diesem Blickwinkel ist auch die Tendenz von Nachhaltigkeitsforschern fragwürdig, »Grüne Ökonomie«, also eine Monetarisierung von Natur und ihrer Ökosystemdienstleistungen, und eine »Grüne Buchhaltung« einzufordern. »Umweltdienstleistungen« mit einzukalkulieren mag eine schnelle Korrektur unseres traditionellen Marktdenkens und seiner Behandlung der Biosphäre als Black Box zur Ressourcenentnahme und -verklappung versprechen, aber der Vorschlag geht an der hier entfalteten Beobachtung vorbei, dass jeder Austauschprozess immer und unausweichlich auf vielen miteinander verwobenen und voneinander abhängigen Ebenen, von der physiologischen Dimension bis zur spirituellen, stattfindet. Es ist ausgeschlossen, einen der beteiligten Faktoren auf einen anderen »zu reduzieren«, und somit unausweichlich, dass beide Seiten, die Auffassung unseres Wirtschaftens und die Auffassung, was Natur ist, sich gegenseitig verändern müssen.

Gut ist, was wirklicher macht

Die Moderne arbeitete an der Emanzipation des Menschen von der Natur durch deren Beherrschung. Die Denker des Anthropozäns und des Posthumanismus wollen mit dieser Haltung Schluss machen – halten aber stillschweigend die Differenz des Humanen zur übrigen Wirklichkeit aufrecht. Der hier skizzierte poetische Materialismus des *Enlivenment* hingegen, der sich in gelingenden Prozessen des Commoning ausdrückt, denkt sich das Verhältnis zwischen Mensch und Natur wie das eines Austausches von gegenseitigen Verpflichtungen, materiell und kulturell. Er sucht die Voraussetzungen für ein gemeinsames Teilen von sowohl stofflichen als auch symbolischen schöpferischen Prinzipien. Er akzeptiert, dass Lebendigkeit die Prinzipien der Natur ebenso bestimmt wie die all ihrer Spezies, von denen eine Homo sapiens ist. Diese Prinzipien beruhen auf Ko-Kreativität, Verkörperung, Geburt-durch-Tod, Transformation, Beziehung, Prozess, Verbindung-als-Trennung, Licht und Schatten zugleich. Die Wirklichkeit ist so gesehen ein Commons aus Wahrnehmenden und Wahrgenommenen. Dessen Objektivität ist kein akademischer Diskurs. Sie ist nicht erfunden und nicht konstruiert. Sie ist beides, eine Beschreibungsweise der Welt und eine Praxis der Erfahrung. Sie ist, wie Aristoteles' ethisches Ideal einer Vermittlung der »Weisen und der Vielen«, niemals eindeutig, immer Prozess, immer Geburt (Nussbaum 2001). Das Ziel besteht darin, wirklicher zu werden, eine wachsende Dimension der Wirklichkeit zu schaffen.

Nach dem Sonnenuntergang bei Sant'Andrea vor Elba ist das Gewitter, grau und violett, in Richtung Korsika weitergezogen. Das Meer spiegelt die Farben der Atmosphäre und schüttelt sie zugleich von sich, während seine bewegte Rüstung jede Tönung annimmt: Türkis, Celeste, Grau, Orange, Violett, Ultramarin. Das Meer hat keine Farben, es hat nichts als Kraft. Das Meer ist die »weindunkle See«, die Homer besang, die Kraft, welche Konkretion erst ermöglicht. Die Kraft, die wirklicher macht und die sich jedem verleiht, der sie weiterträgt und verwandelt.

Wir können das Anthropozän in dem Maße, wie es als »Menschenzeit« hingenommen wird, zu einer Epoche der Lebendigkeit transformieren. Wir brauchen dafür eine Haltung der Inklusivität, der gegenseitigen Akzeptanz zwischen Haltungen, Körpern, Identitäten und Empfindungen, eine Haltung, die sich der »notwendigen Unvollkommenheit jeder Schöpfung« (Buber) stellt, und weiß, dass nur aus ihr *poiesis* gelingen kann. Wir benötigen die Bereitschaft zur dauernden Verhandlung innerhalb der Allmende der Wirklichkeit. Wir brauchen das Bekenntnis der Zugehörigkeit-in-Verschiedenheit. Aber diese heißt nichts als in Beziehung zu stehen, etwas, für das wir von Anbeginn gemacht sind. Wir können darum unsere Verhaltensweisen der Transformation und Vermischung anpassen, können anerkennen, dass sich das fruchtbare Wilde nicht einhegen lässt, ohne dass der, der es kontrollieren will, mit der eigenen Freiheit zu bezahlen hat.

Der Autor dankt David Bollier für die Unterstützung bei der Formulierung des vorletzten Abschnittes.

Literatur

Anderson, B. (2012): »Affect and biopower: towards a politics of life«, in: *Transactions of the Institute of British Geographers* 37, S. 28-43.

Benasayag, M., und G. Schmit (2007): *L'epoca delle passioni tristi,* Milano, Feltrinelli.

Bilgrami, A., et al. (2013): »Das Anthropozän-Projekt. Eine Eröffnung«, in: Programmheft, Haus der Kulturen der Welt, Berlin, 10.-13. Januar 2013.

Bollier, D. (2014): *Think like a Commoner. A short introduction to the Life of the Commons,* Gladiola Island, BC, New Society Publishers.

Buber, M. (1995): *Ich und Du,* Hamburg, Reclam.

Caillé, A. et al. (2014): *Manifeste convivialiste. Déclaration de l'interdépendance,* Lormont, Le bord de l'eau, dt.: Das konvivialistische Manifest. Für eine neue Kunst des Zusammenlebens (hg. von F. Adloff und C. Leggewie), Bielefeld, transcript.

Crist, E. (2014): »Ptolemaic Environmentalism«, in: G. Wuerthner, E. Crist und T. Butler (Hg.), *Keeping the Wild. Against the Domestication of the Earth,* Washington et al., Island Press.

Descola, Ph. (2005): *Par-delà Nature et Culture,* Paris, Gallimard.

Fanon, F. (2005): *The Wretched of the Earth,* Grove Atlantic.

Ferrando, F. (2013): »Posthumanism, Transhumanism, Antihumanism, Metahumanism, and New Materialisms: Differences and Relations«, in: *Existenz* 8 (2), S. 26-32.

Frye, N. (1991): *Double Vision. Identity and Meaning in Religion.* Toronto, Toronto UP.

Glissant E. (1996): *Introduction à une poétique du divers,* Paris, Gallimard.

— (2009): *Philosophie de la relation. Poésie en étendue,* Paris, Gallimard.

Hardt, M., und A. Negri (2009): *Commonwealth,* Harvard University Press, Harvard MA.

Marris, E. (2013): *The Rambunctious Garden: Saving Nature in a Post-Wild World,* New York, Bloomsbury.

Mbembé, A. (2001): *On the Postcolony,* Berkeley, University of California Press.

Morin, E. (2001): L'identité humaine, *La methode, tome 5, L'humanité de l'humanité,* Paris, Seuil.

Negri, A. (1999): »Value and affect«, in: *Boundary* 2, S. 26-86.

Nussbaum, M. (2001): *The Fragility of Goodness: Luck And Ethics In Greek Tragedy And Philosophy,* Cambridge, MA.

Singh, N. M. (2013): »The affective labor of growing forests and the becoming of environmental subjects: Rethinking environmentality in Odisha, India«, in: *Geoforum* 47: S. 189-198.

Smith, Ph. B., und M. Max-Neef (2010): *Economics Unmasked: From Power and Greed to Compassion and the Common Good,* Melbourne, Green Press.

Weber, A. (2012): »Wirtschaft der Verschwendung. Die Biologie der Allmende«, in: Helfrich, S. und Heinrich-Böll-Stiftung (Hg.): *Commons. Für eine neue Politik jenseits von Markt und Staat,* Bielefeld, transcript.

— (2014): *Lebendigkeit. Eine erotische Ökologie*, München, Kösel.
— (2015): *Enlivenment. Eine Kultur der Lebendgkeit. Versuch einer Poetik für das Anthropozän*, Berlin, Matthes & Seitz.
Wolfe, C. (2009): *What Is Posthumanism?* Wisconsin, University of Minnesota Press.
Wuerthner, G., C. Eileen und T. Butler (Hg.) (2014): *Keeping the Wild: Against the Domestication of Earth*, Washington, Island Press.

Andreas Weber lebt als Schriftsteller in Berlin und Italien. In seinen literarischen Sachbüchern setzt sich Weber für eine Überwindung der mechanistischen Sicht des Lebens ein und entwickelt eine schöpferische Ökologie des fühlenden Selbstausdrucks. Weber lehrt an der Leuphana Universität Lüneburg und an der Universität der Künste Berlin.

FINALE

In diesem Buch haben wir wiederkehrend einen Blick auf das Innenleben der Commons gerichtet. Commons als ein soziales Muster zu beschreiben – als »Commoning« – unterscheidet sich von jenen Denkansätzen, in denen es vorwiegend um (Gemein-)Güter und deren Verwaltung geht. Commoning ist eine Notwendigkeit, eine Haltung und eine Ethik, und es stiftet Zufriedenheit. Commoning verkörpert also eine Art zu sein, deren Keimzelle tief in uns Menschen angelegt ist. An uns liegt es, sie zur Entfaltung zu bringen. Wir können uns für Commons-Projekte entscheiden, können uns in Commoning üben und die damit einhergehenden Veränderungen in uns und um uns herum reflektieren. Je bewusster Commoning als Lebensform in der Welt ist, umso besser. Commons sind dynamisch, ständig in Entwicklung begriffen und spiegeln daher das menschliche (Zusammen-)Leben realistischer wieder. Commoning verweist darauf, dass unterschiedlichen Identitäten, Kulturen und Wurzeln in Governance, Wirtschaft, Recht und Kultur Rechnung getragen werden muss. Der in diesem Buch eingenommene Standpunkt eröffnet einen Blickwinkel, der uns hilft zu verstehen, in welcher Weise wir die Welt formen und wie die von uns geformte Welt zurückwirkt und uns wiederum formt. Deshalb müssen wir uns ganzheitlich mit den Folgen unseres Handelns auseinandersetzen und dafür sorgen, dass die Selbste zu denen wir werden, auch jene sind, die wir wirklich sein wollen. Und wir müssen darauf achten, unsere Welten so zu erschaffen, dass wir in ihnen leben wollen.

Commons sind lebendig, weil sie offen sind. Und weil sie in Feedback-Prozessen, die off- oder online stattfinden, immer wieder justiert werden. Sie können dadurch Versuchen widerstehen, sie zu rigiden, schematischen, streng kontrollierbaren Systemen zu machen. Commons sind auch lebendig, weil sie Menschen Raum bieten, ihre eigenen Vorstellungen und Energien einzubringen, wenn es darum geht, Probleme zu lösen oder innovativ zu sein – Einfallsreichtum und Kooperation führen oft zu überraschenden Ergebnissen.

Commons stärken unsere Unabhängigkeit und erweitern unsere Spielräume, um Lebensräume so zu gestalten, dass sie sich dem Diktat des Marktes oder bürokratischer Zurichtung zu entziehen vermögen. Und sie halten uns nicht in Rollen fest, die zu leben wir trainiert sind. Wir sind in Commons-Welten nicht begrenzt darauf, Kunde oder Verkäuferin, Verbraucherin oder Angestellter, Expertin oder Bedürftiger zu sein. Es versteht sich von selbst, dass Wirtschaft und Politik neu gedacht werden muss, damit Commons wirklich respektiert werden. In der Transformation beider Sphären geht es darum, jene sozialen Prozesse voranzubringen, die zum gemeinsamen Tun einladen und dieses so einfach machen, wie uns heute – Geldbesitz vorausgesetzt (!) – der Einkauf im Supermarkt erscheint. Sie müssen ein Gefühl für das gemeinsam Leistbare stärken, statt auf hierarchische Organisation zu setzen oder in einer Kapitallogik gefangen zu bleiben, die zum Imperativ geraten ist. Wirtschaft und Politik, die Commons wirklich respektieren, werden sich daran beweisen, ob tatsächlich die Bedürfnisse aller statt die endlos steigerbaren Bedarfe einiger im Mittelpunkt stehen.

Commons und Commoning mehr Raum zu geben, sie zu vervielfältigen, sie auf allen Ebenen zu denken und zur Selbstverständlichkeit zu machen; sie so miteinander zu koordinieren und zu verbinden, dass sie tatsächlich eine machtvolle Alternative zur Marktlogik werden, bringt ganz neue Herausforderungen mit sich. Es bedarf neuer Ausrichtungen und Institutionen staatlichen Handelns sowie klarer Grenzen für die Macht des Marktes. Vielversprechende Vorschläge, Politik, Recht und Verwaltung aus Commons-Perspektive zu denken, liegen bereits auf dem Tisch. Sie werden Schwerpunkt unseres nächsten Buches sein.

Silke Helfrich und David Bollier

Danksagungen

Undenkbar, dass die Entstehung dieses Buches sich nicht selbst als »Commoning« gestaltet hätte. Wir, David Bollier und Silke Helfrich, haben zwar den konzeptionellen Rahmen vorgegeben sowie die redaktionelle Arbeit und Produktion übernommen. Doch was daraus entstand, ist das Ergebnis eines »Ringens« in einem Netzwerk von über 60 Autorinnen und Autoren aus 20 Ländern. Nach und nach fügten sich viele Noten und Werk, in dem Sie nun auf Entdeckungsreise durch Geschichten und Analysen der Commons unserer Zeit gehen können.

Zuallererst gilt unser Dank den Autorinnen und Autoren dieser Anthologie. Sie haben sich Zeit genommen, um uns allen einen tiefen Einblick in ihre Commons-Erfahrungen zu erlauben. Ein Bericht fügt sich zum anderen, die Erkenntnisse ergänzen sich und stehen manchmal auch im Widerstreit. Nicht alles kann geklärt werden, doch eines wird klar: Das Ganze ist mehr als die Summe seiner Teile. So erklärt sich, warum sich in uns selbst etwas verändert, sobald das jeweils eigene Projekt in einen erweiterten Kontext gestellt wird und wir gemeinsam Zeuge dieses inspirierenden Ganzen werden.

Während der zwei Jahre, die dem Erscheinen dieses Buches vorausgingen, war die Heinrich-Böll-Stiftung ein ebenso unerlässlicher wie verlässlicher Partner. Besonders dankbar sind wir Heike Löschmann, der Referentin für Internationale Politik der Stiftung, für ihren unermüdlichen Einsatz für dieses ambitionierte Projekt. Heikes scharfsinniger Rat in jeder Phase dieses Prozesses, ihre redaktionellen Vorschläge und ihre hilfreichen Kontakte zu vielen Freunden der Commons haben ganz entscheidend dazu beigetragen, dieses Buch zu dem zu machen, was es ist. Barbara Unmüßig, Vorstand der Heinrich-Böll-Stiftung, danken wir für die Weitsicht und Verbindlichkeit, mit der sie unsere Arbeit unterstützt. Schon vor Jahren erkannte sie das immense Transformationspotential des Commons-Paradigmas, um eine neue politische Kultur zu denken und zu beleben.

Dieses Buch wurde von Anfang an für zwei Sprachfassungen, Deutsch und Englisch, geplant und erarbeitet. Einzelne Originalbeiträge waren auf Spanisch und Französisch verfasst. Naturgemäß erfordert dies eine aufwändige Koordination sowie sorgfältige und sachkundige Übersetzung. Letztere wurde oft durch die spezifischen Begriffe erschwert, die mit »Commons« und »Commoning« verknüpft sind. Wir konnten uns deshalb glücklich schätzen, dass Sandra Lustig, Brigitte Kratzwald, Jacques Paysan und Ina Goertz einfühlsam übersetzte Texte vorlegten. Sie alle hatten sich tief in die Thematik hineingedacht. Johannes Euler und Stefan Meretz haben die konzeptionelle Rahmung in Ouvertüre und Intermezzi mit großem Sachverstand kommentiert und uns damit enorm unterstützt. Schließlich hat uns Bernd Rheinberg, Lektor der Heinrich-Böll-Stiftung, bei der Durchsicht des Manuskripts wertvolle Vorschläge zur Verbesserung des Bandes gemacht. Danke!

Nach all diesen Schritten gaben wir die deutschsprachige Partitur in die Hände eines Verlages, der für uns zu dem Netzwerk gehört, aus dem heraus die Welt der Commons mehr Sichtbarkeit gewinnt. Transcript, der Verlag für Kommunikation, Kultur und Soziale Praxis, trägt schon im Namen eine programmatische Beschreibung des Commoning. Es überrascht deshalb nicht, dass unsere Kooperation wunderbar war.

Da *Welt der Commons. Muster gemeinsamen Handelns* der zweite Band einer geplanten Trilogie von Anthologien zum Thema Commons ist, hoffen wir (nach einer wohlverdienten Pause!) bald die Arbeit am dritten Band aufnehmen zu können. Dieser wird sich der Herausforderung annehmen, die das Commons-Paradigma und eine Kultur des Commoning an Politik, Wirtschaft und Recht stellen und Commons auf der gesellschaftlichen Ebene reflektieren. Wir freuen uns auf dieses erneuten Durchgang durch die *Welt der Commons*, der uns bis zur Veröffentlichung im Jahr 2018 ein weiteres Spektrum des Commoning eröffnen wird.

Die Herausgeber

Silke Helfrich, Autorin und Commons-Aktivistin, Bloggerin und vielgebuchte Rednerin, lebt und arbeitet in Jena. Sie ist Mitbegründerin des Commons-Institut e.V. und – gemeinsam mit David Bollier und Michel Bauwens – der Commons Strategies Group. Sie betreibt das deutschsprachige CommonsBlog.

David Bollier ist ein amerikanischer Commons-Experte und -Aktivist, Blogger und Berater; Autor zahlreicher Beiträge und Bücher zum Thema »Commons als neuem Paradigma für Wirtschaft, Politik und Kultur«; Mitbegründer der Commons Strategies Group.

Die Heinrich-Böll-Stiftung ist eine politische Stiftung, die der Partei Bündnis 90/Die Grünen nahesteht. Sie versteht sich als eine Agentur für grüne Ideen und Projekte, eine reformpolitische Zukunftswerkstatt und ein internationales Netzwerk mit über 100 Projektpartnern in über 60 Ländern. Infos: www.boell.de

Sachregister